王永宽学术丛谈

王永宽 著

WANGYONGKUAN XUESHU CONGTAN

河南人民出版社

图书在版编目(CIP)数据

王永宽学术丛谈 / 王永宽著. —郑州：河南人民出版社, 2022.7
ISBN 978-7-215-13150-7

Ⅰ. ①王… Ⅱ. ①王… Ⅲ. ①社会科学-文集 Ⅳ. ①C53

中国版本图书馆 CIP 数据核字(2022)第 110328 号

河南人民出版社 出版发行
(地址：郑州市郑东新区祥盛街 27 号 邮政编码：450016 电话：65788072)
新华书店经销　　河南金之汇信息技术有限公司印刷
开本　710 毫米×1000 毫米　　1/16　　印张　29.75
字数　502 千字
2022 年 7 月第 1 版　　　　　　2022 年 7 月第 1 次印刷

定价：136.00 元

目　　录

序 ··· 刘世德　1

第一编　文史杂议（其一）

（一）做官 ·· 1
　　1. 官的本义 ·· 1
　　2. 为官之道 ·· 3
　　3. 仕而优者学，学而优者仕 ······························ 6
　　4. 为公与为私 ·· 8
　　5. 做好官与做好人 ····································· 11
（二）清慎勤 ··· 13
（三）慎言 ··· 18
（四）不争论 ··· 26
（五）精气神 ··· 32
（六）留余 ··· 37
（七）为富不仁 ··· 41
（八）奸臣后裔不认祖宗 ··································· 45
（九）丙午丁未厄岁 ······································· 50
　　1. 从唐代殷尧藩的《李节度平虏诗》到南宋初洪迈的《容斋随笔》
　　　　··· 51
　　2.《丙丁龟鉴》 ·· 52
　　3. 柴望以后关于丙午丁未厄岁的议论 ····················· 56
　　4. 关于"红羊劫" ······································· 64

· 1 ·

第二编　文史杂议（其二）

（一）《千字文》质疑 ······ 67
1. 作者质疑 ······ 67
2. 误字质疑 ······ 71

（二）"二十四孝"质疑 ······ 75
1. 《二十四孝》刊本编者质疑 ······ 75
2. "二十四孝"人物组成及排序质疑 ······ 76
3. "二十四孝"人物里居质疑 ······ 78
4. "二十四孝"人物行为意义评判质疑 ······ 79

（三）梦笔生花 ······ 84

（四）解字 ······ 87
1. 解"公"字 ······ 88
2. 解"人"字 ······ 88
3. 董仲舒解"仁""义"二字 ······ 89
4. 解"坐"字 ······ 90
5. 王安石作《字说》受到文士嘲讽 ······ 90
6. 李之彦解"钱"字 ······ 93
7. 朱元璋解"家"字 ······ 94
8. 解"伪"字、"病"字 ······ 94
9. 称别字为"白字" ······ 95
10. 解"悟"字 ······ 96
11. 解"困"字 ······ 97
12. 解"羊"字 ······ 97
13. 解"射"与"矮"字 ······ 98
14. 解"心"字 ······ 98

（五）对无名低贱之人不可轻视 ······ 99

（六）不识前代名人 ······ 105
1. 举人不知董仲舒 ······ 105
2. 张由古不识班孟坚 ······ 106
3. 张敬儿不知羊叔子 ······ 106

  4. 党进不知韩信 …………………………………… 107
  5. 俗人不知杜甫 …………………………………… 107
  6. 举人不识欧阳修 ………………………………… 108
  7. 缙绅分不清司马迁和司马相如 ………………… 108
  8. 县官不知夏征舒 ………………………………… 109
（七）古籍所见超强记忆事实 ………………………… 110
  1. 王充 ……………………………………………… 111
  2. 应奉 ……………………………………………… 112
  3. 陆续 ……………………………………………… 112
  4. 祢衡 ……………………………………………… 112
  5. 王粲 ……………………………………………… 112
  6. 张松 ……………………………………………… 113
  7. 夏侯荣 …………………………………………… 113
  8. 阚骃 ……………………………………………… 113
  9. 何宪 ……………………………………………… 114
  10. 范云 …………………………………………… 114
  11. 傅昭 …………………………………………… 114
  12. 陆倕 …………………………………………… 114
  13. 邢邵 …………………………………………… 115
  14. 萧统 …………………………………………… 115
  15. 萧纲 …………………………………………… 115
  16. 杨愔 …………………………………………… 115
  17. 虞世南 ………………………………………… 116
  18. 崔仁师 ………………………………………… 116
  19. 卢庄道 ………………………………………… 116
  20. 李至远 ………………………………………… 117
  21. 魏奉古 ………………………………………… 117
  22. 张说 …………………………………………… 118
  23. 李邕 …………………………………………… 118
  24. 一行 …………………………………………… 118
  25. 常敬忠 ………………………………………… 119

26. 萧颖士 …… 120

27. 张巡 …… 120

28. 柳芳 …… 120

29. 王起 …… 121

30. 钟谟 …… 121

31. 杜镐 …… 121

32. 傅尧俞、杜衍 …… 122

33. 陈彭年 …… 122

34. 齐唐 …… 122

35. 龚程 …… 123

36. 吴时、赵彦若 …… 123

37. 王安石 …… 124

38. 苏轼 …… 125

39. 刘恕 …… 125

40. 晁咏之 …… 126

41. 江阴士人葛君 …… 126

42. 尹少稷 …… 127

43. 赵枢与沈晦 …… 128

44. 尤袤 …… 128

45. 杨大均 …… 129

46. 宋濂 …… 129

47. 陈济 …… 130

48. 陈继 …… 130

49. 林志 …… 131

50. 徐乾学 …… 131

51. 潘耒 …… 132

52. 李绂 …… 132

53. 张照 …… 133

54. 章嘉呼图克图 …… 134

(八) 古籍所见人体特异功能 …… 135

1. 善走 …… 135

2. 视日不眩 ……………………………………………………… 138

3. 一心多用 ……………………………………………………… 139

4. 耐热耐冷 ……………………………………………………… 140

5. 在水中长时间憋气 …………………………………………… 141

6. 猜数 …………………………………………………………… 141

7. 追写真 ………………………………………………………… 142

8. 以手感识字 …………………………………………………… 143

9. 相马神功 ……………………………………………………… 143

第三编　历史人物寻踪

（一）孔子生卒年月日 ……………………………………………… 146

（二）孟子生卒年月日 ……………………………………………… 158

（三）唐宣宗为僧 …………………………………………………… 162

  1. 司马光《资治通鉴》对唐宣宗为僧提出质疑 ……………… 162

  2. 其他野史笔记关于唐宣宗为僧的记述 ……………………… 165

  3.《碧岩集》的文献价值 ……………………………………… 168

（四）梁颢八十二岁中状元质疑 …………………………………… 171

（五）铁冠道人张中 ………………………………………………… 180

  1. 宋濂《张中传》 ……………………………………………… 181

  2. 明代笔记所记张中事迹 ……………………………………… 183

  3.《烧饼歌》与《透天玄机》 ………………………………… 186

  4. 小说及戏曲中的铁冠道人 …………………………………… 189

（六）明成祖生母碽妃质疑 ………………………………………… 192

  1. 关于明成祖朱棣出生的正史记载 …………………………… 194

  2.《南京太常寺志》异说的产生及谈迁的议论 ……………… 197

  3. 清初文士关于碽妃的议论 …………………………………… 199

  4.《蒙古源流》的荒唐臆说 …………………………………… 205

  5. 清代学者周寿昌对于碽妃之说的质疑 ……………………… 207

  6. 清末关于碽妃之说的新议论 ………………………………… 208

  7. 现代及当代关于明成祖生母碽妃的议论及"明成祖御碣"问题

   ………………………………………………………………… 209

（七）高龄得功名 ……………………………………………… 214
（八）丑女 …………………………………………………… 223
  1. 嫫母 ……………………………………………………… 224
  2. 东施 ……………………………………………………… 225
  3. 无盐 ……………………………………………………… 225
  4. 宿瘤女 …………………………………………………… 227
  5. 孤逐女 …………………………………………………… 229
  6. 齐王女 …………………………………………………… 230
  7. 陇廉 ……………………………………………………… 231
  8. 登徒子妻 ………………………………………………… 231
  9. 孟光 ……………………………………………………… 232
  10. 诸葛亮妻 ……………………………………………… 233
  11. 许允妻 ………………………………………………… 234
  12. 贾南风 ………………………………………………… 236
  13. 朱前疑所爱酒家女 …………………………………… 238
  14. 窦怀贞妻 ……………………………………………… 239
  15. 李端端 ………………………………………………… 239
  16. 赵文华妻 ……………………………………………… 240
  17. 邹茂才妾 ……………………………………………… 241
  附：关于丑女的文学形象及相关议论 …………………… 241

第四编　君子小人之异

  1.《易经》论君子小人本质之异 …………………………… 246
  2.《论语》论君子小人品格之异 …………………………… 248
  3.《大戴礼记》论君子小人之异 …………………………… 249
  4.《礼记》论君子小人之异 ………………………………… 250
  5.《孔子家语》论君子小人之异 …………………………… 252
  6.《荀子》论君子小人在学习、言行诸方面之异 ………… 254
  7.《子华子》论君子小人之异 ……………………………… 257
  8. 刘向《说苑》论君子小人之异在于其正邪不同 ……… 257
  9. 扬雄《法言》论君子小人之异 ………………………… 258

10. 徐干《中论》论君子小人之异在于君子必贵其言 ……… 259
11. 葛洪《抱朴子》谓君子为猿鹤，小人为虫沙 ……… 259
12. 王通《文中子中说》论君子小人之异 ……… 260
13. 皇甫松《醉乡日月》以酒比喻君子小人之异 ……… 262
14. 邵雍《击壤集》以诗歌表达君子小人之异 ……… 262
15. 论君子嗜酸、小人嗜咸 ……… 264
16. 崔敦礼《刍言》论君子小人之异在于仁与不仁 ……… 265
17. 王十朋论君子小人相为消长 ……… 266
18. 李邦献《省心杂言》论君子小人之异 ……… 267
19. 何坦《西畴常言》论君子小人之异 ……… 270
20. 许棐《樵言》论君子小人之异 ……… 271
21. 赵与时《宾退录》论君子小人之异 ……… 272
22. 刘克庄论君子小人与人交往之异 ……… 273
23. 俞文豹论君子小人之异在于重义与重利的不同 ……… 273
24. 罗泌《路史》论对于君子小人的驾驭之道应有所不同 ……… 274
25. 陈昉论君子小人不易区别 ……… 275
26. 《宋史·奸臣传》论君子用事为阳小人用事为阴 ……… 276
27. 宋濂《萝山杂言》论君子小人之异 ……… 277
28. 王祎《卮辞》论君子小人之异 ……… 278
29. 王达《笔畴》论君子小人之异 ……… 278
30. 方孝孺《畏说》论君子小人之异在于是否知畏 ……… 280
31. 王鸿儒《凝斋笔语》议论君子小人之异 ……… 280
32. 钱琦《钱公良测语》论君子小人之异 ……… 281
33. 邹智上疏论当时朝廷人物中的君子小人之异 ……… 282
34. 顾元庆《簷曝偶谈》论君子小人之异 ……… 283
35. 杨慎论君子小人之异 ……… 284
36. 敖英《东谷赘言》论君子小人之异要看其主流 ……… 285
37. 薛应旂《薛方山纪述》论君子小人之异 ……… 287
38. 谈修《呵冻漫笔》论君子小人之异 ……… 287
39. 张居正论君子与小人权谋之异 ……… 288
40. 吕坤《呻吟语》论君子小人之异 ……… 289

41. 宋纁《古今药石》论君子小人之异 …………………………………… 294
42. 冯时可《雨航杂录》论君子小人之异在于让与争 …………………… 294
43. 陈继儒《安得长者言》论君子小人之异 ……………………………… 295
44. 袁宏道论君子小人之异 ………………………………………………… 296
45. 姜南论君子小人为学之异 ……………………………………………… 296
46. 朱国祯《涌幢小品》论君子小人之异 ………………………………… 297
47. 孙奇逢论君子小人之异在于"笃"之一字 …………………………… 297
48. 魏裔介《琼琚佩语》论君子小人之异 ………………………………… 299
49. 魏象枢以水比喻君子、以油比喻小人 ………………………………… 299
50. 申涵光《荆园小语》《荆园进语》论君子小人之异 ………………… 300
51. 魏禧《日录里言》论君子小人之异 …………………………………… 301
52. 汤斌《语录》论君子小人之异 ………………………………………… 302
53. 王士禛《分柑余话》论君子小人势不两立 …………………………… 303
54. 申居郧《西岩赘语》论君子小人之异 ………………………………… 303
55. 钱泳《履园丛话》论君子小人之异 …………………………………… 304
56. 梁章钜《退庵随笔》论君子小人之异 ………………………………… 305
57. 姚莹《识小录》《康輶纪行》论君子小人治学之异 ………………… 306
58. 俞樾转述其舅氏姚光晋论君子小人之异 ……………………………… 307

第五编　谄媚百态述略

1. 易牙、竖刁、开方对齐桓公谄媚 ……………………………………… 310
2. 申亥用亲生女儿殉葬对楚灵王谄媚 …………………………………… 311
3. 孔子说祝鮀是谄佞之人 ………………………………………………… 311
4. 越王勾践尝便问疾 ……………………………………………………… 312
5. 曹商舐痔得车 …………………………………………………………… 313
6. 邓通为汉文帝吮痈 ……………………………………………………… 314
7. 檀长卿作沐猴与狗斗 …………………………………………………… 314
8. 陈万年教儿子学谄媚 …………………………………………………… 314
9. 扬雄作《剧秦美新》对王莽谄媚 ……………………………………… 315
10. 吕会对晋元帝谄媚 ……………………………………………………… 316
11. 殷仲文对桓玄谄媚 ……………………………………………………… 317

目 录

12. 李超（宣）对南燕主慕容超谄媚 ……………………………… 317
13. 日陆眷咽唾对库辱官谄媚 ………………………………………… 318
14. 袁昂对梁武帝谄媚 ………………………………………………… 318
15. 何敬容熨衣对梁武帝谄媚 ………………………………………… 318
16. 徐子才对北齐成武帝谄媚 ………………………………………… 319
17. 北齐某士人饮粪汤对和士开谄媚 ………………………………… 319
18. 孔范、王仪等对陈后主谄媚 ……………………………………… 320
19. 高丽国王自称"辽东粪土臣"对隋炀帝谄媚 …………………… 320
20. 道士桓法嗣对王世充谄媚 ………………………………………… 321
21. 武士彟对唐高祖李渊谄媚 ………………………………………… 321
22. 宇文士及对唐太宗谄媚 …………………………………………… 322
23. 丘行恭生食刘兰心肝对唐太宗谄媚 ……………………………… 322
24. 赵元楷嗅马脓对侯君集谄媚 ……………………………………… 323
25. 僧人薛怀义等造《大云经》对武则天谄媚 ……………………… 323
26. 阎朝隐装牺牲对武则天谄媚 ……………………………………… 323
27. 杨再思跳高丽舞对张昌宗谄媚 …………………………………… 324
28. 郭（弘）霸尝粪便对魏元忠谄媚 ………………………………… 325
29. 宋之问捧溺器对张易之谄媚 ……………………………………… 325
30. 宗楚客对薛怀义谄媚 ……………………………………………… 326
31. 张岌跪地做上马蹬对薛怀义谄媚 ………………………………… 326
32. 朱前疑说梦对武则天谄媚 ………………………………………… 327
33. 胡延庆献龟对武则天谄媚 ………………………………………… 327
34. 胡超僧献药对武则天谄媚 ………………………………………… 327
35. 崔融等文士对张易之、张昌宗谄媚 ……………………………… 327
36. 张锡对张昌仪谄媚 ………………………………………………… 328
37. 吉顼献妹对武承嗣谄媚 …………………………………………… 329
38. 崔湜谄媚权贵死于非命 …………………………………………… 329
39. 祝钦明跳"八风舞"对唐中宗谄媚 ……………………………… 330
40. 窦怀贞自称皇后阿奢对唐中宗谄媚 ……………………………… 331
41. 赵履温拉金犊车对安乐公主谄媚 ………………………………… 331
42. 韦巨源对韦皇后谄媚 ……………………………………………… 332

43. 成敬奇贮雀放生对姚崇谄媚 …………………………… 332
44. 张说嗅靴鼻对王毛仲谄媚 ……………………………… 332
45. 李白对韩朝宗谄媚 ……………………………………… 333
46. 程伯献等朝臣对宦官高力士谄媚 ……………………… 334
47. 皇甫镈对唐宪宗谄媚 …………………………………… 335
48. 韩愈对贾耽等权贵谄媚 ………………………………… 335
49. 杜宣猷对宦官谄媚 ……………………………………… 338
50. 方干对王龟谄媚被称为"方三拜" …………………… 338
51. 宇文翃嫁女对窦璠谄媚 ………………………………… 338
52. 苏循献画日笔对李存勖谄媚 …………………………… 339
53. 门客避讳对冯道谄媚 …………………………………… 339
54. 郭忠恕剃髯效颦对窦神兴谄媚 ………………………… 340
55. 杨亿赞宋真宗"德迈九皇" …………………………… 340
56. 丁谓为寇准拂须 ………………………………………… 341
57. 张唐民称宋神宗是"活尧舜" ………………………… 341
58. 巩申为王安石放生 ……………………………………… 341
59. 薛昂对蔡京谄媚被称为"薛万回" …………………… 342
60. 程师孟、张安国对王安石谄媚 ………………………… 342
61. 彭孙赞美李宪足香 ……………………………………… 343
62. 俞充对宦官王中正谄媚 ………………………………… 344
63. 安惇改名对章惇谄媚 …………………………………… 344
64. 王永年对窦卞、杨绘谄媚 ……………………………… 344
65. 朝臣及文士对宦官梁师成谄媚 ………………………… 345
66. 蔡薿改称呼对蔡京父子谄媚 …………………………… 346
67. 术士张九万对秦桧谄媚 ………………………………… 346
68. 文士献诗对秦桧谄媚 …………………………………… 346
69. 吊客史某对秦桧谄媚 …………………………………… 347
70. 赵师择学犬吠对韩侂胄谄媚 …………………………… 347
71. 程松献妾对韩侂胄谄媚 ………………………………… 348
72. 高似孙作"九锡"诗对韩侂胄谄媚 …………………… 349
73. 方岳改名避讳对上司谄媚 ……………………………… 349

74. 朱浚对贾似道谄媚被称为"朱万拜" ………………………………… 350
75. 廖莹中对贾似道谄媚直至自杀 …………………………………… 350
76. 项文曜被称为"于谦妾" …………………………………………… 351
77. 王祐愿作"王振儿" ………………………………………………… 352
78. 王越、陈钺等对汪直谄媚 ………………………………………… 352
79. 尹旻对汪直谄媚 …………………………………………………… 352
80. 倪进贤对万安谄媚被称为"洗鸟御史" ………………………… 353
81. 万安以房中术对成化皇帝谄媚 …………………………………… 354
82. 正德年间大臣对刘瑾谄媚 ………………………………………… 354
83. 刘介献妾对张綵谄媚 ……………………………………………… 355
84. 廖鹏献妾对钱宁谄媚 ……………………………………………… 355
85. 江彬强征民女对正德皇帝谄媚 …………………………………… 356
86. 马昂献妹献妾对正德皇帝谄媚 …………………………………… 357
87. 道士邵元节、陶仲文等以房中术对嘉靖皇帝谄媚 …………… 357
88. 朱隆禧等以方术对嘉靖皇帝谄媚 ………………………………… 358
89. 汪铉对首辅张璁及嘉靖皇帝谄媚 ………………………………… 359
90. 赵文华、鄢懋卿对严嵩谄媚 ……………………………………… 360
91. 徐渭随胡宗宪对严嵩谄媚 ………………………………………… 362
92. 吴扩作诗对严嵩谄媚 ……………………………………………… 364
93. 嘉靖时期官场的谄媚之风 ………………………………………… 364
94. 朝廷臣僚对张居正谄媚 …………………………………………… 365
95. 顾秉谦自谓是魏忠贤的"白须儿" ……………………………… 367
96. 李精白对魏忠贤谄媚 ……………………………………………… 368
97. 宋献策对李自成谄媚 ……………………………………………… 368
98. 宋一鹤对杨嗣昌谄媚被称为"鸟巡抚" ………………………… 369
99. 某翰林（太史）之妻认权贵为"干爹""干娘" ……………… 370
100. 慈禧太后对慈安太后谄媚 ……………………………………… 372

第六编　前身后身探秘

1. 周穆王的前身是丹珠 ……………………………………………… 375
2. 蔡邕的前身是张衡 ………………………………………………… 375

3. 羊祜的前身是东邻子 …………………………………………………… 376
4. 杜预的前身是蛇 ……………………………………………………… 376
5. 王弼的后身是守门童子 ……………………………………………… 376
6. 顾总的前身是刘桢 …………………………………………………… 377
7. 侯景的前身是南齐东昏侯萧宝卷 …………………………………… 377
8. 崔彦武的前身是杜明福妻 …………………………………………… 377
9. 房琯的前身是智永 …………………………………………………… 378
10. 李白的前身是金粟如来 ……………………………………………… 379
11. 李林甫的后身被雷击死 ……………………………………………… 379
12. 严武的前身是诸葛亮 ………………………………………………… 380
13. 韦皋的前身是诸葛亮 ………………………………………………… 380
14. 韩滉的前身是子路 …………………………………………………… 381
15. 袁滋的前身是复州青溪山西华坐禅和尚 …………………………… 382
16. 刘三复的前身是马 …………………………………………………… 382
17. 郑愚的前身是白猪 …………………………………………………… 383
18. 刺史郑君幼女的前身是某县令 ……………………………………… 383
19. 边镐的前身是谢灵运 ………………………………………………… 384
20. 潘佑的前身是颜延之 ………………………………………………… 384
21. 宋太祖赵匡胤的前身是定光佛 ……………………………………… 385
22. 宋仁宗的前身是赤脚大仙 …………………………………………… 385
23. 王旦的前身是僧 ……………………………………………………… 386
24. 王素的前身是玉京神仙 ……………………………………………… 386
25. 杨亿的前身是鹤仙 …………………………………………………… 387
26. 欧阳修的前身是鹳鹆 ………………………………………………… 388
27. 蔡襄的前身是蛇精 …………………………………………………… 388
28. 刘沆的前身是蜈蚣 …………………………………………………… 388
29. 王曾的前身是青草堂和尚、曾子 …………………………………… 389
30. 张方平的前身是滁州琅玡山某寺僧 ………………………………… 389
31. 冯京的前身是五台山寺僧 …………………………………………… 390
32. 王安石的前身是獾、南唐后主李煜、秦王赵廷美 ………………… 390
33. 苏轼的前身是陶渊明、五祖戒和尚、邹阳等 ……………………… 392

34. 范祖禹的前身是邓禹	394
35. 张商英的前身是李长者	395
36. 黄庭坚的前身是某女子	395
37. 郭祥正的前身是李白	396
38. 蔡卞的前身是木叉	397
39. 蔡仍的前身是王家儿或杨生	398
40. 杨戬的前身是蛤蟆精	399
41. 雍丘民李三礼的女儿小师的前身是雷泽之子	399
42. 赵鼎的前身是李德裕	399
43. 秦桧的前身是诺讵罗	400
44. 宋钦宗的前身是喆和尚	401
45. 岳飞的前身是猪精	401
46. 史浩的前身是文彦博	402
47. 宋高宗的前身是吴越王钱镠	403
48. 王十朋的前身是和尚严伯威	404
49. 陆游的前身是秦观	405
50. 龚涛的前身是周姓司法官	406
51. 黄教授的后身是陈氏子	406
52. 卢忻的前身是赵氏子	407
53. 钱进士的前身是姚媪之子	408
54. 叶文凤的前身是邻妪之子	408
55. "两世王"及"有匙王"	409
56. 史弥远的前身是某寺名僧觉长老	409
57. 真德秀的前身是浦城道人、草庵和尚	410
58. 贾似道的后身是鼠	411
59. 留梦炎的前身是蛤蟆精	411
60. 丘舜元的前身是村翁子	412
61. 文天祥的前身是黑龙精	412
62. 杨奂的前身是紫阳宫道士	413
63. 贾道士的前身是王秀才	413
64. 丹霞寺义方长老的前身是柳小二	413

65. 临洮民孙氏子的前身是巩州赵三 …… 414
66. 乌古论德升的后身是庆阳仓使某氏之子 …… 415
67. 张辅、徐鹏举的前身是岳飞 …… 415
68. 胡濙的前身是天池僧 …… 416
69. 周洪谟的前身是丁鹤年 …… 417
70. 王守仁的前身是入定僧 …… 418
71. 王济的前身是修桥僧 …… 418
72. 毕济时的前身是宋代邢魁 …… 419
73. 杨继盛的前身是杨二郎 …… 420
74. 孙继皋的前身是唐皋 …… 420
75. 冯琦的前身是韩琦 …… 420
76. 舒弘志的前身与转世再生 …… 421
77. 虞淳熙的前身是土地神 …… 422
78. 曹学佺的前身是老儒师 …… 423
79. 陈大绶的前身是左镒 …… 424
80. 来复的前身是僧人来复 …… 424
81. 史可法的前身是文天祥 …… 425
82. 王铎的前身是蔡襄 …… 426
83. 张隽的前身是杨慎 …… 426
84. 金圣叹的前身是慈月宫陈夫人 …… 427
85. 史大成的前身是老僧大成 …… 427
86. 蒋超的前身是峨眉山伏虎寺僧 …… 428
87. 王泽弘的前身是僧 …… 428
88. 王士禛的前身是高丽国王 …… 429
89. 邵士梅的前身与后身 …… 430
90. 清代会元朱锦的前身是明代潘尚书府中仆人朱锦 …… 432
91. 吴襄的前身是僧 …… 433
92. 张英的前身是晋代王敦 …… 433
93. 叶映榴的前身是王魁 …… 435
94. 金煜的前身是南唐后主李煜 …… 435
95. 钱芳标的前身是担饭僧 …… 436

- 96. 陈元龙的前身是僧 ······ 437
- 97. 来保的前身是伯乐 ······ 437
- 98. 陶璜的前身是小和尚 ······ 438
- 99. 张照的前身是断臂僧 ······ 439
- 100. 裘曰修的前身是燕子矶水神 ······ 440
- 101. 徐昆的前身是蒲松龄 ······ 441
- 102. 袁枚的前身是白猿 ······ 443
- 103. 刘墉的前身是白狐 ······ 443
- 104. 张九钺的前身是李白 ······ 443
- 105. 纪昀的前身是精灵（火精、猴精、蟒精） ······ 444
- 106. 朱珪的前身是文昌宫之盘陀石 ······ 445
- 107. 刘权之的前身是钟离权 ······ 445
- 108. 李薛自知其前身姓薛 ······ 446
- 109. 阮元的前身是胡天游 ······ 446
- 110. 陈传经的前身是少室僧 ······ 447
- 111. 沈岐重孙沈慎斋的九世前身是洪承畴 ······ 447
- 112. 张泓的舅父白公的十岁女孩的前身是南京仙鹤巷某太太 ······ 449
- 113. 曾国藩的前身是蟒精 ······ 451
- 114. 程兆纶的前身是老僧 ······ 451
- 115. 彭蕴章的前身是僧人笔玉 ······ 452
- 116. 严辰的前身是僧 ······ 453

序

中国社会科学院荣誉学术委员
中国社会科学院文学所研究员　　　刘世德
中国社会科学院研究生院博士生导师

2019年9月，《王永宽学术随笔》由河南人民出版社出版，当时永宽寄给我一册，我翻阅之后非常高兴；时间过去了两年，这一本《王永宽学术丛谈》又完成了书稿，请我作序。永宽在进行中国古代文学及中国历史文化研究方面孜孜不倦，新著频出，我为他的专业学术成绩又一次感到高兴，并向他表示诚挚的祝贺。也愿意借此卷端，谈一点我的认识和感想，与学界同仁交流管见。

永宽撰作的这两本书，都属于笔记体的学术杂著。其中所收文章，不是当今学术刊物所要求的严格规范的学术论文，而是作者选取历史上某个具体事件、某个具体人物的某个侧面、某个问题或某一类问题，进行专题议论。

《王永宽学术随笔》，既然书名为"随笔"，其体例与特征显然都是学界同仁所熟悉的随笔性质的文章。那本书的前面有董乃斌先生的一篇《序》和作者的一篇《自序》，已经把该书的内容特点及写作主旨说得很清楚了，这里我不再赘述。现在我看到的这本《王永宽学术丛谈》，与那本《王永宽学术随笔》的内容与写法有一定的相似之处，但似乎更突出了"丛"的特征。"丛"字的本义为植物聚集、众多繁杂，如"树丛""草丛""花丛""丛林""丛篁""丛莽"等，也引申为其他同类事物的聚集，如"人丛""书丛""楼丛"等。中国古今文士著作，常见有"论丛""谈丛""丛编""丛录""丛钞""丛稿"等名称，直接用"丛谈"二字的，有唐代冯翊《桂苑丛谈》、宋代蔡絛《铁围山丛谈》、清代徐釚《词苑丛谈》等。

当代学者的笔记体学术著作，被学界同仁一致推崇、公认无疑的，当然是钱锺书先生的《管锥编》。钱锺书先生是20世纪中国现代文学史上的重要作家，一部长篇小说《围城》即奠定了他的重要地位。新中国成立后，钱先生一直在中国社会科学院（前身是中国科学院哲学社会科学部）文学研究所工作，又成为当今学术界泰斗。他的代表作《管锥编》就是一部笔记体的皇皇学术巨著，学界赞誉为"堪称国学大典"。永宽曾经对我说过，他对钱锺书先生非常崇拜和敬仰，他在自己的专业学习和从事专业研究的过程中，曾经对钱先生的《管锥编》认真研读，受到很大的影响。

永宽这样说是有根源的，原来他曾经是中国社会科学院文学研究所的硕士研究生。"文革"之后，中国社会科学院正式成立并创办研究生院，首届硕士研究生于1978年9月入学，1981年9月毕业，后来人们把他们这一届戏称为"黄埔一期"。文学所招收的首届硕士研究生共42名（其中含为北京师范大学中文系代培硕士研究生9名），永宽的专业方向确定在元明清文学，是归我指导的研究生之一，从此我们结下师生之谊。其后至今的43年中，永宽虽然回到了河南省工作，但是他和我本人，和文学所的许多老师和同学，都一直保持着密切的联系。

就在王永宽他们这第一届硕士研究生入学的第二年，即1979年8月，钱锺书先生的《管锥编》第1版1套4册，由中华书局出版。那一年，文学所的古代文学研究室筹备创办《红楼梦研究集刊》，1979年春节后商讨组成编委会，5月份获得批准创刊，开始组稿，11月份编订了第1辑，由上海古籍出版社出版。在此期间，我参加了有关的筹办工作（也是编委会8位成员之一，后来明确为副主编之一，主编是邓绍基先生）。有一天，我和邓绍基一起去拜访钱锺书先生，请他给《红楼梦研究集刊》题署刊名。钱先生非常支持，立即答应了。当时我们在同钱先生谈话的过程中，钱先生问及新招收的第一届硕士研究生的情况，我们两个作了简单介绍，顺便请教钱先生对于指导研究生的工作有啥建议和要求。钱先生没有说更多的话，我记得当时他只是非常简要地提出一条，说研究生的专业学习一定要博览、勤记、多思。我个人感到，钱先生说的这六个字非常重要，就在适当的机会和学生们讲了，王永宽他们这些中国古代文学专业的研究生，肯定都牢记在心上了，并且在学习期间以及后来的研究工作中自觉或不自觉地这样做了。

这一年的8月，钱先生的《管锥编》刚刚出版，当时就有一些古代文学专业的研究生立马受到吸引。我记得明代文学专业的尹恭弘，他的硕士毕业论文做的是明代万历时期诗文研究,当时同学们的生活条件都是相当困难的,但是他毫不犹豫地到新华书店去买了一套《管锥编》。还有唐宋文学专业的研究生,有人在写作硕士毕业论文时就认真阅读《管锥编》和钱先生的另一部著作《谈艺录》,吸收了钱先生书中的一些材料与观点。我的另一位研究生石昌渝,专业方向是中国古代小说,后来也认真研读《管锥编》。他参加编撰由我担任编委会主任的《中国古代小说百科全书》,搜集并掌握了大量资料,又在此基础上完成并于1994年出版了《中国小说源流论》,在探讨古代小说产生与发展的源与流方面下了很大功夫,他显然也是受到钱锺书先生所说的博览、勤记、多思的治学方法的影响。

钱锺书先生的治学成就及治学方法,在中国社科院文学所老一代学者当中有一定的代表性和影响力。如俞平伯先生、余冠英先生、周汝昌先生、吴世昌先生、孙楷第先生、吴晓铃先生、范宁先生等,都是博览群书、学问渊博的大学者,他们基本上也都赞同并采用钱锺书先生掌握资料、重视考辨的治学路子。

《管锥编》这样的笔记体学术著作的治学模式与写作方法,其实并不是钱锺书先生的首创,历史上许许多多学者文士都是这样做的,尤其是自唐代以来以至于明清更为突出,在学术史上早已形成一个重要的传统,延续到当代。

这一类笔记体著作,有些是随笔性质,有些是丛谈性质,有些是随笔、丛谈两类特征兼而有之,难以截然区分。现在仅列举"丛谈"类特征较为明显的著作,如:唐代段成式《酉阳杂俎》,宋代沈括《梦溪笔谈》、洪迈《容斋随笔》、周密《齐东野语》,明代郎瑛《七修类稿》、谢肇淛《五杂俎》、徐应秋《玉芝堂谈荟》、谈迁《枣林杂俎》,清代顾炎武《日知录》、褚人获《坚瓠集》、王士禛《池北偶谈》、赵翼《陔余丛考》、袁枚《随园随笔》、俞正燮《癸巳存稿》《癸巳类稿》等,至清末及民国时期又有俞樾《春在堂随笔》、《茶香室丛钞》(二钞、三钞、四钞),柴小梵的《梵天庐丛录》等,当代则有陈登原《国史旧闻》、邓之诚《骨董琐记》等。至钱锺书先生《管锥编》问世,这使各种笔记体学术著作在当代达到了一个新的难以逾越的高峰。

古代除笔记体著作之外,还有一个特殊的系统是类书,这是中国古代浩如烟海的文化典籍的重要组成部分。如《艺文类聚》《初学记》《太平御览》《渊鉴类涵》《古今图书集成》等,这都是古代学者治学常见借用的参考书。笔记体著作和类书的关系是非常密切的。前代各种笔记类著作为后来的各种类书提供了丰富的资料来源，前代的各种类书又为后来的各种笔记类著作提供了可利用的文献依据。永宽的这一本《学术丛谈》，既引用了大量的文人笔记类著作，也引用了古代类书中的许多资料。可见他的专业学习与研究工作，也受到古代文献中各种类书的影响。

我看到的这一本新作《王永宽学术丛谈》，是永宽奉献于当代学界的一本新的笔记类学术著作，是对于前代学者笔记类著作的延续和传承。我粗略浏览一遍，感到它的内容非常丰富，对于所研讨的问题，溯其源起，述其流变，广征博引，比类辨析，调动了作者毕生的阅读记忆与知识储备。其中对于前代有分歧有争议的问题，永宽详尽列举诸家异说，举证考述，或者做出新的判断，或者提出自己倾向性的意见，或者指出可供参考的新思路。其间也有作者个人的议论，有观点鲜明的独立性见解。书中所引录的各种典籍文献、诸家著作，一律注明来源与出处，为读者继续探讨该问题提供查找、核实的依据与线索。我认为，永宽的这本书具有学术性与资料性，也具有普及性与可读性，对于文史有关方面的学术研究、文科教学都具有一定的参考价值和实用价值。

现在，《王永宽学术丛谈》即将正式出版，可喜可贺。永宽本人已经做了很大努力，尽到自己的学术责任，他究竟做得怎样，学界同仁及读者朋友各人见仁见智有别，定会引起不同的议论，给予批评指正，或者也会从中得到不同的收益与启迪。

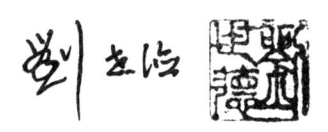

刘占临

2021年10月2日，于北京崇文门外夕照寺街华城小区寓所

第一编 文史杂议（其一）

（一）做 官

人类社会自原始社会后期就开始有官。"官"的概念包含着多方面的意思：一是指官职，这是从政治学、社会学的层面而言；二是指做官的人，这是从人的主体的角度而言；三是指官方，这是从相对于民众或个人的方面而言；四是指为官之道，这是从做官的过程及相关的思想认识而言。这几方面都包含着丰富的文化内容，古代文献中有许多深刻的识见与精彩的议论。本节主要从为官之道方面予以摘要综述。

1. 官的本义

《说文解字》卷一四上对于"官"字的解释是："吏事君也。"意思是指为国君服务、治理国家的人。这可以说是"官"字的原始的而且是经典的定义。但是，这里的表述还不完美，显然没有把"君"包括在内。其实，国君及后来的"王""帝""皇帝"也都是"官"，是一个国家中最大的"官"，宋朝时称天子为"官家"，就说明宋朝的皇帝自认为是一种特殊的官。这个问题，笔者另有专文记述（参见《王永宽学术随笔》第四编《称天子为官家》一节）。

值得注意的是，在《说文解字》中，"官"字的部首在"𠂤"部，而不是在"宀"部。解释说："从宀从𠂤，𠂤犹众也。此与'师'同意。"意思是说，"官"字下面的部分原写作"𠂤"，即是繁体的"師"字的左边部分，即"堆"的本字，其读音为 duī，其意思与老师的"师"相同。根据这样的解释，

"官"的本义不只是具有管理、治理的职能，而且也有教化、指导的职能。

关于"官"与"师"有相同的意思，在先秦文献中已有例证。《尚书·胤征》云："官师相规，工执艺事以谏。"孔安国"传"解释云："官师，众官，更相规阙，百工各执其所治技艺以谏失常。"这里出现"官师"一词，即是指出官与师有相同或相近的职能，对于国君的过失给予进谏。官既然可为国君之师，对于百姓大众更是必然具有教导的功能。

根据"官"的这一基本的含义，官必须由具有学识与智慧而且道德与品行高尚的人来担任。《尚书·皋陶谟》云："俊乂在官。"孔安国"传"的解释说："俊德治能之士并在官。"俊乂，原指德高望重的老人，后来又通称贤德之人，清代孙星衍《尚书今古文注疏》卷二《皋陶谟上》对"俊乂"一词有详细的解说。这里表达的意思是，为官者不仅具有为大众作主、为社会服务的职能，而且其办事能力及道德人品应该成为大众的师表与楷模。

在中国历史上，传说在伏羲时就开始设官。《通鉴纲目前编》记载，太昊时，因有龙马负图出于河的祥瑞之兆，因而所设的官职就以龙来命名，称为"龙师"，这也反映了我国最早的官的概念具有"师"的意义。当时"命朱襄为飞龙氏，造书契；昊英为潜龙氏，造甲历；大庭为居龙氏，治屋庐；混沌为降龙氏，驱民害；阴康为土龙氏，治田里；栗陆为水龙氏，繁滋草木，疏导水源。又命五官，春官为青龙氏，又曰苍龙；夏官为赤龙氏；秋官为白龙氏；冬官为黑龙氏；中官为黄龙氏。"那时的官名既称龙师，又带"龙"字，这也反映了中国早期的官文化与龙文化的联系与交融。

黄帝时设官，也是同样的选贤任能。《史记·五帝纪》记云：黄帝以风后为相，用力牧为将。命大挠作甲子，容成造历。使羲和占日，常仪占月，臾区占星气，伶伦造律吕，隶首作算数。当时蚕桑、医药、舟车、宫室、文字之类，也都设有专职官员负责。黄帝的做法奠定了后世官制的基础，其选贤任能的主导思想也成为后世历代奉行与尊崇的设官用官的理念。

虞舜时设九官。《尚书·舜典》记载九官的名称是：伯禹作司空，弃为后稷，契作司徒，皋陶作士，垂为共工，益作朕虞，伯夷作秩宗，夔为典乐，龙为纳言。这时，官的设置与分工已经是相当完备。

周代的设官更是形成了严密的体系。《礼记·王制》篇记云："凡四海之内九州，州方千里，州建百里之国三十，七十里之国六十，五十里之国百有二十，凡二百一十国……天子百里之内以共官，千里之内以为御。千里之外设方伯。五国以为属，属有长；十国以为连，连有帅；三十国以为卒，卒有正；二百一十国以为州，州有伯。"这还只是在全国各地的行政划分来说的，而在朝堂之上则是，"天子三公、九卿、二十七大夫、八十一元士"（其中的大国、次国、小国，在卿、大夫、士的人数设定上有所不同）。从这样的规定来看，周朝的官员队伍非常庞大，而且名目繁多，但是在实际执行时常常是没有达到规定的数目。同时，周朝的设官对于任命程序、任期、级别、待遇、考核办法等，也都有详细的规定。关于级别，周朝对于官员分为九品，后世各代尽管其名称有所变化，但是这种九品制奠定了古代官制的等级制度，一直延续到明清时。当代的干部级别制度，实际上也是继承了古代的官员等级制而加以变异。

从官的本义及古代设官的初衷来看，官应当是辅佐君主、治理国家、恪尽职守、为民办事的，但是在历代的现实生活中，所设之官常常是没有起到应有的作用。一般情况下，做官者大都是高高在上，作威作福，凭借权力与威势欺压百姓，官与君、官与官、官与民之间都存在着尖锐的矛盾，官场蕴藏着各种凶险与危机。尤其是在社会混乱、政治腐败的情况下，能做官者并不一定是通过正当的途径选拔出来的，也并不一定是通过科举考试凭才学而登第的，而常常是通过攀附、投靠、捐纳等非正常手段窃据要职，做官之后其心思和精力也不在"全功、成名、布义"（《说苑》中语）方面，而是极力钻营，固其地位，谋其私利，遂其欲望。《侯鲭录》卷四云："唐末五代，权臣执政，公然交赂，科第差除，各有等差。故当时语云：'及第不必读书，作官何须事业。'"这里说的是唐末五代时期的乱世状况，即使社会相对稳定的其他时期，各种黑暗腐败现象也是大量存在的。在民众的心目中，官的形象整体上是不高尚的。《聊斋志异·夜叉国》写海岛上一少年问流落在此的徐姓商人："何以为官？"徐某回答说："出者舆马，入则高堂；上一呼而下百诺；见者侧目视，侧足立：此名为官。"这里的描写虽然是小说家言，但是确能在一定程度上反映社会的真实。

2. 为官之道

为官之道，从根本上说是要忠于国君，体现国君的政治意志，维护统治阶级的根本利益。在国君的大政方针确定之后，各部门各级别的官员要能够通过施政实现国君的政治目的。《礼记·王制》云："司马辨论官材，论进士之贤者，以告于王，而定其论；论定，然后官之；任官，然后爵之；位定，然后禄之。"其意思是，国家掌管人事之权者首先根据治理国家的政治需要选用"贤者"，告于国君予以确定，人选确定之后给予任命，任命之后给他一定的爵位，爵位确定之后给予他一定的俸禄。这里所述是周代朝廷设官的基本做法，也是儒家学说认定的设官用官的基本方法，后世历朝历代设官用官大体上也都是这样做的。当代伟人毛泽东说"政治路线确定之后，干部就是决定的因素"，又说"领导者的责任，归结起来，主要地是出主意、用干部两件事"。（《中国共产党在民族战争中的地位》）这里的论述，实际上就是对于这一传统思想观点的引申，确定政治路线并选拔需要任用的人就是"论定"，用干部就是"官之"。

关于所设官员在其辖区或其职位上究竟应当怎样做，历代圣贤哲人有许多议论，历代曾做过官的人有许多感想，古代文献中有许多记载，难以尽述，这里试举某些典型而有代表性的言论，可略见大端。

刘向《说苑》卷七《政理》记云，魏文侯让西门豹前往治理邺县，告之曰："必全功、成名、布义。"西门豹问道："要全功、成名、布义，究竟应该怎样做呢？"魏文侯说："子往矣。是无邑不有贤豪、辨博者也；无邑不有好扬人之恶、蔽人之善者也。往必问贤豪者，因而亲之；其辨博者，因而师之；问其扬人之恶、蔽人之善者，因而察之。不可以特闻从事。夫耳闻之不如目见之，目见之不如足践之，足践之不如手辨之。人始入官，如入晦室，久而愈明，明乃治，治乃行。"

这一段议论是非常深刻的，可谓是古代为官之道的经典性名言。魏文侯所谓的全功，即是在治理一方的过程中取得治绩，建立功勋；所谓成名，即是为官者通过施政取得良好的名声；所谓布义，即是在为官之地宣示朝廷与国君的恩德，使该地能够长治久安。功、名、义三者是彼此联系的。全功是成名与布义的基础，成名与布义是全功的作用与结果。无功而取名是沽名钓誉，其名终归虚幻；无功而布义是假仁假义，其义必难长久。历代著名的政治家，无论是治理一方或在朝任职，其全功、成名与布义是兼而得之的，因而能够名垂青史，成为后人赞颂与效法的名宦的典型。

关于全功、成名、布义的具体做法，魏文侯指示说，到一个地方之后，要访察有道德有威望的人，亲近他们；对于那些有学问有智慧的人，要拜他们为师，向他们请教；对于那里的哪些人爱扬人之恶，哪些人爱掩人之善，要能够明察，做到心中有数。至于怎样明察，魏文侯提出一个重要的观点，就是不要只是听别人怎么说，而要通过自己的实际调查做到耳闻目见。他的这一观点，符合当代哲学所信从的"实践论"的观点，符合实践出真知的科学原则。因而，这里所谓的"耳闻不如目见，目见不如足践，足践不如手辨"，或者简缩为"百闻不如一见"的成语，就成为人们非常熟悉的名言警句。

这一段话之末，关于"入官如入晦室"的比喻非常生动。当一个人进入一间昏暗的房间，开始时觉得什么也看不见，过一会儿才觉得渐渐明朗；进入官场也是这样，开始时总会觉得对许多情况不够了解，处理政务不知该怎样下手，过一段时间就会渐渐地熟悉了。这样的体验是符合人的认识过程的，当代哲学说"实践出真知"，就是这个道理。从古至今的为官者，经过官场的实践之后都会有这样的体会。

上述魏文侯的议论，西门豹在任邺县令时认真做到了。《史记·滑稽列传》记载了西门豹治邺的生动故事，后世脍炙人口。邺地三老、廷掾勾结女巫，赋敛百姓财物，假称为河伯娶妇，挑选民家女子投入漳河。西门豹利用权力与智慧，把女巫、三老投入河中，除掉恶俗；又组织民众开凿十二条水渠，引漳河水灌溉农田，民众得以富饶丰足。西门豹在全功、成名、布义三个方面都取得了很好的结果，彪炳青史，后人传颂；他的敢作敢为、为民众除害造福的事迹与所体现的精神，成为后世为官者效法的榜样。

但是，能够像西门豹那样取得成功，在现实中是非常不容易的。后世历代的许多官员，就任为某处地方长官之后，并不是像魏文侯所说的一心思考着如何全功、成名、布义，而是一开始就考虑如何为个人谋取私利，又如何在任期内不出事故并且能够全身而退。南宋俞文豹《吹剑录外集》有一段深刻的议论。他首先引述宋高宗的话："闻作县者云：一年立威信，二年收人情，三年为去计。"这是宋高宗听人说起的当时有些知县的为官态度。他到任的第一年主要是树立威信，第二年主要是收买人情，第三年就要做些收尾工作，为离职作打算了。而离职的去向，或者续任，或者升迁，或者致仕，都要有个较为完美的结果。这样的人是深谙官场之道的，既表现了他应对仕途的圆滑态度，又是切合实际的经验之谈。之后俞文豹议论说："文豹谓，今为州县者，急于取偿，往往下车，便为去计，故有一年半年数月辄罢去。盖利欲之念，胶固胸中，以儒者之言为迂阔。殊不知为政以人心为元气，得人心全在初政。初政一善，众誉翕然，少迟岁月，所取愈大，所获愈多，所谓先声而后实也。若先声一丧，人心一失，终不可收救。一旦罢去，所丧多矣。"其意思是说，还有一些做知县者，连宋高宗所谓的那样的态度也不如，其得官就急于捞钱，唯利是图，刚到任就作离任的打算。这样的人利欲熏心，认为儒者所谓全功、成名、布义的说法迂阔而不可行。这里，俞文豹提出一个重要的观点，即认为"为政以人心为元气"，为此要在刚到任的第一阶段（初政）就重视收取人心，否则人心丧失则以后无法弥补。俞文豹的见解是非常深刻的，在抨击时弊的同时也表明了他对于为官之道的认识与体会，值得后人认真思考。

清代韩泰华《无事为福斋随笔》卷下也引述了《说苑》中魏文侯对西门豹所说的"入官如入晦室，久而愈明"的比喻，对于所谓的"明"进行议论。他说："明于朝章掌故也，明于兵刑钱谷也，非若后世之明于趋承应对也，明于舞文弄法也。嗟乎！学问不讲而廉耻丧，而官不足轻重矣。"这里认为，"明"应当是明于朝章掌故，明于兵刑钱谷，即做官者应当熟悉的知识，但是在现实中，后世的许多做官者把精力放在熟悉怎样趋承应对、怎样舞文弄法方面去了，这就背离了做官者的基本责任与宗旨。于是作者发出感慨，这样的官员即是丧尽廉耻，其官也就没有多大价值了。

3. 仕而优者学，学而优者仕

《论语·子张》篇中记述道："子夏曰：仕而优则学，学而优则仕。"其中的"优"字，前人注解说是"行有余力"或"间有余力"之义。因此，杨伯峻《论语译注》的译文就是："做官了，有余力便去学习；学习了，有余力便去做官。"这是比较切合《论语》原文本义的。子夏是孔子的学生，姓卜名商，字子夏，他的这句话，后人认为也能代表孔子的思想与观点，因为《论语·学而》篇中有孔子曰"行有余力，则以学文"，于是，这句话就成为儒家思想中关于做官的一句名言。

其实，这两句话是强调学习对于做官的重要性。意思应当理解为，做官者若有富余时间，就要利用起来进行学习，不断充实自己的知识，提高从政能力；学习的人若有充裕的时间与一定的条件，可以出来做官。这样的理解，在语意上留有一定的余地，意思是正确的，也是合理的。

当代人们谈起《论语》这两句话，一般人则是把其中的"优"字作"优秀"来理解，即是说，官员中的优秀者，就应当努力学习；学习而优秀者，就可以出来做官。这样的解释虽然不太符合《论语》的原文原义，也大体上是不错的。但是，如果在句子中加上某些关联词，使这两句话成为具有特定意义的复合句，那就需要再作分析了，如解释为"做官者的优秀者一定爱好学习"，"学习优秀者一定要做官"；或者推论为"做官者的优秀者必定是优秀的学者"，"只有学习优秀者才能当官"，这样就使语义显得绝对化，其意思也就未必正确了。因为，学习优秀应当是做官的充分条件，而不是做官的必要条件；做官是学习优秀者的出路之一，而不是唯一的出路。

自从汉代董仲舒提出"罢黜百家，独尊儒术"之后，儒家思想成为长期封建社会的统治思想，历代受儒家传统的经世致用思想支配的文士们，都把《礼记·大学》中所说的"格物、致知、诚意、正心、修身、齐家、治国、平天下"作为自己的人生理想和价值追求。从汉代的举孝廉、六朝时的荐举到唐代以后的科举制度，朝廷及官府通过一定考核程序从读书人中选拔优秀人才，授给一定的官职，延续到清末都是这样做的。于是，历代的读书人就都把由读书而参加科举进而入仕作为毕生的追求，至死不悔。即使不能由科举入仕，也千方百计地通过某方面的成功谋取一个仕途系列的实职或虚衔，使自己的虚荣心在一定程度上得到满足。

在这样的文化背景下，学而优则仕，即读书做官，就成为历代文士共同的心态。《左传·襄公二十四年》云："太上有立德，其次有立功，其次有立言，虽久不废，此之谓不朽。"这里的"三立"，即成为后世儒家知识分子认同的"三不朽"。其中的立德是人人都应当做到的，而立功则是进入仕途得以主政一方才能实现的；立言则被认为是余事，有的做官者是在立功的同时谋求立言，有的是在立功之后致仕家居再谋求立言，有的是人生坎坷、无缘立功，不得已而致力于立言。封建时代所有的文士，总是首先谋求立功，其次谋求立言。然而要实现立功，必须为国效力（实即为朝廷效力）才能达到目的。尤其是那些自认为有才能的人，对于入仕更是有非常强烈的追求。

汉代司马相如年轻时自恃才华盖世，希求入仕以展才干的欲望非常强烈。他经过成都城北的升仙桥时题其桥柱曰："不乘驷马高车，不过此桥。"（《太平御览》卷七三引常璩《华阳国志》）这时，司马相如踌躇满志，不满足于终生只做一个能作词赋的文人，而是要在仕途上一展身手。后来他献赋给汉武帝而被任命为"郎"，通使邛、筰立功，遂了"驷马高车"的心愿。《汉书·夏侯胜传》记云:"胜每讲授,常谓诸生曰:'士病不明经术,若明经术,其拾青紫,如俯拾地芥耳。'"这是典型的对学生进行"学而优者仕"的教育,认为只要把书读好,通晓经术,就可求得功名,博得身穿青色或紫色的官服就像弯腰拾取地上的草屑那样容易。于是,后世的读书人一开始都把求取功名作为毕生的第一目标,才华出众者便常以"拾芥"表达自己对于做官的自信。南朝文学家谢灵运出身豪门世家,为人自负而狂放,"自谓才能宜参权要"(《宋书·谢灵运传》),即是说,他认为以自己的才能应当在朝廷的高层任职,掌握重大权力,体现他热衷于政治而不满足于只做一个诗人。然而谢灵运的实际经历是,在东晋时官至相国从事中郎将,入南朝宋时被降为侯爵,任永嘉太守、临川内史等职,后来因心怀不满而起兵反叛,失败被杀。谢灵运的经历说明,有才能的文士得官容易,然而官场的风波也太大,要想在仕途上一帆风顺则不容易。唐代的大诗人李白更是一位恃才狂傲的人,他作《南陵别儿童入京》诗云:"会稽愚妇轻买臣,余亦辞家西入秦。仰天大笑出门去,我辈岂是蓬蒿人。"(《全唐诗》卷一七四)诗中他有感于汉代的朱买臣被其妻看不起而产生"马前泼水"的教训,于是决心离开家到京城去求取功名,他对于自己能够进入仕途并取得成功,具有高度的自信并表现出近于狂妄的得意。然而,李白在京师长安并没有得到唐玄宗的重用,失意而归,后来受永王李璘反叛事件的牵连,被流放夜郎,晚年虽蒙特赦,但仍是境遇凄凉,困顿而死。

历代许多有才有志的文士,虽然明知入仕不易而仕途险恶,但仍然对于功名孜孜以求,永不死心。明代都穆《都公谈纂》卷下记述其父曾说:"人求道,须于功名上闹一闹。"这话反映了历代读书人的共同心态,读书而明晓事理之后一定要在仕途上拼搏一番。但是,要"闹"出名堂,"闹"得成功,也是不容易的,"闹"不好则身败名裂。从中国古代许许多多文士的经历来看,读书人通过十年寒窗求得功名非常不容易,而求得功名入仕之后能够终生保全富贵更不容易。于是,在中国历史上,这"学而优则仕"和"仕而优则学",就反反复复演出一幕幕惊心动魄、曲折离奇的悲喜剧。

4. 为公与为私

中国自古以来,关于"官"的一个重要观念就是为公。官的职责是上为朝廷办事,下为民众办事,对上对下都是为公。君主(也指朝廷)之门称为

"公门",如《论语·乡党》云"入公门,鞠躬如也";三公的官府称为"公府",如《潜夫论·爱日》云"今破家活,达诣公府";各级官府又通称为"公上",如《汉书·杨恽传》云"身率妻子,戮力耕桑,灌园治产,以给公上";官府的衙门称为"公衙",如《封氏闻见记》卷五《公衙》云"近代通谓府廷为公衙,公衙即古之公朝也";官府的车辆称为"公车",如《周礼·春官·巾车》云"掌公车之政令";此外还如,官府处理政务及审理案件的地方称为公堂,官府掌管的田地称为"公田",官府的衙役称为"公人",办理官府的事务称为"公干";等等。《礼记·礼运》篇云"大道之行也,天下为公",是儒家思想推崇的为官从政的重要道德原则。

"私"是与"公"相对的概念,就是为了个人的名利,或者是为了自己的家庭、家族及小集团的利益。做官就应当出于公心,上为朝廷尽忠,下为民众办事;如果做官而谋求私利,称为以权谋私,这在历代都被认为是做官者的错误或罪恶。《尚书·周官》云:"以公灭私,其民允怀。"《尚书正义》这里有孔安国"传"云:"从政以公平灭私情,则民其信归之。"之后孔颖达疏进一步解释说:"为政之法,以公平之心灭己之私欲,则见下民其信汝而归汝矣。"这里也提出为官者必须注意的一个重要原则,就是从政为公,不遂私欲,这是历代为官者应当知警而戒惧的。

但是,在历代的社会现实中,要使为官者都做到一心为公而不遂私欲,是非常困难的,或者说简直是不可能的。为官者具有高于普通民众的社会地位,更拥有其职位伴随的各种治理大众的权力,其地位是可以获取私利的优越平台,其权力是可以谋取私利的便利条件。而且,为官者其人本来都是有个人欲望的,谋取私利是人的本性。尽管为官者要受到儒家思想道德观念的制约,又有朝廷法律条规的制约,但是在其从政的过程中总是有各种各样的可以谋取私利的空间。因此,历代的做官者为公与为私总是二者兼顾、并行不悖的,只是其在做官期间为公为私的比例有所差异。如果其主要精力用于为公,胜任其职并有所建树,就是好官、清官;如果其主要精力用于为私,渎职误事或贪赃枉法,就是贪官、昏官。这里的不同情况都是客观存在的历史事实。

在前代一些文士著作中,对于这个问题有不少的议论。前面第二节引述俞文豹《吹剑录外集》,记述宋高宗所谓的某县官之言"一年立威信,二年收人情,三年为去计",就是典型的做官谋私之论。这位县官的小算盘是,在职三年期间，既要应付职责，又要捞足好处，还要能够平安退走。他的这一想法，实际上并非他本人才有，而是许多为官者的共同心态。到外地任职的某个官员，谁不这样为自己打算啊？如果他一点也不为自己的利益和前程着想，只是一心忙于公务，任劳任怨，鞠躬尽瘁，那么他的神经系统就有点不正常了，或者说太缺心眼了。这里，俞文豹还记述道："留中书守永嘉，语僚属曰：'朝廷用汝便是钱。'真有味之言也。"留中书即是南宋末年宰相留梦炎，曾官永嘉太守，此人后来投降元朝，是中国历史上的著名大奸臣，他在仕途上是非常精通为官之道的。所谓"朝廷用汝便是钱"是一句大实话，只是说得毫不掩饰。朝廷任用某人任某官职，这个官职就是一堆钱：俸禄是分内之钱，"养廉"或"羡余"（清代赋税制度规定，应交赋税指标之外，为弥补损耗而加征的部分称为"耗羡"，其中的一部分可以归官员所有，称为"养廉"，另外剩余的解交上级，称为"羡余"）也是可得之钱；士民馈送的情况较为复杂，有些是人情，有些则是带有贿赂性质；至于卖官鬻爵、受贿索贿、豪夺巧取等，都是分外之钱，那就必定是罪恶。做官者若能做到只得分内之钱，慎取可得之钱，禁绝分外之钱，那就是难能可贵的清官、好官；若是对分外之钱，贪得无厌，永不满足，那就必定是贪官、恶官。历史上各朝各代中，清官、好官总是少数，而贪官、坏官总是多数。《聊斋志异·梦狼》篇末，"异史氏"（即蒲松龄）曰"窃叹天下之官虎而吏狼者，比比也"，作者在这里对封建社会中官场情况表示的感慨，大体上是符合实际的。

明代朱国祯《涌幢小品》卷一〇《乙丑馆选》附文云："做官只有两件，为国家干事，为自己营私。二者俱做不得，真极痴极蠢人。反而思之，自是明白，不要说着'造化'二字。"这里"为国家干事，为自己营私"二句，可谓是爽快直言的大实话。历代做官者，哪个不是在为国家干事的同时为自己营私？如果这两方面都做不成事，此人就一定是又痴又蠢的大笨蛋。其中的实情，不论是做官者还是百姓旁观者，人人心知肚明，只是平时大家都不说破而已。如果把能够做官说成是其人的造化，那也不过是故弄玄虚而已。绝对的大公无私者并不存在，能够先公后私、公私分明者也就是相当不错的了。如果有的为官者在任职时常常是公私不分，或者化公为私，以官府为家室，以公财为私产，以做官为做家，那么他就和受惩罚被治罪近在咫尺了。清龚炜《巢林笔谈续编》卷下云："做官做家，截然两事，并而为一，不祥莫大焉。"这话是所有的做官者应当引以为戒的。

5. 做好官与做好人

好官与好人是两个概念。一般说来,好官是指品德高尚、清廉正直、勤政爱民的官员,好人是指品德高尚、心地善良的官员或民众个人。好官与好人虽然都具有品德高尚的共性,但是其内涵并非等同。"好官"的概念有时也指有名有利的好职位,或称为"肥缺",那是另一层意思。在古代文士著作中,关于好官与好人有不少生动而深刻的议论。

朱弁《曲洧旧闻》卷六记云,吴伯举官苏州知府时,蔡京从杭州被召回京,经过苏州时,吴伯举盛情招待,蔡京对他非常赏识。蔡京回京做了宰相,就举荐他到朝中任职,接着连升三级,得官为中书舍人。后来,吴伯举推荐别人入官不合规定,蔡京发怒,又把吴伯举撤销职务,改任扬州知府。不久,京城有人在蔡京面前称赞吴伯举的才能,又说吴伯举原本是蔡太师提拔的人,不应当让他长期在外地任职,这时,蔡京说:"(吴伯举)既做好官,又要做好人,两者岂可得兼耶?"

关于吴伯举的生平事迹,如今没有看到更多的资料,仅从《曲洧旧闻》的这段记述,可知他和蔡京之间有这么一段故事。蔡京所谓做好官与做好人岂可得兼这句话,是非常精警的名言,受到后人注意。蔡京是宋朝著名奸臣,又因小说《水浒传》的描写而成为中国历史上的著名奸臣之一。蔡京久经官场,可谓老奸巨猾,他所说的好官,是指为官之地富庶、职位有权有势、可以名利双收的要职,扬州知府之位就是这样的"好官"。所谓做好官与做好人不能兼得,意思是,要做好官就不能做好人,要做好人就别想做好官。他把做好官和做好人如此尖锐地对立起来,听起来显得极端,其隐含的意思是说,这个吴伯举既然做了扬州知府,已经是相当好的官职了,又想做京官却不主动投靠,也未见馈送什么好处,而是装出一副清高的好人模样,难道入朝任职就是那么容易吗?清代梁绍壬《两般秋雨庵随笔》卷一·《丧心语》引录了蔡京说吴伯举的这句话,议论道:"此真丧心病狂之语。"这里显然是对蔡京的阴毒予以指斥。

南宋时,李之彦《东谷所见》中有《好官好人》一节(《说郛》宛委本卷七三下)记述道,李之彦看见某位士大夫的府中墙壁间有一石碑,刻写的是"好官易做,好人难做"八个字,众人看后都说很有道理,而李之彦对这一说法不赞成。他说:"余窃以为不然。好人何难做之有?仁义礼智,行之在我；孝悌忠信，行之在我。人皆可为尧舜，途之人亦可为禹，人自不为之耳。乃若欲做好官，必钻刺，必营求，必俯仰，胁肩谄笑，慑气促步，惟恐人挥斥其趋事不周，外坏面目，内坏心术，曾莫之顾。求而得者能几人？求而不得者总总也。纵求而得，所丧已大。甚矣，做好官之难也。"这里表达的意思是，做好人并不难，而要做好官却是太难了。若做好人，只需按照儒家仁义礼智、孝悌忠信的一套道德原则行事就行了，对自己严格要求，则人人可成为尧舜禹那样的圣人。而做好官就不同了。他所谓的"好官"，是指有权有势有名有利的"肥缺"，而不是指品德高尚、清正廉洁的优秀之官。他认为，若想谋得"肥缺"，就必须用心机钻营，对上司阿谀奉承，忍气吞声，唯恐得咎，还要厚着脸皮、昧着良心做些违心之事。如此谋求，能得到"肥缺"的又能有几人？求而不得者太多了。即使能求得"肥缺"，其精力与人格的付出也太大了。因此，李之彦认为，做"好官"实在太难了。

明代李贤《古穰杂录》对于李之彦提出的做好人做好官的问题又进行议论，他说："今之士大夫不求做好人，只求做好官。风俗如此，盖亦当道者使然也。何则？有一人焉，平日仕未显时，士林鄙之。一旦乞求得好官，人皆以为荣，向之鄙之者，今则敬之爱之矣。欲人之不求做好官也难矣。有一人焉，位未显时，士林重之，介然自守，耻于干人，好官未必得也。若鄙之人一旦得好官，人反重之；而向之重之者，今反轻之。欲人之求做好人也难矣。今欲回此风俗，在当道者留意，若不由公论而得好官者，不变前日之所鄙；不得好官而为好人者，不变前日之所重，庶乎其可也。"

这里指出当时一个普遍的社会现象是：士大夫不求做好人，只求做好官（亦是肥缺之意）。李贤假设两人的不同境遇来作具体分析，认为社会风气固然是一个重要原因，而当权者的评价标准与好恶倾向也对于这种现象的形成产生很大的影响。有一个人在没有发达时因人品不好而被人看不起，一旦得了好的官职，人们都感到他很荣耀，原来看不起他的人也对他转为敬爱，由此而使人不去追求好的官职也太难了。另一人在没有发达时，因人品高尚而受人尊重，但是他能安然自守清贫，不屑于向人求告，那么他就不会得到任何好的官职。像这样，人品不好的，得了好官就受人尊重；人品好的，因没有得到好官，原来尊重他的也转而轻视他了，那么，想让人追求做一个好人也太难了。因此李贤认为，这样不好的风气应该改一改，当权者要对此加以引导：那些不通过正当的选拔程序而得到好官（好职位）的人，人们原来对他的鄙视态度不会改变；没有得到好官（好职位）而品德高尚的好人，人们原来对他尊重的态度不会改变。若能做到这样，才是良好的社会风气。

李贤的议论固然不错，但是在社会现实中，形成这样良好的社会风气是非常不容易的。因为，社会的芸芸众生，庸俗而势利者多，重德而轻名者少，对权势之人趋从逢迎者多，对有德而低微者尊重敬爱者少。这样的社会风气很难改变，士大夫不求做好人、只求做好官（好职位）的现象也很难改变。从古至今都是如此。

（二）清慎勤

"清慎勤"三字，在古代文献中常见提及，这是历代士人非常崇尚的为官者的思想与道德境界，表现着中国古代优秀传统文化中一种可贵的人文精神，对于后世产生了深远的影响。当代，习近平论治国理政，也提到"清慎勤"这条古训，他在《干在实处　走在前列——在浙江省委十一届四次全会上作报告时的插话》中引用宋代吕本中之语说："当官之法，惟有三事，曰清、曰慎、曰勤。"《习近平用典》收录了这段话，对于清、慎、勤的本义以及此语的出处作了简要的解释（人民日报出版社2015年版，第55~56页）。现在，笔者根据读书所得，再对"清慎勤"三字的源流与影响略作梳理。

"清慎勤"三字最早的出处是三国时司马昭之语。

清赵翼《陔余丛考》卷二七《清慎勤匾》记云："各衙署讼堂多书清慎勤三字作匾额，此本之《世说》注，李秉《家诫》曰：昔尝侍坐于先帝，时有三长史俱见，临辞出，上曰：'为官长当清、当慎、当勤，修此三者，何患不治乎？'并受诏，上曰：'必不得已而去，于斯三者何先？'或对曰，清为本。上顾吾，吾对曰：'清慎勤之道，相须而成，必不得已，慎乃为大。'上曰：'卿言得之矣。'此清慎勤三字所本也。"

这里的所说的"《世说》注"，是指《世说新语·德行》所记"晋文王称阮嗣宗至慎……"一段之后，刘孝标的原注据《魏氏春秋》的引录。原文作"李康《家诫》"，"康"实为"秉"字之误，李秉是李通的孙子，《晋书》有传。其所作《家诫》是对于本家族成员的训辞，多记述自己的为官经历及感悟。文中"先帝"即晋文王司马昭，而他的答语则自谓是"吾对曰"，用第一人称表述。

《陔余丛考》此节引录的《世说》注并不完整，之后又加注云："亦见《三国志·李通传》注。"袁枚《随园诗话补遗》卷二云："犹云'清慎勤'三字，今奉为圣经贤传，而不知司马昭训长史之言，见《三国志》。"这里，袁枚也说"清慎勤"三字出自《三国志》，而实际上是出自《三国志·李通传》的裴松之注。赵翼所说更为详明。

今查《三国志·魏书·李通传》，其中记李通有子李绪、李基，李绪之子名李秉，字玄胄，这里的注引王隐《晋书》记云："绪子秉字玄胄，有俊才，为时所贵，官至秦州刺史。秉尝答司马文王问，因以为《家诫》，曰：昔尝侍坐于先帝，时有三长史俱见，临辞出，上曰：'为官长当清、当慎、当勤，修此三者，何患不治乎？'并受诏。既出，上顾谓吾等曰：'相诫敕正当尔不？'侍坐众贤，莫不赞善。上又问曰：'必不得已，于斯三者何先？'或对曰：'清固为本。'次复问吾，对曰：'清慎之道，相须而成，必不得已，慎乃为大。夫清者不必慎，慎者必自清，亦由仁者必有勇，勇者不必有仁，是以《易》称囊括无咎，藉用白茅，皆慎之至也。'上曰：'卿言得之耳。可举近世能慎者乎？'诸人各未知所对，吾乃举故太尉荀景倩、尚书董仲达、仆射王公仲并可为慎。上曰：'此诸人者，温恭朝夕，执事有恪，亦各其慎也。然天下之至慎，其惟阮嗣宗乎？每与之言，言及玄远，而未曾评论时事，臧否人物，真可谓至慎矣。'吾每思此言，亦足以为明戒。凡人行事，年少立身，不可不慎，勿轻论人，勿轻说事，如此则悔吝何由而生，患祸无从而至矣。"

《三国志·李通传》注所引王隐《晋书》的记述，同《世说新语》注所引《魏氏春秋》的记述相对比，其内容基本相同而文字略有差异。其中李秉的答语举出的可称得上"慎"的人物是"太尉荀景倩、尚书董仲达、仆射王公仲"。荀景倩即荀颛，字景倩，三国魏名臣荀彧之子，西晋初官至太尉；董、王未详何人。司马昭听罢，认为此三人的谨慎都比不上阮籍（字嗣宗），可见阮籍的为人谨慎给司马昭留下深刻印象。而且，从这一条史料还可以得知，司马昭对于朝中诸位文士的特点都是相当熟悉的，在考察一个人的人品与才能时有独立而清醒的识见。

宋代吕本中的《官箴》，对于"清慎勤"三字的含义予以新的阐释并有所发挥，其中云："当官之法，唯有三事，曰清，曰慎，曰勤。知此三者，可以保禄位，可以远耻辱，可以得上之知，可以得下之援。然世之仕者，临财当事不能自克，常自以为不必败。持不必败之意，则无所不为矣。事常至于败而不能自已，故设心处世，戒之在初，不可不察。借使役用权智，百端补治，幸而得免，所损已多，不若初不为之为愈也。司马子微《坐忘论》云：'与其巧持于末，孰若拙戒于初？'此天下之要言，当官处世之大法，用力简而见功多，无如此言者。人能思之，岂复有悔吝耶？"

吕本中（1084~1145），字居仁，北宋名臣吕夷简的后代，祖居莱州，世称之为东莱先生。曾官中书舍人兼直学士院，因得罪于秦桧而被罢官。所著《官箴》，是他多年为官的体会与感悟，内容深刻，对后人多有启示。其中关于为所欲为不如当初不为的认识，尤为真知灼见。司马子微即唐代司马承祯，字子微，这里所引用的一句见《坐忘论·真观第五》，原文是"虽则巧持其末，不如拙戒其本"，吕本中或有误记，但其基本意思是一致的。

《官箴》在后世的影响较大，常见文士著作引用。明代钱琦《钱子语测》记云："《官箴》有曰清曰慎曰勤。祝虚斋勉谭县尹文曰：一或不慎，虽有冰柏之操，夙夜之劳，未免有过中失正之为矣。惟慎则自防也。严虑事也，周处事也，敏而清与勤兼得之矣。余谓慎即小心，文王小心翼翼，此慎也。孔明亦云：'先帝知臣谨慎。'是慎者居官之要也。"这段议论，承袭了《世说新语》注引李秉所谓"清慎勤之道，慎乃为大"的观点。所谓"文王小心翼翼"，见《诗经·大雅·大明》，是歌颂周文王之语。所谓"先帝知臣谨慎"，是诸葛亮《出师表》中语。钱琦（1469~1549），字公良，号东畲，浙江海盐人，正德三年（1508）进士，曾官盱眙知县、临江知府等。这里谓引录祝虚斋勉谭县尹文，出处未见。祝虚斋即祝萃，字惟贞，浙江海宁人。成化二十年（1484）进士，曾官刑部主事、工部主事、广东左布政使等。谭县尹其人未详。钱琦年轻时曾经师从祝萃，因此对于祝萃的话印象深刻并深为赞同。

明代薛应旂《薛方山记述》云："君子有五政，而终之以乐。一曰爱，二曰义，三曰序，四曰勤，五曰慎，六曰乐。故不爱之乐，残忍之声也；不义之乐，淫靡之声也；不序之乐，乖乱之声也；不勤之乐，惰慢之声也；不慎之乐，放僻之声也。"五政即是五种德行，都与音乐有密切的关系，其中包括勤与慎两项。薛应旂字仲常，号方山，江苏武进（今属常州市）人。嘉靖十四年（1535）进士，曾官浙江提学副使等。这里对于音乐的议论有独到的见解，把"勤"与"慎"列入五政之中，是吸取了前人关于"清慎勤"的思想。

《官箴》在清代收入《四库全书》，书前《提要》云："故此书多阅历有得之言，可以见诸实事。书首即揭清、慎、勤三字，以为当官之法，其言千古不可易。王士禛《古夫予亭杂录》曰：'上尝御书清、慎、勤三字，刻石示内外诸臣。案此三字，吕本中《官箴》中语也。'是数百年后，尚蒙圣天子采择其说，训示百官，则所言中理可知矣。"文中引述王士禛之语，见《古夫予亭杂录》卷一，原文是："刻石赐内外诸臣，士禛二十年前亦蒙赐。"可知王士禛本人也得到康熙皇帝的赐字，所言不虚。王士禛说"清慎勤"三字出自《官箴》，却没有提到《三国志·李通传》注和《世说新语》注，可见王士禛并没有细考，而由后来的赵翼《陔余丛考》予以补正。文中所谓的"上"，即是指康熙皇帝，可知《官箴》在乾隆时收入《四库全书》之前，康熙皇帝对于"清慎勤"的说法已经非常重视。

康熙时，李光地官至文渊阁大学士，成为朝廷重臣，他居官时即以清慎勤自励。《清史稿·李光地传》记载，李光地去世后，康熙皇帝对阁臣说："李光地谨慎清勤，始终一节，学问渊博，朕知之最真，知朕亦无过光地者。"这里，康熙皇帝对于李光地的评价就用了"清慎勤"的赞语。康熙时还有一位名臣许汝霖（1640～1720），字时庵，号且然，浙江海宁人，康熙二十一年（1682）进士，官至礼部尚书。著作有《德星堂文集》8卷等。康熙五十年（1711）许汝霖辞官归里时，康熙皇帝亲赐"清慎勤"匾额予以嘉奖。这在《海宁州志》中有记载。

梁章钜《退庵随笔》卷四《官常一》，论及为官之道，特别赞赏吕本中所说的"清慎勤"三字。他首先据《三国志·李通传》注和吕本中《官箴》考察"清慎勤"三字的来历，又据《官箴》中关于"忍"字的议论，提出自己的观点说："《书》曰：'必有忍，其乃有济。'若能清慎勤之外，更行一'忍'字，何事不办乎？"之后再加按语云："'忍'字固好，然若吕所言，则'慎'字足以该之矣。"这里，梁章钜认为三字之中慎字最重要，这是附会了《世说新语》注中李秉的观点。

清末朱彭寿《安乐康平室随笔》卷四，记其亲戚徐用仪的为人，也是以"清慎勤"自励。其中云："公与余谊属中表（公之太夫人与先大夫为同曾祖姊弟，余之再从姑母也），由举人官刑部主事，考取军机章京，洊擢今职，加太子少保衔。居官四十余年，奉职恪恭，惟以清慎勤三字自励，性和而介，门无杂宾。"徐用仪（1826～1900），字吉甫，号筱云、小云，浙江海盐人。朱彭寿同他是表兄弟，对其人品非常了解，对于他恪守古人崇尚的"清慎勤"的为官为人标准非常景仰。

梁启超《新民说·论公德》篇中说："近世官箴，最脍炙人口者三字，曰清、慎、勤。"可知梁启超也熟知"清慎勤"的名言，并且对于这一为官原则非常重视。

赵翼《陔余丛考》说"各衙署讼堂多书清慎勤三字"，这确是宋代以后尤其是明清两代客观存在的事实。如今还存世的古代府县衙署遗址，仍然还可以看到书有"清慎勤"三字的匾额。笔者曾到四川阆中川北道署遗址游览，见里面有一殿，匾额题署曰"清慎勤"。外柱有联云："要办事莫生事，要任怨莫敛怨；可兴利毋近利，可急功毋喜功。"（见下图）联中上下句的内容都是关于"清慎勤"的要求。此堂内匾额上为"思补堂"三字，两旁柱上有联云："宽一分，民多受一分赐；取一文，官不值一文钱。"这只是其中的一例而已。

阆中川北道署内殿"清慎勤"匾

（三）慎　言

前一节中，清慎勤的"慎"，包括慎言与慎行。慎行固然重要，而慎言也是非常重要的。中国古代许多文士对于慎言与慎行都有深刻的议论，有人把它奉为座右铭；也有人以此为自己命名，如明代有于慎行、张慎言，清代有查慎行、董慎行等。

本节主要是梳理一下关于慎言的议论。

先秦时期，圣贤诸子关于慎言已有精辟之论。《易经·颐卦》云："观颐，自求口实。"前人解释说，"自求口实，观其自养也"，即是说，看一个人自我修身做得好不好，就应当看他能否做到谨慎言语。老子《道德经》云"大音希声，大象无形"（第四十一章），本义是说，最大的声音总是听不见，最大的物体总是看不见，可以引申的意思是，圣贤人物表达重要思想的话语总是不轻易说出来。孔子也有这样的认识。《论语·学而》篇云："巧言令色，鲜矣仁。"意思是说，那些花言巧语、具有伪善面貌的人，其仁德是不会多的；而有仁德的正人君子，并不是花言巧语的人。于是，后世的文士领会孔子的这句话，就凝聚为"慎言"二字，并且各自有不同的阐释。

刘向《说苑》卷一〇《敬慎》篇记有孔子关于慎言的话："孔子之周，观于太庙，右陛之前有金人焉，三缄其口，而铭其背曰：'古之慎言人也。戒之哉！戒之哉！无多言，多口多败；无多事，多事多患。……'孔子顾谓弟子曰：'记之，此言虽鄙，而中事情。《诗》曰：战战兢兢，如临深渊，如履薄冰。行身若此，岂以口遇祸哉！'"这里所记故事，便是成语"三缄其口"的最早出处。但是，《说苑》的记述却不够明确。孔子在东都洛阳看到的金人（铁铸之人）本来是不会说话的，何须对它三次提问？"铭其背"是指铁人背上原有铭文，还是孔子为之所题铭文？西晋时王肃编撰的《孔子家语》卷三《观周第十一》记述"三缄其口"故事，大体是据《说苑》引录，文字有多处差异，其内容同样是延续了原文的疑问。尽管原故事情节使人费解，但是，孔子借铁人而告诫弟子们应当慎言慎行，他说："诚能慎之，福之根也；口是何伤，祸之门也。"这里的教诲之意是非常明确的。后世的人由此能够得到的启示是，遇到不好说或不便说的事，缄口不言就是最好的应对方法。

战国时纵横家的代表作《鬼谷子》中有对于慎言的议论，非常精彩。《反应第二》云："人言者，动也；己默者，静也。因其言，听其辞，言有不合者，反而求之，其应必出。"意思是说，别人讲话是动态，自己沉默是静态；要根据别人的话语明白他要表达的意思。如果其言语有不合事实或不合道理之处，可以向他反问，要求对方再给以解释。这里指出言语适当的重要性，表达不清楚固然要多费唇舌，而啰唆饶舌也令人生厌，总之应当以慎言为上。

《鬼谷子·权篇第九》云："故口者，几关也，所以关情意也。""几关"即是机关，指口是人体的用来说话的器官，可以表达或封闭自己的情意。之后又云："古人有言曰'口可以食，不可以言'，言者有忌讳也；'众口铄金'，言有曲故也。"这里的意思是，口是用来吃饭的，不可以喋喋不休多说话，多言则很容易触犯别人的忌讳，众人之言能够对某个人造成重大伤害。这句话流传很广，影响很大，后来"众口铄金"就成为一个成语，形容人言可畏。俗语所说"众人的唾沫能淹死人"，正是出自《鬼谷子》。

《韩非子》有《说难》篇，所谓"说"，即是《鬼谷子》中提及的战国时期那些到处进行游说的舌辩之士。韩非认为，这些舌辩之士对当权的统治者或者进言献策，或者给予规谏，都是非常困难的事情。由于当权者的身份地位、个人性格及现实需求各不相同，游说者的思想观点、表达能力、游说方式、行为目的也各不相同，因此其游说结果也就大不一样。如果当权者求名而说之以厚利，或者当权者求利而说之以名，当权者肯定都听不进去；如果所说之事关乎机密，而游说者却明言指出或泄漏出去，那就有可能招致灾祸；如果当权者按照游说者的言论行事而有损名声或遭遇失败，那么游说者的性命就危险了。因此，韩非说："此说之难，不可不知也。"今见《韩非子》董慎行校本于《说难》题下注云："夫说者有逆顺之机，顺以招福，逆而制（致）祸，失之毫厘，差之千里，以此说之所以难也。"（见《二十二子》本《韩非子》）后世文士议论《韩非子·说难》，有人说，韩非其人善于游说，结果却是遭遇杀身之祸，他本人的实际经历正是说明了慎言是多么重要。

东汉时崔瑗《座右铭》云："毋道人之短，毋说己之长。施人慎勿念，受施慎勿忘。世誉不足慕，惟仁为纪纲。隐心而后动，谤议庸何伤！毋使名过实，守愚圣所臧。在涅贵不淄，暧暧内含光。柔弱生之徒，老氏戒刚强。行行鄙夫志，悠悠固难量。慎言节饮食，知足胜不祥。行之苟有恒，久久自芬芳。"(见《全汉文》)这里列举的准则有许多条,其中"慎言节饮食"是对于"口"的要求。崔瑗(77~142)字子玉,东汉文学家、书法家,其《座右铭》流传甚广,后世常见被文士著作引录,如明代陈遇夫《迂言百则》等。

三国时文学家徐干所著《中论》卷上《贵言第六》一节,关于"贵言"的议论,即是强调慎言之意。中云:"君子必贵其言。贵其言则尊其身,尊其身则重其道,重其道所以立其教。言费则身贱,身贱则道轻,道轻则教废。故君子非其人则弗与之言,若与之言,必以其方。"这里说君子不轻易和别人说话,若与人说话则要看对象,而且要注意说话的方法。其认识既合于儒家正道,又饱含丰富的人生经验,含义非常深刻。徐干(170~217),字伟长,东汉末北海(今山东寿光)人,著名文学家,被列为"建安七子"之一。他博学多识,重视名节,受曹操、曹丕父子赏识。从他的这段议论,可见徐干即是一位德才兼备的正人君子。

隋代王通《文中子·中说》卷五《问易篇》云:"子曰:多言,德之贼也;多事,生之仇也。"卷十《关朗篇》又云:"子曰:罪莫大于好进,祸莫大于多言,痛莫大于不闻过,辱莫大于不知耻。"这两处皆言"子曰",实际上并非是孔子原话,而是王通根据孔子的有关语录予以概括并有所发挥。所表达的多言招祸的意思,与前述《说苑》及《孔子家语》所记"三缄其口"的含义基本相同。

唐代,姚崇有《口箴》云:"君子欲讷,吉人寡辞。利口作戒,长舌为诗。斯言不善,千里违之。勿谓可复,驷马难追。惟静惟默,澄神之极。去甚去泰,居物之外。多言多失,多事多害。声繁则淫,音希则大。室本无暗,垣亦有耳。何言者天,成蹊者李。似不能言,为世所尊。言不出口,冠时之首。无掉耳舌,以速尔咎。无易尔言,亦孔之丑。敬之慎之,可大可久。敬之伊何?三命而走。慎之伊何?三缄其口。勖者夫子,行矣勉旃。书之屋壁,以代韦弦。"(见《全唐文》卷二〇六)此文中化用了前代圣贤关于慎言的名言警句,如孔子所谓君子讷言,老子所谓大音希声,《说苑》所谓三缄其口,《史记·李将军列传》所谓"桃李不言,下自成蹊"等,以及成语驷马难追、隔墙有耳等。此文之末,作者谓把《口箴》书写在住室的墙上,作为座右铭,常用来勉励自己。"韦弦"一词本来含有两个典故。《韩非子·观行》云:"西门豹之性急,佩韦以自缓;董安于之心缓,故佩弦以自急。"于是,后世以佩韦佩弦指随时警告自己的不足之处。此文中姚崇自谓以《口箴》一文作为韦弦，时时自警，足见他对于慎言的体悟极为深刻。姚崇（651～721），本名元崇，字元之，唐代著名宰相。他的《口箴》在后世影响较大，李德裕曾受此文启发而作《舌箴》（见后文），宋代以后的文士著作也时见引录，如明代彭大翼《山堂肆考》卷一三二，陈遇夫《迂言百则》，清代蒋超伯《南漘楛语》卷三等，皆予以抄录（或有删减）。

唐代宰相李德裕《李卫公别集》卷八有《舌箴》一篇，文前有序，略述作此文的缘起。李德裕（787～849）字文饶，牛李党争时李党之首。此序云，唐宣宗大中二年（848）仲春某夜晚，李德裕于睡眠中梦见和前朝宰相姚崇对坐交谈，就像老朋友一样，姚崇问他："你看过我作的《口箴》吗？"李德裕回答说："去年我在洛阳任职时，曾经在您的曾孙子府上看到，您的《口箴》已经刻成了石碑。后来我常反思您的这篇大作，心想，古代的圣贤哲人有许多精警的言论，可以惊天动地，记载下来流传后世成为文献，上可以动天地，成经典，下可以正人伦，明得失，如果前人默而不言，后人还能看到什么呢？因此，人生有舌就是要说话的，不应完全沉默不言，而应当善言美言、谨言慎言。"于是，李德裕有感于梦见姚崇并与之对话，就写作了这篇《舌箴》。其文云："粤有帝舜，洎于殷宗。龙命惟允，说言乃雍。周有良弼，王之喉舌……伯阳之戒，柔存刚缺。言贵无瑕，辩贵若讷。无恃尔言，驷马不及，嗟尔君子，念兹在兹。勿以寤一言而取宰相，以舌三寸而为帝师……（略）。"此文用典较多，语义深奥，难以详释，略观其立意，大致可知它的内容与姚崇的《口箴》有所不同，而在表达慎言之义则是一致的。李德裕在他作《舌箴》的这一年的夏天就被贬官为潮州司马，再被贬为崖州（今属海南海口市）司户，第二年就死在那里，晚年老景甚为凄惨，于是他对慎言有深刻的感悟，这篇《舌箴》或即表达了他此时的心态，其语意曲奥晦涩或者是由于其内心有复杂而难言的隐衷。

北宋时，程颐《伊川文集》卷九《杂著》有《四箴》，其三《口箴》云："人心之动，因言以宣。发禁躁妄，内斯静专。矧是枢机，兴戎出好。吉凶荣辱，惟其所召。伤易则诞，伤烦则支。已肆勿忤，出悖来违。非法不道，钦哉训辞。"这里议论的是，人在说话的时候应当记取古人的箴言，心中所思虑的重要事情，总是要靠口来表达，但是必须非常谨慎。尤其是涉及朝廷大事、军政机密，如果不慎泄露，定会招致灾祸。程颐是理学大师，深谙为官及处世之道，他的感悟甚多，教训深刻，尤其"非法不道"一句，值得士人高度重视并引以为戒。

黄庭坚《山谷外集》卷九有《座右铭》一则云:"臧否人物,不如默之知人也深;出门求益,不如窗下之学林。"其意思是,评价别人的优劣,不如不言不语默默地观察他对他了解得深;出外拜师求教,不如独自坐在窗前读书的收获大。他的这句"不如默之"成为名句,后代又有文士据此发挥。

南宋初,丞相汤思退也曾有"默默无言总是真"的名言。汤思退,字进之,处州(今浙江丽水)人,宋高宗绍兴年间阿附秦桧而官为参知政事,拜右仆射。《湖海新闻夷坚续志》后集卷二记云,宋高宗有一天在便殿闲坐,汤思退在旁边陪伴,高宗问汤思退:"你的家乡处州有啥不寻常的古迹啊?"汤思退回答说,有一尊圣僧的石雕像,旁边题一首诗云:"云作袈裟石作身,岩前独立几经春。有人若问西来意,默默无言总是真。"宋高宗听了很赞赏。(此事又见《宋诗纪事》卷四七)其实,处州有个和尚石雕像是不假,但是旁边并没有什么题诗,此诗是汤思退灵机一动临时吟出来的。于是,汤思退连夜派人赶回处州,在石和尚雕像旁边刻上这首诗,以证实他对皇帝没有说谎。汤思退的人品很坏,当时是个"汉奸"类人物,但是他编造的这首诗表达的意境却颇有趣味。

古代文士受儒家思想教育与熏陶,一般多是胸怀修齐治平之志,特别关注时局与朝政,遇到志趣相投的同道或在高谈阔论的场合,常常是慷慨激昂,言无顾忌,会不自觉地说出一些不够检点或过分出格的话,因而招致意想不到的灾祸或麻烦。南宋初陈亮和辛弃疾都是当时名士,都有一副豪侠气概,两人之间就发生过一件因言语不慎而闹出的不愉快的事情。

赵溍《养疴漫笔》记述道:陈亮开始听说辛弃疾的大名时,到辛的住处拜访,辛弃疾见陈亮气宇轩昂,谈吐豪放,有不同寻常的表现,甚为惊异,于是两人定交,成为朋友。后来,辛弃疾官为淮扬军事统帅时,陈亮颇为穷困潦倒,就到辛弃疾的驻地寻访,辛弃疾与他相见,倾心畅谈天下形势。两人谈到酒酣耳热的时候,辛弃疾便无所顾忌,谈论南宋与北方的金国对峙的形势,就说南宋怎样怎样就可以灭掉金国,金国怎样怎样就可以灭掉南宋,又说:"钱塘非帝王居。断牛头之山,天下无援兵;决西湖之水,满城为鱼鳖。"意思是说,临安并不是帝王可以安居的地方。截断牛头山的通道,外州的援兵就到不了京师;掘放西湖之水,临安满城的人都会被淹死。饮酒谈话之后,辛弃疾就留下陈亮在书斋里歇宿。陈亮在夜间醒来,想起辛弃疾这人平时沉静寡言，如果他醒来后回想起对客人说了这么多过分的话而感到后悔，那么就一定会杀掉自己以灭口。于是，陈亮就悄悄地起身，盗得辛弃疾的一匹骏马，连夜逃走了。一个多月后，陈亮写封信给辛弃疾，提出向辛借十万缗钱解救贫穷，辛弃疾竟然如数给了他。这件事，在不少野史笔记中都有记述（如《西湖游览志馀》卷二三，《涌幢小品》卷九，《宋稗类钞》卷四等）。

在这个故事中，辛弃疾对陈亮畅所欲言，是出于豪爽的天性，也是出于对陈亮的信任，因此他心不设防，侃侃直言；即使是醒来回忆起所说过的话，也未必后悔并产生杀人灭口之心。然而陈亮竟然怀疑辛弃疾会心生后悔而杀自己灭口，并且盗马逃走，实在是以小人之心度君子之腹。一个月后，陈亮又提出向辛弃疾借钱，这实际上是抓住辛弃疾的把柄进行勒索，其行径更加恶劣。辛弃疾不和陈亮理论，又如数给了陈亮钱财，表面上是默认了陈亮的勒索，实际则是辛弃疾明知陈亮的小人行径而甘心吃了哑巴亏，采取了息事宁人的权宜之计。后人从这个故事中得到的启示是，辛弃疾在与陈亮的相见交谈中过分坦诚，未能慎言，结果是被陈亮狠狠地坑了一回。

明代陆容《菽园杂记》卷一〇记述一个故事，与上述辛弃疾陈亮的故事约略相似。毗陵（今属常州市）有姓翟姓颜的两位书生，平时交情深厚。有一天，颜生在纸上书写自己的平生志向，让翟生看，其中有些涉及朝廷政治的言词，不够检点，颇为出格。事过之后，颜生意识到自己写下的文字有所不妥，感到后悔，就派人向翟生追讨。然而翟生是个心机颇深的人，他把颜生所写的这张字纸作为可以利用的奇货，以此证明颜生心有异志，于是不肯归还。后来，颜生考中进士，在京师做官，翟生就不断地向颜生借钱，说是"借"，其实是要挟与勒索，颜生每次都满足翟生的要求，如数给他。同僚朋友都以为颜生为人慷慨仗义，却不晓得颜生是被翟生挟制而有难言的苦衷。翟生如此对待颜生，确是险恶卑劣的小人行为，固然为常人所不齿，但是，颜生当初不能慎言，对这样的小人倾吐肺腑之言，以至于成为小人据之以坑害自己的把柄，这应当成为深刻的教训，也足以使后人引起高度警惕。

元代刘壎《隐居通议》卷一六有《口铭》一篇，记载说，作者曾在某寺院碑林看到一通碑上刻着这篇《口铭》，其文云："神以感通，心由是宣。福生有兆，祸来有端。情莫多妄，口莫多言。蚁孔贯河，溜流倾山。病从口入，祸从口出。存亡之机，开阖之术。口与心谋，安危之原。枢机之发，荣辱存焉。"这段话含义深刻，可作为理解慎言文化内涵的重要参考。

明清两代，不少文士的著作中关于慎言有精彩议论。明初刘基《诚意伯文集》卷六有一篇《守口如瓶箴》，本是其友人吴以时曾书写"守口如瓶"四字以自警，来征求刘基的意见，刘基就为他写了这篇《箴》，附和了他的这个意思。其文云："维人有口，瓶亦有口。瓶口弗守丧厥受，人口弗守速厥咎。口乎口乎，其祸福之门，而一身之枢纽乎？人有瓶也，尚且固之，胡然有口，而不知度之？"刘基（1311～1375）即刘伯温，是朱元璋的开国军师，可谓是大智慧之人，然而他对于多言遭祸有如此深刻的感慨，可知他在现实社会中有诸多见闻，并且有亲身经历的伤痛，因此才写出这篇关于守口如瓶的寓意深刻的短文。

明代中期，祝允明《读书笔记》云："人之言也，其犹钟乎？大扣则大应，微扣则微应。如不扣而应、扣而不应也者，人必怪之。"祝允明（1460～1526），字希哲，号枝山，江苏长洲（今属苏州）人，著名文学家、书法家。他的这个比喻非常生动，意在说明，人的言语就应当像钟被叩击而发出的响声，轻重缓急都要适当。否则就是言之不当，那就会惹出麻烦或招致灾祸，因此不可不慎。

杨慎《艺林伐山》卷一七《佛书四六》记佛家警语云"舌头无骨，得言句之总持"，又说"群居闭口，独坐防心"。意思是说，人的舌头虽是软的，却是语言的主宰，不可不用心把握；同许多人在一起的时候，最好是闭口不言，而一个人独处的时候，则需要防止心生邪念。杨慎（1488～1559），字用修，号升庵，祖籍江西庐陵（今吉安），迁居四川新都（今属成都市）。正德六年（1511）进士第一（状元），授官为翰林院修撰。嘉靖初年在"议大礼"事件中他因直言进谏而受到严厉的处分，被廷杖后谪戍云南永昌卫，长期流放，终身不得赦免。杨慎受到如此巨大的打击，教训甚为深刻，因此他对于慎言二字也就有特殊的感悟。他的"群居闭口，独坐防心"一句更是十分精警，被后世文士奉为座右铭。

高濂《遵生八笺》主要是议论养生之道的，其中也有慎言的警语。卷一《清修妙论笺上》云："常默，元气不伤。"这是从养生的角度得出的认识，即经常保持沉默无言有益于体内的元气不受损伤，有利于健康长寿。卷二《清修妙论笺下》又云："口舌者，祸福之宫，危亡之府；语言者，大命之属，刑祸之部也。言出患入，言失身亡。故圣人当言发而忧惧，常如临渊履冰，以大若小，以富若贫；处盛高之谷，游卑贱之渊，微为之本，寂为之根，惧为之宅，忧为之门，可不戒欤！"大意是说，圣人对于言语非常谨慎，常怀忧惧之心，时刻提醒自己保持警惕。这样，不仅可以免除灾祸，而且也有益于身心健康，善于养生的人不可不特别注意。

郑瑄《昨非庵日纂》是分类纂集前人佳言美行的一部笔记类著作，卷一二《口德》主要议论的是慎言语。其中一句云："多言最使人心志流荡，而气亦损，少言不惟养得德深，又养得气完。"这里指出，多言必定损气，少言有益于养生，与前述高濂的观点一致，而又有所发挥。

清代金埴《不下带编》卷二记云："舌在口中，如鸟在笼中。鸟从此树飞彼树，言从此人飞彼人，故曰口为飞门，士君子不可不慎言也。"金埴说，这句话出自明代西域来的异人利玛窦，可以作为《易经·颐卦》的补充注解。《易经·颐卦》之语，已见本节开头引述。利玛窦是意大利传教士，万历年间曾来中国，他的这句话出处未见。金埴（1663～1740），字苑孙、小郏，号鳏鳏子等，浙江山阴人。他博学多才，但是科考多次不利，生活贫困坎坷。他把利玛窦的这句话写下来挂在墙上，作为座右铭，足见他对于慎言的体会之深。金埴还引用明末张慎言之语云："寡言之味饶于多，无言之味长于寡。"意思是说少言胜于多言，无言更胜于少言，于是说"语愈浅而意愈深"。张慎言（1577～1645），字金铭，号藐山，又自号藐姑山人，山西阳城人。万历三十八年（1610）进士，曾官山东寿张知县，崇祯时累官至南京吏部尚书。其人以"慎言"为名，可见他自己的体会是非常深刻的。

陆陇其《三鱼堂日记》卷下云，他看见一位朋友作《生日诗》，中有"铁汉有身经百炼，金人无口学三缄'，予以称赞，又云："二句最好，然未易言。不善炼者，只炼得世情，不曾炼得道义；不善缄者，只缄得当言的，不曾缄得不当言的。"陆陇其（1630～1693），字稼书，号三鱼，浙江平湖人。康熙年间被赐同进士出身，曾官知县，后辞官致力于著述，是清代著名学者。他的这几句含有深刻的哲理，也含有许多现实生活中感悟，值得读者进一步深入思考。

（四）不争论

当代伟人邓小平有个著名的观点是"不争论"，这已经为当代人们所熟知。他的这个观点原本是在1992年南方谈话时提出来的，当时他说："不搞争论，是我的一个发明。不争论，是为了争取时间干。一争论就复杂了，把时间都争掉了，什么也干不成。不争论，大胆地试，大胆地闯。农村改革是如此，城市改革也应如此。"（《邓小平文选》第3卷，374页）这里，邓小平说不搞争论是他的一个发明，其实不然，在中国历史上，不争论和爱争论两种文化传统都是存在的。

回顾中国历史，爱争论本来是中国文化精神的重要特点之一，它主要表现在士大夫阶层中。春秋时期百家争鸣，诸子都是博学多才、能言善辩之士，他们各抒己见，互相辩驳，其著作无不带有论辩风格。孔子就是以善辩著称，《史记·孔子世家》云："其于宗庙朝廷，辩辩言，唯谨尔。"（《论语·乡党》作"便便"，意思相同）这里说孔子善辩，意思指孔子有好口才，但是他出言较为谨慎。而孔子的学生子贡也像他的老师一样有辩才，却是锋芒毕露。《淮南子·人间训》云："人或问孔子曰：'……子贡何如人也？'曰：'辩人也。'"《东周列国志》第八十一回《言语科子贡说列国》对于子贡的辩才有生动的描写。孟子更是以好辩著称，《孟子·滕文公下》云："予岂好辩哉？予不得已也。"先秦诸子中的善辩者不乏其人，人称为辩士，《庄子·秋水》云："辩士无谈说之序，则不乐。"意思是说，善辩的人若没有与人争辩的机会，就不高兴。如公孙龙子与人争辩"白马非马"，他就是一个典型的辩士。还有范雎，以善辩享誉于列国间，《史记·范雎传》记云："齐襄王闻雎辩口，乃使人赐雎金十斤及牛酒，雎辞谢不收受。"

上述事例说明，先秦时期的诸子名家开了中国士大夫爱争论的先河。自汉代以后，朝廷官员多是博学多才的儒士，更是继承了善辩的传统，遇到朝廷有重要政事的时候，常常争论不已。东汉王充《论衡·物势》云"亦或辩口利舌，辞喻横出为胜"，就是指当时的这种风气。东汉范升字辩卿，他以"辩"为字，足见他善于争辩。《后汉书·范升传》记载说，建武二年（26）

范升迁官为博士,"尚书令韩歆上疏,欲为《费氏易》《左氏春秋》立博士,诏下其议……四年正月,朝公卿、大夫、博士见于云台。(光武)帝曰:'范博士可前平(评)说。'……遂与韩歆及太中大夫许淑等互相辩难,日中乃罢"。这是东汉时一次著名的大辩论,对于后世产生了一定的影响。

南北朝时,士人爱争辩也成风尚,梁朝王僧孺《太常敬子任府君传》云:"辞人才子,辩囿学林,莫不含毫咀思,争高竞敏。"(《艺文类聚》卷四九引)后来到了宋代,文人士大夫的争论风气更加严重。北宋朝臣多是饱学名儒,争论起来引经据典,口若悬河,滔滔不绝。欧阳修《镇阳读书》诗云:"平生事笔砚,自可娱文章。开口揽时事,议论争煌煌。"(《文忠集》卷二)这说明欧阳修在议论政事时也常常与人争辩。《宋史·食货志序》云:"世谓儒者议论多于事功,若宋人言食货,大率然也。"这里指出,宋代文士爱争论已是常态。北宋末年,金兵迫近汴京,形势十分危急,如何应对金兵,朝臣各抒己见,争论不已。陈邦瞻《宋史纪事本末》卷五六记云:"宋人议论未定,兵已渡河。"这是对于宋代文臣争论之风的极大讽刺,以至于后世之人以这句话作为议论误国的例证。明清之际清兵南下时,多尔衮《致史可法书》云"昔宋人议论未定,兵已渡河,可为殷鉴",用这句话作为劝降史可法的说辞。

中国历史上的许多文化现象总是同时存在着两种彼此对立的倾向,如仁政与暴政、廉明与贪腐、慈爱与残忍、钟情与薄幸、好生与虐物等,而关于爱争辩与不赞成争辩的两种不同的认识与表现也同时存在着。

先秦诸子学说中,在儒家的善辩与纵横家的巧辩、诡辩都非常盛行的同时,以老子为代表的道家的不争辩的观点也相当突出。《老子》第四十一章云"大音希声,大象无形",即是认为掌握真理的人是很少说话、不爱辩论的;八十一章云"善者不辩,辩者不善",即认为善良的人不巧辩,巧辩的人不善良;又说"圣人之道,为而不争",即是说,圣人认定的道理是只行动、不争论。这里,老子把是否巧辩同一个人的道德品质联系在一起,从伦理的层面表明了不赞成巧辩的倾向。于是,后世的明智者从积极的方面领会老子这两句话的本义,深刻认识与总结关于不争辩的思想观点,并结合各自的人生经验进行了新的阐释与发挥。

邓小平所谓的"不争论",从文化渊源上来看本是出自老子"为而不争"的观点。

前述孔子善辩，但是孔子也主张不要同别人作无谓的争辩。据传说，有一天，一位穿绿衣服的客人来访，向孔子的一位学生提出一个问题说："一年有几季？"这位学生回答说，四季。客人说："只有三季。"于是，学生和客人争论起来，互不相让，一致提出请孔子裁决，并且打赌说，谁输了就给对方磕三个头。到了孔子那里，说明了双方争论的分歧，孔子听罢，对学生说："一年是三季，你输了。"于是，学生只得跪倒在地，给客人磕三个头。客人走后，学生问孔子为何说一年三季，孔子说："你没看见那人身上穿的是绿衣裳吗？他分明是一个蚂蚱，不知道有冬天，人们叫他'三季人'。你和他争论有什么意义呢？"这个故事，把那种本来无知却爱争论的人称为"蚂蚱""三季人"，讽刺甚为辛辣，同时也指出，同这样的人进行争论是愚蠢的，予以善意的告诫与嘲笑。

《庄子·秋水》云："井蛙不可以语于海者，拘于虚也；夏虫不可以语于冰者，笃于时也；曲士不可以语于道者，束于教也。"意思是说，不要和井底之蛙谈论大海，因为井蛙受生活环境的局限，没有见过大海；不要和夏天的昆虫谈论冰雪，因为夏虫受生活时段的局限，没有见过冬天的冰雪；也不要和乡下的土文人谈论道的学问，因为那些土文人由于所受教育的局限，见闻狭窄，知识浅薄，对于道的理论未必能够理解。《庄子》的本意是，不要同那些愚昧无知的人进行争论。这里的议论，同前述孔子所说不要同"三季人"进行争论的话同工异曲。

汉代以后，关于不争论的话题不断地演绎出生动的故事和精彩的议论。明刘元卿《贤奕编》记述一个"兄弟争雁"的故事，表现的是争论误事的主题。刘元卿（1544～1609）字调甫，号旋宇，又号泸潇，江西安福人，隆庆四年（1570）举人，后来未中进士，因人荐举入仕，曾官礼部主事。这个故事说，有兄弟二人看见大雁从空中飞过，准备用弓箭把它射下来。哥哥说得到大雁清炖了好吃，弟弟说烧烤了好吃，于是争论不已，又一同去找社伯评理，社伯说，把一只大雁剖成两半，一半清炖，一半烧烤。兄弟俩回头再去寻那大雁，早已飞远了。这个故事非常生动，讽刺那种只顾争论而丧失了办事机遇的人，寓意深刻。

宋李之彦《东谷所见》讲述了一个故事。有主仆二人赶路，看见山前立一碑，上写"大行山"三字，主人说："我们今天到太行山了。"他读作"泰杭山"，仆人笑道："官人怎么不识字？这是大行（读作形）山，你怎么说成了泰杭山？"主人叱责仆人无知，仆人分辩说："请官人找一个本地人问一下，如果应该读泰杭山，我愿输一贯钱；如果应该读大形山，请官人赏给我一贯钱。"于是，主仆两个到路旁一个村学堂里问一位老塾师，说明分辩的问题，老塾师对主人说："你应该赏给仆人一贯钱，这里本是大行（形）山。"主人只得赏给仆人一贯钱，仆人高兴地到附近酒店里买酒喝去了。主人心中不平，又问老塾师："先生你说大行山，有什么依据呢？怎么能赞同蠢仆人的无知呢？"老塾师大笑说："相公你太不晓事了。你赏给他一贯钱是小事，就让这个蠢才一辈子不知道太行山。"《东谷所见》今存于《说郛》宛委本卷七三下，故事之后作者又说："老儒之言颇有味。今之有真是非遇无识者，正不必与之辩。"这里真是篇末点题，表达了不要同无知者进行争辩的观点。这个故事，明末赵南星《笑赞》又有转述。所说那位老塾师可谓油滑老到，他故意判定仆人读大形山为正确，有愚弄下等人的恶意，使这个故事只不过是一个笑话而已。

清初，金埴《不下带编》卷二据《东谷所见》与《笑赞》又讲述了这个故事，情节略有变化，说是甲乙二人争论大行（读形）山、太行（读杭）山，求一位老者判定，老者判乙读太行（读杭）为错，乙责备老者不该颠倒是非，老者答曰："人有争气者，不可与辩。今其人妄谓己是，不屑证明是非，有争气矣！吾不与辩者，使其终身不知有太行（杭）山也。"这里的一段议论，着重在于表达"不同争气者进行争论"的观点，比《东谷所见》的议论有所深入，也更能给人以教益。值得注意的是，《不下带编》在这里又引述《资暇录》《山海经》《列子》等文献，指出读"大行（杭）"是俗称，应当以读"大行（形）"为正，而这一条知识是一般人所不了解的（高士奇《天禄识余》也引《山海经》《列子》，认为应读大形山）。这里，讨论的问题又复杂化了。看来，对于某些有争议的问题，虽然表面上感觉到孰是孰非非常明显，但是如果深入寻根究底，说不定还有更加难以辨明的奥妙。因此，这就告诫人们，在争论时还是应当慎重为好，不要轻易地做出肯定或否定的结论。

梁绍壬《两般秋雨庵随笔》卷七《大太》一则，又据《东谷所见》转录了这个故事，同时也引述了《山海经》《列子》的有关文字，指出应当读为"大行（形）山"，并且说："此仆之考核，胜乃主多多矣。"这里，梁绍壬附和了金埴的议论，肯定了小人物的聪明，观点独到而较为深刻。这里告诫人们，有时在讨论问题时，对于小人物的见解不能轻视，应该实事求是，认真思考，以求能够真正明辨是非。

有些民间故事也总是讽刺那些爱争论的人，而且也嘲笑那些同知识浅薄的愚昧者进行争论的人。有个故事说，甲乙两人相遇，甲说四七二十八，乙说四七二十七，争论不已，拉拉扯扯闹到县衙请县官评理。县官问明情由，对乙说："没你的事了，你走吧。"之后县官对甲说："拉下去，打二十大板。"甲大叫冤枉，分辩说："大老爷，难道你也不知道四七二十八吗？为什么打我？"县官说："那个人糊涂到连四七二十八也不知道了，你为什么还要和他争论呢？打你二十板让你长点记性，以后不要和糊涂人争论。"这个故事的主题是"不要和缺乏常识的人争论，也不要和别人争论常识性问题"，寓意深刻而有趣，值得世间有正常思维的人从中获取有益的启示。如果遇到某人明显无知而无理却还要强词分辩，就可以这样想："不要和四七二十七争辩。"于是就可以心平气和，避免无谓的纷争。

这个"四七二十七"的故事，又见后来有人对它进行发挥。有个故事说，甲乙两人相遇，甲说三八二十四，乙说三八二十三，争论不已，商定找一位高僧评理。乙赌誓说："如果高僧说我错了，就砍掉我的脑袋；如果高僧说你错了——"他看见甲戴着的一顶帽子很好看，非常羡慕，就说："——就把你的帽子输给我。"甲表示同意，于是一同去见高僧。高僧听罢二人陈述，对甲说："你输了。"甲不服，反问说："师父是大智慧长者，怎么也不知道三八二十四呢？"高僧说："不要辩解了，你既然相信佛法，就把你的帽子给他。"甲没有违抗，就很不情愿地摘下帽子送给了乙，乙欢欢喜喜地去了。甲又问："师父，你老人家怎么这样是非不分呢？"高僧说："那个人虽然愚昧，但是他还不至于因为不知道三八二十四而丢掉脑袋；杀了他，对于你本人、对于社会众生又有什么好处呢？你是个聪明的正常人，你输了不过是失去一顶帽子，却可以挽救一条生命，善莫大焉。我这样裁判，正是出于佛祖慈悲的精神。"于是，甲口服心服，感激佛祖伟大。这个故事的主题是："在特定的情况下，善良比正确更重要。"寓意深远，耐人寻味。

当代，在一些报纸或杂志上，也常见有文章议论"不争论"的话题。有的文章引述某些外国名人名言，表达与中国古代圣贤哲人关于"不争论"的智慧相近的观点。曾见有人引录俄国大文豪列夫·托尔斯泰的一段话说："永远不要和层次低的人争辩，他会把你的智商拉低到和他一个水平线，然后用他丰富的经验打败你。你和什么样层次的人争辩，就注定了你将会沦为什么样子的人。"（网络资料，出处未详）这里表达的观点，同中国古代某些关于不争论的议论颇为相似。

有文章引述美国第十六任总统林肯的名言说："与其跟狗争辩，被它咬了一口，倒不如让它先走。否则就是宰了它，也治不好伤疤。"这里把托尔斯泰的"不要和层次低的人争辩"的意思发挥到了极致，以狗比喻那种层次低的人，这样一想就完全没有必要同他争论了。虽然说得非常刻薄，但是事实正是如此，在生活中，毕竟有些话只有说给能听得懂的人听才有意义。

也曾见有文章引录美国戴尔·卡耐基的议论，也相当精彩。卡耐基被称为美国20世纪最伟大的哲学导师、企业家、演说家，对于人生经验及生活哲学有深入的研究。他写了不少著作，今见中文译本有《卡耐基人生哲学丛书》1套8册，北京燕山出版社出版。他所著《糊涂的哲学》一书中，有不少关于不争论的议论。他说："天底下只有一种能在争论中获胜的方式，就是避免争论。要像你避开响尾蛇和地震那样避开争论。"他还说："十之八九，争论的结果会使双方比以前更相信自己是绝对正确，你赢不了争论。要是输了，当然你就输了；如果赢了，还是输了。为什么呢？如果你的胜利，使对方的论点被击得千疮百孔，证明他一无是处，那又怎么样？你会觉得洋洋自得。但是他呢？你使他自惭，你伤了他的自尊，他会怨恨你的胜利。"他联系到现代商业活动中关于营销的实际工作来谈自己的体会，说："真正的营销精神不是争论，人的心是不会因为争论而改变的。"这些话都深含哲理与智慧，能给人深刻的启示。

卡耐基在他所著《人性的弱点》一书中，还讲述了一个他亲身经历的故事：在某次宴会上，一位男士讲了个幽默的故事，解释说出自《圣经》。卡耐基当即指出这个故事出自莎士比亚的作品，那位男士坚持说是出自《圣经》，这就争论起来。于是，两人同意请在场的一位研究莎士比亚的专家加蒙先生解答。加蒙在桌子下面用脚轻轻地碰了碰卡耐基，然后赞同那位男士的说法。在宴会结束回去的路上，卡耐基问加蒙，为什么要同意错误的一方，加蒙说："我是宴会上的客人，为什么要证明一个人是错的呢？那样做的话能让他喜欢你吗？你为什么不让他保住面子？他并没有征求你的意见，你为什么要和他争辩呢？"

上述故事中，加蒙先生是一位大智慧者。他的关于不争论的故事，同中国古代孔子不和"三季人"争论的故事,以及"大行山""太行山"的故事,所表达的不争论思想有相通之处。今天,我们认真回顾中国古代先贤及当代世界名人有关不争论的故事与言论,从积极的方面领会其中蕴含的思想与人生经验,有助于进一步认识邓小平关于"不争论"思想的深刻含义,也有助于在当代现实中汲取前人智慧,做好自己的事情,在生活中省去多少口舌,也省去多少烦恼。

(五)精气神

中国古代文献及各种文学作品中常见说精气神,当代人们也常说精气神,许多人写书法作品也常见写"精气神"。这三个字,涉及中国古代哲学、古代医学及文学艺术各方面的学问,包含丰富的文化内容。

"精"的本义有精纯、精华、精诚、精细等,其哲学意义是指决定物体基本性质的内在精髓;"气"的本义指人的目力不可见的气体、气味等,其哲学意义是指构成世界万物的气状形态的基本物质;"神"的本义有神奇、神灵等,其哲学意义是指人的意识与精神。

精气神三字或可两两结合构成组合词。常见者如"精气",其哲学意义是指阴阳元气。《易经·系辞上》云:"精气为物,游魂为变,是故知鬼神之情状。"这种元气是构成世间万物的物质基础,也是人及世间一切生命体及鬼魂等产生的物质基础。《黄帝内经·素问》中多次用到"精气"一词。卷一《上古天真论》云"男不过尽八八,女不过尽七七,而天地之精气皆竭矣","呼吸精气,独立守神,肌肉若一";卷一《生气通天论》则曰"阴平阳秘,精神乃治;阴阳离决,精气乃绝"。这些地方的"精气"一词即是专指人的生命而言的。

组合词又有"精神",古代文献及当代工具书中常见与"精气"互解。如《礼记·聘义》云:"精神见于山川,地也。"前人注解说:"精神亦为精气也。"《辞源》商务印书馆本2388页"精神"条即如此注解。

组合词又有"神气",其哲学意义也是指自然元气。如《礼记·孔子闲居》云:"地载神气,神气风霆,风霆流形,庶物露生。"前人注解说:"神气谓神妙之气。"意思是说，所谓阴阳元气是非常神奇而玄妙的，用来解释天地万物生成及生命起源，常常使人感到只可意会而难以言传。

把精气神并论，常见于古代医学著作及道家文献中，历代文士所著野史笔记又不断给予种种阐释与发挥。总体而论，关于精气神的解说大抵属于道家养生理论的重要内容，也是历代中医理论中理气学说的重要内容。

《黄帝内经·素问》中最早也是最系统地论及精气神，其中关于"气"的论述更多，提出了许多概念与观点，有较充分的理论阐释。其篇目除上文提及的《生气通天论》之外，还有《移精变气论》《平人气象论》《藏气法时论》《宣明五气篇》《血气形志篇》《气厥论》《气穴论》《气府论》《气交变大论》《营气》《四时气》《决气》《顺气》《卫气》等。由此可知，论"气"是《黄帝内经·素问》的理论基础，也是中国古代中医学及中药学的理论基础。

汉代，精气神的概念已经相当流行，文士对其含义的认识渐次深化。《后汉书·崔瑗传》云："会病卒，年六十六。临终，顾命子寔曰：'夫人禀天地之气而生，及其终也，归精于天，还骨于地。何地不可臧（葬）形骸，勿归故里。其赙赠之物，羊豕之奠，一不得受。'"崔瑗用了气与精的概念，认为人的生命来自天地之气，死后则气与精还于天地自然，随处可安葬，不必返归故乡。他的这一观点，是中国历史上较早出现的进步的丧葬思想，其中关于生命本原及精气神的认识对于后世文士有一定的影响。

古代道家文献中关于养生的部分，常常论及精气神的问题，其文献丰富，内容庞杂，难以一一列举评说，这里只能择取精要的内容与观点略作简介，由此可管窥关于精气神理论之一斑。

《太平御览》卷七二〇《方术部·养生一》引录不少古代文献资料，关于精气神汇集了前人精警论述。其中引《养生要伏气经》曰："道者气也，宝气得道长存；神者精也，宝精则神明长生。精者，血脉之川流，守骨之灵神，精去则骨枯，骨枯则死矣。是以为道者务宝其精。"这里是用道家养生的理论讲述精气神的不同内涵，指出三者对于人体功能的重要性。其中精为血脉，是人体生理的根本，是道家养生之论特别强调应当给予养护的。又引述《著生论》曰："大凡著生，先调元气。身有四气，人多不明。四气之中，各主生死。"这里提出人身有四气的重要观点，并具体解释说："一曰乾元之气，化为精，精反为气……二曰坤元之气，化为血，血复为气……三曰庶气，庶气者,二元交气,气化为津,津复为气……四曰众气,众气者,谷气也……"这里指出四气的内容及相互关系,并指出四气能在一定条下进行转化;善于养护四气,对于增强人的身体素质、健全人体生理功能进而促使延年益寿,都会产生重要的作用。

《太平御览》卷七二〇《方术部·养生一》还引录了前人所撰《修养杂诀》,其中《气铭》云:"一气未分,三才同源,清浊既异,元精各存。天法象我,我法象天。我命在我,不在于天。昧用者夭,善用者延。性和者寂,守一神闲。灵芝在身,不在于山。返一守和,理合玄玄。精极乃明,神极乃灵,气极乃精,无精气乃冥。因气而衰,因气而荣,因气而死,因气而生。"这里用通俗的俚语表述关于练"气"的警语,对于个人修身养性具有一定的实用价值。

明代中期从嘉靖皇帝信奉道教以后,社会思潮也深受其影响,一时文士多重养生,不少文士的著作中大谈养生之道,高濂即是其一。高濂字深甫,号瑞南,浙江钱塘(今属杭州市)人,万历时在世。他所著《遵生八笺》就是这样一部养生类著作,其中多处论及精气神的问题。

卷二《精修妙论笺》云:"七窍者,精神之户牖也;志气者,五脏之使役也。耳目诱于声色,鼻口悦于芳味,肌体之于安适,其情一也。则精神驰骛而不守,志气縻于趣舍,五脏浩荡而不安,嗜欲连绵于外,心气壅塞于内,蔓衍于荒淫之波,留连于是非之境,鲜有不败德伤生者矣。"这里说,人的精神、志气和各种感官的生理欲望,都是人天生具有的基本属性;但是,精神、志气具有主观的调适与自控力,因而需要适当控制,以促使人的各种功能达到和谐与平衡。如果控制不当,则不仅在生理上有损于身体,而且在品格上有损于道德。高濂认为应当将养生与修身并重,这是非常清醒的而且是科学的认识。

卷二又云:"灵气谓之神,休气谓之鬼,烦气谓之虫鱼,杂气谓之禽兽,奸气谓之妖邪。气之浊者,愚痴凶虐;气之刚者,高严壮健;气之柔者,仁慈敦笃。所以君子行正气,小人行邪气。"意思是说,人之气有多种,可以称之为灵气、休气、烦气、杂气、奸气等,其特征与本质也各有不同;从大的方面可以划分为正邪两类,而两类的表现正可看出君子与小人的不同。这里也反映出高濂对于气的基本认识,即人的生理层面的气同道德层面的精神有密切的关系,因此养生与养德也必然有密切的关系。

卷二又云："形者，气之聚也，气虚则形羸；神者，精之诚也，精虚则神粹。形者人也，为万物之最灵；神者生也，是天地之大德。最灵者为万物之首，大德者为天地之宗。万物以停育为先，天地以清净是务。故当养其形以爱其神，敬其身以重其生。"这里议论的是形与神的关系。形是人的肉体，是气与神的载体；神是人的灵魂，是人体的精华之显露。因此，高濂提出养护身体更应当珍爱其精神，重视身体健康更应当重视生命的价值和意义，这里表达的见解非常深刻，发人深思。

《遵生八笺》还引述了一些前代文献中的警语，如除前面提及的《太平御览》之外，还引录《仙经》云："专养精神，不为物杂，谓之清；反神复气，安而不动，谓之静。制念以定志，静身以安神，保气以存精，思虑兼忘，冥想内视，则身神并一；身神并一，则近真矣。"《仙经》是道家著作，今未见，今只能从《遵生八笺》及其他类书中看到零星碎语。这里表达的核心观点即是道家主张的清静，认为按照这样的要领练好精气神，就接近道家所追求的神仙的境界了。高濂受当时的社会思潮的影响，也表现了他所笃信的道家养生观念。

明代万历以后，许多文士不仅大谈养生理论，而且还在其现实生活中付诸行为，刻意追求声色之乐及物质享受。而享受的内容与目的，则是强调要养好精气神，以实现健身与长寿。如董其昌《画禅室随笔》云："文家要养精神。人一身只靠这精神干事，精神不旺，昏沉到老。只是这个人，须要养起精神。"为此，董其昌提出十戒："戒浩饮，浩饮伤神；戒贪色，贪色灭神；戒厚味，厚味昏神；戒饱食，饱食闷神；戒多动，多动乱神；戒多言，多言损神；戒多忧，多忧郁神；戒多思，多思挠神；戒久睡，久睡倦神；戒久读，久读苦神。"这十戒，即是劝人戒免酒色饮食各种过分欲望，以及减少劳碌，减少睡眠，减少思考，减少读书等，达到道家修身养性所要求的清心寡欲的极高境界。于是他说："人若调养得精神完固，不怕文字无解悟、无神气，自是矢口动人。此是举业最上一乘。"即是认为，文士从求学的青少年时代起，就应当非常注意养精神，这对于自己的学业进步以及今后的科举、仕途都是非常重要的。

明清之际，陈荩《修慝余编》对于精气神也有精彩议论。陈荩，字宸赤，号无隐道人，江苏华亭（今属上海市）人。明末为处士，入清未出仕。所著《修慝余编》今收存于《丛书集成初编》。其中云："人身有三宝，所谓精气神也。其所谓神者，即吾身之视听言动也。气也，其气之得以运用吾之视听言动者，则全赖乎精也。故藏精者颜色润而肢体健，饮食进而病不侵。究其所以致此者，气壮神强也。然而气壮神强，必赖乎精髓之恒足。苟其不然，则气不旺而衰，神不强而昏矣。尚何忍色欲是恋，沉溺爱河？"这里的议论，沿用了前代学者的有关概念与认识，同时也表述了自己在养生与修身方面的体会，对于"精"尤为重视，他所谓"气壮神强，必赖乎精髓之恒足"，能够给予世人有益的启发。

清代金埴《不下带编》卷二云："人之精神，乃一身之卫。凡对越神明，建竖勋业，肩撑道义，手著文章，何一非精神所集？若精神不克，则力量难副，事事不足观矣。即如先儒论祭祀，亦要人集自家精神。自家要有便有，自家要无便无。祖宗精神即是自家精神，此言说得极切实，即祭祀，余可推矣。"金埴（1663~1740），字苑孙，又字小郏，号鳏鳏子等，浙江山阴人。他的这段话议论精神的重要作用，其中说人们的祭祀习俗对于本家族祖辈的精神传承具有特殊意义，颇有见解。

清代后期，姚莹《识小录》卷三《精气神》一节，对于此问题又有较多思考。姚莹（1785~1853），字石甫，号展和，又号明叔，安徽桐城人，桐城派代表作家姚鼐侄孙。嘉庆十三年（1808）进士，官至湖南按察使。本节首先据《太平广记》而转引的《养生要伏气经》引前人名言云："道家以精、气、神为三宝，言长生者皆炼此而已。大约养气以固精，保精以存神。精气融化，与神为一，形体虽坏，而真元超脱。后世道书不啻数千，而语多诞妄，余摘其论说之善者于此，大要必以清静为本。"这里对所谓道家三宝之论深有体会，并由此而引经据典，发挥自己的认识。

又引录《日用经》云："一念不起谓之清，灵台无物谓之静。身是气之宅，心是气之舍。意行则神行，神行则气散。"《日用经》是道家养生类著作，而道家修炼的基本观念是主张清静，修炼的基本内容是炼精气神。

又引《关尹子》云：人体的生成，就像果之有核，必须水火土三者具备，其中精为水、神为火、意为土，"是道也，能见精神而久生，能忘精神而超生。吸气以养精，如金生水；吸风以养神，如木生火，所以假外以延精神。漱水以养精，精之所以不穷；摩火以养神，神之所以不穷，所以假内以延精神。"《关尹子》是道家经典著作，其中自然也论及精气神。这里是用阴阳五行理论解释精气神的问题，以及修炼的方法，颇为玄虚，能启发人思考生命的真谛。

又引长春《语录》云:"修行要三全:戒思虑,神全;戒言语,气全;戒色欲,精全。又要三圆:神圆不思睡,气圆不思食,精圆不思欲。依此三全,自然三圆。"长春《语录》即是元代著名道士丘处机的名言。丘处机(1148~1227),字通密,号长春子,元代登州栖霞(今山东栖霞市)人。道教全真派的创始人。被成吉思汗封为国师,总领道教。这里关于精气神的三全三圆之论非常精辟而深刻,体现出道家养生理论的精髓,对于后世道家的修行及一般文士的修身养性都有较大的影响。

姚莹博览群书,学问渊博,论人论事辄引经据典,择其精要。他关于精气神的议论与引述,能够给其他文士探讨这一问题提供丰富的资料和广阔的思路。

(六) 留 余

留余,就是为人处世要留有余地,不要把话说绝,不要把事做绝,该让人处让给别人半步,未尽之路留下转身空间。留余,这是中国古代优秀传统文化中一条重要的思想观念,前人有不少精彩的相关议论。

河南巩义康百万庄园中,遗存有一块"留余"匾,成为这一著名文化旅游景区的重要文物。上面刻的文字是:"留耕道人《四留铭》云:'留有余不尽之巧,以还造化;留有余不尽之禄,以还朝廷;留有余不尽之财,以还百姓;留有余不尽之福,以还子孙。'盖造物忌盈,事太尽,未有不贻后悔者。高景逸所云:'临事让人一步,自有余地;临财放宽一分,自有余味。'推之,凡事皆然。坦园老伯以'留余'二字颜其堂,盖取留耕道人之铭,以示其子孙者。为题数语,并取夏峰先生训其诸子之词,以括之曰:'若辈知昌家之道乎?留余忌尽而已。'时同治辛未端月朔,愚侄牛瑄敬题。"

这里指出《四留铭》的原作者为留耕道人,即是南宋时的王伯大。今查《宋史》及有关资料可知,王伯大(?~1253),字幼学,号留耕,南宋长溪(今福建霞浦)赤岸村人,其父名王万全。王伯大于嘉定七年(1214)进士及第,曾官主管户部架阁,迁国子正,兼临江军。淳祐七年(1247)拜端明殿学士，签书枢密院事兼权参知政事，次年拜参知政事，后被罢官。宝祐元年（1253）卒，谥忠文。

关于《四留铭》的出处，原见南宋周密《浩然斋视听抄》（《说郛》宛委本卷二七下），记云："留有余不尽之巧以还造物（化），留有余不尽之禄以还朝廷，留有余不尽之财以还百姓，留有余不尽之福以还子孙。马壁梧常题于壁，不知谁语也。"这里，马壁梧为何人未详；周密曾见他把这四句警语题写在墙上，可见《四留铭》的含义深刻感人，在当时已受到文士重视。然而，周密这时还不知道《四留铭》的作者是谁。

后来到了元代，无名氏《湖海新闻夷坚续志》后集卷二《四留铭》记云："王参政伯大，号留耕，尝作《四留铭》于座右云：……贴于壁间，忽一日云雾四起，霞光照耀，失其书所在。"这里明确指出《四留铭》的作者是王伯大，号留耕。但是，这里没有提及书写成书法条幅并贴于壁间的人是马壁梧。所记述的故事情节已不是真实的人物轶事。所谓云雾霞光及失其书所在的情节，属于志怪小说的夸张性虚构，这就把《四留铭》的名言神灵化了。这个故事的产生与传播，反映了民间大众的圣贤崇拜意识与真理崇拜意识，也说明《四留铭》的名言在民间大众中产生了较大的影响。明彭大翼《山堂肆考》卷一三〇《四留铭》，即是据《湖海新闻夷坚续志》引录。

《四留铭》的四句名言的含义，本原于俗语所谓"但存方寸地，留与子孙耕"之语。对此，罗大经《鹤林玉露》卷六有具体的解释，他说："但存方寸地，留与子孙耕，指心而言也。三字虽不见于经传，却亦甚雅。"这里指出，所谓"方寸"，即是指一个人的心田。俗语认为，人的心中要常存善念，就一定能为子孙后代积福。罗大经还说他曾作有一篇《方寸地说》，专论这个意思，其辞云："或问方寸地，何地也？亦有治地之法否乎？余曰：伟哉问！世之人固有无立锥地者，亦有跨都兼邑者，有无贫富相绝也。惟此方寸地，人人有之，敛之其细无伦，充之包八荒，备万物，无界限，无方体，甚矣其地之灵也。然此地人人有，而治地之力，不人人能施；治地之法，不人人能知。故荒秽不治者，有此地而不能治、治而不知其法者，虽治此地，亦犹不治。是故，孔子、孟轲，治地之农师、圃师也；《（论）语》《孟（子）》，治地之《齐民要术》也……道家有寸田尺宅之说，养生引年者取之；里谚有留方寸地与子孙耕之说，种德食报者取之。其言未为无理，要皆坠于一偏。若从孔孟治地之法，则仁者必寿，善者必福，清明之志气如神，厚德之流光寖远,道家里谚之说,在其中矣。"

罗大经的这一番议论,思想深刻而表述生动。他认为,人的心性就像是一块庄稼地,其修养与培护就像是种植农作物,需要有种植的力量,还必须有种植的方法。孔子、孟子等儒家始祖,就像是指导种植的农技师和园艺师;《论语》《孟子》等儒家经典著作,就像是《齐民要术》等讲述种植方法的科技读物;培养成德才兼备的品质,这才是获得了好的收成。一个人的一生中,不仅要把自己的这一块"心"地种好,而且要把种植的方法和道理留给子孙继续耕种,这就是"留耕"的本义,目的是使体现着儒家思想的良好家风代代相传。王伯大自号为留耕道人,并且写出了《四留铭》的四句名言,他肯定是熟悉《鹤林玉露》的这段话并且受到了深刻影响。

又见南宋俞文豹《唾玉集》中有《常谈出处》一则云:"常谈习熟,多有不知出处。'但存方寸地,留与子孙耕',此贺知章诗。"今查《全唐诗》卷一一二贺知章诗,没有见这二句,或者是见于其他书中,待查。

明代后期,郑瑄《昨非庵日纂》卷一四《守雌》引录了王伯大的《四留铭》,之后又记云:"赵长玄曰:杨吉谏议爱韩非一语:'土木偶人,耳鼻欲大,口目欲小。盖耳鼻先大,则可小;口目先大,人或非之,则不可为矣。'谏议以为百凡欲留后着,不为一切之政耳。"赵长玄即赵台鼎,字长玄,其父即赵贞吉(1508~1576),隆庆年间官至礼部尚书、文渊阁大学士。赵长玄的这段话出处未详,所谓"杨吉谏议"其名未详,他所说的韩非之语见《韩非子·说林下》,原文是:"桓赫曰:刻削之道,鼻莫如大,目莫如小。鼻大可小,小不可大也。目小可大,大不可小也。举事亦然,为其不可复者也,则事寡败矣。"意思是说,工匠艺人或用泥塑或用木雕制作偶人的时候,总是把偶人的鼻子和耳朵先做得大些,嘴巴和眼睛先做得小些,这样就为继续修改留下余地;反之,鼻子和耳朵先做得小再改大,嘴巴和眼睛先做得大再改小,都是相当困难的。人生在世处理其他事情,也和工匠艺人制作偶人是同样的道理,一定要留有一定的余地。

《昨非庵日纂》卷九《惜福》又记云:"人生天地间,语不可说尽,事不可做尽,心不可使尽,衣不可穿尽,饭不可吃尽,福不可享尽。留此不尽者,以贻子孙。盖留有余于后人,便有不足于今日。善乎杨襄毅公父瞻之言曰:'现在之福,积自祖宗者,不可不惜;将来之福,贻于子孙者,不可不培。'又曰:'现在之福如点灯,随点则随竭;将来之福如添油,愈添则愈润。'非是父则不生是子矣。"这里的议论，是对于前述韩非所谓留余之义的引申和发挥，意思是说，既要留有余与后人，那么其人在当时就要俭省而节用。杨襄毅公即杨博（1509～1574），字惟约，号虞坡，蒲州（今山西永济）人。嘉靖八年（1529）进士，历官至吏部尚书，理兵部事，卒后谥号襄毅。杨博之父杨瞻（1491～1555），字叔后，号舜原，正德年间中举，曾官扶沟知县，历官至御史。其著作有《诸经臆评录》《群书类要》，文集及奏议等。其惜福之语出处未详。所谓点灯添油的比喻，其含义是非常深刻的，为人们传诵，如清代的启蒙读物《增广贤文》等多有引录，对于世人广有启迪。《昨非庵日纂》谓"非是父则不生是子"，意思是说，有杨瞻这样积德修身、为子孙留福的父亲，才有杨博这样挺然立世、卓有成就的儿子。

明万历时，吕坤《呻吟语》书中也有关于留余的议论。卷二《修身》云："担当处都要个自强不息之心，受用处都要个有余不尽之处。"这里指出人之修身的一条重要原则，前行遇事要有担当精神，自强不息，顺境享受时要有留余意识，预留退步。卷二《应务》又云："余生平做事，发言有一大病痛，只是个'尽'字。是以无涵蓄不浑厚为终身之大戒。"其意思是，凡说话与做事一定要适可而止，超过了就是太尽，不能朴实浑厚是人生的大戒。《呻吟语》全书内容丰富，感悟深刻，能给予世人多方面的启迪（参见本书第四编《君子小人之异》），这里关于留余的议论是其思想的闪光点之一。

徐祯稷《耻言》有一段议论留余问题，颇为深刻。徐祯稷，字厚源，又字叔开，号余斋，江南华亭（今属上海市）人。万历二十九年（1601）进士，曾官刑部主事，四川按察司副使。《耻言》今存于《丛书集成初编》。其文云："或问：语不云乎，事留余地，何如则可以留余地矣？余斋曰：地也者，所以受也，虚则留之。譬彼绘采，厥地在素，损采而素自留。故处世能知不足之为有余也，则几矣。"这段话的深刻之处在于以绘画作比喻，不着色的白纸即是"地"，画幅上少着色的地方，"地"自然就留下来了。能参透这个道理，对于留有余地的奥妙也就明白了。善于留有余地，的确是一项高超的艺术。

清初，褚人获《坚瓠集》戊集卷一《四留铭》，引《夷坚志》中四句铭文，又引《湖海新闻夷坚续志》中所谓"贴于壁间，忽一日云雾四起，霞光烛天，遂失书所在"的故事，并谓《浩然斋视听抄》作"马碧（壁）梧语"。因是辗转引述，文字略有差异。这里，褚人获谓王伯大及其《四留铭》出自

《夷坚志》实为误记，今查《夷坚志》各集，未见有这样的记述，可能是褚人获把《湖海新闻夷坚续志》误记为《夷坚志》了。

褚人获《坚瓠集》戊集卷一《张跃川绝句》，依据《碣石剩谈》引录的四首七言绝句，也是关于"四留"的议论。其一云："低低壁落侪侪柱，小小厅堂窄窄门。广厦广庭非不爱，欲留约束与儿孙。"其二云："老去不嫌粳米粥，饥来常吃菜馄饨。好饭好羹非不爱，欲留淡泊与儿孙。"其三云："来音去信常关念，嫁女婚男不出村。远眷远亲非不爱，欲留近便与儿孙。"其四云："凿开石窦通泉脉，插种梅花入瓦盆。深紫深红非不爱，欲留清白与儿孙。"张跃川生平未详，今仅知其原名文渊，字跃川，明朝弘治年间名士。这四首诗所表述的要为儿孙留下"约束""淡泊""近便""清白"四项，与王伯大所谓的"四留"内容不同，但是其本意在于勉励儿孙保持尚德崇义的家风、期望家族福祉长久，则是一致的，因此也能给予世人有益的启迪。

清代蒋超伯《南漘楛语》卷四《四留铭》又记云："五祖演云：'福不可享尽，势不可使尽。宋参政王伯大，以其意作《四留铭》云……'"五祖演是宋代高僧，唐代蕲州五祖山法演禅师的第九世传人，世呼为三佛，宋徽宗崇宁三年（1104）圆寂。其事迹见《续传灯录》卷二〇、《稽古史略》卷四等。由此可知，前述《昨非庵日纂》所谓"事不可做尽……福不可享尽"等语，原是据五祖演的言论引申的。《南漘楛语》又有小注云："伯大与郑采、应㒒等同传，立朝以直谅称。"这里指出王伯大在《宋史》中有传，郑、应等人的传记与王伯大同在一卷中，都是为人正直、品和行高尚的朝臣。其中王伯大的关于"四留"的名言在当时及后世影响最大。

（七）为富不仁

"为富不仁"是人们熟知的一个成语，反映了自古以来中国人对于富人的一种传统的认识，含有深刻而丰富的文化内容。

溯其源头，此成语出自《孟子·滕文公上》："阳虎曰：'为富不仁矣，为仁不富矣。'"《孟子注疏》此语之下赵岐注解说："阳虎，鲁季氏家臣也。富者好聚，仁者好施，施不得聚，道相反也。阳虎非贤者也。"这里讲述了为富不仁的根本原因在于，富有的人爱聚敛钱财，而仁德之人总是把财物施予穷困的人，聚与施是两种截然相反的思想意识和行为方式，因此富与仁也必然表现为两种截然不同的道德品质。阳虎身为鲁国贵族季氏的家臣，既有权有势又多蓄钱财，他就必然是一个不良之徒。

对于《孟子》书中所讲述的道理，后人又有生动的议论。东汉王充《论衡》记云，扬雄作《法言》一书，蜀中有位富商愿给他十万铜钱，求他在书中载入自己的姓名，扬雄没有答应，说："夫富而无义，犹圈中之虎、槛中之羊也，安得妄载？"（今查《论衡》未见此语，而见于《太平御览》卷四七二引述，又见《山堂肆考》卷一一〇《不载富人》引录）这里，扬雄的话非常风趣，他把富与仁比喻为铁笼圈禁之虎与围栏喂养之羊，二者是不能够并存的。此语可以说是对于孟子所谓"为富不仁、为仁不富"的名言作了形象的注解。

南宋初岳珂《桯史》卷二《富翁五贼》记载说，当时的名士陈亮曾讲述一个故事，说是有一位文士和一位富翁是邻居，文士家贫如洗，非常羡慕富翁有钱之家的快乐。有一天，文士穿戴整齐，郑重其事地到邻家向富翁请教。富翁说：致富不是件难事，你回家斋戒三天，然后我再告诉你致富的方法。文士信以为真，就按照富翁的要求，斋戒三天，又到富翁家里拜访。富翁在客厅中设下屏风，摆放高桌，让文士先交纳拜师的学费，作揖行拜师之礼，之后富翁说："大凡致富之道，当先去其五贼。五贼不除，富不可致。"文士问，什么是五贼，富翁说："即世之所谓仁、义、礼、智、信也。"文士听罢，明白了这是富翁故意恶作剧，把自己耍弄一回，于是掩口笑了一场，并不和富翁争辩，回自己家里去了。仁、义、礼、智、信是儒家崇尚的道德，称为五德，"仁"居五德之首，更是特别宝贵的。然而这个富翁却故作反语，把五德叫做"五贼"，对文士说去掉五贼就可以变富，不过是调侃一场而已。陈亮（1143~1194），字同甫，婺州永康（今属浙江）人，南宋哲学家、文学家，当时已经是著名的才子与名士。《桯史》在这里还记述道："同父（甫）每言及此，辄掀髯曰：'吾徒不为五贼所制，当成何人耶！'"陈亮此语的意思是，对于我辈读书人来说，如果不恪守仁义礼智信，那还能算是什么人呢？陈亮是堂堂正正的儒家文士，对于五德秉遵不移，他讲的这个故事表达的正面的意思是，求富必去仁，存仁则必不富，富与仁是不能共存的。

南宋俞文豹《吹剑录外集》有一节议论富与仁的问题，认为一个人的富贵和品德是难以兼顾的。他首先引录《易·说卦》中"穷理尽性"之语，又引录《孟子·尽心上》中的"尽其心者知其性"之语，认为性静而定也，性为一人之主宰，而心实为之役，从心与性的关系予以解说。意思是说，人的心地明彻，则思想与行为必行正道；否则，心性污浊，则思想与行为则入邪途。之后又引"颍昌靳先生裁之"的话说："志于道德者，功名不足以累其心。志于功名者，富贵不足以累其心。志于富贵而已者，亦无所不至矣。"又说："晦翁《论语集注》摘其语云：'志于道义，则事业不足道；志于事业，则富贵不足道；志于富贵，则其人不足道。'"晦翁即朱熹，《论语集注》是其"四书注"之一，意思是，一个人如果其志在于追求真理，那么他就不大看重去做具体的事业；如果其志在于做事业，那么他就不把追求富贵放在心上；如果其志在于追求富贵，那么他的人品就不值得一提了。

靳裁之，南宋初在世，生平未详，今仅知他是颍昌（今河南许昌）人，学问与品德俱优，胡安国曾拜他为师。所谓晦翁"摘其语"，见朱熹《论语集注》中《阳货》篇中"鄙夫可与事君……苟患失之，无所不至矣"数句之后的注解，与原文有所不同，这当是俞文豹对于靳裁之那几句名言的进一步阐释，话说得更为直截了当，表达了基本相同的思想，耐人深思。

王应麟《困学纪闻·评诗》引录北宋黄庭坚的两句诗云："能与贫人共年谷，必有明月生蚌胎。"之后说："为富不仁者，可以警。"黄庭坚的原诗是《题胡逸老致虚庵》，全诗是："藏书万卷可教子，遗金满籝常作灾。能与贫人共年谷，必有明月生蚌胎。山随宴坐图画出，水作夜窗风雨来。观水观山皆得妙，更将何物污灵台。"（《山谷集》卷七）诗的首二句用的是汉代韦贤"遗子黄金满籝，不如一经"的典故，原见《汉书·韦贤传》，《三字经》所谓"人遗子，金满籝，我教子，惟一经"也是指这个故事。诗意是说，坚守仁义礼智信的儒士们，待人处事行的是大善，家有米谷总是分送给遭遇灾祸的贫苦百姓。这样，其仁心善行必得好报，上天一定会让他们家出生聪明伶俐的儿子。明白了这样的道理，那些为富不仁的人就应当引以为警戒。

明代顾元庆《檐曝偶记》据岳珂《桯史》引述了陈亮所讲的"富翁五贼"的故事，也大体认同陈亮所表达的为富则不仁的观点。

明代谢肇淛《五杂俎》卷五《人部一》有一段议论为富不仁的问题，相当精彩。其文首先引录扬雄的话"富而无仁义之行，犹圈中之鹿、栏中之牛也"，之后说："然以匹夫而富敌王公、权侔卿相，其人必非寻常见解，故文长于货殖诸子，尤惓惓焉。但古之致富者，皆观天时、逐地利，取予趋舍，动合权变，如陶朱计然，其上者也。卓氏程郑，铁冶力作，纤啬射利，固已贾行而市心矣。后世倚权怙势，纳贿行劫，如石崇、王元宝之流，乃豺狼蛇蝎，岂独牛豕而已哉！……富者多悭，非悭不能富也；富者多愚，非愚不能富也。此子云所谓圈鹿栏牛者也。"所引扬雄的话，把富人比喻为鹿、牛等动物，只知生命所需要的实际物质利益，不知人的意识所理解的仁义道德为何物，富人中的贪狠之辈甚至如同豺狼蛇蝎。这里列举一些著名的经商致富的代表人物，如范蠡、计然、卓王孙、石崇等，他们具有共同的特征，就是一心谋利赚钱，愈是富有愈是吝啬，愈是富有也愈是愚昧。这里对于富人本质的揭露与批判可谓入木三分。

元代以后的戏曲小说等文学作品中，多见有对于为富不仁者的描写及议论，这可以作为前人此类议论的重要文献旁证。

元代王实甫《破窑记》第一折中，寇准以寒士身份前往刘员外家，自语道："这家为富不仁，我若不过去，将我似什么人看我？"这里，寇准从刘员外对待吕蒙正的态度，判断刘员外是为富不仁的人。他又有下场诗云"可怜此等无情物，只识衣衫不识人"，这正是为富不仁者的一副嘴脸。

明邵灿《香囊记》第三十二出《媾媒》，权豪赵运使的公子赵舍人念《西江月》词自报家门云："小子生来豪气，原是簪缨家世。祖公曾做台卿，父亲现为运使。积得米粟如山，藏下金珠铺地。哪数金谷繁华，却笑陶朱富侈。一生做事强梁，只是倚官托势。须知为富不仁，自来见利忘义。若与我钱钞分文，便索低头下跪。"这段自白正是为富不仁者的画像。

陈忱《水浒后传》第二回《毛孔目横吞海货，顾大嫂直斩豪家》，写毛太公之子毛豸在县里做孔目，仗势夺取他人财物，其妻说他"罪过"，毛豸说："什么罪过！自古道，'为富不仁'。"这里，毛豸这样的县衙恶吏，明知不仁而为之，认定"为富不仁"是世间富人的普遍本性。

王錂《寻亲记》第五出《告借》，写土豪张敏图谋霸占贫士周羽的妻子周氏，连其妻都看不过去，说："怎忍见眼睁睁夫妻两分，你为富不仁，心肠太狠。"可是张敏却不听老婆的忠告，只是一意孤行，结果被依法严惩。

清代，蒲松龄《聊斋志异》卷一二《紉针》写义商虞少思救护落难少女紉针，后来紉针长大，虞少思夫妇为她议婚，有富豪黄某遣媒求娶紉针，"虞恶其为富不仁，力却之"。后来，虞氏一家与紉针都有好的结果，整篇作品表现了仁者必得善报的主题。

从戏曲、小说及许多民间故事中所写到的许多为富不仁者的恶迹与结局来看，他们最终是害人反害己，绝没有好下场。其中所表现的善恶观念与道德评判，能够给予世人提供许多教诲与启示。

（八）奸臣后裔不认祖宗

自古以来，痛恨奸臣是人民大众的一种重要的文化心态。历史上那些在朝廷执掌权柄的奸臣，或者残害忠良，或者卖主求荣，或者叛国投敌，或者结党营私，他们在当时受到民众唾骂，在死后则是遗臭万年。在中国古代各种文学作品中，作者带着爱憎分明的思想倾向与情感色彩，对前朝许多奸臣人物予以艺术化的表现，塑造出一系列活灵活现的奸臣形象。尤其是在戏曲作品中以及舞台上，奸臣人物或者是涂作白脸，或者是鼻子上搽着一块白粉，在大众心目中成为一种具有明显标识和特定文化内涵的角色，由此在大众的认知过程中培育出强烈的是非标准与审美观念，形成根深蒂固的痛恨奸臣的文化心态。吴自牧《梦粱录》卷二〇《百戏伎艺》叙及话本与戏曲等对于历史人物的描写，大抵都是"公忠者雕以正貌，奸邪者刻以丑形，盖亦寓褒贬于其间耳"。这是中国古代文学艺术相沿成习的一种表现方式，并形成具有普遍意义的文艺传统。文学艺术作品的流传与影响同世俗观念结合，在社会现实中形成无处不在的思想舆论，强化着大众痛恨奸臣的思想意识。在这样的文化背景之下，古代的奸臣的子孙后代为其祖先而蒙羞忍耻，甚至有不少人不肯认其奸臣前辈为祖宗。

梁绍壬《两般秋雨庵随笔》卷二《耻认祖宗》记云："文丞相云：'莆田有二蔡，一派出君谟，一派出京卞。京卞子孙惭其先人，多自诡为君谟后。犹今无锡秦氏，的系会之之后，然无不诡为淮海裔孙也。'奸雄之名，虽子孙亦避忌之。可畏哉！"文丞相即文天祥，今查其所著《文山集》，没有见到这段话，或者另有出处。这段话指出两件事实：一件是福建莆田蔡氏不认宋朝著名奸臣蔡京为祖先，而认蔡襄为祖先；另一件是无锡秦氏不认秦桧为祖先，而认北宋文学家秦观为祖先。梁绍壬由此而感慨说，奸臣的名字，其子孙后代避之以为耻,这种现象不能不使人对于大众痛恨奸臣的文化心态感到畏惧。

君谟即蔡襄(1012~1067),字君谟,仙游(今属福建)人。天圣八年(1030)进士,历官福州、泉州、杭州知府,累官至端明殿学士。著作多种,尤工书法。"京卞"即蔡京与其弟蔡卞。蔡京(1045~1126),字元长,熙宁三年(1070)进士,徽宗时官至尚书右仆射,后为太师。金兵入侵时他率全家南逃,被钦宗贬至远方,死于潭州,在《宋史》中被列在《奸臣传》。蔡卞是蔡京之弟,字元度,王安石的女婿,徽宗时知枢密院事,蔡京当权时蔡卞同为奸恶。由于蔡京兄弟臭名昭著,其后裔就不肯认蔡京、蔡卞为祖先,而认蔡襄为祖先。而且,蔡京的书法与苏轼、黄庭坚、米芾并称为"苏黄米蔡",也因为蔡京是奸臣,于是后世就把"苏黄米蔡"的"蔡"也说成是蔡襄。《清河书画舫》卷七上记云:"宋人书例称苏黄米蔡,谓京也。后世恶其为人,乃斥去之,而进君谟书焉。"可见,一旦成为奸臣,其书法成就也随之而不被后人认可。

无锡秦氏,的确多是秦桧家族的后裔。秦桧(1190~1155),字会之,江宁(今南京)人,政和五年(1115)进士及第。靖康之变时,秦桧随徽、钦二帝被掳至金国,又被金太宗完颜晟之弟挞懒放归作内应,受宋高宗宠信,力主和议,残害抗金名将岳飞、张浚等,是当时及后世国人共恨的卖国大奸臣。秦桧死时被高宗赠封为申王,谥忠献。高宗死后,岳飞冤案得以纠正,到宋宁宗开禧二年(1206),秦桧被追夺王爵,改谥为"缪丑"。这谥号已是贬义,后来在《宋史》中被列入《奸臣传》。秦桧的儿子秦熺,侄昌时、昌龄,在秦桧当政时皆飞黄腾达,被称为"三秦",而在秦桧死后皆一蹶不振,其子孙多移居无锡,悄然度日,不敢对人承认是秦桧的后裔,而假称是淮海后裔。"淮海"即是秦观(1049~1100),字少游,号淮海居士,高邮(今属江苏)人。其著作编为《淮海集》,其词作编为《淮海词》或《淮海居士长短句》,故人们称之为秦淮海。秦观是宋代著名文学家,当时被认为是"苏门四学士"之一(另外三人是黄庭坚、张耒、晁补之),无锡秦氏后人认秦观为祖先,肯定是感到甚为光彩的。

秦桧可以说是中国历史上的头号大奸臣,后世人们对他的痛恨可以说是遍及妇孺,众口一词,历代的现实生活中有许多生动的表现。杭州岳飞坟前铸的一排铁像,都是残害岳飞的大奸臣,其中秦桧及其妻"长舌妇"王氏都是裸露上体跪在那里,后世前来瞻拜岳飞者无不对之唾骂。秦桧的坟在南京,后世一直受人践踏。《尧山堂外纪》卷五八记云："秦桧江宁人，故其墓在建康。墓上丰碑屹立，不镌一字，盖当时士大夫鄙其为人，兼畏物议，故不敢作神道碑。及孟珙灭金回，屯军于桧墓所，令军士粪溺墓上，人谓之'秽冢'。"（又见明姜南《风月堂杂识·秽冢》等）秦桧墓在明代多次被盗掘，其棺木被剖开，尸骸被抛到水里，人们说这是他残害岳飞得到的报应。

秦桧的后裔虽然有不少住在无锡，但是，也有一些秦桧的后裔依然住在秦桧的原籍江宁，他们也一直背负着巨大的舆论压力，或者为其祖先秦桧残害岳飞的罪恶而深感愧疚。过了数百年到清代乾隆时，有一位名叫秦大士的就是这样的人。卢文弨所作《翰林院侍讲学士秦公墓志铭》记云：秦大士（1715～1777），字鲁一，号涧泉，又号瞻园，其先世有官太平府知府者，于是安家在当涂（今属安徽）。乾隆十七年（1752）恩科进士，被乾隆皇帝特拔为第一名，历官至侍讲学士，晚年辞官后居住在江宁。他到杭州岳坟前游览时曾题诗一首，镌刻在石上，题名为"涧泉"，其中两句是："人从宋后少名桧，我到墓前愧姓秦。"这一处刻石至今仍然在岳坟前存留，游人观览之后引发不少议论与感慨。从秦大士的题诗及流传的相关故事来看，后世民众痛恨奸臣的文化心态，到清代仍然显示着巨大的舆论力量。

中国历史上有两位最著名的民族英雄，一位是岳飞，另一位便是文天祥。残害岳飞的大奸臣秦桧落得如此可悲的下场，而那个残害文天祥的大奸臣留梦炎也同样是遗臭千古。留梦炎的后裔不肯认奸臣祖宗，以及蒙羞忍耻的情况，与秦桧的后裔同样可悲。

留梦炎（1219～1295），字汉辅，号忠斋（一作中斋），衢州（今属浙江）人。南宋理宗淳祐四年（1244）状元，投降元朝后官至翰林学士承旨，元成宗元贞元年（1295）病死，终年七七岁。留梦炎因其背宋降元，被视为奸臣，受人唾骂，以至于《宋史》《元史》中都没有为他立传，其事迹散见于相关的其他野史笔记中。有一件众人共知的铁定的历史事实是，文天祥的被杀殉国正是由于留梦炎的出卖所造成的后果。

王应麟《困学纪闻》卷一八《评诗》引录文天祥《为怀人赋》七律诗一首："悠悠成败百年中，笑看柯山局未终。金马胜游成旧雨，铜驼遗恨付西风。黑头尔自夸江总，冷齿人能说褚公。龙首黄扉真一梦，梦回何面见江东！"（《四库全书》所收《文山集》中题作《为或人赋》，"或"字有误）之后有阎若璩按语，略述文天祥中状元的过程：宝祐四年（1256），宋理宗亲临集英殿录取进士，召王应麟对考卷进行复核，确定等级之后呈送皇帝审阅。宋理宗把第七名的试卷提出来放在第一，王应麟取过来阅读一遍，跪地叩头曰："是卷古谊若龟镜，忠肝如铁石，臣敢为得士贺。"于是，就把这第七卷作为首选，等到唱名的时候，这份试卷的作者是文天祥。《为怀人赋》诗中的"龙首"一词，就是指的这件往事。而"龙首黄扉真一梦，梦回何面见江东"这两句的意思是说，当初自己被皇上钦定为状元，留梦炎也是由中状元而入阁为相，但是随着时局剧变，这些都成为历史，恍若南柯一梦；如今留梦炎之流却叛国投敌，他们有何面目见江东父老呢！

元代无名氏《三朝野史》记云："文文山天祥，留中斋梦炎，一般状元宰相，末后结果不同，流芳遗臭，较然可见。"这里把留梦炎和文天祥相比较，还把留梦炎和陈宜中、陈文龙、方逢辰相比较。陈宜中字与权，号静观，理宗景定元年（1260）状元，南宋末先后为右丞相、左丞相，国亡后不肯降元，流亡至海外，先到占城（位于今越南中南部），后至暹罗（今属泰国），死在那里。陈文龙初名子龙，字君贤，后改名文龙，字如心，南宋度宗咸淳四年（1268）状元，南宋末官拜参知政事，被元军俘获后押送至临安，不肯投降，绝食而死。方逢辰字君锡，淳祐十年（1250）状元，先后被授为吏、礼二部侍郎，俱不受，回乡授徒讲学，学者称之为蛟峰先生。这三位状元虽然不如文天祥声名显赫，但是在宋元之际的国变时刻也都保持了气节与操守。唯独留梦炎这位状元卑躬屈节，千年遗臭。

明代，姜南《风月堂杂识》中有《留梦炎》一则，也把南宋的三位状元留梦炎、文天祥、陈文龙进行比较，评论说："及宋亡，文、陈二公皆死节显著，不负大魁之名；梦炎则自咸淳三年（1267）为枢密使，四年罢，德祐元年（1275）六月拜相，至十一月弃位而遁。二年（1276）正月，召之不肯至，以为江东西、湖南北宣抚大使。及元将唆都陷衢州，梦炎遂降，以苟活图富贵，有玷名科，其视文、陈二公，不啻麒麟之于犬羊，凤凰之于燕雀，岂可同日语哉！"这里的议论，对于留梦炎的投降变节行为予以痛斥，代表了明代文士对于留梦炎的社会舆论。

明代，《樵书》二编卷九记云：因文天祥的诗中有"黄冠故乡"这样的话，王积翁就串连已投降元朝的原南宋朝廷官员十来人，请求释放文天祥，让他去做道士。留梦炎认为不可以，他说："天祥出，复号召江南，置吾辈十人于何地？"于是，事情只好作罢，结果，文天祥就在大都的柴市英勇就义、壮烈殉国了。《樵书》又记云："孔公天胤曰：'两浙有留梦炎，两浙之羞也。盖梦炎衢州人，与天祥俱宋状元，而不同如此。历明朝数百年，凡留氏子孙赴考，责令书一呈结曰"并非留梦炎子孙"，方许入试。'"（据《宋人轶事汇编》引，上海古籍出版社2014年版，第五册，2646页）这里所记王积翁为营救文天祥所做的努力，以及留梦炎的态度，出自哪种历史文献未详，但是，这一则事实确能说明，留梦炎在投降元朝之后为了保住自己的富贵而不容许文天祥的继续存在，他利用已经得到的元朝统治者的信任，促使元世祖杀掉文天祥。这一点正是后人痛恨留梦炎的根本原因。孔天胤，字汝锡，号文谷，汾州（今山西临汾）人，嘉靖十一年（1532）进士，曾官浙江参政，他的这段话出处未详，却道出一条重要事实，即在明朝的二百多年中，每次科举考试时，凡是姓留的考生必须注明自己不是留梦炎的后裔才有参加考试的资格。这说明，明代朝廷及官方非常痛恨留梦炎，留梦炎的无耻行为确实给他的后裔带来严重的政治影响。

清代，人们对于留梦炎的痛恨仍然没有减弱。姚莹《识小录》卷六云："留梦炎，衢州西安（明清时衢州有西安县）人，以丞相降元，衢人至今耻之。"可见，留梦炎家乡的人仍然为几百年前衢州出现的这个卖国奸臣而蒙受耻辱。

朱克敬《暝庵杂识》卷三介绍贺贻孙文集时，特别提到《纪西安留氏事》一篇，其中讲述的留梦炎后裔的故事颇为生动。贺贻孙（1605~1688），字子翼，号孚尹，明末清初永新（今属江西）人，明末为诸生，研究经义，文章颇有名。入清后不肯参加清朝的科举考试，官府以"博学"推荐他，他假装应承，当天夜里却逃走远方，变服为僧。从他这样的表现来看，在政治上是颇有气节的。其著作编为《水田居士诗文集》若干卷。《纪西安留氏事》记述说，贺贻孙的父亲曾在衢州西安县做知县，经手审理一个案子，该县有一个姓刘的人，到县衙告状，说是其家的祖坟被人侵占损毁。贺知县传来被告，询问缘由，被告说，原告刘某本来并不姓刘，而是姓留，他说姓刘，这是对官府的欺诈。贺知县大怒，问刘某是否属实，于是，刘某作了一番哭诉，道出了他作为留梦炎后裔经受的悲苦与冤情。文章写道：

> 先君怒诘之，其人顿首哭曰："公，文丞相乡人也，某何敢姓留？昔万历初，吾族曾以祖墓事，诉于太守张公，讯于留氏宗祠，见堂上有画

像，问何人，对曰：'先太祖，曾为宋状元丞相者。'张公叱曰：'得非老贼留梦炎乎？此贼负宋，欲杀吾文丞相，恨不掘尔坟、燔尔骨也。'手撤像铺宗子臀，杖之五十，血肉淋漓。张公怒未已，燔其像，断墓地尽与仇家。今公又江西人，设如张公，复理文相旧事，先人遗骸且燔矣，某何敢姓留？"语毕又哭。先君笑曰："汝祖负宋，罪也，子孙何罪？"乃平决之。

贺贻孙的父亲籍贯为永新，而文天祥籍贯为吉水，同为江西人，所以原告刘（留）某说他是"文丞相乡人"，害怕贺知县像前朝的"太守张公"那样，出于敬重同乡忠臣文天祥的感情而对自己严加责罚，如果真的那样，他眼前的这场官司必输无疑，而且会使祖坟被掘、祖先尸骨被焚，因此，他的恐惧与悲伤出自内心，而且经过长久的压抑，此刻怎么能够忍得住不嚎啕大哭呢？前朝的那位"太守张公"姓名未详，他对于留梦炎背叛宋朝、害死文天祥的罪恶可谓恨之入骨，但是，他竟然把留梦炎受后人供奉祭拜的画像盖在那位后裔的臀部进行痛打，以至于把人打得血肉淋漓，这样做事也实在太过分了。贺知县听罢刘（留）某的哭诉，感到既同情又好笑，他认为留梦炎固然可恶，但是"子孙何罪"，于是他不再追究其祖先留梦炎的历史旧账，对于这位留氏后人的案子按平常心予以妥善处理，这才是通情达理的正确态度。

（九）丙午丁未厄岁

中国古代有一种说法，在甲子纪年的一个周期（即60年）中，每逢丙午、丁未这两年，国家及社会要有大的变故发生，或有大的灾祸出现，称之为"丙午丁未厄岁"；甚至还说丁未年的变故和灾异更甚于丙午年，称之为"逢丁未必有变"。由于按照阴阳五行的理论来说是丙丁属火，对应的颜色为红色，按十二生肖的说法是未年属羊，于是又把"丙丁之变"叫做"红羊劫"。

这种说法，一般认为是出自南宋柴望所著的《丙丁龟鉴》一书，而实际上早在唐代已经产生了；到南宋初，洪迈《容斋随笔》中《丙午丁未》一节又有明确的叙述；再到南宋理宗淳祐年间，柴望撰作《丙丁龟鉴》时把这种说法系统化，南宋以来流传更广，产生了更大的影响。直到当代，还常见有些诗文或书籍中把"丙丁之变"和"红羊劫"作为典故使用，或者由此引发新的议论。这里，笔者根据有关文献资料加以梳理，予以综合叙述。

1. 从唐代殷尧藩的《李节度平虏诗》到南宋初洪迈的《容斋随笔》

关于"丙丁之变"及"红羊劫"最早的出处，据笔者所见是唐代殷尧藩的《李节度平虏诗》（见《全唐诗》卷四九二）。诗云：

> 百万王师下日边，将军雄略可图全。
> 元勋未论封茅异，捷势应知破竹然。
> 燕警无烽清朔漠，秦文有宝进蓝田。
> 太平从此消兵甲，记取红羊换劫年。

殷尧藩，唐秀州（今浙江嘉兴）人，唐宪宗元和年间进士及第，曾官永乐县令（唐代有两个永乐，一在今河北满城，一在今山西芮城，殷官县令是哪个永乐，未详），后官至监察御史。他与雍陶友善，与沈亚之、马戴皆为诗友。其事迹略见于《唐才子传》卷六。《全唐诗》收其诗1卷。诗题中李节度即李载义，字方谷，唐宗室，唐常山愍王李承乾的后裔。所谓平虏事，指唐敬宗宝历二年（826），幽州发生兵乱，杀节度使朱克融，朱克融之子朱延嗣代为节度使，继续割据；当时李载义为幽州兵马使，杀朱延嗣，平定幽州，诗题谓"平虏"即指此役。之后，李载义被朝廷任命为卢龙节度使，故诗中称他李节度。诗中"将军雄略""燕警无烽"等语都是称颂李载义的功绩。这年冬天，宦官刘克明与击球将军苏佐明等合谋，杀害唐敬宗李湛。枢密使王守澄率兵擒杀刘克明等，迎立江王李昂即皇帝位，是为唐文宗，以次年为大和（太和）元年。李载义尊奉唐文宗，又参与了对于叛将李同捷的讨伐，巩固了朝廷的统治，功劳很大，所以殷尧藩作此诗对他予以颂扬。宝历二年（826）为丙午，大和元年（827）为丁未，这两年中发生了藩镇兵乱、皇帝被弑、新君即位等大事，因此诗中称之为"红羊换劫年"，并且认为，此劫过后就可以"太平从此消兵甲"，迎来一段安定的时期。

但是，所谓劫后太平只是一种美好的理想。历史事实是太平盛世非常难得，而且，即使有太平年景也是短暂的。李载义职任卢龙节度使，又被授官为检校户部尚书，封为武威郡王，可谓功成名就，可是，他得意的日子并不长。大和七年（833），李载义被部将杨志诚驱逐，逃奔长安，随即被朝廷改任为河东节度使；大和九年（835）又加官为侍中，开成二年（837）病逝于太原，终年仅50岁。

殷尧藩此诗中对于丙午、丁未两年发生劫难的感叹，没有引起更多文士的注意与回应。后来到南宋初，洪迈著《容斋随笔》又有明确表述。洪迈（1123～1202）字容斋，南宋鄱阳（今属江西）人，绍兴十五年进士（1145），官至端明殿学士。所著《容斋随笔》《夷坚志》在后世有较大影响。今见《容斋五笔》卷一〇有《丙午丁未》一节云："丙午丁未之岁，中国遇此，辄有变故。非祸生于内，则夷狄外侮。三代远矣，姑撷汉以来言之。"以下，作者列举自汉高祖十二年丙午（前195）刘邦死、次年丁未（前194）惠帝改元开始，到南宋淳熙丁未（1187），"高宗上仙"，即宋高宗死，共24次丙午丁未所发生的特大变故与灾异（其中东晋至隋的5次未论）。其末云："总而言之，大抵丁未之灾，又惨于丙午。昭昭天象，见于运行，非人力所能为也。"洪迈的记述，又引起南宋后来其他文士的议论，也成为柴望撰作《丙丁龟鉴》的重要基础，而且又在明代成为无名氏《随笔兆》所依托的蓝本，详见后。

2.《丙丁龟鉴》

柴望所撰《丙丁龟鉴》并不罕见，今存于《宝颜堂秘笈》《诒经堂藏书》及《丛书集成初编》，题署为"宋柴望辑"。《四库全书总目提要》有其内容介绍，当代也见有点校本，如中州古籍出版社1994年出版的《"丛书集成"珍库·术数全书》即有收录。书前有《序》，篇末署"淳祐六年正月望日衢州孝廉七世孙中书省奏名臣柴望序"；又有《进〈丙丁龟鉴〉表》，篇末署"淳祐六年正月望日衢州孝廉七世孙中书省奏名臣柴望上表"。据此知此书成于南宋理宗淳祐六年（1246），此年即为丙午。

柴望，字仲山，南宋衢州江山县（今浙江江山市）人。嘉定、淳熙年间为太学上舍，晋中书特奏名。淳祐六年（1246）正月初一发生日食，柴望以为是不祥之兆，就趁机把他所撰《丙丁龟鉴》一书上奏给朝廷。书中的内容是认为每逢丙午、丁未年国家会发生重大灾厄，以此提醒宋理宗修省戒惧，维持国家的长治久安。宋理宗见此奏书后不悦，传旨把柴望逮捕下诏狱。不久，柴望被释放归家。后来，端宗景炎二年（1277），柴望受人推荐得官为迪功郎，职任国史编校。宋朝亡国后他没有出仕，在家终老，卒年未详。柴望一生中除此书之外未见有其他著作。

《丙丁龟鉴·序》云，君主治国应当以历史为借鉴，而历史上每逢丙午丁未之年多发生灾厄，尤其是当丙午丁未年时再于正月初一日发生日食，那更是上天的警告，人间帝王不能不引以为戒惧。他说："窃惟是岁为厄，从古而然。帝王之代，史籍略而不书，今自秦汉以下数之，至于五代，为丙午丁未者，凡二十有一，上下通一千二百六十载，灾异变故，不可枚举。独汉延熹丙午朔，日有食；晋太康丙午、丁未朔，日皆食。信乎阴阳之有数也……丙丁之厄，皆厄也。其厄于延熹者，以延熹之时，小人之厄君子也；其厄于太康者，以太康之朝，夷狄之厄中国也。臣故撷史实，目曰《丙丁龟鉴》，釐为十卷，卷各有事，事各有断。凡所以致变之因与消变之由者，瞭然在目。则求天于天者，果不若求天于我；求数于数者，果不若求数于理。是为得之。亦知有天下者，知天根于我，数根于理，必以是书而尽见。且知人主一日不可不观史也。臣故总其说而为之序。"这里，柴望讲述道，自秦朝时至五代，共有21次丙午丁未，合计为1260年，这期间多有重大灾异发生；其中特别指出东汉延熹九年丙午（166）正月初一发生日食，西晋太康七年丙午（286）、太康八年丁未（287）这两年的正月初一都发生了日食，这都是上天的定数。该书的内容就是列举史实进行分析，使天下帝王明白应该善政修德以应天意、顺民心的道理，以求得天下大治。

柴望又作《进丙丁龟鉴表》，这是柴望向宋理宗进呈《丙丁龟鉴》一书时的正式奏折，也刊刻于该书之首。其中首先讲述撰作此书的本意以及关于天理人欲、朝廷纲纪等大道理，之后写道："兹盖伏望皇帝陛下，体纯乾之一，法震主之宜，阐《大学》之明，谨《中庸》之独。必安国本以安社稷，必正君心以正朝廷，当于九重首图励精之治，毋使亿兆玩闻更化之言。臣忍死吁天，措身无地。今来古往，治日少而乱日多；主圣臣贤，前车覆而后车戒。臣无任瞻天望圣激切屏营之至。"从这些文字，可见作者诚惶诚恐，毕恭毕敬，对皇上效忠之心溢于言表。宋理宗没有对柴望予以治罪的原因，未必是明白了柴望此书中所讲的道理，而是与柴望的文章措词得体有直接的关系。

《丙丁龟鉴》分为五卷，书中的内容，就是从公元前秦昭襄王五十二年丙午（前255）、五十三年丁未（前254）算起，到五代后晋石敬瑭开运三年丙午（946）、后汉刘知远天福十二年丁未（947）为止，共计21个丙午丁未年。在每一组丙午丁未年之下，列举这两年当中发生的变故与灾异事件。而且，在每一组丙午丁未年份之后，柴望都写有"臣望谨按"的评论，提示后世统治者应当着重借鉴的教训。

柴望之后，到了元朝末年又出现了无名氏撰作的《续丙丁龟鉴》，今见附存于《丙丁龟鉴》的刊本之后，标为卷六。其中所记是从北宋景德三年丙午（1006）、景德四年丁未（1007）起，到南宋理宗淳祐六年丙午（1246）、淳祐七年丁未（1247），共5个丙午丁未年的事。于是，加上《丙丁龟鉴》原来所列21个丙午丁未之事，共计为26个丙午丁未的主要变故与灾异事件。之后有《续丙丁龟鉴序》，序文中又提到元成宗大德十年丙午（1306）、大德十一年丁未（1307）发生灾异（大旱、瘟疫等）的事，没有详细列举史实。序文中说："昔有著《丙丁龟鉴》者，备载其事，惜未见也。近偶获是编，乃宋理宗朝三衢柴望所进，上自秦昭襄王五十二年，迄五代汉天福十二年，凡一千二百六十岁，值丙午丁未二十有一。摭前史灾异兵变之迹，断以祸患感召之由。其间灾异之疏密，祸患之轻重，莫不系乎君臣之贤否，政令之得失，天理人事，了然在目。其忧国忧民之心，可谓至矣。然以宋三百余年，五值丙丁，则讳而不书。予因辑而录之，以补其阙焉。"其末署"至正二十五年乙巳重九日"，可知序文作于元朝顺帝至正二十五年乙巳（1365）九月初九日，作者即元朝人无疑，但是没有题写其姓名。作者自谓看到了柴望的《丙丁龟鉴》，受到启发而有同感，他认为柴望之书中只写到五代后汉天福十二年的丙午丁未，没有列出宋朝的五次丙午丁未年的情况，这是为宋朝讳而不书，于是他就补写了以后的五次丙午丁未年的变故与灾异情况，大体是延续着柴望《丙丁龟鉴》的思路，以证明丙午丁未为厄岁的基本观点。此序文之末云："夫在上之人而能侧身修行，苟厄于数而不厄于理，则灾变为祥矣。不然，则固非厄岁，妖孽曷得而息、祯祥曷得而臻乎？有国者，可不鉴欤！可不慎欤！"这里，作者明确表达了续写《丙丁龟鉴》是为国家统治者提供历史借鉴的本意，其为国家担忧、为皇帝效忠之心与柴望同样真诚而强烈。

然而，事情还没有完结。今见《诒经堂藏书》所收《丙丁龟鉴》的刊本，在《续丙丁龟鉴》的后面还有《复续丙丁龟鉴》，题为"春华子辑"。其内容是补写元代两次丙午丁未年的事，即元成宗大德十年丙午（1306）、大德十一年丁未（1307）、元顺帝至正二十六年丙午（1366）、二十七年丁未（1367）的变故与灾异事件，仍然标题为《续丙丁龟鉴卷六》。在叙述至正二十七年丁未（1367）事变时云："（十月）己巳，我大明兵取温州。十一月壬午，我大明兵取忻州；癸未，我大明兵取庆元路……庚午，我大明兵由海道取福州。"这里连续用"我大明"的称呼，可知作者是明朝人无疑，其号为"春华子"，而其真实姓名未详。

从《丙丁龟鉴》到《续丙丁龟鉴》，再到《复续丙丁龟鉴》，所论析的共计是28个丙午丁未年。作者列举的每一次历史变故与灾异事件，大都是相当严重的。其中特别重大的变故与灾异事件，如公元前254、前253的丙午丁未，秦灭周，迁九鼎于咸阳；前195、前194年的丙午丁未，汉高祖刘邦死、汉惠帝刘盈继位改元，吕后开始乱政；公元1126、1127年的丙午丁未，发生金灭北宋的"靖康之乱"；公元1366、1367年的丙午丁未，朱元璋灭掉元朝。这四次都是中国历史上的特大变故。其他的丙午丁未年份虽然也有变故与灾异发生，但是其严重的程度相对来说要弱一些。当然，也有些特别重大的变故与灾异，并不是发生在丙午丁未年，如公元前221年秦王嬴政灭掉六国后称始皇帝，公元581年杨坚篡夺北周政权建立隋朝，公元960年赵匡胤建立宋朝，公元1279年南宋灭亡，公元1402年的"靖难之役"与1403年的永乐改元，这也都是中国历史上的特大变故。因此，说丙午丁未为厄岁，只是在一定程度上反映了历史上发生变故与灾异的情况，并不是一个具有必然性与纯粹性的历史规律。

在今天看来，《丙丁龟鉴》及其续书的作者柴望等人，所坚持的是术数家的神秘文化立场，所采用的是中国古代哲学思想体系中阴阳五行那一套学说，所效法的是北宋邵雍《皇极经世书》中以天命数理推算国家及人类命运的象数谶纬一类把戏。他们从思考干支纪年的周期性变化出发，对于历史发展过程进行考察与论析，所表达的观点并不是严格意义上的科学的结论，因而并不能得到当时及后世封建统治者的信从与采纳，也不能得到后世学者的赞同。《丙丁龟鉴》及其续作没有被收入《四库全书》，正说明了这一点。

《四库全书总目提要》著录此书，标示为"《丙丁龟鉴》五卷，续录二卷"，显然这是包括了《续丙丁龟鉴》《复续丙丁龟鉴》。又简要介绍了柴望的身份与生平，之后云："且史传所书，乱多治少，亦不必尽系于丙丁。望徒见靖康之变，适在是二年中，故附会其文，冀以悚听，实则所列事迹，多涉牵就，宜其言之不行也。且论涉礼祥，易荧民听，《辍耕录》所载龙蛇跨马之妖言，岂非至正二十七年适当丙午（丁未），遂借是说以惑众欤？后世重其节义，又立言出于忠爱之诚，故论虽不经，至今传录，实则不可以为训也。"这里对于柴望及其《丙丁龟鉴》的评论，大体是符合实际的。

这里所谓"龙蛇跨马之妖言"，见《辍耕录》卷二六《武当山降笔》一节，记云："至元十三年，江南初内附，民间盛传武当山真武降笔，书长短句《西江月》者，镂刻于梓，黄纸模印，贴壁间，其词云：'九九乾坤已定，清明节候开花。米田天下乱如麻，直待龙蛇继马。依旧中华福地，古月一阵还家。当初指望作生涯，死在西江月下。'"全词皆是隐语，预言元朝的国运。"九九"为八十一，暗指从南宋灭亡的1279年算起，到元惠宗（顺帝）退出大都（今北京）的1368年，共计大约为81年。"清明节候"暗指元世祖忽必烈在南宋理宗景定元年（1260）三月（清明节为三月初三左右）即皇帝位，定国号为元，定年号纪元为中统元年。"米田"为"番"字，"米田天下"指元朝是番人（蒙古族）统治。"龙蛇继马"，或作"龙蛇暨马"（《四库全书总目提要》作"龙蛇跨马"），是指元至正二十四年（1364）甲辰为龙年，二十五年（1365）乙巳为蛇年，接着的二十六年（1366）丙午为马年，前后相继，到马年元朝就快要灭亡了。"古月"为"胡"，指元朝统治者蒙古族为胡人。末句"死在西江月下"，指元朝灭亡的命运就隐含在这首《西江月》词中。此词就是谶纬之语，其内容是按照干支纪年进行预言，与《丙丁龟鉴》的议论是同样的原理和思路。

关于《丙丁龟鉴》及其续书所表现的术数观点，虽然后世赞同者不多，但是，在宋代柴望以后依然有一些文人学者关注这个话题，并产生一些新的议论。对于这一奇特的文化现象，如果在今天给予重新解读，也许能够从中获得某些有益的启示。

3. 柴望以后关于丙午丁未厄岁的议论

南宋末年，就在柴望进呈《丙丁龟鉴》之后不久，关于丙午丁未厄岁的话题又引起更多文士的议论。

俞文豹《吹剑录》较早议论丙午丁未之事。俞文豹字文蔚，南宋括苍（今浙江丽水）人，其所著《吹剑录》，今见《说郛》中存有部分内容（《说郛》宛委本卷二七，商务本卷二四）。明张萱《疑耀》卷四有引述。俞文豹生活的时代与柴望同时或稍晚,因此,其《吹剑录》中对于丙丁厄岁的议论比《丙丁龟鉴》增加有新的内容。此文中云:"文豹闻乾兴间营定陵,信川徐仁旺请用山前地,丁晋公坚主山后,仁旺奏云,坤水长流,灾在丙午年内,丁奉直射祸,当丁未岁中。及靖康丙午时事更易,次年丁未,高宗渡江。淳熙丁未,高宗上仙。其说皆验。然淳祐丁未,则无他异,惟自夏迄冬不雨,所在湖渡河井枯竭耳。"这里提到的史实是,宋真宗乾兴元年(1022)营建定陵(宋真宗赵恒的陵墓)时,议及陵墓的选址,当初徐仁旺主张选在山前的一块地,而当权者丁晋公谓则主张选在山后的一块地。徐仁旺其人生平今未详,所谓"坤水长流,灾在丙午年内",即是说,北方为坤,坤水长流,必定应在丙午年发生灾变。丁晋公即丁谓(966~1037),字谓之,长洲(今属苏州)人,真宗淳化三年(992)进士及第,曾官直史馆,故称之为丁奉直;后来仁宗时他又曾官司徒兼侍中,直至同中书门下平章事。这里俞文豹议论说,丁谓主张定陵陵址在山北,其预伏的灾厄将在丁未年应验。果然,后来在钦宗靖康元年丙午(1126)金兵攻占汴京,第二年丁未(1127)康王(高宗)南渡,建都临安,这是历史上的特大政治变故。到理宗淳祐七年丁未(1247)虽然没有发生特大变故,但是这一年的旱灾是很严重的。俞文豹分析丙午丁未发生灾厄的原因,云:"虽然仁旺所言则一时事耳,而历代皆忌此两年,何也?意者丙午丁未在天之中,丙丁属火,皆在午位旺乡。五行中惟水火不宜旺,旺则不可救药,非有道盛时兴王盛德,未易当也。故大挠作甲子,于丙午丁未则配以天河水,以水能制火也。戊午己未则谓之天上火,以戊己土盖其上,庶不焰焰也。"这里,俞文豹依据的是中国古代周易八卦及阴阳五行理论,从干支与五行的对应关系来判断,认为丙丁属火,过旺则为灾,在这样的时段,人间帝王必须具有大道盛德方可相当,否则将遇到非常严重的灾祸。丙丁表示的是方位,午未表示的是时序,而方位与时序即是哲学上的两大基本概念——空间与时间。从《吹剑录》的记述来看,在北宋真宗朝,关于丙午丁未厄岁的认识与议论已经出现了。

南宋末年,江万里《宣政杂录》记述北宋末年宋徽宗宣和、政和年间的杂事,谓靖康丙午及次年丁未发生的重大变故,在此前已经有某些预兆。江万里字子远,都昌(今属江西)人,宋度宗朝历官至左丞相、知枢密院事。此文中记云:"徽宗崇宁间,曾梦青童自天而下,出玉牌,上有字曰:'丙午昌期,真人当出。'上觉,默书于简札,谓丙午年是昌盛之时,真仙当降,乃预制诏书，具陈梦意，令天下寻访异人。以诏揭于宝箓宫，然四方了无异人。至乙巳冬内禅，钦宗即位，意当丙午之期矣，而次年金人果至，有北狩之祸。仆实从徽宗北行，每语青童梦，怪其无验，后乃悟曰：'岂丙午是猰㺄之期，而无真人之出耶？'盖事未经变，不能悉其婉言。"这里记述的故事是，徽宗梦见青童，有"丙午昌期，真人当出"的谶语，当时未能理解，后来出现了靖康丙午（1126）的大事变，金兵攻占汴京，原来梦中的所谓真人，实即是金国女真人之意。谶语含糊，世人不悟，但是这种微妙的契合，确实让人感到不可思议。所谓"仆实从徽宗北行"，并非江万里的语气，而是靖康之乱时随从宋徽宗北行的某朝臣的自述，江万里作此文时记录于此。由此可知，在洪迈《容斋随笔》议论丙午丁未厄岁之前，北宋末的宣和政和年间，已经出现了相关的预兆。

明代，无名氏所著的《随笔兆》中，开篇第一节即是《丙午丁未》，继续发挥《丙丁龟鉴》的议论。《随笔兆》今存于《百陵学山》及《丛书集成初编》，题署为"宋容斋洪迈撰"，实则是明代人所撰而假托洪迈之名行世，作者之真实姓名未详。此文全部抄录了洪迈《容斋五笔》卷十《丙午丁未》一节的全文，在叙述至南宋孝宗淳熙丁未（1187）"高宗上仙"之后，又记云："理宗淳祐丙午（1246），元兵侵京湖江淮州县；丁未（1247），边警日至，奔闽广厓山，宋亡。"以下又接着叙述元代大德丙午（1306）、丁未（1307），到明代嘉靖二十五年丙午（1546）、二十六年丁未（1547），这6次丙午丁未发生的特大变故与灾异事件。之后再引录洪迈的"总而言之，大抵丁未之灾，又惨于丙午。昭昭天象，见于运行，非人力所能为也"这句总结语，置于篇末（只是将"总而言之"改为"总而论之"）。

《随笔兆》既然写了南宋至明代的历史，其作者就绝对不可能是洪迈，而是明代人无疑。他所列举的明代史实是：宣德元年丙午（1426）宣宗改元，发生汉王朱高煦叛乱及平叛之战，次年丁未（1427）明军征交趾失利，大败而归；成化二十二年丙午（1486），发生术士王臣以取宝为名骚扰江南的事，次年丁未（1487）宪宗晏驾、孝宗继位改元；嘉靖丙午（1546），朝臣严嵩与夏言争权，次年丁未（1547）杀夏言及曾铣（这里所记有误，实际上夏言、曾铣被杀事在嘉靖二十七年戊申，1548）；之后又提及隆庆四年庚午（1570）开边市之事。作者引述洪迈的结论，可见他也附和洪迈所谓"大抵丁未之灾，又惨于丙午"的观点。

明代的267年中，总共只有四次丙午丁未，《随笔兆》列举出三次，还有万历三十四年丙午（1606）、次年丁未（1607）的那一次，此书中没有写到。可知此书作者于明代隆庆年间尚在世，其生活时代大致在嘉靖至万历初年。此书题署为"宋容斋洪迈撰"的做法固然荒唐可笑，但是这一事例说明，假托前人之名著书者在明代仍然不乏其人。如嘉靖年间的王逢年著《天禄阁外史》，而假托为东汉黄宪撰，就是一例。

明代后期，张萱所著《疑耀》卷四《丙午丁未》又论此事，开始引录俞文豹《吹剑录》的议论，自"凡丙午丁未年，中国遇之必灾"，至"以戊己土盖其上，则火不能炽也"，之后云"他不暇引"。其文之末议论云："宋以丙午丁未而元代之，元以丙午丁未而我太祖兴焉。故有丙午丁未而天下或无大故者，未有大故而不值丙午丁未者也。天行之数，亦可畏哉！"张萱，字孟奇，号九岳，又号西园，博罗（今属广东）人。万历时举于乡，曾官平越知府。著作有《汇雅》《疑耀》等。他的这段议论，固然感慨于运数的奇妙，但是他的表述却不够准确。北宋亡于金国在丙午丁未，但是南宋之亡于元朝却不在丙午丁未之年。蒙古改国号为元，在宋度宗咸淳七年辛未（1271）；元兵攻占临安，南宋太皇太后奉玉玺降，在宋端宗景炎元年丙子（1276）；崖山惨败，陆秀夫负帝昺投海死，南宋亡，在宋帝昺祥兴二年己卯（1279），这都与丙午丁未不相干。张萱又谓"未有大故而不值丙午丁未者"，这也不准确。秦朝统一六国称始皇帝在公元前221年庚辰，汉朝建立在公元前206年乙未，唐朝建立在公元618年戊寅，如此等等，都不在丙午丁未年，兹不赘述。张萱的立意只是强调与"丙午丁未厄岁"相符合的那些年份，由此感慨于对于天数的畏惧心态。

后来到了明清之际，祁骏佳撰作《遁翁随笔》，其中卷下也有一节谈丙丁厄岁之事。此书今见《鹤斋丛书》（光绪刊本）及《丛书集成初编》收录。祁骏佳字季超，浙江山阴（今绍兴）人，祁彪佳之弟，贡生出身，未出仕。著作有《禅悦合集》。《遁翁随笔》云："世传岁逢丁未，天下必有变故。三代以前勿论，历考之史，周赧王降秦被迁，此变之始也，适为丁未，乃秦昭王五十三年，六国战事方兴。"接着考察历次遭逢丙午丁未年所发生的主要变故与灾异，直到元至正二十七年丁未（1367）元朝灭亡为止。之后说："自周亡于丁未，元亦亡于丁未，共为二十七丁未也。其间无事者有八，而有变者一十九，则有变者终多。世之所传，亦不诬云。"

这里，祁骏佳只说丁未而不是把丙午丁未并提，即是采用了前述无名氏《随笔兆》的观点。但是他说"共为二十七丁未"则有误（或者是刊本刊刻或排印有误），实际上是共有二十八次丁未，已见前述。祁骏佳在罗列时漏掉了第二十次丁未，即唐僖宗光启三年（887）的那一次，而把五代后晋天福十二年（947）即刘知远称帝建立后汉的那一次作为第二十次丁未。于是依次类推，以下各错了一个次序，到元朝灭亡的元惠宗（顺帝）至正二十七年（1367）就作为第二十七次丁未了。

祁骏佳根据他所说的共二十七个丁未年的情况进行统计（不包括887年的那一次），认为"有变者一十九"，即发生大变故者为十九次，概率约为百分之七十，比例是相当高的了。因此他认为逢丁未有变的说法"亦不诬也"，即大体上是可信的。但是，祁骏佳说"其间无事者有八"，却是值得商榷的。这八次是：第三丁未，汉武帝元光元年（前134）；第五丁未，汉成帝永始三年（前14）；第六丁未，东汉光武帝建武二十三年（47）；第十丁未，晋武帝太康八年（287）；第十三丁未，南朝宋明帝泰始三年（467）；第十八丁未，唐代宗大历二年（767）；第二十一（应是第二十二）丁未，宋真宗景德四年（1007）；第二十五（应是第二十六）丁未，南宋理宗淳祐七年（1247）。这八次，祁骏佳都写为"无事"。但是，在《丙丁龟鉴》及《续丙丁龟鉴》中，这八次都罗列了不少变故与灾异的史实。祁骏佳与柴望等对于有事与无事的认识不同，这大概是因为历史上的变故与灾异的严重程度是相对的，其理解与判定的标准也是相对的，因此，《遁翁随笔》与《丙丁龟鉴》的表述就有了明显的差别。

由于在明朝时《丙丁龟鉴》的流传，以及《遁翁随笔》等相关议论的出现，于是在文士的诗文中就涉及丙丁厄岁的议论，作为典故使用。清初时何絜有诗《尔止以〈丙丁龟鉴〉相示，因口占一绝》云："读罢传书涕欲零，愁看三月柳条青。甲申无限伤心事，何用频频话丙丁？"何絜字雍南，江苏丹徒人，诸生，屡试不第。曾受两江总督于成龙聘用参与纂修《镇江府志》。其著作有《晴江阁集》等，此诗即在《晴江阁集》卷八，又见《清诗纪事初编》卷四（上海古籍出版社1984年版，第489页）。诗题中尔止即方文（1612~1669），字尔止，又字明农，号嵞山，又号淮西、忍冬，安徽桐城人。入清后不顺从清朝统治，抛弃诸生身份，隐居于南京。其著作编为《嵞山集》。此诗中"传书"二字即是指流传的《丙丁龟鉴》一书。从诗意可知，方文曾把《丙丁龟鉴》给何焯看，何颇为感慨，就顺口吟出这首绝句。甲申即是明朝灭亡、清朝建立的1644年。何焯认为，这样惊心动魄、朝代更替的大变故大劫难，并没有发生在丙午、丁未之年，而是发生在甲申，那么，何必还对于"丙丁厄岁"的议论津津乐道呢？由此诗可知，所谓"丙丁厄岁"的说法并不能涵盖所有的发生特大历史变故的年份，何焯对此持怀疑态度是有道理的。

清初，康熙五年（1666）为丙午，康熙六年（1667）为丁未，王士禛也由此而谈起这一话题。王士禛（1634～1711），清初文学家，字贻上，号阮亭，又号渔洋山人，山东新城（今桓台）人。顺治十二年（1555）进士，官至刑部尚书，著名文学家。《池北偶谈》卷二〇《丙丁龟鉴》一节云："丙午丁未，从古以为厄岁。阴阳家云：'丙丁属火，遇午未而盛，故阴极必战，亢而有悔也。'"于是王士禛举出近两年的事例，康熙五年丙午冬，户部尚书苏纳海、督抚尚书王登联获罪死；六年丁未年春灾异频发，彗星出现，太白星白天可见；此年七月，辅臣苏克萨哈获罪被诛；等等。王士禛说起的这些灾异，同历史上发生的特大变故相比并不突出，仅仅是由此举证而已。王士禛的一位朋友程某说，他打算辑录历史上历代每逢丙午丁未年发生的灾变而成为一本书，于是就谈起柴望的《丙丁龟鉴》一书及《续丙丁龟鉴》。王士禛又说，前人既然已经有了这两种书，现在还应当把明代三百年中每次丙午丁未年的灾异情形加以考据编排，再成为一部书，作为前二书的续编。王士禛的这个建议虽然是可行的，但是后来是否付诸实行，今不得知。实际上，前文叙及的《随笔兆》，已经把元明两代六次丙午丁未发生的灾异事件编纂成书了，只是不够详尽而已。

清叶廷琯《吹网录》卷四《〈丙丁龟鉴〉有所本》对于柴望及其所著《丙丁龟鉴》又有所议论，记云："宋淳祐六年丙午元旦，日食，诏求中外直言。江山柴仲山望，先于嘉熙间为太学上舍，除中书奏名，至是闻诏，乃撰《丙丁龟鉴》十卷，起周威烈王五十二年丙午，止后汉高祖天福十二年丁未，上下一千二百六十年，为丙午丁未二十有一，数其吉凶祸福于前，指其治乱得失于后。书成上之，忤时相意，诏下府狱逮诘，几不免。大尹尚书赵节斋疏救，得放归田里。诸友祖道涌金门外灵芝寺，望留别诗所谓'见妻还指张仪舌，痛国谁怜贾谊书'者也。"叶廷琯（1792～1869），字爱棠，号调生，又号蜕翁，江苏吴县（今属苏州市）人。这里追述了柴望撰作《丙丁龟鉴》

的背景、上书及获罪经过，大体已同前文所述，但是还增加有两个重要情节，一是柴望得到大尹赵节斋的救护，赵节斋为何人何官职，未详。二是柴望被放归田里时诸友为之饯行，颇为有情有义，而柴望的留别诗全诗今未见。诗中用了张仪、贾谊的典故，表达了柴望当时的处境与心情。这些内容，有助于后人了解《丙丁龟鉴》一书的相关史实。

叶廷琯此文中表达的主要观点是："余考丙丁之说，非创于望，实发之洪景庐容斋。"即是认为，所谓"丙丁厄岁"的说法，并不是创始于柴望，而是创始于洪迈。当然，这一认识也不是始于叶廷琯，而前代早有学者指出，已见前述。但是，叶廷琯见解的深刻之处在于以下议论："（柴）望之上书后，于容斋之没，且四十余年，必平时尝见洪氏所言，铺叙其事，成十卷之书。惟从汉溯源于周而下，以后汉为断限，此为稍变其例，于宋室本朝之事置之不敢斥言，可谓慎矣。乃容斋显论本朝，而竟无事，望则避不敢言，而反得祸者，盖私撰于一室，与入告于在廷，其事势固殊，非独所遭有幸有不幸也。"这里，叶廷琯的认识是，洪迈《容斋随笔》议论"丙丁厄岁"之事，对于宋代的几次丙午丁未年份发生的变乱有所回避，这是一种涉及政治时所具有的谨慎态度，因此他本人没有被追究罪名，得以平安无事；而柴望议论"丙丁厄岁"，并不回避本朝丙午丁未年份发生的重大变故，且形成著作进呈朝廷，并因而被逮入狱几乎送命，这就和洪迈的遭遇截然不同。叶氏的意思是，像柴望这样以天命运数的观点议论本朝政治成败是非的做法，慎言慎行是非常必要的。否则自身就难免遭到灾祸。

清代后期，梁章钜《归田琐记》卷一《丙午丁未》再议论此事。梁章钜（1775~1849）字闳中，又字茝林，号茝邻，晚号退庵，福建长乐人，后徙居福州。嘉庆七年（1802）进士，曾官礼部主事，荆州知府，江苏、山东、江西按察使，江苏巡抚，两江总督等。他长期做官，又勤于治学，著作丰富，对于历史、社会人生有较深思考。《丙午丁未》文中记云，道光二十年（1840）英国发动鸦片战争侵略中国，当时民间谣言四起：有人说"寅虎之年定干戈"，果然在道光二十二年壬寅（1842），英国在《南京条约》签订之后撤兵；又有人说，甲辰年有厄，事变起于北方，但是在道光二十四年甲辰（1844），北方并没有发生大的事端；又有人说，丙午丁未这两年（指道光二十六年丙午、二十七年丁未，即1846、1847）兵乱更为严重，当时人们说时间还远，姑妄听之而已。于是，由此却而引起梁章钜的注意，他联想起自宋代柴望的《丙丁龟鉴》及相关文士著作,对于现实中流行的一些说法发表议论。这里,梁章钜认为,前代关于"丙丁厄岁"之论,"亦不过术数家言",不足为信。于是梁章钜回忆起上一次的丙午丁未,即乾隆五十一丙午(1786)、五十二年丁未(1787)福建发生林爽文之乱,梁章钜年方十二三岁,因道路梗阻,在外地滞留一年多才得以返家。这或者也可以说是"丙午丁未厄岁"的一次应验,但不算严重。于是梁章钜发表个人见解道:"然国家敬天勤民,无时可懈,岂待六十年一逢厄会,始议修省?且史传所载,乱多治少,不必尽系丙丁。则其说尽可存而不论,特不可不使人知此说,而以人胜天之理,则存乎人而已。"据此可知,梁章钜并不相信丙丁厄岁之说,认为历史上的大事变大灾难并不都发生在丙午丁未之年,国家执政者敬天勤民应当长期奉行,持久不懈。这里提出的"以人胜天"的观点非常深刻,用当代哲学观点来看,即是重视人的主体地位与主观能动性,不能仅仅是顺应天命与运数。前代所谓"丙丁厄岁"的说法应当知晓,"存而不论",不可迷信,这才是正确的态度。

到了清末,著名学者俞樾也关注过丙午丁未厄岁的问题。他所著《茶香室三钞》卷一《岁在甲寅多乱》一节,据刘献廷《广阳杂记》,指出甲子纪年的每逢甲寅之岁,天下多乱,如尧时的大洪水,周幽王得到褒姒(前787),嬴政即位为秦王(前247),王莽篡汉(前7),以及康熙时的吴三桂反叛(1674),都是发生在甲寅年。于是,俞樾又提起柴望《丙丁龟鉴》所谓的丙午丁未厄岁,说:"然要亦偶合,未足据也。"在俞樾看来,这些都不过是历史事件与干支纪年的偶然巧合而已,不足为信。

之后,俞樾在《茶香室四钞》卷一又有《逢丁未必有变》一节议论此事。他首先引述了祁骏佳《遁翁随笔》的主要内容,之后他说:"按其所列历代丁未事甚详,今不备录。余于《三钞》已载《岁在甲寅多乱》,今又得此说,姑记于此,要亦偶合也。明代四丁未,宣德二年,成化二十三年,嘉靖二十六年,万历三十五年,皆无事。"这里,俞樾重申他在前述《岁在甲寅多乱》一文中表明的观点,之后说明代的四次丁未"皆无事",作为进一步的旁证。但是,他所说的"皆无事",意思是指"无特大事",同前述祁骏佳《遁翁随笔》所谓二十丁未中有八次丁未为"无事"一样,表现的是他对于有事无事的认识。前述明代无名氏的《随笔兆》已经罗列出明代前三次丁未年所发生的重大事件,在俞樾看来,这样的事件都算不上大事,反映出他对于

"大变故事件"的认定标准是比较高的。

直到当代，也时见有文士著作议论《丙丁龟鉴》或涉及"丙丁厄岁"的典故。如著名作家杨绛著有《丙午丁未年纪事》一书，2009年9月人民文学出版社出版。书中包括《干校六记》《丙午丁未年纪事》《将饮茶》《杂忆与杂写》四种著作。其中所谓丙午丁未年，是指20世纪中发生"文化大革命"的开头两年，即1966年为丙午，1967年为丁未。后来在1978年后的改革开放新时期，"文化大革命"被定论为"十年浩劫"，其开头的两年正是历史上所谓的"丙午丁未厄岁"。从这一当代的历史事实来看，柴望《丙丁龟鉴》及其相关议论并非绝对无理。由于涉及当代政治，理论问题太嫌复杂，这里不妨采取前文中叶廷琯所赞赏的谨慎态度，不再过多议论。

4. 关于"红羊劫"

根据古代的阴阳五行理论，丙丁属火，对应的颜色为赤，即红色。《逸周书》卷六《月令解》云："孟夏之月，日在毕，昏翼中，旦婺女中，其日丙丁，其帝炎帝，其神祝融……"又见《礼记·月令》云："仲夏之月……其日丙丁，其帝炎帝，其神祝融……天子居明堂，太庙，乘朱路（辂），驾赤骝，载赤旂，衣朱衣，服赤玉。"《吕氏春秋·孟夏纪》也有同样的表述，于"其日丙丁"之下有高诱注云："丙丁，火日也。"又根据中国古代关于生肖的文化观念，十二地支对应的属相是午为马、未为羊，因此，丙午丁未即是同属于火的马年与羊年相连。于是，《丙丁龟鉴》所谓的"丙丁之厄"就又称为"红羊劫"。

前文所引录的唐代殷尧藩的《李节度平虏诗》中已有"记取红羊换劫年"的诗句，所指的就是唐敬宗宝历二年丙午（826）、唐文宗大和元年丁未（827）发生的重大历史变故与劫难，这在《丙丁龟鉴》书中有叙述。后来，文士诗文中写到丙午丁未之岁的劫难，就多用"红羊劫"一词。如元张昭汉《隐居》诗云："红羊浩劫音书断，青鸟殷勤探看难。"张翥《画马》诗云："百年重遭赤马劫，猿散不逐兵尘空。"又如袁桷《张虚靖圜庵匾曰归鹤次韵》诗云："红羊赤马悲沧海，白虎苍龙俨大庭。"（《清容居士集》卷一〇）这些诗句或谓红羊，或谓赤马，或者红羊与赤马连用，都是指丙午丁未年发生的重大历史变故。

清代末期，即在1840年鸦片战争之后，中国多次发生重大历史变故，民众遭受大劫难、大祸害，因此文士著作中使用红羊劫的典故更是屡见不鲜。19世纪五六十年代发生的太平天国革命运动，也被称为"红羊劫"。这有两层意思：其一是太平天国的金田起义虽然爆发于道光三十年（1850），但是早在道光二十六年丙午（1846）、二十七年丁未（1847）之时已有酝酿，这应着前人所谓丙午丁未厄岁的说法。其二是，太平天国的首领洪秀全、杨秀清二人的姓氏洪、杨，正是"红羊劫"的"红""羊"二字谐音。而且，还有一种传说是洪秀全生肖属羊。《清稗类钞》第十册《迷信类·红羊劫谶》记云："粤西某邑令贾某，在粤寇洪秀全家，搜获邪教谶书二本，入教人名册十九本，命书一张。洪生于嘉庆辛未八月十六日未时，未属羊，正应红羊劫之谶。"但是，这个说法是不准确的。洪秀全（1814~1864），实际上是生于嘉庆十九年甲戌（1814），生肖属狗，传说是故意把洪秀全的生年提前，往属羊上靠，并非真实。

咸丰年间，朱绍颐撰作一部反映太平天国起义的戏曲传奇就名为《红羊劫》。朱绍颐，字子期，别署劫余道人，江苏溧水人。此剧今存有两种刊本，周妙中《江南访曲录要》著录（见《文史》第二辑，1963年出版）。笔者有幸借阅过首都图书馆收藏的一种《红羊劫》刊本，原为上海谭正璧先生个人藏书，卷前有作者朱绍颐于咸丰四年（1854）五月所作自序，及同年六月秣陵道人听秋序。此剧写太平天国首领洪秀全、杨秀清等本是天上恶星下界作乱，而清朝将领陆建瀛也是天上星宿下凡建功立业。太平天国举行科考，书生叶知法赴考，欲乘机联络人员作内应消灭太平军。有一女子被太平军掳掠，欲行刺杨秀清而未遂。后来，清军征讨太平军获胜，一场浩劫遂告终止。此剧撰作于咸丰四年太平天国正兴盛的时候，却预言太平天国不过是一场浩劫必将失败。剧中人物，由净扮洪秀全、大净扮杨秀清、丑扮萧朝贵、副扮冯云山、末扮韦昌辉（见第三出《营窟》），作者对于他们极力丑化，可见作者反对太平天国革命的立场甚为明显。剧名称为《红羊劫》，可见朱绍颐撰作此剧确是深受前人术数之学的影响。

清末文人诗词作品中，时见使用"红羊劫"典故。如龚自珍有《百字令·投袁大琴南》词云："无奈苍狗看云，红羊数劫，惘惘休提起。"秋瑾有《翠楼怨》词云："紫玉烟沉，惊鸿影在，历劫红羊迹未消。"这两首词中的"红羊"，都是指丙丁厄岁。

历史进入20世纪，作家著作中仍然时见"红羊劫"的典故。现代文学史上的著名作家郁达夫于1918年所写《题写真答荃君三首》诗,其中第二首中有"荒坟不用冬青志,此是红羊劫岁图"之句。又见其1919年所写《过徐州》诗为:"红羊劫后几经秋,沙草牛羊各带愁。独依车窗看古垒,夕阳影里过徐州。"(俱见周艾文、于听编《郁达夫诗词抄》,浙江人民出版社1981年版)这两首诗中使用"红羊劫"的典故,并非一定是指光绪三十二年丙午(1906)、三十三年丁未(1907)的劫难,而是代指此前发生的第一次世界大战,以及中国国内发生的各种战乱。可见郁达夫对于古代所谓"丙丁厄岁"的说法非常熟悉,于是就自然地运用在自己的诗作中。

当代,北京大学著名教授王力先生于1980年作《赠内》诗云:"甜甜苦苦两人尝,四十五年情意长。七省奔波逃猃狁,一灯如豆伴凄凉。红羊溅汝鲛绡泪,白药医吾铁杖伤。今日桑榆晚景好,共祈百岁老鸳鸯。"诗中,第三句中"逃猃狁"指抗日战争时期的逃难奔波,第五句中"红羊"一词则是指"文革"中受冲击。第六句是指"文革"中王力先生在受学生批斗时被打伤,老伴用云南白药给予医治,这样的痛苦经历难以忘怀。因此,王力先生在1980年的劫余之后同老伴回忆往事,倍感夫妻情深,祝愿白首偕老,期盼百岁。此诗中用"红羊"一词,是指"文革"开始的头两年,1966年为丙午、1967年为丁未,作者在诗中用了较为含蓄的表述。

第二编 文史杂议（其二）

（一）《千字文》质疑

《千字文》是中国古代自唐代就普遍采用的一种儿童启蒙读物，四言诗的形式，共250句，1000字，所以称之为《千字文》。历代许多书法家把《千字文》写成书法作品，或成为字帖，这使《千字文》更为广泛流传，家喻户晓，深入人心。当代，《千字文》有许多整理本或注释本，仍然被利用为启蒙教材；又见把《千字文》与《三字经》《百家姓》合编为一本，或简称为"三百千"，在广大民众中很受欢迎。然而，关于《千字文》的原作者、内容、续作与改编等，却有不少引起质疑的问题，至今众口纷纭，诸说并存。关于《千字文》的续作及改编，已经有学者专文进行了详细的考述，本节不再重复，仅对于《千字文》的作者及错字问题略作考察，予以综述。

1. 作者质疑

《千字文》的原作者，一般认为是南朝梁时的周兴嗣。然而，历代的文献记述却有不同的说法，至今仍存在疑问。

《南史·周兴嗣传》记云："时武帝以三桥旧宅为光宅寺，敕兴嗣与陆倕各制寺碑，及成，俱奏，帝用周兴嗣所制。自是《铜表铭》《栅塘碣》《檄魏文》《次韵王羲之书千字》，并使兴嗣为文，每奏，帝称善。"这里所谓"次韵王羲之书千字"，即是从王羲之的书法中选出一千字，由周兴嗣编撰成文。周兴嗣，字思纂，南朝陈州项城（今河南项城）人，流寓江南，梁武帝授官为安成王国侍郎，后终官为给事中。他的著作还有《皇帝实录》《皇德记》

《起居注》《职仪》等，共百余卷。他编撰的《千字文》就是流传至今的"天地玄黄，宇宙洪荒。日月盈昃，辰宿列张……谓语助者，焉哉乎也"这一种。陆倕（470~526）字佐公，南朝吴郡（今属苏州市）人，富有文才，是"竟陵八友"之一，也是南朝名臣，兹不多论。

又一说法，《千字文》是南朝梁萧子范撰。《南史·萧子范传》云："子范除大司马南平王户曹，属从事中郎，使制《千字文》，其辞甚美，命记室蔡薳注释之。"这里说萧子范所撰《千字文》的文字，史籍没有详细记录，不知与周兴嗣所撰有多大差别。萧子范，字景则，南朝齐时封祁阳县侯，梁时曾官司徒主簿，后迁大司马，又官光禄大夫，谥文。蔡薳，生平未详，今仅知其官为记室，他的注文也没有流传。

《隋书·经籍志》记云："《千字文》一卷，梁给事郎周兴嗣撰。"又记云："《千字文》一卷，梁国子祭酒萧子云注。"《旧唐书·经籍志》的记述略同《隋书·经籍志》。这里未明言撰者是周兴嗣还是萧子范，而仅曰"注"。萧子云字景乔，子范之弟，亦有才，善书法。那么，萧子范、萧子云在《千字文》产生的过程中到底各起了多大作用，史籍的记述不是很明确。

唐李绰《尚书故实》记云："《千字文》，梁周兴嗣编次。而有王右军书者，人皆不晓其始。乃梁武教诸王书，令殷铁石于大王书中拓一千字，不重者，每字片纸，杂碎无序，武帝召兴嗣谓曰：'卿有才思，为我韵之。'兴嗣一夕编缀进上，鬓发皆白，而赏赐甚厚。"这里谓周兴嗣依据的是王羲之的书法作品，从碑上拓下来的字中选定一千个单字，不重复，与《南史·周兴嗣传》的说法一致，但是又增加了殷铁石拓字的情节。"大王"即王羲之。殷铁石其人未详，他只是做了拓字的工作，并没有参与撰作《千字文》。"韵之"，就是把这一千个字重新编排次序，成为一篇意思连贯的韵文。这里又说周兴嗣撰作《千字文》，一夜之间胡子与头发全白了，可见他确是绞尽脑汁，思虑过度，做成这件事真是非常不容易。

宋代董逌《广川书跋》记《千字文》，全据《尚书故实》转述，亦谓殷铁石拓王羲之的书法，周兴嗣撰作成文。然而《钼雨亭随笔》引《玉溪清话》云："梁武帝得钟繇破碑，爱其书，周兴嗣次韵成文。"这里又说周兴嗣所依据的是钟繇书法，而不是王羲之书法，与《南史·周兴嗣传》的记述不同。《宋史·李至传》也记云："李至字言几，真定人……会建秘阁，命兼秘书监……上尝临幸秘阁，出草书《千字文》为赐。至勒石，上曰：'千文乃梁武得破碑钟繇书,命周兴嗣次韵而成,理无足取。若有资于教化,莫《孝经》若也。'乃书以赐至。"这里所记与《玉溪诗话》相同。那么,周兴嗣所依据的书法作品究竟是钟繇写的还是王羲之写的,这时的说法已经混乱。

周兴嗣撰作的《千字文》流行之后,被书法家争相书写,而书法作品的流行,又造成对于《千字文》作者认识的混乱。欧阳修《六一题跋》卷四《陈浮屠智永书千字文》记云:"右《千字文》,今流俗多传此本为浮屠智永书。考其字画,时时有笔法不类者杂于其间,疑其石有亡缺,后人妄补足之。虽识者览之可以自择,然终汨其真。遂去其二百六十五字。其文既无所取,而世复多有所佳者字尔,故辄去其伪者,不以文不足为嫌也。蔡君谟今世知书者,犹云未能尽去也。"智永,南朝陈至隋时在世,著名僧人。他是王羲之的后裔,善书法,各体皆备。曾作《真草千文》传于世,影响较大。《宣和书谱》卷一七对于他有较详介绍。蔡君谟即蔡襄(1012~1067),字君谟,北宋著名书法家。据欧阳修所记,智永所写《千字文》书法作品,有不少已经刻成了碑,后来又有人从碑上拓作拓片,在世间流传。于是,人们发现这些拓片中的有些字不是智永写的,或者是别人补写的,这就造成真伪混杂。以至于有的字究竟是原来王羲之写的,还是后来智永写的,还是其他人补写的,也分不清楚了。如果能把伪作的字去掉,即使《千字文》的原文不足,收藏者也不嫌弃。但是,要想把伪作之字全部去掉,是不容易的,像蔡襄那样的名家,也难以把伪字去得干净。

欧阳修此文又云:"《梁书》言武帝得王羲之所书千字,命周兴嗣以韵次之。今官(观)法帖有汉章帝所书百余字,其言有'海咸河淡'之类。盖前世学书者多为此语,不独始于羲之也。"其意思是,有人从法帖中看到有东汉章帝所书百余字,而且其中有"海咸河淡"之句,是早在周兴嗣撰作《千字文》之前就已经是书家说过的话,于是就怀疑周兴嗣所作《千字文》并非是始于王羲之的书法作品,或者怀疑《千字文》不是周兴嗣作。这里,世俗之人对于"汉章帝所书"肯定产生了误解。因为在东汉章帝时(76~88),绝对不可能出现南朝梁时才产生的《千字文》的名句,把"海咸河淡"等理解为前代书法家说过的话也不合理。对此,北宋时已有人辨证。

黄庭坚《山谷别集》卷一一《跋章草千字文》云:"集书家定为汉章帝书,谬矣。章草,言可以通章奏耳。《千字》乃周兴嗣取右军帖中所有字作韵语,章帝时那得有之?疑只是萧子云书之最得意者。"黄庭坚(1045~1105),

字鲁直,号山谷,北宋著名文学家、书法家,他怀疑碑刻中掺入的那些章草书法,可能是萧子云的字,因萧子云的书法各体皆擅长,章草体亦精。黄伯思《东观余论》卷上《法帖刊误·第一帝王书》又云:"凡草书分波磔者,名章草,非此,但谓之草……故草当在草书先。然本无章名,因汉建初中杜操伯度善此书,章帝称之,故后世目焉。今此卷首帖偶章草,便以为章帝书,误矣。然此书亦前代作,但录书者集成《千字》中语耳,米径以此辩之,未中其病。"这里的"米",即是宋代大书法家米芾,他曾经考辨这个问题,黄伯思认为他说的不够明确,又表述了自己的意见。黄伯思,字长睿,又字霄宾,又自号云林子,宋哲宗元符年间进士,学问渊博,能书善画,他的考辨得到后人认同(参见后文)。黄庭坚、黄伯思的解说已经指出了之所以致误的原因。

可是,到了南宋时,又有文士著作议论此事,延续前人的误解。马端临《文献通考·经籍考·经·小学》记云:"智永《千字文》一卷,晁氏曰:梁周兴嗣撰,智永所书。"这是据晁公武的《郡斋读书志》著录了《千字文》。此后又云:"后村刘氏曰:'尝疑《千字文》,世以为梁散骑常侍周兴嗣所作,然法帖中,汉章帝已尝书此文,殆非梁人作也。'"这里所谓"后村刘氏",应是刘克庄(1187~1269),初名灼,字潜夫,号后村居士,南宋文学家。今查《后村集》及《后村先生大全集》,未见这几句话。马端临或者是引述有误,或者是他没有注意到黄庭坚《跋章草千字文》和黄伯思《东观余论》中关于章帝、章草的解说。

后世历代文士议及《千字文》的作者,一般皆认定为周兴嗣,只是传说过程中或者附会出一些离奇的情节。如明代朱国祯《涌幢小品》卷一八《千字文》记云:"《千字文》,周兴嗣所作。周字思纂,世居姑孰,宿逆旅,夜有人谓曰:'子文学迈世,初当见识贵臣,继被知英主。'齐隆昌中,谢朓雅善兴嗣,荐于武帝。法帖中有王羲之所草《千字文》,武帝患其不伦,命兴嗣以韵语属之,一夕成文,本末灿然。"这里记南朝齐时周兴嗣还未出仕时在旅舍遇异人为他预言,又记他在南朝齐郁林王隆昌年间(494)被谢朓推荐,故事情节具有一定的传奇性。谢朓字敬冲,南朝齐高帝永明年间曾官义兴太守、都官尚书,入梁后官侍中、司徒、尚书令等。这条材料为后人了解周兴嗣撰作《千字文》一事的背景增加了一些新的认识。

2. 误字质疑

《千字文》在流传过程中，后世文士发现有误字。误字的情况主要有：一是《千字文》相关题署中的误字，二是《千字文》中有重复字，三是《千字文》在誊录或传抄过程中出现的错字。

北宋吴曾《能改斋漫录》卷四《杨文公论〈千字文〉之失》云："杨文公亿以《千字文》'敕散骑常侍员外郎周兴嗣次韵'，'敕'字乃'梁'字传写之误。当时命令尚未称'敕'，至唐显庆中始云'不经凤阁鸾台不得称敕'，敕之名始定于此。"意思是说，原文中的"敕"字应本是"梁"字，传写过程中误为"敕"字，因为南朝梁时皇帝行文还没有用这个"敕"字，到了唐高宗显庆年间（656～660）才用"敕"字。杨亿（974～1020），字大年，宋真宗时官翰林学士，兼史馆修撰，参与编纂《册府元龟》，谥曰文，因此世称之为杨文公。尽管杨亿非常博学，但是，吴曾对于他的这一议论并不赞同。

于是，吴曾在这里引经据典，予以考辨，指出杨亿此论有三点失误。其一，杨亿说南朝梁时尚未用"敕"字，有误。因为，东汉末年蔡邕说"天子下书有四，其四曰诫敕"，就已经用了"敕"字；而且，《南史·周兴嗣传》已经明言"敕兴嗣与陆倕各制寺碑"，就用的是"敕"字，那么，"敕散骑常侍员外郎周兴嗣次韵"作《千字文》用了"敕"字，并不能认为是"梁"字之误。其二，杨亿说唐高宗显庆年间始云"不经凤阁鸾台不得称敕"有误。因为，《旧唐书·刘祎之传》记刘祎之自云"不经凤阁鸾台何谓之敕"，并没有"不得称"三字。其三，杨亿说"敕"之名"始定于"唐显庆年间，亦有误。因为，唐高宗上元年间就有诏令云"诏敕比用白纸，多为虫蠹，自今后多用黄纸"之语，可知在显庆之前已经使用"敕"字了。吴曾，字虎臣，南宋初江西崇仁人，高宗时献所著书得官，迁工部郎中。其治学严谨，这里的考辨颇有道理，因此，杨亿的质疑是不成立的。

吴曾之后，吴坰《五总志》又记云："《千文》题曰'敕员外（郎）制'，敕当作梁，盖传写误也。当时帝王命令尚未称敕，至唐显庆中始云，不经凤阁鸾台不得为敕，敕之名始定于此。"吴坰，南宋乐平（今属江西景德镇）人，与其兄埙俱有文名。吴坰引录了杨亿的议论，却没有反驳，他似乎没有看过吴曾《能改斋漫录》对于杨亿的批驳。

明代郎瑛《七修类稿》卷二六《千字文》，对于有关质疑作了较详的考辨。首先引《玉溪清话》考辨作者问题，认同周兴嗣次韵说为是。又云："旧闻詹仲和云，在苏常某家见唐刻《千字文》一帙，俨然钟繇笔法，但子昂后跋以为东坡书，不知何也？余又以淳化帖上《千文》亦类钟繇，其王著'海咸河淡'等字以为章草，误指汉章帝之书，则米南宫、黄长睿辩之明矣。"这里所谓詹仲和其人未详，当是郎瑛同时代人；米南宫即米芾，黄长睿即黄伯思；他们所议论的章草误认为汉帝书的问题，郎瑛认同米、黄两人的考辨。

郎瑛又云："杨公《谈苑》云：'敕员外郎某人撰，敕字是梁字。余意戒敕虽兴于汉，至唐显庆中始云不经凤阁鸾坡不得称敕，此非敕字，一也；况前无武帝说话，用敕字亦无谓，且梁字既通，草书又似敕字，必然传写之讹，二也。据此，则杨公之言可信无疑。'"这段话颇多疑点。所谓杨公《谈苑》，杨公即是杨亿，但是，杨亿是否有《谈苑》一书，今存疑；《能改斋漫录》引述杨亿之语并未指明出处，那么郎瑛之说不知何据。吴曾《能改斋漫录》是不赞成杨亿说法的，然而郎瑛却说"杨公之言可信无疑"，可知郎瑛似乎也没有注意到《能改斋漫录》对于杨亿说法的批驳。

关于重复字，郎瑛引吴枋《宜斋野乘》云，《千字文》有"女慕贞洁"，又有"纨扇圆洁"，"洁"字重复。当初周兴嗣撰作《千字文》时，其立意是没有重复字的，但是这里重复了一个"洁"字，显然是个差错。吴枋认为应该改"贞洁"为"清贞"。郎瑛则认为，若改为"清贞"，又同"夙兴温清"的"清"字重复，不如改为"女慕贞烈"。郎瑛还认为，《千字文》中的"布射辽丸"，"辽"字应当改为"僚"；"并皆佳妙"若同与上文"释纷利俗"对照来看，应当改为"并佳皆妙"才显得通顺。郎瑛分析说，以上"贞洁""辽丸""并皆佳妙"这三处差错，本来周兴嗣的原作可能是不错的，而是后来在刊刻或传抄的过程中形成的，以至于后来的书法家在书写的时候，就将错就错而延续下来了。这里郎瑛指出："惜今若文征明亦未改正。至若闽中所刊童蒙之本所差尤多，固非养蒙之道，此等未足为辩也。"文征明（1470~1559）是弘治、正德至嘉靖时的文学家、书法家，比郎瑛（1487~1566）年长17岁，即是说，在郎瑛撰作《七修类稿》的时候，他曾见过文征明书写的《千字文》，于是就注意到其中的这些差错。而且，郎瑛还看见当时福建等地私塾教儿童学习所用的教材《千字文》，其中的差错更多，难以一一分辨。

郎瑛之后，李诩《戒庵老人漫笔》卷二《千字文重复》也议论了《千字文》的重复字问题，大抵是追步《七修类稿》。郎瑛引录吴枋《宜斋野乘》，李诩同样引录《宜斋野乘》，指出《千字文》中"女慕贞洁""纨扇圆洁"重复"洁"字的问题，并且赞同郎瑛的议论，宜改"贞洁"为"清贞"。李诩（1505～1593），字厚德，江苏江阴人，一生未中科举，坎坷不遇，治学终生。李诩生活的时代晚于郎瑛二十多年，其议论当是受到郎瑛的影响。李诩与吴枋同是江阴人，故称吴枋为"余邑先辈"。从吴枋到郎瑛再到李诩，他们质疑《千字文》重复"洁"字是有道理的，但是后来一直保持着这个差错，没有改正。直到今天，《千字文》的各种整理本仍然是"女慕贞洁"和"纨扇圆洁"并存。

《戒庵老人漫笔》还指出："又《名公帖》'鸣凤在树'，世本皆作'鸣凤在竹'。"《名公帖》是哪一种书法字帖，李诩没有明言，也可能并非只有一种字帖这样写。如今笔者见明代陆士仁书写的四体《千字文》，其中就写成了"鸣凤在树"。陆士仁字文近，号澄湖，江苏长洲（今属苏州市）人，明代画家、书法家。他的小篆书《千字文》题款为"万历甲寅秋七月十有二日陆士仁篆书"（即万历四十二年，1614），隶书《千字文》题款为"万历乙卯岁夏四月二十有五日陆士仁书"（即万历四十三年，1615）。李诩于万历二十三年（1595）去世，他所谓的《名公帖》不可能是陆士仁的作品。可见，在李诩指出这一差错之后，仍然有书法家写作"鸣凤在树"。当代，《千字文》的整理本作"鸣凤在竹"。

《戒庵老人漫笔》卷二《千字文重复》一则之末有附记，引《谈苑》分辨"敕散骑常侍员外郎周兴嗣次韵"的"敕"字的正误问题，这里也是抄袭了郎瑛的议论，并且延续了郎瑛的不足，说起"《谈苑》云"而没有提及"杨公"，也没有提及《能改斋漫录》对于杨亿的批驳。

关于《千字文》中的错字，北宋时就有人指出，"律吕调阳"一句，"吕"字或以为是"召"字之误。钱易《南部新书》壬集云，王羲之的六世孙智永禅师为了传承其祖先王羲之王献之的书法，住在长安的西明寺，从七十岁到八十岁，用楷书和草书书写《千字文》800本，写完后人们争相讨要。其中写作"律召调阳"的，是智永所书《千字文》的真本；而社会上流传的俗本《千字文》，都误写为"律吕调阳"了。因为，草体的"召"字和"吕"字很相似；而且，和"闰余成岁"成为对偶句，作"律召调阳"也更为贴切。《南部新书》还指出："徐散骑最博古，亦误为'吕'字。"徐散骑即徐铉（917~992），字鼎臣，五代至宋初广陵（今扬州）人。初仕吴，又仕南唐，官至吏部尚书，入北宋后官至散骑常侍。精学问，工书法，与其弟徐锴齐名，时称之为"二徐"，铉为大徐，锴为小徐。据此记述，《千字文》的"召"字误作"吕"字，差错的起因在智永，而从徐铉之后就一直延续下来。

钱易，字希白，吴越王钱镠后裔，宋真宗时进士，官至翰林学士。他的说法，得到后世学者的认同。吴坰《五总志》议论《千字文》，关于"敕"字为"梁"字传写之误，是附和杨亿之语；关于"律吕调阳"应是"律召调阳"，则是附和钱易《南部新书》。

直到清代，仍然有学者议论这个问题。乾隆至嘉庆时李赓芸（1753~1817）《炳烛编》卷四有《律召调阳》一节，首先据《南部新书》指出应当是"律召调阳"，之后补充证据，也举出吴坰《五总志》。又说，北宋初著名篆书家释梦英所书写的真篆二体本《千字文》，也是写作"律吕调阳"。梦英，五代末至宋初高僧，衡州（今湖南衡阳）人，其生活时代大致与徐铉相同。李赓芸还说，他曾见过唐初书法家褚遂良书写的《千字文》，写的是"吕"字，好像是被人把"召"改成了"吕"字。

嘉庆、道光时，梁章钜《归田琐记》卷六《千字文》，在议论《千字文》的撰作者及撰作过程之后，又云，他自己有时为别人书写《千字文》，把"律吕调阳"写作"律召调阳"，旁边的人看见就说，"召"字写错了，应改为"吕"字。梁章钜说："召"字是不错的，"吕"字才是错的。这里，梁章钜也引述宋代吴坰《五总志》之语对别人作解释，又说，他曾收藏一幅明代书法家董其昌书写的《千字文》，写的也是"律吕调阳"，现在再写应当改正。

清末，俞樾《茶香室丛钞》卷九《千字文》，又据《南部新书》等书表述自己的意见是："愚谓当作'律调召阳'，言六律调，则可以召阳气也。"他根据古代音律学与阴阳五行学说，又作出一种新的解释。

这里，俞樾还指出《千字文》的原文中其他不甚合理之处。他举同时代人欧阳泉《点勘记》，说《千字文》原作中"饱饫烹宰，饥厌糟糠"，如果改为"饱厌烹宰，饥饫糟糠"，这就更加合理。的确，俞樾说的不错，《千字文》原文这两句，如果把其中的两个字换一换位置，意思就变为：饱的时候吃鸡鸭鱼肉也会厌食，而饿的时候吃糟糠也会觉得是美味。显然，改换两个字之后其意思就更加合理而有深意。

(二)"二十四孝"质疑

"二十四孝",指中国古代著名的二十四位孝子。自元朝时起直至当代,二十四孝的说法可谓家喻户晓,成为一条非常普及的历史文化常识。但是,关于《二十四孝》一书的编撰者,二十四孝的人物组成及排序,以及对于二十四孝人物孝行文化意义的评判,却存在着一些引起质疑的问题,学界至今并没有形成完全一致的认识。本节依据相关历史文献及传说予以梳理,综述如后。

1.《二十四孝》刊本编者质疑

在中国历史上,民间书坊早就刊行有《二十四孝》一书,未题编撰者姓名。清代韩泰华《无事为福斋随笔》卷上记云:"坊间所刻《二十四孝》,不知所始,后读《永乐大典》,乃是郭守敬之弟守正所集。谢应芳《龟巢集》有《二十四孝赞序》云,'常州王达善所赞二十四孝,以《孝经》一章冠于编首',盖别是一书。"这里,韩泰华依据他所看到的《永乐大典》中的资料,认为《二十四孝》一书或者是元朝郭守敬的弟弟郭守正编集的。郭守敬(1231~1316),元朝顺德邢台(今属河北邢台市)人,是中国历史上著名的科学家,曾编定《授时历》。谢应芳,字子兰,元朝武进(今属常州市)人。王达善其人未详。谢应芳既然看到了王达善对于二十四孝的赞词,并为之作序,这说明元代的刻本《二十四孝》已经流行了。韩泰华,字小亭,浙江仁和(今属杭州市)人。道光时曾官潼关道,晚年居住在金陵(南京)。他记述《二十四孝》的编者是郭守正,没有提出令人信服的确凿的依据,只能算是他的一家之言。

另有一说,《二十四孝》一书的编者是郭居敬。《中国人名大辞典》有"郭居敬"条云:"元大田人,字义祖。性至孝,亲没,哀毁过礼。尝集虞舜以下二十四人孝行之概,序而诗之,用训童蒙。虞集、欧阳玄诸人欲荐之,固辞不起。有《百香诗》。"大田,今属福建三明市。所谓《百香诗》今未见。韩泰华谓《二十四孝》为郭守敬之弟郭守正所集,或者是由于郭守敬、郭居敬姓名相似而讹传，亦未可知。

到清末至民国时，《二十四孝》又出现了不少改编本、绘图本，在日本也相当流行。鲁迅《朝花夕拾》说他所看到的《二十四孝图》，是日本小田海仙所绘。小田海仙（1785~1862），日本江户幕府末期的文人画家，这些图绘于日本天保十四年，即清道光二十四年甲辰（1844），传入中国之后收入上海点石斋书局印行的《点石斋丛画》中，在中国读者中有一定的影响。

2. "二十四孝"人物组成及排序质疑

民间流行较广的《二十四孝》刻印本，即韩泰华所谓郭居敬编集本（见范泓编《典籍便览》卷二），对于二十四孝的排列顺序是：（1）虞舜；（2）汉文帝；（3）曾参；（4）闵损；（5）仲由；（6）董永；（7）郯子；（8）江革；（9）陆绩；（10）唐夫人；（11）吴猛；（12）王祥；（13）郭巨；（14）杨香；（15）朱寿昌；（16）庾黔娄；（17）老莱子；（18）蔡顺；（19）黄香；（20）姜诗；（21）王裒；（22）丁兰；（23）孟宗；（24）黄庭坚。

清代家秘本《二十四孝诗注》及《二十四章孝行录钞》，对于二十四孝的排列顺序是：（1）大舜；（2）董永；（3）丁兰；（4）闵损；（5）郯子；（6）孟宗；（7）朱寿昌；（8）田真；（9）郭巨；（10）老莱；（11）吴猛；（12）曾参；（13）汉文帝；（14）王裒；（15）杨香；（16）庾黔娄；（17）张孝；（18）黄香；（19）黄山谷；（20）陆绩；（21）唐夫人；（22）王祥；（23）姜诗；（24）蔡顺。这一种排列，同前述郭居敬本相比，减少了仲由、江革二人，增加了田真、张孝二人。

又见狩谷掖斋藏孝行录古抄本《二十四孝》，对于二十四孝的排列顺序是：（1）虞舜；（2）老莱子；（3）郭巨；（4）董永；（5）闵损；（6）曾参；（7）孟宗；（8）刘殷；（9）王祥；（10）姜诗；（11）蔡顺；（12）陆绩；（13）王武子；（14）曹娥；（15）丁兰；（16）刘明达；（17）元觉；（18）田真；（19）鲁姑；（20）赵孝宗；（21）鲍山；（22）韩伯瑜；（23）郯子；（24）杨香。这里的排列顺序，同前述郭居敬本相比，减少了汉文帝、仲由、江革、唐夫人、吴猛、朱寿昌、庾黔娄、黄香、王裒、黄庭坚共10人，增加了刘殷、王武子、曹娥、刘明达、元觉、田真、鲁姑、赵孝宗、鲍山、韩伯瑜共10人。

以上三种名单中，全相同者为14人，即虞舜、曾参、闵损、董永、郯子、陆绩、王祥、郭巨、杨香、老莱子、蔡顺、姜诗、丁兰、孟宗。这14位应该是宋代之前最能被大众认同的古孝子的代表人物。

宋代之前，已经出现不少文士所编撰的孝子传，元代出现的二十四孝的说法，大体上是在前代文士编撰的各种《孝子传》的基础上筛选出来的。筛选的过程肯定加入了后代人一些新的认识，或者是利用了后来出现的历史资料。前述三份名单中相同的14人，在前代文士编撰的孝子名单中出现的频率大体是比较高的。

根据清代道光年间茆泮林编辑的《古孝子传》（今见《丛书集成初编》），所搜集的各种孝子传中的孝子，被列入后来的"二十四孝"中的人物有（三种名单居其一者即可）：

陶潜《孝传》所列孝子分为天子、诸侯、卿大夫、士、庶人五类，共18人，其中后来列入二十四孝的有虞舜、黄香、江革3人。

刘向《孝子传》所列舜、郭巨、董永3人，后来全在二十四孝中。

萧广济《孝子传》所列孝子共34人，其中后来列入二十四孝的有曾参、闵损、王祥3人。

师觉授《孝子传》所列孝子共9人，后来列入二十四孝的有闵损、老莱子、王祥3人。师觉授，南朝宋涅阳（今河南镇平一带）人，他编的《孝子传》已散佚，后来有清代黄奭辑录本，收入《汉学堂丛书》。

宋躬《孝子传》所列孝子共18人，后来列入二十四孝的仅有郭巨1人。

虞盘祐《孝子传》所列孝子2人，后来列入二十四孝的有曾子（参）1人。

此外，南宋末林同（字子真，号空斋）编辑的《孝诗》（署宋长乐林同季野），收录歌咏古代著名孝子的诗作，罗列的孝子有一百多人，其中后来列入"二十四孝"的有舜、老莱子、闵子、曾子、子路（仲由）、丁兰、江革、蔡顺、姜诗、郭巨、黄香、孟宗、陆绩、王褒、王祥、庾黔娄，共16人。

清代茆泮林所辑还有一种《孝子传》（又称《杂孝子传》）所列孝子28人，后来列入"二十四孝"的有曾参、闵子骞（损）、老莱子、董永、杨香、蔡顺、吴猛共7人；茆泮林所辑《孝子传补遗》所列孝子10人，后来列入"二十四孝"的有黄香、姜诗、蔡顺、孟宗、王褒5人。

二十四孝中单个人物的事迹，还散见于《搜神记》《艺文类聚》《太平御览》《初学记》《骈志》等书中，不再一一列举。

3. "二十四孝"人物里居质疑

二十四孝人物的籍贯里居，在不同书中的记载多有差异；二十四孝人物故事的遗迹，在各种相关的地方志中的记载也多有差异。这反映了一种普遍的现象，古代不少著名的历史人物，其故里、坟墓、遗迹等在全国不少地方都有记载与传说。《红楼梦》第五十一回《薛小妹新编怀古诗，胡庸医乱用虎狼药》写李纨讲她上京时，关夫子（关羽）的坟倒见了三四处，于是她说："关夫子一生事业，皆是有据的，如何又有许多的坟？自然是后来人敬爱他生前为人，只怕从这敬爱上穿凿出来，也是有的。及至看《广舆记》上，不止关夫子的坟多，自古来有些名望的人，坟就不少，无考的古迹更多。"现在说起二十四孝人物，情况也是这样。

如郭巨，干宝《搜神记》旧本卷一一《郭巨》有注云："隆虑人，一云河内温人。"隆虑即今河南林县，温即河南温县，明清时皆属怀庆府。明凌迪知《万姓统谱》卷一一九云："郭巨，隆虑人。"《太平御览》卷四一一引刘向《孝子图》及卷八一一引宋躬《孝子传》，均记郭巨"河内温人"。这些记述已经表现出两种说法，后来在地方志中两种说法并存。清顺治十七年（1660）《怀庆府志》卷七记云："郭巨，隆虑人。"乾隆年五十三年（1788）《怀庆府志》卷二二记云："郭巨，河内人。"并加按语云："巨为隆虑人，于汉属河内郡，故《孝子传》云，河内人也……而府志更云温人，则又据干宝《搜神记》。未详孰是。"直到当代，关于郭巨的籍贯在林县和温县仍然各自都是认同的。

又如王祥，《晋书·王祥传》记云："王祥，字休征，琅邪临沂人。"临沂即今山东临沂，这里自古就有一些关于王祥卧冰的遗迹及故事。陈师道《后山谈丛》卷二记云："世传王祥卧冰求鱼以养母，至今沂水岁寒冰厚，独祥卧处阙而不合。"据此，王祥卧冰求鱼的地方当然就是在临沂。明代陈继儒《太平清话》卷三又引录《后山谈丛》，附和"王祥卧冰处在沂水"这一说法。地方志记载，临沂县城北二十五里有孝感泉，并且引元代于钦《齐乘》云："孝感水出王祥墓西戚沟湖，即割冰跃鲤处也。"但是，安徽的望江也有关于王祥卧冰的遗迹。《宋史·萧服传》记云："萧服字昭甫，庐陵人。第进士，调望江令，治以教化为本。访古迹，得王祥卧冰池，孟宗泣笋台，皆为筑亭。"

据《宋史·萧服传》所记，二十四孝之一的孟宗哭竹故事也是发生在望江。其实，孟宗本是东汉末至三国时江夏（今湖北武昌）人。《三国志·吴书·孙皓传》"司空孟仁卒"一句之后，引《吴录》《楚国先贤传》记云，孟宗，江夏人，字恭武。萧服任望江县令时，在为王祥卧冰故事建造纪念亭时，也为孟宗哭笋故事建造了一座亭。

4. "二十四孝"人物行为意义评判质疑

古代文献中记述的二十四孝人物的孝行，大都是非常感人的。或者是对父母尽心尽力的侍奉，或者是想方设法满足父母的心愿，或者是在特定的时刻为父母解除危难与痛苦，其间表现的真诚大爱与奉献精神达到高尚的道德境界，在当时及后世受到广大民众的崇敬与喜爱，也得到历代许多文士的赞颂与肯定。今天用新时代的思想观念进行评判，古代孝子人物的孝行仍然具有正面的文化意义，并彰显着极大的教育作用和示范的力量。但是，对于列入二十四孝的某些人物的孝行，历代文士著作中也提出强烈的质疑，比较典型的事例便是郭巨埋儿。古代一些文士的著作对于郭巨的故事有不少议论，在当代看来，郭巨埋儿的故事仍然有违背常理及不合人性的荒谬情节，有令人难以置信的虚假内容，其行为是不值得称赞的，也是不应当效法与学习的。

郭巨故事最早的版本，应当是《太平御览》卷四——的记述：

> 刘向《孝子图》曰：郭巨，河内温人。甚富，父殁，分财两千万为两，分与两弟，己独取母供养。寄住邻有凶宅，无人居者。共推与之居，无祸患。妻产男，虑养之则妨供养，乃令妻抱儿，欲掘地埋之。于土中得金一釜，上有铁券云："赐孝子郭巨。"巨还宅主，宅主不敢授。遂以闻官，官依券题还巨，遂得兼养儿。

干宝《搜神记》的记述大体也是这样的情节。现在看来，原故事本来就非常不合情理：郭巨在父亲去世后家中既然有两千万遗产，郭巨分给两个弟弟各一千万，自己是长子，又负责养母，竟然分文不取，这样的分配太不公道了；郭巨的两个弟弟各得千万，明知哥哥和母亲穷得口粮不济也不肯拿出分文相助，这样的弟弟也太卑劣无情了。郭巨既然是大孝，却不能感化两个弟弟让他们也尽心养母，郭巨的表现能算得上真孝吗？口粮不继时竟然下狠心把幼小的宝贝男孩埋掉，不仅自己残忍无情，也不考虑老母亲的意愿与感受，更不考虑这样做会使两个弟弟背负恶名，郭巨还有一点儿孝悌之心吗？郭巨既然和母亲住在一起，其夫妻合谋埋儿，难道其母亲就一点儿也不知道吗？而且，郭巨的妻子对于丈夫要埋掉儿子的做法不阻止也不悲伤，竟然顺从而配合，作为孩子的母亲，她还有人性吗？如果郭巨的埋儿是设定的计策，事先在地下埋藏了金子，同时埋藏了题了字的"铁券"，特意制造出掘地见金感动神灵的惊人效果，以此彰显自己的孝心，那么，郭巨的行为纯属欺诈，他还算是正人君子吗？再说，如果按当代的法律观念，即使是自己的亲生儿子，随意把他处死也是犯法的，因此，郭巨不但不应当受到表彰，而且还应当按故意杀人罪论处。

元代以后对于郭巨埋儿故事的质疑，首先是明初的方孝孺。他所著《逊志斋集》卷五《郭巨》云："郭巨埋子，世传其孝，嗟乎！伯奇顺令申生之恭，君子弗谓孝也。大杖不走，曾子不得辞其责，从父之令然且不可。夫孝所以事亲也，苟不以礼，虽日用三牲之养，犹为不孝，况俾其亲以口体之养杀无辜之幼子乎？且古之圣人，行一不义、杀一不辜而得天下，不忍为之。故禹思天下有溺者，犹己之溺之；稷思天下有饥者，犹己之饥之；放麑不忍，君子羡之，况子孙乎？巨陷亲于不义，罪莫大焉，而谓之孝，则天理几于泯矣，其孝可以训乎？不可以训，其圣人之法乎？或曰：'苟为不孝，天曷以赐之金？'吁！设使不幸而不获金，死者不复生，则杀子之恶不可逃，以犯无后之大罪，又焉得为孝乎？……（略）"

方孝孺（1357~1402），明初著名大儒。燕王朱棣发动靖难之役，夺取建文帝皇位，命方孝孺起草即位诏书，方孝孺不肯顺从，被杀，又被灭十族。这样一个恪守封建正统思想的文士，说起二十四孝人物时也不认为郭巨埋儿的做法是孝行。此文举伯奇、曾子等相关历史人物的某些事例发表议论，认为行孝必须首先要守礼。由此来看郭巨的行为，他为了养母而立意把儿子埋掉，则是使父母陷于不义的境地，是罪莫大焉；如果认为这是孝行，那么天下就没有公理了，因此这样的孝行是不足为训的。他又以设问的形式提出，如果郭巨的做法不算孝行，那么上天为何还要赐给他黄金进行褒奖呢？于是又议论说，如果不幸没有挖出金子，那么他的儿子就死而不能复生，这样他就难逃杀子的恶名，也难逃儒家"不孝有三，无后为大"的罪名，就更不能被称为孝子了。方孝孺的这番议论，后来引起其他文士附和。

祝允明《读书笔记》云："郭巨杀子，不孝也；邓攸绝类，不弟也；陈仲子之廉，非廉也，逆也；宗鲁之义，非义也，党也；叶公之党之直，非直也，悖也；尾生信矣，而信非其所信也；仓梧丙让矣，而让非其所让也。"祝允明（1460～1526），字希哲，号枝山，江苏长洲（今属苏州市）人，明代著名的文学家、书法家。他的这一番议论，本是出自徐干《中论》卷上，原文云："昔仓梧丙娶妻美，而以与其兄，欲以为让也，则不如无让焉。尾生与妇人期于水边，水暴至不去而死，欲以为信也，则不如无信焉。叶公之党，其父攘羊而子证之，欲以为直也，则不如无直焉。陈仲子不食母兄之食，出居於陵，欲以为洁也，则不如无洁焉。宗鲁受齐豹之谋，死孟絷之难，欲以为义也，则不如无义焉。故凡道蹈之既难，错之益不易。是以君子慎诸己，以为往鉴焉。"

徐干列举的古人事例，意在说明君子应当慎行的道理，而祝允明列举这些古代人们推崇的品格高尚的典范人物，意在指出其行为未必都是符合情理的，于是他又一一进行评判，提出质疑。徐干没有列出郭巨，而祝允明把"郭巨杀子为不孝"排在第一位。其他的几位是：邓攸，字伯道，晋代人，在遇到兵乱逃难途中，他为救侄儿而舍弃了自己的亲生儿子，祝允明认为，邓攸的行为并不符合儒家所崇尚的孝悌之义。陈仲子，战国时楚国人，住在於陵，人们称他为於陵子终，楚王派使者带黄金百镒招聘他，他不肯受聘，带着妻子逃走为人灌园为生。《孟子》书中说他是齐国人，称他为陈仲子。祝允明认为，陈仲子的行为不能算是清廉，而是悖逆。宗鲁，春秋时卫国人。《左传·昭公二十年》记云，宗鲁事公孟（孟絷）为骖乘，齐豹将作乱，对宗鲁说不要为公孟卖命，让他离开；宗鲁不肯背离公孟，结果在危急时为掩护公孟而被杀。祝允明认为宗鲁的行为不能算是义，而是与公孟结为私党。叶公，春秋时叶国国君。《论语·子路》云："叶公语孔子曰：'吾党直躬者，其父攘羊，而子证之。'"祝允明认为，叶公所谓其乡人揭发其父偷羊的做法，并不是应当称赞的直率品质，而是背离了儒家思想所肯定的"父为子隐，子为父隐"的信条。尾生，春秋时人。《庄子·盗跖》记云，尾生与一女子约会于桥下，女子没有及时来到，适逢涨水，尾生不肯失约，抱着梁柱守候，被淹死。祝允明认为，尾生的表现不能算是儒家崇尚的信，而是愚昧之信。仓梧丙娶的妻子长得漂亮，他就想把她让给自己的哥哥，这是不该相让的事情（仓梧丙，《淮南子·泛论训》作仓梧绕）。从以上几件事例可知，祝允明的议论不盲从世俗公论，表现出标新立异的创新思维与独到之见，值得赞赏，也能引发世人对前代某些人物与事件作进一步的思考。但是，祝允明的议论并非绝对正确，其中孔子所谓"父为子隐，子为父隐"的观点，今人多有异词，认为这有违于是非观念和法治原则，值得商榷。这里不多作分析，笔者只是意在指出，祝允明所谓"郭巨杀子，不孝也"的观点是成立的。

清初，王应奎《柳南随笔》卷二云："郭巨之孝，古今所艳称也，然我窃疑之。夫以子分母食为患，则螟蛉他姓可也；否则弃诸道路，听人收养可也，何为必埋之以绝其生路乎？况为母者肯分食以养儿，是儿必母之所爱矣。假使既埋之后，母诘以儿何所往，则将奚辞以对？若竟对曰'恐分母食，已埋之矣'，不适以伤母心乎？此贼恩之大者，乌得以孝称之？"王应奎（1683~1760），字东溆，号柳南，江苏常熟人。仅为诸生，未中科举，平生主要从事治学。乾隆时，二十四孝故事早已家传户颂，然而王应奎仍然对郭巨埋儿的行为明确提出质疑。

王应奎认为，郭巨如果因家庭贫穷，口粮不继，以儿子分母之食为忧虑，那么可以想别的办法，或者把儿子送给他姓旁人，或者把儿子抛弃在路旁听任别人收养，何必一定要把他埋掉置其于死地呢？既然母亲平常总是分给儿子食物，肯定是非常疼爱孙子的，那么把儿子埋过之后，母亲一定会问孙子去哪儿了，这时郭巨能有什么话对答呢？如果实言相告说埋了，岂不是让母亲极度伤心吗？这样的行为，是残害母恩的大罪，怎么能说成是孝行呢？王应奎的质疑切合人们的正常伦理感情，十分中肯，如此来看待郭巨的故事，其埋儿的行为，不仅不值得赞颂，而且是应该谴责的，是伤天害理的恶行。可是，在此之前，人们都是把郭巨作为孝行代表人物进行宣传的，实在是太荒唐了。前述明代方孝孺的文章及祝允明的议论，还没有引起更多文士的注意，而此时王应奎的质疑有振聋发聩、点醒迷梦的作用。于是，自此以后，文士对郭巨孝行的质疑也就更为直率，其议论也更为深刻。

袁枚《小仓山房文集》卷二〇《郭巨论》云："吾闻养体之谓孝，养志之谓孝，百行不亏之谓孝。巨，孝人也，即慈父也，即廉士也。儿可埋，金可取耶？不能养，何生儿？既生儿，何杀儿？以儿夺母食，故埋，似母爱儿也，以爱及爱，见请所与者矣，见抚杯棬者矣。杀所爱以食之，是以犬马养也，母投箸泣矣，奈何？抑以埋闻，母弗禁，似母勿爱儿也，以恶名怼母，而以孝自名，大罪也。是儿者，宁非乃母之血食嗣乎？其绝之也。杀子则逆，取金则贪，以金饰名则诈，乌乎孝？"袁枚（1716～1798），字子才，号简斋，晚号随园，浙江钱塘（今属杭州市）人。袁枚是乾隆时著名才子、文学家，他对于郭巨的论述，表现出深刻的认识，也上升到一定的理论高度。

之后，袁枚接着议论云："虽然，仅折其理，未发其术也，为之奈何？曰：知某所有金，为携儿掘，骇于众曰：'金也，金也，天哀予孝，故余畀云尔。'蚩蚩者见其金则惊，临以天则又惊，相与传其孝不衰。不然，禁儿食可也，弃若儿可也，鬻之以济母可也，杀子以无不可也，而埋则何说？"这里，袁枚提出疑问，原故事中郭巨可能是有用"术"的嫌疑，即事先设局，已知某处埋有金，而假装在那里掘坑埋儿，挖出金子之后又故意张扬说这金子是天神的赐予；其邻居乡亲看见金子却信以为真，因而使郭巨的骗术产生了预期的效果。如果不是郭巨耍弄骗术，那么，其埋儿的做法是不能自圆其说的。袁枚的分析虽然只是假设，却揭示了郭巨埋儿故事本身的荒谬。

此文之末，袁枚又议论云："设当日者，巨不生儿，无可埋；巨多儿，不胜其埋，则奈何？使巨见金，挥锄不顾，如管宁然，则奈何？或隐其处，别掘之，以卜天心，则又奈何？韩愈书《鄠人对》，以其剔股欲腰诸市，若巨者，其尤出鄠人上哉！"这里，袁枚从逻辑思维的角度指出郭巨埋儿故事的不合理性。如此看来，对郭巨埋儿的孝道也不值得过分宣传。之后，袁枚又引述韩愈《鄠人对》再作议论。唐代鄠县有位孝子割自己腿上的肉给患病的母亲吃，母亲的病竟然痊愈了，于是地方官员把他的事迹奏闻皇上，皇上下旨对那位孝子给予表彰。韩愈不赞成孝子的行为，也不赞成对他进行表彰，就撰作此文表达自己的观点。韩愈认为，儿子给母亲治病应当使用药物，没有听说过用儿子身上的肉能把病治好。儒家思想认为"身体发肤，受之父母，岂敢毁伤"，又说"不孝有三，无后为大"，若是伤残身体或者致死，这属于"毁伤灭绝之罪"，是严重的不孝行为。于是袁枚议论说，按照韩愈《鄠人对》的意思，儿子自割股肉的行为应当依法惩处，而郭巨埋儿是比鄠县那个割股肉者更加严重的恶行。

现当代文人学士对于郭巨埋儿故事的质疑，如鲁迅的议论为人们所熟知，在学界有一定的影响。鲁迅《朝花夕拾·〈二十四孝图〉》文中说："其中最使我不解，甚至于发生反感的，是'老莱娱亲'和'郭巨埋儿'两件事。"这里，鲁迅对老莱子行孝和邓攸弃子救侄两个故事都表示了质疑，他说："正如'将肉麻当作有趣'一般，以'不情为伦纪'，诬蔑了古人，教坏了后人。

老莱子即是一例。"鲁迅的思想是非常深刻的，他提出一个重要问题，我们应从他的议论中得到新的启示。社会发展到今天，我们对于中国古代的文化遗产，不能盲目迷信，也不能无分别地全盘继承，必须按照新时代的思想观念，运用辩证唯物主义和历史唯物主义的观点给以分析批判。对于历史上的二十四孝问题，也应当持这样的态度。

（三）梦笔生花

"梦笔生花"这个成语，意思是说文人的才思日进，似有神助。关于这个成语的来历，一般是认为出自南朝梁江淹的故事。《南史·江淹传》记云："尝宿于冶亭，梦一丈夫自称郭璞，谓淹曰：'吾有笔在卿处多年，可以见还。'淹乃探怀中得五色笔一以授之。尔后为诗绝无美句，时人谓之才尽。"这个故事常见后世文献提及，形成的成语是"江郎才尽"，比喻文士的文思衰退，和后来的另一个成语"梦笔生花"的意思毕竟不同。

黄朝英《靖康缃素杂记》卷一〇《梦笔》一则对此有考辨，在记述江淹的故事之后，又举出南朝纪少瑜和唐代李峤两则梦笔的故事（详见下文），对于"梦笔生花"的典故出自江淹的说法提出质疑。此文云："自梁至唐梦笔者三人，今世为文辞者，多以江氏为梦笔之裔，然淹梦人取笔，殆非佳语，不知纪氏、李氏亦自可称梦笔之裔，尤为佳也。"这里说，江淹的梦笔是梦见郭璞把原来给他的笔取去，使江淹的文思由此衰退，并非使人上进的美言，因此，把纪少瑜和李峤的故事作为"梦笔生花"最早的出处则更为合适。黄朝英此文中又说："然《蒙求》注引《典略》云：'江淹少梦人授五色笔，因而有文章。'此一事，又不载于本传，何耶？"这里又据五代李瀚所撰《蒙求》引录《典略》之文，指出江淹的另一则因梦笔而文章有长进的轶事，而这一则故事却不在《梁书》或《南史》的江淹本传中。这一质疑是有道理的，因而又引起后来学者的考辨。

明代徐应秋《玉芝堂谈荟》卷六《梦笔生花》记云："李白少时，梦所用笔头上生花，自是才思赡逸。和凝梦人以五色笔一束与之，自是才思敏赡。纪少瑜尝梦陆倕以一束青镂管笔授之，文因遒劲。李峤梦人以双笔相赠，自是文日有名。王珣为桓温掾,尝梦人以大笔如椽与之,既觉曰:'此当有大手笔。'俄尔武帝崩,哀册谥议,皆珣所草。《元史》,杨奂母梦东南日光射其身旁,一神以笔授之,已而生奂。范质母张氏,梦人授五色笔而生,九岁善属文。今人但知江淹梦笔耳。"这里列举了除江淹之外的六则故事,并且对于同类事例有所辨析。《玉芝堂谈荟》卷七《江淹梦》又云:"史称江淹梦张景阳寄锦取还,文章日踬。又谓梦郭景纯索旧笔还,为诗才尽。何二梦相似之甚?然淹之诗赋,皆少作邪?"这里,徐应秋再次提出质疑。

李白的故事,见于王仁裕《开元天宝遗事》云:"李太白少时,梦所用之笔头上生花。后天才赡逸,名闻天下。"(见《说郛》宛委本卷五二上,又见《云仙杂记》卷十、《唐才子传》卷二、《古今事文类聚》别集卷十四等)李白是中国文学史上一流诗人,他的梦笔生花的故事影响最大,也最能代表这个成语的本来意义。

和凝的故事见《旧五代史·和凝传》云:"(和凝)年十七,举明经,至京师,忽梦人以五色笔束以与之,谓曰:'子有如此才,何不举进士?'自是才思敏赡,十九登进士第。"和凝(898~955),字成绩,郓州须昌(今山东东平)人。历仕五代后梁、后唐、后晋、后汉、后周五朝,曾官中书侍郎、同中书门下平章事、太子太傅,封鲁国公。和凝是五代时名臣,又是著名词人,声名显赫,史籍附会其有梦笔经历并不奇怪。

纪少瑜的故事,见《南史·纪少瑜传》云:"纪少瑜,字幼扬,丹阳秣陵人也。……少瑜尝梦陆倕以一束青镂管笔授之,云:'我以此笔犹可用,卿自择其善者。'其文因此遒劲。"陆倕(470~526)字佐公,南朝吴郡(今属苏州市)人,南朝名臣,也有文才,是"竟陵八友"之一。纪少瑜生活时代比江淹略晚,其梦笔故事显然受到江淹故事的影响,江淹梦中授笔者是郭璞,而纪少瑜的故事中就被附会出来一位已有名望的文士陆倕。此故事在后世也流传较广,许多文献有记载。明彭大翼《山堂肆考》卷一二六《梦授青管》引录宋吴处厚《青箱杂记》云:"梁纪少瑜字幼扬,尝梦陆倕以一束青镂管笔授之曰……"今查《青箱杂记》未见这样的话,可见宋以后文士著作对于这一典故反复引用,以致其出处混淆不清。清代《渊鉴类涵》卷一九六《文章二》等,也皆据《南史》引录。

李峤的故事见《旧唐书·李峤传》云:"(李峤)为儿童时,梦有神人遗之双笔,自是渐有学业。……诏入,转凤阁舍人,则天深加接待,朝廷每有大手笔，皆特令峤为之。"李峤字巨山，官至同中书门下平章事，又是唐朝著名才子、诗人，以文学享盛誉。此故事说梦中给他笔的是"神人"，这样的情节带有浓厚的神话色彩。

王珣的故事，见《晋书·王珣传》云："王珣，字元琳，琅琊临沂人。……珣梦人以大笔如椽与之，既觉，语人云：'此当有大手笔事。'"梦中之语不久就在现实中应验，晋武帝司马炎驾崩，朝廷举办丧礼与任命的各种文件都由王珣撰作。所谓"大手笔"也就成为后世称颂文章高手的典故。

杨奂的故事，见《元史·杨奂传》云："杨奂，字焕然，乾州奉天人。母尝梦东南日光射其身，旁一神人以笔授之，已而奂生，其父以为文明之象，因名之曰奂。"

范质的故事见《宋史·范质传》，记云："范质字文素，大名宗城人。质生之夕，母梦神人授以五色笔。九岁能属文，十三治《尚书》，教授生徒，后唐长兴四年举进士。"这里，范质和上述杨奂二人都是其母亲梦笔而预兆其子长大成为著名文士，与前述江淹、李白等皆为本人梦笔的情节不同。

然而，梦笔生花及相似的故事还不止这些。

李冗《独异志》卷中引《武陵记》曰："后汉马融勤学，梦见一林，花如绣锦。梦中摘此花食之。及寤，见天下文词，无所不知。时人号为绣囊。"这里说"梦花"而非"梦笔"，但是作为典故来说，其意思是相近的，于是后世文士也就以"梦花"比喻文思大进。

姚之骃《元明事类钞》卷二二记明代名士解缙轶事云："解缙生而颖绝，少时梦五色笔，笔有花如菡萏。"这里又记解缙也有梦笔生花的故事。

褚人获《坚瓠集》续集卷一《梦笔生花》记云："梦笔生花，人知江淹梦得五色笔，由是文藻日新，不知先有晋王珣梦人授以如椽大笔，梁纪少瑜亦梦陆倕授以一束青镂管笔。唐李峤儿时亦梦人授以双笔，自是藻彩益发；李太白亦梦笔生花，自是文章盖天下；五代马裔孙梦神手授二笔。"这里所列举的故事，除前面说过的之外，还有一位马裔孙，即马胤孙，五代后唐商河（旧县在今山东惠民一带）人，字庆先，举进士，累官至同中书门下平章事。其文章师法韩愈，其政事平庸。所谓梦笔一事出处未详。

以上关于梦笔、梦花、梦笔生花的故事，在后世文士著作常见作为典故使用，赞颂文士的文才非凡，有如神助。如李商隐《江上忆严五广休》诗云："征南幕下带长刀，梦笔深藏五色毫。逢着澄江不敢咏，镇西留与谢功曹。"

(《全唐诗》卷五四一)第三句用的是"梦笔"典故。元代制笔名师范君用很受文士赞赏,郭天锡(名畀,以字行)有《赠笔工范君用》诗云:"光分顾兔一毫芒,遍洒春芬翰墨场。得趣妙从看舞剑,全身功贵善刀藏。梦花不羡雕虫巧,试草曾供倚马忙。昨过山僧余习在,小书红叶试新霜。"第五句用的就是"梦花"的典故,赞扬范君用所制之笔高超,可以助文士写出妙文。郭天锡诗见《元诗选》二集收录的《快雪斋集》,另见明代汪珂玉《珊瑚网法书题跋》卷一〇、清代顾文彬《过云楼书画记·书类二》亦引录。

梦笔生花的典故还见使用于其他场合。如黄山有一处景观名为"梦笔生花",本是一座孤山耸立,直插云天,峰尖石缝中长有一棵松树,盘曲舒展,形成一团绿荫,就像盛开的花朵;山峰之下有一块巨石,如一人睡卧,宛如李白。这一景观引起历代文士题咏,如清代项黻题诗云:"石骨棱棱气象殊,虬松织翠锦云铺。天然一管生花笔,写遍奇峰入画图。"这里是把一处山峰的奇景比喻为梦笔生花,和古代著名文士的故事联系起来,引发游人进行美妙的联想,使景点增添了丰富的文化内涵。

在古代浩如烟海的文史典籍中,"梦笔生花"的系列故事与传播,本身就是一处亮丽的文化景观。

(四) 解 字

中国汉字的构成非常奇妙,历代关于汉字的解说有许多著作。东汉许慎的《说文解字》是最早对于汉字进行系统性解说的经典性专著,后世历代有许多学者对它进行研究,不断增添并丰富其内容,形成一套专门的学问,称为"说文学",或称"小学"。这方面的名家及代表性著作,如五代南唐徐铉重新刊定《说文解字》,徐锴著《说文系传》,元代周伯琦著《说文字原》,明代赵宧光著《说文长笺》,清代段玉裁著《说文解字注》,王筠著《说文释例》《说文句读》,桂馥著《说文义证》等。各种著作对于汉字的解说,基本上遵循着许慎《说文解字叙》所谓"六书"的思路,即指事、象形、形声、会意、转注、假借。具体到对于某一个汉字的解释则是本于其中的一项或几项,详细说起来都有复杂的内容。

本节《解字》，不在于全面谈论"说文学"的系统性学问，而是从历代笔记类著作中选取一些对于某些重点字的议论。其中的解释或者表现出独到的见解，或者显示出新奇的思路，或者从特殊的角度探幽发微，于是便生发并包含着特定的文化内容。这样的解说，既显示出"说文学"层面的深刻含义，也显示出历史文化研究层面的新颖理解，能够使读者获得新奇的知识，也能从中体验到字学研究的深奥、神秘与乐趣。

1. 解"公"字

《说文解字》卷二解"公"字，云："平分也。从八从厶（音司）。"又说"八犹背也"，并引《韩非子·五蠹》云："背厶（私）为公。"这可以说是对于"公"字的最经典的解释。"厶"是古"私"字，是"公"的反义词。把"八"解作"背"，的确是抓住了解"公"字的关键问题。因此，《辞源》解释"私"字云："凡属于一己者皆曰私。"

朱国祯《涌幢小品》卷一八《字义字起》记云："仓颉制字，八厶为公。盖分厶即公，非私外有公也。古人取义最简而直。"这里认为"分私即公"，即是说把私有财物分出来一部分用之于大众，即是"公"。这样的解释与前述"背私为公"的意思稍有不同，是朱国祯的独到见解，值得重视。

2. 解"人"字

"人"字是汉字中最基本最常用的字之一。"人"字的结构最基本的意义是象形，也兼有会意的思路。《说文解字》卷八解释"人"字云："人，天地之性最贵者也。此籀文象臂胫之形。"这里最简要最中肯地表述了"人"字的基本意义。根据中国古代的文化观念，天地人称为三才，人是天地之间最可宝贵的。所谓象臂胫之形，即是说，"人"字的两笔张开像是人的两臂，或者像是人的两腿，或者像是一个人笔直站立、两腿微分而两臂贴身下垂的姿势。这确是非常形象的表达。

从汉字书法的标准字形来看，"人"字的解释还有更丰富的内容。俞樾《茶香室续钞》卷一五《人字》，引录施可斋《闽杂记》所记陈修园的《医学三字经》中，有一段关于"人"字的解释，云："人具阴阳，人字左笔为阳，右笔为阴。阳清而轻，故左丿轻；阴浊而重，故右乀重。阳中亦有阴，故左丿先重而后轻；阴中亦有阳，故右乀先轻而后重。"之后俞樾议论说："按此说，但以今楷书字体言，而颇有理。"

陈修园即陈念祖（1753~1823）（李云主编《中医人名辞典》作 1766~1833），字修园，号良友，又号慎修，福建长乐（或谓闽县，今皆属福州市）人。乾隆年间举人，终生从医，通晓中医理论，著有中医学著作 48 种。陈修园把中国古代文化的阴阳学说、中医的阴阳理论和汉字的书法理论结合起来，对于"人"字的解释就包含了更丰富的文化内容。

3. 董仲舒解"仁""义"二字

《说文解字》卷八解"仁"字云："亲也。从人从二。"徐铉的解释又说："仁者兼爱，故从二。"这是关于"仁"字的权威性解释。"义"字的繁体为"義"，《说文解字》卷一二解"義"字云："己之威仪也。从我羊。"徐铉的解释又说："此与善同义，故从羊。"然而，常见后世学者提到的是董仲舒关于"仁义"的解释。如明代郑瑄《昨非庵日纂》卷一三《内省》引董仲舒云"以仁治人，以义治我"；又引原甫云"仁字从人，义字从我，岂造文之意耶？"原甫即宋代刘敞，其字原甫，其言见其所著《公是集》。这里说，董仲舒的解释，同"仁""义"二字的造字原理所表述的意思有一定的区别。清代陈其元《庸闲斋笔记》卷九《字之别解》说："解字当以《说文》为正。"这里他举董仲舒关于"仁义"二字的解释，认为："'以仁治人，以义治我'，此确论也。"这里的观点是赞成董仲舒的。梁绍壬《两般秋雨庵随笔》卷二《仁义》一节又重议此二字，认为董仲舒的解释"胜荆公《字说》之穿凿多矣"。荆公即王安石，《字说》是他所著的关于解字的书，参见后文。这里是把董仲舒的解释同王安石相对比加以评论。

董仲舒关于"仁义"的解说，见其所著《春秋繁露》卷八《仁义法第二十九》。这里说："《春秋》之所治人与我也。所以治人与我者，仁与义也。以仁安人，以义正我，故仁之为言人也，义之为言我也。言名以别矣，仁之于人、义之于我者，不可不察也。"董仲舒是从对于《春秋》经义的研究入手，提出理解"仁义"二字的问题，首先揭示"仁义"二字的基本意义在于人与我这两个方面。接着，董仲舒引经据典，讲史论道，对仁与义的内涵及其相互关系进行深入的分析，最后总结说："是义与仁殊：仁谓往，义谓来；仁大远，义大近；爱在人，谓之仁，义在我，谓之义；仁主人，义主我也。故曰：仁者人也，义者我也，此之谓也。"董仲舒的这段话，阐释精当，含义深刻，受到后世学者的重视不是偶然的，直至今天仍然值得我们认真思考。

4. 解"坐"字

"坐"字最初的产生，部首为"土"，这是因为古人是席地而坐，双膝跪地，臀部靠在脚后跟上，这样的姿势，坐与跪的含义非常接近。《礼记·曲礼上》云："先生书策琴瑟在前，坐而迁之，戒勿越。"前人《疏》云："坐，跪也。"《墨子·非儒下》云："孔丘与其门弟子闲坐。"前人的解释是："耸身为跪。跪可言坐，坐不可言跪。"其意思是，膝盖着地，臀部靠在脚跟上称为坐；上身直立起来臀部离开脚跟，这就是跪而不是坐了。《史记·项羽本纪》写鸿门宴的一段中，项羽在鸿门与刘邦会见，举行宴会，大家都是"坐"着饮酒吃菜，如说"项王项伯东向坐""亚父南向坐""沛公北向坐"等，其实都是跪在地上、臀部靠着脚后跟那样的"坐"着。到樊哙闯帐的时候，"项王按剑而跽曰"，这时项羽按住剑把上身耸立起来，这样的姿势就是跪（跽）而不是坐了。

《坚瓠集》续集卷一《坐地席上》解释"坐"字云："古无凳椅，席地而坐，故坐字从土。"这里列举出的例句，一是《论语·乡党》中所记"夫子席不正不坐"；二是《晏子春秋·内篇谏下第二》中所云"寡人坐地，二三子皆坐地，君子独搴草而坐"。这两句中的"坐"字，都是席地而坐的意思；所谓"搴草而坐"，是指抓一把草垫在地上，跪坐在草上。

清初高士奇《金鳌退食笔记》卷上记琼华岛（在今北京北海公园内）云，金朝时，某天夜晚金章宗带着他的李妃一同到琼华岛上闲逛，此时月光皎洁，两人一同坐在地上，金章宗忽然有了兴致，说出一句上联"二人土上坐"，让李妃对出下联。李妃非常聪明，立即对出下联云："一月日边明。"这副对联是非常巧妙的，用的是拆字组合法。上联隐含指出了"坐"字的结构；下联隐含指金章宗为日，而李妃自指为日边之月，既贴合了二人的关系，同时也把金章宗的皇帝身份凸显出来。因此，金章宗当时听了非常高兴，于是对李妃也更加宠爱。

5. 王安石作《字说》受到文士嘲讽

王安石（1021~1086）字介甫，宋抚州临川（今属江西）人。宋仁宗庆历二年（1042）进士，宋神宗时官至参知政事，又进同中书门下平章事（宰相），实行政治改革，史称王安石变法。王安石曾撰作一本解字的书，名为《字说》，其中对于不少字的解说全凭主观臆断，因而此书在当时的文士中间传开的时候，曾引起不少著名文士的嘲笑。这里试举若干例。

罗大经《鹤林玉露》甲编卷三记云，王安石《字说》中，解释"蔗"字"不得其义"。有一天，王安石经过一处园圃，看见园工种甘蔗时把整棵的甘蔗埋在土里，询问为啥要这么种，园工回答说："这样埋下去，过一段时间甘蔗的每一节上都能长出甘蔗。"王安石从这句话有所省悟，他说："'蔗'字为'草'下'庶'，原来这个字的意思是指庶生（非正妻所生）之草啊！"他把这样的理解写入《字说》，难免受到文士的质疑。

《鹤林玉露》同卷还记载说，苏轼看了《字说》之后，对于其中的不少解释都不以为然。有一天他见到王安石，故意问："何以谓之'波'？"王安石回答说："波者，水之皮。"苏轼说："然者，滑者水之骨也。"王安石无法回答，他听出来苏轼的提问有讥讽的意思，心里非常不高兴。

曾慥《高斋漫录》记云，苏轼见《字说》中解释"笃"字，说"竹下马"是用竹子作鞭打马，很不赞成。有一天，苏轼和其他文士一起谈论《字说》，开玩笑说："以竹鞭马为笃，不知以竹鞭犬有何可笑？""笑"字为"竹"下"夭"，而"夭"与"犬"字形相似，苏轼故意这样附会，以此嘲笑王安石。当时还有别的文士发问道：《字说》解"鸠"字，说是"从九从鸟"，能举出证据吗？苏轼说："《诗经》云'鸤鸠在桑，其子七兮'。七只小鸟加上它们的爹妈，正是九个。"这时王安石在场，专心地听着，过了一会儿才意识到这是苏东坡的戏谑之言，心里颇为不愉快。（又见《调谑编》《高斋漫录》及《尧山堂外纪》卷五二等）

对王安石的《字说》表示不满而提出异议的，还有刘攽。刘攽，字贡父，新喻（今江西新余）人。仁宗庆历年间与其兄刘敞同榜进士，哲宗元祐年间曾官中书舍人。其为人爱谐谑，常常招致怨怒。《道山清话》云："刘贡父言，每见介甫道《字说》，便待打诨。"（又见《何氏语林》卷二八）这里说，刘攽更是把王安石的《字说》当成了打趣对象，语含刻薄嘲讽。王禹偁《渑水燕谈录》卷一〇记云，有人问刘攽看没看过王安石的《字说》，刘攽说："三个'牛'字是'犇'（奔）字，三个'鹿'字是'麤'（粗）字。我认为，牛生得粗笨而行动迟缓，说不上善于奔跑；鹿善于奔跑而体形偏瘦，说不上体形粗大。如果把这两个字交换一下，即三牛为粗，三鹿为奔，那么其词的构成和词的本义就完全符合了。"别人听了都哈哈大笑。（又见《邵氏闻见后录》卷三〇，《后山谈丛》卷四）岳珂《桯史》卷二《犇麤字说》记述此故事，说是苏轼与王安石直接对话议论此二字，王安石听了很不高兴，不久就把苏轼贬到黄州。

后来到明清时，还有文士对《字说》继续议论，批评亦甚为尖锐。杨慎《杨升庵全集》卷六二《荆公字说》云："王荆公好解字，说而不本《说文》，妄自杜撰。"并举刘攽、苏轼所提到的例子予以讥笑。郎瑛《七修类稿》卷三四《麤犇》一则举出此例，并引述郑樵之语云："先儒以义理说文字者，徒劳心力耳。"又评议云："是古字可以义理会耶？荆公号识古文，不能答则又何耶？"惠康野叟《识余》卷一也有《犇麤字说》一节，在记述刘攽等人对于"犇、麤"二字的异议之后，又说："荆公无以言，迄不为变。党伐之论，于是浸闿，黄冈之贬，盖不待诗祸也。"这里也认为，苏轼和王安石关于汉字结构形与义的口辩，不仅是文字研究的学术问题，而是和当时的政治观点分歧有密切关系，这也在一定程度上影响到苏轼的人生命运。明末冯梦龙编《笑笑录》卷二引《渑水燕谈录》又记此事，当作笑话来讲说。

王安石所著《字说》实际上已经失传，明代文士的议论都是根据宋代文人笔记中记述的零星片断而引发的。陈继儒《太平清话》（《说库》本）卷下云："王荆公《字说》，觅之不得，有载在杨龟山文集中第七卷，仅二三十则耳，可发喷噱也。"杨龟山即北宋杨时，字中立，宋神宗熙宁年间进士，学于程颢、程颐，官至龙图阁直学士。致仕后以著述讲学为事，学者称之为龟山先生，卒谥文靖。今查杨时《龟山集》（《四库全书》本），卷七有《王氏字说辨》，其中对于一些字的解说是很有独到见解的。如解"中"字云："中，通上下得中则制命焉。……中者，天下之大本，非特通上下而已。是未知中之为中也。"又如解"义"字云："敛仁气以为义，散义气以为和。"陈继儒所谓"可发喷噱"，并不是王安石《字说》的全部。据陈继儒的记述，杨时的《龟山集》中收录有《字说》的二三十则，这大概只是《字说》存于世的一部分，其余部分已不可见，颇为遗憾。

尽管《字说》受到宋代及其以后不少文士的嘲讽，但是，现今客观来看，王安石在撰作《字说》的过程中，应当是费了不少心思的，对于有些字的解说也确实有奇特的思路，或者是在思考过程中采纳了别人的合理意见。朱熹《朱子语类》卷一三〇记载，王安石写作《字说》时，住在某个禅寺中，住室里禅床前面的桌子上放着笔砚，旁边墙上有一龛，龛里点着灯，他收到有人寄来的书信只是拆开放在一边，却顾不上阅读回复。有时困倦了，就在禅床上小睡片刻，醒来之后再写上一两个字，常常是整夜都不入眠。叶梦得《岩下放言》卷中记云，王安石作《字说》时，用心良苦，常常准备着一百来个石莲，放在桌旁，随时取一个在嘴里咀嚼，以此帮助构思。有时准备的石莲吃完了，没来得及增添，就下意识地把自己的手指放在嘴里咬，以至于咬得指头流血也不觉得。又见曾敏行《独醒杂志》卷四记云，王安石有一天在家里写作《字说》，对于某个字百思不得其解，就在院子里反复思考，他的儿媳妇看见他这么一副冥思苦索的样子，很是同情，就问是哪个字把你给难住了，王安石说："是'飛'字，还没有想好应该怎么解。"儿媳妇说："鸟反爪而升也。"意思是说，繁体的"飛"字，右边两个"飞"像是鸟的两个反爪，左下部分是个"升"字，合起来读为"反爪升"，就是飞的意思了。王安石听罢觉得颇有道理。从这个故事可知，王安石写作《字说》，不仅勤于构思，而且能够虚心听取他人的合理意见。

从朱熹、叶梦得、曾敏行等所记的几件事来看，王安石的《字说》是他的呕心沥血之作，其中对于每个字的解说具有独到见解，也是被文士认可的，批评者不赞同的只是有些解说显得牵强附会，这成为文士揶揄嘲讽的笑柄。

6. 李之彦解"钱"字

陈继儒《太平清话》卷三记云："李之彦云：尝玩'钱'字，旁上著一'戈'字，下著一'戈'字，真杀人之物，而人不悟也。然则两戈争贝，岂非贱乎？"李之彦，号东谷，南宋浙江永嘉人。未中科举，长期做塾师，游历于江湖间。这里，陈继儒由李之彦的议论有感而发，不是单从汉字的形声结构来谈"钱"字的构成，而是从关于钱的人文意义加上自己的发挥进行议论，含有深刻的哲理和人生感悟。特别是末一句说，持戈争钱（远古时以贝为钱），其人必贱，这是陈继儒的独到的见解，值得重视。

今查李之彦之语，出自其所著《东谷所见》中《钱》一节（见《说郛》宛委本卷七三下），其文云："'半轮残月掩尘埃，依稀犹见开元字。想见清光未破时，买尽人间不平事。'古人咏钱如此。以余观之，钱之为钱，人所共爱，势所必争。骨肉亲知，以之而构怨稔衅；公卿大夫，以之而败名丧节；劳商远贾，以之而捐躯殒命；市井交易，以之而斗殴戮辱。乍来乍去，倏贫倈富,其笼络乎一世者,大抵福于人少而祸于人多。尝熟视其形模,'金'旁著两'戈'字,真杀人之物,而世莫之悟也。吁!钱乎,钱乎!以我之贫,求汝活我而不可得,我固无奈汝何;以我之不贪,汝欲杀我而不可得,汝亦无奈我何。"这段话,可以说是关于钱的一篇精彩论文,对于钱的本质,贪钱之害,议论可谓鞭辟入里,引人深思。李之彦从"钱"字由金旁加两戈字构成,提出钱是杀人之物的重要观点,虽然言词显得有些偏激,但是能够使人警醒。后世有人提出"钱是杀人利器"的观点,实即是根据李之彦这篇文章而作的发挥。

7. 朱元璋解"家"字

褚人获《坚瓠集》己集卷四记述一个故事。明太祖朱元璋有一天身着便服外出体察民情,途中看见一个民妇在喂猪,就冲着那民妇显出微笑的表情。他身边跟随的小太监看见这番情景,心想皇上肯定是看上这个民妇了。回到宫中,马皇后问小太监皇上出行的经过,小太监就讲了遇见民妇的事。马皇后就私下派亲信带着一些钱财,找到民妇家,赏赐给民妇的丈夫,把民妇接到宫里让她侍奉皇上。朱元璋在宫中见到这个民妇,反复看了几遍觉得有些眼熟,好像在哪儿见过她。马皇后说:"这就是前天某街上喂猪的那个女子,我以为皇上您喜欢上了她,所以就把她接到了宫里服侍您。"朱元璋笑道:"误会了!当时我看到这女子在喂猪,就想起古人所谓的汉字造字原理。'家'字上面是个宝盖头,下面是个'豕',就是猪,意思是没有猪就不成家。这样想着就不由得对她微笑了一下,并没有看上她的意思。"于是,朱元璋就对这位妇女赏赐了许多钱财,送她回家了。

这个故事是颇为有趣的。朱元璋关于"家"字造字结构的联想,确有一定的道理。《说文解字》卷七解释"家"字云:"居也,从宀豭。"豭,即小猪。从这样的结构来看,居处喂养的有猪,这就是家了。远古时期驯养家畜的起源较早,"家"字的产生反映了农耕文明早期的文化形态。

8. 解"伪"字、"病"字

明代李诩《戒庵老人漫笔》卷七《伪病字解》云:"凡涉人为,皆是作伪,故伪字从人从为。凡人之一身,只是火候失调便生病,故病字从丙,言火也。"这一条解说有独到见解,值得深思。

关于"伪"字，《说文解字》卷八云："诈也，从人为。"这里的解释是非常精练而准确的。其中包含两层意思：其一是从字的形体结构来说，"伪"字是由"人"和"为"两个字组成的，人表形旁，为表声旁；其二是从字的含义来说，"伪"就是人有意为之，体现着人的主观意图。第二层意思尤其深刻。单纯的造假不可恨也不可怕，那是人类生活的一种需要，如制作的假花（纸花、绒花一类）可增美观、仿造的假山可供游赏等。若是特意制作假物充作真品进行欺骗而谋利，如假药、假酒等，那就是可恨而可怕的恶行。因此，《说文解字》所谓"诈也"，正是指出了"伪"字的本质。

关于"病"字，按汉字生成原理的"形声"意义来说，疒表形旁，丙表声旁。《说文解字》卷七又云："疾加也，从疒丙。"意思是说有疾患加于人身，就是病。中国古代的五行理论认为，天干中的丙与丁为火。《吕氏春秋·孟夏纪》云："其日丙丁。"前人注解说："丙丁，火日也。"后来就以丙丁代指火，如说把东西烧掉就称为"付之丙丁"。中国古代的中医理论认为，火是人体发病的原因之一，与寒、暑、温、湿、燥合称为"六淫"。因此，病字由偏旁疒加丙组成，这个丙就不仅是表示声旁，而且是根据阴阳五行理论表示火属丙的意思。可见李诩是通晓中医理论的，他的解释也就包含了更多的文化内容。

9. 称别字为"白字"

文章中有时出现用同音字或形似之字代替的现象，称为"别字"，当代通称为错别字。古代或者称别字为"白字"。《后汉书·尹敏传》："谶书非圣人所作，其中多近鄙别字。"这里的谶书指汉代大量出现的谶纬书，此类书中的错别字现象非常严重。顾炎武《日知录》卷一八《别字》对此解释说："'近鄙'，犹言俗用之字。'别字'者，谓本当用此字，而误为彼字也。"清叶抱崧《说叩》云："别字，见《汉书·儒林传》曰：近鄙别字。"之后引《日知录》语，又加按语云："程子语录，朱子语类，乃有作白字者。"赵之谦《六朝别字记》又有更详细的举例分析。清后期黄协埙《锄经书舍零墨》卷一《别字》再谈这个问题，引录了《汉书·尹敏传》和顾炎武的论述，之后指出："然则今之所谓白字者，其即别字之传误耶？"

历代现实社会生活中，别字的现象普遍存在着，有的别字错得奇巧，造成误解或引发奇想，以至于成为文士们及世间大众津津乐道的笑话。这一类的故事太多了，不胜枚举。这里只举出与别字或白字有直接关系的事例，由此可见一斑。

有一则笑话说，某个食品店卖月饼，挂出的牌子上写的是"曰饼"。有位顾客看见，对店家说："月饼的月，你们写成白字了。"店家颇不以为然，说："曰，怎么能是'白'字呢？'白'字上面还有一撇呢。"如此反驳，真让人无言以对。

当代传说有一个与此相似的故事，同样有趣。某商店在货架上方挂出的标价牌上，把"零售"写作"另售"。有位顾客看见了，对一位售货员说："零售的零，你们写成别字了。"该售货员颇不以为然而且理直气壮地说："你胡说！另售的另，怎么能是'别'字呢？'别'字还有个立刀呢。"这和上面的故事可谓同工异曲，古今无独有偶。

10. 解"悟"字

"悟"字的构成是"忄"（心）为形旁，"吾"为声旁，其义有觉悟、理解以及受启发而感悟等。《说文解字》卷一〇"悟"字解释说："觉也，从心，吾声。"佛家经典中有"悟入""悟门""悟道""悟禅"等词，其中表达的对于佛学的信从与人生的感悟，对于历代知识文化阶层及世间大众的思想观念都有极大的影响。《法华经·方便品》云："欲令众生悟佛知见故，出现于世。欲令众生入佛知见道故，出现于世。"意思是说，佛的出现就是为了启发世间众生的觉悟。唐宗密《禅源诸诠集部序》下卷之一解说为："就人有教授方便之顿渐，根性悟入之顿渐。"结合佛经的相关内容来看，佛家所讲的悟，特别强调自家根性，即是说佛教的道理必须靠个人方面根性的省悟才能有实际效果。从现代哲学的观点来理解，即外因是条件，内因是根本，外因必须通过内因才能产生作用。由此来理解，"悟"字右边表示声旁的"吾"，也就兼有汉语词汇中"我"的意义，即主体的立场、心态及主观思维。

大量的古代文献及文学作品中，悟字出现的频率很大，人们能够得到的许多新知新见新思想等，都可用悟来表述。如南朝谢惠连《泛湖归出楼中玩月》诗云："悟言不知罢，从夕至清朝。"（《文选》卷二二）唐苑咸《酬王维》诗云："莲花梵字本从天，华省仙郎早悟禅。"（《全唐诗》卷一二九）宋魏庆之《诗人玉屑》下《诗眼·评子厚》云："识文章者，当如禅家有悟门。"等等。

吕坤《呻吟语》卷二《问学》云："悟者，吾心也。能见吾心，便是真悟。"这里由"悟"字的本义表达了一个重要观点，意思是能看透自我的内心才是真正的悟。吕坤（1536~1618），字叔简，号新吾，明代中期著名的思想家，河南宁陵人。他通晓儒家经典，也受到佛家思想的影响，其《呻吟语》一书中对于历史、社会、人生许多问题都有深刻思考。从这里对于"悟"字的解释可见一斑。

11. 解"困"字

王晫《今世说》卷八《轻诋》记述道，朋友沈六如到王晫家里做客，看见庭院中有一棵树，对王晫说："庭院中是不宜种树的。"王晫问他为什么，沈说："庭院是个方正的空间，大'口'字里面再加个'木'，就是'困'字，这是不吉利的。"王晫说："你说得不错。按照你的这个说法，你也就不该站在这里。因为，'口'中加个'人'字，不就是个囚徒的'囚'了吗？"沈六如听罢无言以对。

王晫（1636~?），原名棐，号丹麓，又号木庵、松溪子，浙江仁和（今属杭州市）人。顺治年间为诸生，后放弃举业，只是读书写作。沈六如其人未详，今仅知他和王晫友善。从这里所记来看，沈某颇为知晓一些风水之术，而王晫是不相信这一套的，因此他对于沈某的解字不以为然，巧妙地予以反驳。

12. 解"羊"字

钱泳《履园丛话》卷二三《杂记上》记云，乾隆时著名文学家、学问家袁枚，一生中很少考究《说文解字》。但是，他有时谈及解字的话题，也能发表出生动有趣的独到见解。有一天，在招待客人的宴会上，家人上了一道菜是羊肉，在座有一位客人却是不吃羊肉的，就直率地表达出来个人的喜好。袁枚说："羊肉是肉食当中非常美味的一种食品，怎么能不吃羊肉呢？"于是，袁枚对"羊"字解说一番，他说："古人造出某一个字，都是有一定的原因的。'美'字从羊，'鲜'字从羊，'善'字从羊，'羹'字从羊，这几个吉祥字都是从羊的。'羊'就是吉祥的意思。"在座的人听了他的解说都开怀大笑一场。钱泳在这里又评论说："从这件事可以看出，袁枚先生是通晓《说文解字》的，他的解释真是能起到开发人心的作用。"

13. 解"射"与"矮"字

清代黄钧宰《金壶戏墨》卷一《矮射》记云,"矮"与"射"二字,古代圣人在造字的时候互相弄错了。"矮"字由"委""矢"构成,含有把矢发出的意思,应当是射箭的"射";"射"字由"寸"与"身"构成,意思是身体仅长一寸,应当是矮小的"矮"字。

在黄钧宰之前已经早有这种说法。宋荦《筠廊偶笔》卷下记述道,他们宋家曾用过一个仆人,姓李,身材特别矮小,宋荦的父亲宋权(字平公,卒谥文康)给他取名叫李射。有位客人问宋荦为啥取个这样的名字,是不是用西汉时飞将军李广的故事,指这个仆人会射箭呢?宋荦说不然,父亲的意思是说他只有一寸那么高,极言其矮而已。客人听罢大笑一场。这里对于"射"的解释正是体现了"矮"的本义。

14. 解"心"字

"心"字的本义是指人的心脏。《说文解字》卷一一解释云:"心,人心土藏,在身之中,象形。博士说,以为火藏。"根据古代阴阳五行的理论,"心"所对应的是中央土,故曰土藏。"心"字的结字原理是象形,历代学者对于"心"字的小篆体像是一个"火"字而进行议论。

俞樾《茶香室续钞》卷一五《人字》,转引陈修园《医学三字经》又解"心"字云:"小篆'心'乃一个倒'火'字,盖心本属火,不欲炎上,故倒之也。"这里俞樾先生又解释说:"按此说前人已有之,然不甚似。余尝谓古今心字有生死之分。古篆书'心'字作'伈',其上两笔有包护之象,使心火不致上炎;其下一笔作涓注之形,可以下交肾水,此生象也。今作心字,其下不通,则肾水不能交矣;其上不特上炎,而且旁溢,则火之为害烈矣,此死象也。其说甚塙,而理亦不易,附记于此。"这里引录陈修园所谓"心"字的小篆体是一个倒"火"字,是对于《说文解字》原解的发挥,并无新意,只是更加直观而形象地说明了这一道理。

俞樾还引录宋代何薳《春渚纪闻》云:"吴兴章有,以小篆名世……尝为余言:'心字于篆文只是一倒火字耳,盖心头火也,不欲炎上,非从勹也。'陈修园说心字本此。""非从勹也"四字,今见中华书局1983年张明华点校本《春渚纪闻》,作"非从包也",大意是指"心"字的小篆体写法,上右的一笔不能写作和楷体的"勹"一样。这里，俞樾找到了陈修园之说的出处。今查《春渚纪闻》，这段话见卷五《章有篆字》一节。章有，应是张有，字谦中，吴兴人，隐居为道士，善书法。明代杨慎《升庵集》卷六三《心字》记云："张有云：古文心字以倒心作火。心，火脏也。予按：今之草书写心字及火，皆作散点，亦有理。"这里，杨慎纠正了《春渚纪闻》所谓"章有"之误，改作"张有"是对的。杨慎所说的"散点"，即是"灬"（心字三点，火字四点），草书的"心"字与"火"字都大致这样写，可见心与火的内在联系。

关于"心"字的议论，除上述资料外，还见陈继儒《偃曝谈余》卷下记云："毕少董妙于鼎篆，其论'水'字云：中间一竖更不须曲，只是画一坎卦☵耳。余因思张有妙于小篆，尝言心字是一个倒火字，岂知心字画一离卦☲哉！上一点，上一画也；旁二点，中二画也；下钩，下一画也。"这里，陈继儒从毕用坎卦符号☵解释水字受到启发，也用离卦符号☲解释心字，思路奇特，有一定的道理。

（五）对无名低贱之人不可轻视

一个人在少年或年轻时，或因家境贫寒，或因地位低贱，或因遭遇困厄，他处于社会下层，常常要受到别人的轻视或欺负。然而他身处逆境坚持奋斗，后来有朝一日改变了自己的命运，取得一定的社会地位，这时方能显示出自己的才能与价值，赢得世人的肯定与尊重。这是社会世情常态，从古到今都是如此。古籍中记载有不少这一类事例，说起来令人感慨而感动。

这些事例中能够给予世人一个重要的思想启发，就是对于那些尚处于低贱困苦之中的人不可轻视。如果能够略施仁爱之心给予这样的人一些力所能及的帮助，这固然是善莫大焉的义举；如果不仅不肯对于这样的人有所帮助，反而欺凌弱小甚至落井下石，那就一定是丧尽天良卑劣无耻的恶行。

这里首先要提及的事例是范雎的故事。《史记·范雎蔡泽列传》记载，范雎是战国时大梁（今河南开封）人，字叔，贫贱时投魏国中大夫须贾门下为舍人。魏丞相魏齐听信须贾不实之词，把范雎毒打，打落牙齿，血流满面，又打断肋骨，扔到厕所里，还让府中宾客往他身上撒尿。范雎得友人郑安平帮助，逃到秦国，化名张禄，被重用为丞相，封为应侯。后来须贾因国事到秦国出使，却不知道现任丞相张禄就是当初死里逃生的范雎。范雎特意换去官衣，装作寒酸落魄之状，到馆驿去见须贾，须贾听范雎述说自己逃亡在秦国仍受饥寒的情况，生发怜悯之心，取出一件绨袍赠他。范雎念及须贾还有这一点故人之情，就没有把他处死。《东周列国志》第九十七回《死范雎计逃秦国，假张禄廷辱魏使》，对范雎的故事有较详细的描写。其中写范雎在秦国朝廷之上对须贾予以羞辱，以报当年被须贾进谗之仇；后来秦国通缉魏齐，魏齐走投无路而自杀，范雎又把魏齐的头漆作溺器，以报魏齐加害之仇。范雎的复仇固然自感畅快，但是也表现了范雎"睚眦之怨必报"的刻薄偏狭的一面。其他戏曲作品如元代无名氏杂剧《谇范叔》、明代王铉的传奇《绨袍记》等都演述范雎故事。历代诗文作品中，怜范叔、赠绨袍成为常见的典故。如高适《咏史》诗云："尚有绨袍赠，应怜范叔寒。不知天下士，犹作布衣看。"（《全唐诗》卷二一四）可见范雎故事流传极广，它给予后人的启示也是多方面的。

汉代终军的故事是另一种类型。《汉书·终军传》记载，终军，字子云，济南人。汉武帝时，终军年方十八岁被选为博士弟子。他离开家乡西行，打算到长安谋求出路，入函谷关时，守关小吏给了他一块军繻。繻是帛类织物，上有文字。终军问，这繻有什么用，关吏说："把一块繻撕作两半，关吏和行人各保存一块，返回关内时作为查验的凭证。"终军说："大丈夫西去长安，不得功名誓不回还。"就把繻扔在地上，径自去了。终军到京师长安之后，不久被汉武帝用为谒者，奉命出使分封在东方的各诸侯国，手持皇帝授给的符节东行，到函谷关时前呼后拥，好不威风。这时，关吏认出了他，对同吏说："这位年轻的朝廷命官，就是前次出关时弃繻的那个小伙子啊！"终军的故事在后世传开，成为年轻人立志创业并能有所成就的典型人物。

唐朝王播遭遇寺院饭后敲钟的故事也非常生动。王播，字明扬，太原人，唐德宗贞元年间进士及第。唐穆宗时累官至中书侍郎，同平章事。《唐摭言》卷七记载，王播早年丧父，家庭贫寒，年轻读书时生活无着，不得已而寄身于扬州惠昭寺木兰院，随着寺院里的和尚蹭饭吃。和尚们都很讨厌他，就商量一个办法，吃罢饭再敲钟，王播听见钟声赶到时，和尚们已经把饭吃完了，这使王播非常难堪。二十年后，王播以宰相身份出任淮南节度使，又特意来到木兰寺旧地重游。和尚们得知王播先前困厄、如今显贵的经历，就把王播原来在寺里的题诗用碧纱笼罩住。王播看见这番情景，颇为感慨，就写了两首绝句，其一云："二十年前此院游，木兰花发院新修。而今再到经行处，树老无花僧白头。"其二云："上堂已了各西东，惭愧阇黎饭后钟。二十年来尘扑面，如今始得碧纱笼。"（这个故事又见《太平广记》卷一九九引，以及《唐摭言》卷七，《诗话总龟》前集卷二四，《唐诗纪事》卷四五）

后来，王播的故事在流传过程中，人们或者把此故事的主人公说成是唐代段文昌或宋代吕蒙正。孙光宪《北梦琐言》卷三记云："唐段相文昌，家寓江陵，少以贫窭修进，常患口食不给。每听曾口寺斋钟动，辄诣谒食，为寺僧所厌，自此乃斋后叩钟，冀其晚届而不逮食也。后入登台座，连出大镇，拜荆南节度，有诗题曾口寺云'曾遇阇黎饭后钟'，即为此也。"《唐语林》卷六同《北梦琐言》。《诗话总龟》前集卷一六引《北梦琐言》此文，注云："《古今诗话》载此诗是唐相王播题扬州佛寺……今言段文昌，乃江陵人所误传。"

清褚人获《坚瓠集》补集卷三《饭后钟》记云："饭后钟，相传有三：一作唐江陵段文昌……一作唐王播……一作宋吕蒙正，未遇时，读书于利涉寺，随僧饭，僧乃斋后叩钟，蒙正亦有'惭愧阇黎饭后钟'之句。事何相同若此。"《坚瓠集》同卷又有《碧纱笼》一节，在记述了王播的故事之后，又说："宋寇莱公亦有碧纱笼事。"寇莱公即寇准。这个故事是，寇准曾和诗人魏野一同游观西安城郊的一座寺院，各有题诗咏。后来两人一同再到这里，看见寇准的诗被人用碧纱笼罩住，而魏野的题诗落满尘土，同行的一个官妓用自己的衣袖把诗句上面的尘土拂去，魏野当即又写一首诗表达感慨，其中两句是："若得尝将红袖拂，也应胜着碧纱笼。"其意思是说，自己的诗能被美女用衣袖拂去尘土，这比用碧纱笼罩着还要让人感到荣幸。这个故事表达的意思是，寇准地位高，而其诗便特别受到人们重视，而魏野只是一介普通文士，其诗便不被人理睬。这反映了世俗之人的势利相，和前述王播或吕蒙正贫贱而受冷遇的主题并不相同。但是，故事的演变也正说明王播或吕蒙正的故事有较大影响。

关于"饭后钟"的故事，后世被改编为戏曲作品，其主角也被认定为吕蒙正。元代王实甫的杂剧《吕蒙正风雪破窑记》，写吕蒙正遭遇刘员外彩楼招亲，得到刘员外的女儿月娥为妻；因极其贫寒而住在一处破窑里，衣食无着，就到附近白马寺赶斋饭；寺里和尚讨厌他，就来个"斋后敲钟"；吕蒙正一时感愤，在寺院墙上题两句诗云："男儿未遇气冲冲，懊恼阇黎斋后钟。"后来，吕蒙正中了状元，得官为本地县令，又到白马寺旧地重游，寺里和尚得知吕蒙正发迹，就把他原来在寺院题写的两句诗用碧纱笼罩住。吕蒙正看到这番景象，又在原来题诗的地方续写两句："十年前时尘土暗，今朝始得碧纱笼。"

到了明代，"饭后钟"的故事再次被改编为传奇《彩楼记》，或谓为无名氏撰，或谓为王錂撰。其情节有更多的发挥，演吕蒙正遭遇宰相刘懋彩楼选婿，得宰相女儿刘千金为妻，住在破窑安身，到附近寺院赶斋，受到和尚饭后敲钟的冷遇，愤而题诗为"十度逻斋九度空，恼恨阇黎饭后钟"。后来他中状元得官，再次到寺院，续题两句诗为："二十年来尘土埋，今朝始得碧纱笼。"

上述故事在流传过程中，虽然经过反复演绎，主要人物姓名、寺院名称、故事情节以及所题诗句等各有差异，但是，在表现人物由贫贱到荣贵的巨大变化，以及描摹僧人前倨后恭的势利相等世俗丑态方面，表现文士立志改变命运、希求否极泰来的心态的主题，却是基本一致的。由此意在启迪世人，对于尚处于贫寒境遇的文士不要随意轻视他，说不定此人将来能有时来运转甚至飞黄腾达的一天。

王安石年轻时也有被人看不起的经历。《坚瓠集》丙集卷三记述他的一段轶事说：王安石有一位舅舅是进贤（今属江西）人，姓饶，排行第八，人们叫他饶八。他见王安石虽然立志读书，但是相貌不扬，而且皮肤粗糙，像蛇皮似的，不相信他将来会有出息，就很轻蔑地对他说："你这行货（意思是'这家伙'），还妄想着把自己推销出去吗？"后来，王安石于宋仁宗庆历二年（1042）考中进士，就写一首诗寄给他的这个舅舅，诗云："世人莫笑老蛇皮，已化龙鳞衣锦归。传语进贤饶八舅，如今行货正当时。"诗中嵌入饶氏舅舅贬低王安石时用的关键词"老蛇皮""行货"，故意唤起饶氏舅对于原来所用贬词的记忆。饶氏舅见到此诗，羞愧得无地自容。

如上述王播（或吕蒙正）、王安石等在年轻未得志时不被人看重的现象，在历代社会现实中反复延续着，故事情节不断发生着新的变化，形成一道独特的文化景观。此类故事能够给予世人的启示，也随时代的发展变化及旁观者的身份与思想的不同而不同。

明代有位曾鹤龄，字延年，又字延之，江西泰和人。永乐十九年（1421）

一甲一名进士及第（状元），后来历官翰林修撰、侍讲学士（其事迹见《国朝献征录》卷二〇，《殿阁词林记》卷四等）。其经历也有一段使后人津津乐道的故事。

冯梦龙所编《古今笑·杂志部第三十六》记述道，那一年春天赴京应试时，曾鹤龄和浙江的几位举人同乘一条船。浙江举人都是一些年轻文士，一路上谈笑风生，曾鹤龄只是沉默不语。浙江举人主动和曾鹤龄搭话，提出一些书籍中的疑难问题问他，曾鹤龄总是谦逊地说"不知"。浙江举人就暗中笑话他没有学问，不过是偶然被推荐中举的，有个轻薄文士就用"曾偶然"称呼他。曾鹤龄并不和他们争辩。结果是，这一科曾鹤龄中了状元，同船的几位浙江举人全都落了榜。曾鹤龄有感而作了一首诗，云："捧领乡荐谒九天，偶然趁得浙江船。世间固有偶然事，岂意偶然又偶然。"清代褚人获《坚瓠集》甲集卷三《曾偶然》，独逸窝退士《笑笑录》卷三引赵吉士《寄园寄所寄》，皆转述此故事，可见其流传较广。

明代后期著名学者谢肇淛的故事也很有趣。谢肇淛，字在杭，福建长乐人，万历二十年（1592）进士，曾官湖州推官、工部郎中，终官为广西右布政使。周亮工《闽小记》卷下《谢在杭》记述道，万历十七年（1589），谢肇淛与朋友徐惟和赴试落榜，经过杭州，一起到六和塔游玩散心。他们看到这里环境幽静，非常喜爱，就各自写一首诗，想题写在寺院的墙壁上。这时，寺内有个和尚大声嚷道："为何要污染我们的墙壁？如果你们一定要写，我就立即用水冲洗干净。"谢肇淛笑了笑，就没有题写。过了三年，谢肇淛中了进士，出任吴兴司理，因公事到了杭州。他特意询问六和塔那个寺院里的僧人情况，有人告诉他，三年前那个呵斥他不准题诗的和尚得知谢肇淛中进士做官的消息，吓得早就逃走了。谢肇淛大笑，就提笔在寺院的墙上题写一首诗云："双旌五马绕江城，惊起山僧合掌迎。三载重来浑似梦，终军原是弃繻生。"第四句用了汉代终军弃繻的典故，其意思是，谢肇淛自认为如今中了进士并得到官职，就像终军成为朝廷使节之后的地位改变似的，言下颇有几分自豪，同时对于世态炎凉颇为感慨。

《坚瓠集》壬集卷四引《葵轩琐记》记云，万历三十一年（1603）浙江慈溪人杨克之赴北京，准备参加第二年的春试，经过维扬（指苏北一带），因盘缠匮乏，而想起有一位同学朋友此时正在这里任知县，就前往求见，递上名刺，并提出想告借一些银两。这位同窗友在他的名刺上批了"查名"二字，意思是让手下人查问一下来访者是谁，明显是不肯相见的意思。杨克之讨了个没趣，非常狼狈地离开了这里。第二年（1604）春试放榜，杨克之高中第一名状元，于是杨克之就写一首诗寄给这位同窗之友，诗曰："萧萧行李上长安，此际谁怜范叔寒？寄语江南贤令尹，查名须向榜头看。"诗中第二句用了范雎的典故，这位做县尹的同窗见到此诗，非常惭愧。

杨克之即杨守勤，万历三十二年（1604）状元，累官至右春坊右庶子。著作有《宁澹斋集》。在这个故事中，那位做县尹的同窗不肯帮助尚在困境的杨克之，固然是世俗势利常态，但是从杨克之方面来说，也不必把此等事放在心上。如果一直记恨这个同窗，并且在后来得中状元之后寄诗嘲讽以泄愤，那就显得不够大度了。因此，《葵轩琐记》的作者在记述了这件事情之后又说："然杨之气量亦浅矣。"这里是以更高的崇德修身的标准进行评议，指出杨克之做法的不足之处，颇有道理，也值得世之君子进一步反思。

杨克之的这个故事还有另外的版本。阮葵生《茶余客话》卷二二《邵蔡之衅》记述道，康熙八年己酉（1669）冬天，浙江人蔡启僔因事经过淮安，同乡人邵士此时在这里任知县，蔡启僔就前往拜访，呈递了自己的名刺。邵士不肯见他，在其名刺上批了"查明回报"。蔡启僔大怒，大骂邵士一顿，离去了，邵士也没有和他计较。第二年春试放榜，蔡启僔高中第三名探花，他就在一把扇子上题写一首诗，把扇子寄给了邵士，诗云："去年风雪上长安，驿路谁怜范叔寒？寄语山阳贤令尹，查名须向榜头看。"邵士见到扇子及诗，对蔡启僔也恼恨在心，于是两个人就结下了仇怨。后来，由一位时任评事之职的刘价人（名始恢，字价人）为他们从中解和，两个人之间的仇怨才得以消解。邵士（1633～？），字止庵，浙江萧山人，顺治十五年（1658）进士。蔡启僔（1619～1683），字石公，号昆旸，浙江德清人。邵士比蔡启僔年轻14岁，他在康熙八年（1669）以进士身份任知县的时候是37岁，蔡启僔来求见他的时候已经51岁，是个年过半百尚未登第的半大老头，他对蔡启僔表现傲慢并不奇怪。而蔡启僔在受到怠慢时竟然对邵士破口大骂，记恨在心，也太没有自知之明了。尽管蔡启僔在第二年（即康熙九年，1670）以52岁高龄考中第三名探花，这固然是可喜可贺的奇遇，但是他对于邵士的怨恨却依然不能消解，他也太过于高看自己了。

李调元《淡墨录》卷三《查明诗》亦记述蔡启僔故事，情节同《茶余客话》，其中只道"投刺山阳令"，而没有明言山阳令的姓名为邵士。蔡启僔的故事究竟是在前述杨克之故事的基础上改编的，还是蔡启僔受到和杨克之一样的冷遇而仿照杨克之的做法借诗发泄呢？这需要进一步查证。两书所述故事的相似性说明，这一类的事情在世间屡有发生，其情节雷同也可以理解，后面的故事肯定会受到先前故事的影响。

（六）不识前代名人

世间略有历史文化常识的人，对于前代一些著名的历史人物应当是大致熟悉的，或者对于他们的生平事迹有一定程度的了解。如果是读书人，或者是中了科举进入官场的士人，或者是已经获得某种官职的政要人物，更应当具有基本的历史文化知识。这样的有一定社会身份的人，如果对于一些历史文化名人缺乏了解，在遇到相关场合说话不当，显示出浅陋或者愚昧，那就闹出大笑话。历代典籍以及笔记类著作中记述有不少这一类故事，说起来非常有趣，而且能够给予今天的读者一些有益的启示。

1. 举人不知董仲舒

董仲舒（前179～104），汉冀州广川（今河北枣强一带）人。汉武帝时先后拜江都王相、胶西王相，提出"罢黜百家，独尊儒术"的主张，在历史上影响很大。后世略有历史常识的人对于董仲舒不会不知其名，可是，如果有中过举的读书人却不知董仲舒，那就有些奇怪了。

宋朱弁《曲洧旧闻》卷三记云，北宋时科举考试一度不考诗赋，只考经义，这样一来，赴试的举人就不太关注古今人物，而只专注儒家经典著作。元祐初年韩察院（其名未详）曾说，他在元丰初年曾奉命审阅举人的试卷，有个考生的程文中写道："古有董仲舒，不知何代人。"这件事传开，成为一则笑料。清俞樾《茶香室四钞》卷四《举人不知董仲舒》引录。

《曲洧旧闻》卷三还举出一例，说是宋真宗时，某处省试，有个举人对考题发问道："尧舜是一件事还是两件事啊？"认为这同不识董仲舒是同样性质。

2. 张由古不识班孟坚

班孟坚即班固（32~92），字孟坚，汉代著名史学家、文学家，著有《汉书》。昭明太子萧统所编《文选》中收录班固的文章，署名皆为班孟坚，于是有人读《文选》而知班孟坚，却不知道班孟坚就是班固。《大唐新语》卷一一记载，张由古曾官台省（御史），别人认为他有做官的才能而不学无术。有一天，张由古对众人说："班固虽然有大才，但是他的文章却没有收进《文选》里，这太遗憾了。"在场有个文士说："《两都赋》《燕山铭》《典引》都收在了《文选》中，你为啥说没有呢？"张由古说："这些都是班孟坚的文章，与班固有啥关系啊？"旁边的人听他这么说，都忍不住掩口而笑。

这位张由古还有一件类似的故事。又有一天，张由古对众人说："我买了一部《王僧襦集》，其内容大有道理。"这里的王僧襦，本来应是王僧孺，南朝齐梁时著名文士，有文集传世。张由古不知王僧孺，特意指出王僧襦之名是"襦袴"之"襦"（其义为"短袄"）。当时有同僚杜文范在一旁听着，知道他是记错了，就说："我也买了一部《张佛袍集》，远远要胜过你买的《王僧襦集》。"杜文范是襄阳人，曾官监察御史，张由古竟然听不出杜文范的话是在讽刺他，可知他对于文史知识不仅愚昧而且反应迟钝。于是，《大唐新语》在这里议论说："由古竟不之觉，仕进者可不勉欤！"以此引起做官之人的注意，不可不多读书，增强文史知识的修养，否则就会像张由古那样贻笑大方。

以上两则故事，又见《太平广记》卷二五八《张由古》，《类说》卷四，明代彭大翼《山堂肆考》卷一二五《不识班固》等，可知其流传较广。

3. 张敬儿不知羊叔子

张敬儿，南朝齐梁时武将，冠军（今河南邓州）人。本名苟儿，宋明帝刘彧谓其名过于庸俗，改为敬儿。初仕于宋，累官至宁朔将军；入南齐，积功至车骑将军。身为一位将军，其地位是够高的了，但是他的文史知识却十分贫乏。《南齐书·张敬儿传》记载，张敬儿官为征西将军时，镇守襄阳，聚敛了大量的钱财，他在襄阳城西建造豪宅，占用了许多土地。在所占地面上有一处古迹是羊叔子堕泪碑，张敬儿让人把它移走。他的一位部下说："这碑是羊太傅遗德，不应该迁动。"张敬儿说："羊太傅是谁啊？我不认识他。"

羊叔子即西晋名将羊祜，南城（今属江西）人，字叔子，封钜平侯，都督荆州诸军事。他镇守襄阳时，勤政爱民，很得人心。逝世之后，其部属在岘山羊祜生平游息之所为他建庙立碑，每年祭祀，见此碑者无不流泪，继任者是西晋名将杜预，他称此碑为"堕泪碑"。张敬儿是一介武夫，竟然说不知道羊祜是谁，更不知堕泪碑，其文化水平之低下也就可想而知。后来张敬儿因获罪被杀，未能善终，这是他人格粗鄙的应得下场。

4. 党进不知韩信

党进是北宋初武将，朔州（今属山西）人。曾官钦州刺史、虔州团练使，建隆二年（961）镇守阆州，太平兴国二年（977）出为忠武军节度使，后官至侍中。党进屡有军功，对于宋朝廷非常忠诚，但是他在当时以粗鄙无学而闻名于朝廷及缙绅之间。《古今笑·无术部第六》记述他一件轶事。党进镇守许昌时，有位说评书的艺人请求见他，党进问他说的什么故事，回答说："说韩信。"党进立即让手下人把说书人打了出去。部下问他为什么，党进说："这个人对我说韩信，他对韩信一定要说我了。"韩信是汉初刘邦的大将，其大名可谓尽人皆知，党进竟然连韩信也不知道，可知他是多么的粗鄙与愚昧。明代有杂剧《党太尉》，其中写了不少这一类笑料。

5. 俗人不知杜甫

杜甫（712~770）是唐代大诗人，在中国历史上被称为诗圣。其字子美，原籍襄阳，出生在巩县（今河南巩义）。他曾经住在长安附近的杜曲，在少陵原之东，自称少陵布衣、少陵野老，于是又被称为杜少陵。如果读书人不知道杜甫，或者不知杜少陵就是杜甫，那么他的文化常识也就太贫乏了。罗大经《鹤林玉露》丙编卷二记述道，南宋孝宗乾道年间，官为国子监司业的林谦之和官为秘书省正字的彭仲举是好朋友，有一天，他们两人在天竺寺游玩，又在一起饮酒谈诗，谈到杜甫诗的奇妙之处，彭仲举已经有几分酒意，显得特别激动，忽然大声喊叫着说："杜少陵可杀！"林谦之也随声附和，说"杜少陵可杀"。这时，有个低俗的人在隔壁间听到他们的喊叫，就离开这里到处对别人说："我遇见一件怪事：刚才我听见林司业和彭正字在天竺寺一个小酒馆里密谋杀人。"有人问他："他们要谋杀的人是谁啊？"这个人回答："要谋杀杜少陵，不知道是什么人。"别人听了，忍不住笑得前仰后合。

6. 举人不识欧阳修

欧阳修（1007~1072），北宋名臣，也是著名文学家，名列"唐宋八大家"之一。其字永叔，号六一居士，又号醉翁，官至参知政事。这里无须多作介绍，一般人对他都是了解的。可是，南宋时谢逸就遇到过一位不识欧阳修的文人。谢逸字无逸，号溪堂，江西临川人，博学工文词，参加进士考试却不能得中。他曾有咏蝴蝶诗百首，多有佳句，被人称为"谢蝴蝶"。惠洪《冷斋夜话》卷一○记云，谢逸爱与僧人交游，却不喜欢与书生来往。有一天，某位贡士来拜访，坐下交谈了一会，贡士说："想向你请教一件事，刚才忘记问了。曾听人说起有位名叫欧阳修的，到底是个什么人啊？"谢逸心里吃惊，却不动声色，他看了这位贡士好大一会儿，从容回答说："这欧阳修原来也是一位书生，后来地位显达，曾在朝廷参与大政。"贡士又问："欧阳修会写文章吗？"无逸说："也行吧。"这时，谢逸的儿子宗野刚七岁，依在父亲身边听大人说话，听到客人这么问话，就偷笑着走到一边去了。这个七岁男孩肯定熟知欧阳修的大名，当他听出这位客人竟然不知道欧阳修，就忍不住偷笑起来。可见那位贡士愚昧到连七岁的孩子都不如。这个故事见《墨客挥犀》卷九，《何氏语林》卷三○，《尧山堂外纪》卷五四。清俞樾《茶香室四钞》卷四《书生不知欧阳修》亦引录。

7. 缙绅分不清司马迁和司马相如

撰著《史记》的司马迁和撰作《子虚赋》《上林赋》的司马相如，都是历史上特别伟大的文学家，如果对于这两位名人分不清楚，那么其文化常识就太低劣了。明代袁太冲就遇上这么一件事。袁太冲即袁福征（1521~1604），字履善，号太冲，松江华亭（今属上海市）人。嘉靖二十三年（1544）进士，曾官刑部主事、沔州知府、黄州府同知，南阳唐王府左长史，万历四年（1576）致仕归家闲居。冯梦龙编《古今笑·无术部第六·司马相如加宫刑》一则记云，袁太冲还在官位时，有一天他在客厅会见两位缙绅（士大夫官员），这两位都是浅薄庸俗之辈。闲坐叙话时，一位缙绅说："司马相如每天抱着美女卓文君，多么潇洒快乐啊！"另一位缙绅说："他受宫刑时候那就太痛苦了。"袁太冲在旁边听着感到可笑，心里明白这人是把司马相如当成司马迁了，但是他没有当场说破这一点，只是闭目摇头说："听先生这么一说,司马温公一定会吓一大跳。"司马温公是北宋时撰著《资治通鉴》的司马光。袁太冲故意地再把受宫刑的司马迁误作司马光,听说要受宫刑是一定会害怕的,以此讽刺那位缙绅的不学无术。这里的记述没有下文,那位缙绅可能是愚昧得听不出袁太冲的讽刺。

8. 县官不知夏征舒

夏征舒,春秋时陈国人,夏姬之子。夏姬,原是郑穆公之女,嫁为陈国大夫御叔妻。夏姬的丈夫死后,儿子夏征舒渐渐长大,她却风骚不减,与陈国大夫孔宁、仪行父及陈灵公私通。夏征舒不堪受辱,杀陈灵公,造成国乱。楚伐陈,杀夏征舒,把夏姬配与连尹襄老;襄老死,夏姬回郑国,楚国的巫臣聘娶夏姬,一同逃到晋国居住。夏姬的故事是春秋时期著名的历史事件之一,常使后世文人津津乐道,明末有小说《株林野史》也描写其事。夏征舒虽然不是一个大人物,但是他的身份特殊,后世一般略具历史文化知识的人对于夏征舒其人其事无不知晓。

清代坐观老人《清代野记》卷上《夏征舒是先祖》记述了一个不知晓夏征舒的故事,颇为生动。

同治初年,曾望颜官陕西巡抚。陕西排名居前的某大县的知县是唐李杜,字诗甫,四川人,进士出身,为人精明而滑稽多智。当时有个姓夏的山西商人,在陕西省城西安经商,赚了大钱,他靠捐资得到一个知县的官职,分配在陕西某县。赴任之前,有人对他说:"你原来不过是一个商人,学问不大,官场上的一切都不太熟悉。现在初入仕途,应当聘请一位有知识有经验的文士朋友跟在身边做顾问,早晚向他请教,不至于闹出笑话。"夏某采纳了他的意见。

曾望颜巡抚到达陕西的时候,各县知县按照旧例要一起都到巡抚衙门参见。那天,各县知县来到巡抚官衙外边,正要往大门里边走,其他知县看见夏某的举止矫揉造作,不由得暗自笑他。忽然,唐李杜知县走到夏某身边,主动问他:"贵姓?"回答说姓夏。唐知县拱手施礼作出庄重从容的姿态,又问道:"历史上有位夏征舒,是府上的什么人啊?"夏某见他是一副郑重有礼的神态,以为他说的夏征舒必定是古代一位身份显贵的大人物,就在仓促之间回答说:"是我的先祖。"唐知县点头笑了一下,不再说话。

夏某办完公事回到家中,他的那位顾问朋友问他今天参见巡抚的情况,他说:"巡抚大人还未来到,没见着,明天必须再去一次。今天没有和谁说什么话,只有一位姓唐的知县问我,古代有个夏什么舒,是我府上什么人。"他说话的时候作皱眉凝想的神态,是因为记不起夏征舒名字中间的"征"字了,文友问他:"是夏征舒吧?"夏某回答:"正是正是。"文友问:"你是怎么回答的呢?"夏某说:"我见他举手施礼非常郑重地说话,就顺口对答说是先祖。"文友说:"坏啦坏啦!那夏征舒的亲娘和几个男人厮混,说不清他是哪个男人的种,就只能是一个龟儿子了,你为啥要说他是先祖呢?"夏某一听大怒,立马就要去找姓唐的理论,友人说:"明天你们都还要去抚院衙门,一定能够再见到他,何必这么着急?"

第二天到了巡抚衙门前,夏某一见唐知县,就上前揪住唐的衣领大骂,质问道:"你为啥要骂我是龟儿子?"唐知县对旁边的各位知县说:"诸公都在这里看到了,我并没有开口说话,而他却说我骂他是龟儿子,你们都听见了吧?"夏某更加恼怒,要揪住唐知县去见巡抚大人,别人劝他他不听,一直揪到二道门里面,文巡官把这个情况向巡抚报告,巡抚让传他们二人进去问话。

曾巡抚问唐知县怎么回事,唐知县说:"请大人问夏知县就行了。"曾就问夏某,夏某说:"唐知县骂卑职是龟儿子。"曾巡抚让他说详细一点,夏某就把昨天唐知县怎么问、他怎么答讲述一遍,但是对于夏征舒"征"字,却怎么也想不起来了。曾巡抚笑着说:"是你自己承认的,并不是他骂你的啊!"于是,曾巡抚让文巡官把夏某领出去,随即悬挂出一块告示牌,上面写着文字,大意是,夏某咆哮官府尚可饶恕,但是他胸无墨汁,怎么能够为民办事?应当将他发遣回原籍,好好读书,等等。夏某看见这告示牌,只能是气愤凝结在胸中,郁郁不乐而已。人们都嘲笑他说:"一声龟儿子,断送一县令。"这个故事是张悟荃秀才讲述的,之后四处传开了。

(七)古籍所见超强记忆事实

记忆是人的大脑的重要属性。在当代,"记忆"一词是心理学的一个重要概念。其定义是,人的大脑对于人所经验过的事物能够记住,并且能在以后再现(或回忆),或者在它重新呈现时能够再认识。记忆包括识记、保持和呈现或再认识三个方面，共同构成一个记忆的过程。具有记忆能力是人的共同属性，但是，人与人相比，其记忆的快慢、准确、牢固和灵活程度是有差别的；也会随其记忆的目的、任务，对于记忆的态度与方法，而有一定的差异；各人记忆的内容，也会随其人的思想观点、兴趣爱好、生活经验而有一定的差异。而且，一个人的记忆力也会随着年龄的增长而变化，一般来说，青少年时记忆力较强，而晚年时则会记忆力逐渐衰退，当然，这也因个人的身体情况不同而有所差异。

在中国古代文献中，"记忆"一词的意思，与当代心理学中记忆的概念基本上是一致的，指人能够记住已经感知与认知的事物。《关尹子·五鉴》云："昔游再到，记忆宛然。"意思是说，再次来到以前曾经游览过的地方，对于原来的景象还记得非常清楚。《南史·沈庆之传》附沈攸之传云："攸之晚好读书，手不释卷，《史》《汉》事多所记忆。"意思是说，沈攸之爱读书，对于《史记》《汉书》的内容大都能够记得。在中国古代的文化观念中，对于人的评判标准推崇品德与才学并重的理想人格，因而特别赞扬那些刻苦读书、增强记忆、努力掌握丰富知识与技能的学习精神。《礼记·曲礼上》云："博闻强识而让，敦善行而不怠，谓之君子。"这里表明了儒家的思想道德取向，所谓"强识"即是强记。《史记·屈原列传》云"博闻彊志，明于治乱"，所谓"彊志"也即是强记。

从古代文献记载来看，历史上有些人的记忆能力特别强，远远超出一般的人，可称之为超强记忆。这些具有超强记忆能力的人物及其表现，说起来让人惊叹，也让人感慨。这些人物的超强记忆能力，有些是先天性的，其大脑功能、智商状况、敏捷程度都超过常人；有些则是通过后天的勤学苦练，或运用某种巧妙方法而使其记忆达到了超过普通人的特殊境界。本节拟根据相关文献资料，对于超强记忆的各种人物及其事例，予以综合考察，略述于后。

1. 王充

王充（27～约97），字仲任，东汉哲学家、思想家，会稽上虞（今属浙江）人。所著《论衡》是中国古代哲学史上的重要著作。据《后汉书·王充传》记载，王充少年时家贫，没有钱买书，他曾到洛阳的书肆上游观，阅读书贩所卖的书，读过之后就能背诵，于是得以通晓百家之说。

2. 应奉

应奉，字世叔，东汉汝南南顿（故城在今河南项城西）人，官至武陵太守。《后汉书·应奉传》记云："奉少聪明，自为童儿及长，凡所经履，莫不暗记。读书五行并下。"应奉年轻时，为某郡"决曹吏"的小官，遵命考察所辖四十二县的囚徒数百千人，回郡后，太守问他情况，应奉对于每个囚徒的姓名、罪状等都讲得非常清楚，无所遗漏。当时人们对于他的记忆力非常惊奇。《后汉书》李贤注引谢承《后汉书》，又补充一件事实是，应奉二十岁时，曾去拜访袁贺，适逢袁贺外出，其家中正在闭门造车，一位造车的工匠开半扇门伸出头来看了他一眼，应奉没有进院，就离开了。后来过了几十年，有一天应奉在路上看见了这个当年的造车匠，认出了他并呼唤他。这个故事即是成语"半面之识"的由来之一（参见后文"杨愔"）。从这件事可以想见应奉的记忆力是何等超强。

3. 陆续

陆续，东汉时吴地（今苏州一带）人。《后汉书·陆续传》记载，陆续曾任吴郡户曹史（负责民政户籍的小官），当时逢着灾荒年，太守尹兴让他在都亭给灾民发放米粥，施行赈济。陆续一边发放一边询问领粥者的姓名，来不及用笔和纸一一记录。事情办完之后，尹兴问他发给了多少人，陆续口头汇报说出六百多人的姓名里居，经查验没有发现差错。于是，人们都非常佩服陆续的记忆力。

4. 祢衡

祢衡（173~198），字正平，东汉末文学家，以"击鼓骂曹"一事名扬史册。《后汉书·祢衡传》记云："（祢衡）初涉艺文，升堂睹奥，目所一见，辄诵于口，耳所瞥闻，不忘于心。"又一次，祢衡曾和文士朋友同行，见石碑上刻有蔡邕所撰碑文，他读过一遍就可背诵，众人惊奇。

5. 王粲

王粲（177~217）字仲宣，东汉末文学家，山阳高平（今山东邹县）人。仕于魏，官至侍中。《三国志·魏书·王粲传》记云："博物多识，问无不对。"有一天，王粲与人同行，看到路边有一块石碑，别人问他："你能把这碑文背诵下来吗？"王粲说能。当时那人就让王粲背，王粲背诵得竟然一字不差。又有一次，王粲观看两人下围棋，还没有终局时，忽然棋局被弄乱了，王粲就把棋局恢复原样。下棋的人不相信，就用一块布把这个棋盘盖起来，再找来一副棋子棋盘重新把这一局棋下一遍，然后同前面盖着的棋局相对比，果然每一路都不错。王粲强记默识的本领大抵都像这两件事那样。

6. 张松

张松字永年，东汉末年在益州太守刘璋部下任别驾之职。《益部耆旧传》记云：张松记忆精准，超过常人。刘璋派他到曹操那里办事，曹操的谋士杨修取出曹操所著的兵法给张松看，张松在吃饭喝酒的时候看了一遍，就能背诵书中的内容（《太平御览》卷四三二转引）。后来，罗贯中著《三国演义》，在第六十回《张永年反难杨修，庞士元议取西蜀》中采用了这个故事并加以渲染，写张松和杨修相见时，杨修取出一本书给张松看，说是曹操所著兵法《孟德新书》，仿《孙子十三篇》而作，可以传世，张接过来看了一遍，大笑道："此书吾蜀中三尺小童，亦能暗诵，何为'新书'？"杨修不信，张松就把《孟德新书》从头至尾朗诵一遍，没有一字差错，杨修大惊道："公过目不忘，真奇才也。"小说的描写虽然有些夸大，但是，张松具有超强记忆力确是事实。

7. 夏侯荣

夏侯荣，东汉末夏侯渊之弟，字幼孜，十三岁时死于战阵。《三国志·夏侯渊传》附夏侯荣传记云："七岁能属文，诵书日千言，经目辄识之。"魏文帝曹丕听人说起他的奇才，就召见他，当时有宾客一百多人，每个人都交上来一个名刺（即名片），每个名刺上都写着自己的籍贯乡里和姓名，这样的刺叫做"爵里刺"。夏侯荣把这些名刺看过之后，就能够把所有人的姓名籍贯都记在脑子里，一个人都不错。当时魏文帝非常惊奇。

8. 阚骃

阚骃，字玄阴，十六国时敦煌（今属甘肃）人。北凉沮渠蒙逊永安年间（401～411）官秘书考课郎中，迁尚书。后归北魏，明元帝拓跋嗣泰常年间

(416~423)乐平王拓跋丕镇守凉州时,官为从事中郎。《魏书·阚骃传》:"骃博通经传,聪敏过人,三史群言,经目辄诵,时人谓之宿读。"在中国历史上非常混乱的十六国时期,中国西北地区出现阚骃这样一个儒学名人,非常难得。

9. 何宪

何宪,字子思,南朝齐梁时庐江(今属安徽合肥)人。《南史·何宪传》记云,南朝齐时,何宪和任昉、刘汎共同掌管秘阁四部书,别人向何宪询问藏书情况,他能够从甲到丁,把四库书介绍一遍,每种书的作者、体例、内容等,他都能讲得非常清楚,"连日累夜,莫见所遗"。

10. 范云

范云(451~503),字彦龙,南朝齐梁时南乡舞阴(故城在今河南泌阳西北)人,文学家。《南史·范云传》记云,南齐竟陵王萧子良任会稽太守,范云为王府主簿,某日萧子良带领随从一同游秦望山,山上有秦始皇刻石,碑文是三句一韵之诗,其他文士都读不通。范云先据《史记·秦本纪》读过,记在心里,第二天上山见到碑文,范云能够读得朗朗上口,于是萧子良对他非常赏识,奉为上宾。

11. 傅昭

傅昭,字茂远,南朝齐梁时灵州(今宁夏灵武)人,入南齐官至尚书左丞,入梁后官至散骑常侍。《梁书·傅昭传》记云:"终日端居,以书记为乐,虽老不衰。博极古今,尤善人物。"他对于魏晋以来官宦世家的世系传承、姻亲关系、人物事迹,都能说得一清二楚,没有遗漏。当时人们称他为"学府"。

12. 陆倕

陆倕是南朝梁时人,字佐公,出身于官宦世家,官至太常卿。他少年时勤学善记,读书一遍就能背诵。《梁书·陆倕传》记云:"倕少勤学,善属文。于宅内起两间茅屋,杜绝往来,昼夜读书,如此者数载。所读一遍,必诵于口。"陆倕曾向别人借阅《汉书》,把其中的《五行志》四卷丢失了,陆倕就凭记忆把这四卷《五行志》抄写一遍还给别人，一点也没有遗漏。

13. 邢邵

邢邵（496～?），字子才，北朝河间鄚（故城在今河北任丘北）人，北朝文学家、思想家。《北齐书·邢邵传》记云："（邢邵）聪明强记，日诵万余言……方广寻经史，五行俱下，一览便记，无所遗忘。"这里还记有一件生动的事例。邢邵不到二十岁时，有一天和其他文士一同在北海王元昕住处聚会饮酒，各人都写了诗，共有数十首，都收存在一位奴仆那里。第二天那位仆人办别的事情去了，各位文士想取回自己的诗，却见不着。这时，邢邵就把每人所作的诗一一背诵下来。有的文士对于自己写的诗已经记不清楚了，不能判断邢邵所记是不是完全正确，过一会儿那位仆人回来了，取出昨天夜里抄录的诗作相对照，竟然一字不差。当时，人们把邢邵这样的超强记忆力比作王粲（参见前文）。

14. 萧统

萧统（501～531），字德施，南朝梁武帝萧衍长子，即昭明太子。《梁书·昭明太子传》记云："太子美姿貌，善举止。读书数行并下，过目皆忆。"《南史·武帝诸子》记萧统与此略同。萧统主持编纂《昭明文选》，并在文学著述方面有很大成就，这与他博闻强记的基本功有直接关系。

15. 萧纲

萧纲（503～551），梁武帝萧衍第三子，即帝位为梁简文帝，侯景叛乱时被杀。萧纲博览群书，富有才学，又聪敏善记。《梁书·梁简文帝纪》记云："太宗幼而敏睿，识悟过人，……读书十行俱下。"

16. 杨愔

杨愔（?～560），字遵彦，北魏孝庄帝永安初年（529）官散骑侍郎。后归北齐，天保年间尚太原长公主，官骠骑大将军，封开封王。乾明元年（560）孝昭帝高演篡位时被杀。杨愔其人极其聪敏善记，《北齐书·杨愔传》记云"其聪记强识，半面不忘"。杨愔官为右丞时，主管选拔任用官员，有一位候选者名叫鲁漫汉，对杨愔说，自己身份低贱，不被认识。杨愔说："前不久在元子思坊时，你骑着一头秃尾巴草驴，看见我却不下驴，还用个物件遮住半个脸，我怎么能不认识你呢？"这个故事非常生动，鲁漫汉只露"半面"，杨愔看到一次就能够记住他，可见他的识记能力是何等的强，于是鲁漫汉非常佩服。这个故事，即是后世成语典故"半面之识"的出处。

17. 虞世南

虞世南（558~638），字伯施，越州余姚（今属浙江）人，唐初名臣，著名书法家。《隋唐嘉话》卷中记云：唐太宗让虞世南书写《列女传》，用来安装在屏风上。当时没有现成的书，虞世南就凭着自己的记忆进行默写，竟然一字不差。此事又见《唐语林》卷三，《太平广记》卷一九七引作《国史异纂》。明彭大翼《山堂肆考》卷一一五《暗书列女传》亦记其事。

18. 崔仁师

崔仁师，唐安喜（今河北）人，唐高祖武德初擢制举，累官至中书侍郎参知政事。《大唐新语》卷四记云：崔仁师于贞观年间官度支郎中（主管财务），他在朝廷大殿上向唐太宗奏报各项开销的名称和数目，手里却没有拿账本。唐太宗感到奇怪，就让杜正伦拿着账本，让崔仁师报数，一一对照，毫无差错。（又见《续世说》卷一，《太平广记》卷一六四引《神异录》，《太平广记》卷一七四引《谭宾录》）

19. 卢庄道

卢庄道是唐初范阳（今河北涿州）人，聪慧敏悟天下闻名，贞观年间官监察御史。《大唐新语》卷八记云：卢庄道十二岁时，他的父亲卢彦带着他去见朋友高士廉。高士廉正在处理公务，见卢庄道是老朋友的孩子，也设个座位让他坐在旁边。当时有人呈送一篇文章，高士廉在观看时，卢庄道从旁边偷偷地瞄着，他对高士廉说："这篇文章是我卢庄道作的。"高士廉非常奇怪，道："小孩子家不要胡说！你念给我听听。"卢庄道就立即背诵一遍，又倒背一遍，高士廉赞叹不已。这时，卢庄道跪下来向高士廉道歉，说："这篇文章实在不是我作的，我只是在旁边偷看一下就记住了。"高士廉又找出一篇别的文章，以及他的桌案上放置的书信，让卢庄道读，卢庄道也都是读一遍就能背诵。于是，庄道又把自己作的文章拿出来，呈送给高士廉请指教。（又见

《太平广记》卷一七四引《御史台记》）

后来，卢庄道还有更令人惊异的事迹。高士廉目睹了卢庄道十二岁时的表现，并且看到他自作的文章确实非同凡响，于是就把卢庄道的事迹呈奏给朝廷。唐太宗亲自召见了卢庄道，通过考试予以录用。卢庄道十六岁的时候，被授官为河池县尉。任满两年，十八岁时参加制举科考试，被录取为甲科。唐太宗再次召见了他，说："这不就是朕的那个聪明儿吗？"于是特别破格任用，授官为长安县尉。两年后的某一天，唐太宗传旨，要亲自到长安县观看审判囚徒。这一年，卢庄道刚满二十岁，长安县令觉得他太年轻，担心他不能胜任这件大事，想派一位年长老成点的县尉承办，卢庄道不同意，一定要自己来做。当时长安县关押的囚犯有四百多人，对于每人都预先写好其罪状，卢庄道每天闲暇无事，却不看这些囚犯的罪行材料。县令为卢庄道担忧，几次提醒他，卢庄道却不当一回事。到了审判囚犯那天，唐太宗驾临现场，卢庄道准备好囚犯的罪状材料，押解囚犯一千人进入审判场所。在唐太宗面前，卢庄道依次评定每个囚犯的罪行轻重，应该怎样判决，应对如神。唐太宗惊叹不已，当天就传下圣旨，拜卢庄道为监察御史。（亦见《太平广记》卷一七四引《御史台记》）在中国历史上，卢庄道大概是最年轻的监察御史了。《三国演义》第五十七回《柴桑口卧龙吊丧，耒阳县凤雏理事》所描写的庞统在耒阳县判案的情形，和卢庄道这一次判案的情况有些相似。

20. 李至远

唐代李至远（或作李志远），唐高宗时历官天官侍郎，知选事，后出为壁州刺史。《封氏闻见记》卷三记云：武则天如意元年（692），李至远主管选拔官员。有姓方姓王的两人，原来被流放过，他们和某上司私交不错，就把他们的姓氏"方"改为"丁"，"王"改为"士"，打算在被授予官职之后再添加笔画改为原姓方、姓王。李至远一见名册，立即发现了弊端，说："今年考察复核的有几万人，我都记得很清楚，哪里有姓丁姓士的？一定是方某王某那两个家伙。"于是，方、王二人和某上司都不得不认罪。（此事又见《唐会要》卷七四，《太平广记》卷一八五引）

21. 魏奉古

唐代魏奉古，高宗时曾官雍丘尉，后仕至兵部侍郎。《大唐新语》卷八记云，魏奉古任雍丘尉时，有人撰作序文五百字，魏看后说："这是一篇原来就有的文章。"于是，他提笔把这篇序文"倒疏之"（倒着背诵并书写出来）。起草的那人默然自失，在座的人都鼓掌叫好，魏奉古由此被人称为"聪明尉"。当时姚珽任汴州长官，召见魏奉古，说："我做官四十年，没有见过像你这样聪明强记的人。"

22. 张说

唐代张说（667～730），字道济，一字说之，洛阳人。武则天当政的永昌元年（689）举贤良方正，后官至尚书左丞相，封燕国公。传说张说强记，是因为他有件宝物，名为记事珠。王仁裕《开元天宝遗事》记云："开元中，张说为宰相，有人惠说一珠，绀色有光，名曰记事珠。或有阙忘之事，则以手持弄此珠，便觉心神开悟，事无巨细，涣然明晓，一无所忘。说秘为至宝。"宋朱胜非《绀珠集》卷一也据《开元天宝遗事》记述了张说的记事珠。然而，这个记事珠究竟是什么物件，为何有帮人记忆的功能，不得其详，只是传说故事，带有神话色彩，不可信以为真。

23. 李邕

徐应秋《玉芝堂谈荟》卷八《五行俱下》记云："求见秘书，未几辞去，试问奥隐，了辨如响，唐之李峤也。"这里的记述有误，李峤应是李邕。李邕（678～747），字泰和，扬州人，注《文选》的李善之子，唐玄宗时期曾官北海太守，著名书法家，世称"李北海"。《新唐书·李邕传》记云："李邕字泰和，扬州江都人。父善，有雅行。邕少知名……既冠，见特进李峤，自言'读书未遍，愿一见秘书，峤曰：'秘万卷书，岂时日能习耶？'邕固请，乃假直秘书，未几辞去。峤惊，试问奥篇隐帙，了辨如响。"彭大翼《山堂肆考》卷一一五《遍读秘书》也据此记述。李峤，字巨山，唐赞皇（今属河北）人，武周时官凤阁舍人，中宗时特进同中书门下平章事。他对于李邕的记忆力感到惊奇。

24. 一行

唐代一行（683～727），唐代著名高僧，原名张遂（或作璲），魏州昌乐（今属山东）人，唐太宗的功臣张公谨之孙。《酉阳杂俎》前集卷五《怪术》

记一行事迹云：唐玄宗曾召见一行，问他："师何能？"对曰："惟善记览。"玄宗就让掖庭令（管理内宫的官员）拿来宫女的花名册给他看，一行看过一遍之后，把名册合起来放在桌上，然后念诵名册里的文字，就像是曾经看得很熟似的。玄宗惊奇，就走下御座，向一行行礼，呼他为"圣人"。原来一行在嵩山出家，拜普寂和尚为师，普寂曾举办一次盛大法会，备好斋饭招待众僧，附近几百里内的僧人都按照约定的时间来到这里，共聚集了一千多人。当时有位名叫卢鸿的文士，道行很高而且博学多识，在嵩山隐居，普寂就请卢鸿写一篇文章记述这次盛大的法会。到了聚会那天，卢鸿带着他写好的文章来到了寺院，普寂接受了文稿，把它放在桌案上。寺里的钟声响过，法会即将开始，卢鸿对普寂说："我写的这篇文章有几千字，其中有些字比较冷僻，法师何不在众僧当中选一位聪明颖悟者，让我亲自传授给他？"普寂就让人叫一行来。一行来到，把卢鸿的文章打开，微笑不语，只看了一遍，就把文稿又放在桌上。卢鸿见一行对自己的文章是一副漫不经心的态度，感到奇怪。不一会儿，群僧在大厅里聚集，一行从外边进来，高声宣布法会开始，并朗诵卢鸿的文章，一句也不错。卢鸿惊愕，好大一会儿没有回过神来，他对普寂说："这位奇才，不是你能教得了的，你应当拜他为师才是啊！"从此，一行声名远扬，后来他又精通历算，撰著《大衍历》，在历史上被称为佛教密宗（真言宗）的鼻祖。一行的事迹见《旧唐书·一行传》，又见《开天传信记》《明皇杂录补遗》，《太平广记》卷九二引述其有关资料，《宋高僧传》卷五亦有记载。一行的强记功能，为他一生的成就奠定了智力基础。

25. 常敬忠

封演《封氏闻见记》卷十《颖悟》记述了常敬忠强记的故事。常敬忠，潞州人。十五岁以明经擢第，几年之间即能熟读五经，于是上书自荐，夸口说，读书一遍就可以背诵千字。朝廷下令让中书省对他进行测试，宰相燕国公张说问他："你说读一遍能背诵千字，那么，你读十遍能背诵万字吗？"常敬忠说："还没有试过。"于是，张说就取来一本书，是一般人平时看不到的，选定一万字让他读。常敬忠奉命，端正坐下阅读。每读一遍，就在地上画一道记号，读过七遍，他站起身，说："我已经会背诵了。"张说让他读过十遍再试，常敬忠说："既然读七遍可以背诵，何必一定要读够十遍呢？"张说就拿着这本书，一边看着，一边让常敬忠背诵，结果是背得一字不差。旁边围

观的人无不感叹表示羡慕。张说当天就向唐玄宗奏报测试结果，玄宗亲自接见常敬忠，赐予官服，授给官职。（又见《唐语林》卷三）

26. 萧颖士

萧颖士（708～759），字茂挺，唐代诗人，兰陵（今属山东苍山县）人。玄宗开元二十三年（735）进士，曾官秘书省正字、扬州功曹参军等。《唐书·萧颖士传》记云：萧颖士曾和李华、陆据一同游洛阳龙门，在路边看见一块石碑，对于上面的碑文，萧颖士读一遍就能背诵，李华读两遍也能背诵，陆据读三遍才能记住。当时其他文士说，从这件事可以看出此三人的才格高下。

27. 张巡

张巡（709～757），唐代南阳人，开元年间进士及第，安禄山叛乱时他起兵讨贼，坚守睢阳城（今河南商丘）数月，城破殉国。彭大翼《山堂肆考》卷一一五记云，张巡初守睢阳时，城中百姓有数万人，张巡和某人见过一次，问过他的姓名，以后再见到他的时候绝不会表现出不认识。又有一次，张巡看见一位名叫于嵩的文士在读《汉书》，对他说："你为何把这一部书读这么多遍啊？"于嵩回答说还没有读熟。张巡说："我读书过三遍，就能够完全记住，一直不会忘记。"于是就拿过来于嵩正在读的一本书，看了一卷，之后就背诵这一卷书，一个字也不错。于嵩非常惊奇，心想，这卷书可能正好是张巡原来熟读过的，就从书架上胡乱抽出一本其他的书给张巡看，张巡也同样是看过就能背诵。这使于嵩心悦诚服。《旧唐书》和《新唐书》中的张巡传没有记述这件事，其出处待查证。

28. 柳芳

唐代柳芳，字仲敷，开元年间进士及第，终官集贤殿学士。《唐语林》卷三记其事云，有位名叫李幼奇的文士在柳芳面前念自己作的《百韵诗》，柳芳听罢之后，就提笔在墙上把这首《百韵诗》写下来，对李幼奇说："这是我作的诗啊！"李幼奇非常惊奇，但是表示出不服气的神色，柳芳说："我是和你开玩笑的，这就是你刚才念的诗，我听了一遍就记住了。"李幼奇又念诵自己所写的其他文章，柳芳听罢一遍也可以默写下来。于是，李幼奇深表佩服。

(又见《太平广记》卷一七四引《尚书故实》)

29. 王起

王起，字举之，唐宪宗元和末年曾官中书舍人，后官至同中书门下平章事，卒谥文懿。关于王起的强记，正史中有明确记载。《新唐书·王起传》记云："嗜学，非寝食不辄废。天下之书无不读，一经目，弗忘也。"《旧唐书》所记与此相似，亦云："书无不览，经目靡遗。"

30. 钟谟

五代时钟谟，字仲益，南唐崇安（福建）人。李璟时官户部侍郎，受命出使后周，因故留在后周不得归江南，被授官为礼部侍郎，后被周世宗赐死。钟谟以性聪敏、多记问而闻名。《南唐近事》记云：钟谟被后周授官为耀州（今陕西耀县）司马。盛夏季节，钟谟带人外出在三秦大地巡查，每当看见路旁边有古碑，一定要下马观看，并且还要把碑文默背下来，赶到前面的邮亭歇息时，就找来纸笔把碑文抄写在纸上。这样，他们一天巡查的路程不过几里路。有一天，钟谟看见一尊圭首大碑，斜躺在水沟边上，下半截淹没在水里，不能读到碑文的全文。钟谟就欣然解衣下到水沟里，用手指在水下边摸索，识别出文字，这样背诵下来，回去之后用纸笔誊写清楚。多日之后，他和随行人等办完事再一起经过这里，因为天久不下雨，沟里的水已经干了，可以看到碑的下半截，于是就取出用纸默写抄录的碑文，下到沟里和这碑上的文字校对一遍，竟然没有一字差错。这样的记忆力，让同僚们对他十分佩服。（又见《十国春秋》卷二六，马令《南唐书》卷一九）

31. 杜镐

杜镐，字文周，北宋时江苏无锡人，明经及第，真宗大中祥符年间官至礼部侍郎。《墨客挥犀》卷七记云："杜学士镐博闻强记，凡有检阅，先戒小吏某事在某书第几行，取视无差。士大夫有所著撰，多以古事询之，无不知者。虽晚学卑品，亦应答不倦，时人号为杜万卷。"（其事又见《玉壶清话》卷八，《宋稗类钞》卷五，《名贤氏族言行类稿》卷三七）可知杜镐不仅博闻强记，而且他对于别人询问历史典故，不论是年轻的晚辈，还是官职低微的下属，他都耐心解答，不知疲倦。这里既表现杜镐平易近人的品德，也显示出杜镐有炫耀才学的心态。

32. 傅尧俞、杜衍

邵博《邵氏闻见后录》卷二〇记云："傅献简与杜祁公取未见石刻文字二本，皆逾千言，各记一本。祁公再读，献简一读，覆诵之，不差一字。祁公时年逾七十矣。光禄丞赵枢在坐见之。"傅献简即傅尧俞，字钦之，须城（今属山东东平）人，徙居济源，曾官监察御史、中书侍郎。卒谥献简。杜祁公即杜衍，字世昌，浙江山阴人，大中祥符初年进士，官至同平章事，以太子少师致仕，封祁国公，卒谥正献。这里说，对于一千多字的碑文，傅尧俞读一遍能记住，杜衍读两遍能记住，但是这一次测试时杜衍已年过七十，可见两人的记忆力皆非寻常，而杜衍还要更胜一筹。

33. 陈彭年

陈彭年，字永年，抚州南城（今江西南城）人。雍熙年间（984～987）进士及第，受宋真宗信任，位居权要，卒谥文僖。陈彭年为人奸诈，被称为"九尾野狐"，性机敏，以博闻强记著称。《道山清话》记其事云：陈彭年在宋真宗身边颇为得宠，人有问题向他询问，他无不知晓。有一天，宋真宗问他，墨智、墨允是什么人，陈彭年回答说，是伯夷、叔齐。宋真宗又问出自何书，陈彭年说见于《春秋少阳》。宋真宗立即让人到秘阁书库取来此书，陈彭年又指出在书中某页，即时查阅，果然不错。宋真宗非常高兴，对陈彭年更加重用。

34. 齐唐

齐唐，字祖之，北宋会稽（今浙江绍兴）人，宋仁宗天圣年间进士。曾官著作佐郎、职方员外郎。《宝庆会稽续志》卷五记其事云：齐唐幼年时家贫，学习非常刻苦，得到一本书就抄写下来，读过一两遍就不忘记。会稽郡从事魏庭坚是一位博学之士，有一次见到齐唐，说："现在的文士多不读书。"齐唐说："幸公任意以几上书令唐一诵之，如何？"魏庭坚就取出一本书，翻开其中的一篇，是《文选》当中的《头陀寺碑》，齐唐读一遍立即背诵，不差一字。魏庭坚非常震惊，表示佩服。（又见《宋史翼》卷二六）

35. 龚程

宋代龚明之《中吴纪闻》卷三《有脚书橱》一节，记其叔祖龚程，字信民，"自幼读书于南峰山先都官墓庐，攻苦食淡，手未尝释卷。记问精确，经传子史，无不通贯。乡人号为'有脚书橱'。"（又见《宋诗纪事》卷二五，《吴郡志》卷二五）龚程于熙宁六年（1073）进士及第，曾官西安（今属浙江衢州）县丞、桐庐知县，以精于记问而闻名于世。

中国古代有不少文士，读书很多，人们把他比喻为"书橱"。书橱本义是指藏书的橱柜，以书橱喻人，有讥讽他读书多而不解文义，就像藏书柜似的，或称之为书簏或书箱。如《南齐书·陆澄传》云："当世称为硕学，读《易》三年不解文义，欲撰《宋书》竟不成，王俭戏之曰：'陆公，书橱也。'"这里，称陆澄为书橱含有贬义。而龚程被称为"有脚书橱"，不仅谓其读书多，而且还能"记问精确"，这就含有褒义。宋代及以后，还有一些文士被称为"书橱"，如清代翟灏《通俗编》卷七《文学》记云：宋代的李郢、郑格、李纲皆以博学强记，人号"书橱"；还有神宗时的赵彦若，北宋南宋之际的吴时，南宋尤袤，以及明代的陈济等，参见后文。

36. 吴时、赵彦若

《宋史·吴时传》云："时敏于为文，未尝属稿，落笔已就，两学目之曰'立地书橱'。"吴时字伸道，邛州（今四川邛崃）人，进士出身，徽宗时官为辟雍司业，曾被王黼斥为"腐儒"，可见他或即是南齐陆澄一类读书人。

北宋神宗时，赵彦若更是一位记忆力惊人之人。赵彦若生平不详，今知其字或是元考。《曲洧旧闻》卷二记云："赵元考彦若，周翰之子也，无书不记，世谓'著脚书楼'。"某一天，馆中文士议论中药的药方，有一味药不知出于何书，连正在编校《本草》的掌禹锡（字唐卿）也答不上来。有人说："元考在哪儿啊？去问他，他一定知道。"当时赵彦若恰好正在下坐，立即回答说，这一味药在《本草》的第几卷，附在某种药名之后，在第几页第几行，什么药性，什么功能，说得一清二楚。取来《本草》核对，他说得一点不错。

王辟之《渑水燕谈录》卷九还记述赵彦若另一则故事。元丰年间，高丽使者朴寅亮到了中国的明州（今宁波），象山尉张中写诗赠他，朴寅亮的答诗序中有"花面艳吹，愧邻妇青唇之敛；桑间陋曲，续郢人白雪之音"两句。

有司某人上疏弹劾此事，说："张中是个小官，不应当充任外交使节。"奏疏送呈朝廷，神宗皇帝阅看之后，问身边的近臣："'青唇'二字，用的是什么典故啊？"都回答不上来。于是神宗皇帝问赵元老（考），元老（考）回奏说："这是不见经传之语，不敢回奏皇上。"神宗再次让他讲，他就念诵《太平广记》中的一段记载，写的是有个男子看见妻子吹火，赠一首诗说："吹火朱唇动，添薪玉腕斜。遥看烟里面，恰似雾中花。"邻家的一位妇女看见他们夫妻恩爱而有情趣，非常羡慕，回家对自己的丈夫说："你就不会学学人家？"其丈夫说："你也吹火，我一定也能学他们的样。"于是，此妇就做了吹火的动作，其丈夫作诗说："吹火青唇动，添薪墨腕斜。遥看烟里面，恰似鸠槃荼。"（鸠槃荼是佛经中的丑女）这里，王辟之记述这个故事之后，评论说："元老之强记如此，虽怪僻小说，无不概览。"（"元老"为"元考"之误）

37. 王安石

王安石（1021～1086），字介甫，江西临川人，神宗时官至参知政事、同中书门下平章事，实行变法。王安石名列"唐宋八大家"之一，其记忆力超强，在历史上是非常著名的。《温公琐语》记云："（王安石）好读书，能强记，虽后进投贽及程试文有美者，读一周辄成诵在口，终身不忘。其属文，动笔如飞，初若不措意，文成，见者皆伏其精妙。"

王安石的强记，在小说中也有反映。《警世通言》第三卷《王安石三难苏学士》中，王安石在自家书房中与苏轼相见，让苏轼考一考自己的学问，考的办法是："叫徐伦把书房中书橱尽数与我开了，左右二十四个，书皆积满，但凭于左右橱内上中下三层取书一册，不拘前后，念上文一句，老夫答下句不来，就算老夫无学。"苏轼就任意抽出一本书，翻开书页，随口念了一句"如意君安乐否"，王安石当即接念出下一句"窃已嗾之矣"。苏轼没有见过这本书，也不知道这里讲的是什么内容，而王安石不仅讲述了此书此段话所叙述的故事，而且指出这本书是《汉末全书》。于是，苏轼不得不表示佩服，道："老太师学问渊深，非晚辈浅学可及！"这里虽然是小说家言，未必是历史事实，但是，这样的描写却能说明，王安石确有超强的记忆力，经过小说家的加工与虚构，才形成如此令人惊奇的情节。

38. 苏轼

苏轼是宋代著名文学家，名列"唐宋八大家"之一，其记忆力也是超强的。《西塘集耆旧续闻》卷一记载，苏轼被贬官到黄州（今黄冈）时，时官为司农的朱某到黄州视察，苏轼和他相见交谈投机，结为朋友，时而登门访问。有一天，朱某来访问苏轼，向守门人递过名片之后，苏轼好长时间没有出来，朱某颇为尴尬，继续等下去吧甚为疲倦；马上就离开吧却是已经通过姓名了，离去不好意思。这样又等了一会儿，苏轼才从里面走出来，并向朱某愧谢久候的歉意，自我解释说："刚才在房里做了些功课，没有及时迎接，请多谅解。"坐下之后，朱某问："刚才先生说做了些功课，是做的什么功课啊？"苏轼回答说是抄写《汉书》。朱某说："以先生的天才，《汉书》打开看一遍，就会终身不忘，何必用手抄写呢？"苏轼说："不然。我读《汉书》，到现在为止我已经抄写三遍了。开始是把第一段取前三个字作为题目，第二遍是取前两个字为题目，现在这一遍是取一个字为题目。"这时，朱某站起身离开座位，向苏轼请求说："苏先生所抄的书能不能让我看一下呢？"苏轼就让身边的一位老军士从书案上取来一册书，朱某看了不明白是什么意思，苏轼说："请您从书里随便举出一个字。"朱某就挑出书中的一个字，苏轼就应声从这个字往下念，诵读几百字一字不差。再试了几次还是这样。于是，朱某感叹了好大一会儿，说："先生真谪仙才也。"苏轼这样的记忆功夫，同前述王安石记忆架上书籍的事例有些相似，都是一般人所无法达到的。

39. 刘恕

刘恕，字道原，筠州（今江西高安）人。少时即聪颖过人，不到二十岁即中进士。历官秘书丞，笃好史学，曾辅助司马光编撰《资治通鉴》。《宋名臣言行录》后集卷一四引《十国纪年序》云："刘道原为人强记，纪传之外，间里所录私记杂说无所不览。坐听其谈，衮衮无穷，上下数千载间，细大之事如指掌。"这里又记载说，刘恕在洛阳时，有一次和司马光一起同游万安山，路边有一块石碑，碑文记述的是五代时一些武将的传记，都是一般人没有听说过的人，刘恕却能一一说出这些武将的生平事迹。回去找来有关史籍验证，果然不错。还有一件事是，宋敏求任亳州知州时，家里有许多书，刘恕特意绕道前往宋敏求那里借阅，宋敏求每天安排丰盛的酒菜热情招待他，刘恕说:"我来你这里不是为的吃喝,而是要看你的书,吃喝太耽误事,把酒菜都撤了吧!"于是,刘恕就每顿只简单吃点便饭,自己一个人钻在宋敏求的书房里,一边抄一边读。他在这里住了十来天,把宋敏求的藏书看完就离去了。由于连续看书时间太长,刘恕的眼睛都起了云翳,可见其读书专心。(又见《何氏语林》卷九)宋敏求,字次道,赐进士及第,官至龙图阁直学士。刘恕与他交往密切。

40. 晁咏之

晁咏之,字之道,又字叔予(黄庭坚为之取),以荫入官,是"苏门四学士"之一的晁补之的从弟,其诗文受到苏轼的赏识,后来曾官京兆府司录事、提点崇福宫等。晁咏之少年时就非常聪明,具有超强的记忆力。朱弁《曲洧旧闻》卷三记云,晁咏之"资敏强记,览《汉书》五行俱下",谈起古人,其事无所不知,好像他和这些古人是同时代人似的。有一天,苏轼写成一篇司马温公(光)的碑文,到晁补之(字无咎)家中拜访,坐定之后,自言今天刚刚写成这篇碑文,文章的副本还没有人看见。喝一杯茶之后,苏轼就把这篇碑文朗诵一遍。其中有个别字,因苏轼说的是四川话,读音不够分明,晁补之就顺便解释一下。这时候,还是少年的晁咏之就在照壁后面站着,听得一清二楚,而且听完之后就全都记在心里了。苏轼告辞之后,晁补之正要把苏轼这篇碑文说给晁家族人中其他的文士听,晁咏之却立即朗诵了起来,和原文一字不差。晁补之听罢,开始有些不高兴,过了一会儿情绪转为正常了,就对族人说:"十二郎(晁咏之排行十二)真是我们晁家的千里驹啊!"对于晁咏之的聪明强记大加称赞。

41. 江阴士人葛君

费衮《梁溪漫志》卷九《江阴士人强记》记云:江阴士人葛君,其名未详,强记能力超过常人。有一天,葛君前往拜见郡守,在客厅坐下,有位官员已经先来到,气宇轩昂,表情傲慢,葛君却是身穿旧衣,孤身一人,向他作揖行礼,他却不予理睬。葛君心中颇为不平。坐了好大一会儿,葛君主动搭话说:"先生您来拜见郡守,随身带着的有一篇现成的文章吗?"那人说有,葛君请求看一看,那人平时非常自负,这时就取出文章给葛君看,葛君很快读了一遍,就把文章又还给了那人,称赞说:"大好。"不一会儿,郡守大人出来会见众客，客人各自谈了自己的事情之后，葛君又走近郡守跟前说："我有一篇文章，这位官长却窃据为己有，刚才他拿给郡守大人作为进见之礼的文章就是。郡守大人若不相信，我就来念一念。"当即大声朗诵这篇文章，一字不差。客厅四周落座的客人都非常吃惊，看着那人，七嘴八舌地讥笑他。那人在出乎意料之间，无法辩解，只得仓皇退场，回家之后又羞愧又气恼，就得了一场病，几乎送命。

《梁溪漫志》同卷还记述葛君的另一件事。葛君的住宅附近有一家染坊店，店里放置着记录有往来业务的账本和一些书籍。葛君有时受邻居邀请饮酒，偶尔到染坊店闲坐，顺便翻阅过这些账本。有一天晚上，染坊店不幸失了火，店里能燃烧的东西包括账本和书籍都化为灰烬。在染坊店有业务生意的物主前来加倍索赔，染坊店老板没有凭据解说，忧愁烦恼不知如何应对。老板的儿子给父亲出主意说："近邻葛秀才，天性善记忆，他曾经在咱们家翻阅过账本，或者能记住一些内容，你怎么不向他询问呢？"当天，父子俩就到了葛君家，说明情况，葛君笑着说："你们家开染坊，我怎么能知道那些账目呢？"父子俩跪下求情，一边磕头一边哭，葛君又笑着说："你要是能拿壶酒请我，我或许能知道一点。"染坊老板非常高兴，急忙回家带着一壶好酒，又备了一些菜肴，来到葛君家中，殷勤相待。葛君吃喝已毕，又让取来纸笔记着，某月某日，某人来染某物件，多少数量，总共写了几百条，所记下的月日、姓名、物件名目、染何颜色、尺寸等，分毫不差。染坊店老板以此为据，回到家中召集来索讨的物主，一一宣读，那些物主们都跪地叩头，既惊骇又佩服。

以上所记第二个故事或者被后人改编，曾广为流传。明代谢肇淛《五杂俎》卷六所记林志的故事，与葛君的故事有相似之处，或许是受影响而附会的，参见后文第49节《林志》。

42. 尹少稷

尹少稷，生平未详，大抵是北宋南宋之际在世。陆游《老学庵笔记》卷五记云，尹少稷特别强记，每天能诵读麻沙版本的书达到一寸厚。某日，他在吕居仁家饮酒闲话，两人打赌比赛记忆日历书，酒过一巡记两个月的内容，都能做到不差一字。

43. 赵枢与沈晦

赵枢是宋徽宗之子，封肃王。陆游《老学庵笔记》卷九记云：肃王赵枢和沈晦一同出使金国，住宿在燕山愍忠寺，闲暇时无聊，一同在寺院中游逛。忽然看见一块唐代石碑，碑文是骈体文，共两千多字，沈晦平时以强记著称，这时他把碑文朗诵了两遍。赵枢不看碑文，一边听他朗诵一边闲走，好像是漫不在意的样子。两人回到所住的房中，沈晦想显示一下自己有超强记忆的本事，就取出一张纸把碑文默写下来，记不得的字就空一格，总共缺少了14个字。写完之后，赵枢看了，就拿笔把缺少的字一一补上，又把沈晦写错的字改正了四五处。之后，赵枢放下笔，又说起其他闲话，一点也没有骄矜的神色。（又见《宋稗类钞》卷五）沈晦，字元用，徽宗宣和元年（1119）状元及第，曾官镇江知府、广西经略、徽猷阁直学士，以高才强记著名于当时，因此特别自负。这一次，他见到肃王赵枢默记碑文的本事胜过自己，十分惊奇而佩服。

44. 尤袤

尤袤（1127~1194），字延之，江苏无锡人。其号锡山，因家有遂初堂，又自号遂初居士。南宋高宗十八年（1148）进士，官至礼部尚书兼侍读。尤袤与陆游、范成大、杨万里齐名，被称为南宋诗坛四家。叶寘《坦斋笔衡》记云，尤袤"胸中甚富，本朝典故讨论尤博"，他与人谈话时，贯穿今古，对于一件事引证几十条，都有根据，年月姓名，一字不差，士大夫称他为"尤书橱"。他在地方做官时，对于各方面的事情，没有他不知道的，民众称他"尤蜡烛"，意思是能以明破暗，洞察一切。

陈振孙《直斋书录解题》卷一八记尤袤家有遂初堂，其藏书为近世之冠。别人有不明白的问题问他，他都能给予解答。《坦斋笔衡》又记述一件事，有位名叫杨廷秀的文士向尤袤询问河豚鱼的来历，尤袤就举左思《吴都赋·叙》中"王鲔鯸鲐"一句之后的刘渊林注云："鯸鲐，鱼。状如科斗。大者尺余，腹下白，背上青黑，有黄文。性有毒，虽小，獭及大鱼，不敢啖之。蒸煮食之肥美。"这是对于河豚鱼的最早的也是最明白的记载。杨廷秀取来《文选》检验，尤袤所说的一点不差，因而感叹说："延之真是书府啊！人们称他书橱是说得小了，书橱怎么能装得下万卷书呢？我赶不上他，确实赶不上他！"这件事传开,人们对尤袤无不佩服。

45. 杨大均

叶梦得《石林避暑录话》卷上记云:蔡州道士杨大均擅长医术,他能背诵《素问》《本草》《千金方》这三部医药书,其中的药名、使用分量等记得一字不差。叶梦得在蔡州曾亲自见过他,并问他:"对于《素问》,记性好的或者能够背诵;对于《本草》,要背诵就太难了;对于《千金方》,里面只是药名、配方、剂量等,没有义理可言,怎么能背得下来呢?"杨大均说:"古人的药方,都是针对病情用药,其理精微深妙,只要能明白药理,其中的文理比骈体文还要严谨,看过之后怎么能忘记呢?"(又见《宋稗类钞》卷七)

周密《志雅堂杂钞》卷上引录《石林避暑录话》记述了杨大均的事迹之后,又记述了一位紫霞翁,其记忆力之强与杨大均相似。周密没有明言其姓名,只是说自己曾拜紫霞翁为师,非常了解他的情况。紫霞翁善于弹琴,精通音律,有位周先生善于唱歌,闲时写出曲谱让紫霞翁订正,其中偶然有点差错,紫霞翁一眼就能看出来错在什么地方。周密曾经问紫霞翁:"那些工尺谱有啥义理啊?你怎么能够背诵如流?而且,你并没有使用乐器校正一下,怎么就能够知道里面的差错呢?"紫霞翁笑着说:"看来你对这些工尺谱没有研究啊!其中的义理更甚于文章,不然,我怎么能够记住呢?"周密由此感慨说:"紫霞翁的说法,与杨大均讲的道理正相符合。"(又见《癸辛杂识》后集)

46. 宋濂

宋濂(1310~1381),字景濂,号潜溪,浙江浦江人。明初名臣,官至翰林学士承旨,知制诰。正统年间追谥文宪。焦竑《玉堂丛语》卷七记其轶事云,宋濂十五六岁时,同乡有位名叫张继之的文士听说他善于记诵,问他:"你若要把四书经传背诵下来,需要多少天呢?"宋濂回答说,需要一个月。张继之不相信,就从书架上顺手抽出一本杂书,选其中的五百字让宋濂背诵。宋濂用手指逐行按住书页上的文字,按一行背诵一行,一字不错。张继之对宋濂的父亲说:"这个孩子天分非凡,你应该挑选名师教他,将来一定会有大成就。"这一预言得到应验,宋濂在明初受明太祖朱元璋征聘,做官至翰林学士承旨、知制诰,而且著作很多,有《宋学士文集》36卷,成为历史上著名的学问家和文学家。

47. 陈济

陈济（1364~1424），字伯载，江苏武进（今属常州市）人，参与修纂《永乐大典》，为都总裁。《明史》有传。其事迹又见金寔《陈公行状》（《国朝献征录》卷一九）及《皇明世说新语》卷二等。焦竑《玉堂丛语》卷一记云：毗陵人陈济善于记忆书中内容，有一天，他的儿子陈道在旁边侍候，问他："别人都说父亲您善于记忆，现在我找出一本书来试试您，可以吗？"陈济回答说可以。于是，陈道就从书架上取下一本朱熹的著作，陈济说："这本书特别难记，你举出首句提示一下。"陈道就按照父亲所说的念出了第一句，之后陈济就从头背诵到尾，一字不差。当时，陈济善于记忆的名声传出之后，明成祖曾称赞陈济是"两脚书橱"。

徐燉《笔精》卷七《两脚书橱》亦记永乐年间陈济善记书，明成祖说他是"两脚书橱"，并云："古人号书橱者有矣，此云两脚，文皇亦善谐谑也。"这里，明成祖说"古人号书橱者有矣"，即是指宋代的李郛、郑格、李纲、吴时等，而称陈济为"两脚书橱"，与宋代龚程被称为"有脚书橱"意思相近。

48. 陈继

焦竑《玉堂丛语》卷一还记述一件事。有一天，景陵（明景泰帝）在宫中阅看古代名画，看见一幅画画的是一条长有翅膀会飞的龙，非常惊奇，就派人到内阁找人询问，当时在内阁当政的"三杨"（杨溥、杨荣、杨士奇）都回答不上来。皇上又问各位史官，有没有谁知道这个问题，史官中有位名叫陈继的正在当班，他回答说："龙有翅而飞，曰应龙。"皇上又问出处在哪儿，陈继回答说："见《尔雅》。"皇上又命人找来《尔雅》查对，果然上面有这样的解释。

据这里所记，陈继的回答固然不错，但是，《玉堂丛语》的记述却有问题。陈继（1370~1434）字嗣初，号怡庵，江苏吴县人，洪熙时为国子监博士，后转翰林五经博士，升翰林院检讨，卒于宣德九年（1434），根本没有活到景泰年间（1450~1456）。再说，"三杨"的杨荣卒于正统元年（1440），杨士奇卒于正统九年（1444），杨溥卒于正统十一年（1446），他们当政都没有到景泰年间。今见明代王鏊《震泽纪闻》卷上，记陈继的这个故事发生在明宣德年间，观画并提问应龙一事的是明宣宗，而不是景泰帝朱祁钰，当时正是"三杨"在朝廷当政的时候。而且，陈继的答话说应龙的解释出自《尔雅翼》，而不是《尔雅》。尽管《玉堂丛语》记述故事发生的时间有差错，但是，陈继的强记应当是属实的，而焦竑的记述有误。

49. 林志

林志，明代福建人，生平未详。谢肇淛《五杂俎》卷六《人部二》议论人的记忆力说：古人谓有人读书"一目数行俱下"，这并不是真的"俱下"，而是他的目力敏捷而已。各人目力敏捷的程度，快慢能差四五倍，岂止是两倍三倍，"一览无余"确是有人可以做到的。这里他举出福建林志的例子。林志有一天外出遇雨，到一家染坊店暂避。偶然看见染坊的账本，顺手随便翻看，雨停了，他匆匆忙忙就走了。过了两天，染坊不幸失火，过后讨账的人纷纷上门，因为账本烧掉了，店主没有办法应对。林志又经过染坊店，对店主说："你们家的账本，我看了一遍都能记住。"取笔很快写下来，和账本的实际记录一点不差。在这里，谢肇淛还举出一个周鼎的例子。周鼎其人生平未详，仅知其为嘉禾（今属湖南郴州）人。有一次，周鼎读了一篇《百韵诗》，读一遍就能背诵，而且还能从末句往前倒着背诵，这真是"绝世之资"。但是，周鼎一生中却没有得到功名，他的才能可以说是一种"别才"。

50. 徐乾学

清代的徐乾学也是一位具有超强记忆力的人。徐乾学（1631~1694），字原一，号健庵，江苏昆山人，康熙九年（1670）进士，累官至刑部尚书。韩菼《昆山徐尚书行状》（《有怀堂文稿》卷一八）记述了一个徐乾学超强记忆的故事。有一次，徐乾学和姜宸英（西溟）一同观看一座古碑。这碑非常高，人站在地上看不见最上面的碑文。徐乾学就让人扶着站到一个高架子上，横着观看碑的最上面一截的碑文；然后又站在地上观看中间一截的碑文，最后蹲在地上观看最下面一截的碑文。这样分三截看完之后，徐乾学就能把全部碑文默写下来，对照一遍，竟然一字不差。姜宸英大惊，认为徐乾学这样的记忆天才，普天下找不出第二个。

陈康祺《郎潜纪闻四笔》卷一一《徐乾学横阅碑文》，据韩菼的这篇《行状》记述了这个故事。陈康祺议论说，古人说某人读书动辄称五行俱下、十行俱下，原以为这都是言过其实之词。陈康祺认为自己小时候读书就是够敏捷的了，不过是别的孩子读过一行自己能读三五行、别的稍笨的孩子读一行他能读八行十行，这就很不错了。但是，古书都是竖行直读，如果说五行、十行并下，那是不可能的。于是，陈康祺看到徐乾学横阅碑文的故事之后，对于徐乾学十分佩服，他写道："真无对已。"

51. 潘耒

潘耒（1646～1708），字次耕，号稼堂，江苏吴江人。曾师事徐枋、顾炎武，博览群书，工诗文辞，兼长史学，旁及历法算数宗乘道藏，并通音律，是清代著名的学问大家。阮葵生《茶余客话》卷九记述了潘耒的超强记忆故事，云："潘次耕幼时，与人赌记，取日历试之，首尾过目，不遗一字。"这样的赌记日历的做法，和宋代尹少稷、吕居仁赌记日历的做法（见前）相似。《茶余客话》所言不虚。

52. 李绂

清代李绂（1673～1750）字巨来，号穆堂，江西临川人。康熙四十八年（1709）进士，入翰林，累官至工部右侍郎。曾被陷入狱，后得赦。乾隆时召授户部侍郎。他的学术原本于宋代陆象山，博闻强记，是清代著名的学问大家。阮葵生《茶余客话》卷九《李绂博闻强记》记云："穆堂先生任光禄卿，履任之日，查阅史籍，复至实录馆。诸公问今日何事，穆堂历举筵宴器物制度无遗。盖一过目辄能记，至老不改。"光禄卿是负责皇室祭品、膳食及招待酒宴的官员，事务繁多，责任重大，李绂居此官位非常尽职。

昭梿《啸亭杂录》卷十《李巨来凤慧》记云："李侍郎绂，少时家贫，无赀买书，借贷于邻人，每一翻绎，无不成诵。"这里记述三件具体的事。一件是李绂到城市中，在街上看过沿街的店铺名号，都能记得非常清楚。第二件事是，李绂在翰林院做官时，本院藏有《永乐大典》，李绂有接近这一套珍奇典籍的机会，就把所藏的《永乐大典》读了一遍。同僚们取《永乐大典》中的内容问他，他都能立即对答如流，这让同僚们惊骇不已。第三件事是，李绂到江南某省任考官时，在贡院阅卷几万份，李绂一一批示，字体工整清晰，无不中肯。这是当时的其他文士很难做到的。

53. 张照

清代张照（1691～1745），字得天、长卿，号泾南、天瓶居士，江苏华亭（今属上海市）人。康熙四十八年（1709）进士，乾隆时官至刑部尚书，谥文敏。张照天性敏慧，通佛经，擅作词曲，工书法，其强记功夫闻名于朝。许仲元《三异笔谈》卷四《夙慧》一节记载了曹锡宝讲述的张照几件超强记忆的事迹，都令人惊奇。

曹锡宝（1719～1792）字鸿书，号剑亭，又号容圃，上海人，乾隆二十二年（1757）进士，曾官陕西道监察御史。曹和张照有亲戚关系，称呼张照为表丈（表叔或表大爷），是比张照年轻二十八岁的晚辈。第一件事是，张照官为司寇（刑部尚书）时，兼任律例馆总裁。按照原来的计划，必须在规定的时间把编订的《律例》文稿送呈皇帝审阅，可是这文稿还没有编成。张照就提出让曹锡宝帮忙，曹锡宝答应了。当时曹锡宝是个年方二十余岁的年轻人，还没有进入军机处，而是在内阁当差，其分内事务较为清闲，这天他值班之后，就立即赶到张照的府中。这时正是午后的未时，张照也已经回到家里，他把已经搜集到的必须参考的书籍全都摆放在床上，交代曹锡宝从这些书籍中把与律例相关的内容挑选出来，放在两个木几上面，大概不少于一百本。张照稍吃些饭，饮几杯酒，赤着脚在竹榻上睡了一会儿；还安排书童磨墨，积满了一大砚台，又准备好竹纸几十张。张照睡醒洗漱完毕，把曹锡宝选出来的书翻阅一遍，仍然放在原处。接着闭目静坐了一会儿，就把纸摊开，笔蘸好墨，下笔如飞，顷刻之间就把一卷书写好了，招手对曹锡宝说："你给我校对一遍吧。"结果是不到半天，就把要编的文稿完成了，只校对出来一处差错。张照这样的记忆力与工作效率，让曹锡宝惊叹不已。

第二件事是，有一次，张照和几位文士在一起打赌背诵《史记·项羽本纪》，张照和张鹏翀各看了一遍，黄唐堂和桑调元各看了五遍，这四个人都能够背诵下来；缪谟和陆莼川两人各自看了一整天，还是不能背诵。张鹏翀（1688～1745）字天扉，号仰斋，又号南华，江苏嘉定（今属上海市）人，雍正时进士，乾隆时官至詹事，能诗善画，人呼之为漆园散仙。黄唐堂即黄之隽（1668～1748），字石牧，号唐堂，康熙六十一年（1722）进士，曾官翰林院编修。桑调元（1695～1771），字伊佐，号弢甫，浙江钱塘（今杭州）人，雍正时进士，曾官工部主事。缪谟（1667～?），字丕文，号雪庄，又号虞皋，江苏嘉定（今属上海市）人。陆莼川，其人事迹未详。从这件事可以看出，这几个人的记忆力有很大差异。曹锡宝议论说，张鹏翀是"神仙中人"（道家弟子），张照"由善知识来"（佛家信徒），他们的超强记忆力都取决于其根性与因果。

54. 章嘉呼图克图

许仲元《三异笔谈》卷四《凤慧》还记述了曹锡宝讲述的章嘉呼图克图博闻强记的事迹，也非常让人惊奇。章嘉呼图克图是清代掌管内蒙古地区喇嘛教格鲁派年龄最大的转世活佛。第一世章嘉出生于张姓世家，原称张家，改称章嘉。"呼图克图"是蒙古语"圣者"的意思，或译称活佛。许仲元所记为章嘉二世，名罗赖毕多尔吉，生于甘肃凉州，八岁奉朝命移住北京旃檀寺，又移驻嵩祝寺。雍正十二年（1734）受封大国师。

某年有一天，曹锡宝奉命去拜访章嘉呼图克图。章嘉通晓汉语，擅长翻译，当时已经80多岁，龙钟潦倒，行动需要有人搀扶。曹锡宝走到他的跟前，致词道："我的才学浅陋，不通佛经，现在我根据儒家经典的内容提出一个问题向您老请教吧。"于是就举出古籍中一个稍偏僻一些的典故，作为提问。章嘉笑道："老衲是远乡边陲的缁流之人，哪里懂得圣门大道？你刚才问的这个问题，在我的哪一间书房中、第几个书橱、某书第几卷第几页，取过来对照一下吧。"待到把书取来，他说的一点不错。曹锡宝见此情景十分惊奇，还以为章嘉活佛在玩魔术，于是又把佛经《楞严经》《华严经》里面的内容向他提问，章嘉活佛的回答"均滚滚滔滔，熟如翻水"。而且，章嘉活佛对于楞严咒和华严字母，还能用梵语歌唱，这可作为"声闻妙谛"的实证。曹锡宝听罢之后，感动得当即向他跪拜，表示愿意皈依佛门。

但是，许仲元记述的这个故事大有可疑。章嘉呼图克图二世出生于明末崇祯十五年（1642）。康熙四十五年（1706）封灌顶普善广慈大国师。康熙五十二年（1713），康熙皇帝命其掌管西藏以东格鲁教派。康熙五十三年（1714）逝世，终年七十三岁。或谓章嘉呼图克图二世雍正十二年（1734）受封大国师，乾隆十六年（1751）赐振兴黄教大慈大国师印。这或者是另一位章嘉二世；若与前者为一人，他已经寿一百余岁。曹锡宝生于康熙五十八年（1719），他拜访的是哪位章嘉呼图克图，待查证。许仲元所记这则故事，或据传闻，或是小说家言，不可全信，姑妄听之。

（八）古籍所见人体特异功能

人体在生理层面所具有的某些功能超过正常人，当代学界称之为特异功能。前一节所述超强记忆的各种表现，实际上也是一种特异功能。此外，人体的特异功能还有许多神奇表现，在古代文献典籍中有许多记述。这里，笔者就读书所见，略作梳理，综述于后。

1. 善走

善走，就是走路的速度特别快，俗语谓之"飞毛腿"。古代不少书中常见记述有这一类善走者。

明徐应秋《玉芝堂谈荟》卷九《日行七百里》记云："《抱朴子》云：杜子微服天门冬八十年，日行三百里。赵陀子服桂二十一年，毛生，日行五百里。《神仙传》：彭祖时，大宛山有青精先生，千岁色如童子，步行日过五百里。白石先生，煮白石为粮，亦日行三四百里。《三国志》：虞翻能步行，日三百里。麦铁杖日行五百里。辽陈州一妇人，为贼帅，号白颈鸦，日可行二百里。咸亨中神僧万回，幼时能三百里致兄书，朝往暮归，因名万回。东晋永和初，敦煌沙门单道开绝谷，阜陵太守迎之，道开步行，从西平一日行七百里，至秦州。"上述若干事例，大抵是根据传闻，具有志怪小说性质；即使有的事例被载入正史（如《三国志》），那也是据传闻采录。这里不再一一考述。《玉芝堂谈荟》没有提到的事例还有很多，这里再略作补叙。

首先要着重介绍的是明代的张成。郎瑛《七修类稿》卷四四《张成善走》记云：徐州有个名叫张成的男子，身材短小精悍，善于快走，每天可行五百里。如果他缓步慢走，也和普通人一样；如果他立定念头走远路，那么一般人就赶不上他。他一旦快行，自己就不能停下来，或者是遇到墙，或者是抱住树，才能停步。官府凡是有紧急公文需要投送，就派他去办。夜间，他就在一个圆形的大竹篓子里，缩起两脚睡觉，为什么要这样睡，自有他的道理，别人不能得知。他的这些情况，都是朗瑛从官场上经常外出的人那里听到的。

《七修类稿》没有提到张成生活的朝代，只指出籍贯是徐州。清初褚人获《坚瓠集》续集卷四《张成善走》记张成是明代成化年间临清（今属山东）人，又补充了一些事实。上官（应是徐州的上官，见后文）派张成往京师办事，他往返只用七天，这样的速度别人骑快马也做不到。张成的脚上生有长毛，这或许是他能够快走的隐秘原因。苏州有个举人经过临清（应是徐州），知州和他是朋友，留他在临清（应是徐州）住下叙旧，举人提出想吃萧县的大梨，知州就派张成赶夜去买，张成第二天早晨就把梨买回来了。举人怀疑张成是在这附近买的，就派人查证，发现这附近根本没有人卖这种梨，举人不得不相信。从临清（应是徐州）到萧县一百多里，张成往返只用了一宿的时间。（按：《坚瓠集》这里的记述有误。张成的籍贯是临清，而这时他们所处的地方是徐州而不是临清，萧县今属安徽，在徐州西南一百多里）清末俞樾《茶香室续钞》卷二一《陈飞》记张成善走，全抄录《七修类稿》；又见《茶香室四钞》卷四《张成善走》全抄录《坚瓠集》。

沈德符《万历野获编》卷八《陈飞》记述的陈飞也是一位善走者。万历初年，蒲坂（在今山西永济）张凤磐相公家有一位男仆，姓陈，善走，一天能走八百里，他的腿脚矫捷完全是出于天赋，并不靠什么法术，因此给他取名叫陈飞。张凤磐的儿子张泰征于万历八年（1580）进士及第，张凤磐当时在京师北京，派陈飞往老家蒲坂报喜。朝廷派遣的报信的公差骑快马一天一夜才到达河中府（今临汾），而陈飞已经把新科进士的名单送到蒲坂（今永济）家中了。陈飞的儿子也能走得很快，每天只是五百里，后来他受到一桩盗案牵连，被官府衙役打伤，两脚不灵活，但是他还能每天行三百里。后来，就再没有听说他的事迹了。

《万历野获编》卷八《陈飞》一节还同时记述一位顾某。顾某本来是军人，后来他得到一位异人传授，一天一夜能行千里。巡抚李三才很看重他，召见他时给予他很高的礼遇。李三才，字道甫，顺天通州（今属北京市）人，万历二年（1574）进士，官至右佥都御史，巡抚凤阳诸府十余年之久。李三才是一位爱惜人才的官员，但是，后来顾某已经不能走得很快了。据说，顾某善走是因为他随身携带的布囊中有个小铁船，是他的师父送给他的，有人嫉妒他，就把这个小铁船盗去了，盗小铁船的人却不懂得念秘密咒语，小铁船就不能显示让人快走的法力，就像是"板桥三娘子"故事中的那个小木头人似的，不知咒语它就毫无用处（板桥三娘子故事见《太平广记》卷二八六，兹不赘述)。沈德符和这位顾某熟识,后来听说他已经改行,专注于炼丹去了。俞樾《茶香室续钞》卷二一《陈飞》记陈飞事迹全抄《万历野获编》。

据野史记载,明代徐霞客也是一位善走者。徐霞客(1586~1641),原名宏祖,字振之,号霞客,江苏江阴人。著名的地理学家和旅游家,著有《徐霞客游记》。《留仙外史》记云:"相传霞客得异人术,日可行千里。"(《清说七种》本)徐霞客幼年博览图经地志,从22岁开始,他不带仆从,独自一人背负行囊,游览全国名山大川,历时30多年,足迹遍及16省。其事迹带有传奇色彩,充满冒险精神。说他可以日行千里,是人们出于景仰而对他的英雄行为予以夸大,但在实际上是不可能的。

另外,李介《天香阁随笔》卷二记述一位江阴人顾赤文。明末崇祯时张国维官应天巡抚时,顾赤文受到张国维的礼遇。张国维字九一,号玉笥,东阳人。天启二年(1622)进士,崇祯时官至金都御史;鲁王时官兵部尚书,武英殿大学士,兵败后投水死。明末乱世,张国维结局悲惨,顾赤文也没有更多的事迹。这里还附带介绍说:"(顾赤文)有一弟善走,能日行三百里,专刺取人事。"记述简略,未见更多的事实。

关于善走的人物,也见于小说的描写。如《水浒传》中的戴宗,其绰号为"神行太保"。第五十三回《戴宗二取公孙胜,李逵独劈罗真人》写戴宗带着李逵一起赶路时,戴宗会作神行法,他取出"甲马"拴在李逵的腿上,就可以让李逵急行八百里才能停下来。小说写道:"戴宗念念有词,吹口气在李逵腿上。李逵拽开脚步,浑如驾云一般,飞也似去了。……耳朵边有如风雨之声,两边房屋树木一似连排价倒了的,脚底下如云催雾趱。李逵怕将起来,几遍待要住脚,两条腿那里收拾得住?却似有人在下面推的相似,脚不点地只管走去了。"这里的描写非常生动,李逵快行的感觉大概就像是今天乘坐火车看到的路边的景象。戴宗的甲马是他施行法术的道具,而且在使用时必须念起咒语,就像是《野获编》所记顾某的小铁船,能产生神奇的使人走得快的功能。当然,小说家言只能姑妄听之而已,未可信以为真。

俞樾《茶香室续钞》卷二一《风火轮》一节,引方浚颐《梦园丛说》记云:流放在新疆伊犁的某大臣遇见一位异人,用三千两银子买到两种奇术。其一是风火轮,制作方法是,从古寺中取一片有千年历史的瓦当,雕刻成两个小车轮,放在鞋底中,掐指念动口诀咒语,就能够行走如飞,每天可行八百里。小说中有"风火轮"(如《西游记》中写哪吒脚蹬风火轮),而现实中竟然也有这样的物件。用瓦片雕刻成的风火轮肯定和哪吒的风火轮不是一回事，而应当是和《野获编》所记顾某的小铁船类似的东西。

2. 视日不眩

视日不眩，就是用眼睛直视太阳，而眼睛能够耐受，并不昏黑发花。太阳的光线非常强烈，一般人不能够用眼睛直接看它。如果能够视日不眩，那确是非常罕见的特异功能。

徐应秋《玉芝堂谈荟》卷六《噀酒救火》记云："视日不眩者，晋有王戎，隋有刘炫，而宋又有蔡京。"这里列举出三位代表性的人物。

王戎（234～305），字浚冲，西晋琅琊临沂（今属山东）人。被列为"竹林七贤"之一。《晋书·王戎传》记云："王戎幼而颖悟，神采秀彻，视日不眩。裴楷见而目之曰：'戎眼灿灿，如岩下电。'"裴楷是魏晋之际人，司马昭曾向钟会询问，谁可作吏部郎的人选，钟会说："裴楷清通，王戎简要。"据此可知裴楷其人，他对于王戎也应是非常熟悉的，他所说的王戎的特点是可信的。唐李冗《独异志》卷上记云："王戎视日睛不眩。"大抵是采自《晋书》本传。

刘炫（约546～613?），字光伯，北齐至隋代在世，河间（今河北献县东北）人。隋文帝开皇年间曾被授官为殿内将军，坐罪除名，坎坷而死。《隋书·刘炫传》记云："炫，眸子精明，视日不眩，强记默识，莫与为俦。左画方，右画圆，口诵，目数，耳听，五事同举，无有遗失。"据此记述，刘炫确是一位奇异的人物，目视日不眩只是他的奇异本领的一项。刘炫的其他特异功能还有"一心多用"，即手、口、眼、耳同时工作，参见下节。

蔡京（1045～1126），宋代名臣，著名书法家，也被认为是著名的奸臣。关于其视日不眩，后世文人著作中时见提及。除《玉芝堂谈荟》之外，又见道家著作《太上感应篇》中有"唾流星，指虹霓，辄指三光，久视日月"之语，前人注解说："宋蔡京，能久视日不眩。或曰：'此贵征也。'然恃其目力，敢抗太阳。识者知有无君之心矣，竟以擅权误国贬死。"古代把皇帝比喻为太阳，把蔡京敢直视太阳解释为"有无君之心"，即是把人的特异生理现象一下子上升到"严重的政治问题"，并由此说蔡京不得好死，这实在是过于牵强附会。

3. 一心多用

古代成语有"心无二用"，即是说人的大脑在指挥人的行动的时候，一般情况下在某个特定的时间内只能做一件事，如果同时做两件或两件以上的事，那是办不到的。但是，确有个别智力异常卓越的人，能够做到同时一心二用或一心多用，这也是一种特异功能。

如前节记刘炫"左画方，右画圆，口诵，目数，耳听，五事同举，无有遗失"，就是一心多用的典型表现。又如冯梦龙编《古今笑·委蜕部第二十》有《绛树两歌，黄华二牍》篇，引录《志奇》书中两件事。一是古时有个名叫绛树的女子，她能同时唱两支歌，两个人在旁边仔细听，各听一曲，一字不乱。有人怀疑她的一支歌是从鼻孔里发出来的声音，但是终于没有明白她用的是什么方法。(《志奇》今未见)二是又有个人名叫黄华，他的两只手能同时在两个书板上写字，一只手写楷体，另一只手写草体，挥笔不停，写出的文字的意思也各不相同。这里讲述的两个人，都是心可二用的典型。

关于绛树，《艺文类聚》卷四三引三国魏文帝曹丕《答繁钦书》中云："今之妙舞莫巧于绛树，清歌莫善于宋腊。"这里的绛树应当就是那个能够"两歌"的绛树，但是，曹丕只提到她会跳舞，没有说她会唱歌。又见南朝徐陵《杂曲》云："碧玉宫伎自翩妍，绛树新声最可怜。"(《徐孝穆集》卷一)这里是以绛树泛一般歌女，没有特别指出她能够"两歌"。

《朝野佥载》卷五记载："元嘉少聪俊，左手画圆，右手画方，口诵经史，目数群羊，兼成四十字诗，一时而就，足书五言一绝。六事齐举，代号'神仙童子'。"这里的元嘉，即是唐高祖李渊的第十五个儿子李元嘉，被封为韩王，十五岁时就授其官为潞州刺史，后来在武则天专政时期因有罪被逼自杀。《朝野佥载》所记是他少年时候一心多用的故事，比前文所述刘炫的"五事同举"还要让人惊奇。

现在，我们不妨再欣赏一下李元嘉的这番神奇的表演。左手画圆、右手画方已是极难之事。北齐刘昼《刘子·专务》中云："使左手画方，右手画圆，令一时俱成，虽执规矩之心，回剠劂之手，而不能者。由心不两用，则手不并运也。"可知这在前人不可能做到，然而李元嘉既能左手画方，右手画圆，而且还能口中诵读着儒家经典文章，眼睛数着一群羊的数目，又能作出一首八句四十字的五言律诗，同时还能用脚夹住笔写出一首五言绝句诗。这六件事，说起来就叫人眼花缭乱，然而他却能够"六事齐举"，真是让人叹为观止。

像李元嘉这样的"六事齐举"以及前述刘炫的"五事同举"，在清代还有毛奇龄与此相似。毛奇龄（1623～1713），又名甡，字大可，号秋晴，或曰初晴，浙江萧山人，学者又以其郡望称他西河先生。《清稗类钞·异禀类·毛西河五官并用》记述道，毛奇龄曾经同时做好几件事：他用右手给弟子批改作文，左手拨打算盘珠，耳朵听着弟子背诵儒家经典著作，眼睛看着小书童浇花，口中回答着另一位弟子的提问，这其间还穿插着和妻子开玩笑，这几件事都在同时进行中，并不紊乱。

上述一心多用的情况，在古代小说中也有类似的描写。《三国演义》第五十七回《柴桑口卧龙吊丧，耒阳县凤雏理事》所写庞统的情节，与李元嘉的事迹略为相像。庞统到荆州去投刘备，刘备让他到耒阳县去做县宰，庞统自感大材小用，到任后百余日只是饮酒，不理政事。刘备派张飞与孙乾前去查问，庞统当即"将百余日所积公务，都取来剖断。吏皆纷然赍抱案卷上厅，诉词人被告人等环跪阶下。统手中批判，口中发落，耳内听词，曲直分明，并无分毫差错。民皆叩首拜伏。不到半日，将百余日之事，尽断毕了"。这是小说的描写，肯定是有所夸张。《三国志·蜀书·庞统传》中没有这样的记载。《三国演义》成书于明代中期，其中所写耒阳县庞统理事的情节，大概是借鉴了《朝野佥载》中关于李元嘉以及前述刘炫等人的故事。

4. 耐热耐冷

《宋史·郭忠恕传》记载，郭忠恕，字恕先，洛阳人。博学多才，善书法绘画，尤工篆籀。五代后周太祖郭威广顺年间（951～953），被召为宗正丞兼国子书学博士，又改授周易博士。他的独特之处，在于他的身体有多方面与一般人不同的地方。郭忠恕能够一个多月不吃饭，但是没有听人说过他有辟谷之法。郭忠恕能够在盛暑天暴晒于太阳光下，身体却不出一点汗。在冬天严寒季节，郭忠恕还能在河边把河冰凿开，用下面的冰冷水洗浴，而且在洗浴的时候，他的身体旁边的冰能够融化。别人看到他的这些特点，都不明白究竟是什么原因。

5. 在水中长时间憋气

人在水里潜泳（俗谓之"扎猛子"）的时候，要憋住一大口气，待到出水之后再作正常呼吸。这样憋气的时间是很有限的，一般的情况下能憋上几分钟就很不错了。如果一个人在水里能憋上较长的时间，远远超过正常的人，这就可以说是特异功能。

清代王应奎《柳南随笔》卷二记云："世有善泅者，往往能伏水底，谓之'打没头'。此即《庄子·达生篇》所谓'没人'也。"这里的"没人"，即如当代所说的潜泳。《庄子·达生》原文是："若乃夫没人则未尝见舟而便操之也。"晋代郭象注云："没人，谓能鹜没于水底。"《柳南随笔》这里引录了郭象注，之后又加按语解释说："鹜，鸭也。鸭性能没水，故云鹜没。"如果某人能像鸭子那样较长时间鹜没于水中，这样的特异功能就是非常神奇的。

小说中有这一类的描写。《三侠五义》中"五义"之一的蒋平就有这个本领。第三十一回《展熊飞比剑定良姻，钻天鼠夺鱼甘赔罪》写五义的大爷卢方，二爷韩彰，三爷徐庆，"至于四爷，身材瘦小，形如病夫，为人机巧伶便，智谋甚好……姓蒋名平，字泽长，能在水中居住，开目视物，绰号人称翻江鼠"。第六十七回《紫髯伯庭前敌邓车，蒋泽长桥下擒花蝶》，写蒋平在板桥和花蝶相遇，两人滚下桥去，在水里花蝶哪里是蒋平的对手，结果被蒋平擒住。蒋平的本领正是在水中显出奇异的功能。

6. 猜数

沈括《梦溪笔谈》卷二〇《神奇》记云：山阳有一个女巫，其神极灵，沈括说他的伯父曾召见女巫亲自问她，凡是人间实有的物件，即使在千里之外，她都能说得清楚。甚至于别人心中有一个念头萌生，她也能知道这人想的是什么事。当时谈话的时候有客人正在下围棋，有一人来作试验：他抓取若干棋子，先数好几黑几白，握在手里不让女巫看见，女巫竟然能猜得非常准确；再随便抓一把棋子，不事先数好是几黑几白，让女巫猜，女巫就猜不准了。这其中的道理大概是，抓棋子者先数好是几黑几白，他的心中就是已经产生了意念，女巫就能感知他的这个意念而能准确地猜出；抓棋子者不事先数好是几黑几白，即是他的心中还没有产生这样的意念，女巫也就不能感知。如果这个道理成立，那么，女巫能感知他人心中的意念，也是非常奇异的功能。

清代阮葵生《茶余客话》卷二一《猜数》引述了《梦溪笔谈》所记载的这个故事，评论说，这正是邵雍所谓"思虑未起，鬼神莫知"（邵雍《思虑吟》，见《击壤集》）。据此再推而论之，那就是"若起思虑，鬼神必知"；既然神鬼可知，而某个具有特异功能的人也就有可能感知。

这里，阮葵生又讲述一个故事：乾隆十二年丁卯（1747），在周蓼圃（其人未详）的书斋里玩过一次扶乩的游戏。当时桌子上的果盘中有西瓜籽，在场的人有位字为紫坪者，随便抓取若干个握在手心里，向乩仙询问，乩笔显示为"三八之数"。松开手数了数，是二十四粒，那么，所谓"三八之数"是三乘八的意思。第二次试验，抓取若干个西瓜籽再问，乩笔显示还是"三八之数"。松开手数了数，是三十八粒，那么，所谓"三八之数"是三十八的意思。第三次再抓取若干个询问，乩笔显示还是"三八之数"。松开手数了数，是十一粒，那么，所谓"三八之数"是三加八的意思。这次游戏是颇有趣味的，虽然三次的数目不同而乩笔显示的答案相同，但是倒也能自圆其说，给现场的观者一种非常奇妙的感觉，其中或许隐藏着难为人知的奥秘。

7. 追写真

"写真"一词在古文中就是画像。当代的照相技术叫写真，洗印成的照片也叫写真。日语中有"写真"一词，即为中文的摄影或照片。本文中所谓"追写真"，就是给已经去世而没有留下图像资料的人画像。能够追写真的人没有见过死者，他单凭别人对于死者的生平事迹及面貌特征的叙述，就能够把死者的像画出来，而且能使死者的亲属或其他见过死者的人认可，这确是一种神奇的特异功能。

王士禛《池北偶谈》卷二〇《追写真》记述了宋琬为其母亲追写真的事。宋琬（1614~1674），清代文学家，字荔裳，号玉叔，顺治四年（1647）进士，曾官浙江按察使、四川按察使。宋琬幼年就失去了母亲，长大后每想起母亲就不由得痛哭流涕。宋琬在浙江做官的时候，有人推荐一位苏州的术士，他自谓能够为死去的前辈追写真，人死后几十年，也能画出像来，并且可得其神似。宋琬就请来术士，术士要求为他安排一间净室，他在里面独自写符画咒。三天后，术士让宋琬为母亲礼拜，礼毕退出，术士一人在室内，把门窗都关闭严实，告诫外面的人不要大声喧哗。到了夜里，忽然听见房上的瓦发出响声；半夜时候，又听见把笔扔在地上发出的声音，房上瓦再次发出响声。术士打开房门，让宋琬进室内观看，只见灯烛明亮，桌案上摆放着各种颜料，画笔掉落在地上，而画纸仍然函封完好，没有开启。打开函封，原来像已经画好了，就像是母亲生前的容貌一样。宋琬捧持画像，不由得悲痛流泪，给了术士丰厚的酬谢。术士说，去世时间超过六十年的，就没法再进行"追写真"。

《池北偶谈》这里又引述明代苏祐（字允吉，号谷原）《逌旃琐言》记述的一个故事：澶渊（今河南濮阳）人宋敬夫幼年丧父，他不记得父亲什么相貌，就请方海山人给父亲用"追写真"的奇术画了一幅像，带回家给母亲看，母亲说就和父亲生前的相貌一样，不胜悲痛。（《说郛续》卷一九）王士禛议论说，从以上两个事例来看，追写真的奇术或许是实际能够做到的，并不是虚幻的魔术。

俞樾《茶香室续钞》卷二〇据《池北偶谈》转抄此段文字，并云："按此术今尚有之，余《右台仙馆笔记》中曾载其事。"可知，在清末时俞樾还见过有人进行追写真的事。但是，用当代科学的观点来看，究竟该怎样解释，笔者没有看到相关的资料。

8. 以手感识字

周亮工《书影》记云：明末时，总兵杨肇基率部驻守在上党（今山西长治），其幕客中有位名叫孙无屋的，能在黑夜中用手摸着书信上的文字识别出来，而且还能够念诵，就像是在灯前念诵一样，不知道他用的是什么法术。杨肇基，字太初，忻州卫军籍，世袭军职，曾官大同总兵、山东总兵，累官至左都督，加太子太师。孙无屋其人生平未详。

清末俞樾《茶香室四钞》卷七《扪牍知字》据《书影》予以转述，未作议论。

9. 相马神功

中国古代关于相马有不少神奇的人物。最著名的是人们所熟知的伯乐。《庄子·马蹄》对于伯乐的"善治马"有较详细的记述。郭象《庄子》释文云："伯乐，姓孙名阳，善驭马。"伯乐相马的奇术固然是出于他长期的专业实践与经验积累，但是，这也是基于他对于马有特异的感知与悟性，一般人的认知很难达到这样的层次与境界。韩愈《杂说（四）》云："世有伯乐，然后有千里马。千里马常有，而伯乐不常有。"后来，伯乐相马就成为一个具有固定意义的典故，由相马而引申为识人，称善于发现人才与使用人才者为伯乐。

《列子·说符》又记述了伯乐的故事。秦穆公对伯乐说，你老了，能不能再推荐一位善于相马的人，伯乐就推荐了九方皋。秦穆公召见了九方皋，让他去挑选千里马，三个月后，九方皋回报曰："已得之矣，在沙丘。"穆公问是什么样子的马，对曰"牝而黄"（黄色的母马）。穆公派人前往察看，却是"牡而骊"（黑色的公马）。于是秦穆公很不高兴，对伯乐说：太糟糕啦！你推荐的相马人，连马的颜色和公母都看不准，又怎么能辨别出来是不是千里马呢？伯乐长叹一口气，说："九方皋相马的本事真是太奇妙了，简直是要超过我千万倍啊！九方皋相马，他的所见是得自天机。他所重视的是精华而不是粗略，是内质而不是皮毛；他所注意的是他应该注意的，而不是不应该注意的；他看到的是他必须看到的地方，而抛开没必要看到的地方。像九方皋这样的相马，才能得到真正的好马啊！"秦穆公派人把那匹马取来，果然是一匹可称得上是千里马的好马。

九方皋的相马神术，以及伯乐对于他的信任与理解，含有非常深刻的哲理。真正高明的相马师，一定是能够不关注现象，而关注本质，不局限于事物的外部表征，而洞察事物的内在性能。在这方面的认知能力，不同的人肯定存在着先天性的差异。伯乐与九方皋这样的相马大师，在一定程度上具有认识马的本质的特异功能。

春秋以来，历代肯定出现过不少的相马名师，但是，具有伯乐、九方皋那样的相马特异功能者却非常罕见，清初的来保可以算得上这样的人物。

来保（1681～1764），姓喜塔腊氏，字学圃，满洲正白旗人。少年时相貌俊美，十三岁时做宫廷中的御前侍卫，眉目如画，康熙皇帝呼他为"人样子"。乾隆年间官至文华殿大学士，卒谥文端。（参见本书第六编《前身后身探秘》第92节《来保的前身是伯乐》）袁枚《子不语》卷二一《来文端公前身是伯乐》记载说：来保曾对人说他是伯乐转世。他成年后更为英俊，两眼炯炯有光，对于相马具有特异功能。他在兵部任职兼管上驷院时，每逢到草原上挑选良马，他能在成群的百十匹马中一眼看过一遍，每匹马的特征与缺点就都能够一一指出来。马贩子对于他的这种本领非常惊奇，称他是马神。

来保七十岁之后，经常闭目静坐养神，每逢有马从旁边经过，他听见马蹄声，不但能知道这是不是一匹好马，而且这马是啥毛色，有啥疾病，都能知道得很清楚。乾隆皇帝的坐骑都是由来保亲自挑选来的。选马的时候，先由乾隆皇帝的几位近身侍卫从马群中精心挑选出三匹马，经过反复测试，基本上能断定都是好马，准备献到宫中，这时再让来保看一遍。来保已经七十多岁了，两个眼睛的上眼皮下垂，他用手指把眼皮撑开，把三匹马看了一下，然后说："第一匹可用，第二匹不可用。"侍卫骑上再试，果然第二匹马跑了一会儿就栽倒了。有一天，来保在内阁闲坐，时为文渊阁大学士的史贻直（1682～1763，字儆弦，号铁崖）骑着一匹马在内阁大门前下马，看见来保顺口说："我骑的这匹枣骝马特别的棒！"来保正闭目养神，看都没看，就说："马是很棒，但是，你骑的是一匹黄骠马，为啥要说是枣骝马哄我呢？"史贻直说："的确是我说错了，但是你并没有睁眼看，怎么知道呢？"来保笑而不答。又有一次，东阁大学士梁诗正（1697～1763，字养仲，号芗林）来内阁稍晚了一会儿，自言是所骑的马"伤水"（饮水过量伤了胃），行走有些困难，来保听见说："并不是伤水，而是你的那匹马肚子里喝下蚂蟥了。"梁诗正请兽医给马诊断，兽医用针灸扎针，马排泄出来的蚂蟥有好几升之多，疾病也就好了。从以上的几个事例可知，来保的相马之术确是非常神奇。

来保自己不认为他对于相马有特异功能。他曾对在宫中做侍读的严长明（1731～1787，字冬友，号道甫）说：当初他二十来岁时做宫廷卫士在长安门外持枪站岗三十多天，仔细钻研过《易经·象辞》的乾坤二卦，从中悟知相马之道，里面的奥秘是只可意会而不可言传的。来保的这番话不过是故弄玄虚之词，以此糊弄外人而已。至于说究竟他为何有这样的奇异功能，也许就是一个永远解不开的神秘之谜。

第三编　历史人物寻踪

（一）孔子生卒年月日

孔子是中国历史上的文化巨人，然而他的生卒年月日在古代早期文献中的记述中并不是十分明确，不同的文献记载又不够一致，疑点重重。当代学术文化界现在认定的比较一致的说法是：孔子出生于公元前551年庚戌夏历八月二十七日，卒于公元前479年壬戌二月十八日，终年七十三岁。这里所说的是当代学术文化界的"认定"，而并非是严格历史真实的孔子生卒年月日。

自孔子逝世至今，关于孔子的生卒具体时间，历代文人学者多有考辨，但是众说纷纭，长期未能形成共识。杨伯峻《论语译注》卷前《试论孔子》介绍孔子身世写道："孔子名丘，字仲尼，一说生于鲁襄公二十一年（《公羊传》和《谷梁传》，即公元前五五一年），一说生于鲁襄公二十二年（《史记·孔子世家》），相差仅一年。前人为此打了许多笔墨官司，实在不必。死于鲁哀公十六年，即公元前四七九年，终年实七十二岁。"（中华书局1980年版）这里的表述有差错，鲁襄公二十一年应是公元前552年而非"前五五一年"，可能是该书排印时的差错。这里，杨伯峻先生只是简单地提到关于孔子生卒年的不同说法，没有过多地展开叙述。

笔者在读书学习的过程中，也曾关注这一问题，这里把有关历史文献略加梳理，意在寻绎前代学者考辨的过程与脉络，把"前人为此打了许多笔墨官司"的情况略作介绍。同时笔者也深为感慨，对于孔子的生卒年月日问题，如今能够认定一个比较一致的看法，是多么的不容易！

《春秋公羊传·襄公二十一年》记云："二十有一年……十有一月庚子，孔子生。"所记孔子生于鲁襄公二十一年己酉（前552），即周灵王二十年，与后来《史记·孔子世家》等所谓孔子生在鲁襄公二十二年庚戌（前551），相差一年；这里记述孔子生日为十一月庚子，与其他文献中所记孔子生日为十月庚子，相差为一个月。《公羊传》这里有何休原注云"时岁在己卯"，而"己卯"明显有误，后世学者均提出质疑。《公羊传》没有记载孔子的卒年。

《春秋谷梁传·襄公二十一年》记云："二十有一年……冬，十月……庚子，孔子生。"这里记孔子生年同《公羊传》，而出生之月比《公羊传》早一个月。所谓十月庚子是周朝历法，即此年的八月二十七日；若只认定"十月庚子"，而襄公二十二年（前551）的十月没有庚子，那么《谷梁传》说孔子生于襄公二十二年庚子就肯定是不正确的。于是这成为后世学者考辨的重要疑点之一。《谷梁传》也没有记载孔子的卒年。

《左传》中襄公二十一年、二十二年都没有记载孔子出生的事。《左传·哀公十六年》记云："夏四月，己丑，孔丘卒。"但是没有提及孔子的生年，也没有明言孔子卒时的年龄。杜预原注云，按孔子出生于鲁襄公二十二年（前551）计算，孔子去世时为七十三岁。这里，杜预注提出的一个重要问题是，《左传》记孔子卒于四月己丑，但是，这一年的四月十八日是乙丑，本月并没有己丑日，己丑日在五月十二日，那么这又是一个大疑点。杜预注又说，或谓孔子生于鲁襄公二十三年（前550），至此年为七十二岁，这与《史记·孔子世家》等文献认为孔子七十三岁卒有异，不可信从。由此可知，在杜预所处的西晋时期，关于孔子的生卒年已存在各种异议。至唐代，《左传正义》孔颖达疏注意到杜预对于乙丑、己丑的怀疑，但并没有多作考辨。

《史记·孔子世家》对于孔子生平的记述，应该是一种具有权威性的文献。其中关于生卒年的记载云："鲁襄公二十二年而孔子生。""孔子年七十三，以鲁哀公十六年四月己丑卒。"这里的记载即是前551~前479年，是当代认定孔子生卒年的重要依据。但是，《孔子世家》没有记载孔子出生的月日；所记其卒日"四月己丑"，是采用了《左传·哀公十六年》的说法。由于《左传》杜预注对于己丑还是乙丑有疑问，那么其卒日究竟是四月的哪一天，也就没有明确。由于《史记》具有一定的权威性，影响很大，因此后世许多学者在记述孔子生卒年时就信从《史记》，表述为孔子生于鲁襄公二十二年（前551），卒于鲁哀公十六年（前479），如《琗珞子》《五行书》等书。

《公羊传》《谷梁传》记孔子出生尽管月份不同，但是"庚子日"是相同的，于是，在汉代以后的现实生活中已经实行在庚子日拜孔子的做法。《南齐书·臧荣绪传》记臧荣绪曾撰作《拜五经序论》，因经书记载孔子生于庚子日，他就在这一天"陈五经拜之"。臧荣绪（？～488），南朝宋至齐时在世，莒（今山东莒县）人，隐居于京口（今江苏镇江）教授为生，自号为被褐先生。齐高帝萧道成为扬州刺史时曾征用他做主簿，他不受聘。但是，《南齐书》仅记臧荣绪在庚子日拜五经，却没有明言是哪一月的庚子。《南史·臧荣绪传》所记同《南齐书》。这件史实说明，南朝齐时，学校教育方面已经认定孔子的生日是庚子，这一天在学堂里对孔子及经书进行祭拜。这一做法延续到后代，到明代仍然这样做。陈继儒《太平清话》卷二云："臧荣绪，以宣尼庚子日生，陈五经再拜如神灵。"这里还举明代黄省曾为例云，每逢庚子日，黄省曾把五经书籍置于高架上，"朔望拜之"，并且还撰写一篇《拜五经文》。黄省曾（1490～1540），字勉之，号五岳山人，江苏吴县（今属苏州市）人。嘉靖十年（1531）中举，后一直未出仕，从事著述。黄省曾的做法，显然是继承了臧荣绪的遗风。

北宋刘恕《资治通鉴外纪》记述孔子生卒年，依从的是《公羊传》《谷梁传》的说法。卷七《周纪五·灵王》记云："（周灵王）二十年春……冬十月庚子，孔子生。"卷九《周纪七·敬王》记云："（敬王）四十一年夏四月，孔子卒，年七十四。"刘恕字道原，宋筠州（今江西高安）人，曾协助司马光编纂《资治通鉴》。他的观点，为后世学者在议论孔子生卒年问题时所引用。

值得注意的是，自宋代起，曲阜孔子故里的孔圣后裔对于孔子生卒年的认定，却并没有赞同《公羊传》《谷梁传》的记载，而是依据《史记·孔子世家》的说法。如北宋神宗八年（1085）孔子第四十六代孙孔宗翰撰作《孔子家谱》，南宋理宗淳祐二年（1242）年孔子五十一代孙孔元措再撰作《孔氏祖庭广记》等，这些文献都是确定孔子生于鲁襄公二十二年庚戌（前551）十月，卒于鲁哀公十六年壬戌（前479）四月。孔子故里的文献是孔子后裔所撰，应该是可信的，这便成为后世赞同《史记·孔子世家》一派学者考辨此事的依据。

李石《续博物志》卷二记云："孔子生于鲁襄公二十二年。"不赞同刘恕的观点。李石，宋资州（今四川资中）人，曾官太常博士。《续博物志》只有这一句判断语，没有议论。

南宋罗泌《路史》卷四三《余论六》，对于孔子的生卒年问题进行了考论。罗泌指出，《璙珞子》《五行书》等书谓孔子于庚戌年二月二十二日庚子日甲申时生，庚戌即鲁襄公二十二年（前551），周灵王二十一年，这与《史记·孔子世家》对于孔子的生年说法一致，但是其出生月日确定为二月二十二日却值得考究。罗泌对此进行考辨说，《公羊传》记孔子生于鲁襄公二十一年己酉（前552）十一月庚子，然而此年十一月并无庚子；《谷梁传》记孔子生于此年十月之后，然而此年的十二月二十二日为庚子。若按《公羊传》《谷梁传》所记孔子生于鲁襄公二十一年（前552），至鲁哀公十六年四月卒时应是七十四岁，而非七十三岁。若按孔子卒年为七十三岁计，其生年当在鲁襄公二十二年庚戌（前551），而非鲁襄公二十一年己酉（前552）。因此，罗泌据《孔子家谱》和《祖庭记》等资料及周朝的历法，认为鲁襄公二十二年的十月庚子是这一年的夏历八月二十七日。并且说，南宋时已经把八月二十七日确定为"先圣人孔子生日"。

南宋罗璧《识遗》卷四考辨孔子生卒年，全抄罗泌《路史》，没有提出新的质疑。

南宋胡仔的认识全同二罗。他所著《孔子编年》卷一记云："庚戌，鲁襄公二十二年，孔子生于鲁平乡陬邑。"卷五记云："壬戌，鲁哀公十六年，年七十三……寝疾七日而殁，夏四月己丑也。"胡仔字元任，南宋初徽州绩溪人。胡舜陟之子，以父荫授迪功郎，官至奉议郎。后隐居湖州，号苕溪渔隐。他对于孔子生卒年的记述，采用了《路史》考辨的结果。

南宋大儒朱熹则是不理睬《公羊传》《谷梁传》及刘恕等人的说法，而直接采用《史记·孔子世家》的记载。他编定《四书集注》，其中《论语序说》记云："《孔子世家》曰：孔子名丘，字仲尼……以鲁襄公二十二年庚戌之岁十一月庚子生。……（哀公）十六年壬戌四月己丑，孔子卒，年七十三。"

朱熹的判定尽管具有一定的权威性，但是在此后并不能使学界普遍赞同。信从《公羊传》《谷梁传》的一派学者仍然坚持自己原来的观点，对朱熹的说法予以反驳。黄震《黄氏日钞》卷三二抄录《阙里谱系》云："孔子，周灵王二十年己酉，当鲁襄公二十一年十月庚子生。……哀公十六年，孔子卒，年七十四。"《阙里谱系》或谓为洪庆善撰作，与曲阜孔子后裔所编撰的《孔氏祖庭广记》等家谱资料不属于一个体系。洪庆善其人生平未详，《阙里谱系》的撰作时间亦未详。黄震字东发，浙江慈溪人，宋理宗宝祐年间进士，曾官史馆检阅、抚州知州。独宗朱熹之学，卒后其门人私谥为贞洁先生。《黄氏日钞》中抄录《阙里谱系》此段，未加议论，我们可以视为黄氏赞同这里关于孔子生卒年的记述。黄震既然被后人认为是宗承朱氏之学的，那么他在这里表现的认识却与朱熹不同，颇让人费解。

宋元之际，金履祥则是赞同朱熹，认可《史记·孔子世家》的说法。金履祥，南宋末浙江兰溪人，字吉甫，德祐初（1275）被召为史馆编修，未就职而宋亡，入元后讲学著书，为一代名儒，学者称之为仁山先生。其所著《资治通鉴前编》卷十七记云："（周灵王）二十有一年，孔子生。"周灵王二十一年，即鲁襄公二十二年（前551）。这里，金履祥加《质实》（考辨）云："《公》《谷》二传皆谓鲁襄公二十一年孔子生，而《史记》独曰二十二年，或《春秋》用夏正，《史记》如秦法，然不可考。按襄公二十一年日再食，决非生圣人之年也。当从《史记》。"这里，金履祥明确表示依从《史记》的观点，但是，他把鲁襄公二十一年（前552）两次发生日食的现象作为圣人孔子不应当在这一年出生的理由，却是荒诞而不可信的。《左传·鲁襄公二十一年》记载，这一年"九月庚戌朔，日有食之。十月庚辰朔，日有食之。"古人崇信天人感应观念，认为一年当中发生两次日食是凶兆，这在今天看来是非科学的。但是，金履祥的这一观点，却作为后人讨论孔子生日问题的依据之一（详见后文清董丰垣一段）。

元明之际，宋濂《宋学士文集》卷二七有《孔子生卒岁月辩》，其基本观点是维护《公羊传》《谷梁传》的记载而不赞同《史记》及朱熹。这是从汉代以至明初关于孔子生卒年月日考辨最详细的一篇文章，引录诸家异议较为丰富，后来明清学者考辨此事多引用此篇。其中提及东汉贾逵注《春秋左氏传》谓孔子生于鲁襄公二十一年（前552）；又注鲁昭公二十四年（前518）之事谓"仲尼时年三十五"，亦推知孔子生于鲁襄公二十一年（前552）；东汉服虔注《春秋左氏传》引录贾逵之语，赞同其观点；《史记·孔子世家》谓孔子生于鲁襄公二十二年，杜预注赞同，而司马贞"索隐"则赞同《公羊传》《谷梁传》，以司马迁为误。宋濂又列举孔若古、胡舜陟、孔宗翰、罗泌、洪兴祖诸位学者的观点，或赞同《公羊》《谷梁》，或赞同《史记》，见解各有不同。宋濂自己的看法是，"孔子所生之年，吾当从公羊氏、谷梁氏"，即认定孔子生于鲁襄公二十一年己酉（前552），又补充一些史料进行分析。关于孔子的卒年，宋濂赞同《左传》所记的"鲁哀公十六年夏四月己丑"，即前479年。但是，这一年的四月只有"乙丑"而没有"己丑"，己丑在此年的五月十二日；孔子去世时的年龄是七十四岁而不是七十三岁。宋濂又说，南宋王应麟是博览群书的大学问家，他也曾对孔子的生卒年问题提出质疑，但是他认为"今不可考矣"。于是宋濂就下一番功夫进行考辨，表示了自己的看法。

明代彭大翼《山堂肆考》卷一四三《孔子生辰》一节，也记述了对于孔子生卒年各种说法的质疑。他列举了《公羊传》《谷梁传》《史记》的不同说法之后云："经传生年不定，使夫子寿数不明。"之后，彭大翼自谓他曾经游历金陵（即今南京）时，邂逅孔子的六十代孙孔承先，孔承先把自己所作志文及孔子像送给他，其中记孔子出生在鲁襄公二十二年庚戌（前551），十月庚子，即按当时明代的历法为八月二十七日；卒于鲁哀公十六年（前479）四月乙丑，即按当时明代的历法为二月十八日。于是，彭大翼认为，先师孔子的生卒日期得自于孔子后裔的世代相传，应当是真实可信的，而所谓鲁襄公二十一年十一月生与鲁哀公十六年己丑日卒的说法，都是不正确的。彭大翼，字云举，又字一鹤，江苏扬州人，诸生，未出仕。《山堂肆考》的这一观点，反驳了宋濂的判断，可以说是为后来在清代逐渐形成共识奠定了基础。

明清之际陈恂《余庵杂录》卷中也考辨这一问题。他列举了汉代以前文献如《公羊传》《谷梁传》《史记》中关于孔子生卒年月的一些不同的说法，之后分析宋代以后的学者产生分歧意见的原因。陈恂认为，《公羊传》记孔子生于鲁襄公二十一年十一月，《谷梁传》记孔子生于鲁襄公二十一年十月，两《传》记孔子生年相同，而月份相差一个月，这正是造成后世意见分歧的根本原因。刘恕《通鉴外纪》，黄震《黄氏日钞》中所引录的《阙里谱系》《家语图》，都是根据《谷梁传》。《谷梁传》记孔子生于鲁襄公二十一年己酉（前552）十月庚子；朱熹刊正《孔子世家》则是依据《史记》，认定孔子生年是鲁襄公二十二年庚戌（前551），出生月日则采用《公羊传》的"十月庚子"；《史记》司马贞"索隐"对于孔子的生年信从《公羊传》，而认为《史记·孔子世家》记孔子生于鲁襄公二十二年实为失误；而《祖庭广记》《路史》等则是宗承《孔子世家》，认定孔子生于鲁襄公二十二年。于是，陈恂又引录南宋时冯去疾的考论说，按周代历法，鲁襄公二十一年己酉（前552）闰八月，大雪节在十月十七日或十八日，十一月朔日之后的三四天为庚子，若这天是孔子的生日，就在襄公二十二年的年初了。因此，《公羊传》记孔子生于襄公二十一年十一月，看似错误而实际上是不错的；《史记·孔子世家》记孔子卒年为七十三岁，是从襄公二十二年算起的，也是不错的。问题在于，《谷梁传》记孔子生于襄公二十一年十月，年份和月份都是属实的；而《公羊传》所记年份是属实的，而月份则是依据节气的具体时间而把孔子的生日确定为十一月了。根据这一番推断，陈恒认为，孔子的生年应当以《公羊传》《谷梁传》为准，因而赞同宋濂的考辨，即认为孔子的生年应当是鲁襄公二十一年（前552），他去世时应是七十四岁。陈恒字子木，或谓他本来姓曹，改姓陈，浙江海盐人。从这里的议论可知，在明清之际，关于孔子生卒年问题仍然是众说纷纭，没有形成比较一致的共识。

清代全祖望《鲒埼亭集》卷三八之后附《经史问答》卷四，对于孔子的生卒年月日又有较详考辨。全祖望（1705～1755），字绍衣，号榭山，浙江鄞县（今宁波）人。乾隆元年（1736）进士，曾被选为庶吉士，散馆拟用为知县，不赴任而归家，从事著述，成为清代著名学者。这里以与学生问答的方式谈论这个问题。学生问：关于孔子的卒年，杜预《左传》注说鲁哀公十六年（前479）的四月十八日是乙丑，而不是己丑，而五月十二日才是己丑。但是，《史记·孔子世家》和《孔丛子》都作己丑，和《左传》一致，这或许是杜预搞错了。也有的学者用《大衍历》推算，认为己丑是四月十一日。究竟哪个说法是对的呢？全祖望回答说：鲁哀公十六年的前二年，即鲁哀公十四年（前481）的五月庚申是初一，这是《左传》所记载的，以此推算到鲁哀公十六年的四月，中间应当有一个闰月。从十四年五月庚申是初一往后推算，到哀公十六年（前479）的四月初一是戊申，四月十八日是乙丑，如果是四月十一日，却是戊午。因此，杜预的注是不错的。明朝宋濂说这一年的四月壬申是初一，那就错了。这里，全祖望肯定了杜预的说法，认定孔子卒之日是四月十八日。

张宗泰《质疑删存》卷上《孔子生考》，只考论孔子生日，赞同孔子生日为鲁襄公二十一年（前552）。张宗泰（1750～1832），字登封，号筠岩，江苏甘泉（今属扬州市）人，曾官教谕。他略述《公羊传》《谷梁传》及《左传》杜预注的差异之后，认为，关于孔子生日，可作依据者只是所谓生日为庚子。他引录宋元之际金仁山（履祥）的考辨说，《公羊传》说十一月、《谷梁传》说十月"皆是臆为附会"。于是指出，杜预注《左传》，虽然赞同

《史记·孔子世家》而把孔子生年定为襄公二十二年（前551），但是，杜预注《左传·昭公七年》孟僖子卒时，谓孔子此年三十五，按僖子卒于昭公二十四年（前518），则上至襄公二十一年（前552），正三十五之数。由此看来，杜预未尝不是认为孔子生于襄公二十一年，和贾逵、服虔的说法相同；然而《左传正义》孔颖达疏云："当言三十四，而云五，盖相传误耳。"于是，张宗泰推断说，《左传·襄公三十一年》杜预注说孔子十岁、《左传·鲁哀公十六年》杜预注说孔子卒年七十三岁，也都是后人根据《左传·昭公七年》的那条注而作了修改的。于是，张宗泰得出结论说：孔子的生日"当为襄公二十一年十月庚子，当为今八月二十一日无疑"。这一结论，显然是附和前代宋濂等学者的观点。

董丰垣《识小编》卷下《孔子生日考》，对于考辨孔子生卒问题又有新议。董丰垣，字菊町，浙江吴兴人，乾隆十六年（1751）进士，曾官东流县（今属安徽池州）知县。他首先总结了前代学者的基本分歧，评议说：认为孔子出生于鲁襄公二十一年（前552）十月庚子的是《谷梁传》，赞同者有洪庆善《阙里谱系》、程登庸《年表辨正》、吴程《通考》、宋濂《孔子生卒岁月辨》等；认为孔子出生于鲁襄公二十二年庚戌岁十一月庚子的是《史记·孔子世家》，赞同有《左传》注疏与释文、苏辙《古史》、朱熹《通鉴纲目》及《〈论语〉序》、金履祥《通鉴前编》等；认为孔子出生于鲁襄公二十二年十月庚子即二十七日（周历则今之八月）的是《孔子家谱》《祖庭广记》，赞同者有罗泌《路史》、夏洪基《孔子年谱》等。董丰垣分析诸家之说，之后认为，孔子于鲁襄公二十二年庚戌岁（前551）生、于鲁哀公十六年壬戌岁（前479）卒是正确的，说孔子于鲁襄公二十一年己酉岁（前552）出生实为失误。于是，董丰垣的结论是："总而计之，《谷梁》得其月、《史记》得其年、《公羊》则年月俱失、《家谱》则年月俱得者也。"

《识小编》又云：康熙年间汤斌官苏州巡抚时，曾经把蒋尹玉撰作的《孔子生日考》颁行于府学及县学，让有识者进行讨论。当时有嘉定生员王晋陛写了一篇《孔子生日辨疑》，断定孔子生于周灵王二十一年，即鲁襄公二十二年庚戌岁十月二十七庚子日，即周历为十月、夏历为八月，即今之八月二十七日，而驳斥了蒋尹玉所谓孔子生于九月十五日的说法；并且据周历考证，鲁襄公二十一年十一月十五日是甲午，二十二年十一月十五日是戊午，都不是庚子，蒋的说法显然是错误的。汤斌按照王晋陛的考辨结果报送礼部，经朝廷批示，形成文诰颁行天下，于是确定八月二十七日为孔子诞辰，曲阜孔子故里就实行在这一天举行祭祀。汤斌（1627～1687），字孔伯，号荆岘、潜庵，睢州（今河南睢县）人，康熙年间曾官江宁巡抚。在确定孔子的生卒年及生日问题上，汤斌起了统一认识的关键性作用。蒋尹玉其人未详，他所撰作的《孔子生日考》今未见。王晋陛，生平未详，今仅知他是嘉定（今属上海）人，生员。他的这一篇考辨文章对于统一关于孔子出生月日的认识，也起到了重要的作用。

阮葵生《茶余客话》卷十《孔子生日》也主要辨正孔子的生日问题。阮葵生（1727～1789），字宝诚，号吾山，淮安山阳（今江苏淮安楚州区）人。乾隆十七年（1752）中举，二十六年辛巳（1761）会试以正榜录用，累官至刑部右侍郎。他首先指出，当时已经确定"以八月二十七日为孔子诞期"。他引述《谷梁传》《公羊传》《史记·孔子世家》《孔子家语》《路史》等文献，略述其异同，并指出明代宋濂及清代冉觐祖等都有考辨，表示赞同这一观点。之后，阮葵生还叙及康熙年间嘉定诸生王晋陛反驳蒋尹玉的说法，指出"汤公（斌）据以覆部，通行天下"，并谓"黄梨洲（宗羲）亦主八月二十七日之说"。阮葵生赞同这一观点。这里的议论与前述董丰垣《识小录》的记述相同。今知阮葵生与董丰垣为同时代人，其出生之年或稍晚于董丰垣，但是，阮葵生未必是受到董丰垣《识小录》观点的影响。因为，在清代康熙以后，确定孔子生日为八月二十七日，并在这一天举行祭拜活动，已经在社会实际生活中这样做了，成为人们都熟悉的常识。于是，阮葵生才有这一番议论。

然而，在乾隆时，也有地方官员对于在八月二十七日这天祭拜孔子表现出异议。陆以湉《冷庐杂识》卷二《孔子生日》记述道，上元人叶健庵守兴安府（今陕西安康）时，本府诸生以八月二十七日为孔子诞辰，请求赴孔庙行礼致祭，叶健庵予以劝止。其理由是，春秋两季祭祀孔子，是自古相沿的正礼，而在八月二十七日祭拜孔子本是陋习，这一天祭孔可称为"释菜"，不可称为"祝寿"，更不可称为"孔子会"。陆以湉记述此事，不赞同叶知府的看法，他说，清朝颁行的《礼部则例》已经明文规定把八月二十七日作为孔子诞辰，这一天各衙门不办理刑事诉讼案件，明令民间禁止屠宰，有官职者应当举行相应的祭祀活动。因此，兴安府不应该把生员的祭拜要求视为"陋俗"，只是祭拜活动应当严肃，不可身着便服，不可使用"祝寿"和"孔子会"的称呼。叶健庵即叶世倬（1752～1823），字子云，号健庵，江苏上元

（今属南京市）人，乾隆年间由举人入仕。从《冷庐杂识》记述的这件事可知，叶世倬对已经实行的《礼部则例》不熟悉，而且对于清代中期已经认定八月二十七日为孔子生日的事实，其人却不认同，于是就产生了这样的于该日劝阻生员祭拜的行为。陆以湉（1801～1865）字敬安，浙江桐乡人，未出仕，长期以教授为生，他生活的时代晚于叶世倬，而且熟悉并认同八月二十七日为孔子生日，于是在书中发表了这样的观点。

俞正燮《癸巳存稿》卷一有《孔子生日》一则，首先引录《公羊传·昭公十二年》之事云："伯于阳者何？公子阳生也。子曰：'我乃知之矣。'在侧者曰：'子苟知之，何以不革？'"这里，《春秋公羊传注疏》有汉代何休注云："时孔子年二十三，具知其事。"俞正燮摘出这一条注文，意在说明《公羊传》确认孔子出生于鲁襄公二十一年的事实，自鲁襄公二十一年（前552）至鲁昭公十二年（前530），孔子正是二十三岁。俞正燮（1775～1840），字理初，安徽黟县人，道光年间中举，未出仕，平生致力于著述。他在这里的记述，不过是为孔子生于鲁襄公二十一年（前552）的观点补充一条文献证据而已，而他本人并没有明确表示赞同这种意见。

俞樾《茶香室四钞》卷三《自孔子卒年至宋庆元》引录清初徐文靖《管城硕记》云："自周敬王四十一年壬戌孔子卒，至宋庆元三年丁巳，一千六百七十六年。文公是年正旦书于藏书阁，以道统自任之意。"文公即朱熹，南宋庆元三年丁巳即公元1197年，这一年朱熹因编定《四书》、继承儒学，已经有很大的名气，当时他在藏书阁写下这一句，正是肯定孔子卒于周敬王四十一年壬戌（前479）。徐文靖（1667～?），字位山，号禹尊，安徽当涂人。雍正年间中举，乾隆时举博学鸿词不遇，因荐授官为检讨。俞樾（1821～1907），浙江德清人，是清末著名学者。他的这一举例说明，至清末时，关于孔子的生卒年问题，仍然引起学者关注。

综前所述，关于孔子的生卒年月日问题自先秦时直到清代后期一直在进行着各种各样的讨论，成为许多学者都非常关注的一个重要学术问题。关于孔子的生年，则是一直存在着鲁襄公二十一年（前552）和鲁襄公二十二年（前551）两种说法，并没有能够真正统一认识。自民国至今，虽然各种工具书及学术著作大都写作"前551～前479年"，但是仍然有一些学者信从孔子出生于鲁襄公二十一年（前552年）之说，只是一般不再提出争论，采取"从众"的态度认可了鲁襄公二十二年（前551）的说法。关于孔子的出生月日，到清代中期基本上统一为八月二十七日，没有人再坚持九月十五日的说法，但是，由于自民国以来使用公历的普及，而孔子的生日所对应的公元月日又出现不同的认识。古籍谓孔子出生月日为"十月庚子"，那么，到底是鲁襄公二十一年（前552）的十月庚子，还是二十二年（前551）年的十月庚子？这个问题一直存在着不同的认识，因而其所对应的公历月日自近代以来也存在着不同的认识。于是，在当代关于孔子出生月日应该对应的公历月日就有9月22日、9月28日、10月3日、10月4日、10月9日等不同的说法（细说起来相当复杂，兹不赘述）。

著名学者钱穆先生所著《先秦诸子系年考辨》说："韩非有言：'郑人有相与争年者，一人曰吾与尧同年，其一人曰，吾与黄帝之兄同年，讼此而不决，以后息者为胜耳。'若孔子生年，殆亦将以后息者为胜，余兹姑取后说，至于详考确论，不徒不可能，抑且无所用也。今谓孔生前一年或后一年，此仅属孔子私人之年寿，于世运之升降，史迹之转化，人物之进退，学术之流变，无足轻重如毫发。而后人于此，月之，日之，考论不厌其详。……今所考论，一以有所援据而有关大体者为断。至于细节附会，则略忽致辨，以避劳而且拙之讥。"（1992年1月上海书店影印版，第2页）这里所举韩非之言，出自《韩非子·外储说左上》所谓"后息者为胜"的观点，对于当代看待久议难决的学术问题，不失为一种务实通变的态度和做法。但是，钱穆先生的这一认识在当代却不能使学界广泛接受。有的学者仍然坚持说，既然是学术问题，就一定要分个是非，弄个水落石出。尽管这一种意见也有道理，可是，像孔子出生年月日这样的问题，真正查清辨明谈何容易！而且，既然孔子已被公认为非常伟大、极其重要的历史文化名人，从文化传承的角度来说对他进行纪念活动及相关的遗迹维护与建设等，都是非常必要的，若是孔子的出生年月日不能有个明确而一致的意见，那么相关的活动也必然要受到一定的影响。

当代著名学者、考古学专家董作宾先生《孔子诞辰纪念日评议》一文中说："真正孔子生日的考定是一回事；择一个日子来纪念孔子，又是一回事。"（《董作宾先生全集》乙编《平庐文存》卷二）董先生的观点是既认真又务实的，他认为，在当代关于孔子生卒年月日仍然可以继续研究，继续讨论，而同时可以认定前代种种争论中的一个观点，作为孔子的诞辰日进行对于孔子的各种纪念活动。

在孔子生卒年月日的问题上，当代的现实状况是，大体上是按照钱穆和董作宾这两位著名学者的意见，一方面是认定了孔子的生日为周灵王二十一年即鲁襄公二十二年（前551）八月二十七日，公历则是本年这一天对应的公历日子，在当代每年的这一天举行相关的纪念活动；认定孔子的逝世在鲁哀公十六年（前479）四月十八日，在当代的农历这一天举行相关的祭祀活动。在当代中国台湾地区，为避开暑假而确定9月28日为教师节，并在这一天纪念孔子，但是，这并不是说将孔子的生日确定在公历9月28日。

当代一些权威性较强的工具书及学术著作关于孔子生卒年月日的表述，主要的有：《辞源》"孔子"词条记云"公元前551～前479年"（商务印书馆1986年新版777页）。《辞海》"孔子条"记云"前551～前479"（上海辞书出版社1980年版，第1119页）。中国孔子基金会会长匡亚明所著《孔子评传》记云："今孔子生年从司马迁《史记·孔子世家》载'鲁襄公二十二年而孔子生'，月日从《谷梁传》载'冬十月庚子，孔子生'。"（南京大学出版社1990年版，第18页）中国孔子学会会长张岱年主编的《孔子大词典·孔子》词条表述为："孔子生年一般按《史记·孔子世家》所记为鲁襄公二十二年（《公羊传》《谷梁传》记为鲁襄公二十一年），而生月生日《史记》未记，按《谷梁传》所记'冬十月庚子孔子生'，换算为当今之公历应为公元前551年9月28日生。"等等。

当代自20世纪80年代之后，对于孔子的纪念及祭祀活动越来越多。山东曲阜，中国台湾、香港、澳门等地区，以及世界各地的海外华人，都曾举行过各种纪念孔子的纪念、祭祀、祭拜及学术研讨会等活动。这里不一一细说。进入21世纪之后，关于纪念孔子的各种活动仍然在正常进行，若是某年在孔子的生日举行纪念活动，其日期就选定在这一年的农历八月二十七日。如2014年9月举行了"纪念孔子诞辰2565周年国际学术研讨会暨国际儒学联合会第五届会员大会"，大会开幕的9月20日即是农历八月二十七日。国家主席习近平在这次大会上发表了重要讲话（整理稿已收入《习近平论治国理政》第二卷，题为《努力实现传统文化创造性转化、创新性发展》，见外文出版社2017年11月版，第313页）。

(二) 孟子生卒年月日

孟子即孟轲,是中国古代儒家的第二号代表人物,其历史地位仅次于"至圣先师"孔子,被称为亚圣。孟子的生卒年,当代重要的工具书及历史与文学史著作一般表述为"约前372~前289年",对其生年加了个"约"字,用不肯定语气表述,如《辞海》《辞源》等;但是,也有不少著作及文章没有加"约"字,直接记作"前372~前289年",用肯定语气表述。

对于孟子生卒的具体月日,当代学术文化界一般认定其生日为周历四月初二日,即夏历二月初二日,卒之日为周历周赧王二十六年(前289)正月十五日,即夏历为前一年(即周赧王二十五年,前290年)的十一月十五日;其终年为八十四岁(实为八十三岁)。

对于孟子生卒年月日的认定,也经历了一个长期的议论过程。

先秦时期的文献及《史记·孟轲邹阳列传》等,都没有提到孟子的生卒年月日。其生卒年月日至明代才见于文士的议论。

明代都穆《听雨纪谈》(《说库》本)记云:"《史记》孟子列传不书其生卒岁月。予尝观《孟氏谱》云:孟子周定王三十七年四月二日生,即今之二月二日;赧王二十六年正月十五日卒,即今之十一月十五日,寿八十四。邹邑里人,至冬至日废贺节之礼,盖有自来矣。"

这里的记载大有问题。因周定王即周贞定王姬介,前468~前441年在位,共28年,并不存在周定王三十七年。而且,周定王死之年(前441)到周赧王二十六年(前289)共153年,如果孟子出生于周定王时,其寿命必在153岁以上,但那是不可能的,而且与"寿八十四"不符合。这样明显的差谬,却未见作者有解释。都穆(1459~1525),字玄敬,江苏吴县(今属苏州市)人,弘治十二年(1499)进士,官至礼部郎中,加太仆少卿致仕。他的《听雨纪谈》撰作于成化丁未(1487)(见《听雨纪谈》序),他的这个不确切的记述既然说是见于《孟氏谱》,那么《孟氏谱》的记载也是大有问题的。

明嘉靖年间,陈士元著《孟子杂记》(今存于《四库全书》),其卷一《生卒》云:"孟子以周定王三十七年四月二日生,即今之二月二日。赧王二十六年正月十五日卒，即今之十一月十五日，寿八十四。墓在邹县四基山。"之后注明出自《孟氏谱》。陈士元，字心叔，应城（今属湖北）人，嘉靖二十三年（1544）进士，官至滦州知州。陈士元生活时间晚于都穆，他可能见过《听雨纪谈》，或者也见过《孟氏谱》，但是他比都穆精细，注意到了《孟氏谱》对孟子生年记载的差错，于是加按语考辨云："周定王在位二十一年（应是二十八年）而崩，无三十七年也；考之长历，定王二十一年乙亥（定王二十一年为癸巳，前448，定王二十七年为己亥，前442）至赧王二十六年壬午（应是壬申，前289），凡二百九十八年（不确）。"这里的考辨文字，今据《四库全书》抄录，多有差错，不细辨正。因此，陈士元怀疑周定王（姬介）是周安王之讹。周安王即姬骄，前401～前376在位二十六年。但是，从周安王二十六年乙巳（前376），至周赧王壬午（应是壬申，即前289），是八十八年，这与《孟氏谱》所记的寿八十四岁也不符合。如果按照寿八十四岁从周赧王壬申（前289）往前推，那么孟子的生年应当在周考烈王（姬喜）四年己酉（前372）。这个推断有一定的道理，当代工具书记孟子生年为前372（？）年，所依据的就是陈士元的《孟子杂记》。

《孟子杂记》还举出其他相关的事件作为旁证，指出在孟子年龄问题上的一些疑点。文献记载，孟子于周显王三十三乙酉（前336）到大梁应魏国之聘，即《孟子·梁惠王》开篇所写"孟子见梁惠王，王曰：'叟不远千里而来，亦将有以利吾国乎？'……"梁惠王即魏惠王，前369～前319年在位共五十一年。这一年魏惠王重金招贤，孟子来应聘时约是三十七岁。因此，陈士元认为，此年魏惠王已是六七十岁的老人，怎么能会称三十七的孟子为"叟"呢？于是，陈士元提出疑问说："疑孟子或生于安王初年，卒于赧王初年，未可知也。"然而，从周安王初年（前401）到周赧王初年（前314），孟子应是一百一十多岁，这是不可能的。那么，孟子的生年还需要进一步查证。可是，明清学者多附和前人，没有进行新的考辨，也没有见到有价值的新结论。

郎瑛《七修类稿·续稿》卷四《辩证类·孟氏生年月日子》记云："《史记》不书孟子生卒，而《孟谱》云生于周定王三十七年四月初二日，即当今之二月二也；卒于赧王二十六年正月十五，即今之十一月十五，寿八十四。"这里依据的是都穆《听雨纪谈》的记述，也沿袭了他的差错。郎瑛显然没有看到陈士元的《孟子杂记》。彭大翼《山堂肆考》卷一四三《孟子生辰》完全是抄录《听雨纪谈》，人云亦云，未加辨正。

清初刘廷玑《在园杂志》卷二记云："孟母，仉（音掌）氏。孟子，周定王三十七年四月二日生，即今之二月二日。赧王二十六年正月十五日卒，即今之十一月十五日。寿八十四岁。"这里的记述，全同都穆《听雨纪谈》所引录的《孟氏谱》。

清末俞樾《茶香室续钞》卷三《孟子生卒》，又把都穆《听雨纪谈》抄了一遍："予尝观《孟氏谱》，孟子周定王三十七年四月二日生，即今二月二日；赧王二十六年正月十五日卒，即今十一月十五日，寿八十四。邹邑里人。至今遇冬至日废贺节之礼，有自来矣。"俞樾是清末著名的大学问家，他抄录前代名家之文，也同样延续前人的差错，没有新的议论。

当代，关于孟子的生卒年月日问题，陆续出现一些新的说法，其表述互有不同。

王力主编的《古代汉语》第四单元《孟子》表述为"约生于公元前372年，死于公元前289年"（中华书局1962年9月第1版，上册第一分册，第260页），这里对于生年加了个"约"字，用的是非肯定语气。由于《古代汉语》在20世纪60年代被作为大学文科教材，因此这一说法的影响较大，为学界较多人信从。如《辞海》"孟子"条就标为"约前372～前289"（上海辞书出版社1980年8月出版，1123页），其生年也加了个"约"字。张祥龙《先秦儒家哲学九讲》表述为："孟子大约生活于西元前372年至289年（晚于孔子约180年）"（广西师范大学出版社2010年1月出版）。这里也是非肯定语气。

中国人民大学语文系冯其庸等选注的《历代文选》"孟子"部分，题解标为"前七七二～前二八九"（中国青年出版社1962年7月出版，上册，第58页），这里没有加"约"字，用的是肯定语气。这一观点也被后来有些学者信从。如赵吉惠、郭厚安等主编的《中国儒学史》第三章第三节《继往开来的思孟学派》表述为"前372年～前289年"（中州古籍出版社1991年6月第1版，第111页）。这里对于其生年也没有加"约"字，用的是肯定语气。

中国社会科学院文学研究所主编的《中国文学史》写为"前772？～前289？"（人民文学出版社1962年7月出版，第74页）。这里对其生年与卒年都加了问号，即都是用了非肯定语气。

以上几种不同的表述,在 20 世纪 80 年代以后新的历史时期,又有新的解说。

汤一介、李中华主编的《中国儒学史》(北京大学出版社 2011 年出版)第 308 页记述道:"关于孟子的生卒年,史书上并没有具体的记载,学者只能根据他的交游活动来进行推测。《孟氏谱》以为生于周定王三十七年,卒于周赧王二十六年(公元前 289 年),寿八十四岁。但定王无三十七年,所以这说法存在着明显的错误之处。不过,《孟氏谱》关于卒年的说法却得到了许多人的认同,并根据被很多人所接受的寿八十四岁的说法,上溯孟子的生年为周烈王四年(公元前 372 年)。在缺乏明确记载的情况下,关于孟子生卒年的说法不过都是推测,我们似乎不必执着于某个具体的年份,他与梁惠王、齐宣王同时是无疑的。"这里,把孟子生卒年问题的基本情况大体说清楚了,用不肯定的语气来讲述此事,也为今后这一问题的继续探讨与解决留下一定的空间。

当代在孟子的家乡实际开展纪念活动,认定其生日为夏历四月初二日。这是依据山东邹城历代相传的孟子的纪念日,以及台湾孟子后裔所藏明万历刊本的《三迁志》等文献中的记载,把孟子生日周历四月初二日,认定为夏历二月二日。

当代,2006 年,全国政协委员、中国民协节会委员会主任李汉秋先生发布提案,建议把孟子的生日(即四月初二日)确定为中华母亲节。李汉秋先生认为,生日是"母难日",应当感恩母亲,他不赞同过美国的母亲节。为了加大呼吁力度,李汉秋先生带领全国各地的一些学者和社会工作者自愿成立了母亲节促进会。这里,李汉秋先生把古代所说的周历四月初二认定为当代的夏历四月初二。这一动议得到全国各地许多专家学者的赞同。2006 年 12 月 13 日,"母亲节促进会成立大会"在山东邹城召开,确定 2007 年夏历丁亥四月初二日(即 5 月 18 日),确定首届中华母亲节在石家庄举办。但是,这一提议后来没有得到国家层面的正式认可,后来在我国民众的现实生活中,仍然按照世界上许多国家的惯例,以每年 5 月份的第二个星期日为母亲节。尽管如此,在中国当代民间,人们仍然对于孟子的母亲一直给予高度的怀念与崇敬,用各种方式传扬她教子有方的感人事迹。

（三）唐宣宗为僧

唐宣宗李忱（810~859），是唐宪宗李纯的第十三子（《旧唐书·宣宗纪》记为宪宗第十三子，其他书或谓是宪宗第四子），原名李怡，当皇帝后改名李忱，庙号宣宗。在位十三年（847~859），年号大中。唐宣宗是唐代后期一位比较好的皇帝，他即位后显示出一定的才干，励精图治，有所作为，后世史家对他有不少好评（有的书中称大中年间为"小贞观"）。然而，宣宗一生中曾遭遇不寻常的挫折，有过一段出家为僧的经历，后世文士对此有诸多议论。封建时代的宫廷中矛盾重重，波谲云诡，皇权的争夺斗争尖锐复杂，皇室兄弟之间危机四伏，身处其中常常是深感自身难保，从唐宣宗李忱的经历可见一斑。

1. 司马光《资治通鉴》对唐宣宗为僧提出质疑

元和十五年（820）闰正月，唐宪宗李纯驾崩，李纯的第三子李恒即位，年号长庆，在位四年，庙号穆宗。长庆四年（824）正月，穆宗李恒驾崩，其长子李湛即位，年号宝历，在位二年，庙号敬宗。宝历二年（826）十二月，敬宗李湛被宦官刘克明等人弑杀，穆宗李恒的第二子李昂即位，年号先后为大（太）和、开成，在位十四年，庙号文宗。开成五年（840）正月，文宗驾崩，穆宗李恒的第五子李炎即位，年号会昌，在位六年，庙号武宗。会昌六年（846）二月，武宗李炎病危，宦官与近臣在宫中谋划，决定迎接宪宗李纯的第十三子、穆宗李恒之弟光王李怡即皇帝位。这年的三月初一日，武宗疾笃，遗诏立光王李怡为皇太叔，第二天，即三月初二日，李怡于武宗灵柩前即皇帝位，改名为李忱，年号大中，即唐宣宗。

李怡是穆宗皇帝李恒的亲弟，对于敬宗李湛、文宗李昂、武宗李炎来说，光王是他们的嫡亲皇叔。李怡是个极其聪明的人，在侄子辈当皇帝的时候，他心里明白自己肯定会受到疑忌，自身的处境非常危险。于是不得不以沉默寡言、装痴卖呆作为韬晦之计。尤其是武宗李炎即位之后，对于光王李怡的疑忌常常明显地表露出来，甚至想置之于死地。李怡出家为僧的事就发生在武宗会昌年间。

关于唐宣宗为僧的这一段史实，在成于五代的《旧唐书》和成于北宋的《新唐书》中的《武宗纪》《宣宗纪》中都没有明确记载，而是见于宋代及其以后文士的著作中。但是，后世作者对于此事的记述及认识却不尽相同，有人信以为真，有人则表示怀疑。宋代司马光就是持怀疑态度者之一，他编纂的《资治通鉴》中对于宣宗为僧一事没有记述，而只是在《资治通鉴考异》卷二二特列《上不礼光王怡》一节，引用文士野史笔记著作，对于宣宗为僧相关的几件史实稍有记述并略作议论，表明了不肯认同的看法。

其一是引录韦昭度《续皇王宝运录》云，宣宗是唐宪宗的第四子（《旧唐书·宣宗纪》记为第十三子），宪宗皇帝驾崩之后，本来他也是可以继承皇位的，但是却由其皇兄、宪宗皇帝长子李恒及其侄儿李湛、李昂、李炎先后继承了。到了文宗李昂驾崩之后，武宗李炎顾忌其叔父光王李怡会对皇位构成威胁，就寻借口授意让中常侍宦官四人擒住光王李怡，幽禁于永巷中好几天，之后又把他丢在宫中的厕所里。有个名叫仇公武的宦官见光王李怡可怜，就向武宗启奏说："前朝的王子不应当长久弃置在厕所里，把他杀掉算了。"武宗答应，让仇公武去办。仇公武却没有执行武宗的旨意，而是偷偷地把李怡从厕所里救出来，放在车上，用粪土和杂物掩盖着，伪装成尸体的样子，从背静小路运回自己家里，秘密地养了三年。后来到武宗晏驾之后，朝廷近臣就把光王李怡迎到皇宫中玉宸殿，继承了皇位。李怡当了皇帝，把宦官仇公武提升为军容使。

其二是引录尉迟偓《中朝故事》云，敬宗、文宗、武宗依次继承了皇位，光王李怡是他们的皇叔，武宗即位之后，对他深有顾忌。有一天，武宗在宫中内苑与人蹴鞠，派人去请皇叔光王。武宗远远望见光王来到，对身边的宦官仇士良使个眼色，仇士良就策马迎上去，对光王说："适才皇上有旨，王请下马。"这时，仇士良让太监用轿把光王抬出宫外，对武宗奏报说："光王下马时跌坏了，已经没救。"武宗信以为真，没有再追究。于是，光王李怡就悄悄逃出宫去，当了和尚，云游江南各地。会昌末年，武宗晏驾，宦官们才把光王李怡找回来，继承了皇位。

其三是引录令狐澄《贞陵遗事》云，唐宣宗原来还住在光王府时，有一天随着武宗的车驾从城外回宫，途中光王不留意间从马上跌下来，落在路上，其他人都没有觉察。到了二更时分，光王从昏迷中醒来，这时天下了雪，往四面看去，悄无人声，他感到非常寒冷。适逢巡逻的禁军经过这里，看见雪地上倒着一个人，大为惊异，李怡说："我是光王啊，不知为啥来到了这个地方。现在又困又渴，你们去找些水来给我喝吧。"巡逻军士到附近居民家中取来水，用瓦瓯盛着，递给光王，就把他丢在这里离开了。光王费力从地上坐起身，端起瓦瓯正要喝水，忽然觉察到这瓯中之水都变成了清香的美酒。光王异常惊喜，就举瓯一饮而尽。过了一会儿，光王感到身上涌起一股暖流，也有了力气，就步行回到了王府。

司马光引述以上三段资料之后，予以总体评议云："三书皆鄙妄无稽，今不取。"意思是说，三书的记述都是荒唐虚妄之词，《资治通鉴》不予采录。这里明确表示了否定的态度。对比来看，三书所记故事都相当生动，并有较为细致的情节，但是，三书所记事实互有差异，而且有不合情理之处，疑点颇多。

韦昭度是唐代京兆（今属西安市）人，字正纪，僖宗时官至平章事，所著《续皇王宝运录》今未见，所记宣宗的这一条轶事仅见《资治通鉴考异》引录。所谓仇公武，未详为何人，或即是指宦官仇士良。韦昭度是朝廷重臣，熟悉宫中情况，所记或有依据。司马光说它"鄙妄无稽"，却没有进行具体的考辨。

尉迟偓是南唐史官，其生活时代距唐宣宗已经较为遥远，对于宣宗被宦官所救的情节，与韦昭度所记有所不同，明确指出宦官是仇士良。《中朝故事》今存，见于《唐人说荟》及《四库全书》等。司马光说它"鄙妄无稽"，或者是以为其所记唐宣宗云游江南的经历过于简略，而且没有说明他所依据的是哪种文献。

令狐澄其人未详，所著《贞陵遗事》当是《真陵十七史》（唐宣宗死后葬于贞陵，或称真陵），见《太平广记》卷一三六引录。《广卓异记》引录作《宣宗十七事》，司马光引述有误。此故事又见钱易《南部新书》戊集，较为简略。司马光说它"鄙妄无稽"，大抵是由于这里所记光王遇救情节好似小说，不可相信为史实。司马光名声显赫，其《资治通鉴》影响很大，由于司马光的质疑，因此关于唐宣宗为僧的这段史实在后世就没有得到文人学者普遍的认同。

2. 其他野史笔记关于唐宣宗为僧的记述

除了以上三书之外，唐宣宗遇救及为僧之事还有其他笔记类著作记述。

《唐语林》卷七记云："宣宗在藩邸，时为武宗所薄，将中害者非一。一日，宣召打球，欲图之。中官奏，疮痍遍体，腥秽不可近，上命舁置殿下，果如所奏，遂释之。武宗尝梦为虎所逐，命京兆同华格虎以进。至宣宗即位，本命在寅，于属为虎。"这里记宣宗当初在光王府邸时，武宗对他甚为鄙视，曾多次想加害于他，某日武宗玩蹴鞠，派人召光王来，得知他遍体生脓疮，腥臭污秽，于是就放开了他。这里所记光王生疮污秽情状，或即是指其他书中所谓光王被打而受伤一事。这里记述武宗李炎的梦兆，与宣宗的实际年龄倒也相符。宣宗李忱生于元和五年庚寅（810），生肖属虎；会昌六年丙寅（846）他被迎立即皇帝位时正是三十七岁，亦是虎年。《唐语林》所记情节，是方士术数家津津乐道的内容，常见文人笔记类著作中加以附会，具有古代神秘文化的玄虚特征，正好用来反映唐武宗李炎对其皇叔李忱的猜忌心理。

《太平广记》卷一三六《迎光王》引《宣室志》记云：唐武宗时，太子宾客卢异有个侄儿曾出家为僧，会昌年间武宗下旨勒令僧人还俗的时候，卢氏侄儿也被迫还俗，因祖荫补阙为光王府参军，即在李怡身边任职。有一天，卢氏侄儿梦见自己当和尚时的师父到家里看望他，他对师父说，现在所任的官职只是干些杂事，并不符合自己的心愿，因此还想再次剃度为僧。师父对他说："你如果真有这份虔诚的志向，等到佛教重新振兴的时候再出家也不迟。"话还没有说完，就看见四方出现了旌旗仪仗，千乘万骑列队而来，声称是来迎接光王即皇帝位的。过了不久，武宗驾崩，光王果然被迎到宫中当上了皇帝，现实发生的事情与他的那一次梦境正相符合。这个故事讲述梦兆应验一类事情，流于玄虚荒诞，但是却能反映出武宗死后光王李怡继承皇位是顺应人心的。

孙光宪《北梦琐言》卷一《再兴释教》记云："武宗嗣位，宣宗居皇叔之行，密游外方，或止江南名山，多识高道僧人。初听政，谓宰相曰：'佛者虽异方之教，深助理本，所可存而勿论。不欲过毁，以伤令德。'乃遣下诏，会昌中灵山古迹，招提弃废之地，并令复之，委长史择僧之高行者居之，唯出家者不得妄度也。"这里记宣宗云游，但没有提及云游之前遭武宗迫害的情节；"多识高道僧人"显然是指他为僧期间的经历。史籍记载，武宗下诏毁天下佛寺并勒令僧尼还俗，事在会昌五年（845）秋，那时李怡正在为僧云游之时。第二年，即会昌六年（846）三月，武宗三十三岁驾崩，而在宣宗被迎入宫登上皇位之后，立即于会昌六年（846）五月就下诏恢复寺院、僧尼归寺。宣宗对于佛教的态度与武宗截然不同，显然有拨乱反正的意思。这时的宰相（平章事）是白敏中，宣宗的做法得到白敏中的支持。从武宗排佛、宣宗崇佛的前后不同表现来看，宣宗为僧云游的经历是真实可信的，这与前引《宣室志》所记卢氏侄儿梦中其师父的话也相符合。

《宋高僧传》卷一一《杭州盐官海昌院齐安传》中，涉及宣宗皇帝云游到浙江嘉兴时与高僧齐安有过一段遇合的经历。齐安，俗姓李，本是唐朝皇室李氏族人，其祖先于某年播迁至浙江，他出生于海门，少年时即有佛缘，出家为僧。宪宗元和末年（820），齐安已是年过七十的高龄，往浙江萧山法乐寺，后来又到盐官海昌院，被本寺名僧法昕聘为住持。会昌二年（842）十二月，齐安即在本寺圆寂。本传记述道："齐安悬知宣宗皇帝隐曜缁行，将来法会，预诫知事曰：'当有异人至此，禁杂言，止横事，恐累佛法。'明日，行脚僧数人参礼，安默识帝，遂令维那高位安置，礼殊他等。安每接谈话，益知贵气，乃曰：'贫道谬为海众围绕，患斋不供，就上座边求一供疏。'帝为操翰摛辞，安览惊悚，知供养僧赀去，所获丰厚，殆与常度不同。乃与帝曰：'时至矣，无滞泥蟠。'嘱以佛法后事而去。帝本宪宗第四子，穆宗异母弟也，武宗恒悝忌之，沉之于宫厕，宦者仇公武潜施拯护，俾髡发为僧，纵之而逸。周游天下，险阻备尝。因缘出授江陵少尹，实恶其在朝耳。武宗崩，左神策军中尉杨公讽宰臣百官迎而立之。闻安已终，怆悼久之，敕谥大师曰悟空，乃以御诗追悼。"据此记述可知，光王李怡为僧后云游到浙江海昌盐官院的时间必在会昌二年（842）十二月齐安圆寂之前。当时，齐安能预知将到本寺的云游僧李怡是位"异人"，并给予李怡特殊优待的礼遇，可见这位齐安确是一位道行甚高的奇人。而且，齐安请求李怡题写供疏，并不仅仅是为了以此获取丰厚的布施，而是由此文观李怡之才，并进而求证李怡的王子身份。他对李怡说"无滞泥蟠"，意思是不能长久滞留于游方僧众之中，这时他已预知李怡以后能够登上皇位，为此给予他直言提示。齐安有知人之慧眼，又有预测之神术，这都由后来的事实得到验证。李怡在流亡的逆境坎坷中得遇齐安，是不幸中之大幸，成为唐代历史上一段生动的传奇。这里记述救护李怡的宦官是仇公武，与韦昭度《续皇王宝运录》的说法一致。这里所记左神策军中尉杨公,未言其名,或者是一位杨姓宦官。

《宋高僧传》记述宣宗于会昌六年(846)被迎回京师即皇帝位后,得知海昌院法师齐安已死,怆悼久之,敕命授予齐安谥号"悟空",并作诗追悼。这时,齐安圆寂已过4年,由此可知,光王李怡于会昌二年(842)在海昌见过齐安之后,并没有一直停留在那里,而是又到其他地方云游去了。他写的悼念齐安的诗今未见。

《全唐诗》卷四收录唐宣宗的诗中,涉及寺院的共3首,一首是《百丈山》诗,题下引《庚溪诗话》云:"帝为光王时,为武宗所忌,多晦迹为方外游,至百丈山作诗云。"此诗为七律:"大雄真迹枕危峦,梵宇层楼耸万般。日月每从肩上过,山河长在掌中看。仙峰不间三春秀,灵境何时六月寒。更有上方人罕到,暮钟朝磬碧云端。"百丈山在江西洪州,山有古寺,唐代著名高僧怀海(720~814)曾住此寺传法布道。李怡到百丈山的时间应在会昌二年(842)去海昌院见齐安之前。诗中第三、四句"日月""山河"一联,表现出不平凡的志向与气概,自然流露帝王气象,可见李怡在云游期间未失宏大抱负,到嘉兴海昌院被齐安看出是"异人",绝非偶然。一首是《题泾县水西寺》,诗云:"大殿连云接爽溪,钟声还与鼓声齐。长安若问江南事,说道风光在水西。"此诗在其他刊本中或题作《题嘉兴水西寺》,可知此寺或在安徽泾县,或在浙江嘉兴,待查证。这也是李怡云游期间到过的寺院之一。还有一首题为《幸华严寺》,诗云:"云散晴山几万重,烟收春色更冲融。帐殿出空登碧汉,遐川俯望色蓝笼。林光入户低韶景,岭气通宵展霁风。今日追游何所似,莫惭汉武赏汾中。"华严寺在今何处未详。由题目中"幸"字和第七句"追游",可知此诗是李怡当皇帝之后回想起游华严寺的情景所作。

到了北宋南宋之际,陆游《避暑录话》又记云:"宣宗微时,以武宗忌之,遁迹为僧,一日游方,遇黄蘖禅师同行,因观瀑布,黄蘖曰:'我咏得一联,而下韵不接。'宣宗曰:'当为续成之。'黄蘖曰:'千岩万壑不辞劳,远看方知出处高。'宣宗续云:'溪涧岂能留得住,终归大海作波涛。'其后竟践大位。兆先见于此诗矣。然自宣宗以后,接懿、僖时,海内遂不靖。则'作波涛'之语,岂非谶耶?"黄蘖禅师,即唐代著名高僧断际禅师,法名希运,拜百丈山怀海禅师门下,后为禅宗黄蘖宗首领。他是李怡在云游江南时结识的"高道僧人"之一。李怡与黄蘖禅师合吟的这首七言绝句流传颇广,今见收录于《全唐诗》卷四,为宣宗李忱现存的6首诗之一,题为《瀑布联句》。

诗前题注引《诗史》云："帝游方外，至黄檗，与黄檗禅师同观瀑布联句。"又引《佛祖统纪》云："帝至庐山，与香岩闲禅师咏。时黄檗在海昌，《诗史》误。"《庚溪诗话》卷上、《纪纂渊海》卷八皆有记述。此诗前两句为黄檗禅师所吟，以瀑布寓意，首句隐指李怡的坎坷经历与奋进精神，次句"出处高"三字隐指李怡不寻常的高贵身份，这时，黄檗或许对于李怡的来历已经有所觉察。后两句为李怡所吟，以瀑布之水终归大海隐指胸中远大志向。常言说"言为心声"，又说"诗言志"，李怡的这两句诗可谓是典型的警句。陆游议论说，诗意已显示李怡能登皇位的先兆，并成为懿宗、僖宗时唐朝发生大动乱的谶语，这都在后来的现实中得以应验。

3.《碧岩集》的文献价值

宋代以后，唐宣宗为僧的事仍时见于文士议论。直到清代，李赓芸《炳烛编》中有《唐宣宗为僧》一节，又重论此事，并引录有新的资料，值得重视。

李赓芸（1753~1817），字生甫，号许斋，江苏嘉定（今属上海市）人，乾隆五十五年（1790）进士，累官至福建布政使。该书记云，李赓芸听同年许宗彦说，唐宣宗曾为僧，见于佛果圜悟禅师的《碧岩集》；再对照唐代史实，唐武宗排斥佛教，曾下旨毁撤寺院、勒令僧人还俗，宣宗即位后反其道而行之，恢复寺院，让僧人归寺。由此看来，宣宗为僧或者实有其事。许宗彦（1768~1818），字积卿，号周生，浙江德清人，嘉庆四年（1799）进士，曾官兵部主事，两月即告归，闭门著书，成著名学者。许宗彦博览群书，他看到《碧岩集》并告诉了李赓芸，这对于进一步了解唐宣宗李忱的事迹有重要作用。

李赓芸对许宗彦的话非常感兴趣，记在心里，亲自到古寺访求，借到了一本《碧岩集》细阅，见其中记述唐宣宗为僧后的行踪时，有"盐官会中曾作书记"一句，于是李赓芸又找来《嘉兴府志》查阅，其中引录唐代遗事写道："宣宗为光王时，避武宗害，剃发为沙门，更名琼俊，由盐官安国师所掌书记，来隐嘉兴之爽溪。"这里的"安国师"即是盐官海昌院方丈齐安。李赓芸还查阅《新唐书》《旧唐书》《资治通鉴考异》进行考索，注意到《旧唐书·宣宗纪》篇末之"论"中的记述："史臣曰：臣尝闻，黎老言大中故事，献文皇帝器深识远，久历艰难，备知民间疾苦。"于是提出疑问道：这里从语气上看显然是史官的话，好像是有难言的微词，光王李怡如果只是生活在王府里，怎么会有久历艰难、备知民间疾苦的事呢？如此看来，《碧岩集》里所写，就具有非常重要的史料价值。之后，李赓芸引录了《碧岩集》中的一段云：

> 大中天子者，续咸通传中载唐宪宗有二子，一曰穆宗，一曰宣宗，宣宗乃大中也。年十三，少而敏黠，常爱跏趺坐。穆宗在位时，早朝罢，大中乃戏登龙床，作揖群臣势，大臣见而谓之心风，乃奏穆宗，穆宗见而抚叹曰："我弟乃我宗英胄也。"穆宗于长庆四年晏驾，有三子，曰敬宗、文宗、武宗。敬宗继父位二年，内臣谋易之。文宗继位一十四年，武宗即位，常唤大中作"痴奴"。一日，武宗恨大中昔日戏登父位，遂打杀，□（缺一字，疑为"弃"）后院中。以不洁灌而复苏，遂潜遁，在香岩闲和尚会下，后剃度为沙弥，未受具戒。后与志闲游方到庐山，因志闲题瀑布诗云："穿云透石不辞劳，地远方知出处高。"闲吟此两句，伫思久之，欲钓他语脉看如何，大中续云："溪涧岂能留得住，终归大海作波涛。"闲方知不是寻常人，乃默而识之。后到盐官会中，请大中作书记，黄蘗在彼作首座。蘗一日礼佛次，大中见而问曰："不着佛求，不着法求，不着众求，礼拜当何所求？"蘗云："不着佛求，不着法求，不着众求，常礼如是。"大中云："太粗生。"蘗又掌。大中后继国位，赐蘗为粗行沙门。裴相国在朝，后奏赐断际禅师……

所记"大中天子"，即唐宣宗李忱，亦即原来的光王李怡。从《碧岩集》中这段文字的内容来看，关于光王受武宗迫害以及为僧云游之事，同前代文士各种著作的记述相比，我们可以得到一些新的认识，主要有以下几点：

其一，所记光王李怡十三岁时爱跏趺坐，这一特点或者可以理解为他的天性中已具有礼佛的根性，后来的为僧拜佛即是印证了他的这一潜在的缘分。

其二，光王李怡孩童时戏登其兄穆宗李恒的皇帝座位，并做出对群臣施礼的动作，这本来是十三岁的少年李怡调皮时的玩耍行为，不应当认为他有想篡位当皇帝的政治野心，因而不必要认真计较；大臣看见他的这一举动说他是"心风"（神经病），其兄穆宗李恒看见则夸赞弟弟是"吾宗英胄"，都没有责怪他的意思。然而，后来武宗继承皇位之后，回头看其叔父少年时登其父龙床的行为，就认为是大逆不道而不能容忍，以至于成为他迫害其皇叔的重要原因。据史载，穆宗李恒生于贞元十一年乙亥（795），其弟光王李怡出生于元和五年庚寅（810），两兄弟的年龄相差十五岁，元和十五年（820）穆宗李恒作为宪宗的第三子即皇帝位时二十六岁，而其弟李怡年方十一岁，如果"戏登龙床"事件发生在李怡十三岁时，这时应是长庆二年（822），穆宗李恒二十八岁，他看见少年时的弟弟李怡偶然戏登龙床耍闹，当然不会认为小弟有谋篡之心而怀恨甚至加害于他。可是，武宗李炎生于元和九年（814），后来在文宗开成五年（840），武宗李炎作为穆宗的第五子接替其二兄文宗李昂即皇帝位时是二十七岁，光王李怡此年是三十一岁，这时的武宗对这位比自己年长四岁的皇叔怀有疑忌之心，不能相容而欲加害于他，就是必然的了。

其三，武宗常唤其叔光王李怡"痴奴"，这里反映出两层意思：一是李怡平时表现为痴呆的样子，以至于被别人视为痴呆，其实他的内心是含着智慧与精明，深知自己特殊的身份与处境潜藏着危机，因而以装痴卖呆作为保全自身的生存方式。二是武宗李炎对其皇叔视之为奴仆，予以轻贱与蔑视，认为随时把他除掉也是可以的。

其四，据"武宗恨大中昔日戏登父位，遂打杀"一句可知，武宗李炎记恨着其皇叔李怡少年时戏登龙床那件事，让人把他打死，其心狠手辣是何等的残忍。《续皇王宝运录》云"擒宣宗于永巷幽之数日沉于宫厕"，《中朝故事》云"落马已不救"，《贞陵遗事》云"误堕马"等，记述都是不准确的，而《碧岩集》的记述为各书作出可信从的注脚。据此可以大体明确光王李怡那天遇害的情形：武宗李炎让几个宦官抓住光王李怡，授意把他打死，而宦官们把李怡打得昏厥过去，还没有气绝就把他丢在厕所里，给武宗回奏说已经死了。宦官们（包括仇士良）有心救李怡，用"不洁"（粪汤）灌他，使他苏醒过来，之后让他逃走了。《续皇王宝运录》所记"仇公武取出于厕中……将别路归家，密养之三年"，或许属实。这里所谓"遂潜遁"，即是到江南为僧云游去了。

其五，据《碧岩集》所记，世间流传的那首咏瀑布联句诗，是李怡与僧人志闲同游庐山时所作，陆游《避暑录话》记为黄檗禅师有误，《全唐诗》卷四所录此诗的题注引《佛祖统纪》所谓"香岩闲禅师"，即是这位志闲。志闲所咏的前两句，这里记为"穿云透石不辞劳，地远方知出处高"，与《全唐诗》本有所差异，换了六个字似更为确切精练，可作为不同版本的参照。

其六，据《碧岩集》所记，光王李怡到盐官海昌院时，黄檗在那里为首座，而前引《宋高僧传》记为齐安，两处不同，当以《碧岩集》所记为正。《宋高僧传》记宣宗即位后，听说齐安已死，敕谥大师号曰"悟空"，作诗追悼；而《碧岩集》记宣宗即位后赐黄檗号为粗行沙门，裴相国又奏赐其号为断际禅师。裴相国即裴休，字公美，宣宗大中七年（853）官同平章事。《唐史余沈》卷三对于《宋高僧传》的记述有考辨，斥为"谰言"，现在可知《碧岩集》的记述应该是真实可信的。

（四）梁颢八十二岁中状元质疑

《三字经》云："若梁颢，八十二，对大廷，魁多士。"意思是说，宋朝的梁颢八十二岁时考中状元。《三字经》是宋代以后至明清时期广泛流行的儿童启蒙读物，成年人对它的内容也非常熟悉。于是，梁颢八十二岁中状元的故事，就成为一条尽人皆知的历史常识。但是，这件事自南宋时起就被人们提出质疑。从南宋初年洪迈《容斋四笔》卷一四开始，历代有不少文士的著作中议论此事，直到清末俞正燮《癸巳存稿》卷八《书〈宋史〉梁颢传后》一节又有更详细的考辨。到了当代，学术文化界对于梁颢八十二岁中状元的事基本上都不再相信了，但是，这一说法在历史上毕竟流传了千年之久。本节拟对于前人的议论与考辨加以梳理，并略作评议，以求对于这一问题有个更全面更系统的认识，由此也可以对于研究中国古代文化获得某些有益的启发。

洪迈《容斋四笔》卷一四《梁状元八十二岁》记云："陈正敏《遁斋闲览》：梁颢八十二岁，雍熙二年状元及第，其谢启云：'白首穷经，少伏生之八岁；青云得路，多太公之二年。'后终秘书监，卒年九十余。此语既著，士大夫亦以为口实。予以国史考之，梁公字太素，雍熙二年廷试甲科。景德元年，以翰林学士知开封府，暴疾卒，年四十二。子固亦进士甲科，至直史馆，卒年三十三。史臣谓'梁方当委遇，中途夭谢。'又云：'梁之秀颖，中道而摧。'遁斋之妄，不待攻也。"

洪迈此文表达的基本认识有以下几点：

其一是，关于梁颢八十二岁中状元的说法原来出自陈正敏的《遁斋闲览》。陈正敏，或作范正敏，其生平事迹未详。今见《说郛》宛委本卷二五（商务本卷三二）有《遁斋闲览》节录，题范正敏撰（或即是陈正敏之误），其中未见记述梁颢的事迹。洪迈所引陈正敏《遁斋闲览》或许是早期刊本，今未见。其他文士议论梁颢问题时引用此条材料，也皆同洪迈作陈正敏《遁斋闲览》。这里引录梁颢本人谢启之语，所谓伏生即西汉时经学家伏胜，字子贱，济南人，原为秦朝博士，汉文帝时已九十余岁；所谓太公即周朝开国名臣吕尚（姜太公），他遇文王时为八十岁。所谓"少伏生之八岁""多太公之二年"，即是指八十二岁。又据《遁斋闲览》所记，梁颢中状元之后官至秘书监，去世时九十多岁，即是说，他中状元之后又工作及生活了十来年。这样的说法传开，当时的人们是信以为真的。

其二是，洪迈认可梁颢中状元的事实，但是不认可他中状元时的年龄为八十二岁。这里说"以国史考之"，并非是依据后来才出现的《宋史》，而是依据当时已有的宫廷史料及相关的文士著作。史料所记述的事实是，梁颢字太素，雍熙二年（985）中进士甲科（状元），景德元年（1004）任开封知府，暴疾而死，卒年四十二岁。既然他卒时才四十二岁，那么他的生年应为北宋太祖乾德元年（963），雍熙二年（985）中进士时为二十三岁。这里，洪迈相信梁颢去世之年为四十二岁，那么，所谓八十二岁中状元的说法就一定是无稽之谈。

其三是，洪迈所谓的"史臣谓"，史臣为谁没有明言，当是指洪迈同时的某位史官，他所说的"中途夭谢""中道而摧"等语，都是指梁颢英年早逝，不可能活到九十多岁。因此洪迈得出的结论是"遁斋之妄，不待攻也"，意思是说，《遁斋闲览》的话是虚妄而不可相信的，无须多费笔墨进行批驳。

洪迈所引录的梁颢中状元的事，其实不止见于《遁斋闲览》，在洪迈之前其他文士的著作中也早有涉及。孔平仲《孔氏谈苑》卷二《梁颢八十二作大魁》记云："梁颢八十二岁，雍熙二年状元及第，谢启云：'白首穷经，少伏生之八岁；青云得路，多太公之二年。'后终秘书监。"孔平仲，字毅父，又字义甫，生卒年未详，今仅知他是北宋临江新喻（今江西新余）人，孔子后裔。其父孔延之，仁宗庆历年间进士及第，有三子，名孔文仲、孔武仲、孔平仲，俱是进士出身。孔平仲记梁颢的这条材料，与《遁斋闲览》完全相同，但是其最初的出处未可考知。

费衮《梁溪漫志》卷五《四六用事》记云："四六用事，固欲切当，然雕镂太过，则反伤正气，非出自然也。国初有年八十二而魁大廷者，其谢启云：白首穷经，少伏生之八岁；青云得路，多太公之二年。此语殆近于俳。"费衮生活时代未详，从其书中内容来看，应是南宋初时在世，这里主要是议论俳语的对偶句式，而举"白首穷经"二句为例，大抵是依据《遁斋闲览》或《孔氏谈苑》，但是没有具体指出梁颢的姓名。

王辟之《渑水燕谈录》卷六记云："祥符二年，真宗东封岱山，六月，放梁固已下三十一人及第。四年，祀后土于汾阴，十一月，放张师德以下三十一人及第。固，雍熙二年状元颢之子；师德，建隆二年状元去华之子。两家父子状元，当时士大夫荣之。甘棠魏野闻而以诗贺之曰：'封禅汾阴连岁榜，状元俱是状元儿。'"（又见《东斋记事》卷一，《宋朝事实类苑》卷二四，《尧山堂外纪》卷四三，《宋稗类钞》卷二）据此知，梁固中状元在大中祥符二年（1009）；再据前文梁颢卒于景德元年（1004），此年梁固中状元时梁颢已去世五年。张师德字尚贤，他中状元在大中祥符四年（1011）。时隔两年的两科状元都是前朝状元之子，实属难得，在当时颇为引人注意，"士大夫荣之"亦在情理之中。这里提到的魏野（960～1019），字仲先，号草堂居士，是北宋初著名文学家，原为蜀人，后迁居陕州（今属河南三门峡市），这里原为西周初召公的封地，有"甘棠遗爱"的典故，因此称魏野为"甘棠魏野"。魏野的贺诗今见其所著《东观集》卷二，题为《闻张师德状元登第因以寄贺兼陈梁固状元》，诗云："科场消息到柴扉，皇宋风流事可知。封禅汾阴连岁榜，状元俱是状元师。"诗中末句云"状元师"，与《渑水燕谈录》所云"状元儿"略有不同。魏野历经北宋太祖、太宗、真宗三朝，无意仕进，布衣终生，他生活的时代远远早于孔平仲，他与梁颢年岁相近，而且与梁颢之子梁固及张师德都相识，因此他对于梁氏父子、张师德父子先后皆中状元的情况有较多的了解，这才能写诗向张师德表示祝贺并兼呈送梁固。值得注意的是，《渑水燕谈录》以及魏野的贺诗都没有提到梁颢中状元时的年龄。由此可以测知，在真宗大中祥符年间，还没有出现如后来《遁斋闲览》和《孔氏谈苑》所记述的梁颢中状元为八十二岁的说法。

王偁《东都事略》卷四七有"梁颢传"云："梁颢，字太素，郓州须城人也。从王禹偁为学，禹偁颇器之。举进士，太宗召升殿，擢冠甲科，为大名府观察推官，迁右拾遗，直史馆……真宗幸大名，访群臣边事，颢上疏曰……卒年四十二。……子固，继世擢第一，为直史馆，早卒。固弟适，相仁宗，自有传。"王偁，字季平，眉州（今属四川）人。北宋末至南宋初在世，博搜北宋九朝事迹，著成《东都事略》一书，颇为史家所重。洪迈修四朝国史，奏进其书；后来元朝时修成的《宋史》，其中梁颢传即采用了《东都事略·梁颢传》的内容。王偁谓梁颢卒年四十二岁，即是真宗景德元年（1004）的事，这是可以信从的。据此可知，梁颢八十二岁中状元的说法，王偁并不信从而没有采取。

北宋时其他文士的笔记类著作，也有记述梁颢事迹的，但是除《孔氏谈苑》之外，未见提及梁颢中状元时的年龄。如吕希哲《侍讲杂记》云："翰林梁状元颢，丱角时，从其父至官府，毕士安适为郡官，见其有异于人，又定目看，便厅壁上书字，问其父曰：'此子亦读书耶？'曰：'亦就学。'又问：'曾学属对否？'曰：'其师尝教之，但某不识其能否。'乃指壁间字曰：'此有一句诗，无人得对。'曰：'鹦鹉能言争似凤。'颢应声曰：'蜘蛛虽巧不如蚕。'毕大惊异，延之家塾，自教养之，卒成大名。"（又见《吕氏杂记》卷下；另见其他书如邵博《邵氏闻见后录》卷一七等记此为王禹偁少年时事，或因《东都事略》记梁颢曾受学于王禹偁而致误）吕希哲字原明，宋哲宗时宰相吕公著之子，徽宗时曾官曹、相、邢三州知州。所记毕士安字仁叟，北宋初太祖乾德年间进士，真宗时官至同平章事。吕希哲记梁颢得毕士安器重，又谓其后来"卒成大名"，并没有提及梁颢中状元时八十二岁的情况。

洪迈《容斋随笔》指出了《遁斋闲览》关于梁颢八十二岁中状元的谬误之后，得到南宋时文士的赞同。赵与时《宾退录》卷八议论梁颢，就附和了洪迈的考辨，云："《容斋》辨陈正敏之妄，梁颢非八十二登科是矣。"这里又据文莹《玉壶清话》记述一件事：宋仁宗曾问梁颢的儿子梁适："卿是哪个梁家？"梁适回答说："先臣祖颢，先臣父固。"这里的记述肯定有误，因为梁适是梁颢的儿子，梁颢的长子梁固的弟弟，并不是梁颢的孙子，于是赵与时驳论云："按国史，适乃颢之子、固之弟。小说家多不考订，率意妄言，观者又不深考，往往从而信之。如此类甚多，殊可笑也。"（赵与时所引故事见文莹《玉壶清话》卷三，又见曾慥《类说》卷五五引《杂说》等）赵与时字行止，又字德行，宋朝宗室，太祖赵匡胤七世孙，南宋宁宗嘉定年间进士，曾官丽水丞。赵与时所著《宾退录》记述宋代史料内容翔实，前人赞云"考证经史，辨析典故，颇多精核"，他附和洪迈议论梁颢的观点，又对后来的文士产生重要的影响。

李心传《建炎以来朝野杂记》甲集卷九，记"国朝父子状元"共三家，即张去华（子师德）、安德裕（子守亮）、梁颢（子固）；又记"状元年三十以下者"，云"梁内翰（颢）、张舍人（孝祥）、王尚书（佐）皆二十三"。李心传字微之，南宋宁宗庆元年间赴试不第，退而闭门著书，晚年为史馆校勘，赐进士。所著《建炎以来朝野杂记》，记事翔实，常见后世史籍引用。他记梁颢中状元时年龄为二十三岁，和王偁《东都事略》及洪迈《容斋随笔》记他"景德元年（1004）卒，年四十二"的推算是完全一致的。

南宋永亨《搜采异闻录》卷二议论梁颢八十二岁中状元之事，全抄洪迈《容斋四笔》（今见《笔记小说大观》第九册），兹不论。

由于宋代已经出现了梁颢八十二岁中状元的传言，后来在元代丞相脱脱主持修成的《宋史》中，《梁颢传》就采信了这样的传言，于是，《宋史》成书之后就必然扩大了传言的影响。《宋史·梁颢传》记云："梁颢字太素，郓州须城人……初举进士，不中第，留阙下……雍熙二年，复举进士，廷试，方禹中献赋。太宗召升殿，询其门第，赐甲科……景德元年，权知开封……六月，暴病卒，年九十二……子固、述、适。适相仁宗，别有传。"这里的关键性的记述是梁颢于景德元年（1004）死时是九十二岁，显然是延续并且更扩大了传言的谬误。因为，即使按照传言所说，梁颢于雍熙二年（985）中状元时为八十二岁，至景德元年（1004）卒时应是一百零一岁，而不是九十二岁。这一年梁颢已经年过百岁还在开封知府任上，显然是不可能的。又据《宋史·梁固传》记载，梁颢的儿子梁固"天禧大礼成，无几卒，年三十三"，天禧元年为1017年，此年梁固卒时为三十三岁，那么他应是出生于雍熙二年（985），即梁颢中状元之年八十二岁时其长子出生，其次子梁述、三子梁适都在梁颢八十二岁之后出生，这显然也是不可能的。

因此，当代中华书局新刊本《宋史·梁颢传》于"年九十二"后加注云："《东都事略》卷四七本传作'年四十二'。据洪迈《容斋四笔》卷一四、《癸巳存稿》卷八《书〈宋史〉梁颢传后》条，皆以'年九十二'为非。'九'乃'四'字之误。"这条注文说明，原版《宋史》中的《梁颢传》据传言写梁颢卒时年九十二，造成了严重的谬误，当代新版《宋史》对此予以更正说明，是非常必要的。

元代以后，文士的著作中对于梁颢八十二岁中状元的问题又时见议论，肯定者与否定者两种意见并存。

元代时，还出现了梁颢所写的《谢恩诗》，或称《登科诗》。元代某氏所撰《群书通要》巳集卷六记此诗云："天福三年来应举，雍熙二年始成名。饶他白发巾中满，且喜青云足下生。看榜已无朋辈在，归家惟有子孙迎。也知年少登科好，争奈龙头属老成。"诗中所述梁颢事迹显然是附和他八十二岁中状元的说法，但是却不可相信。天福是五代后晋石敬瑭的年号，天福三年即938年戊戌，若按梁颢雍熙二年（985）中状元时八十二岁计算，他天福三年（938）中举时是三十六岁，那么他的出生当在唐昭宗天祐元年甲子（904）；再据《宋史》所记其长子梁固出生在雍熙二年（985），其次子梁述、三子梁适的出生更在其后，那么，梁颢中状元时哪里会"归家惟有子孙迎"？传言之诗只可当民间故事看待，根本经不住历史事实的检验。因此，当代学者编纂《全宋诗》，其卷九六收录梁颢诗4首就没有《谢恩诗》，而是把《谢恩诗》作为"存目"，列表处理，放在该卷之末（见《全宋诗》，北京大学出版社1987年版，第三册，第1096～1097页）。这是非常慎重的态度。

明代已经普遍流行的《三字经》中写道："若梁颢，八十二，对大廷，魁多士。"这更是广泛流传的一种肯定的意见。《三字经》的原作者，或者说是南宋末至元初的王应麟，或者说是这一时期的区适，或者说是粤中逸老，至今没有确切的定论。《三字经》是对儿童及大众进行启蒙教育的普及读物，并不是严格意义的历史著作。书中这样写梁颢，意在强调无论多大年龄都要立志读书，争取成名。因此编者附和了陈正敏《遁斋闲览》及孔平仲《孔氏谈苑》的说法。这说明关于梁颢八十二岁中状元的传言更富有特异性与传奇性，从文化心理的层面来说，易于满足世间大众的心理需求，因而世间大众倾向于相信梁颢八十二岁中状元的说法，而对其历史的真实性不作深究。

然而文人学者对于历史人物及事件的态度总是较为严肃的，遇有疑问则常爱寻根究底。明胡侍《珍珠船》卷六《梁颢》一节，引录了《遁斋闲览》和《容斋四笔》的记述与质疑，又引录《宋史》关于梁颢"卒年九十二"的记载，考辨说："余按《宋史》，灏作颢，卒年九十二，非四十二。溯其登第时，乃七十三，非八十二。其子固，大中祥符元年亦擢甲第，年才二十二。《朝野杂记》谓颢登第年二十三，盖误以固为颢云。"胡侍（1492～1553），字奉之，号濛溪山人，宁夏人。正德十二年（1517）进士，曾官鸿胪少卿，被贬潞州同知，后斥为民，居家著述。这里，胡侍根据《宋史》所记梁颢景德元年（1004）卒时为九十二岁往前逆推，谓梁颢于雍熙二年中状元时是七十三岁而不是八十二岁，从算术角度看是不错的，但是从历史事实来看，七十三岁中状元仍然荒谬。胡侍说梁固大中祥符元年擢甲第，年龄为二十二岁，《朝野杂记》把梁固误作梁颢了。这里，胡佳的表述有严重失误。实际情况是，梁固中状元在大中祥符二年（1009），其年龄为二十五岁；而梁颢中状元的年龄为二十三岁。因此，胡侍所谓《朝野杂记》"误以固为颢"的说法并不成立。

明代万历时。谢肇淛《五杂俎》卷八《人部》，列举历代"晚遇"的事例，有"宋梁颢以八十二状元及第"一条，这只是据传说举例，并没有进行考辨（参见本编《高龄得功名》一节）。明末张燧《千百年眼》卷九《梁灏谢启之伪》（灏应为颢），基本上是引录洪迈《容斋四笔》的内容，并附和洪迈对《遁斋闲览》的批驳意见，没有再提出新的观点。

由于《三字经》的普及，明代小说中也把梁颢八十二岁中状元作为典故使用，写入故事情节。明末冯梦龙编撰的话本小说《警世通言》第十八卷《老门生三世报恩》中，鲜于同五十七岁还没有中科举，别人可怜他、讥笑他，他说："你劝我就贡，止无过道俺年长，不能个科第了。却不知龙头属于老成，梁皓（颢）八十二岁中了状元，也替天下有骨气肯读书的男子争气。"这里是小说家之语，用了梁颢的故事，把他作为立志读书至老才得功名的范例。

清代，关于梁颢八十二岁中状元一事的议论仍有继续。金埴《不下带编》卷后附《巾箱说》记云："宋祥符二年，东封泰山还，赐梁固以下进士及第。三年，祭后土于汾阴，赐张师德以下进士及第。固，状元颢子；师德亦状元去非（笔者按：应是'去华'，金书有误）子。魏野以诗贺曰：'封禅汾阴连岁榜，状元俱是状元儿。'埴考梁氏家传，颢举宋太宗雍熙初进士第一，时年尚少。阅二十余年，为真宗大中祥符二年，其子固始进士第一。世传灏（颢）八十二岁成名，且在其子成名之后，殆好事者为之。与梁氏世居东平州，今城内有父子状元坊。"金埴（1663～1740），字苑孙，又字小郯等，浙江山阴（今绍兴）人。其父金煜曾官山东郯县知县，金埴曾随父亲在山东住过一段时间，因而对宋代山东东平的名人梁颢较为留意。他所引述的梁颢事迹，依据的是《渑水燕谈录》，但文字略有差异。金埴这里又记述本地传说称，梁颢中状元在其子梁固中状元之后，显然这是不符合历史真实的，因此金埴说"殆好事者为之",予以否定。

清乾隆时,袁枚又有新的议论。《随园随笔》卷一九《梁灏(颢)少年中状元之疑》记云:"俗传梁灏(颢)八十登科,有龙头属老成七言诗一首,《黄氏日钞》《朝野杂记》俱驳正之,以为颢中状元时年才二十六耳。余按:《宋史》灏(颢)本传,雍熙二年举进士……景德元年卒,年九十二。雍熙至景德相隔只十余年,而灏(颢)寿已九十二,则八十登科之说,未为无因。"袁枚(1716~1798),字子才,号简斋,晚年号随园老人,是清中期著名文学家,他引录前代学者说梁颢中状元时为二十六岁,有误,实为二十三岁,前已述。他又据《宋史》记梁颢卒年为九十二岁,上推其中状元时的年龄为八十岁也是可能的。据此语意可知,袁枚未必相信梁颢中状元时的年龄是八十二岁,这里不过是袁枚将错就错式的推论,不可理解为是他的严肃考辨。

清末时,梁章钜《浪迹续谈》卷六《梁颢》一节又云:"陈正敏《遁斋闲览》载梁颢《登第诗》:'天福三年来应试,雍熙二载始成名。饶他白发巾中满,且喜青云足下生。'天福三年是五代晋高祖戊辰,雍熙二载是宋太宗乙酉,中间相距四十七年,夫以弱冠应举,即四十余年而后登第,亦不应如世所传八十二魁大廷云云也。"这里谓《遁斋闲览》载《登第诗》有误,实则此诗原出自元代某氏《群书通要》,已见前述。梁章钜(1775~1849)字闳中,又字茝林,晚年号退庵,福建长乐人。嘉庆七年(1802)进士,仕宦终生,曾任广西、江苏巡抚,两江总督等,又勤于治学,著作甚多。这里,梁章钜据传说的梁颢的登第诗中所表述的时间跨度进行分析,指出所谓他八十二岁中状元的说法不可信,其思路与判断是正确的。又指出《宋史》所记梁颢八十二岁中状元、九十二岁卒的说法也是不可相信的,于是他的结论是:"史传之言,各有差互,此当阙疑。"梁章钜的议论较为客观,表现出严肃而慎重的学术态度,虽然没有得出明确的结论,也是应当给予肯定的。

清末时,著名学者俞正燮《癸巳存稿》卷八《书〈宋史〉梁颢传后》,是洪迈《容斋四笔》以来考辨梁颢八十二岁中状元一事用力最深、辨析最透的集大成式的文章。此文所列举的前代文士著作如《遁斋闲览》《孔氏谈苑》《梁溪漫志》《东都事略》《建炎以来朝野杂记》《黄氏日钞》《搜采异闻录》及《宋史》等,关于梁颢中状元一事的质疑及演变情况,作了全面的考察,并且表达了自己的认识与观点。如今笔者详细披阅之后,感到俞正燮的表述与分析逻辑严密,富有新见,其中所列举的四条证据,现在看来是特别具有说服力的,值得当代学者重视。

其一是,据国史记载,梁颢以翰林学士于景德元年知开封府,暴疾卒,年四十二,史臣谓之有"中道夭谢"之惜,所谓"国史""史臣",乃宋之廷臣,并可推知其及第时为二十三岁,这都是确凿可信的基本事实,也是最有力的史证。如果梁颢中状元时八十二岁,景德元年已经九十多岁,从宋代官制实际来看,开封府知府这样一个重要的职位,怎么可能让一个耄耋老人担任?而且,即使有这样一位耄耋老人死在任上,却不能说是"暴疾卒",也不会让臣僚们为他的"中道夭谢"感到可惜。

其二是,《宋史》记梁颢曾依王禹偁学,是一条可信的材料。王禹偁(954～1001)字元之,济州巨野(今属山东)人。北宋太宗兴国八年(983)进士,北宋初著名文学家。王禹偁生于五代后周显德元年(954),比梁颢年长9岁,梁颢和他同为山东人,拜他为师是合乎常理的。如果梁颢中状元时是八十二岁,此年王禹偁是三十二岁,梁颢比王禹偁年长五十岁,于是俞正燮质疑道:"岂有七十三、八十二之学徒?"即是说,梁颢师从王禹偁时必在梁颢二十三岁中状元之前,即王禹偁三十二岁之前。这里,从梁颢和王禹偁年龄的对比来看,俞正燮的分析是非常有道理的。

其三是,俞正燮仔细考察了梁颢家庭成员的年龄情况。据《宋史》,梁颢长子梁固卒于天禧丁巳大礼成后,终年三十三岁,那么梁固生于雍熙乙酉(985),此年梁颢二十三岁。梁颢的第三子梁适卒于熙宁庚戌(1070),终年七十岁,那么梁适生于咸平辛丑(1001),梁颢这一年三十九岁。如果梁颢七十三岁及第,则是他七十三岁时生长子,八十九岁时生第三子梁适;如果梁颢八十二岁及第,则是他八十二岁生长子,九十八岁生第三子,那么就不应当是九十二岁先卒了。因此俞正燮推断说,从梁颢的长子和三子的年龄情况来看,说他八十二岁中状元是根本不可能的。

其四是,俞正燮特别举出《玉壶清话》云:"赵昌言、陈象舆、董俨、胡旦,俱少年在枢府,梁颢又尝与赵同幕,五人旦夕会饮,夜分方归,都人谚曰'陈三更,梁半夜(一作董半夜)'。"这段话见文莹《玉壶清话》卷五,原文是:"赵参政昌言,汾人……擢为枢密副使。是时陈象舆、董俨俱为盐铁副使,胡旦为知制诰,尽同年生,俱少年,为一时名俊。梁颢又尝与公同幕。五人者旦夕会饮于枢第,棋觞壶矢,未尝虚日,每每乘醉夜分方归……都人谚曰'陈三更,董半夜'。"(又见《东都事略》卷三八,《宋朝事实类苑》卷一一,《尧山堂外纪》卷四三等)俞正燮的引录只是略述大意,文字并不是很准确,但是这几位聚会饮酒者其中有梁颢却是应当肯定的。赵昌言字仲谟,孝义(今山西乡宁,属临汾)人,太平兴国年间进士及第,累官至枢密副使,迁户部侍郎,谥景肃。宰相王旦即其婿。董俨字望之,洛阳人,太平兴国年间进士及第,真宗朝累官至工部侍郎。胡旦字周父,渤海人,宋太宗时状元及第,历官右拾遗、直史馆、秘书监。陈象舆也是进士出身,履历未详。梁颢与赵、董、胡、陈等人的年龄及职位大抵相近,如果梁颢在雍熙二年中进士时已是七十三岁或八十二岁的老人,在翰院任职时还能同那几位年轻士人一同聚饮到三更半夜是不大可能的。

俞正燮还举出《宋史·方湛传》,谓方湛与梁颢友善,两人年岁相当。方湛于咸平六年卒,终年四十一岁,而此年梁颢也四十一岁。这条材料也可作为史证之一。但是,今查《宋史》没有见到方湛传,不知何故。

总之,俞正燮《癸巳存稿》的考辨,笔者以为可作为定论。直到当代,对于梁颢八十二岁中状元的惯常说法,应当给予一次彻底的澄清。关于梁颢的生卒年问题,应当以《宋史》(加注释之后的新版)等正规史籍的记述为准。

(五)铁冠道人张中

徐𤊹《徐氏笔精》卷七《铁冠道人》云:"苏子瞻在海外,自号铁冠道人。詹仲和亦号铁冠道人。杨廉夫亦号铁冠道人。洪武初,有铁冠道人张景华,常与太祖言休咎未来事。"苏子瞻即苏轼,他被贬官至岭南时曾自号铁冠道人。詹仲和即詹僖,明弘治、正德时在世,浙江鄞县(今属宁波市)人,一说其名禾,字仲和,初为县诸生,一度为官,不久即弃去,致力于书法,师法王羲之、赵孟頫,颇有名声,七十余岁还能写蝇头小楷。杨廉夫即杨维桢(1296~1370),字廉夫,号铁崖,又号铁冠道人、铁笛道人、铁心道人、铁龙道人、梅花道人、铁笛子、东维子等,晚年又自号老铁,元泰定四年(1327)进士,元末明初以诗文享有盛名。张景华,即张中,字景华,元末明初时人。

本节主要考察的是元末明初的铁冠道人张中。

1. 宋濂《张中传》

张中，《明史》列入《方伎传》，传中所述张中生平事迹，基本上采自宋濂的《张中传》（见《国朝献征录》卷七九，宋濂《宋学士全集》卷一〇）。宋濂（1310~1381）字景濂，号潜溪，浙江浦江人（一说浙江金华人）。明初著名学者，受明太祖朱元璋征聘，曾官江南儒学提举，后至翰林学士承旨，知制诰。宋濂《张中传》记云："张中，字景华，临川人也。少习儒，以《春秋》应进士举，不中，遂放情山水，游历江右诸郡。遇异人，授以太极数学，谈祸福多验。"元末各地爆发起义，天下大乱，张中归隐于浙江幕府山，他和人们谈起应该到哪里躲避兵乱，有人听从他的意见就能够得到安全的地方，没有听他的话就要遭到灾祸，于是他的预测神术就在当地出了名。以下的传文对张中归顺朱元璋之后的经历有详细叙述。

元至正二十二年壬寅（1362）正月间，朱元璋率兵进入江西，其部将御史大夫邓愈向朱元璋推荐张中，朱元璋派使者把张中召来，请他坐下，问道："我率军平定江西，兵不血刃，市不关门，江西民众从此就能安居乐业、休养生息了吧？"张中说："还不到那个时候。过不几天，这里就会血流遍野，村镇房屋焚烧殆尽，铁柱观也将化为灰烬，只有一座大殿能够保存下来。"这一年的四月，朱元璋的部下指挥使康泰发动叛乱，造成的灾祸就正像张中所说的那样。

从这时起，张中受到朱元璋特别的信任。他又对朱元璋说："君王的辖区范围还会发生大臣叛乱的事，应当有所防备。"此后不久，这一年的七月，朱元璋属下平章邵荣、参政赵继祖合谋，在南昌城北门外埋伏武士，妄图作乱，朱元璋获知消息，邵、赵二人事败被杀。

至正二十三年癸卯（1363）五月，朱元璋打算到覆舟山祭祀山川百神，询问张中，这一次的行动是否顺利，张中回答说："大吉。天马两重，似拜似舞。"祭祀仪式结束之后，朱元璋正要返回，忽然有一匹马跑过来拦在前面，作舞蹈状，又将后腿着地，像人那样把身体直立起来，好像行拜见之礼。就在这一天，中原有人送来名马作礼物，正应着张中所说的"天马两重"的话。张中又对朱元璋说，近日江西省府衙署还会发生令人震惊的事变，城里也受到骚扰，但是君王却不会受到伤害。到了六月，果然署衙里忠勤楼发生了火灾。原来这里存放有火药，偶然爆炸，声如雷震，衙署内及城里一阵恐惧，所幸尚无大碍。张中的话又一次应验。

这时，割据于湖北湖南一带的陈友谅率兵进攻江西，围住南昌，三个月不能解围。到了七月，朱元璋率大军征讨陈友谅，询问张中此战能否取胜，张中回答说："五十天一定能获大胜。亥、子之日还能擒获其首领陈友谅，而且，决胜之战一定发生在南康。"朱元璋让张中随军行动。战船行进到孤山，没有风不能前进，张中说："我曾学过洞玄法，可以祭风。"朱元璋同意张中作法祭风，祭祀仪式完毕，果然起了大风，于是船队顺利到达鄱阳湖，与陈友谅军会战于湖中的康郎山。大将常遇春奋勇冲击，深入陈友谅水军的船队当中，被陈军的战船四面包围，情势非常危急，朱元璋身边观战的人都说常将军没救了，张中却说："不必担忧，到亥时就可以突围。"果然，到了将近半夜时分，常遇春杀出重围，继续挥军作战，获得大胜。陈友谅的弟弟即伪吴王陈友仁，以及其他陈军将士落入湖中淹死者不计其数。八月，又进行一场大战，陈友谅水军的尸体布满江中，陈友谅中流矢身亡，陈军向朱元璋投降的有五万人。从七月癸酉到八月癸亥正是五十天，和张中的预言完全一致，只是交战地点"康郎山"和张中预言的"南康"略有不同。当初南昌被围困时，朱元璋问张中何时能够解围，张中回答的是"七月丙戌"，后来战役结束捷报传来却是"乙酉"，比张中的预言提前了一天。原来当时朝廷的日官推算历法，实行的时候是差了一天的，如果不考虑这个因素，这场战役结束的那天正是丙戌，张中的推算其实一天不差。（俞正燮《癸巳存稿》卷八《张中》对于这一次日期的推算有考辨，认为荒谬不可信）

张中在朱元璋身边参与军事谋划，还作过其他预测，也大抵和前面所述的事例相类似，都非常灵验。当时，宋濂也受朱元璋聘用，和张中多有接触，因此对于张中非常了解，他的记述应该是可信的。此传中还说，张中为人拘谨自守，很少与别人交谈，平时经常戴一顶铁冠，于是人们都叫他"铁冠子"。在宋濂看来，张中像是伪装狂放、玩世不恭那种人，和他谈话时，涉及儒家伦理的议论时，张中就用别的话岔开，不知他这究竟是为什么。

宋濂还记述一件事：至正二十四年甲辰（1364）五月，与张中一同在朱元璋阵营效力的有两位文士，因事违背了朱元璋的意愿，闭门思过等待处罚。张中去看他们，询问两人的生辰八字，又用笔在纸上点下一些墨点，像是计数的样子。过了一会儿,张中笑着说:"你们两个不久都可以官复原职,大概是在七月初五。"这时宋濂在场,就用笔把张中的话记下来。到六月三十日那天,朱元璋传下旨意,让这两人复官。宋濂心想,张中这一次的预测毕竟不是很准确,差了五天左右,等到那两人复官之后获准面见朱元璋谢恩的时候,正是七月初五。于是,宋濂佩服张中的预测术确实非常神奇。而且,朱元璋曾亲自讲述十件事,让宋濂为张中作一篇传记,所写文字珍藏在一个铜匣子里。过了六年,即到了洪武初年,宋濂把存稿从铜匣中取出来,加以整理并誊写成文。从这里的记述来看,宋濂的这篇《张中传》有如此来历,应该是真实可信的。

2. 明代笔记所记张中事迹

明代的其他笔记类著作中,也有一些关于张中的记述,对比来看,我们可以了解到张中更多的事迹。

都穆《都公谈纂》卷上记云:"铁冠道人张景华者,精天文地理之术。太祖与陈友谅战鄱阳湖,以道人从,友谅中流矢死,两军莫之知。道人望气,语上曰:'友谅死矣。'使上作文遥望祭之。陈军夺气,战遂败。上定鼎金陵,其相地多出道人。"关于朱元璋与陈友谅大战期间张中的种种神奇表现,这里的记述同宋濂的《张中传》相比较为简略,然而增加了一个"望气"的情节。"望气"是古代术数的一种,即是遥望主事人或主事现场上方的云气情况来判断吉凶,这也是张中的奇术之一。又记朱元璋定都南京之后张中"相地"的事,而相地即是古代的堪舆学(看风水),可知张中通晓的神术确有多种。以下还记云:张中在南京的钟山之下建造一处住所,有一天,朱元璋开国功臣之一的梁国公蓝玉得便来访问他,张中身穿道士的便服出来迎接,蓝玉和他开玩笑说:"脚穿芒履迎人,足下无履。""足下"是对来访男士的称呼,"履"与"礼"音近似,意思是说你太没有礼貌了。这时,张中看见蓝玉正在拿着个椰瓢喝水,忽然启发了思路,回答说:"手执椰杯劝酒,尊前不盅。"意思是说,椰壳杯并不是酒盅,而"盅"与"忠"谐音,这里隐含着讥讽蓝玉对朱元璋不忠。蓝玉是一介武夫,并没有听出来张中话里有话,只是和张中相对一笑就分手了。两人的对话正好成为一联,相当工稳。张中的答语说明,他已经预测知蓝玉对朱元璋的异心。果然,不久蓝玉就被朱元璋治罪,张中的话也就得以应验。又过一段时间,张中在南京大中桥投水淹死,人们不知是为什么。再后来，潼关的守卫官吏报告朝廷说，有个人自称是铁冠道人，某一天过关往西去了。推算一下，这一天正是张中在南京投水自尽的那一天。由此来看，张中确实是个非同寻常的奇人。都穆（1459～1525），字玄敬，江苏吴县（今属苏州市）人，弘治十二年（1499）进士，曾官工部主事、礼部郎中。他对于张中的记述，同宋濂《张中传》相比增加了一些新的内容，具有一定的参考价值。

何孟春《余冬序录摘抄内外篇》卷一记有张中事迹云："国初铁冠道人，精数学，今人屡称之，而少知其姓名者。"春观唐文凤作《鲍尚䌹行状》云："上登钟山，词臣扈从于拥翠亭，给笔札，即景赋诗。鲍与翰林朱升、张以宁、秦伯裕，起居单友中、李某，铁冠道人，俱应制，亦但言其号耳。"何孟春（1474～1536），字子元，号燕泉，湖南郴州人。弘治六年（1493）进士，曾官吏部侍郎、南京工部右侍郎等。所谓唐文凤，其人未详，《鲍尚䌹行状》今仅见何孟春文转述。这里提到的几个人：朱升（1299～1370）字允升，安徽休宁人，元末曾官池州学正，后弃官隐居，朱元璋召为翰林学士。张以宁（1301～1370）字志道，福建古田人，元泰定四年（1324）进士，入明官为翰林侍读学士。秦伯裕字景容，河北大名人，元末曾官福建行省郎中，朱元璋召用为侍读学士。单友中，或即是单仲友，原名佑，以字行，元末鄞县（今属宁波）人。洪武年间举明经，受到朱元璋召见，曾官国子助教。李某，名未详。根据这里的记述，鲍尚䌹与朱升、张以宁、秦伯裕、单友中等及铁冠道人张中都曾在朱元璋身边为侍从文士，因此对于张中的事迹有较多的了解。之后又引录宋濂《张中传》中的几句加以补充说明，但是没有增加新的情节。其末云："今人有秘录其言者，盖此人也。"据此可知，在嘉靖时有人私下记录张中的言论，或即是世间传说的铁冠道人预言之类（参见后文《烧饼歌》），然而究竟是什么言论，何孟春没有详述。

陆粲《庚巳编》卷七《铁冠道人》又记云："铁冠道人张景和者，江右之方士也。道术甚高，人不能测。太祖皇帝初驻滁阳，道人诣军门谒，言于上曰：'天下淆乱，非命世之主，未易安也，以今观之，其在明公乎？'上问其说，对曰：'明公龙瞳凤目，状貌非常，贵不可言。若神采焕发，如风扫阴翳，即受命之日也。'上奇之，留于幕下，屡从征伐。"这里记朱元璋驻军于滁州时，张中前往求见，说朱元璋相貌非凡，能得天下，由此取得朱元璋的信任，得以留在幕府为谋士。这里张中所言，不过是江湖术士从事游说的常见辞令，表现出阿谀与投机的双重特征，但是，在朱元璋的势力尚未特别强大的时候，张中就敢于求见并作出如此肯定的判断，并且能为后来的历史事实所证实，那么，张中的预测本领就不能不让人信服。以下记述张中在跟随朱元璋同陈友谅交战时望气以决休咎、判断陈友谅已死而让朱元璋作祭文祭之的情节，记述朱元璋定都南京后相地之事，记述张中与蓝玉相见交谈以及后来张中投水自尽等事，皆与《都公谈纂》所记的内容大致相同。陆粲（1494~1551），字子余，一字浚明，江苏长洲（今属苏州市）人。嘉靖五年（1526）进士，曾官工科给事中等。陆粲生活的时代稍晚于都穆，关于张中的记述当是参照了都穆的著作。

《庚巳编》与宋濂《张中传》和都穆《都公杂纂》相比，还增加了张中的两件事。

一件事是，朱元璋定都南京后，有一天前往游观鸡鸣山寺，寺里的佛殿楼阁高耸，登上去可以远远望见皇宫内部的情形，于是心里产生一个想法，要拆毁这座寺院，但是口中还没有说出来。张中先来到鸡鸣寺对主持僧人说："皇上有心要拆毁你们的寺院。明天皇上要来此寺游幸，你们可以在路上拦住皇上圣驾求情，或者可以幸免。"此寺主持僧人早就听说张中有预测神术，非常信服，第二天一大早就带领本寺僧众，手持香火，来到山前距寺数里之外的大路上等候。皇上圣驾来到时，僧众们跪在地上，主持僧恳请皇上开恩不要拆除寺院，拜求不已。朱元璋非常惊讶，说："我没有这个想法，你们怎么无端提出这样的诉求呢？"主持僧说："这是铁冠道人告诉我等，让我等向皇上请求的。"朱元璋感到十分奇异，就放弃了拆毁鸡鸣寺的打算。

另一件事是，明朝开国功臣魏国公徐达原来作为朱元璋的战将之一时，张中曾经对他说："我看将军的相貌，两颧发红，两眼如火，官位可以达到极品，可惜将军今生只可得到中寿。"后来，徐达于洪武十八年（1385）病死，年仅五十四岁，张中的话也得到事实的验证。

后来到明代后期万历时，陈继儒《笔记》卷一亦记铁冠道人张中事，大抵是摘录宋濂《张中传》中一两件事，未增加新的内容。陈继儒（1558~1639），字仲醇，号眉公，又号麋公，江苏松江华亭（今属上海市）人，隐居未仕，闭门著书，是明后期著名学者。这时明朝建国已有二百多年，陈继儒对铁冠道人张中的事迹依然表示了关注。

万历时，顾起元《客座赘语》卷二又有《铁冠道人》一节，引录《纪闻》记述了朱元璋欲拆毁鸡鸣寺、因寺僧事先求告而放弃一事，又增加有新的内容。记云，朱元璋听鸡鸣寺主持僧说是铁冠道人告知的做法，就让人把张中召唤来，打算再亲自测试一下张中的预测能力，问道："今天我将遇到什么事呢？"张中回答说："太子在某个时辰要送来蒸饼。"这一天正是中秋节，朱元璋让人把张中锁在一间屋子里，以验证他说的话是否灵验。到了这个时辰，太子果然送来了烧饼（蒸饼）。朱元璋取一个饼正在吃着，想起道人说的话，就派人把太子送的烧饼赏赐给关在屋子里的张中。打开闭锁的房门，发现道人已经不在这里了，桌子上留下了一篇他写作的《蒸饼歌》。歌词中预言明朝后来会发生靖难之役、土木之变等大事，这都在后来明朝的历史上得到了验证。关于鸡鸣寺的问题，这里又补记云，朱元璋在即皇帝位后的第二十年，下旨让崇山侯李新（濠州人，洪武十五年封崇山侯）在南京晋代鸡笼山旧寺遗址重建新寺，改名为鸡鸣寺，其三座寺门名为秘密关、观由所、出尘径，都是明太祖朱元璋亲自命名的；还把灵谷寺宝公法函迁移到山坡前埋葬，在那里建一座五级宝塔，每年派官员进行祭奠。既然鸡鸣寺是皇上用心亲自经营的，他为何还要把它拆毁呢？真是令人费解。顾起元（1565～1628），字太初（又作璘初、邻初），江苏江宁（今属南京市）人。万历二十六年（1598）进士，曾官国子祭酒、吏部左侍郎兼翰林院侍读学士等，后辞官退隐，专心从事著述。顾起元学识渊博，著作精严，为后世学者所重。他所引录的《纪闻》今未见（并非陈洪谟《继世纪闻》），当是顾起元亲自看过的，可以信从。

3.《烧饼歌》与《透天玄机》

顾起元《客座赘语》所记铁冠道人张中留下的《蒸饼歌》，或者即是后世书坊间流传的《烧饼歌》。笔者曾见过民国年间的石印本《推背图》，其中附刻有《帝师问答·烧饼歌》《黄蘖禅师诗》《透天玄机》三种，合订为一册。这四种都是古代江湖文士编撰的预测未来政治时局演变的术数类书籍，其中《推背图》《黄蘖禅师诗》今无暇多论，而《帝师问答·烧饼歌》《透天玄机》这两种与铁冠道人有一定的关系，这里略加叙说。

《帝师问答·烧饼歌》未题作者姓名，内容是以朱元璋与军师刘基对话的形式预言明朝未来的发展趋势。开头一段云：明太祖朱元璋某一天正在吃烧饼，刚咬了一口，内侍传报说，军师刘基见驾。朱元璋就把烧饼用一个碗扣在桌上，召刘基进来，见礼已毕，朱元璋问道："先生能洞察过去未来的事吗？如果能，你就猜一猜，这碗下面扣住的是一件什么东西？"刘基回答说："半如日兮半如月，定是金龙咬一缺。"打开一看，正是一个刚刚被咬了一口的烧饼。前述《客座赘语》所记朱元璋食蒸饼时见铁冠道人的故事，这里换成了刘基。

以下刘基回答朱元璋的问话，多用诗句的形式，含糊其词，并不明言，透露的意思与明朝后来的历史事件隐约对应。如："国压奔灵七载长，胡人不敢害贤良。相送金龙复古旧，灵明日月走边疆。"这指的是明英宗朱祁镇御驾亲征蒙古、被掳去七载又被送回的历史事件。"任用阉人保社稷，八千女鬼闹朝纲。"这指的是天启年间阉党魏忠贤乱政的历史事件（"八千女鬼"隐"魏"字）。"将相不敢朝天阙，十八孩儿滩上生。木下一丫头，目上一戊丁。"这指的明末崇祯年间的李自成起义，"十八孩儿"即"十八子"，隐"李"字，"目上一戊丁"隐"自成"二字。"忽遇草寇发饥寒，平安镇守好桂花。"这两句隐指农民起义军鼓动饥民作乱及吴三桂镇守宁远勾结清军入关的历史背景。"黄河岁运朝金阙，奔煤山，山九重。"这指的是崇祯皇帝自缢于煤山、明朝灭亡。"传至六百半，梦奇有字得心惊。"这是指明朝的江山延续大约三百年（六百之半），必将改朝换代。以下继续预测，便说到明亡以后清朝的历史进程："臣谓桂发好英雄，折缺长城尽忠孝。国家天下有重复，摘尽李花杜劳功。黄牛背上绿鸭，安享国家太平。云差中秋迷去路，福人依旧福人胜，反复后来折桂枝……"这里，"桂发"二句指的是吴三桂帮助大清夺得明朝天下，"黄牛"二句指的是清朝入关后第一个皇帝顺治即位（传说顺治皇帝的乳名叫绿鸭），"福人"句指的是顺治皇帝名为福临，"反复"句指吴三桂后来反叛清朝不能成功兵败身亡。朱元璋听到这里，不明白什么意思，就问刘基，刘基说："臣该万死，大明一统，至此去了之多日矣。"再往后，刘基又说了许多话，比前半段更加朦胧晦涩，不知所云。最后的末句云："千言万语知虚实，留与苍生长短论。"

由于《烧饼歌》中预测的内容涉及清朝的历史事件，可知其作者应是清代康熙或以后某朝的某位江湖文人。他编造出这样一篇江湖术士的预测语，整体特征是虚妄而荒诞的，其遣词造句似乎是指某件事，而又恍恍惚惚，影影绰绰，明显具有不可指性。各句连缀起来看，成为让人颇费疑猜的谜语。作者伪作深不可测的术士身份，故弄玄虚，像民间巫师臆语一样，刻意蒙蔽人间众生，忽悠人心，以此在社会上骗取钱财或其他利益。在今天看来，略具辩证唯物主义和历史唯物主义常识的人，都不会相信如此拙劣的呓语与胡诌。古代术数类的占卜、预测、打卦、推步等，演变到《烧饼歌》这样的低俗读物，已堕落为古代神秘文化的末流，与当代严肃的科学理论格格不入，对于世人有害而无益。

《透天玄机》的内容及性质，大体上与《烧饼歌》同一货色。其题下注云"又名《铁冠数》"，开头一段云："此书系铁冠道人与刘伯温先生同著，名曰《透天玄机》，又曰《铁冠数》，以三元推算一万五千二百七十劫，数尽天地之气运绕输，数一周治乱兴亡，颇著神验。"又云："元代末年，刘伯温出游于华山，至空峰幽谷洞中，见一道人，号曰虚灵子，即铁冠道人玄真，乃隆德道人一转，能以养精炼气全真道德，详知三元之气数、周天之劫数、祸福吉凶、盈虚消长，及一切天文地理、阴阳顺逆，无不通晓。伯温跪而告曰：'弟子学习数理，忽迷心窍，不知吉凶，愿拜为师，祈指妙理玄机，与人推算得失。'道人曰：'尔乃文曲降世，辅助紫微，吾今明指实理，慎弗轻为泄漏。'伯温拜而受之。道人传以天文地理、奇门遁甲、阴阳顺逆、星斗分野并推测中华外夷一切吉凶及一万五千年三元劫数，尽传于伯温。"

这里的记述，涉及两个重要问题需要明辨。其一，记云此书是铁冠道人与刘伯温合著，刘伯温即是刘基，但是这里只言铁冠道人名为玄真，而没有明言其真实姓名就是张中。所谓二人合作著书，不过是作者假托的虚幻之词。其二，记云铁冠道人原是在西岳华山某洞中修炼的一个道士，刘伯温拜他为师向他求教云云，都是作者的随意虚构，与历史人物刘基与张中的实际事迹并无关系。

《透天玄机》所记铁冠道人与刘伯温的对话，讲了许多三元劫数一类的玄虚之论，之后预言明朝未来的部分，有的地方加了小注予以提示，指出所对应的历史上的实有事件。如：道人说，"牛生两尾，日月并行，木上挂曲尺，即真主也"。注云："指朱太祖应运而生国号大明之兆。"意思是指"朱"字是"牛"字下面加左右两条尾巴，"明"字是日月二字组成；"朱"字是木字上面加了撇与横两画，而这两画连笔书写其形状像是木匠所用的曲尺（《推背图》中也有这样一幅"木上挂曲尺"之图），这都预兆着朱元璋将建立大明朝。又如：道人说，"三百载太平，只有二百余年，万子万孙之年……"注云："明末代崇祯帝系万历帝之孙也。"意思是说，明朝原来的运数是三百年，实际只应有二百多年,崇祯皇帝是万历皇帝的孙子,明朝传到这一代将要亡国。再如:说到明祚将终,刘伯温问"帝将如何下落",道人说,"……赤足散发归梅岭,尸骨遍野入山林"。注云:"指崇祯缢于煤山事。"即是指崇祯皇帝在李自成攻破北京后在煤山(今北京景山)自缢而死。这样的语句与前述《烧饼歌》相同。以上仅举数例,便可知《透天玄机》一书的大概情形,其中铁冠道人只是末流江湖术士借用的一个名号,同历史人物张中的真实事迹并无关系。

4. 小说及戏曲中的铁冠道人

明代佚名小说《英烈传》写到铁冠道人。第四十一回《熊天瑞受降复叛》,写朱元璋的大将朱亮祖奉命率领五千人马进攻汀州,途中遇见一位道人:"亮祖再将身走上路来,恰好一个道人,戴着个铁冠儿,身上穿一领黄色道袍,手中拄一条万年藤的拐杖,背上背着四五个药葫芦,一步步走将下来,见了亮祖,拱一拱手说:'将军你要下山,可往这条路去。'亮祖正要问他说话,他把手一指,转眼间却不见了。"第四十二回《罗睺星魂返天堂》紧接前回,写这位道人引朱亮祖来到罗睺神庙,经过大殿,进入石洞,里面石床上睡着一个神明,和庙中殿上的神道一模一样,心想这神明作怪,就要举剑刺杀他,忽然豁喇喇响了一声,山石壁上写着一首诗:"朱亮祖兮朱亮祖,今世今生就是我。暂借尔体翼皇明,须知我灵成正果。天上罗睺耀耀明,舒之不竭三昧火。六十余年蜕化神,己未花黄封道左。北靖胡尘西靖戎,尔尔我我随之可。"后署"铁冠道人谨题"。朱亮祖看罢,悟出自身本是罗睺神蜕化来的,方才遇着的戴铁冠的道人是以题诗来点化自己的。这里所写情节,显然是借用了宋濂《张中传》及明人笔记中所记述的铁冠道人的名头,但是与前述张中的事迹完全不同,是《英烈传》小说作者的凭空虚构,说神弄怪,甚为荒唐。

《英烈传》第七十九回《铁道士云中助阵》,写朱元璋的大将沐英征剿云南梁王,大军进到普定城,铁冠张道人来到沐英的辕门求见,说他和张三丰、宗泐及昙云长老四人前来相助,沐英听说这一仗甚为惨烈,请铁冠道人周旋,小说写道:"道人口中不语,把手向袖中扯出一条如纸如网的一件东西来,约有三五寸阔,递与沐英手中说:'元帅可传令军中,连夜掘成土坑,长三百六十丈,深三丈六尺,阔四十九丈,上用竹箪盖住浮土,以备蛮兵。若见畜类横行,便将此物从空罩去,必然获胜。'"沐英按照铁冠道人的办法进行布置,果然大胜蛮兵。第八十回《定山河庆贺唐虞》,接着写沐英平定云南,占领昆明,沐英不胜之喜,令军中排筵庆贺。铁冠道人在筵头,驾着祥云一朵,对着诸将说:"道人从此相辞,烦寄语圣君,万岁千秋,享有国祚。昙云法师自元朝丁卯十二月廿四夜,与滁州城隍在天门边看玉皇圣者,吩咐金童玉女下世救民,到今一统山河,且喜亦是十二月廿四之日,灵爽不忒,惟圣主念之。张三丰并多致意。"嘱咐已毕,清风一阵,将祥云冉冉轻送而去。这里所写情节,同前述宋濂《张中传》及明人笔记中的张中事迹基本不相干,全是小说作者随意铺张。写铁冠道人助沐英大破蛮兵,似借用了《三国演义》中诸葛亮七擒孟获的有关情节,把铁冠道人塑造成一个半人半仙会作法术的神道形象,这使铁冠道人完全失去了历史的真实。

民国年间蔡东藩的历史小说《明史演义》也写了铁冠道人张中。第十一回《鄱阳湖友谅亡身》,写朱元璋率兵与陈友谅在鄱阳湖水战,刚进行一场小战,还未大胜,正在计议,小说写道:"只见扁舟一叶,鼓浪前来,舟中坐着三人,除参谋刘基外,一个服着道装,一个服着僧装。道装的戴着铁冠,尚与元璋会过一面,姓名叫作张中,别字景和,自号铁冠道人。元璋在滁时,铁冠道人曾去进谒,说元璋龙瞳凤目,有帝王相,贵不可言。元璋尚似信未信,后来步步得手,才知有验。……只有一个僧装的样子,形容古怪,服色离奇……叫作周颠。"这几个人见到了朱元璋,商议进兵的策略,或提议用火攻,又说不得风力相助难以成功,这时铁冠道人判断当日晚间就会起东北风。于是,朱元璋决定夜晚实施火攻,遂大破陈友谅。这里写铁冠道人的真名为张中,在滁州时曾谒见过朱元璋,当是采用了陆粲《庚巳编》关于张中到滁州谒见朱元璋的记述;而写欲用火攻得东北风的情节,显然是借用了《三国演义》中诸葛亮祭东风的思路。这些都是小说家伎俩,与宋濂《张中传》及明人笔记所记张中史实多是风马牛不相及。

《明史演义》此回中又写道:陈友谅在鄱阳湖战败之后,狼狈而逃,朱元璋追奔数十里……"言毕,划桨自去"。这一段描写,交代了铁冠道人张中的下场,他是在平定了陈友谅之后就急流勇退,翩然离去。明人笔记中关于张中投水而死的传说、与蓝玉对话及保全鸡鸣寺的故事等,《明史演义》中一概没有涉及。作者蔡东藩加评语云:"身如野鹤,真好自在。"这里表现出作者意图,意欲使铁冠道人像汉代初年的张良辞别刘邦去随神仙赤松子游,给他一个更好的归宿。

明清戏曲写到铁冠道人的作品,今见有传奇《铁冠图》《虎口余生》等。

《铁冠图》传奇原本已佚,今见《传奇汇考标目》著录,《曲海总目提要》有介绍,作者姓名未详,当是明清之际人。此剧演绎明末清初一段兴亡史,有铁冠道人图谶应验的情节。剧中写李自成起义军攻入北京,明崇祯帝朱由检逼使周皇后自尽,展观铁冠道人所遗图谶,有所会意,往煤山自缢;吴三桂引清兵入关,占领北京,李自成逃往陕西,战败被害;剧末以铁冠道人现身说明图谶为收结。此剧在清初曾经演出过,褚人获《坚瓠集》补集卷六《后戏目诗》记云:"甲申春,连观演剧,复成四律。""甲申"即康熙四十三年(1704),第一首云"《铁冠图》传《逊国疑》,《赠书》远递《古城》阵。《出师表》奏《千忠录》,《博浪沙》边《百炼锤》……"这里罗列的都是褚人获亲自看过的上演剧目,可知这时《铁冠图》已被搬上舞台,其中或有铁冠道人张中粉墨登场。后来,《昆曲粹存》中收有《询图》《探山》等出,即是选自《铁冠图》。

至清代乾隆年间,又出现《虎口余生》传奇,有旧抄本,署"遗民外史撰",当代已收入《古本戏曲丛刊五集》。此剧内容,大抵是依据边大绶所撰《虎口余生记》为基本线索,写明末边大绶任陕西米脂县令,奉命发掘李自成祖坟,被起义军俘虏,几次遇险终得逃生,由此演绎明亡清兴的一段历史。其中第十九出《观图》,写李自成起义军攻破北京之后,崇祯皇帝由太监王承恩引导察看宫中的通积库,见到一个木匣,外用黄绸包裹,内有一卷画轴,上写"洪武十三年御笔封",打开观看,原来是铁冠仙师留下来的一幅图画。画面分作三层:上面第一层画的是君臣朝见的光景,有"垂裳而治"四字;中间一层画的是一片焦山,一株枯树,一人披发覆面,一足无履;下面一层画的是许多兵将,手执大旗。崇祯皇帝看后不解。图画的意思是:上层是指大明朝的盛世情况,政通人和;中是指明朝亡国时崇祯皇帝穷途末路时的狼狈相;下层是指清兵来侵,夺得中华天下。全剧之末,这些都一一应验。

从宋濂的《张中传》到明代各种文士笔记中所述铁冠道人张中的事迹,都没有此剧中这样一组图谶预测的内容。传奇中的图谶是剧作家据世俗人们的附会而虚构的,同前述《烧饼歌》《透天玄机》等书同样性质。或者是传奇的虚构在先,而《烧饼歌》一类的低俗读物在后,或者是两者互相交叉影响,结果是使有关铁冠道人的传说内容愈来愈丰富而离奇。

关于《虎口余生》，有学者认为康熙时曹寅也撰作了一本。刘廷玑《在园杂志》卷三记云："长白（边大绶字长白）自叙其事曰《虎口余生》，而曹银台子清（寅）演为填词五十余出……以长白为始终，仍名曰《虎口余生》。构词排场清奇佳丽，亦大手笔也。"但是，曹寅所作《虎口余生》今未见传本，不能够与前述遗民外史所撰《虎口余生》进行比对。可以肯定的是，两者并非一本；而且，曹作与前述无名氏作《铁冠图》传奇也并非一本。当代戏曲研究学者认为："曹寅作《虎口余生》50余出，其后有无名氏《铁冠图》，再后有遗民外史《虎口余生》44出。"（见《中国古代戏曲文学辞典》，人民文学出版社2004年出版，728～729页）曹寅（1658～1712）字子清，号荔轩，又号楝亭，即《红楼梦》作者曹雪芹的祖父。他撰作《虎口余生》传奇的具体时间不详，此剧中是否写到铁冠道人以及如何写铁冠道人的情况亦不详。这里，我们所关注的问题是，遗民外史所撰《虎口余生》的问世肯定在曹寅之后。因为，今存本《虎口余生》抄本前有遗民外史序云"国朝定鼎已有百岁"，说明这时已是1744年以后的乾隆年间，曹寅去世已经三十多年了。即是说，在乾隆年间，戏曲作品《虎口余生》还写有铁冠道人的情节。因此，前面叙及《烧饼歌》《透天玄机》等低俗读物在清代出现并流行，正是与《铁冠图》《虎口余生》一类戏曲作品出现并流行，为同一舆论背景。

当代著名小说作家金庸的代表作品之一《倚天屠龙记》中，也写了铁冠道人这个人物，作者肯定看过并熟悉明代各种关于铁冠道人事迹的资料及小说戏曲作品等，又加以小说家的虚构与发挥。这是铁冠道人的影响在当代的余波，这里不再展开叙述。

（六）明成祖生母碽妃质疑

明成祖朱棣是朱元璋的第四子。其生母，本来是朱元璋的正妻马皇后，即高皇后，这见于明代正史《明实录》《明史》等记载。可是，到了明朝末年，李清《三垣笔记》注意到一种文献资料《南京太常寺志》，其中透露出一条惊世秘密，说明成祖朱棣的生母不是马皇后，而是朱元璋后来纳娶的一位妃子，她原是元顺帝宫中的一位蒙古女子（或谓为高丽女子），被称为碽妃。这个说法一出，明末至清代有不少文士附和；也有的文士提出质疑，但信从者多，驳斥者少，众说纷纭，沸沸扬扬。直到现代及当代，仍然有些著名学者如吴晗、傅斯年等也信从这一说法。因此，这个问题成为明清历史上乃至中国古代史上的重大疑问之一，难以形成定论。

笔者也曾经对于这个问题产生兴趣，于是下了很大功夫查找相关资料，进行一番考察。在读书学习的过程中，笔者又看到了马渭源先生的大著《大明帝国·永乐帝卷》（东南大学出版社2014年出版），此书的首章，用较多篇幅对明成祖朱棣的出生问题进行了详细的考述，征引的历史文献及后人研究资料非常丰富。但是，笔者在详细阅读之后仍然存在不少疑问。笔者的总体印象是，该书中对于明成祖的生母到底是马皇后还是碽妃的问题，分析的话语很多，而结论性的话语不够明确，其中关键性的推断不能使读者心悦诚服。于是，笔者由此而产生几点深刻的感慨。

其一是，历史上关于一些重大事件及重要人物的有争议的问题实在太多了，也太复杂了，所谓"烛影斧声，千古之谜"。后人要想把某一有争议历史事件完全还原真相，说清楚来龙去脉，那是极其困难的。许多历史之谜也许永远都没有明确的答案。

其二是，历史事件的当事者及参与者在当时特定的历史条件下，常常是有意遮掩某些事实，或根据需要制造出某些事实，因而，历史人物本身对于历史事件的定型过多地渗入了当事者及参与者的主体意识，这可以称之为主观随意性，这对于当时的局外人以及后世大众来说，就人为地留下了许多神秘的未知空间。

其三是，历史事件过后，后来的记录者及研究者受自身所处的特定时代、政治背景、人事关系、文化心态、现实需要等诸多因素的影响，同时也受到自身见闻范围与社会立场的限制，于是最初所形成的历史著作就很难做到完全客观公正，因而也表现出各种各样的主观随意性。

上述两个方面的主观随意性，就使得历史上现存的各种文献在记述同一事件时表现出多样性与差异性。因此，后世学者重新表述历史或研究历史时，就必然在客观方面产生很大的难度。同时，记述者与研究者还要受到自身所处的现实的政治文化环境及新的时代精神的影响，从新的科学认识与新的思想高度出发，对原有的文献资料进行取舍、辨析与评判。这样，在主观方面，新的历史条件下的新认识也会不可避免地表现出一定的主观随意性。

现在，重新议论明成祖的生母碽妃问题也是这样。这个话题，尽管说起来相当沉重而繁琐，但是，笔者还是难以抛开历史迷雾的神奇诱惑，下决心再费一番功夫，把这个问题的始末仔细回顾一下，对于相关的文献资料重新进行梳理并略加评议，由此表达自己的一些粗浅认识，与同仁朋友交流并求教于方家。

本章中，笔者的基本认识是：明成祖朱棣的生母，今天应当确信她是朱元璋的正妻马皇后，亦即高皇后，所谓明成祖的生母是元顺帝之妃碽妃的论断不能成立，应予以澄清。

1. 关于明成祖朱棣出生的正史记载

关于明成祖朱棣的出生，《明太祖实录》卷八有明确记载：元至正二十年庚子（1360）"夏四月丁巳朔，癸酉（四月十七日）皇第四子生，即今上皇帝（朱棣），孝慈皇后出也。"（又见《奉天靖难记》卷一）《明太祖实录》成书于明成祖永乐年间，应当是最真实可信的历史资料，这也应当是我们今天考察这一问题的基本史料。"孝慈皇后"即是朱元璋的原配妻子马氏，朱元璋即皇帝位之后被封为皇后，史称高皇后。

《太宗文皇帝实录》卷一记云："大明太宗……文皇帝讳□（棣），太祖高皇帝第四子也。母孝慈高皇后，生五子，长懿文皇太子标，次秦愍王樉，次晋恭王㭎，次上，次周定王橚。上初生，光气五色满堂，照映宫闱，经日不散。"所谓"次上"，"上"即是排行第四的明成祖朱棣。据此记载，朱元璋的长子朱标、次子朱樉、第三子朱㭎、第四子朱棣、第五子朱橚，都是马皇后所生。

清代康熙年间成书的《明史》，其中《成祖本纪》记朱棣的出生，全是依据《明太祖实录》，云："成祖，太祖第四子也。母孝慈高皇后。洪武三年封燕王。十三年，之藩北平。……永乐二十二年……秋七月……辛卯，崩，年六十五。"永乐二十二年即甲辰（1424），崩年六十五岁，上推其生年，正是元至正二十年庚子（1360）。

朱棣出生的前一年，朱元璋已经占据金陵（今南京）。当时的政治与军事形势还没有稳定，朱元璋正率军在江浙一带征战。据《明太祖实录》及其他历史典籍记载，前一年，即元至正十九年己亥（1359）的四月，朱元璋的部将胡大海攻占绍兴；五月，胡大海守宁越（今浙江金华），元将石抹宜孙守处州（今浙江丽水），双方对峙；六月，朱元璋从宁越回到建康（南京）；七月，朱元璋的大将常遇春攻占衢州；八月，朱元璋遣部将攻占安徽无为州；九月至年底，朱元璋军先后与陈友谅军、张士诚军在江苏、安徽等地交战；至正二十年（1360）初春，朱元璋平定福建，元朝守将投降；二三月份，婺州、处州、杭州等地相继平定。

根据现有史籍记载，这一年多当中，朱元璋的势力还没有达到苏北、皖北，更没有接近元朝都城大都。在此期间，朱元璋还只是一个军事集团的首领，既不是皇帝，也没有称王（其称吴王在至元二十七年，1367）；其妻马氏此时住在金陵，其身份还不是皇后，也还没有成为吴王妃。此期间，朱元璋本人不会有得到元顺帝的妃子碽妃的机会，也不大可能有俘获元顺帝的妃子或宫人而将她纳为己妃的条件，更不会有碽妃为他生下儿子的事情发生。从现在所知的历史资料来看，朱棣出生于元至正二十年庚子（1360）四月是确凿无疑的，历史文献未见有其他的记述，史学界也没有疑议。在认定朱棣出生时间这一条基本事实的前提下，如果其生母碽妃是朱元璋在至元二十年（1360）之前得到的一位蒙古或高丽女子，她就肯定不是元顺帝的妃子；如果碽妃确是在明军攻占大都之后得到的元顺帝的妃子或宫人，那么即使此女后来为朱元璋生下儿子，也绝对不会是明成祖朱棣。

明成祖朱棣本人认定自己的生母是马皇后，这也是一条基本的事实。尽管后人对于这一条提出怀疑，说明成祖是出于篡夺皇位的政治需要而妄说自己是高皇后亲生嫡子，但是，在没有确凿史证的情况下，对于这一条不能轻易否定。建文四年（1402），朱棣身为燕王发动靖难之役攻下南京后即皇帝位时，颁发的《燕王令旨》中写道："顾予匪才，乃父皇太祖高皇帝亲子，母后孝慈高皇后亲生，皇太子亲弟，忝居众王之长。"文告发布，天下共见，朱元璋的其他的儿子们以及朱氏皇族中的许多成员皆共知共见，这应当是当时国人及后世之人可以相信的历史事实。

在明代嘉靖以前文人著作中，对于明成祖的生母未见提出异议。郎瑛《七修类稿》卷一〇《二十四王》云："太祖二十四子，生母五人。长懿文太子标，第二秦愍王樉封西安，第三晋恭王棡封太原，第四燕王棣原封北平，今入继大统，第五周王橚封开封，高后所生也……"这里记载，朱元璋共有二十四个儿子，他们共有五位母亲，其中老大至老五都是马皇后即高皇后所生。郎瑛特别注明云："右《天潢玉牒》之数人，予得之于顾尚书者。今鲁府

· 195 ·

所刻《玉牒》，又以高后止生成祖与周王，因其不同，故录出之。"《七修类稿》的作者郎瑛（1487~1566以后），字仁宝，浙江仁和（今属杭州市）人，明代著名学者。他所谓顾尚书即顾佐（1443~1516），字良弼，号简庵，临淮人，成化五年（1469）进士，曾官左都御史、户部尚书。郎瑛自谓其素材来自顾佐，应当是可信的。所谓鲁王，即分封于山东兖州的鲁荒王朱檀，鲁府所刻印的《玉牒》记高皇后所生子是成祖朱棣和周王朱橚共2人，虽然与《天潢玉牒》的记载有所差异，但是成祖朱棣为高皇后所生这一点则是一致的。

嘉靖时期，关于明成祖的生母是元顺帝之妃碽妃的说法已经出现了，但是，一般人对此并不相信。王世贞《弇山堂别集》卷三一《帝统》记云："成祖文皇帝，讳棣，太祖第四子，元至正二十年四月十七日生，母曰高皇后马氏。洪武三年四月初七日册封为燕王，建国北平（今京师），十三年三月十七日之国。"卷三二《同姓诸王表》记云，除懿文太子朱标、成祖朱棣之外，秦愍王樉、晋恭王棡、周定王橚都以高皇后为母。王世贞（1526~1590），明代著名文学家与学者，字元美，号凤洲，江苏太仓人，嘉靖二十六年（1547）进士，曾官刑部主事。其学问渊博，著作丰富，他的记述和《明太祖实录》《明太宗实录》的记载完全一致。王世懋《窥天外乘》记云："成祖皇帝为高皇后第四子明甚，而野史尚谓是元主妃所生。盖易代之际，屡多矫诬快心之语。"（见《纪录汇编》卷二〇五）王世懋（1536~1588），字敬美，王世贞之弟。嘉靖三十八年（1559）进士，官至太常寺少卿。既然他曾在太常寺任职，就有可能看到过嘉靖年间成书的《南京太常寺志》，并由此得知有关明成祖生母为碽妃的传说（参见后文）。但是，王世懋不相信那样的传说。他记述道："建文君之亡，极可怜，又削不书史，一时忠臣事迹湮没，赖后之君子悯忠者搜茸轶闻，略备梗概。然其间亦有一二未真者，恐误来世，不得不为之辨。"这里，王世懋认为，建文帝被成祖朱棣夺去皇位，失国后下场可怜，建文朝的许多忠臣的事迹，亦多湮没，或者被时人记述而多失真。为此，王世懋举出若干事例，而明成祖的生母之传说只是其中之一。当时受历史文献的限制，王世懋没有作过多的考辨，但是，他的认识是非常明确的，即相信明成祖朱棣是高皇后马氏所生，并不怀疑。

2.《南京太常寺志》异说的产生及谈迁的议论

所谓明成祖的生母是碽妃的说法，在明代后期天启年间（1621~1627）重修的《南京太常寺志》出现之后得以有更广泛的流传。

明朝在明成祖迁都北京之后，把原来的国都南京作为"陪都"，这里也设置有六部衙门以及都察院、大理寺、光禄寺、太常寺等机构。太常寺是朝廷官署之一。秦朝置官有奉常，汉景帝中元六年（前144）改名太常，列为九卿之一，掌管礼乐郊庙社稷事宜，至北齐时设置太常寺，有卿、少卿各一人。明朝沿袭旧制，国都北京及陪都南京皆设置太常寺。《南京太常寺志》是记述南京太常寺基本情况及有关事务的一册实录式的文献。

如前文所述，王世懋说"野史尚谓（成祖）是元主妃所生"，这里所谓"野史"即是指《南京太常寺志》，或者是《南京太常寺志》所采用的相关文字资料。

《南京太常寺志》，今知不止一本，嘉靖年间汪宗元曾进行编撰。王重民编《明人传记资料索引》记云：汪宗元（1503~1570），字子允，号春谷，湖广崇阳（今属湖北武汉市）人，嘉靖八年（1529）进士，曾官南京太仆卿、福建参政、通政使等，著作有《南京太常寺志》《春谷集》（中华书局1987年版，163页）。又见《中国人名大辞典》476页"汪宗元"条，亦记其著作有《南京太常寺志》。今查《国朝献征录》卷六七《通政使汪公宗元传》，未见提及他著有《南京太常寺志》。前述王世懋所看到的《南京太常寺志》就可能是汪宗元于嘉靖年间编撰成书的。

后来，《南京太常寺志》肯定又重修过。明末时，李清《三垣笔记》谓他所阅过的《南京太常寺志》，亦即是清初朱彝尊题《跋》的《南京太常寺志》，是天启三年（1623）刊刻的40卷本，题嘉善沈若霖编（详见后文）。何乔远《名山藏·典谟纪六·成祖文皇帝》卷六记云："成祖文皇帝讳棣，太祖第四子也。"其后有注云："臣于南京见《太常志》，云帝为碽妃所诞生。而《玉牒》则为高后第四子。盖史臣因帝自称嫡，延之耳。"何乔远，字稚孝，号匪莪，福建晋江人。万历十四年（1586）进士，崇祯时官至南京工部右侍郎。他所见到的《南京太常寺志》，或者即是天启三年（1623）成书的沈若霖编撰本，其中有关于明成祖为碽妃所生的记载。何乔远认为，《太常志》所记与《玉牒》不同，是因为明成祖认定自己是高皇后嫡子，史臣在

《玉牒》的记载中也就延续着那样的说法；而见到《太常志》的记载之后才知道成祖的生母原来是碽妃。

其实，明代后期听说过关于明成祖生母碽妃传闻并阅看过《南京太常寺志》的，并不止于王世懋、何乔远二人，还有一位更重要的传播人物便是李清。李清《三垣笔记》卷末有《附志二条》，其一云："予阅《南京太常寺志》载：懿文皇太子及秦、晋二王均李妃生，成祖则碽妃生，讶之。时钱宗伯谦益有博物称，亦不能决。后以弘光元旦谒孝陵，予语谦益曰：'此事与《实录》《玉牒》左，何征？但本志所载，东侧列妃嫔二十余，而西侧止碽妃，然否？盍不启殿验之？'及入寺，果然。乃知李、碽之言有以也。惟周王不载所出，观太祖命服养母孙妃斩衰三年，疑即孙出。"李清（1602~1683）字映碧，又字心水，江苏兴化人，崇祯四年（1631）进士，曾官刑、吏、工三科给事中。《三垣笔记》即是记录他任三科给事中时期耳闻目睹的各种朝政实事、典章制度以及官宦言行等，有重要的史料价值。《南京太常寺志》一书在南京太常寺收存，一般人不能得见，李清因为有在三科给事中任职的特殊身份与条件，才能得以阅读。

根据李清的所见所记，今天我们可以得出的认识主要有四点：

其一，《南京太常寺志》记载，明太祖朱元璋的长子即太子朱标、次子秦愍王朱樉、第三子晋恭王朱棡、第五子周定王朱橚，都是李妃所生，而第四子即成祖朱棣是碽妃所生，这和《明太宗实录》的记载迥然不同。

其二，弘光元年乙酉（1645）正月初一，南明朝臣随同福王拜谒明孝陵时，李清把他所见到的《南京太常寺志》记载的情况告诉钱谦益（曾官礼部尚书，故称之为宗伯），并说此事与《明实录》及《玉牒》（明代皇帝诏命）的表述不同，钱谦益尽管非常博学，但是对于此事的真伪尚不能判断。

其三，当时李清及钱谦益等曾打开明孝陵的配殿查看，果然看见配殿中东侧排列着明太祖朱元璋的妃嫔二十余人，而西侧只有碽妃一人。于是认为，所谓李妃、碽妃的说法原来是有根据的。

其四，《南京太常寺志》没有明文记载周定王朱橚的生母为谁，而李清根据此《志》中关于孙妃的记载，认为周王朱橚的生母或即是孙妃。

李清把《南京太常寺志》所记关于明成祖生母为碽妃的消息进一步传开之后，引起著名历史学者谈迁的高度关注。

谈迁（1594~1657），字孺木，号观若，浙江海宁人。一生治学卓有成就，代表作有《枣林杂俎》《国榷》等。其《枣林杂俎》中《义集·彤管·孝慈高皇后无子》也记述了此事，并有考辨云："孝陵享殿，太祖高皇帝、高皇后南向，左淑妃李氏，生懿文皇太子、秦愍王、晋恭王，次皇□妃□氏，生楚王、鲁王、代王、郢王、齐王、谷王、唐王、伊王、潭王。又次皇贵妃□氏，生相王、肃王、韩王、沈王。又次皇贵人□氏，生辽王。又次皇美人□氏，生宁王、安王，俱东列。碽妃生成祖文皇帝，独西列。见《南京太常寺志》。孝陵阉人俱云孝慈高皇后无子，具如《志》中。而王弇洲先生最博核，其别集《同姓诸王表》，自懿文、成祖外，秦愍王（樉）、晋恭王（㭎）、周定王（橚）俱母高皇后。楚昭王（桢）……（略）《吾学编》诸书俱同。抑未考《南太常志》耶？享殿配位出自宸断，相传必有确据，故《志》之不少讳。而微与《玉牒》抵牾，诚不知其解。……以诸书及太常寺之《志》较之，多不合。……"

据《枣林杂俎》所记，谈迁亲自阅览过《南京太常寺志》。所谓王弇洲别集，即王世贞的《弇山堂别集》卷三二《同姓诸王表》；《吾学编》是王世懋所撰，今未见。谈迁指出，王世贞、王世懋兄弟对于明成祖生母问题的认识，或即是因为对于《南京太常寺志》没有细考察。于是谈迁认为，孝陵配享的妃嫔排列是经过皇帝审定的，因此《南京太常寺志》的记述并不隐讳，然而这与《玉牒》等正史的记载差别如此之大，实在是令人不解；又感慨说，楚、鲁、代、郢、齐、谷、唐、伊、潭九王同母，也是太奇特了。由此可知，谈迁受《南京太常寺志》的影响很大，对于明成祖的生母是碽妃，基本上是表示了认同。

后来，谈迁在所著《国榷》中，卷一《天俪》列有碽妃。卷一二《惠宗建文四年》明确记述道："成祖……文皇帝御讳棣，太祖高皇帝第四子也。母碽妃。《玉牒》云：高皇后第四子。盖史臣因帝自称嫡，沿之耳，今《南京太常寺志》载孝陵祔享，碽妃穆位第一，可据也。"这里的记述，显然是采用了《南京太常寺志》的内容与何乔远《名山藏·典谟纪六》的记述，而文字略有差异。谈迁的认识与记述，对于清初其他文士的相关议论，肯定是又产生了重要的影响。

3. 清初文士关于碽妃的议论

入清之后，或者是由于李清《三垣笔记》的流布，或者是由于谈迁《国权》的记述，关于明成祖生母为碽妃的问题又引发更多文士的议论，并且逐渐增加一些新的故事情节。

清初，较早谈及碽妃之事的是潘柽章的《国史考异》（今有《丛书集成初编》本）。潘柽章（1626～1663），字圣木，号力田，江苏吴江人，潘耒之兄，康熙初因"庄廷鑨明史案"牵连而下狱死。其所著《国史考异》卷四《让皇帝》记建文皇帝事，相关联而谈及明成祖，记云："余考《南京太常寺志》所载孝陵神位，左一位淑妃李氏，生懿文太子、秦愍王、晋恭王，右一位碽妃，生成祖文皇帝，是皆享于陵殿，掌于祠官，三百年未之有改者，而《实录》顾阙不载，何耶？惠宗固尝曰：此孝康皇帝同产弟也。岂不知成祖为碽妃子而为是言耶？史载洪武十七年十月册封李氏为淑妃，摄宫中事，则淑妃之为孝康母疑有之，而碽妃则他无所考。……盖《南京太常寺志》所载，止据陪葬诸妃享于殿内者而言，而其他别葬者，则不及也。虽然，成祖果为碽妃子，则国史、玉牒何以讳言之？吾知成祖于此有大不得已者存焉。方靖难师起，既已自名嫡子，传谕中外矣，及入缵大统，何敢复顾私恩，以忘高皇后均养之德，与孝康一体之情？故于奉先殿则阙之，于陵殿则祀之，此亦恩义不相掩者也。"

潘柽章这里所记，惠宗即是建文皇帝朱允炆，孝康皇帝即是朱元璋的长子、懿文太子朱标。建文帝说成祖是朱标同母弟，他难道不知道成祖是碽妃所生而说出这样的话呢？于是潘柽章推测道，既然史载李氏已被册封为妃，太子朱标与成祖朱棣同为李妃所生是有可能的，但是成祖朱棣是否为碽妃所生就难以查考了。如果成祖果然是碽妃所生，《实录》《玉牒》为何要隐讳这件事？于是他分析说，明成祖朱棣发动靖难之役登上皇帝宝座诏告天下时，既然已经自谓是高皇后亲生嫡子，为顾念高皇后抚养之恩，就不能再公开认碽妃为生母，因此碽妃的牌位就没有放在皇宫中的奉天殿，而是放在了明孝陵的祀殿里。潘柽章的分析，是在认定《南京太常寺志》所记载的内容属实的基础上，以善意美意度量明成祖，为碽妃的牌位处于孝陵祀殿里的特殊位置而做出一种较为合情合理的解释。但是，这样的主观推测，还需要史料来证实。

康熙时，刘献廷《广阳杂记》卷二又记云："明成祖，非马后子也。其母瓮氏，蒙古人，以其为元顺帝之妃，故隐其事。宫中别有庙，藏神主，世世祀之。不关宗伯，司礼太监为彭恭庵言之。余少每闻燕之故老为此说，今始信焉。"这里指出，明成祖不是马皇后亲生，其生母本是蒙古女子瓮氏，原是元顺帝（惠宗）妥欢帖睦尔的妃子。元朝灭亡之后，此女肯定是被朱元璋占有了，生一子即是明成祖朱棣。由于瓮氏的特殊身份与来历，因此宫中把此事作为帝王家庭的一件内部隐私，秘而不宣，只是在宫中别建一处神庙，安置瓮氏的神位，这就是《南京太常寺志》所记述的碽妃，后世一直祭祀她。彭恭庵即彭士望（1610~1683），本姓危，字躬庵（或作恭庵），号树庐，又号晦农，江西南昌人，入清后隐居治学。所谓"不关宗伯"，意思是说，关于碽妃瓮氏的这一机密消息，并非《三垣笔记》的作者李清告诉给钱谦益的，而是南京故宫的一位司礼太监某告诉给彭士望的，彭士望又告诉了刘献廷。刘献廷（1648~1695）字君贤，号继庄，直隶大兴（今北京市大兴区）人。一生未出仕，以教书治学终老。这里又记述说，刘献廷少年时候就常听京城里的老人传说当年燕王朱棣生母本是碽妃，后来听到彭士望告知的消息，才相信这是真的。

但是，刘献廷讲述的故事有重大疑点。朱元璋于元至正二十七年丁未（1367）称吴王元年，命大将军徐达率军北伐中原。第二年戊申（1368）正月，朱元璋称帝，国号明，七月，元顺帝北逃至上都（在今内蒙古自治区境内），元朝灭亡。如果此年朱元璋得到元顺帝的妃子瓮氏，之后即使生下儿子，但绝对不可能是明成祖朱棣。因为在此之前的至正二十年（1360）四月朱棣已经在南京出生了，此年已是九岁。刘献廷生于清顺治五年（1648），他自谓小时候听到京城老人讲说当年燕王朱棣的生母碽妃的故事，这说明碽妃的故事在清初顺治年间的北京已有流传，讲述者和听讲者只是出于好奇而谈笑，对于朱棣的年龄及碽妃的来历都没有深究。

清初，对于《南京太常寺志》所记碽妃故事特别予以关注的文士，还有一位颇有名气的朱彝尊。朱彝尊（1629~1709），字锡鬯，号竹垞。浙江秀水人。康熙十八年（1679）举博学鸿词，曾官翰林院检讨，参与撰修《明史》，是清代著名的文学家和学者。朱彝尊亲自看到过《南京太常寺志》，并为之题跋，今见朱彝尊《曝书亭集》卷四四收有《〈南京太常寺志〉跋》一文，全文云：

曩海宁谈迁孺木，馆于胶州高阁老弘图邸舍，阁老导之，借故册府书纵观，因成《国榷》一部。掇其遗为《枣林杂俎》，中述孝慈高皇后无子,不独长陵为高丽碽妃所出,而懿文太子及秦晋二王皆李淑妃产也。闻者争以为骇。史局初设,彝尊尝以是质诸总裁前辈,总裁谓宜仍《实录》之旧。今观天启三年《南京太常寺志》,大书孝陵殿宇中设高皇帝后主,左配生子妃五人,右只碽妃一人,事足征信。则《实录》出于史臣之曲笔,不足从也。汉之文帝自言朕高皇帝侧室之子,于义何伤?而《奉天靖难记》每载上阕下疏及宣谕臣民曰'朕太祖高皇帝孝慈高皇后嫡子,考妣必并举壸浆',欲掩而迹反露矣。《志》凡四十卷,嘉善沈若霖编。

他的这篇文章,对于今天我们认识明成祖生母问题非常重要,由此文内容主要可以明确以下几点:

其一,关于谈迁历史著作的来历。朱彝尊指出,谈迁曾在高阁老弘图邸舍住过,由高阁老引导,得以借阅许多内府图书,于是撰成《国榷》一书,并据所掌握的剩余资料又撰成《枣林杂俎》。高弘图字研文,又字子犹,号砼斋,山东胶州(今属青岛市)人,万历三十八年(1610)进士,曾官陕西巡按、工部右侍郎,南明福王时官至户部尚书、文渊阁大学士。谈迁通过高弘图看到的内府图书,应当是包括《南京太常寺志》在内的。因此,谈迁《枣林杂俎》中关于明成祖生母的记述,是当时的文士所不知道的事情,所以闻者感到惊骇。

其二,关于碽妃的本来身份。此文记云"高丽碽妃",即碽妃本是高丽女子,这和刘献廷《广阳杂记》的说法不同。刘献廷只是依据她原是元顺帝之妃而说她是蒙古人,不过是想当然的推断。

其三,朱彝尊在康熙年间参与纂修《明史》,他把自己所了解到的碽妃的情况向《明史》总裁官大学士张廷玉等咨询,总裁官回答说"宜仍《实录》之旧",即是还按照《明太宗实录》原来的记载来写,即明成祖为明太祖的高皇后亲生。据此可知,清代纂修《明史》时,总裁官张廷玉等人对于明成祖的生母问题仍然坚持《明实录》本来的记载,而不采用《南京太常寺志》等书中所谓碽妃的说法,这里表现出纂修《明史》的史官们的非常谨慎的态度。

其四,朱彝尊对于《南京太常寺志》中所记碽妃为明成祖生母之事颇为迷惑,其基本态度是倾向于信从,由此而怀疑《明实录》的写法"出于史臣之曲笔,不可从也"。朱彝尊还举出历史上的同类事件进行比较,如汉文帝刘恒自己明言是汉高祖刘邦的侧室薄姬所生,《史记》与《汉书》也都如实记载,这并没有损伤汉文帝的人格与声誉。明成祖即使是硕妃所生,也不应当影响他自身为皇上的声誉。而如《奉天靖难记》所记,明成祖在宣谕臣民的文告中自谓是明太祖与高皇后亲生,或许是有意回避他是硕妃所生的事实,有欲盖而弥彰之嫌。

其五,关于《南京太常寺志》的编撰者及成书时间,原来一般认为此书编著者是汪宗元(前文第 2 节已述)。朱彝尊记《南京太常寺志》40 卷,嘉善沈若霖编,言之凿凿,应是可信的。或者是汪宗元编著的《南京太常寺志》成书于嘉靖年间,而沈若霖编著的《南京太常寺志》成书于天启三年(1623),两者并非一书,后者或者是在前者的基础上增补而成,亦未可知。

朱彝尊不仅撰作《〈南京太常寺志〉跋》,而且还另有议论。

朱彝尊《静志居诗话》卷十三《沈玄华》记云:"明南都太庙,嘉靖中,为雷火所焚,尚书湛若水请重建,而夏言阿世宗意,请罢。有旨,并入奉先殿。按长陵每自称曰:'朕高皇后第四子也。'然奉先庙制,高后南向,诸妃尽东列,西序惟硕妃一人。具载《南京太常寺志》。盖高后从未怀妊,岂惟长陵,即懿文太子,亦非后生也。世疑此事不实。诵沈大理《南都奉先殿纪事诗》云:'高皇肇太庙,松桷连穹霄。尊祖有孝孙,典礼遹升跻。一从迁都后,遗制终未晓。有司列俎豆,上公视瓒圭。岂意岁甲午,烈火燎榱题。嘻嘻出出音,其兆先端倪。盈庭议移祀,中废成町畦……(中略)高后配在天,御幄袡所栖。众妃位东序,一妃独在西。成祖重所生,嫔德莫敢齐。一见异千闻,实录安可稽?作诗述典故,不以后人迷。'斯明征矣。大理性恬退,不乐膴仕,归遂洁白之养。殁后,元孙传弓撷拾遗集,早夭,失传。是诗,获于高工部寓公家。"

这一节的记述,涉及的史实较多,主要的有以下几点,不妨略作考察。

其一,关于沈玄华,本节题下云:"沈玄华,字邃伯,一字少河,嘉兴人,嘉靖壬戌进士,除礼部主事,历官南京太常寺卿,转大理寺卿。"嘉靖壬戌,即嘉靖四十一年(1562),他于此年中进士,其任太常寺卿及大理寺卿,或者已经到了明穆宗隆庆年间或明神宗万历初年。又据此节之末的数句,可知沈玄华于仕途中不贪恋官位,较早辞官归家。到清初时其玄孙沈传弓收检其遗稿,又因传弓早逝而失传。他的这首诗是朱彝尊在"高工部寓公"家看到的。高工部寓公其名未详,大概是曾任工部侍郎,其字或号为寓公,高某与沈家的关系亦未详。沈玄华其人事迹及其这首《南都奉先殿纪事》诗,除《静志居诗话》之外,没有见到其他书籍记载或收录。

其二,据文中"岂意岁甲午",可知南京太庙的火灾发生在嘉靖十三年甲午(1534),起因是雷电造成的。湛若水(1466~1560)字元易,号甘泉,广东增城人,曾官南京国子祭酒,后升南京兵部尚书。他上奏朝廷提出重建南京太庙中被火烧毁的正殿,而此时夏言官内阁首辅,夏言阿附嘉靖皇帝的意旨,没有准许而作罢。于是就把太庙中一些祭祀的设施并入奉先殿中。因此,南京奉先殿的庙制,就是"高后南向,诸妃尽东列,西序惟硕妃一人"的格局。

其三,文中云"具载《南京太常寺志》",这个《南京太常寺志》或即是嘉靖时汪宗元编撰的。据前述,汪宗元中进士在嘉靖八年(1529),其卒在万历八年(1570),他官南京太仆卿以及编撰《南京太常寺志》,大抵在嘉靖十三年(1534)南京太庙火灾之后。因此,沈玄华的《南都奉先殿纪事》诗中就写到了奉先殿的规制及发生火灾的情形。前述朱彝尊看到并为之题跋的《南京太常寺志》,是天启三年(1623)沈若霖编著的,与沈玄华作诗所依据的《南京太常寺志》显然不是一个版本。

其四,文中记云:"盖高后从未怀妊,岂惟长陵,即懿文太子,亦非后生也。世疑此事不实。"这是朱彝尊议论的话,而不是沈玄华的话。如前所述,朱彝尊在清初看到沈若霖的《南京太常寺志》以及谈迁的《枣林杂俎》等,这里予以转述,但是朱彝尊并没有用充分肯定的语气。所谓"世疑此事不实",大抵是说清初时对于高皇后从未怀孕,懿文太子朱标、成祖朱棣都不是高皇后亲生的说法,仍然有人怀疑其真实性。

其五,沈玄华《南都奉先殿纪事》诗中所写内容,可以说是关于硕妃的一篇重要资料。诗中云"高皇肇太庙"是说南京太庙是明太祖朱元璋下旨兴建的,即明朝皇家祖庙,每年都在这里举行祭祀活动,庄严而隆重;甲午年(1534)这里发生火灾,太庙原址荒废成菜地,而有关的祭祀活动又在奉先殿得以延续。诗中"高后配在天,御幄袖所栖,众妃位东序,一妃独在西"四句,意思是说高皇后的牌位在中间,与明太祖并列,其他若干位妃嫔位于东侧,而硕妃一人位于西侧。"成祖重所生,嫔德莫敢齐"二句的意思较为难解。或者是沈玄华认为,成祖认定硕妃是其生母而对她特别看重,也把她的牌位列于太庙中。"一见异千闻,实录安可稽?作诗述典故,不以后人迷",

四句的意思，或者是沈玄华认为，后人看到太庙中有这样的设置感到惊异，于是觉得原来《明实录》的记载也不可信以为真了，他自谓写作此诗追述往事，意在解除后人的迷惑。结句云"斯明征矣"，是朱彝尊的议论，他感到沈玄华此诗的内容可作为碽妃是成祖生母的重要史证，因而在《静志居诗话》中作了较为详细的介绍。由此也可进一步明确得知，关于碽妃是明成祖生母的说法，并非是在明代天启年间的《南京太常寺志》才发其端，而是早在嘉靖年间沈玄华的《南都奉先殿纪事》诗已经提出来了。

朱彝尊《〈南京太常寺志〉跋》和《静志居诗话·沈玄华》中的议论又产生了较大影响。后世文士倾向于赞同明成祖生母为碽妃的一派的观点，就引录朱彝尊的议论作为重要佐证。

4.《蒙古源流》的荒唐臆说

关于明成祖的生母是碽妃的问题，在清代还有更为离奇的说法，如《蒙古源流》的记述就达到了十分荒唐的程度。

今见文渊阁《四库全书》当代影印本第410册"史部·杂史类"有《钦定蒙古源流》一书，题"小彻辰萨囊台吉撰"。《四库全书提要》云："八卷，乾隆四十二年奉敕译，进其书，本蒙古人所撰，末有自叙，称……沙尔巴胡土克图编撰。"乾隆四十二年即1777年，沙尔巴胡土克图其人未详。所谓"钦定"，所谓"奉敕译"，都不过是托词，何年奉敕、何人翻译、何时钦定亦未详。

该书内容大抵是记述蒙古历史，其中与我们所讨论的明成祖生母碽妃问题相关的明代部分是这样写的：

> ……先是，蒙古托衮特穆尔乌哈噶图汗，岁次戊申，汉人朱葛诺延，年二十五岁，袭取大都城，即汗位，称为大明朱洪武汗。其乌哈噶图汗之第三福晋洪吉喇特托克托太师之女，名格呼勒德哈屯，怀孕七月，洪武汗纳之，越三月，是岁戊申生一男，朱洪武降旨曰："从前我汗曾有大恩于我，此乃伊子也，其恩应报，可为我子，尔等勿以为非。"遂养为己子，与汉福晋所生之子朱代共二子。朱洪武在位三十年，岁次戊寅五十五岁卒。大小官员商议，以为蒙古福晋之子虽为兄，系他人之子，长成不免与汉人为仇；汉福晋之子虽为弟，乃嫡子，应奉以为汗。朱代庚戌

年生，岁次戊寅，年二十九岁即位，在位四越月十八日即卒于是年，无子，其蒙古福晋所生子于己卯年三十二岁即位，于是即请噶尔玛巴之特衮齐楞伊呼克森罗勒贝多尔济、萨斯嘉之大乘丹簪绰尔济、黄教之大慈札木禅绰尔济等三人，阐扬法教，俾大国普众，安享太平。在位二十二年，岁次庚子，年五十岁卒。子宣德汗丙寅年生，岁次辛丑年三十六岁即汗位，以父所请之喇嘛札木禅绰尔济为护法，共享太平。在位十年，岁次庚戌，年四十五岁卒。子正统汗，戊戌年生，岁次甲寅，年十七岁即汗位，戊午年二十岁为卫喇特之额森太师执去。弟景泰汗……岁次丁卯，正统汗年三十岁复即汗位，因复位，遂称为天顺汗。……子成化汗……子正德汗……子嘉靖汗……子隆庆汗……子万历汗……子泰昌汗……子天启汗……弟崇祯汗，己亥年生，岁次己巳，年三十一岁即位，在位十六年，岁次甲申，满洲顺治皇帝取其统绪……

这一段文字，对于历史事实的错乱极其严重，简直是梦呓一般的荒唐臆说，令人不堪卒读，亦不可思议。文中对于明朝朱元璋及其以下的历代皇帝都称之为"汗"，显然都是用蒙古族的概念，表现的是蒙古统治者的文化意识。所谓"戊申"即是至元二十八年（1368），所谓"朱葛诺延"即是明太祖朱元璋。这里说他二十五岁袭取大都显然不实，朱元璋的生卒年是史有明载的，他出生于元泰定帝致和元年戊辰（1328）九月十八日，洪武元年（1368）八月徐达率领明军攻占大都时朱元璋为四十一岁。所谓"朱洪武汗"纳娶乌哈噶图汗之第三福晋，即元朝太师的已怀孕七个月的女儿，并于当年生下一儿子，纯属不着边际的天方夜谭。这里没有明言乌哈噶图汗即元顺帝妥欢帖睦尔，也没有明言此太师之女是元顺帝之妃瓮氏，更没有明言她即是后来传说的碽妃，但是从后文的叙述来看，此太师之女所生儿子即是后来的明成祖朱棣。所谓"朱洪武在位三十年，岁次戊寅五十五岁卒"，亦系胡言。史实是朱元璋于此年闰五月初十日病死，终年七十一岁。所谓朱元璋的汉族福晋（或即是指马皇后）所生之子名朱代，庚戌年生，在朱洪武卒后二十九岁继位，在位四越月而卒，也是胡言。对比史实，这个朱代既不是朱元璋的长子太子朱标，也不是皇太孙朱允炆，而是随意编造出来另外一个儿子，却没有提及太子朱标早死以及皇太孙朱允炆继位为建文帝的一段史实。而且，所谓朱洪武只有汉族福晋所生子朱代和蒙古福晋所生之子这两个儿子，也是胡言，史实是朱元璋共有二十四个儿子。所谓朱洪武的蒙古福晋所生的儿子于己卯年三十二岁即位，岁次庚子五十岁卒；又谓其子宣德汗丙寅年生，岁次辛丑年三十六岁即汗位，在位十年，岁次庚戌年四十五岁卒，这也全是胡言。史实是，明成祖于建文四年（1402）即帝位时为四十三岁，永乐二十二年（1424）七月死时为六十五岁；宣德皇帝朱瞻基是成祖朱棣的孙子而非儿子（朱棣之长子是洪熙皇帝朱高炽）；宣德皇帝朱瞻基出生于洪武三十一年戊寅（1398），于洪熙元年乙巳（1425）六月即帝位时为二十八岁，宣德十年（1435）正月死时为三十八岁（笔者按：谈迁《国榷》卷二十二记宣德皇帝死时为三十一岁，有误）。再往后，记正统汗、景泰汗、成化汗、正德汗（前缺少弘治）、嘉靖汗、隆庆汗、万历汗、泰昌汗、天启汗，直到明末崇祯汗，都有许多胡言，这里不再一一考辨。

据上述《钦定蒙古源流》的内容，可知其编撰者全凭主观想象信口开河，除借用明朝历代皇帝的年号之外，并不依据历史文献。编撰者的意图仅在于表明，明朝自首代皇帝朱洪武（元璋）之后，从蒙古某太师之女所生的乌哈噶图汗的遗腹子开始，以后历代皇帝都是蒙古统治者的血统传承，以此表现蒙古民族贬毁汉民族、否定汉民族历史与文化的狭隘民族主义思想情绪。

本章叙述《蒙古源流》的内容并略作考辨，只是意在说明，明代后期关于明成祖的生母碽妃的一些说法，又被蒙古民族的某些文化人利用，加以附会虚构而编造出新的故事情节，这增加了碽妃问题的复杂性。同时也说明，今天我们重论这个问题，澄清历史事实，不再相信关于明成祖生母是碽妃的传言，是具有一定的文化意义的，而且是非常必要的。

5. 清代学者周寿昌对于碽妃之说的质疑

在潘柽章的《国史考异》、刘献廷的《广阳杂记》和朱彝尊的《〈南京太常寺志〉跋》之后，清代也有学者对于明成祖的生母为碽妃的说法明确表示否定，值得一提并应当予以高度重视的学者是周寿昌。

周寿昌（1814~1884），字应甫，又字荇农，晚号自庵，湖南长沙人。道光二十五年（1845）进士，由翰林院庶吉士、编修、侍读、侍讲历官至礼部侍郎、户部侍郎，晚年归隐之后住在北京宣武门外，又以著述终老，卒年七十一岁。周寿昌读书勤苦，治学谨严，李慈铭（1830~1894，字㤅伯，号莼客）评论其书云"校证甚密，诂训尤精"，"可卓然不朽"（见《越缦堂读书记》),对于周寿昌的学术成就评价甚高。

周寿昌所著《思益堂日札》(十卷本)卷九《广阳杂记》一节,首先引述其中"明成祖非马皇后子,其母瓮氏……有司礼太监为彭躬庵言之"一段,之后议论云:"野语无稽,莫此为甚。此语出自阉宦,即可信耶?继庄与万季野友,同馆徐健庵所,引参明史馆事,不知胡有此言。"(又见五卷本卷二)这里,对刘献廷的记述进行了激烈的驳斥。周寿昌认为,传言的无根无据,没有比所谓明成祖生母为碽妃的说法更严重的了。于是质疑道,此语出自阉宦就一定是可信的吗?这里对身份低贱的太监表示了极大的轻蔑。又指出,刘献廷(继庄)和万季野(斯同)是好朋友,一起被徐乾学(健庵)引荐,参与纂修《明史》,怎么能说出那样的话呢?这里还指出《广阳杂记》的其他一些差错,由此表达的意思是,此书中关于碽妃一事的表述是不可信的。但遗憾的是,作者只是表明了观点而没有进行深入考辨,显得较为简略,《思益堂日札》问世之后也未见其他文士著作引述。尽管如此,如今笔者依然认为,周寿昌《思益堂日札》中对于明成祖生母碽妃问题的议论,不附和其他名家之言,颇有独立见解,在当代也值得学界高度重视。

6. 清末关于碽妃之说的新议论

在周寿昌《思益堂日札》之后,关于明成祖的生母碽妃的问题,又出现了新的议论,这是由陈作霖提出报恩寺塔而再生波澜。

陈作霖(1837~1920),字雨生,号伯雨,或称雨叟,又号可园,江苏江宁(今属南京市)人。光绪元年(1875)举人,历任崇文经塾教习,奎山书院山长,上元、江宁两县学堂堂长。今见陈作霖《养和轩随笔》(《丛书集成初编》本,又见《金陵丛书》本)记云:"予幼时游南京大报恩寺,见正门内大殿封闭不开,问诸父老云:此成祖生母碽妃殿也。妃本高丽人,生燕王,高后养以为子,遂赐妃死,有铁裙之刑。故永乐间建寺塔以报母恩。史志所载皆不合,疑为谰言。后阅朱竹垞《跋〈南京太常寺志〉》云:长陵系碽妃所生,见于谈迁《枣林杂俎》。中述孝慈高皇后无子,即懿文太子及秦、晋二王,亦李娖妃产也。乃叹齐东之语不尽无稽也。"

大报恩寺位于南京秦淮区中华门外,原本是东吴赤乌年间(238~250)建造的建初寺及阿育王塔,明成祖永乐十年(1412),于建初寺原址重建。陈作霖是南京人,他对于大报恩寺塔是熟悉的,但是在这里没有详叙大报恩寺塔的来历，只是回忆起他少年时曾到大报恩寺游玩过，寺中有一座大殿，长年封闭不开，听老人说这是祭祀碽妃之殿，碽妃本是高丽女子，生下燕王朱棣，被高皇后养为己子，并且将碽妃赐死，用的是铁裙之刑，因此明成祖于永乐年间建造了这座大报恩寺塔以报母恩。据此记述，这些话都是陈作霖自谓少年时听老年人讲述的故事，并没有明言所依据的是什么史料。陈作霖又说，他原来得知这样的故事同"史志"不合，这"史志"当是指《明实录》《玉牒》《明史》等，于是曾怀疑传说为"谰言"，后来看到朱彝尊的《〈南京太常寺志〉跋》及其引录的《枣林杂俎》，于是感叹说民间传说并非全是无稽之谈。陈作霖记碽妃是高丽人，这是附和朱彝尊《〈南京太常寺志〉跋》的说法，而没有赞同刘献廷《广阳杂记》所谓碽妃是蒙古人的说法。

陈作霖这段话的末句用的是"乃叹"一词，虽然还不能说是历史学著作中明确肯定的结论性意见，但是带有明显的认识倾向性，即认为明成祖的生母极有可能就是碽妃。由此亦可知，清初谈迁与朱彝尊的议论在清末时还有相当大的影响。于是，大报恩寺的建造及内部情况，似乎隐藏着许多重大秘密，从而引起人们探秘的兴趣，这使明成祖的生母碽妃问题的议论与研究在现代及当代又有更多的发展（详见下节）。

7. 现代及当代关于明成祖生母碽妃的议论及"明成祖御碣"问题

民国时期，关于明成祖生母碽妃问题仍然有学者提出议论。吴晗先生曾于20世纪30年代撰作《明成祖生母考》论文，发表于《清华学报》第10卷第3期，1935年7月出版（署民国二十四年三月九日），文章中引录了相关的文献资料及前代名家的相关议论，倾向于认为明成祖是碽妃所生，但是没有使用必然判断的肯定语气，而是采用或然判断的未定语气，这就为学界继续讨论这一问题留有空间。此文中还写道："至于碽妃之非元主妃，及洪吉喇氏传说之无稽，（民国时的）傅斯年先生朱希祖先生俱已作文已辟之。"据此可知，吴晗先生不赞成说碽妃就是元顺帝的妃子，也不赞成明成祖的生母是《蒙古源流》所谓的洪吉喇氏那样的无稽之谈，因而附和傅斯年、朱希祖两先生的文章所表述的观点。

后来，吴晗先生于新中国成立后所著《朱元璋传》一书中也议论到朱元璋的妃嫔们，其中写道："（朱元璋的）诸妃中，蒙古妃和高丽妃都生有子女，传说明成祖生母即是蒙古妃。（朱）元璋子孙中有蒙古、高丽血统，是毫无问题的。"（三联书店 1965 年 2 月版，280 页）根据这句话可知，吴晗先生认为，朱元璋的妃嫔中，既有蒙古女子，也有高丽女子，而且她们都生育有孩子；因此，朱元璋的后代中肯定有蒙古民族和高丽民族的血统。但是，朱元璋的二十四个儿子及若干个女儿中，究竟哪个子女的生母是蒙古女子或高丽女子，未见考实。这里所谓"传说明成祖生母是蒙古妃"，也只是用了"传说"一词，并非是肯定判断。

当代学者黄云眉《明史考异》书中，《明史》卷五《成祖纪一·母孝慈高皇后》一章又对于碽妃问题有较详考辨（中华书局 1979 年版，第 62~63 页）。黄云眉（1897~1977），字半坡，浙江余姚人，新中国成立后一直在山东大学任教，为历史系教授，对于明史研究有诸多成果。黄教授在这里广征博引，汇集了较多的资料，如潘柽章《国史考异》，郎瑛《七修类稿》，黄佐《革除遗事》，沈若霖《南京太常寺志》，朱彝尊《静志居诗话》，丁国钧《荷香馆琐言》，谈迁《枣林杂俎》，刘献廷《广阳杂记》等，之后又云："近江宁陈雨叟著《养和轩随笔》，中一条言……"以下便抄录了陈作霖此书原文，之后议论说："观以上所记，则成祖为碽妃子，无可疑者。陈君所记报恩寺塔一则，虽野老传闻，要非无因，小说可以证史之伪者，此其一也。可知碽妃自陵殿奉先殿外，又有不关宗伯之庙祀，及报恩寺塔之建矣。此皆足与潘（柽章）、朱（彝尊）之说互证，而要归于《南京太常寺志》所载为无可驳诘之依据，则成祖母为碽妃，而成祖之伪称高皇后子，《明史》未成之前，固有定论矣。惟铁裙之说，既属传闻，又无他证，姑阙疑焉。"这里，黄教授依据前代各位名家的记述与议论，比照分析，特别是信从陈作霖所谓报恩寺塔的传闻，于是做出非常肯定的判断，坚信明成祖的生母就是碽妃，"无可疑者"。但是，他对于陈作霖所谓碽妃受铁裙之刑而死的情节，认为既属传闻又少旁证，姑且存疑。黄云眉教授该书中的论述，在当代《明史》研究界有一定的影响，对于继续探讨明成祖生母碽妃问题，是一份非常重要的参考资料。

当代学者晁中辰所著《明成祖传》，也必然写到明成祖朱棣的出生问题。此书于 1993 年 9 月由人民出版社出版，其第一章《青少年时代》的第一节《乱世婴儿》列"出生于战乱年代""生母之谜""明成祖生母传说及社会思想根源"各小节，引用了相当多的资料，有较详叙述。其中值得注意的关键性问题是，作者认同《明实录》所记明成祖生于元至正二十年（1360）的基本事实，认为明成祖的生母绝不会是元顺帝的已经怀孕的妃子。该书中写道：

"以朱元璋的精明和刚毅，他绝不会把一个已怀孕在身的元主妃纳为自己的妃子。如果真有此事，也绝不会瞒过他的眼睛。再说，明成祖生于至正二十年（1360），到至正二十八年（1368，即洪武元年）八月时，徐达率军攻克大都（北京），元顺帝这才仓皇逃往漠北。如果元顺帝的妃子归了朱元璋，也只能在此以后，而这时的明成祖已经9岁了。"（晁中辰《明成祖传》，人民出版社1993年9月版，11页）这里的分析很有道理，应当是符合历史真实的，令人信服。

到了2014年1月，马渭源先生的大著《大明帝国·永乐帝卷》由东南大学出版社出版。历史研究总是后来居上，该书对于明成祖的身世及生母碽妃问题，作了更为详尽的考辨与议论，引录的文献资料也更为丰富。全书洋洋大观，对于明成祖的研究包罗万象，笔者在这里不必要作全面的介绍，只想将与明成祖的生母碽妃关系最为密切的两个问题着重提出来，略作评议。

第一个问题是，如果肯定明成祖的生母不是马皇后而是碽妃，那么，碽妃是不是元顺帝的妃子或宫人？她是什么时候到朱元璋身边的？

马渭源先生《大明帝国·永乐帝卷》并没有肯定明成祖的生母一定是至正二十八年戊申（1368）明军攻占大都之后得到的元顺帝的妃子，而是推断说："朱棣的生母，那个叫碽妃的蒙古美女很早就来到了朱元璋的身边，或者说八九年前朱元璋已经跟她爽过了。"之后分析说，朱元璋得到蒙古女人不一定要等到徐达攻占大都之后，而在此之前，可能有三次机会：机会之一是，元至正十四年（1354），二十七岁的朱元璋智取定远的"驴牌寨"，得其民兵男女七万，其中或者有一个漂亮的蒙古女人；机会之二是，元至正十五年（1355）三月，朱元璋占领和州（今安徽和县），元兵数败多死，元军统帅秃坚有可能带有不少美女在军中，战败以后，这些美女"有可能被朱元璋俘获并笑纳"了。机会之三是，至元十六年（1356）二月，朱元璋攻克建康（南京），俘获了10万元兵，"难道其中就没有令朱元璋动心的蒙古美女？"

这里列举的三次机会都只是推断，用的是"或者有""有可能""难道其中就没有"等词汇，并非肯定语气，这都需要用更具体的史实加以证明。应该注意的是，在这三年当中，朱元璋的起义军与元朝官军处于交战状态，碽妃如果是元顺帝宫中的妃子或宫女，她怎么能被元军统帅或太子带到前线去而给了朱元璋俘获并占有她的机会？如果碽妃只是一位与元顺帝无关的蒙古美女，那么，后来的传说中为何又把她和元顺帝扯上关系？这里的疑点很多，难以使人信服,进一步证实将会是非常困难的。而且,马渭源先生又举出"朱元璋好色成性与极其糜烂的两性生活"为证,这一点即使是事实,也只能作为分析朱元璋的一个思路,不能作为他占有蒙古女子碽妃并生下明成祖朱棣的有力证据。

其二是,大报恩寺塔的"明成祖御碣"可信吗?

根据马渭源先生《大明天子·永乐帝卷》引录的资料可知,民国时期有位名叫张惠衣的学者编撰一本《金陵大报恩寺塔志》,于1937年3月或4月出版,前有吴世昌序,序后署1937年2月17日。此书今已收录在《南京稀见文献丛刊》,南京出版社2007年9月出版。书中收录有民国时期王謇所著《瓠庐杂缀》,其中记述道:王謇说他少年时曾跟随恩师吴梦辀先生同游南京,吴先生对他(王謇)说:冯桂芬(近代有名的进步思想家)曾告诉他(吴梦辀),同治三年(1864)在太平军败亡逃离南京之际,清军在城南大报恩寺塔座下获得一块"明成祖御碣",御碣大致讲述了这样的内容:明成祖的生母为翁吉喇氏,她本是元顺帝的宫人,被明军俘获时让朱元璋给看上了,后被送入了明廷后宫专供朱皇帝享乐。仅仅六个月就产下了一个活泼可爱的男孩,即明成祖朱棣。根据大明帝国的后宫规制,凡是怀孕七月以内就生孩子的后妃宫人都要被处以极刑。马皇后仁慈,将碽妃早产出来的小朱棣视作自己的儿子。对于初为人母的碽妃来说,她没有点滴的喜悦,相反愁肠欲断,没多久就抑郁而亡。临死之前,碽妃让人给自己画了一张画像,随后就将这画像交给了小朱棣的奶妈,并告诉她自己的详细情况,且再三嘱咐奶妈,要她在朱棣就藩后再将这些事情讲给他听。后来朱棣被封燕藩,就邸北平,奶妈履行了自己对碽妃的承诺。朱棣由此知道了自己的身世之谜了,最终他"投袂奋起",发动"靖难之役"了。(《金陵大报恩寺塔志》,南京出版社2007年版,第120页)

这里记述的故事,曲折离奇,固然使人感到震撼,但是却不像是一份史料,而是如同一篇演义小说。现在,笔者认为,王謇记述的"明成祖御碣"的内容不可信。理由有以下几点:

其一,所谓"明成祖御碣"应当是一块刻有文字的石碑,它究竟是什么样子,上面的文字究竟是怎样写的,现在无从得见。御碣的内容,是王謇听其师吴梦辀先生说的,吴梦辀是听冯桂芬说的。王謇只是根据辗转传说记述,其中加入了他本人从相关历史文献中获得的知识以及主观推想。常言说"眼见为实，耳听为虚"，因而不能把它看作是一件可作为史证的实据而信以为真。

其二，据王謇的记述，明成祖的生母是翁吉喇氏，元顺帝的宫人，在明军攻占大都之后被俘获后被朱元璋给看上，进入明宫六个月而生下朱棣。如此说来，朱棣的出生必在至正二十八年（1368）之后，这和史籍记载而且已被史学界认定的朱棣生于至正二十年（1360）的基本事实不符。所谓"翁吉喇氏"之姓氏，当是来自《蒙古源流》所谓"洪吉喇氏"，前文已指出《蒙古源流》的荒诞，即使有所谓"御碣"，上面也不可能有这样的文字。

其三，据王謇的记述，朱棣是碽妃入明宫六个月而出生的早产儿，比太子朱标出生的时间晚十个多月。今据王世贞《弇山堂别集》卷三一《东宫纪》记云："懿文皇太子标，高皇帝之长子也。母孝慈高皇后马氏，以元至正十五年乙未，生于太平陈迪家。……秦愍王樉，太祖第二子，母高皇后，丙申年十一月十一日生。……晋恭王㭎，太祖第三子，母高皇后，戊戌年十二月十八日生。"《明史》所记相同。可知老大朱标生于1355年，老二朱樉生于1356年，老三朱㭎生于1358年。若按王謇所云，朱棣出生比太子朱标出生时间晚十个月，那么应是1356年丙申，这就比老二老三出生的时间都要早，显然朱棣就不是史籍所记载的"太祖第四子"了；如果认定朱棣出生在1360年四月，那么按王謇所云，朱标的出生在此十个月之前，即至正十九年（1359），那么这也不符合历史事实。如此说来，王謇的说法就根本不可相信。

其四，据王謇记述云，大明帝国的后宫规制，凡是怀孕七月以内就生孩子的后妃宫人都要被处以极刑。如果认定朱棣出生于至正二十（1360）年，那么，这时朱元璋还不是皇帝，还没有"后宫规制"，因此，所谓碽妃入宫后早产子而受刑的说法并不能成立。

其五，据王謇的记述，碽妃在生下朱棣之后没多久就抑郁而死（或者受铁裙之刑而死），所谓她临死时给奶妈说明自己的身世并嘱咐奶妈在朱棣就藩后再将这些事情讲给他听，这纯属想当然的虚构。因为朱棣被封燕王在洪武三年（1370），就藩北平在洪武十三年（1380）。如果认定朱棣生于至元二十年（1360），碽妃死的时候或许还没有到洪武元年（1368），碽妃不可能说出若干年后封王就藩那样的话。因此，奶妈的故事也不可相信。

综上所述，所谓"明成祖御碣"以及相关的故事，只是传说而已，前人姑妄言之、今人姑妄听之可也，不可作为讨论明成祖生母碽妃问题的可依据的史证材料。"明成祖生母碩妃"之谜究竟能否最终解开，能否最终形成一个令人信服的结论，还需要文史界的同行们继续努力，深入探讨。研究正未有穷期，我们将拭目以待。

（七）高龄得功名

中国古代士人求取功名，或称为得功名，这是中国古代文化思想的重要传统之一。所谓功名即是指功绩和声名，《荀子·强国篇》云"上下一心，三军同力，所以百事成而功名大也"，其中功名一词即是此义。对于读书的男士来说，这是他一生中孜孜以求的人生价值和奋斗目标。西汉时实行"罢黜百家，独尊儒术"之后，长期受儒家思想教育的读书人，信奉"格致诚正、修齐治平"的人生信念，其求取功名之心无不坚定而执着，持久而强烈。求取功名的途径有多种，如受人荐举、获得恩赏、建立事功、意外奇遇、施行捐纳等，都可以达到取得功名的终极目的。自唐代至清代延续实行的科举制度，更是历代读书人获取功名的机会与方式，于是人们就普遍地通称参加科举考试以图进身为"求功名"。古代的选拔人才以及科举考试一般是不限制年龄的，因此，历代读书人自幼就从乡学、县学、府学直到省试、廷试，一步步地考下去，或者能通过其他方式获得奇遇，不取功名誓不罢休。若能在年轻或壮年时得到功名固然欣喜，但是有些读书人一直奋斗不止至老年才考中举人，或者在七八十岁时的迟暮之年考中进士甚至状元，这样的人更是稀少而难得。他们的经历带有一定的偶然性，也富有惊人的传奇性，古代文献中记述有不少这一类事例，说起来非常生动，本节略作梳理，由此可见古代科举制度及人生遭际之一斑。

明代谢肇淛《五杂俎》卷八《人部》较为集中地记述了古代文士年已高龄才取得功名的实例，云："晚遇则吕望八十之年，鬻熊九十之岁；楚丘七十而见孟尝，公孙弘六十而举方正；颜驷庞眉，冯唐皓首。贡禹年八十，方迁光禄；张柬之八十，以司马拜相。杜德祥放榜，曹松等五人皆七十余，时有五老之称。宋梁颢以八十二状元及第，陈修七十二探花及第。金河中吴光谦以八十三举进士。国朝钱习礼年近八十，犹在翰林。杨翥、周诏皆八十余，以长史从龙，擢拜卿贰。其他七十以上，登科第而名不显者，固不胜纪也。"

《五杂俎》把高龄得功名称之为"晚遇"。所列举的代表人物有：

吕望即吕尚，又称姜太公、太公望。《史记·齐太公世家》记载，吕尚见到周文王时年已八十岁，周文王立他为师，后来周武王尊他为"师尚父"。

鬻熊，相传为楚国的祖先，帝喾时为祝融火正陆终之后，其名最早见于《左传·僖公二十六年》。其事略见于《史记·楚世家》，楚武王熊通曰："吾先鬻熊，文王之师也。"今存本《鬻子》，前有《序》云："鬻子名熊，楚人。年九十见文王，王曰：'老矣。'鬻子曰：'使臣捕兽逐麋，已老矣，使臣坐策国事，尚少也。'文王师之，著书二十二篇，名曰《鬻子》。"这里记楚文王嫌鬻熊年老，鬻熊说，如果猎获野兽、追逐鹿麋，我确实已经老了，如果坐谈国事、出谋划策，那就还年轻着呢。鬻熊的话，表现出积极向上的年龄观，后世常见被文士著作引述。

楚丘，战国时齐人，楚丘是复姓，人称楚丘先生。刘向《新序·杂事五》记载，他七十岁时，披裘带索往说孟尝君，受到孟尝君特别的尊重。

公孙弘（前200～前121），字季，菑川薛（今山东滕州附近）人。举贤良方正时已六十岁，汉武帝元朔年间（前128～前123）由御史大夫升任丞相，封平津侯，这时已七十多岁。《史记》《汉书》中皆有传。

颜驷，汉初时官为郎，历文帝、景帝、武帝三朝，不遇于时，老于郎署。《汉武故事》记云："颜驷，不知何许人，汉文帝时为郎，至武帝尝辇过郎署，见驷尨眉皓发，上问曰：'叟何时为郎，何其老也！'答曰：'臣文帝时为郎，文帝好文而臣好武；至景帝好美而臣貌丑；陛下即位，好少而臣已老。是以三世不遇，故老于郎署。'上感其言，擢拜会稽都尉。"龙眉，或作厖眉、庞眉，意为眉毛花白，形容人的老态。古代官场中在低职位干到老而不得升迁者，颜驷是一个典型。

冯唐，汉代安陵（今河北吴桥附近）人。文帝时官为中郎署长，敢于直谏，擢升为车骑都尉。景帝时曾任楚国相，不久免官。武帝初年举贤良，这时他已过九十岁，不能再做官，于是就让他的儿子为郎官。《史记》《汉书》中皆有传。皓首，即满头白发，形容人的老态。冯唐的经历，成为古代文士用来感慨人老得快的一个常用典故，如王勃《滕王阁序》云"冯唐易老，李广难封"，又如苏轼《江城子·密州出猎》词云"持节云中，何日遣冯唐"，等等。

贡禹（前123~前44），字少翁，汉琅琊（今山东诸城一带）人。元帝时累官至御史大夫，八十岁时迁光禄大夫，八十一岁时辞官归家。

张柬之（？~706），字孟将，襄阳人。唐代名臣，武则天时官拜同平章事，当时已年过八十。

《五杂俎》所记唐代"曹松等五人"中进士事，在唐昭宗年间。《唐摭言》卷八记云："天复元年，杜德祥榜，放曹松、王希羽、刘象、柯崇、郑希颜及第……松，舒州人也，学贾司仓为诗，此外无他能……希羽，歙州人也，辞艺优博。松、希羽，甲子皆七十余。象，京兆人；崇、希颜，闽中人，皆以诗卷及第，亦皆年逾耳顺矣。时谓'五老榜'。"（又见《太平广记》卷一七八引，《唐诗纪事》卷六五）

《唐摭言》谓"天复元年"，即公元901年；又谓曹松等五人"皆年逾耳顺"，即其年龄都过了六十岁，这不准确。明代陈衍《槎上老舌·五老榜》记云："唐昭宗赐陈光问、曹松、王希羽、郑希颜、刘象等五人及第，号为五老榜。盖光问年六十九，松年五十四，希羽年七十三，希颜年五十九，象年七十也。内惟曹松、刘象有诗传后。"这里对曹松等五人的年龄说得比较具体，可信从。曹松诗见《全唐诗》卷七一六、七一七，共140首。刘象诗见《全唐诗》卷七一五，共10首，其中《咏仙掌》诗较著名，刘象因此被文士们称为"刘仙掌"。

《五杂俎》所记梁颢八十二状元及第一事，纯系传闻，不可信，本编《梁颢八十二岁中状元质疑》一节已有详述，可参见。

《五杂俎》所记陈修事，见罗大经《鹤林玉露》乙编卷六。陈修，南宋初福州人。宋高宗绍兴年间参加省试时，试卷作《四海想中兴之美赋》，有一联写的是："葱岭金堤，不日复广轮之土；泰山玉牒，何时清封禅之尘。"那一年，各省中式试卷都呈送京师临安，经皇帝御览，高宗亲笔把这一联写在纸上，贴在宫殿中墙上。到了唱名这天，高宗听念到陈修的姓名，问："卿便是陈修？"吟诵此联，触动情怀，竟"凄然出涕"。又问陈修的年龄，陈修回答说："臣年七十三。"又问有几个子女，陈修回答："臣尚未娶。"于是，高宗就在宫中叫出来一位宫女施氏，已三十岁，让她嫁给陈修，还赠送了丰厚的嫁妆。当时，文士们开玩笑说："新人若问郎年几，五十年前二十三。"陈修的经历，称得上是奇遇了。他的故事后来流传很广，不少书中都有记述，如《湖海新闻夷坚续志》后集卷二，《西湖游览志余》卷二，《尧山堂外纪》

卷五八等。褚人获《坚瓠集》甲集卷三《晚达》也记述此故事，之后再引《清暇录》，谓詹义登科后作诗解嘲曰："读尽诗书五六担，老来方得一青衫。新人问我年多少，五十年前二十三。"又引《清波杂志》谓是闽人韩南的故事，"未知孰是"。可知此故事在流传过程中有不少变化。

《五杂俎》所记金朝胡光谦（1110～?），河中府（今山西临汾）人。《金史·章宗纪》记载，金章宗明昌三年（1192）四月，尚书省奏，河中府胡光谦年已八十三岁，尚可任用，于是应召赴阙，命学士院试以杂文，称旨，金章宗亲自问话。八月，特赐胡光谦明昌二年（1191）进士第三甲及第，授官为将士郎、太常寺奉礼郎。

《五杂俎》所记明朝钱习礼（1373～1461），原名干，以字行，江西吉水人，永乐七年（1409）进士，累官至礼部侍郎。英宗天顺五年（1461）卒，终年八十九岁，谥文肃。（《钱公神道碑》，见《国朝献征录》卷三五）杨翥（1369～1453），字仲举，江苏吴县（今属苏州市）人。宣宗时曾官检讨，英宗正统年间为郕王府长史，郕王即朱祁钰，即位为景泰皇帝，杨翥入朝，景泰三年（1452）升礼部尚书，其年龄已是八十四岁。次年致仕后去世，终年八十五岁。（王鏊撰传，见《国朝献征录》卷三三）周诏（1442～1521），字号未详，江苏长洲（今属苏州市）人。兴献王府伴读，曾官长史。正德十六年（1521）武宗驾崩，嘉靖皇帝即位，升官为太常寺卿，不久去世，终年八十岁。（顾璘撰《周公传》，见《国朝献征录》卷七〇）以上三人都是明朝官员中发达较晚而享高龄者，其仕途基本顺畅，但是其终生业绩较为平庸。

《五杂俎》同卷又记述一例：公安人刘珠，是大学士张居正的父亲的朋友。万历辛未（应该是隆庆五年辛未，1571），张居正为主考官，刘珠才得中进士，其年龄已过六十岁。刘珠为张居正祝寿时献诗云："欲知阁老山为寿，但看门生雪满头。"又过了十余年去世。

清代，高龄方得功名者也不乏其人。

昭梿《啸亭杂录》卷九《老年科目》综述云："本朝老年中式者，陈检讨维崧举鸿博时，年逾五十。丁丑，姜西溟宸英七十三中探花。癸未，王楼村式丹五十九会状；宫恕堂鸿历五十八、查他山慎行五十四。己丑，何端惠世璂五十八。壬辰，胡文良煦五十八。乙未，裘琏七十二；辛丑，陆坡星奎勋五十九，俱入翰林。乾隆丙辰，刘起振八十岁授检讨。己未，沈归愚尚书六十七入翰林，张总宪泰开六十二。癸丑，吴仲芝贻咏五十八中会元。嘉庆丙辰，元和王岩八十六中式，未及殿试卒。己巳，山东王服经八十四入翰林。皆熙朝盛事也。"这里提到的陈维崧诸人，以下分别叙述。

陈维崧（1625～1682），字其年，号迦陵，江苏宜兴人。康熙十八年（1679）中博学鸿词，时年五十五岁。

姜宸英（1628～1699），字西溟，号湛园，浙江慈溪人。李调元《淡墨录》卷七《老名士》记云，姜宸英工古文，康熙皇帝在京城就得知他和朱彝尊、严绳孙三人被称为"三布衣"，而三人多次参加乡试都未能被录取。康熙二十七年（1687），姜宸英参加顺天乡试得中，当时朝廷开设《明史》馆时，徐乾学主持，向康熙皇帝提出请姜宸英相助，得到准许，于是姜宸英就进入史馆供职，支取正七品的俸禄，参与纂修《明史》。这时，康熙皇帝已知其名。康熙三十六年丁丑（1697），姜宸英参加会试中式，他已是七十岁，殿试录取时本来拟定汪士铉一甲第二，张虞惇第三，姜宸英名列二甲第四，康熙皇帝阅看前十名的考卷时，询问："有浙江姜宸英乎？"当时内阁学士韩菼回答说："宸英在史馆供职，我们早就认识他的字迹，第八份考卷就是他的。"康熙皇帝说："老名士也，积学能文，至老犹笃，可拔置第一甲第三名，为天下读书人劝。"于是，就把张虞惇移为一甲第二名，把汪士铉移为二甲第一名，把姜宸英移为一甲第三名（探花），授官为编修。

王式丹（1645～1718），字方若，号楼村，江苏宝应（今属扬州）人。康熙四十二年（1703）进士第一（状元），时年五十九岁。李调元《淡墨录》卷七《六十大魁》记王式丹中状元之事云，前一年江苏省试时，录取时本来已经确定王式丹为解元，后来见到吴楚琦的考卷，就确定吴楚琦为解元，而把王式丹改为第六名。可是在第二年会试时王式丹却高中状元。李调元议论说，其实吴楚琦的才学远远比不上王式丹，乡试时发生的小曲折大概是预示着第二年的会试大魁对王式丹还有所期待吧。

宫鸿历（1656～1718），字友鹿，号恕堂，江苏泰州人。康熙四十二年癸未（1703）与王式丹同榜中进士，时年五十八岁。

查慎行（1650～1727），字他山，号初白，浙江海宁人。康熙四十二年（1703）也是与王式丹同榜中进士，时年五十四岁。

何世璂（1652～1729），字澹庵，号坦园，又号铁山，谥端简（《啸亭杂录》作端惠），山东新城人。康熙四十八年己丑（1709）进士，时年五十八岁。

胡煦（1655～1736），字苍岩，号紫弦（《啸亭杂录》作字或号文良），河南光山人。康熙五十一年壬辰（1712）进士，时年五十八岁。

裘琏（1644～1729），字殷玉，号蔗村，浙江慈溪人。康熙五十四年乙未（1715）中进士时七十二岁。尹元炜《溪上遗闻集录》卷八记云："先生以康熙五十四年乙未进士，殿试三甲第一，钦赐传胪，时年已七十二矣。"原来，裘琏曾撰作戏曲作品《万寿升平乐府》，通过朋友高巽亭进呈康熙皇帝，这使康熙皇帝对裘琏产生了深刻的印象。因此，裘琏在上一年中举和本年中进士的过程中，都受到康熙皇帝特别的关照。《溪上遗闻集录》又记载说，康熙五十二年（1713），康熙皇帝曾向随行的高巽亭问裘琏是否在京，高巽亭回答说还在浙江，于是传旨让裘琏尽快进京。第二年，即康熙四十三年（1714）秋天，裘琏在京参加顺天乡试，高中榜首，康熙皇帝亲自看了这一科的公示榜，高兴地说："裘琏中矣。"到了第二年的春试，裘琏在作对策试卷时出现失误，他交卷后不由得放声大哭，离开考场。主考官相国王掞和户部尚书赵申乔商议说，先别把裘琏的考卷按错卷处理，暂且放在三甲之末。康熙皇帝亲自审定考卷时忽然问道，听说交卷那天，有个老进士因为卷子上有失误而哭着离开考场，你们知道这个人吗？王掞回答说不知道，康熙皇帝说："大概是裘琏吧？"王掞说："开始我不知道，现在看来就是他了。"康熙皇帝问，裘琏的考卷是怎么错的，王掞回答说："多写了几行。"康熙皇帝说："多写几行何妨？取卷来与朕看。"刚看了几行，说："对策很好啊，字写得也很端正，名次尽量往前头排吧。"王掞、赵申乔二位考官回奏说："二甲之前的名次都已经拟好，三甲还没有定下来。"于是就把裘琏定为三甲第一名。清朝的科举已形成的惯例是，三甲的第一名从来没有授为传胪之职的，于是这一科康熙皇帝特赐裘琏为传胪（殿试后宣读皇帝诏命唱名之官），又授官为翰林院检讨。裘琏曾作《恭纪圣恩录》记述自己获得功名的经过，对康熙皇帝特别感恩。

裘琏高龄获取意外功名，确是一次罕见的奇遇。康熙皇帝对裘琏这个年老的文士给予破格的特别关照，表现出深刻而隐晦的政治意图。首先是通过裘琏所撰《万寿升平乐府》，认定裘琏对于清朝统治的无比忠心，其次是从裘琏至老犹赴科场和考卷失误而大哭的表现，看出他对于功名的无比痴迷，于是，康熙皇帝便立意把关照裘琏打造成一个笼络汉族文士的重点事件，使之产生更大更广泛的影响。这样，裘琏就会死心塌地成为被清朝统治者利用的政治工具，也成为科举史上的一段佳话。

裘琏同前述姜宸英中进士的经历有所相似，他得到康熙皇帝特别关照，也是一次难得的奇遇。因此，清代文人笔记对姜宸英、裘琏的经历常见津津乐道，如戴璐《藤阴杂记》卷一、福格《听雨丛谈》卷九等。

陆奎勋（1665～1740），字陆堂，号坡星，浙江平湖人。康熙六十年辛丑（1721）进士，时年五十七岁，雍正元年（1723）入翰林时为五十九岁。戴璐《藤阴杂记》卷一记"名士晚达"，亦记述了陆奎勋五十九岁入翰林事。

刘起振（1656～1755），字颖之，广东海阳人。乾隆元年（1736）进士，授官为翰林院检讨，时年八十一岁。

沈德潜（1673～1769），字确士，号归愚，又号岘山，江苏长洲（今属苏州市）人。乾隆四年己未（1739）进士，入翰林，时年六十七岁。阮葵生《茶余客话》卷二《进士年老多须》记云，清初顺治年间新科进士有个名叫杨廷镜的，年老而多胡须，顺治皇帝在瀛台召见时，杨廷镜把胡须稍微剃掉一些，顺治皇帝看见了非常不高兴，当时就颁下一道谕旨说，国家取士以才不以貌（今查《明清进士题名碑录》，未见杨廷镜）。此后，阮葵生又记述沈德潜云："乾隆四年己未，沈归愚引见，上呼为老名士，亦与馆选。国家不以年齿拘成格如此。"这里的议论属实。清代通过科举选拔人才，不论其相貌美丑，亦不论其年龄老少，到清末都是如此。

张泰开（1690～1774），字履安，号乐泉老人，江苏金匮（今属无锡）人。乾隆七年（1742）进士，入翰林时年六十二岁。

吴贻咏（1743～?），字惠莲（《啸亭杂录》作字或号仲芝），安徽桐城人。乾隆五十八年癸丑（1793）进士，时年五十一岁（《啸亭杂录》作五十八岁中会元）。

王岩（1711～1796），江南元和（今属苏州市）人。嘉庆元年丙辰（1796），他已经参加了此科的考试，还没有来得及参加殿试，竟然去世了，时年八十六岁。

王服经（1726～?），字号未详，山东陵县人。嘉庆十三年戊辰（1808）进士，次年（1809）入翰林，时年八十四岁。

清代高龄得功名者，除以上昭梿《啸亭杂录》列举的诸人之外，可以从有关文献中查到的还有尹之逵、唐昌期、黄章、何剑客、梁自适、梁佩兰、程晋芳、王健寒、郭钟岳、陆云从、刘枢等多人。

关于尹之逵，阮葵生《茶余客话》卷二《八十老进士》记述道，尹之逵

(1638～?)，广东东莞人。顺治十四年丁酉（1657）举人，到康熙五十六年丁酉（1717），他八十岁，又参加广东乡试，中了举人。放榜之后，广东巡抚请他赴鹿鸣宴，主试官严思位赠给他一首诗，曰："六十年前攀桂客，天留硕果到今时。已从石室传丹诀，复与琼筵泛玉卮。金粟山头清白吏，珊瑚洲畔去来词。非潜非见穷经术，百岁常为后辈师。"严思位（1645～?）字西武，号山邻，浙江平湖人。他对于尹之逵的表现给予高度表彰，其诗意说，尹之逵六十年前曾赴乡试，天意眷顾，让他至今再次赴乡试并再次中举。他重视道家养生之术，至老身体康健，竟然还能在八十岁时参加新科举人的喜筵，真是奇迹。金粟山、珊瑚洲二句用前代文士多才勤学的典故，赞扬尹之逵终身刻苦上进，百年之后仍然能成为后辈的师表。

《茶余客话》卷二《八十老进士》在尹之逵之后还记述一位唐昌期（1597～?），江苏松江（今属上海市）人。他于明万历四十三年乙卯（1615）乡试中举，至清康熙十四年乙卯（1675）再次参加乡试中举，第二年，即康熙十五年（1676）八十岁时进士及第。阮葵生说，唐昌期与尹之逵年岁相差四十一岁，应该是先后同年，在举行同年之会时，有位客人赠唐昌期一诗云："鹰扬杖履追前哲，鹗荐科名接后贤。九老香山画图里，公公树树药炉边。"尹之逵和唐昌期的故事都富有传奇性，而且令人感动，其精神也值得后人赞扬，但是他毕竟是年老时才得到功名，没有留下更多的事迹。

关于黄章，钮琇《觚賸》卷七《百岁观场》记述道：黄章，广东顺德人。年近四旬，寄籍新宁，为博士弟子。六十多岁时经过考试获优等，补为廪生。八十三岁被贡名于太学。康熙三十八年己卯（1699）秋，他已近百岁，又参加广东乡试，在灯笼上书写"百岁观场"四个大字，让他的曾孙子举着在前面引导。参加乡试的其他文士都感到惊异，问他，这么大岁数为何还来应考，他回答说："我今年九十九岁，还不算真正得意。到我一百零二岁的时候，我一定能考中。"当时，广东的督军、巡抚两位大员都接见了他，设宴招待，并且看到黄章饮食之量超过常人，身体相当健康，就赠给他一些钱物，送他回家了。

福格《听雨丛谈》卷九《乡会试掌故一》列举科考奇闻，也提及黄章，事实略同《觚賸》。陈康祺《郎潜纪闻二笔》卷六《百岁观场》也记有黄章之事，并说还见《贡举考略》。

乾隆时，罗天尺《五山志林》卷二《识今》又据《觚賸》记述了顺德人黄章"百岁进场"的故事。罗天尺（1686～？），字履元、履先，号石湖，也是广东顺德人，因此对黄章的事迹较为熟悉。他还说，在广州的学界，生员长寿者非常多。于是举例说，雍正十二年甲寅（1734），考官王某到番禺主持岁试，有位名叫何剑客的生员一百零二岁，参加诸生例考，名列二等。乾隆四年己未（1739），考官张某在广州主持岁试，有个名叫梁自适的一百岁，参加这次考试，文多奇语，被录取为第一名。当时，广东省督抚大员说他是"熙朝人瑞"，把他推荐到朝廷，准许他和其他的举人一起参加礼部的会试。这位梁自适也是番禺人。

关于梁佩兰，李调元《淡墨录》卷六《六十馆选》记述道，梁佩兰（1630～1705），字芝五，号药亭，广东南海人。他于顺治年间还不到三十岁就参加广东乡试，高中解元，后来于康熙二十七年（1688）才中进士，第二年入翰林，选庶吉士，这时他已经六十岁。梁佩兰在广东颇有诗名，与屈大均（翁山）、陈恭尹（元孝）被称为"岭南三家"。庶吉士散馆后曾官知县。著有《六莹堂集》。终年七十六岁。

关于程晋芳，李调元《淡墨录》卷一六《程晋芳》又记云，程晋芳（1718～1784），字鱼门，号蕺园（或谓号鱼门）。安徽歙县人。乾隆三十六年辛卯（1771）由中书中进士，"出朱竹君先生门下，年已六十，选庶吉士，改吏部验封司主事"。朱竹君即朱筠，字美叔，号竹君，又号笥河，直隶大兴（今属北京市）人。所谓"年已六十"有误，程晋芳中进士时为五十四岁。程晋芳的才学受到袁枚、毕沅等名家的赞赏，其著作自己编定为《蕺园集》。

关于王健寒，陈康祺《郎潜纪闻初笔》卷四《九十九岁应试》记云："乾隆间，番禺县学生王健寒，年九十九，尚能入试，握笔为文。翁覃溪记以诗。"王健寒其人未详。翁覃溪即翁方纲（1733～1818），字正三，号覃溪，直隶大兴（今属北京市）人，官至内阁学士。今查其所著《复初斋集》，未见其所写记王健寒之诗。

关于郭钟岳，陈康祺《郎潜纪闻二笔》卷六《百岁举人》记云，乾隆四十五年（1780）乾隆皇帝南巡至江苏浙江，三月初六日，传旨赏百岁举人郭钟岳为进士，并赏赉陈应腾等御书、缎匹、荷包等物件。当时，郭钟岳等几位老人都是特意赶到浙江迎接乾隆皇帝圣驾的，为此受到乾隆皇帝特殊的恩遇。

关于陆云从，陈康祺《郎潜纪闻二笔》卷三《一百三岁老人应会试》又记云,"道光丙戌(1826)春闱,广东一百三岁老人陆云从应会试,恩赐国子监司业衔。同时朝臣,多以诗笔纪述盛事。"其后加注云:"按,陆,广州府三水县人,百岁始入学。"(又见陈康祺《燕下乡脞录》卷三)陆云从,其人生平未详。由记述可知,他一百零三岁应会试,应该是中国古代科举史上参加进士考试者当中年龄最大的,可谓奇中之奇。

关于刘枢,方浚师《蕉轩随录》卷四《七十二岁中式》一节,据前代文献记述了宋代陈修的故事之后,又记述了他本人亲身经历的一件事。同治九年庚午(1870),方浚师任广东乡试主考官,录取的第二十四名是顺德县的贡生刘枢,名册上所填写的年龄已是七十二岁。当时朝廷上吏部侍郎李恢垣和他有交往,关系甚好。据说,刘枢的身体强健,精神矍铄,正准备第二年春天乘船前往京城参加会试。于是方浚师感慨道:"谁说今人高龄赴试者赶不上古人呢?"李恢垣,即李光廷,字著道,号恢垣,广东番禺人。刘枢能够得中,或许与李光廷的关照有一定的关系。这一事例说明,到清末时,参加朝廷会试并且能够得中,仍然有七十岁以上的高龄文士。

(八)丑 女

人分男女,貌有妍媸。关于女性的研讨与议论,在古代文献中有丰富的内容,有学者或称之为女性文化。其中关于美女的研讨与议论,从古至今都是文士们津津乐道的热门话题,这方面的著作与文章汗牛充栋,在古代文献中占有较大比重。美女之美有多方面的表现,都能引起人们关注的兴趣。容貌俊美者诱人喜爱,道德高尚者受人崇敬,功勋卓著者得人赞誉,才艺高超者令人仰慕,红颜薄命者让人同情,身世奇特者引人感慨,遭际壮烈者使人悲悯。总之,关于美女的研讨有说不尽的话题,也能激发人们无穷无尽的情感与思考。然而,历史上也确有一些被认为是另类的丑女,或者是形貌丑陋,或者是形貌丑陋而兼有行为之丑恶,或者是形貌丑陋却品德高尚才智非凡,在历代文献中虽然不及美女引起重视,但是关于她们的记述与议论,说起来也有丰富的内容。

常见有"中国古代四大美女""中国古代四大丑女"的说法。四大美女一般是指西施、王昭君、貂蝉、杨玉环，兹不多论；而四大丑女一般是指嫫母、东施、无盐、登徒子妻。这几位可以说是最为典型的，其他较著名的丑女还有多人，本节拟选取古代文献中记述的一些著名的而且是具有一定代表性的丑女人物，略作梳理与考察。

1. 嫫母

嫫母，俗语中排在四大丑女之首，也作嫫母、嫫母、嫫姆，黄帝次妃，貌丑而有贤德，深受黄帝倚重，对于当时的国家治理发挥了重要作用。

《史记·五帝纪》司马贞"索隐"引皇甫谧《帝王世纪》云："（黄帝）元妃西陵氏女，曰累祖，生昌意。次妃方雷氏女，曰女节，生青阳。次妃彤鱼氏女，生夷鼓，一名苍林。次妃嫫母，班在三人之下。"据此知，嫫母在黄帝的妃子中列在第四位，相传其特征是相貌丑陋。"索隐"又引《汉书·古今人表》云："彤鱼氏生夷鼓，嫫母生苍林，不得如谧所说。"这里纠正了皇甫谧的说法，指出苍林是嫫母所生，而非彤鱼氏所生，却没有对于嫫母有更多的议论。

由于黄帝是中华民族认定的始祖，嫫母在后世就被作为貌丑而贤德的女子的代表。

《荀子·赋篇》云："嫫母力父，是之喜也。"杨倞注云："嫫母，丑女，黄帝时人。"《楚辞》中东方朔《七谏·怨世》云："西施媞媞而不得见兮，嫫母勃屑而日侍。"这里是以西施为美女的代表，以嫫母为丑女的代表，媞媞即美好之义，而勃屑指动作粗蠢。又见《楚辞》中屈原《九章·惜往日》云："妒佳冶之芬芳兮，嫫姆姣而自好。"这两句的意思是，妒忌别的美女长得漂亮，自己丑如嫫母却自以为美好。以上三处，说明在先秦时期，关于嫫母为丑女的认识已经相当流行。

《文选》卷五一王子渊（褒）《四子讲德论》云："嫫姆倭傀，善誉者不能掩其丑。"前人（"五臣"之一的吕延济）注云："嫫姆、倭傀，皆丑妇人也。"这里是把嫫姆与倭傀并列，作为丑女的代表。

北宋时，张君房《云笈七签》卷一《轩辕本纪》，是道家经典著作为黄帝立的传记，其中云："黄帝纳丑女，号嫫母，使训宫人，而有淑德，奏《六德之颂》。"这里，就把嫫母写作为一个貌虽丑陋而品德高尚并能够创制雅乐的女性形象。这使嫫母其人的形象大体定型，对于后世产生更大的影响。

南宋时，罗泌《路史·后纪》卷五记云："（黄帝）次妃嫫母，貌恶德充。"这里所写嫫母兼具貌丑德美两方面的特点，与《云笈七签》基本一致。

2. 东施

东施是春秋时越国美女西施同乡的一位丑女，在世俗所谓"四大丑女"中排名第二位。人们熟知的"东施效颦"的故事，原出自《庄子·天运》，记云："西施病心而颦其里，其里之丑人见而美之，归亦捧心而颦其里。其里之富人见之，坚闭门而不出；贫人见之，挈妻子而去之走。彼知美颦，而不知颦之所以美。"这里的意思是说，西施因患心痛病，常常是一副捧心皱眉的表情。同村一位丑女子见西施的这般模样感到很美，就在村里人面前故意装出捧心皱眉的样子，却更显得丑了。于是，村里人见了她的怪相，又惊怕又讨厌，富人闭门不出，贫人携妻子而逃走。庄子议论说，丑人只知道西施之颦为美，却不知其为什么会使人感到美。《庄子》原文记述这个故事时只说是"丑女"，并没有明言此女子的名字叫东施。

《太平寰宇记》卷九六《越州》，记诸暨县苎里有西施东施家，于是，后世人们就把《庄子·天运》所记"丑人"指为名叫东施。"东施效颦"就成为一个常用的成语典故，比喻以丑拙强学美好。《东周列国志》第八十一回《美人计吴宫宠西施》，写到西施时云："那西施乃苎萝山下采薪者之女。其山有东西二村，多施姓者，女在西村，故以西施别之。"这里虽然没有提到东施，但是，既然西施在西村，东施就应是在东村了。

清代流行的少儿启蒙读物《幼学故事琼林》卷二《女子》有句云"东施效颦而可厌，无盐刻画以难堪，此女之丑者"，这是把东施和无盐（见后文）作为古代丑女的典型予以列举的。

《红楼梦》第三十回《宝钗借扇机带双敲，龄官画蔷痴及局外》中，写贾宝玉看见一个女孩子（龄官）在地上画字，"因又自笑道：'若真也葬花，可谓东施效颦了。不但不为新奇，而且更是可厌。'"这是古典名著中使用这个成语的例子。

3. 无盐

无盐女本名钟离春，战国时齐宣王（前319～前301年在位）的王后，在世俗所谓"四大丑女"中排名第三位。无盐本是古地名，战国时齐国的城邑，古东平国治所，汉代置为县，旧址在今山东东平。

刘向《古列女传》卷六《齐钟离春》记述无盐女见齐宣王的经过颇为详细而生动，云："钟离春者，齐无盐邑之女，宣王之正后也。其为人极丑无双，臼头深目，长指大节，卬鼻结喉，肥项少发，折腰出胸，皮肤若漆。行年四十无所容入，衒嫁不售，流弃莫执。于是乃拂拭短褐，自诣宣王，谓谒者曰：'妾齐之不售女也。闻君王之圣德，愿备后宫之扫除，顿首司马门外，唯王幸许之。'谒者以闻。宣王方置酒于渐台，左右闻之，莫不掩口大笑，曰：'此天下强颜女子也，岂不异哉！'"

这里所写无盐女的形貌，确实是够丑的了。她的头如石臼，两眼深陷，指头长而骨节粗大，鼻孔仰而喉结明显，脖子短粗，头发稀少，弯腰凸胸，皮肤漆黑，四十岁还没有出嫁。这副长相的一个女子，却自己主动到王宫去见齐宣王，其行事也是够大胆的。然而，如此丑女却有过人的思想与见识，竟然得到了齐宣王的赞赏。《古列女传》接着写道：齐宣王召见无盐，问她"有何奇能"，无盐女首先表演了她擅长的"隐身术"，说几句话之后，忽然人们看不见她了。齐宣王确是一位开明的国君，对无盐女并不计较，并在第二天再次召见她，这时，无盐女不再说隐身术的事，而是当场来一段动作表演，"但扬目衔齿，举手拊膝，曰'殆哉，殆哉'，如是者四"。宣王被她的这一番哑谜弄蒙了，虽然不明白，却不敢承认不明白，只得表示"愿遂闻命"。这时，无盐女便给宣王揭示出谜底，指出她所谓"四殆"的具体内容，即齐国社会政治存在的四大弊端。无盐女的这番话，尖锐而中肯，直率而真诚，针对齐国实际。宣王本来有奋发图强、振兴齐国的抱负，这时听了无盐女的解说，不得不服。"于是，拆渐台，罢女乐，退谄谀，去雕琢，选兵马，实府库，四辟公门，召进直言，延及侧陋，卜择吉日，立太子，进慈母，拜无盐君为后"。其后又评论说："而齐国大安者，丑女之力也。"

刘向《新序》卷二《杂事二》也记述了无盐女的事迹，与《古列女传》大同小异。其差异之处，如说无盐女见齐宣王的时候是"行年三十，无所容入"，而不是《列女传》所说的"行年四十"，但是，这一点并不影响对于无盐女的本质的认识。

汉代以后，历代文人著作及文学作品多写到无盐，一般是把她作为一个虽形貌丑陋却富有才略胆识的女性人物来看待的，以至于在小说中使无盐女成为一个有特定文化内涵的文学人物形象。无盐见齐宣王的故事，也就脍炙人口，成为诗文作品的常见典故。

关于无盐女的事迹，刘向的《古列女传》虽然奠定了基本的事实基础，但是，后世的文人著作中又有一定程度的增饰。无名氏《释常谈》卷下《无盐》记云："女人丑陋，谓之无盐。齐有丑女，号无盐，臼头深目，垤胸坠腰，肥项少发，皮肤如漆。"这里对于无盐更加丑化，把她作为丑女的代表。明代于慎行《谷山笔麈》卷十六记云："齐王之宫，美人三千，而无盐女求见。盘珊疴瘘，五管指天，鹑结蓝缕，入王宫门。三千美人望之大笑，王曰：'嘻！来前！夫人之谒也，岂有意辱寡人之后宫哉！'无盐曰：'唯唯。不敢。'"之后，齐宣王对无盐夸耀其宫中的美艳华贵与音乐之美，质问无盐有何特异本领能增添后宫的欢娱，这时无盐便对齐宣王进行一番关于"殆哉"的讲述，"于是，宣王瞠目而眙，拊心而叹，曰：'嗟乎！天以无盐君赐寡人也。寡人之国将亡，无盐君存之。'遂立以为王后，齐国大治，攘地千里。"这里的记述，同《古列女传》相比，增加了一些虚构的成分，渲染了无盐女见齐宣王时的场景与气氛，也夸大了无盐女对于齐国富强所起的作用。

明解缙《古今列女》卷二也记有无盐女钟离春，内容与刘向《古列女传》大同小异。

《东周列国志》第八十九回《马陵道万弩射庞涓，咸阳市五牛分商鞅》，写无盐见齐宣王的过程与情景，大体上是根据《古列女传》的记述加以演绎，而略有增饰，如写无盐入宫之后，"群臣侍宴者，亦皆含笑"，又写"即以无盐之邑封（钟离）春家，号春为无盐君"。这里增加的内容，强化了无盐女的丑陋，也强化无盐女的作用与荣耀，丰富了原故事的情节。

沈德符《万历野获编》卷二九《发冢》记云："嘉靖八年，山东临朐县有大墓发之，乃古无盐后陵寝。其中珍异最多，俱未名之宝，生缚女子四人，列左右为殉。其尸得宝玉之气，尚未销。"清末俞樾《茶香室续钞》卷二《无盐冢》引录此条材料，又议论说："按此则无盐丑妇，明人及见其貌矣。"这里，俞樾认为"明人及见其貌"只是想当然之语。明代发掘无盐后之墓，即使尸体保存完好，恐怕也不能看清楚无盐后的容貌究竟是什么模样了。

4. 宿瘤女

相传战国时齐国民间有一位采桑女，因颈部长了个大瘤，人们称她为宿瘤。齐闵王发现她有贤德，迎入宫中，立为王后。

刘向《古列女传》卷六《齐宿瘤女》记云："宿瘤女者，齐东郭采桑之女，闵王之后也。项有大瘤，故号曰宿瘤。初，闵王出游，至东郭，百姓尽观，宿瘤采桑如故，王怪之，召问曰：……（略）"闵王在同她进行一段对话之后，说："此奇女也，惜哉！"于是，就让宿瘤女回家去了。闵王另择吉日，派遣使者带着黄金百镒，前往女家迎接宿瘤女入宫，其父母惊惶不已，急忙让女儿洗澡换衣服，宿瘤女说："如果梳妆打扮一番，齐王见我不是采桑时的样子，就会不认识我了。"因此她坚持不换新妆，否则宁死不往。父母只得依从了她。到了宫中，人们见到宿瘤女的怪模样，感到可怕，齐闵王的许多夫人们都掩口而笑，以至于行为失仪，不能自止。闵王非常羞惭，对宫中的夫人们说："你们不要笑她！宿瘤女是穿着在家干活时的衣裳来宫中的，只是没有打扮而已。要知道，女人化妆与不化妆要相差百倍。你们一个个都是浓妆艳抹，才自以为美，何必讥笑别人！"宿瘤女和闵王及诸夫人相见，举止合度，言语得体，于是，宫中诸位夫人都羞愧不已。闵王感佩于宿瘤女的贤德与智慧，就立宿瘤女为王后。由于宿瘤女的人品与才德产生了良好的影响，结果是："期月之间，化行邻国，诸侯朝之，侵三晋，惧秦楚，一立帝号闵王，至于此也，宿瘤女有力焉。"

宿瘤女生活的时代稍晚于无盐女，闵王即是齐宣王之子齐湣王（前300～前284年在位）。宿瘤女在闵王出行、众人迎观的时候却保持沉静，不趋慕权势与荣贵，这一点表现出超凡脱俗的独立意识；在将要入宫时却不肯梳妆打扮，这一点表现出不尚浮华的朴素品质。齐闵王对于宿瘤女的表现感到奇异，在与她谈话时又能够感受到她的思想与见解，可知闵王是颇有知人之明的，不因宿瘤女的身体缺陷而影响对她的本质的认知，因此才决定纳宿瘤女为王后。这样，宿瘤女就有了一个能够表现品德智慧与施展才能的更大的平台，于是才能够对于齐国出现政治清明、国力增强的局面产生重要作用。

宿瘤女在后世文人著作中时见提及，她的事迹也成为一个有固定文化内涵的典故。梁元帝（萧绎）《金楼子》卷四《立言篇九下》云："加脂粉则宿瘤进，蒙不洁则西施屏。"这里是把宿瘤和西施各作为丑女与美女的代表进行议论，没有涉及宿瘤女更多的故事内容。

元代杨维桢《铁崖古乐府》中有《宿瘤词》写道："采桑女，项如罋（音汪），受教采桑，不受教观大王。大王聘之居中房，旧衣不换新衣裳。采桑女，项如罋，宫中掩口笑喤喤，尧舜桀纣陈兴亡，中宫笑口惭且惶。服后服，正后宫（音光），卑宫室，亲蚕桑，减弋猎，斥优倡，诸侯玉帛走东方，王上帝号声煌煌。"（见《元诗选》初集三）这是一篇全面描写宿瘤故事的长篇诗作，可见至元代时宿瘤女仍然受到文士关注。

5. 孤逐女

孤逐女也是战国时齐国人，因失去父母成为孤儿，又因长得丑陋被故乡百姓驱逐出外，故被人称为孤逐女。她生活无着，就主动去求见齐襄王（前283～前265年在位），齐襄王发现了她的贤德与才能，就把她许配给齐国的宰相为妻。

刘向《古列女传》卷六记云："孤逐女者，齐即墨之女，齐相之妻也。初，孤逐女孤无父母，状甚丑。三逐于乡，五逐于里，过时无所容。齐相妇死，逐女造襄王之门而见谒者曰：'妾三逐于乡，五逐于里，孤无父母，摈弃于野，无所容止，愿当君王之盛颜，尽其愚辞。'左右复于王，王辍食吐哺而起，左右曰：'三逐于乡者，不忠也；五逐于里者，少礼也。不忠少礼之人，王何为遽？'王曰：'子不识也。夫牛鸣而马不应，非不闻牛声也，异类故也。此人必有与人异者矣。'遂见，与之语三日。"以下记述孤逐女在三天当中与齐襄王谈话的内容。第一天中，孤逐女对齐襄王说，相国就像是国家的柱石，对于国家的治理与强盛起着重要的作用。第二天中，孤逐女对齐襄王说，相国就像是比目鱼，与国君的关系极其密切。第三天中，孤逐女对齐襄王说，现今齐国的相国虽然不过是"中才"，但是"求之未可得也"。齐襄王对于孤逐女三天当中的谈话非常满意，于是，"王曰：'善。'遂尊相，敬而事之，以逐女妻之。齐国以治"。

这是关于孤逐女的最早记述。她的相貌，只是说"其状甚丑"，然而究竟怎么丑却没描写。她被家乡人三番五次地逐出，遭遇是不幸的，然而她敢于赴宫门求见齐襄王，这不仅有大智，而且有大勇。齐襄王和她谈了三天的话，谈话的主要内容是对于相国的职责及现任相国的议论。从《古列女传》的简要记述可以看出，孤逐女对于朝廷政治有独立的思考和深刻的认识，对于齐国现任相国的情况非常了解，她的议论得到齐襄王的肯定，齐襄王当即决定把孤逐女嫁给齐相为妻，目的是让孤逐女成为齐相的助手，一同为齐国的治理与强盛发挥更大的作用，而孤逐女也欣然接受了齐襄王这样的安排。孤逐女在成为齐相的妻子之后究竟是怎样发挥作用的，其过程未见详细叙述，但是其结果是出现了"齐国大治"的可喜局面。

孤逐女同前述无盐女、宿瘤女，都是虽然相貌丑陋却德才兼备的奇女子的典型。刘向为她们立传并且对她们予以赞赏，反映出对于女性重才德而轻容貌的正义立场，这是非常可贵的。值得注意的是，春秋时的这三位丑女，她们先后遭遇的齐宣王、齐闵（湣）王、齐襄王，正是战国时期齐国连续三届国君。齐宣王的开明包容、为国惜才的政治态度，对于其子闵（湣）王、其孙襄王表现出可贵的传承关系。这一现象在历史上可谓是一段奇缘，引起后世文士的注意与议论。

明代，彭大翼《山堂肆考》卷一一四《孤逐》记述孤逐女的事迹，大体依据刘向《古列女传》，文字稍异。褚人获《坚瓠集》秘集卷五《楚齐三王异好》云："齐无盐女极丑而为宣王后，宿瘤女项有大瘤而为闵王后。孤逐女状丑，三逐于乡，五逐于里，过时无所容，而襄王与语悦之。是齐三王皆好（hào）丑女也。何好尚之相悬如此！"这里，褚人获只是从喜欢丑女的角度，指出齐国的三位国君同正常人的认识悬殊，而没有从齐国三位国君重德才而轻美色的角度给予积极评价，其议论难免失之偏颇。

6. 齐王女

《韩诗外传》卷九记云：齐王愿陪送丰厚的财物，把女儿许嫁给屠门吐（或作肚）为妻，屠门吐以自己有病为理由予以推辞。屠门吐的朋友对他说："你是想在那个又腥又臭的肉类市场干到老死才罢休吗？为什么要推辞呢？"屠门吐回答说，齐王的女儿长得丑。朋友问他："你怎么知道？"屠门吐说："从我干屠宰这一行的体会可以想象出来。"朋友又问："你这是什么意思呢？"屠门吐说："如果我卖的都是好肉，按斤两零售很快就卖完，只是觉得我备下的肉没有那么多；如果我卖的肉不够好，虽然在卖肉的时候除给够斤两之外再另外搭配一点别的什么，这肉还是卖不出去。现在齐王嫁女儿要陪送那么多财物，正是因为他的女儿长得丑啊！"后来，这位朋友见到了齐王的女儿，果然长得特别丑。丑到什么程度呢？人们说她"目如擗杏，齿如编蟹"（有版本"蟹"作"贝"）。意思是说，那女子的眼睛像是剖开的杏核，牙齿像是排列的蟹壳（或贝壳），这个样子真是够吓人的。

这里的记述谓"齐王女"，但是不知究竟是哪个齐王的女儿。《韩诗外传》所记故事，一般是作为议论的旁证，而不是严格意义的史实，今引述此事，也大体是应当作寓言来看。屠门吐的一番议论，说明一个深刻的道理，即是世俗所谓的"便宜没好货"，他的思考颇为有趣，能够给人以有益的启示。

7. 陇廉

陇廉，古代的丑妇。《楚辞》中汉严忌《哀时命》有句云："珪璋杂于甑窑兮，陇廉与孟娵同宫。举世以为恒俗兮，固将愁苦而终穷。"古本《楚辞》于此句之后有前人（王逸）注云："陇廉，丑妇也（名）。孟娵，好女也（名）。"陇廉，生活时代未详，究竟她是怎样的丑，也未见其他文献记载。《山堂肆考》卷一一四亦据《楚辞》记述了陇廉，与孟陬相对作为丑妇的代表。

8. 登徒子妻

登徒子妻是先秦时文学家宋玉《登徒子好色赋》中的人物，今见于《文选》卷一九，先秦时期的其他文献皆未见记载。这篇赋本是文学作品，所写登徒子及其妻的有关事实并不能作为严格意义的历史资料看待，但是，由于这篇赋非常著名，登徒子夫妻的事迹也就为后世人们所熟知，登徒子之妻也就被列为中国古代"四大丑女"之一。

宋玉是楚国的一位文臣，官为大夫，以能言善辩著称。据《文选》前人（李翰、李贤等）注释可知，登徒子是战国时楚国人，复姓登徒，"子"是当时对于男子的美称。登徒子在楚国官为大夫，《战国策》中曾记载说，"（齐）孟尝君至楚，楚献象床，登徒送之"，即是此人。这篇赋是"宋玉假设登徒子之辞，以为谏也"，即是说，赋中所写是宋玉假托有这一番对话，以此对楚王进谏，其中所记内容是宋玉单方面的文学表达，未必符合历史的真实。据赋中所写，登徒子在楚（襄）王面前说宋玉的坏话，意思是宋玉其人长得漂亮，能说会道，又性好色，愿楚王不要带着他一起出入于后宫。楚王就把登徒子的这番话向宋玉进行询问，于是引起宋玉的一番辩解。

《登徒子好色赋》这篇作品是人们非常熟悉的，因此，对于其中宋玉的自辩之词这里不过多引述，只引录他所讲述的登徒子之妻的容貌特征是："登徒子则不然，其妻蓬头挛耳，齞唇历齿，旁行踽偻，又疥且痔。登徒子悦之，使有五子。"若据宋玉所说，登徒子的妻子长得是够难看的了。她的头发蓬乱，不讲究梳妆打扮；龁唇，是指她的嘴唇不能合拢，致使牙齿外露；又长有疥疮和痔疮，这都是让人讨厌的。宋玉的意思是说，像这样的一个丑女人，登徒子却很喜欢她，同她生了五个孩子，因此说登徒子才是真正好色之人。但是，这里只是宋玉的一面之词，不过是以此强调登徒子的好色，以此作为对于登徒子的反击而已，未必都是实际情况。即使登徒子的妻子长得丑，而登徒子还爱着妻子，一同养育了五个孩子，那也只能说明登徒子恪守人伦大义，并不只是重视女色，其人品不仅不能谓之低下，而且还应当予以肯定与赞扬。从这篇文章中，后世之人不能听到登徒子的自辩，不能了解登徒子更多的情况，于是，宋玉在楚王面前单方面的述说，竟使登徒先生蒙受两千多年的不白之冤，也使登徒子的妻子落下个丑女的名声。这在今天需要重新加以认识。

9. 孟光

孟光，东汉时梁鸿妻。梁鸿，字伯鸾，扶风（今属陕西）平陵人。梁鸿孟光故事，最早见于汉代刘珍等撰《东观汉记》，卷一八《梁鸿》记云："鸿乡里孟氏女，容貌丑而有节操，多求之，不肯。父母问其所欲，曰得贤婿如梁鸿者。鸿闻，乃求之（《太平御览》卷三八二引《东观汉记》卷一八，其文略有不同）。女椎髻，著布衣操作具而前，鸿大喜，曰：'此真梁鸿妻也，能奉我矣。'字之曰德耀，名孟光。"

南朝时范晔撰《后汉书·梁鸿传》记述梁鸿孟光故事更为详细。这里写孟光之丑云，"同县孟氏有女，状肥而丑而黑，力举石臼，择对不嫁，至年三十"，这比《东观汉记》只云"容貌丑"更为具体。以下写道："鸿闻而聘之。女求作布衣、麻屦、织作筐缉绩之具，及嫁，始以装饰入门。七日而鸿不答，妻乃跪床下，请曰：'窃闻夫子高义，简斥数妇，妾亦偃蹇数夫矣。今而见择，敢不请罪。'鸿曰：'吾欲裘褐之人，可与俱隐深山者尔。今乃衣绮缟，傅粉墨，岂鸿所愿哉！'妻曰：'以观夫子之志耳。妾自有隐居之服。'乃更为椎髻，著布衣，操作而前。鸿大喜曰：'此真梁鸿妻也，能奉我矣。'字之曰德耀，名孟光。"此后又记梁鸿孟光夫妻同心，隐居于霸陵山中，以耕织为业，梁鸿读书弹琴自娱。后来梁鸿与妻子一同到吴地，借居于大户皋伯通家的房廊之下，梁鸿靠为人舂米维持生活，每天劳作归来，孟光做好饭，"不敢于鸿前仰视，举案齐眉"。"案"是端饭所用的托盘。孟光这样对待梁鸿，可见是何等的敬爱。伯通看到他们的表现，非常惊异，称赞梁鸿"非凡人也"。

由于《东观汉记》及《汉书》的记载，孟光就成为古代貌丑而贤德的女性的典型，"举案齐眉"就成为一个典故，形容夫妻关系美好融洽，相敬如宾。后世文学作品中，常见对于梁鸿孟光夫妻关系的咏赞。诗文中的例子不胜枚举，而且也见于戏曲的演唱。元杂剧有《举案齐眉》（《太和正音谱》著录），或名为《孟光举案》（《录鬼簿续编》著录），今存本全名为《孟光女举案齐眉》（脉望馆抄校本），或作《孟德耀举案齐眉》（《元曲选》本）。此剧情节比《后汉书》所记有所增饰，写孟光嫁给梁鸿之后相敬如宾，举案齐眉，后来梁鸿得孟家老妈妈资助，进京应试，高中状元，得官为扶沟县令，衣锦还乡，孟光亦得五花官诰，凤冠霞帔。这样的情节，显然是脱离了汉代史实，按照唐宋时期的科举制度加以虚构，也加入了后人的文化观念。尽管显得荒诞，但是反映了梁鸿孟光故事在后世的影响。

明末冯梦龙所著《情史》卷二《情缘类》有《孟光》一节，记述孟光故事，全依据《后汉书·梁鸿传》。之后有"长卿氏曰"的议论云："夫以肥黑而丑之女，衣绮缟，傅粉墨，设以身当之，将何如乎！夫有所受之也。"这里即是举孟光的例子来进行议论。意思是说，男士如果遇上孟光这样的丑女而不得不接受，那么就应当看到她的优点的方面，这样也可成就一段好姻缘。之后又讲述了汉代鲍宣之妻桓少君和袁隗之妻马伦的故事（俱见《后汉书·列女传》），再加议论说："此富家女降夫入门诀也。"这里的意思是，从女性方面来说，如果不求奢华、保持质朴本色，与丈夫同甘共苦，这样就能得到丈夫的认可，成为和谐融洽的好姻缘。从这番议论来看，孟光故事能够给予后人的启迪是多方面的，从不同的角度来看都能得到一定的教益。

清代流行的儿童启蒙读物《幼学故事琼林》中收入孟光故事的就有3条。卷二《夫妇》有"举案齐眉，梁鸿配孟光之贤"；卷二《女子》有"孟光力大，石臼可擎"，"孟光之荆钗布裙，此女子贫者"。这使孟光故事更加脍炙人口，深入人心。

10. 诸葛亮妻

三国时诸葛亮辅佐刘备开创蜀国基业，才智过人，功高盖世，名垂史册，千古流芳，又因小说《三国演义》的描写而被神化，成为家喻户晓的历史名人。可是，相传诸葛亮的妻子黄氏却是一位相貌丑陋而品德高尚、智慧超群的女子。

《三国志》中没有诸葛亮妻子的记载。关于黄氏的事迹，今见于习凿齿《襄阳记》记云：黄承彦谓孔明曰：君择妇，身有丑女，黄头黑色，而才堪相配君子。孔明许焉。载送之时，人以为笑乐。乡里为之谚曰："莫作孔明择妇，正得阿承丑女。"（《太平御览》卷三八二《丑妇人》引录）《山堂肆考》卷九四《孔明择丑》一则，即是据《襄阳记》记此事，文字略有差异。

清代，褚人获《坚瓠集》壬集卷二《木牛流马》记云："武侯居隆中，客至，命妻黄氏具面。顷之面至，侯怪其速。后潜窥之，见数木人斫麦运磨，拜求其术，变其制为木牛流马云。"这里所记，资料出处未详。据此，诸葛亮的妻子黄氏早就会制造木头机器人，用来磨面，后来诸葛亮在与魏国交战时制作的木牛流马，即是在黄氏木人的基础上改进而成的。

元代赵孟頫《题二乔图》诗云："长江东来水滔滔，谁谓江广不容刀。中有乔家女儿泪，何意师昏随二豪？龙虎方争欲相啖，鸾鸟铩翮将安逃？不见当时老诸葛，独聘丑妇何其高。"（《松雪斋集》卷三）此诗中写到东吴的"二乔"，又用诸葛亮娶丑女黄氏为妻的情况与二乔对比，抒发感慨。

后世民间传说故事中，或谓诸葛亮妻名叫黄月英（瑛），或谓叫黄婉贞，或谓叫黄硕。当代评书家袁阔成说《三国演义》，其中说诸葛亮之妻的姓名就叫黄月英。

11. 许允妻

许允，字士宗，三国魏高阳人，仕于魏至领军将军。《世说新语·贤媛》记述道：许允妻阮氏是尉氏阮共（字伯彦，仕至卫尉卿）之女，阮侃（字德如，仕至河内太守）之妹，相貌"奇丑"。举行婚礼的当天夜晚，许允不进内室与她同房，到外边另宿。家人都感到忧虑。这时，许家有客人来到，阮氏让婢女看看是谁来了，回答说是桓范（字允明，许允的好友）。阮氏说："不必担忧，桓范一定能够劝许君进入新房。"她的预料不错，桓范果然对许允说："阮家既然把丑女嫁给你，一定有特别的用意，你还是应当进去仔细察看一下才是。"许允听信桓范的话，就进入内室，但是，他一看见阮氏那个丑样子，又想立即退出来。阮氏估计他这一出去就不会再进来了，就伸手拉住许允的衣襟，让他少待一会儿。许允问她："妇有四德，卿有其几？"四德是指妇德、妇言、妇容、妇功。许允质问她四德具备几条，其意思是重在妇容这一条，表现出对她的丑相不满意的情绪。阮氏反问道："新妇所乏唯容尔。士有百行，君有几？"许允回答说："皆备。"阮氏说："夫百行以德为首。君好色不好德，何谓皆备？"许氏在这特定的时刻，表现得机智、从容而有耐心，她的回答也表现得极其聪明而又富有策略。这样的反问，是建立在对许允的品质有一定的了解与信任的基础上的。因为许允本人是信从儒家思想道德原则的文士，他不愿意在个人品质修养方面受人非议，此时听到阮氏的质问，不由得引起反思，觉察到自己的行为欠妥。于是，"允有惭色，遂相敬重"。

这段记述是非常生动的，许允、阮氏两人的思想、性格、心理活动都有生动而鲜活的展现。尤其是阮氏，她遇事不慌，巧妙应对，对于自己及新郎许允，都表现出坚定而精准的自信。由此可以看出，阮氏的丑仅仅是形体方面的，而她的人品是极美的，她在特定时刻的智慧与识见，应变能力与处事能力，都达到了极高的层次。

《世说新语·贤媛》还记述了另外一场事，更进一步表现了阮氏的贤德与才能。

许允做官为吏部郎时，多提拔重用其同乡人，有人向皇帝告发，魏明帝曹叡就派武士把许允抓起来审查。阮氏在许允将离开家时告诫他说："陛下是一位英明的皇上，可以用道理说服他，而不能用私情求告他。"这一句提示，确有真知灼见而且振聋发聩，许允理解了妻子的话，记在心里。到了皇帝跟前，明帝问他别人的举报是否属实，许允回答说："举尔所知，臣之乡人，臣所知也。陛下检校，为称职与不？若不称职，臣受其罪。""举尔所知"这句话原见于《论语·子路》篇，仲弓问孔子："焉知贤才而举之？"子曰："举尔所知；尔所不知，人其舍诸？"孔子的意思是说，提拔你所了解的人；那些你所不了解的人，是不会被埋没的。许允这样回答，意思是说，我所提拔的人都是我非常了解的，请陛下考察他们称职与否，若不称职，我甘心认罪。魏明帝立即派人进行考察，那些被许允提拔的人果然都称职，于是就把许允释放了。而且，魏明帝看到许允穿的衣服非常破旧，还传旨赏给许允新衣裳。

原来在许允被逮捕的时候，全家人伤心大哭，阮氏却表情自若，对家里的人说："不必担忧，他很快就会回来的。"并且熬一锅米粥在家等着。过了不久，许允果然回家了。从这件事来看，阮氏在许允突然遭遇不测之祸时，遇变不慌，沉稳而自信，嘱咐许允的对策表现出高明的识见，此后事情的进展完全证明了她的见识的正确性;而且,在全家人惊慌悲痛一筹莫展的时候,阮氏却心地平静,料到许允一定能够平安回家。她的这样的表现,实在是具有英雄气度,非一般的女人可比。

《三国志·夏侯玄传》之末附有许允传,记述许允的事迹时没有提及其妻阮氏,但是,《三国志》这一节之后的裴松之注,据《魏氏春秋》补充了许妻阮氏的事迹。记述了许允被魏明帝逮捕审查时得阮氏嘱咐的一段事,也记述了许允于婚礼之夕得阮氏之语而和好的一段事,都与《世说新语·贤媛》所记大同小异。有可能是《魏氏春秋》的记述在前,《世说新语》采用此事实而有所润饰,使情节更显得合理,文辞也更为精警生动。

《三国志·许允传》后的裴松之注,据《魏氏春秋》还补充了另外一件史实。若干年后,许允的两个儿子许奇、许猛渐渐长大了,许允却因得罪于司马师(景王)而被处死。许允的门生到许家向阮氏报告这个噩耗,阮氏正在织布,并没有惊慌失色,她平静地说:"我早就知道会有这一天。"门生想把许允的两个儿子藏起来,阮氏说:"这不关小孩子的事。"于是,阮氏就带着两个儿子住在许允的墓地旁边。司马师派钟会到许允家察看情况,交代说,如果许允儿子的才能与品德像他们的父亲一样优秀,就把他们抓起来。两个儿子问母亲该怎么办,阮氏对儿子说:"你们虽然都是好孩子,但是真才实学并不多,只管按着正常的思维和钟会说话就行了,自然不会有大事。你们在钟会面前不要表现出过分的悲伤,钟会不问你们不要多言,还要适当询问一些朝廷近来发生的事。"两个儿子表示记住了母亲的话。钟会把见到的情况如实向司马师汇报,司马师就不再追究。许允的两个儿子能够免除这一场大祸,多亏了母亲的教导。这件事,又一次证明了阮氏临大事有静气,遇大难有良策,在关键时刻保全了许允的后代。许允此生能有这样的奇女子为妻,真是他的福气,回想起当初新婚时嫌弃阮氏的丑相,他一定是自惭而自悔不已。

12. 贾南风

贾南风是晋惠帝司马衷的皇后,贾充的女儿。贾充字公闾,袭父爵而封侯,晋武帝受魏禅后,贾充历官至司空、侍中、尚书令。王隐《晋书·惠贾皇后》记述贾南风被立为皇后的经过云:晋武帝司马炎为太子司马衷谋划婚事,很长时间不能确定。晋武帝欲为儿子娶卫瓘之女,而晋武帝的皇后杨氏欲为儿子娶贾充之女,晋武帝对杨皇后说:"卫女有五可,贾女有五不可。卫家种贤而多子，端正长白，贾女种妒少子，丑而短黑。"这里，晋武帝司马炎对两家姑娘的评论是，卫氏女子的遗传基因是多生儿子，身体与五官端正，个头较高，皮肤白皙；贾氏女子的遗传基因是本性妒忌，少生儿子，相貌丑陋，皮肤黧黑。这里表现出晋武帝对于年轻女子的审美观点与评判标准。可是，贾南风的生母郭槐（贾充的次妻）送给太子的生母杨皇后许多宝物，杨皇后收了重礼，就向晋武帝表示欲娶贾氏，于是贾南风才得以入选为太子妃。

王隐《晋书》所记贾氏"五不可"一段话，后世其他文士著作中有所议论。宋代苏轼《东坡志林》卷三有《贾氏五不可》一节云："晋武帝欲为太子娶妇，卫瓘曰：'贾氏有五不可：青黑短妒而无子。'竟为群臣所誉，娶之，竟以亡晋。"这里的说法与王隐所记有所不同。

王隐是晋人，所撰《晋书》成书于东晋初年，后来产生于唐代的《晋书·贾皇后传》大体上是依据王隐的《晋书》，并有所增饰。贾南风的生母郭槐是个妒忌成性凶残狠毒的女人，《世说新语》记有其轶事，当时人们说，贾南风正是遗传了其母郭氏的妒忌凶残本性。贾南风被立为太子妃时，就曾亲手杀死数人，太子宫中有怀孕的侍妾，贾南风就持戟掷过去，孕妾腹中的胎儿随着戟的利刃堕落在地。有人向晋武帝揭发此事，都因其母郭氏的亲信在晋武帝面前为她打掩护而蒙混过去。后来，太子司马衷即位为晋惠帝，贾南风被立为皇后，更加肆无忌惮。

据《晋书》所记，贾皇后不仅形貌丑陋、残暴酷虐，而且生性淫荡。在宫中她与太医令程据等淫乱，还私招美少年暗地入宫淫乱。洛南县有个"盗尉部小吏"（负责捕盗的小官）年轻长得帅，忽然有了不少新奇而华美的衣服，人们怀疑他得了盗贼的赃物。贾皇后的某个远亲奉命追查此事，私下打算从小吏那里诈取一些赃物，就对小吏进行审问。小吏说："我走在路上遇见一位老太太，她说家里有病人，巫师说必须找来一位家住在城南的美少年进行祈禳驱邪，求我充当，一定给我丰厚的报酬。我上了她的车，放下车幔，她把我藏在一个大竹箱中。大约行了十几里，又过了六七道门坎，打开竹箱，我看到眼前是漂亮的华堂美屋，就问这是什么地方，回答说是天上。当时给备好香汤让我洗了个澡，换了新衣裳，又吃了一顿美餐，领我去见一位贵妇人。她大约三十五六岁，个子矮胖，皮肤青黑，眉毛后面有两块瘢痕。她留我在那里住了几个夜晚，一同睡觉欢宴，临走的时候赠送给我许多衣物，就是你们看到的那些东西。"审问的人听他这么说，心里明白他所见的那个贵妇人就是贾皇后，暗笑不已，就放过了他。当时被诱骗入宫的美少年大都被害死了，只有这位小吏因为贾皇后特别爱他才得以保全性命。

《情史》卷一七《晋贾后》据《晋书》本传引录了这段故事，标题为"情秽类"，即是说这是一段龌龊淫乱的秽闻。根据各种文献记载，晋惠帝的皇后贾南风就确是这样一位形貌丑陋性情凶残而人品卑劣的丑女的典型，她以罪行累累、劣迹斑斑而遗臭于史册。

13. 朱前疑所爱酒家女

朱前疑是唐初时人。张鷟《朝野佥载》卷五记云："兵部郎中朱前疑貌丑，其妻有美色。天后时，洛中殖业坊西门酒家有婢，蓬头垢面，伛肩皤腹，寝恶之状，举世所无。而前疑大悦之，殆忘寝食。乃知前世言宿瘤蒙爱，信不虚也。"朱前疑的生平未详，今知他的事迹仅见于《朝野佥载》。据此可知，武则天身为皇后而执政时，朱前疑曾官兵部郎中。他本人生得相貌丑陋，却娶了一位长得漂亮的妻子。然而令人奇怪的是，朱前疑竟然爱上了某酒家的一个做杂活的婢女。这婢女的长相丑陋得"举世所无"，但是朱前疑却迷恋她以至于废寝忘食。这里用了战国时宿瘤女的典故，议论说，由此可知战国时齐闵王特别宠爱宿瘤女，并不是无中生有的虚言。

朱前疑家有美妻却迷恋外面的丑女，并不是因为这个丑女有非常的美德、智慧或识见（《朝野佥载》没有记述），这种情况的发生有可能是由于朱前疑的心理变态造成的。朱前疑本人丑陋而妻子美貌，或许是受到妻子的憎嫌与嘲讽而产生自卑心，同时又在与妻子的相貌对比中损伤了自尊。从心理学的角度来看，一个人的自尊与自卑常常交互作用，构成其性格的组合性与复杂性。在特定的条件下，自卑能够强化着自尊，自尊也能强化着自卑，双向交互作用的结果会使他的性格发生变异与扭曲，而产生一些奇怪的表现。朱前疑爱丑女，有可能是这种性格变异的结果。

然而，《朝野佥载》在记述朱前疑故事的时候，并没有涉及心理学的内容，而是说"夫人世嗜欲，一何殊性"，即是从人的嗜好的特殊性的角度展开议论。这里列举了周文王嗜食昌歜（用蒲根切制而腌成的咸菜）、楚王嗜食芹菹（腌芹菜）、屈到嗜食芰（菱角的一种，两角者为菱，四角者为芰）、曾皙嗜食羊枣（野枣的一种，俗名牛奶柿，又名梬枣）、刘雍嗜食疮痂、南朝宋明帝嗜食蜜渍蟛蚑（一种蜜渍的虫子）等特殊的事例，说明历史上各种特异的嗜好确实是存在的，于是认为朱前疑的爱丑女也正是这一类奇异嗜好的表现。

14. 窦怀贞妻

窦怀贞，唐初时人，字从一，累官至御史大夫，其妻是唐中宗李显的韦皇后的乳母，姓王，貌丑而年老。《大唐新语》卷九记云："窦怀贞倾巧进用，累迁晋州长史，谄事中贵，尽得其欢心。韦庶人乳母王氏，本蛮婢也，怀贞聘之为妻，封莒国夫人。俗为奶母之婿曰阿𤞚，怀贞每因谒见及进奏表状，列其官次，署曰'翊圣皇后阿𤞚'。时人鄙之，呼为𤞚，怀贞欣然自得。"这里所记韦庶人即韦皇后，她的这个乳母原为蛮婢，即南方某民族的女子，故称为"蛮"。至于她是怎样的丑，未见有详细的描写。

关于这个蛮婢，《大唐新语》说是"怀贞聘之为妻"，而又一说是唐中宗为之撮合而成。宋代曾慥《类说》卷六引《景龙文馆记》云："窦从一为御史大夫，中宗曰：'为卿娶妇。'岁除宴设极盛，中席迎妇，却扇去花，乃一老妪。后知是皇后乳母，宫中有国𤞚之号。"据此记，唐中宗李显故意把韦皇后的又丑又老的乳母许嫁给窦怀贞，有捉弄他的意思，可是窦怀贞却欣然接受。这说明窦怀贞是非常工于心计的，他对于皇帝之命无条件顺从，以此作为在朝廷向上进身的阶梯。关于窦怀贞的这个丑妻，文献中对于她的人品与才智没有更多的记述，只是从窦怀贞的顺从与接受这方面，着重在鄙弃窦怀贞的人品。不久，韦皇后败亡，窦怀贞的这个丑妻因为是韦皇后身边的人而被斩首；先天年间（712）李隆基戡定宫乱，登上皇位，窦怀贞畏罪而投水死。这个谄谀狡诈的小人以及他的丑妻，都在残酷的宫廷斗争中落得个可悲的下场。

15. 李端端

李端端是唐代一位妓女。崔涯《嘲妓诗》云："黄昏不语不知行，鼻似烟囱耳似铛。独把象牙梳插鬓，昆仑山上月初明。"（《全唐诗》卷八七〇）此诗所嘲讽的妓女姓李，名叫端端，她的丑主要是长得黑。黑成什么样呢？诗中说，黄昏时候，不说话就不知道她从这里经过；鼻子像烟囱，耳朵像烧黑的镦子；头发上插个象牙梳，像是黑黝黝的昆仑山上升起一轮明月。诗意高度夸张，极力调侃，甚为有趣。

崔涯生平未详，今仅知他是吴地（今苏州一带）人，与张祜齐名，所作

《侠士诗》为人所传诵。据《全唐诗》此诗后小注记述，当时崔涯的这首诗传开之后，端端在风月场中便颇受冷落。她看见此诗感到忧虑，就在崔涯经过的路上等着他，见到之后向崔涯下拜，诚恳请求崔涯能够可怜自己的不幸，不要这样挖苦她。崔涯也就满足了她的要求，重写了一首诗云："觅得黄骝鞍绣鞍，善和坊里取端端。扬州近日浑成差，一朵能行白牡丹。"诗中把端端形容为白牡丹，实在是奉承得有些过度了。这首诗再次传开，端端名声大噪，富豪之士又争相登端端之门。有人说："李娘子才出墨池，便登雪岭。为何一日之中黑白不均？"于是在红楼坊巷之间传为笑谈。

崔涯与端端的这个故事，说明了古代文士对于女性审美的一个重要观念，即以白为美，以黑为丑。古代女子因为长得黑而被人们认为丑，这样的例子很多。清褚人获《坚瓠集》首集卷一《嘲黑妓》在引录唐代崔涯嘲李端端的这首诗之后，又举出两例。其一是，明末有位名妓李三，以姿容词曲擅盛名，但是面色甚黑，与她交好的一位扬州富商也是一副黑脸，于是有个名叫郭丸封的文士写了一首《黄莺儿》曲子嘲讽她，词云："水墨李三娘，黑旋风姊妹行，张飞昔日同鸳帐。才别霸王，又接周仓，钟馗也在门前闯。尉迟帮，温将军卖俏，勾搭了灶君王。"其二是，有人写了一首嘲黑妇的诗云："黑有几般黑，惟君黑得全。煮藕为双臂，烧梨作两拳。流泪如墨沈，放屁似窑烟。夜眠漆凳上，秋水共长天。"这两首曲与诗，都是嘲弄黑皮肤女子为丑，大概是受到唐代崔涯嘲李端端之诗的影响。

还有，元代散曲中有一套《嘲黑妓》的曲子也属此类。其辞云："脸如百草霜，唇注松烟墨。眼横潭底水，牙染连金泥。乌玉如肌，眉不显春山翠，似葡萄好乳垂。"又云："猛回头错认做砂锅底。只合去烧窑淘炭，漆碗熏杯。怎生去迎新送旧，卖笑求食。便是块黑砂糖有甚希奇，便是块试金石难辨高低。莫不是寨儿中书下的灵符，莫不是房儿中描来的黑鬼，莫不是酒楼前贴下钟馗。"曲词描摹生动，语义尖刻，嘲谑有伤大雅，兹不赘述。

16. 赵文华妻

明代赵文华，字元质，慈溪（今属浙江）人。嘉靖八年（1529）进士，历官至工部尚书。他在嘉靖朝认严嵩为父，是严嵩死党中的重要成员，残害忠良，罪恶多端，在《明史》中被列入《奸臣传》。关于赵文华的妻子，《明史》本传中没有提及，散见于有关野史笔记中。

褚人获《坚瓠集》壬集卷四《赵文华妻》记云："嘉兴大家一女奇丑，面麻，眼损，足跛，头秃，人无娶者。慈溪赵文华娶焉。戊子、己丑联捷，严嵩倚为心腹，擢显职。后因倭乱，持节开府浙中，移镇嘉兴，声势赫奕。所为颇不循理，赖丑妇贤明，时为劝解。有奇相者必有奇福，以是知红颜薄命，信夫！"这里记赵文华的妻子虽然相貌丑陋，其形体也有缺陷，但她却是一位贤德而明理的好女子。然而她却配了赵文华这样的奸邪之徒，实为命运的阴差阳错，令人感叹。清末俞樾《茶香室三钞》卷七《赵文华丑妇》一节，抄录了《坚瓠集》的这条材料，未作评论。

17. 邹茂才妾

黄钧宰《金壶浪墨》卷八记云："有邹茂才者，容止甚陋，以千钱从工次买得一女，面尘厚钱许，伛体龂唇，雪中瑟缩如鬼。邹爱之，赐以佳名，卧之床下，捧茶酾酒，若婢妾然。然而每每挞女，不审何事，第闻女号曰：'我已字人，挞死不怨。'天津曹君曰：'事可知矣。四美具，二难并，宜其好事多磨也。'同人劝邹反之，不可。浙江王君曰：'丑至于女，贫苦至于卖身，邹虽陋，犹少胜焉。然而日受鞭笞，宁死不变其志，人岂可以面貌相乎？'古有登徒，今有邹生，亦人世罕见者哉！"

黄钧宰生卒年未详，道光至咸丰、同治时在世，原名振均（或作震均），后改为钧宰，字仲衡，江苏山阳（今淮安）人。道光二十九年（1829）拔贡，曾官奉贤县（今属上海市）训导。著作有《金壶七墨》，《金壶浪墨》为其中之一。邹茂才其人不详，大抵是一位邹姓秀才，他本人长得丑，他买得的这个丑女却长得更丑。这个丑女虽然受到邹的虐待，却忍受顺从，不改其志，她的表现确实罕见，令人同情。

附：关于丑女的文学形象及相关议论

以上所列举的古代文献典籍中关于十多位著名丑女的记述，既反映了她们的生平事迹以及其所处时代的历史事实，同时也表现出历代人们在对待丑女问题方面的思想意识与文化观念。此外，还有各种文学作品中也常见写到一些丑女人物，展示出一些丑女的文学形象，或者从总体上对于丑女进行综合性与概括性的议论，其中也表现出丰富的思想意识与文化观念。

《渊鉴类涵》卷二五六收录有刘思真《丑妇赋》云：

  人皆得令室，我命独何咎。不遇姜任德，正值丑恶妇。才质陋且险，姿容剧嫫母。鹿头狝猴面，推额复出口。折頞厌楼鼻，两眼颠如白。肤如老桑皮，耳如侧两手。头如研米槌，发如掘埽帚。恶观丑仪容，不媚如铺首。暗钝拙梳髻，刻画又更丑。妆颊如狗舐，额上独偏厚。朱唇如踏血，画眉如鼠负。傅粉堆颐下，面中不遍有。领如盐豉囊，袖如常拭釜。履中如和泥，爪甲长有垢。脚鞁可容箸，熟视令人呕。

  刘思真，生活时代及事迹未详，这篇赋以排比铺张的文词，把丑女作为一种人物类型进行文学性的艺术表现，内容全面而刻画细致，可谓是千古奇文。其中把娶得丑女为妻归结为命运的安排，表现出在天命的支配之下无可奈何与逆来顺受的心态。赋文中描写丑妇的丑有多方面的内容。人品方面如才质蠢陋与举止恶劣等；生理方面如额头凸出，嘴唇噘翘，鼻梁不正，鼻孔朝天，眼窝深陷，皮肤粗糙等；妆饰方面如头发蓬乱，髻形拙劣，搽粉不匀，涂唇太红，画眉难看等；习惯方面如衣领及袖头脏污，鞋里和泥，指甲藏垢，手脚皴裂等。总之，这样的丑女形象，其身体与精神无一好处，作者对她充满憎厌与鄙弃之情，议论不够客观。从历史上有许多形体虽丑而品德高尚的丑女的事实来看，这篇赋所表现的对于丑女缺乏全面认识的观念，失之偏颇。

  清蒋超伯《南漘楛语》卷四抄录刘思真《丑妇赋》全文，说它"全仿中郎短人，然雅驯尚不及之"。"短人"，指蔡邕《短人赋》，意思是说《丑妇赋》本是模仿蔡邕的《短人赋》，但是不如蔡作文雅而有教益。这里指出了刘思真《丑妇赋》的不足之处，评论较为中肯。

  古代戏曲作品中的丑女形象，较为典型的如《孤本元明杂剧》中《女姑姑说法升堂记》一剧（见《古本戏曲丛刊四集》第六五册）中的伴姑儿。第二折中，禾旦扮演的伴姑儿是女姑姑的侍女，她上场时自道："奴奴生得丑，胭脂搽了二三斗。驴见惊，马见走，骆驼看见翻跟徒（斗）。昨日王婆婆家去掏火，哎哟娘，唬杀他家一窝憨头狗。"这里是戏曲的台词，具有插科打诨的性质，对伴姑儿的丑有调侃与嘲笑的意味。

  又如李渔的传奇《风筝误》中，詹爱娟也是一位丑女形象。她生得"貌既不扬，性又顽劣"（第二出《闺哄》），就像是"野鬼山魈"（第二十一出《婚闹》）。韩世勋在拾得的风筝上题写和诗，后又因寻风筝而被诱骗到爱娟房中，在黑暗里（没有点灯）与爱娟对话，韩世勋问："小姐，小生后来一首拙作，可曾赐和？"爱娟竟然回答道："你那首拙作，我已经赐和过了。"韩又问："小姐的佳篇请念一念。"爱娟又回答："我的佳篇，一时忘了。"从这两句问答来看，爱娟连交谈时的客气用语都不懂，其无知和愚昧暴露无遗。这里，作者表现出一个重要观点，女子不学无术、缺乏常识，这是真正的丑。

李渔在其所著《闲情偶寄》中，卷三《声容部》关于女性审美有精彩议论，这与其戏曲作品中的描写可以互相参照。

《选姿第一》是从形体方面鉴定女子之美。关于肌肤，李渔认为："妇人本质，唯白最难。常有眉目口齿般般入画，而缺陷独在肌肤者。"这里明确表示了以白为美以黑为丑的观点。关于眉眼，李渔认为："面为一身之主，目又为一面之主。"这里明确表示了女子美丑重在眼睛的观点。关于手足，李渔说"两手十指，为一生巧拙之关，百岁荣枯所系，相女者首重在此"，因此他赞美"纤纤玉指""窄窄金莲"，但是不赞成人为地把脚裹得太小，认为"勉强造作"不利于走路，而且易生秽气。李渔特别精彩的议论，在于女子的"态度"，即"媚态"，他说："'媚态'二字，必不可少。媚态之在人身，犹火之有焰，灯之有光，珠贝金银之有宝色，是无形之物，非有形之物也。惟其是物而非物，无形似有形，是以名为尤物。尤物者，怪物也，不可解说之事也。"这里对于媚态的议论及对于尤物的解释，是李渔独特的观点，于是后来在有的文学作品中就用尤物指称绝色的女子。如《红楼梦》第六十六回《情小妹耻情归地府，冷二郎一冷入空门》中，贾宝玉对柳湘莲说："我在那里和他们混了一个月，怎么不知？真真一对尤物，他又姓尤。"但是，丑女是不会被称为尤物的。

《修容第二》是从装饰方面讲述女性审美，包括梳洗、涂抹、画眉等；《治服第三》是从穿戴方面讲述女性审美，包括首饰、衣衫、鞋袜等；《习技第四》是从技艺方面讲述女性审美，包括诗文、书画、琴棋、歌舞等。这些都是优秀的女性应当力求具备的条件，兹不赘述。需要指出的问题是，女性的形体之美，永远是展现女性美的重要基础；女性的装饰之美，是增加女性美的辅助条件，而不起本质的决定作用；女性的品德之美与才艺之美，决定着女性的气质与品位，是女性美的内在因素。李渔对于女性审美有深入的研究，所论内容全面而深刻，并有独到见解。古代一些著名的丑女如嫫母、无盐、孟光、诸葛亮妻等，因其德行才智而在历史上显现为高尚形象，而那些形貌既丑又卑鄙暴虐的丑女如贾南风者，才是遗臭史册的真正的丑类。根据这样的认识来看，李渔《风筝误》剧中生动地描写詹爱娟的淫荡与愚昧，以此彰显其丑的本质，这里所表现出的思想观念与情感倾向，同《闲情偶寄》中关于女性审美的议论，有异曲同工之妙。

关于丑女，还见有人从其他角度引发议论。郑瑄《昨非庵日纂》卷一三《内省》记述道，某地乡间有三位老叟都过了一百岁，仍然身体强健，还能参加体力劳动。有一天，某人看见三叟在田间锄草，非常惊奇，问他们有什么养生的秘诀，一叟答"室内姬粗丑"，意思是家中的姬妾长得丑。这里提出一个奇特的观点，听起来有些可笑，仔细想来却颇有道理，富于趣味而且发人深思。从男性养生的角度来看，以丑女为妻或姬妾并不是坏事，即姬妾丑可以减弱对于房事的兴趣，从而节欲固精，得以长寿。第二叟答"量腹节所受"，意思是节饮食。第三叟答"暮卧不覆首"，意思是睡觉不用被子蒙头。这两条浅显易懂，兹不赘述。

清代王有光《吴下谚联》卷四《丑妇良家之宝》云："世人见美妇，辄目迎而送之，愿其为吾妇也。见丑妇，恒掉头而不顾，不愿其为吾妇也。则吾有妇焉，喜其目迎而送之乎？喜其掉头而不顾乎？夫掉头而不顾者，相安于无事耳。目迎而送之者，不知其心中若何设想，虽亦相安于无事，其轻薄处已不堪问矣。权其变故，前车可鉴哉！……嗟乎！妲己若作无盐女，何至大白之悬？西施设为东家施，焉有吴宫之沼？"这里的议论实际上是附和前述《昨非庵日纂》的观点，即以丑女为妻妾就不至于发生妻妾出轨之事，也不至于被他人的美妻艳妾引诱，这必然少惹麻烦，有利于保全身家性命。并且还举出历史事实为例来说明：妲己如果像无盐一样丑，纣王就不会有后来自尽亡国的下场；西施如果像东施一样丑，吴王夫差就不会有被越国灭掉的结局了。这样的推断，虽然有调侃的意味，但是其中蕴含的道理却是值得后人深思的。

第四编　君子小人之异

　　君子与小人，是中国古代各种类型的著作文章及诗文词曲作品中极其常见的两个概念。在西周至春秋时的文献中，常见以君子指称贵族及统治者，以小人指称社会下层的劳动者。如《尚书·酒诰》云"越庶伯君子，其尔典听朕教"，这里以君子与有爵位者并称。《尚书·无逸》云"君子所，其无逸，先知稼穑之艰难，乃逸。则知小人之依，相小人，厥父勤劳稼穑，厥子乃不知稼穑之艰难，乃逸。"这里孔颖达疏引郑玄之语云："君子，止谓在官长者。"而小人则是指处于被统治地位的务农的劳动者。又见《国语·鲁语上》云："君子务治，小人务力。"这里，君子显然是指统治者，而小人是指以出苦力为生的被统治者。春秋以后，通常以君子指称道德高尚、为人谦逊而又学识渊博的人，以小人指称道德败坏、人品低劣以及见识浅薄的人。如《礼记·曲礼》给予"君子"的定义是："博学强识而让，敦善行而不怠，谓之君子。"与此相反的则是小人。关于"君子"与"小人"还有其他的解释。"君子"有时用于妻子对丈夫的敬称，如《诗经·召南·草虫》云"未见君子，忧心忡忡"。"小人"有时用于卑贱者对于尊长的谦称，如《左传·隐公元年》颍考叔对郑庄公说"小人有母，皆尝小人之食矣，未尝君之羹"；《礼记·哀公问》云"孔子曰，丘也小人，不足以知礼"；《水浒传》第八回林冲对高太尉说"小人虽是粗卤军汉，颇识些法度"，第九回林冲对洪教头说"小人输了"；等等。

　　本编的内容，主要是从"有德者"为君子、"无德者"为小人这个层面进行议论，而对于上述君子与小人的其他含义不过多涉及。即使在"有德者"为君子、"无德者"为小人这个层面，君子与小人二词，在古代典籍中也有大量的使用；而且，在经典文献及许多文士的著作中对于君子小人的品格属性、处世态度、人生命运、文化内涵等方面有大量的论述，若进行系统性的研究可形成专著或专题论文。本篇拟仅从君子与小人思想与品格的异同这个角度，对于前代圣贤哲人的有关议论加以梳理，略作评述。

1.《易经》论君子小人本质之异

君子、小人的概念，在先秦时期的文献中早已大量使用。《易经》六十四卦原文及后来出现的《易传》（即十翼）中，"君子"一词出现120次，"小人"一词出现33次，其概念的基本含义，大抵是以德行学识俱优者为君子，以品行低劣见识浅薄者为小人。如《乾卦》云"君子终日乾乾"，《革卦》云"君子豹变，小人革面"，《未济卦》云"君子之光"，《既济卦》云"小人勿用"，《易·象辞上传》云"天行健，君子以自强不息"，等等。

关于君子、小人的本质差异，《易》中的重要观点是君子属阳而小人属阴。

《象辞上传·泰卦》云："内阳而外阴，内健而外顺，内君子而外小人。君子道长，小人道消也。"其意思是说，泰卦是通泰之义，柔小者往外，刚大者来内，此时阳者居内而阴者居外，即刚健者居内而柔顺者居外，亦君子居内而小人居外。这样的卦象，其含义即是君子的声势必定伸张，小人的声势必定消退，因而一定会使天下亨通吉祥。《象辞上传·否卦》云："内阴而外阳，内柔而外刚，内小人而外君子。小人道长，君子道消也。"其意思是说，"否卦"和"泰卦"正好相反，是阻碍而不通之义，刚大者往外，柔小者来内，此时阴者居内而阳者居外，即柔顺者居内而刚健者居外，亦小人居内而君子居外。这样的卦象，其含义即是小人的声势在伸张，而君子的声势在消退，因而会使天下阻滞不通、祸乱滋生。在此两卦中，尽管阴阳所处有内外的不同，但君子属阳小人属阴的判断则是一致的。否泰两卦表示两种不同的境遇与命运，而且二者在一定的条件下也能够互相转化。有成语说"否极泰来"，即是指人的处境在一定的时机由困厄向顺畅转化，其中的原因即是君子小人所处的位置及产生的作用有所改变。

《系辞下传》又有解释云："阳卦多阴，阴卦多阳，其故何也？阳卦奇，阴卦偶。其德行何也？阳一君而二民，君子之道也；阴二君而一民，小人之道也。"其意思是说，阳卦中的阴爻占多数，而阴卦中的阳爻占多数，这是什么缘故呢？因为，阳卦是以一奇为主，而阴卦是以一偶为主。那么，表现在人的德行方面其实质是什么呢？阳卦意味着一个君主统治两个小民，象征着君主事，民奉君，这是君子之道；而阴卦则意味着两个君主争夺一个小民，象征着二君互相争斗，一民兼事二君，这是小人之道。这里指出君子之道与小人之道的差异，也即是君子与小人的重要差异。

《易经》中，阳有刚强、雄健、光明之义，阴有软弱、柔媚、晦暗之义。用来表现人的道德品质，即是君子与小人的本性之异。《易经》中有时把君子与小人并论，正是突出了二者质的不同。如《剥卦》云："君子得舆，小人剥庐。"这里的意思是说，果实硕大时却还没有被人摘食，君子摘食时将会用大车运载，而小人摘食将会使房屋剥落。《象辞上传·剥卦》在这里又进一步解释云："'君子得舆'，民所载也；'小人剥庐'，终不可用也。"这里的意思是说，"君子得舆"，是指人们都驾车来帮助摘果实，表明君子得到民众的拥戴；"小人剥庐"，是指小人只为了摘果实而损坏房屋，说明小人终究不能成事，不可重用。《剥卦》把君子小人并论，是指出这两种人的人品不同，而民众对他们的态度也不同。《剥卦》关于君子小人的议论，后世学者又有不同的解释，参见后文（如明代王鸿儒一节）。又如《革卦》云："君子豹变，小人革面。"这里的意思是说，在实行变革之际，君子的行动像豹子那样迅捷，小人也改变昔日的面目。《象辞下传·革卦》在这里又进一步解释说："'君子豹变'，其文蔚也；'小人革面'，顺以从君也。"其意思是说，"君子豹变"，表明其美德文采蔚然；"小人革面"，这是为了顺从君王实行变革的意愿。《易经·革卦》把君子小人并论，是指出这两种人在变革时期其态度与表现有明显的不同。

《易经》中关于君子属阳、小人属阴的观点，具有一定的权威性，并产生很大影响，后世不少学者予以附和并进行发挥。如南宋俞文豹《吹剑录外集》云"《易》辨君子小人惟阴与阳，此其要指也"，即是指出这是《易经》关于君子小人的重要观点。罗泌《路史·泰逄氏》云"神阳而鬼阴，君子阳而小人阴"，此议论也是出自《易经》。明张大复《梅花草堂笔谈》卷九《伪君子》云："盖真小人之恶阳，伪君子之恶阴。"意思是说，小人本属阴，所以真小人恶阳；君子本属阳，而伪君子也装出君子之态，所以恶阴。这是对于《易经》阴阳之论的发挥。

2. 《论语》论君子小人品格之异

儒家经典著作《论语》中,"君子"一词出现107次,"小人"一词出现24次。该书中"君子"与"小人"的概念,大多是有德之人与无德之人的比较,有些地方是指居上位者与普通百姓的比较,或者是二者兼指,不易分辨清楚。该书中"君子"与"小人"二词同时出现相提并论的情况共17次,这里着重列举出来,略作分析。

《为政篇》云:"君子周而不比,小人比而不周。"

《里仁篇》云:"君子怀德,小人怀土;君子怀刑,小人怀惠。"又云:"君子喻于义,小人喻于利。"

《雍也篇》云:"女为君子儒,无为小人儒。"

《述而篇》云:"君子坦荡荡,小人长戚戚。"

《颜渊篇》云:"君子成人之美,不成人之恶。小人反是。"又云:"君子之德风,小人之德草。草上之风,必偃。"

《子路篇》云:"君子和而不同,小人同而不和。"又云:"君子易事而难说也。说之不以道,不说也;及其使人也,器之。小人难事而易说也。说之虽不以道,说也;及其使人也,求备焉。"又云:"君子泰而不骄,小人骄而不泰。"

《宪问篇》云:"君子而不仁者有矣夫,未有小人而仁者也。"又云:"君子上达,小人下达。"

《卫灵公篇》云:"君子固穷,小人穷斯滥矣。"又云:"君子求诸己,小人求诸人。"又云:"君子不可小知而可大受也,小人不可大受而可小知也。"

《季氏篇》云:"君子有三畏:畏天命,畏大人,畏圣人之言。小人不知天命而不畏也,狎大人,侮圣人之言。"

《阳货篇》云:"君子义以为上,君子有勇而无义为乱,小人有勇而无义为盗。"

上述17处之外,其他地方分别提到"君子"或"小人"时,也有精警的议论,如《学而篇》云"人不知而不愠,不亦君子乎",《卫灵公篇》云"君子谋道不谋食……君子忧道不忧贫",《阳货篇》云"唯女子与小人为难养也",等等。

由于《论语》是人们都非常熟悉的传统经典读物,这里对于以上引录的原文不再一一阐释其原义。从上述17处相提并论的情况可以看出，关于"君子""小人"的差异之处，涉及个人品格的方方面面，内容非常丰富，其中有处世态度、文化心理、行为方式、交际原则、哲学思维等，这里不再一一分析。

3.《大戴礼记》论君子小人之异

汉初以来，诸家所记礼书有204篇，其中江都王太傅戴德（戴圣之叔）编订的《礼记》85篇，被称为《大戴礼记》，又称《大戴礼》或《大戴记》。《大戴礼记》中有些论及君子小人之异的段落与《礼记》略有不同。

《大戴礼记》卷四《曾子立事》云："可言而不信，宁无言也。君子终日言，不在尤之中。小人一言，终身为罪。"其意思是，说出了话却不讲信用，宁可不说；因此君子虽然每天都讲话，却没有什么过错；而小人一说话则常常是造成终身的罪孽。给人的教诲与启迪与《礼记·坊记》所谓"君子约言，小人先言"一句相似。

《大戴礼记》卷五《曾子疾病》记云："与君子游，苾乎如入芝兰之室，久而不闻，则与之化矣。与小人游，贰乎如入鲍鱼之次，久而不闻，则与之化矣。"苾，指花的芳香。其意思是，与君子交往，就像进入放置有芝兰的房间，停留时间稍长，就觉得闻不到香味了，这是受到花香的同化；与小人交往，秽气浓烈就像是进入卖鲍鱼的市场，停留时间稍长，就觉得闻不到臭味了，这是受到污秽之气的同化。这段话又见于《孔子家语·六本第十五》："与善人居，如入芝兰之室，久而不闻其香，即与之化矣；与不善人居，如入鲍鱼之肆，久而不闻其臭，亦与之化矣。"这里的文字与《大戴礼记》稍异，把"君子"改为"善人"，把小人改为"不善人"，把"游"改为"居"，意思基本相同。《幼学琼林》卷二《朋友宾主》引用此语，全同《孔子家语》，而其出处应是《大戴礼记》。

《大戴礼记》卷五《曾子疾病》又记云："是故君子慎其所去就。与君子游，如长日加益而不自知也。与小人游，如履薄冰，每履而下，几何而不陷乎哉？"意思是，君子对于自己行为去向的选择是非常慎重的。与君子相处，就像一天的时光稍微加长一些，而自己却感觉不到；与小人相处，就像行走在薄冰之上，每向前一步都会觉得冰会塌陷。这两种感觉截然不同。

4.《礼记》论君子小人之异

《礼记》是西汉时曾官九江太守的戴圣所编,为区别于其叔戴德所编的《大戴礼记》,故又称《小戴礼记》。书中提及君子小人的地方很多,其中把君子与小人相提并论之处,揭示二者的重要差异,其议论也是非常精辟而深刻的。

《礼记·檀弓上》记云:"曾子曰:尔之爱我也不如彼。君子之爱人也以德,细人之爱人也以故息。"这里引用曾子的话说:你爱我的心意还不如他(那个孩子)。君人爱别人是要成全别人的美德,小人爱别人只是要得过且过而已。姑息,本义是指无原则的宽容。《礼记正义》这里郑氏原注解释说:"息犹安也,言苟容取安也。"这里道出君子与小人的一点重要的不同。君子重德,对人对己都有非常强的原则性,而小人总是在这个问题上过分通融,求得一时的相安无事。后人对此多有议论。明杨慎《丹铅总录》卷一四《订讹姑息》讲解《尸子》中"弃黎老之言,用姑息之谋"一句说:"姑,妇女;息,小儿。"据此则"姑息之谋"可解为妇女小儿之见。对照《礼记》的这句话,用来指出君子小人的特点不同倒是比较贴切的。

《礼记·乐记》云:"君子乐得其道,小人乐得其欲。"意思是说,君子以获得道义为快乐,小人以满足私欲为快乐。君子重道,"道"即是真理,是信念,是做人的原则,是价值观,而"欲"是人的欲望,即吃喝玩乐及私利,儒家的其他经典著作如《论语》等对于道义与利欲问题多有论述,而《礼记》的这句话虽然非常直白,却道出关于君子与小人的一条非常重要的也是根本的差异。因此,此语常见被人引用,并加以阐释,如班固《白虎通》卷一《礼乐》云"君子乐得其道,小人乐得其利",即是出自《礼记》,并稍变动其词。

《礼记·乐记》又云:"乐者,心之动也;声者,乐之象也;文采节奏,声之饰也……君子以好善,小人以听过。"这段话的意思是说,音乐是由人的内心活动而表现为声音的,声音是音乐的形象,旋律节奏是声音的文饰。君子因听音乐而更加喜欢行善,小人听音乐也会由此而省悟自己的过错。这里论述音乐的作用,所讲的道理是不错的,但是未免有所夸大。音乐能引起并增强君子的善心,但是未必能激发小人的觉悟,音乐对于世间的恶进行改变的力度总是非常有限的。

《礼记·坊记》云:"君子约言,小人先言。"《礼记正义》孔颖达疏这里解释说:"小人先言者,小人行在于后,必先用其言。君子则后言,先行其行,二者相互也。"意思是说:君子少说话多做事,而且总是先做后说;而小人还没有做事就先说起了大话。这样的意思在《易经·系辞下传》已经有过相似的表达:"吉人之辞寡,躁人之辞多。""吉人"即是指善人、贤人,而"躁人"是指心气浮躁的人。儒家经典著作中所概括的君子与小人这一点差异,后世文人著作中常见有进一步的发挥。直到当代,人们一般也是这样认为的:君人慎言,小人多话;君子常沉默,小人爱唠叨;君子惜言如金,小人喋喋不休;等等。

《礼记·中庸》云:"仲尼曰:君子中庸,小人反中庸。君子之中庸也,君子而时中;小人之中庸也,小人而无忌惮也。"这里引用孔子的话,意思是说:君子的言行合于中庸之道,小人的言行违背中庸之道。君子的中庸是每时每刻都合于中庸,而小人违反中庸则是无所顾忌和畏惧。中庸是儒家思想体系的核心观点之一,因此宋代的朱熹把《中庸》一节从《礼记》中抽出来,列为"四书"之一。"君子中庸,小人反中庸",是孔子的非常精辟的观点,常见被后世学者阐发其义或引申发挥,由此议论君子与小人在思想与行事方面的重要不同。

《礼记·中庸》又云:"故君子居易以俟命,小人行险以徼幸。"其意思是说,君子安处自己的地位,以等待天命的安排,小人则是做冒险的事情以求得意外的成功,或者侥幸免除不幸与灾祸。这里表述的思想认识在后世影响较大,前一句形成"乐天安命"的成语;后一句则成为人们的共识,即认为小人总是爱投机者。不少学者的论著中,又由此而继续引发出一些新的议论。

《礼记·中庸》又引用《诗》曰"衣锦尚䌹"一句,之后云:"恶其文之著也。故君子之道暗然而日章;小人之道,的然而日亡。"今查《诗经》,未见"衣锦尚䌹"一句,而《诗经·卫风·硕人》《郑风·丰》中都有"衣锦褧衣"一句,而"褧"即同"䌹",本义是指穿锦绣衣服却外罩朴素的单衣,故意不显露内在的华美。《礼记》的引述所表达的意思是:君子的为人之道是,外表朴实无华,而其美德却日渐彰显;小人的为人之道是,外表光彩鲜明,引人注意,而其趋势则是渐渐消亡。

《礼记·表记》云:"子曰:……故君子之接如水,小人之接如醴。君子淡以成，小人甘以坏。"这里引用孔子的话，意思是说：君子之间的交往淡薄如水，小人之间的交情浓厚如酒。君子交往淡薄，却能相辅相成，小人交情浓厚，却常常是把事情搞坏。这样的意思，在先秦时期其他文献中也有表述。《庄子·山木》引林回之语云："且君子之交淡若水，小人之交甘若醴；君子淡以亲，小人甘以绝。"林回，相传他是殷商时的遗民。这几句名言在后世影响很大，俗语所谓"君子之交淡如水"，即是出自《庄子》或《礼记》。

《礼记·表记》又云："子曰：君子不以色亲人。情疏而貌亲，在小人则穿窬之盗也与？"这里引用孔子的话，意思是说：君子不装模作样讨人喜欢；如果感情已经疏远，却外表装着很亲密，对于小人来说，那不就是穿墙洞入室行窃的小偷吗？这里道出君子与小人的一条重要差异，即君子诚恳，内心状况和实际表情一致；而小人做作，表面虚情假意以达到营私取利的目的。

《礼记·大学》云："故君子必慎其独也，小人闲居为不善。"意思是说，君子一定能够慎其独，而小人在平日生活中有空闲时什么坏事都能干得出来。所谓"慎独"，就是指君子在独处时能谨慎守礼而不行苟且之事。慎独是儒家道德观念中一条非常重要的为人处事原则。《礼记·中庸》中也说："莫见乎隐，莫显乎微，故君子慎其独也。"意思是说：任何隐蔽的事物是没有不被发现的，任何细微的东西是没有不显露出来的，所以，君子在一人独处时一定要谨慎不苟。这是君子与小人的一条特别重要的差异：君子重视修身，信道守礼是自觉的行为，不是特意做给别人看的；而小人所做的一切是为了私欲，一旦有独处的机会，总是要利用各种可能的条件去谋取私利。儒家的"慎独"原则在后世影响很大。历代文人士大夫中高尚正派者，常常用这一条原则严格要求自己；而在普通民众中，也形成一条尽人皆知的常言俗语，叫做"要想人不知，除非己莫为"，这也成为大众道德范畴一种无形的自我约束力量。

5. 《孔子家语》论君子小人之异

《孔子家语》据说是三国魏时王肃所传，王肃并为之作注。前人或认为此书是伪作，不可信。书中所记孔子及其弟子的言论多有深刻的警语，因此常见被后人引用。关于君子与小人之异，此书中也有不少议论，值得关注。

《孔子家语》卷二《好生第十》云："孔子谓子路曰：君子而强气，则不得其死，小人而强气，则刑戮焉。"其意思是，君子如果好强而斗气，就会不得善终；而小人如果好强而斗气，就会受到刑法的惩罚。《老子·第四十二章》云"强梁者不得其死",即是此意。传说孔子曾以老子为师,他或许受到老子思想的影响。孔子对子路说这番话,可见他对于子路的性格与品行是非常了解的。子路后来在卫国死于蒯聩之乱,正是应了孔子的这句话。

《孔子家语》卷三《辨政第十四》云:"匿人之善,斯谓蔽贤;扬人之恶,斯为小人。"这里虽然没有把君子与小人并论,但是,君子的表现正是与小人相反的,即小人的特点是隐善扬恶,而君子的表现则是隐恶扬善。这一重要区别,后世常见许多文人名士有进一步的议论。

《孔子家语》卷五《颜回第十八》中,颜回问什么样的人可称之为君子,孔子说:"爱近仁,度近智,为己不重,为人不轻,君子也夫。"意思是,以仁义之心爱人,以正确判断显示智慧,不过分看重自己,不过分轻视他人,这样的人就是君子。颜回又问什么样的人可称之为小人,孔子说:"毁人之善,以为辩;狡讦奸诈,以为智;幸人之有过,耻学而羞不能;——小人也。"意思是,以诋毁他人为善辩,以狡猾奸诈为智慧,对他人幸灾乐祸,对自己不学无术,这样的人就是小人。这里表述的是孔子对于君子与小人区别的认识,《论语》中的有些话也含有这样的意思,这里又予以集中表述,以此告诉颜回。

《孔子家语》卷五《颜回第十八》又记云:"颜回问于孔子曰:'小人之言有同乎?君子者不可不察也。'孔子曰:君子以行言,小人以舌言。故君子于义之上相疾也,退而相爱。小人于为乱之上相爱也,退而相恶。"这里记述颜回问孔子:"小人的话能有个准吗?君子听了不能不用心辨别。"孔子回答说:"君子用行为说话,小人用舌头说话。所以,君子相互之间进行认真规劝,使对方也践行仁义之道;而小人的相处看起来亲密无间,那是为了一块儿干坏事,一旦没有了共同利益就翻脸无情。"孔子的这段话,既指出了君子小人的差异,也刻画了小人的丑恶面目。

《孔子家语》卷五《子路初见第十九》云:"孔子曰:君子以其所不能畏人,小人以其所不能不信人。故君子长人之才,小人抑人而取胜焉。"这里引述孔子的话,意思是,君子因为自己的才能有所欠缺,而对他人有敬畏之心;而小人因为自己没有什么能耐,而对于他人都不相信。所以,君子能够帮助别人增长才干,而小人是通过压制而捞取好处。

《孔子家语》卷五《困誓第二十二》云:"子贡曰:大哉乎死也。君子息焉,小人休焉。大哉乎死也!"这里引述子贡的话,意思是说,死亡是每个人都面临的大事，君子看待死亡即如闭目长眠，小人认为死亡即一切的终结。因此，死亡的确是人生的大事啊！子贡是孔子的得意弟子之一，他的这一认识也即是孔子的思想，在生死问题上，君子与小人的态度也是截然不同。

《孔子家语》卷五《困誓第二十二》又云："（孔子曰）君子好乐，为无骄也；小人好乐，为无慑也。"这里引录的是孔子对子路说的话，意思是，君子爱听音乐，是认为音乐能使人消解骄横之心；小人爱听音乐，是认为音乐能使他无所畏惧。孔子指出了君子与小人对待音乐也持有不同的态度。

《孔子家语》卷五《礼运第三十二》记云："礼之于人，犹酒之有蘖也，君子以厚，小人以薄。"意思是说，君子重礼，造出的酒味道醇厚；小人失礼，造出酒来味道淡薄。蘖，或称曲蘖，即是酒母，以此比喻君子小人差异，非常生动。

《孔子家语》卷八《辩乐解第三十五》记云："故君子之音，温柔居中，以养生育之气。忧愁之感，不加于心也；暴厉之动，不在于体也。夫然者，乃所谓治安之风也。小人之音则不然，亢丽微末，以象杀伐之气；中和之感，不载于心；温和之动，不存于体；夫然者乃所以为乱之风。"君子之音，温柔清和，无忧愁之感及暴戾之气，可称之为治安之风，形成和谐气氛。小人之音，轻浮散乱，产生混乱之象。这里以音乐的特征议论君子小人的差异，也含有深刻哲理。

6. 《荀子》论君子小人在学习、言行诸方面之异

《荀子》书中提到君子小人的地方不少，其议论多有独特的见解。

《荀子·劝学篇》，关于人的学习有许多精辟论述。其中引录《诗经·曹风·鸤鸠》的诗句云："鸤鸠在桑，其子七兮。淑人君子，其仪一兮。其仪一兮，心如结兮。"诗的本义是指鸤鸠（布谷）可以养七只小鸟，称赞其做事用心专一，引申之义是指君子学习时必须像此鸟一样用心专一，学得的知识也存于心中，因此说："故君子结于一也。"之后荀子又说："小人之学也，入乎耳，出乎口。口耳之间，则四寸耳，曷足以美七尺之躯哉？"这里说小人对于学习的特点是，刚从耳朵里听进去，就立即从口中说出来。这里主要是讲述君子与小人对于学习的态度及学习后的表现不同：君子学习精力集中，小人学习精力分散；君子勤记默识用心领会，小人道听途说信口传扬。

《劝学篇》又云："君子之学也以美其身，小人之学也以为禽犊。"其意

思是，君子学习的目的是自己掌握知识及增强本领，而小人的学习就像是小鸟和小兽一样，只是为了叫唤罢了。这和前面《劝学篇》所言"小人之学也，入乎耳，出乎口"的意思大体相同。

《荀子·修身篇》云："故非我而当者，吾师也；是我而当者，吾友也；谄谀我者，吾贼也。故君子隆师而亲友，以致恶其贼；好善无厌，受谏而能诫。虽欲无进，得乎哉？小人反是。"其意思是，批评我的话很中肯，我把他作为老师；赞扬我的话很适当，我把他作为朋友；花言巧语奉承我的人，我把他看作贼人。所以，君子应当尊敬老师，亲近朋友，而憎恶那些贼人。如果能做到爱行善事，接受正确的意见并且能及时改正，这样的人即使不想获取高位，他也不可能永远沉寂于下层。小人的行事正好与这一类君子相反。荀子的这段话，对于正人君子的个人道德修养非常重要，值得长久铭记。于是，荀子又说："传曰：君子役物，小人役于物，此之谓矣。"这里有杨倞注云："凡言'传曰'，皆旧所传闻之言也。"意思是说，这些含义深刻的话，是人们口口相传的贤人与智者的名言：君子善于利用世间客观事物，有功于世；而小人常常只是世间事物的奴隶，于世于人有害无益。

《荀子·不苟篇》云："君子能亦好，不能亦好；小人能亦丑，不能亦丑。君子能则宽容易直，以开道（导）人；不能则恭敬繜绌，以畏事人。小人能则倨傲僻违，以骄溢人；不能则妒忌怨诽，以倾覆人。故曰，君子能则人荣学焉，不能则人乐告之；小人能则人贱学焉，不能则人羞告之。是君子小人之分也。"这段话的意思是说：君子有大本领是好人样，没有大本领也是好人样；小人有大本领是坏家伙，没有大本领也是坏家伙。君子有本领会对人宽容，用正理开导旁人，不能开导旁人也能恭敬安分，谨慎谦虚；小人则是有能耐就骄横狂妄，没能耐就妒忌诽谤，坑害他人。所以说，君子若有本领，人们就以他为榜样，没有本领人们也乐意亲近他；小人则是有本领人们也不愿跟他学，没有本领更没人理睬。这就是君子和小人的区别。这段话的概括深刻而生动，反映了君子与小人的不同本质。

《荀子·荣辱篇》云："有狗彘之勇者，有贾盗之勇者，有小人之勇者，有士君子之勇者。……轻死而暴，是小人之勇也。义之所在，不倾于权，不顾其利，举国而与之，不为改视，重死持义而不桡，是士君子之勇也。"这里说人的勇敢有各种不同的表现，有猪狗之勇，有盗贼之勇，有小人之勇，有君子之勇。不怕死却行为暴虐，那是小人之勇。为了道义与责任，不向强权屈服，不求个人私利；把国家大权交给他，他也不动心；看重生死坚持正义而不屈不挠，这是士君子之勇。这段话着重讲的是君子与小人在勇敢方面所表现的差异。

《荀子·非相篇》云："君子必辩，凡人莫不好言其所善，而君子为甚焉。是以小人辩言险，而君子辩言仁也。"这里的意思是说，一般人都爱和人谈论问题，而君子更是这样，因此被人们讥为好辩。其实，君子常常是要坚持真理，批驳谬误，辩是不可免的，正如孟子所说的："余岂好辩哉？余不得已也。"（《孟子·滕文公上》）荀子对此进行解读，指出辩论"有小人之辩者，有士君子之辩者，有圣人之辩者"几种情况，并分别进行分析。荀子认为："不先虑，不早谋，发之而当，成文而类，居错迁徙，应变不穷，是圣人之辩者也。先虑之，早谋之，斯须之言而足听，文而致实，博而党正，是士君子之辩者也。听其言则辞辩而无统，用其身则多诈而无功，上不足以顺明王，下不足以和齐百姓……夫是之谓奸人之雄，圣人起所以先诛也。"这里的意思是说：对于谈论的问题不主动发难，若要参与辩论的话，则是立论得当，表述清晰，随机应变，这是圣人之辩；对于谈论的问题曾经有所思考，曾经有所准备，观点简练而重要，言辞精彩而朴实，论证充分而有据，这是士君子之辩；若听其言辞则是诡辩而无条理，若让他办事则是多欺诈而无功效，这是奸人之辩，亦即小人之辩，若是圣人当政，应该首先把这样的小人杀掉。《荀子》的这段话，是古代关于辩论问题的著名议论，非常深刻，对后世学者有很大启发。

《荀子·乐论篇》云："故曰乐者，乐也。君子乐得其道，小人乐得其欲。"这里表达的观点，与前述《礼记·乐记》所云"君子乐得其道，小人乐得其欲"含义相同，不再过多解说。

《荀子·性恶篇》议论人性问题，把人的"知"（即智慧）划分为"有圣人之知者，有士君子之知者，有小人之知者，有役夫之知者"四种类型，并各加分析，云："多言则文而类，终日议其所以言之，千举万变，其统类一也，是圣人之知也。少言则径而省论，而法若佚之以绳，是士君子之知也。其言也谄，其行也悖，其举事多悔，是小人之知也。……是役夫之知也。"这里的意思是说：话说得虽多而又有文才又有条理，终日议论的都是必须研讨的问题，表述的方法虽善于变化却都围绕中心，这是圣人的智慧；话说得虽少而简明扼要，表达的观点有理论依据，这是士君子的智慧；其言谈有阿谀之态，其行为有违常理，做过的事情又常反悔，这是小人之智慧。（役夫之知解说略）《荀子》的这段话，是古代圣贤哲人关于智慧问题的著名议论，非常深刻，对后世学者有很大启发。

7.《子华子》论君子小人之异

《子华子》旧本题"程本撰"，程本生平未详，后世学者一般认为子华子即是程本，先秦时人。此书在汉代已经亡佚，今见传世的《子华子》出现在南宋初，朱熹猜测它可能是南宋时学者托名子华子而作。《子华子》卷下《执中》云："子华子曰：圣人贵中，君子守中，中之为道也几矣。寓中六指，中存乎其间，两端之建，而中不废也。是故中则不既矣。小人恣睢，好尽物之情，而极其执，其受祸也必酷矣。""中"是中国古代哲学及中华文化的重要关键词，意思是不偏不倚，无过无不及，即儒家思想体系的核心观点中庸之道。执中，或者称守中，就是指人的言行处事守定中庸之道。《子华子》议论君子小人之别，既是从能否执中这一点进行比较，也是对于《礼记·中庸》所谓"君子中庸，小人反中庸"本义的阐释与发挥。这里认为，君子能做到执中，而小人性情暴戾，言行常常过激，过与不及都必然背离中庸之道。

《子华子》又云："古之君子，斋戒以涤其心，奉之而不敢失者，其'中'之谓欤？……世之小人，快其志于俄顷之久，而促失其所以为中也，危国丧身，而不早悟也。"这里，又以守中与失中相比较，议论君子小人的差异，特别指出，小人只图一时的快心满志，做事偏执，其结果必然是大则危害国家、小则危害自身，落得个可耻可悲的下场而追悔莫及。

关于执中或守中的观点在后世影响较大，不少文士的著作中涉及"守中"一词，并有所议论。南阳武侯祠院内石刻碑上有一副对联云："务外非君子，守中是丈夫。"务外是旁骛，守中是本分，以守中与务外相对，这是对于守中的一种理解。

8. 刘向《说苑》论君子小人之异在于其正邪不同

汉代刘向《说苑》有多处论及君子小人的差异，其见解主要从邪与正这方面进行对比。卷一三《权谋篇》云："夫权谋有正有邪。君子之权谋正，小人之权谋邪。夫正者，其权谋公，故其为百姓尽心也诚。彼邪者，好私尚利，故其为百姓也诈。夫诈者乱，诚者平。是故尧之九臣诚而能兴于朝，其四臣诈而诛于野。诚者隆至后世，诈者当身而灭。知命知事而能于权谋者，必察诚诈之原而以处身焉，则是亦权谋之术也。"这里议论权谋有正邪的不同，实即指出君子小人其人品的正邪之不同。其权谋正者必定为公，为百姓办事则心出于诚；其权谋邪者必定为私，为人办事必定多行欺诈。奸诈者一定要作乱，忠诚者一定平安。这里举尧时九臣为例。九臣即尧时设置的九个最高官职，刘向《说苑·君道》一节有记述："当尧之时，舜为司徒，契为司马，禹为司空，后稷为田畴，夔为乐正，倕为工师，伯夷为秩宗，皋陶为大理，益掌欧禽……"而四臣是指尧舜时的四个恶人，即共工、驩兜、三苗、鲧，或称之为四凶。这里是以九臣和四凶分别作为"正"人（即君子）和"邪"人（即小人）的代表。

《说苑》卷一六《说丛》有几处议论君子小人之异，也很精警。

其一是"圣人以心导耳目，小人以耳目导心"。圣人即君子中的最高尚者。意思是说，圣人用心作为引导，来选择由耳目所得的信息并判定真伪优劣；而小人是用耳目的见闻作为心的引导，来进行判断或作出决定。这里是指君子和小人认识事物过程的重要差异，用当代哲学观点来看相当深刻。

其二是"君子行德以全其身，小人行贪以亡其身"。意思是说，君子重德行，虽遇坎坷而能保全自身。小人贪得无厌，最终会身败名裂。这里所指出的君子与小人的区别，已为历史上大量的事例所证实。

其三是"君子之言寡而实，小人之言多而虚"。意思是说，君子话少却很实在，小人话多却甚为虚诳。这句话的含义与《易经·系辞下》所云"吉人之辞寡，躁人之辞多"，以及《礼记·坊记》云"君子约言，小人先言"，意思相似。

其四是"君子乐得其志，小人乐得其事"。意思是说，君子以道义志向为乐，小人以眼前利益为乐。此语的意思同《论语·里仁篇》所谓"君子喻于义，小人喻于利"的含义相似，又同《礼记·乐记》所云"君子乐得其道，小人乐得其欲"含义相似，兹不赘述。

9. 扬雄《法言》论君子小人之异

扬雄（前53~公元18），字子云，蜀郡（今四川成都）人，汉代文学家、语言学家。所著《法言》卷九《君子篇》有精警之论。中云："君子之行，独无碍乎？如何直往也？水避碍则通于海，君子避碍则通于理。君子好人之好，而忘己之好；小人好己之好，而忘人之好。"所谓"碍"，其义即障碍、阻力。趋利避害固然是人之常情，但是君子的趋利避害则必须通理合道。世间人都有自己的爱好，君子尊重别人的爱好，而不是首先考虑自己的爱好，小人则是只想着满足自己的爱好，而不考虑别人的爱好甚至夺人之好，这里指出君子与小人一条根本性差异，即出于己还是出于人。

《法言》卷九又云："君子不妄，有生者必有死，有始者必有终，自然之道也。君子忠人，况己乎？小人欺己，况人乎？"这里对于前述观点作进一步的引申议论，指出君子信从道法自然，因而看透世情。君子忠人之事，对于自己之事也努力做好；小人则是伤天害理，连自己都欺骗，何况对于别人呢？

10. 徐干《中论》论君子小人之异在于君子必贵其言

徐干（170~217），字伟长，三国时文学家、书法家，被列为"建安七子"之一。其所著《中论》卷上《贵言第六》，提出"君子必贵其言"的观点，认为在这方面表现出君子与小人的重要差异。其中引述孔子的话："可与言而不与之言，失人；不可与言而与之言，失言。知者不失人，亦不失言。"（《论语·卫灵公》）之后说："君子之于言也，所致贵也。"意思是说，君子能按照孔子的话控制言语，其人品就达到了高尚的境界。又引述荀子的话："礼恭，然后可与言道之方；辞顺，然后可与言道之理；色从，然后可与言道之致。有争者，勿与辩也。'"（《荀子·劝学》）最后又引孔子的话反问道："惟君子然后能贵其言，贵其色，小人能乎哉？"这里引经据典进行议论，是对《礼记·坊记》所谓"君子约言，小人先言"警句的引申与发挥。

11. 葛洪《抱朴子》谓君子为猿鹤，小人为虫沙

葛洪（284~364），东晋著名道士，号抱朴子，丹阳句容（今属江苏）人。所著《抱朴子》是其代表作。其中有一段话非常著名。《艺文类聚》卷九十引古本《抱朴子》云："周穆王南征，一军尽化，君子为猿为鹤，小人为虫为沙。"今查通行本《抱朴子》，其中卷八《释滞》云："山徙社移，三军之众，一朝尽化，君子为鹤，小人成沙。"文字稍有不同。其意思是说，战争中死去的兵士与百姓非常多，皆化为异物，其中君子化为猿鹤等动物，而小人化为虫子与沙子。这里的君子指上层统治者，而小人指下层众生，并非单指道德评判层面的高尚者与低俗者。本义是说这两种人在死后的归宿与转世

有高下之别。

这句话流传较广,常见历代文士著作中引用。如庾信《哀江南赋》云:"小人则将及水火,君子则方成猿鹤。"(见《庾子山集》卷一)李白诗《古风》(之二十八)云:"古来圣贤人,一一谁成功。君子变猿鹤,小人为沙虫。"(《全唐诗》卷一六一)韩愈《送区弘南归》诗云:"穆昔南征军不归,虫沙猿鹤伏似飞。"(《全唐诗》卷三三九)李商隐《西溪》诗云:"野鹤随君子,寒松揖大夫。"(《全唐诗》卷五三九)于是,这句话就成为一个成语即"猿鹤沙虫"或"猿鹤虫沙"。

关于这句话的含义,历代文士著作中或见从不同的方面予以理解。罗大经《鹤林玉露》卷一四引录唐子西诗云:"鹤归辽海悲人世,猿入巴山叫月明。唯有虫沙今好在,往来休傍水边行。"之后引《抱朴子》"周穆王南征……"一句,解释说:"诗意言君子或死贬,惟小人得志,深畏其含沙射影也。"唐子西即唐庚,字子西,唐丹棱(今属四川眉山)人,进士出身,曾官承议郎。罗大经引录其诗,是从道德优劣的层面理解君子与小人的不同,君子行正道而难免遭遇坎坷,而小人含沙射影令君子防不胜防。清代贺裳《载酒园诗话》引录李商隐《西溪》诗"野鹤随君子,寒松揖大夫"二句,之后解释说:"上句用穆王南征,一军尽化,君子为猿鹤,小人为沙虫事;下句则秦皇避雨事也("五大夫松"的典故)。其意则自伤沦落荒野,所见君子惟有鹤,小人惟有松而已。思路虽深,神韵殊不高雅。"(《清诗话续编》,上海古籍出版社1990年版,211页)这里是从评论诗的角度来看君子与小人的不同。鲁迅《南腔北调集》中有一篇题为《沙》,其中说:"当这时候,古人曾有两句极切贴的比喻,叫作'君子为猿鹤,小人为虫沙'。"这里是用《抱朴子》原话的本义,议论战争给世间大众带来的巨大灾难。

12. 王通《文中子中说》论君子小人之异

王通(584~618),字仲淹,隋绛州(今山西绛县)人,王勃的祖父。曾官蜀郡司户书佐,后弃官归,以讲学著述为业。谥文中子,所著《中说》或又称为《文中子中说》,其中关于君子小人的议论甚为深刻。

《中说》卷三《事君篇》云:"谢灵运,小人哉,其文傲,君子则谨;沈休文,小人哉,其文冶,君子则典;鲍昭(照)、江淹,古之狷者也,其文急以怨;吴筠、孔圭,古之狂者也,其文怪以怒……皆古之不利人也。(文中子谓颜延之、王俭、任昉,有君子之心焉,其文约以则。"这段话评论六朝时的著名文学家,使用了君子、小人的概念。王通认为,谢灵运出身于豪门谢氏家族,袭封康乐公,但是从人品上来看他是个小人,其文章表现出傲气,若是君子,其文章应该是谦和而严谨的。沈约字休文,才名盖世,被列为"竟陵八友"之一,辅助梁武帝有功,官尚书仆射,太子少傅。但是从人品上来看他是个小人,其文章辞藻华美;若是君子,其文章应该是典雅庄重的。之后又说到其他的作家,如鲍照、江淹、王筠、孔稚圭等,他们都是古代那些不正派的人,其文章也各有特点;而颜延之、王俭、任昉等有君子之心,他们的文章则是文笔简练、恪守规则的。这段话表达的基本观点是文如其人,君子与小人的人品各异,因而也必然表现出不同的文风。

《中说》卷五《问易篇》云:"(文中)子曰:爱名尚利,小人哉!未见仁者而好名利者也。贾琼问君子之道,(文中)子曰:反是。不思亦已焉哉!"意思是说,那些追求虚名、贪图私利的,一定都是小人,而没有哪个仁义之士是争名逐利的。贾琼向王通请教什么是君子之道,王通说:和那些追求虚名、贪图私利的人截然相反的,就是君子了,你不用多想也能明白这个道理啊!贾琼是王通的弟子,钻研《礼记》,与房乔、魏征齐名,被王通称赞为"达道君子"。从王通和贾琼的关系来看,王通对于君子之道有深刻而系统的思想。

《中说》卷六《礼乐篇》云:"(文中)子曰:君子可招而不可诱,可弃而不可慢。轻誉苟毁,好憎尚怒,小人也。"意思是说,当权者招聘人才的时候,若是君子就应该以礼相请,不可用计谋诱骗;可以放弃他不任用他,而不可以对他表现出轻视或傲慢的态度。如果有人轻易给予赞誉、顺口进行诽谤,或者随意表示憎恶、任情发泄怒气,那么这样的人就一定是小人。

《中说》卷八《魏相篇》云:"(文中)子曰:君子先择而后交,小人先交而后择。故君子寡尤,小人多怨,良以是。"这里是从与人交往的情况进行议论。意思是说,君子是先选择可以交往的人,然后再和他来往;小人是先与人交往,然后看对方是否于自己有利,再决定是不是继续来往,如果无利可图,就把对方给抛弃掉。于是认为,君子很少抱怨,而小人多是怨天尤人,世间的众生大抵如此。

《中说》卷九《立命篇》云:"(文中)子曰:君子服人之心,不服人之言;服人之言,不服人之身。服人之身,力加之也。君子以义,小人以力,难矣夫！"意思是说，君子让人佩服，是使人心悦诚服，而不仅仅是让别人口头上表示佩服；如果只是让别人口头上服气，那并不能使别人的身体顺从你而跟随你走。如果只是让别人顺从你而跟你走，那是凭借势力或武力挟持的结果。在这个问题上，君子凭道义使人心悦诚服，小人凭势力或武力使人顺从，都是相当困难的。

13. 皇甫松《醉乡日月》以酒比喻君子小人之异

皇甫松，或作皇甫嵩，唐代人，字子奇，皇甫湜之子。所著《醉乡日月》论述酒，其中云："凡酒以色清味重者为圣，色如金而味醇且不苦者为贤，色黑而酸醨者为愚，色如家醪糯觞醉人者为君子，如家黍醉人者为中人，如巷黍觞灰者为小人。"见（《唐人说荟》四集）这里的比喻贴切而生动，受到后世文士重视。明代彭大翼《山堂肆考》卷一九一《君子小人》引录《醉乡日月》这段话，文字稍有不同。可知皇甫松的这段话对于后世有一定的影响。

14. 邵雍《击壤集》以诗歌表达君子小人之异

邵雍（1011～1077），字尧夫，宋共城（今河南辉县）人。长期住在洛阳，名其所居之处为安乐窝，因而自号曰安乐先生。精于易数之学，著作有《皇极经世书》影响最大。另有诗集名为《伊川击壤集》，其中关于君子小人的吟咏相当多，而且含义深厚，明白晓畅，南宋赵与时《宾退录》对邵雍的这些作品甚为推崇，详见本编第21节《赵与时〈宾退录〉论君子小人之异》。这里摘录若干首，由此可察知邵雍的思想与情趣。

《击壤集》卷七《君子与人交》云："君子与人交，未始无惊惕。小人与人交，未始无差忒。只此真喜欢，也宜重爱惜。他年云水疏，亦恐难寻觅。"

卷十《感事吟》云："君子小人正相反，上智下愚诚不移。冶葛根非连灵芝，奈何生与天地齐。"这首诗中所谓君子小人指上层统治者与下层劳动者，对于二者的差别用孔子所谓"上智下愚"来概括是简明而准确的。

卷一二《君子吟》云："君子存大体，小人无常心。与人不求备，受恩惟恐深。"

卷一三《君子行》云："何者为君子，君子固可修。是知君子途，使人从之游。与义不与利，记恩不记仇。扬善不扬恶，主喜不主忧。"

卷一四《义利吟》云："君子尚义，小人尚利。尚利则乱，尚义则治。"

卷一五又一首《义利吟》云："……义既失之,利何能为?尚义必让,君子道长。尚利必争,小人道行。"以上几首诗主要从对于义与利的态度进行议论,大抵是承继孔子的观点。

卷一六《温良吟》云："君子温良当责备,小人情伪又须防。因惊世上机关恶,遂觉壶中日月长。"这首诗主要从人情真伪的角度引发议论,也是人们经常乐道的儒家思想的内容。

卷一六《君子吟》云："君子与义,小人与利。与义日兴,与利日废。君子尚德,小人尚力。尚德树恩,尚力树敌。君子作福,小人作威。作福福至,作威祸随。君子乐善,小人乐恶。乐恶恶至,乐善善归。君子好誉,小人好毁。好毁人怒,好誉人喜。君子思兴,小人思坏。思兴召祥,思坏召怪。君子好与,小人好求。好与多喜,好求多忧。君子好生,小人好杀。好生道行,好杀道绝。"

卷一七《君子吟》云："君子之去,亦如其来。小人之来,亦如其去。既有恩情,且无怨怒。既有憎嫌,且无思慕。"

卷一七《小人吟》云："小人无节,弃本逐末。喜思其与,怒思其夺。"

卷一七《知人吟》云："君子知人出于知,小人知人出于私。出于知则同乎理者谓之是,异乎理者谓之非。出于私则同乎己者谓之是,异乎己者谓之非。"

卷一七《处身吟》云："君子处身,宁人负己,己无负人。小人处事,宁己负人,无人负己。"

卷一八《性情吟》云："君子任性,小人任情。任性则近,任情则远。"

卷一八《治乱吟》云："君子小人,亦常相半。时止时行,或治或乱。"

卷一八《忠厚吟》云："小人斯须,君子长久。斯须倾邪,长久忠厚。"

卷一八《刑名吟》云："君子多近名,小人多近刑。善恶有异同,一归于性情。"

卷一九《不同吟》云："君子之人,与己非比。闻善则乐,见贤则喜。小人之人,与己非恶。闻善则憎,见贤则怒。"

卷一九《长短吟》云："君子善淳诚,小人善欺罔。淳诚岁时长,欺罔日月短。"

卷一九《迷悟吟》云："君子改过,小人饰非。改过终悟,饰非终迷。终悟福至,终迷祸归。"

卷一九《正性吟》云："未生之前，不知其然。既生之后，乃知有天。有天而来，止物之性。君子践行，小人轻命。"

卷一九《小人吟》云："小人无耻，重利轻死。不畏人诛，岂顾物议。"

以上这些诗歌，格调俚俗，晓畅易懂，表现出邵雍《击壤集》的语言特色，也表现出邵雍其人豁朗达观的人生襟怀与处世态度。通过这样的诗歌形式议论君子小人的异同，可使有学问的文士及普通民众都能够从中得到多种启发和教益。

15. 论君子嗜酸、小人嗜咸

关于君子嗜酸，小人嗜咸，古代文士著作中多见议论，一般认为出自王安石之子王雱语。王士禛《居易录》卷二五记云："王安石子雱云：君子多食酸，小人多食咸。盖酸得木性而上，咸得水性而下也。右见《青箱杂记》。六月九日雨中观此语，不觉失笑。或问之，予曰：'安石变法，引用吕惠卿、曾布等一辈小人，想皆用盐酱试过。若韩、富、司马诸公，直是呷得三斗醋。故安石仇之不遗余力耳。'座中失笑。"这里所引王雱之语，出处未详。王士禛谓见《青箱杂记》，今查吴处厚《青箱杂记》当代点校本（李裕民点校，中华书局1985年版），没有找到这句话，或许还有其他版本。（独逸窝退士《笑笑录》卷四《酸咸》又据《居易录》引）这里，王士禛是以调侃的语气进行议论，说是按照君子嗜酸、小人嗜咸的说法，那么，王安石信任的吕惠卿、曾布等小人，就应该是用咸盐酱油试过的；而韩琦、富弼、司马光等被认为是君子的人，都是特别爱喝醋的人吧。用这样的口气进行质疑，意思是不赞成"君子嗜酸、小人嗜咸"的说法。

阮葵生《茶余客话》卷二〇《酸咸之嗜》也议论道，王雱尝言"君子嗜酸，小人嗜咸"，又云"明张江陵亦有是论"。张江陵即张居正，但张居正此语的出处今未见。阮葵生又说，文学家苏轼特别爱吃甜食，如每天都要食用蜂蜜，或者用蜜煎糖而食，或者饮用姜蜜汤，那种甘芳滑辣的味道特别的爽。而且，苏轼有《别子由》诗云："我欲自汝阴，径上潼江章。想见冰盘中，石蜜与饧糖。"由此诗意也可看出苏轼爱食甜。于是，阮葵生议论说："苏东坡是个君子，可是他却不爱食酸而爱食甜。那些桃杏李梨等果子，都是生的时候味道酸，而长熟之后特别甜，没有听说有爱吃生涩酸果而讨厌吃成熟甜果的君子啊！"又顺便提及王安石，说王安石性情孤傲怪僻，如果说他也是君子，那么王安石想必是以吃生涩酸果为美的吧。这里也是调侃的话，其意思也是不赞成王安石的儿子王雱那种"君子嗜酸、小人嗜咸"的说法。

16. 崔敦礼《刍言》论君子小人之异在于仁与不仁

崔敦礼是南宋时人，崔泾之子，与其弟崔敦诗皆在宋高宗绍兴年间进士及第。崔敦礼曾官王宫大小学教授。他所著《刍言》中议论君子小人之异有数段。

其一云："君子施亦仁，不施亦仁；小人施亦不仁，不施亦不仁。君子施则和而理，不施则静而敬；施则文而通，不施则约而修。小人施则矜而踞，不施则怨而险；施则慢而暴，不施则挫而慑。君子者，喻于仁者也；小人者，喻于不仁者也。"崔敦礼笃信儒家学说，对于儒家崇扬的仁义之道身体力行。他所谓的"施"，当是包含着施予及被施予两个方面，而在这两个方面，君子与小人都有不同的表现，关键的问题是君子出自仁心，而小人则出自不仁之心。君子的表现顺乎情理，待人尊重而恭敬，施予人则显示功德，不受人之施也能恬静自守。小人的表现则不然，受到施予则得意自炫，不受施予则心生怨恨；施予人则傲慢而凶暴，未施予人则显得心虚而畏惧。《论语·里仁篇》云"君子喻于义，小人喻于利"，这里稍加变化为"喻于仁""喻于不仁"，道出君子与小人的重要差异。

其二云："君子柔顺者，同物者也；刚强者，立己者也。是人也，乐善者也；非人者，疾恶者也；言己之美者，自信者也。小人柔顺者，谄谀者也；刚强者，骄暴者也。是人者，比周者也；非人者，谗毁者也；言己之美者，夸诞者也。"这里罗列出君子与小人的各种不同表现：君子中的秉性柔顺者，能设身处地为他人着想；性格刚强者，能够保持人格独立于世。肯定别人，是因为乐于行善；否定别人，是因为疾恶如仇；述说自己的长处，则是表现出自信。小人柔顺者，必定善于谄媚；刚强者，必定蛮横粗暴。肯定别人，必定是与之同党；否定别人，必定是恶意诋毁；述说自己的长处，则是自我吹嘘。通过两相对比，则君子小人的差异甚为分明。

此节之末，作者总结道："心乎君子，一于君子矣；心乎小人，一于小人矣。是君子小人之明分也。"意思是说，怀有一颗君子之心，则必定表现为君子形象；怀有一颗小人之心，则必定表现为小人行径。由此看来，君子小人的差异则一目了然。

17. 王十朋论君子小人相为消长

王十朋（1112～1171），字龟龄，号梅溪，南宋温州乐清（今属浙江）人。南宋高宗绍兴二十七年（1157）进士第一（状元），曾任饶、夔、湖、泉诸州知州，后官至龙图阁直学士。王十朋所著《梅溪集》中关于君子与小人的差异有精彩的议论。

《梅溪集》奏议卷三提出一个重要观点，即君子与小人虽然有差异，但常常是难以分辨的。其中云："臣尝谓，君子小人常相为消长。人君未尝不欲进君子而退小人也，然小人常见用、君子每见疏者，盖君子小人之难知，虽尧舜犹以为病。君子目小人为小人，小人亦指君子为小人。当孔颜桀跖相哄于前，左右佩剑、彼此相笑之际，人君以一人之聪明，诚有不易辨者。况君子直而疏，小人巧而佞，直则动多忤意，疏则不能无过，故人主反疑君子为小人。巧则能以智术自将，佞者能迎合上意，故人主反以小人为君子。自古所以治少而乱多，盖由君子小人之不辨也。"所谓消长，即此消彼长之意，指君子与小人的实际表现，其优缺点从不同的角度来看并不很分明。一国之君都想起用君子而斥退小人，但是在实际上常常是小人得到重用，而君子则被疏远。这是因为，君子与小人实在难以辨别，连尧舜那样的明君都为之感到迷惑。君子常把小人指斥为小人，然而小人也常把君子指为小人。当孔子颜回那样的圣人同夏桀盗跖那样的恶人争辩不休、高声喧嚷的时候，其他臣僚在旁边看热闹而不明确表态，这时，一国之君凭自己一人的聪明才智，实在是难以做出谁是谁非的结论。况且，君子耿直而有时粗疏，小人狡猾而甜言蜜语。耿直则常违背主子的意思，粗疏则难免出现差错，因此国君常常怀疑君子是小人；小人凭机敏和手腕赢得主子信任，甜言蜜语能迎合主子的心意，因此国君常常把小人认定为君子。自古以来治世少而乱世多，正是由于君子与小人难以辨别而造成的后果。王十朋的这段议论非常深刻而切合历史实际。南宋初年的情况，也是忠臣奸臣难以分辨，宋高宗把岳飞认定为小人，予以治罪处死，而把秦桧认定为君子，重用为宰相。王士朋没有明言，其意思也就包含在这一段议论中。

《梅溪集》前集卷一九《杂说》云："为善易，能不言难。过，人所不免，文之者小人也。"意思是说，一个人能做好事善事很容易，而做过好事而不声张却是难能可贵的。于是，王十朋这里认为，犯错误是人难以避免的，但是，承担责任、敢于认错者是君子，推卸责任、文过饰非者是小人。这里还举出孟子的话"仁者如射，以其发而不中，不怨胜己者"（《孟子·公孙丑上》），意思是说，有仁德者与别人比射箭，没有射中而不去抱怨胜过自己的人。又举出孔子的话"君子无所争，必也射乎"（《论语·八佾》），意思是说，君子没有什么与人可争的事，如果有所争，一定是与人比箭。于是，王十朋认为，在遇有怨恨时而不怨，遇有争端时而不争，这就是孟子所说的仁，就是孔子所说的君子。如果"无争而争自起，无怨而怨自生"，那就是不仁的小人。这段话表达的意思具有普遍的意义，直到当代，人们仍然普遍认为，做好事而不炫耀者是君子，而推责甩锅、文过饰非者则是人们唾弃的小人。

《梅溪集》前集卷一九《杂说》又云："君子小人不难见，即其报施之间而观之，则肺腑之隐洞然不可逃矣。"意思是说，区分君子与小人应当从他对待施恩与报恩的表现进行判断，就可以一目了然。这里举出两件历史事实为例。一件事是，汉初的陈平受到奖赏时不忘魏无知的好处而尽力报答，这就是君子作为；另一件事是，唐代的白敏中在得志时却极力排挤昔日对他有恩的李德裕，这就是小人行径。从这两件事可以看出君子和小人的明显区别。

18. 李邦献《省心杂言》论君子小人之异

李邦献，宋怀州（今河南沁阳）人，徽宗时宰相李邦彦之弟。官至直敷文阁。所著《省心杂言》，其内容与今尚存世的林逋《省心录》的内容多有雷同，而且两书都已经收进《丛书集成初编》。《省心杂言》之末附有李邦献的侄孙李歧冈于南宋宁宗嘉定五年壬申（1212）所写跋语，有考辨，其中说自己儿童时曾见过"先大父"敷文先生的手稿，后曾刊行；又说他还见过书坊间有人售卖林和靖（逋）的《省心录》刊本，但是他对于林逋为该书作者表示怀疑，而认为《省心杂言》确凿为李邦献所撰。如今笔者在这里暂不作详细考辨，而将林逋的《省心录》和李邦献的《省心杂言》中关于君子小人之异的议论分别摘出，请读者阅读时予以鉴别。

《省心录》云："知不足者好学，耻下问者自满，一为君子，一为小人，自取如何耳。"这是从对于学习的态度来看待君子与小人的差异。能知道自己的不足之处、像孔子那样不耻下问、虚心好学者即是君子，若是耻于下问、骄傲自满者则是小人行径，这两种人的结果也就截然不同。

《省心录》云："有过知悔者，不失为君子，知过遂非者，其小人欤？"

这是从对于自己所犯过错的态度来看待君子小人之异。意思是说，有了错误能知道悔改的，就是君子，知道自己的错误却仍然坚持继续错下去，那就是小人了。

《省心录》云："得天地之至和者为君子，故温良恭俭；禀阴阳之缪戾者为小人，故凶诈奸邪。"意思是说，如果能吸纳天地间祥和之气，那就会成为君子，其表现则是如孔子所说的温良恭俭让的态度；如果吸纳天地之间暴虐乖戾之气，那就必然会成为小人，其表现则是凶恶奸诈的特征。

《省心录》云："礼义廉耻，可以律己，不可以绳人。律己则寡过，绳人则寡合。寡合则非涉世之道。故君子责己，小人责人。"意思是说，礼义廉耻这些儒家思想所崇尚的理念，可以作为个人严格要求自己的道德原则，但是不可以用来管制或约束别人。若是用来严格要求自己，那就可以少犯错误，若是用来管制或约束别人，那就会使自己难以与别人相处。如果是难以与别人相处，那就有违于处世之道了。因此说，君子应当严于责己，而小人总是苛求责备别人。

《省心录》云："小人诈而巧，似是而非，故人悦之者众；君子诚而拙，似迂而直，故人知之者寡。"意思是说，小人奸诈而显得处世灵巧，其言行常常是看起来有理而实际上是错误的，因此有许多人会喜欢他；君子诚实而显得朴拙愚笨，其言行常常是看起来相当迂腐而实质上是正直之举，因此能够理解他的人却不占多数。这里道出君子与小人的一条重要的差异，从古至今都是如此。

《省心录》又云："人以麟凤比君子，以豺狼比小人，徒论其表耳。麟凤为世瑞，而不能移风易俗，君子能厚风俗致太平以来麟凤。豺狼能害人，其状易别，人得以避之，小人深情厚貌，毒人不可防间，殆有甚于豺狼也。"其意思是说，人们用麟凤比喻君子，用豺狼比喻小人，这是从直观的形象方面而言的。然而从深层的意义来看，麟凤是世间传说中表现祥瑞意义的特异动物，在现实生活中并不能起到移风易俗的作用，而人中的君子则是可以通过行政与教化实现太平盛世的理想，由此而招致麟凤翔集的祥瑞景象。豺狼残害人类，其凶恶的形象容易识别，人们可以主动地躲避它；但是，人类中的小人总是披着一层正常人的伪装，不能直接识别出来，这样，他们害起人来常常是让人防不胜防，比豺狼更加狠毒。这一段议论揭示出小人害人的本质，特别值得世人深思。

以上所引录的林逋《省心录》中的这几条，在李邦献《省心杂言》中也被抄录，仅个别字词有所不同。除此之外，《省心杂言》中另有一些关于君子小人之异的议论，大抵是从前代其他文士著作中转录的，其出处虽然难以一一查明，但是其含义也是相当精辟而深刻的。这里再摘录若干条，如：

《省心杂言》云："祸福者，天地所以爱人也。如雷、雨、雪、霜，皆欲生成万物。故君子恐惧而畏，小人侥幸而忽。畏其祸则福生，忽其福则祸至。传所谓祸福无门，惟人自招也。"这里的议论，是从《论语·季氏》所谓"君子有三畏：畏天命，畏大人，畏圣人之言"一段引发。意思是说，儒家思想信奉天命观，认为天地之间存在着天人感应，雷雨雪霜这些自然现象显示着天命的巨大威力，既为人类造福也给人类带来灾祸。君子笃信儒家思想，认为人在天命的支配之下是非常渺小的，一般情况下是被动地承受着上天对于人类的恩赐与惩罚，因而对于天命存有畏惧之心。小人不知天命，因而对于天命也总是不知畏惧的，对于祸福怀有侥幸心理。然而天道总是弘正无私的，世间的人无论为善还是作恶，总会得到应有的报应，畏惧上天降祸反而会得到福，心存侥幸则会得到祸。俗语所说的"祸福无门，唯人自招"，就是这种思想观念的反映。

《省心杂言》云："君子独立而持正，故助之者鲜；小人挟党以济私，故从之者多。"意思是说，君子处世保持人格独立，行走正道，因此周围对他真诚相助的人并不是很多；小人拉帮结派，谋取私利，跟随他的人却是聚集成群。这里指出，在芸芸众生中君子常常是少数而处于孤立的状态，而小人则常常会聚集起很大的势力。如此世相常态，古今皆然，令人深思而慨叹。

《省心杂言》云："君子周身以道，小人周身以术。"道是指世间客观存在的真理与公理，术是指人们具体实行的方法与技能。君子为人处世坚持的是道，而小人为人处世坚持的是术，这是君子与小人在为人处世方面最根本的区别。

《省心杂言》云："重名节者，识有余而巧不足；保富贵者，智不足而才有余。智识明者君子，才巧胜者小人。"这一条的意思是说，君子重视名节，在道义方面认识正确、见解深远，而做事的具体方式方法有时显得不够；小人贪图富贵与私利，在具体行事过程中总是费尽心机。从这样的表现来看，思想正派而深刻者是君子，以斗心眼耍手段见长者是小人。

《省心杂言》云："贵贱有分，大小有量。分在天，贱不能贵；量在人，小不能大。君子修己以俟天，小人怨天而不度己。"这一条的意思是说，君子相信天命观，认为一个人一生的成败与功名富贵皆有定数，为人处世应该顺天应人，不可强求。因此，君子总是注重自我修身，涵养德性，即尽人事以听天命；而小人则总是对于没有实现的事情怨天尤人，即不从个人方面找原因。

《省心杂言》云："君子去取以是非，小人毁誉以好恶。君子合以同道，小人合以附己。"这一条的意思是说，君子论人论事讲求是非，所依凭的是道；小人论人论事总是出于个人好恶，所依凭的是个人的私利。因此，君子待人重在志同道合，而小人的聚集是让别人依从自己。

19. 何坦《西畴常言》论君子小人之异

何坦，字少平，南宋建昌军广昌人（或谓其籍在江苏盱眙），孝宗淳熙年间进士，曾官广东提刑，卒后谥文定。所著《西畴常言》今存，见《丛书集成初编》。其中关于君子小人之异有精言妙语。

《西畴常言·律己》云："知学则居贫无怨，学而深于道，则安贫能乐。常人贫则怨，小人贫则乱。"这几句的意思，主要是发挥《论语》中关于君子安贫乐道、贫而无怨的思想，并且指出，小人做不到这一点，小人遭遇贫贱则一定要干坏事。

《西畴常言·律己》又云："学成行尊，优于圣贤之域者，上达也。农工商贾各行其业以成其志者，下达也。夫子论上达下达，盖以学者对小民而并言也。若夫为恶为不义之小人，彼则有败乱耳，恶能达？"这里的议论，主要是发挥《论语·宪问》所谓"君子上达，小人下达"的观点，意思是说，能做到学业有成，人品与言行能够符合儒家圣贤思想的要求，这就是上达；社会上不同行业的人能够各自安分守己，尽到自己的责任，这就是下达。孔子所谓的上达下达，本是师长对普通民众讲述的为人处世的道理，如果任意作恶，多行不义之事，那就只能危害他人以及社会，还谈什么上达下达呢？

《西畴常言·应世》云："富贵利达，是人之所欲也。然而出处去就之异趣，君子小人之攸分。盖君子必审乎理之是非，而小人惟计乎事之利害。审是非则虽人虽贱，非招不往；计利害则苟可获禽，虽诡遇为之。"这几句的意思是说，人生在世无不追求功名富贵，以实现自己的理想，但是，每个人一生中所达到的高度以及最终的结果总是会有很大的不同。从这个人生的过程中，必然能够看出君子小人的差异。君子总是讲求道理的是非，小人总是计较个人的利害。如果讲是非，即使是身份低贱的奴仆，不以礼请他也不会主动前往；如果只讲利害，哪怕是只有能得到一只鸡那么一丁点利益，他也要想方设法去谋取。由此观之，谁是君子谁是小人一目了然。

《西畴常言·应世》又云："君子之事上也，必忠以敬；其接下也，必谦以和。小人之奉上也，必谄以媚；其待下也，必傲以忽。媚上而忽下，小人无常心，故君子恶之。"意思是说，君子对待上司或长辈，一定表现出忠诚与恭敬的态度；其对待下属或晚辈，一定表现出谦虚与和蔼的态度。而小人对待上司或长辈，一定是表现出阿谀与献媚；其对待下属或晚辈，则表现出傲慢与冷漠。小人这种傲慢与冷漠的态度，连一般人的平常心也没有，因此君子对于他们特别厌恶。

《西畴常言·莅官》云："君子当官任职，不计难易，而志在必为，故动而成功。小人苟禄营私，择己利便而多所辟就，故用必败事。"其意思是说，君子若当官任职，负责某一项具体的事务，他首先考虑的不是这件事情的难易程度，而是一定要去做，因此他一旦行动起来就一定要做成功。而小人总是首先考虑做这件事对于他的官职与爵禄有多大影响，自己能捞得什么好处，在做事的过程中也总是算计自己的利益。这几句是从任职做事的实际态度方面识别君子小人的差异，表述得深刻而贴切。

《西畴常言·用人》云："君子小人互相指为朋党。辨之不早，则君子常被诬而小人常得志也。先儒有言曰：君子至公引类，小人徇私立党，善夫！为国者知所以扶植善类而不为恶党所倾，其庶几矣。"这一条的意思是说，君子和小人，还可以从是否结党营私这方面进行识别。君子小人常常指斥对方是朋党，如果对他们不早加分辨，那么就会使君子受到小人诬陷而小人则得意洋洋。前代圣贤曾说，君子总是出以公心，举荐与自己志趣相同的人一起工作，而小人则是出于私心而拉帮结派，这话说得太对了。因此，执政者能够洞悉培养并支持君子之理，而不被小人恶党所胁迫，那就太难得了。

20. 许棐《樵言》论君子小人之异

许棐，南宋时浙江海盐人。生平未详，今仅知其字忱父，号梅屋，隐居于海盐秦溪，家中储书数千卷，毕生主要从事著述。所著《樵言》今存于《丛书集成初编》，其中论及君子小人之异，虽然只有数条，却颇为深刻而生动。

其一条云："与邪佞人交，如雪入墨池，虽融于水，其色愈污。与端方人处，如炭入熏炉，虽化为灰，其香不灭。"意思是说，和邪恶诡佞的人交往，就像雪花落入墨池，虽然可以融化在水里，但是，雪花自身的洁白却被污染了。和端方正直的人相处，就像柴炭放入熏炉，虽然烧成了灰烬，但是，熏香的香气却没有消失。这里的比喻非常生动，由此可以理解君子小人在与其他人相处时产生的影响会有截然不同的结果。

又一条云："凶人祭祀，吉人不享，如君子不受小人之苞苴。吉人祭祀，凶神不临，如小人不登君子之俎豆。"这一条是以祭祀为例，讲述君子小人的差异。意思是说，凶恶的人（包括小人）进行祭祀时，其祖先君子的神灵是不会来享献的，就像是人世间君子不肯如此接受小人送给的礼物。同样道理，好人祭祀时，凶神恶煞也不来享受祭献。

又一条云："闻君子议论，如啜苦茗，森严之后，甘芳溢颊。闻小人谄笑，如嚼糖冰，爽美之后，寒冱凝腹。"意思是说，听君子发表议论，就像品尝带有苦味的好茶，受到一点刺激之后，能感受到满口清香。而听到小人对于权贵嬉笑谄媚，就像是咀嚼冰糖，虽然有甜美爽口的快感，但是，爽过之后就必然有寒气凝结于胸腹，造成疾病。这里的比喻也非常生动，用来表达君子小人的言谈举止所给予周围人们的感觉，也是截然不同的。

21. 赵与时《宾退录》论君子小人之异

赵与时，宋宗室，太祖赵匡胤七世孙，字行之，又字德行，南宋理宗宝庆年间（1225~1227）进士及第，曾官丽水县丞，善著书。所著《宾退录》卷二引述《论语》中孔子关于君子小人之异的许多名言，如"君子周而不比，小人比而不周"等，之后云："君子小人之情状，其判然如此，为士者当知其所择矣。余以惧为小人之归也，笔之以自警焉。"据此可知，赵与时对于《论语》中的许多名言感受深刻，提出来进行议论，作为对自己的警诫。

《宾退录》卷三又提出对于邵雍《击壤集》中关于君子小人的歌咏也有深刻的感受。他说："然邵康节先生诸诗，尤能推广圣人之意，不暇细载，特取尤深切著名者一篇，以谂观者。"他举出的这一篇是《处身吟》，对其中"君子处身，宁人负己，己无负人；小人处事，宁己负人，无人负己"等语感受尤为深刻，并云："持此诗以观人，君子小人，如辨白黑。"（参见本编第

14 节《邵雍〈击壤集〉以诗歌表达君子小人之异》)由此可知,赵与时的认识受到邵雍思想的影响较大。

22. 刘克庄论君子小人与人交往之异

刘克庄(1187~1269),南宋文学家,初名灼,字潜夫,号后村居士,莆田(今属福建)人。理宗淳祐初年(1241)赐同进士出身,曾官枢密院编修、中书舍人、兵部侍郎等,后以龙图阁直学士致仕。其著作编为《后村大全集》。其《后村集》(《四部备要》本)卷二二《理究》有一段议论君子小人之异,颇为生动。中云:"君子之交以其丽,君子寡从,择其类也。小人无择,丽既合矣,故曰实繁有徒。君子小人并则小人胜,何则?众也。况君子之所弃皆与群矣,不亦众乎?"其意思是说,君子与人交往在于人格的美好与志趣相投,因此,君子的关系密切的好朋友并不多,这是由于君子对于交往的人有所选择。而小人与人交往是没有选择的,只要暂时的利益一致就可以了。所以人们常说,有利可图之处就有追随者。君子与小人在一起时总是小人占上风,为什么呢?因为世间的小人太多了,凡是君子不与交往的下三滥之人,都会和小人聚在一起,这就显得小人的群落非常庞大。这里道出世间一个重要的现象,小人多而君子稀啊!

23. 俞文豹论君子小人之异在于重义与重利的不同

俞文豹字文蔚,南宋括苍(今浙江丽水)人,他所著《吹剑录外集》论述君子小人时写道:《易》辨君子小人惟阴与阳,《论语》别君子小人惟义与利,因此认为,《论语》说"君子喻于义,小人喻于利","此其要指也"。于是,俞文豹就列举《论语》中关于议论君子小人的名句,讲述这个道理。

他援引《雍也篇》"女为君子儒,无为小人儒"一句,评议说:"君子之学,为己为义也;小人之学,为人为利也。"这里的解释,也借用了《荀子·劝学篇》中的某些议论。

他援引《子路篇》"君子和而不同,小人同而不和"一句,评议说:"君子惟义与比,安能苟从?小人见利必争,安能久和?"又援引《子路篇》"君子泰而不骄,小人骄而不泰"一句,评议说:"君子安于义,无入而不自得;小人逞于利,得志则洋洋然。"又援引《子路篇》"君子易事而难悦,小人难事而易悦"一句,评议说:"君子平易,稍合于义则已;小人奸险,但有所利则喜。"

他援引《卫灵公篇》"君子求诸己，小人求诸人"一句，评议说："义根于心，故求诸己；利生于欲，故求诸人。"

他援引《述而篇》"君子坦荡荡，小人长戚戚"一句，评议说："由于义则心地常坦夷，役于利则心中常不足。"

他援引《宪问篇》"君子上达，小人下达"一句，评议说："义则刚毅特立，故能上行；利则柔行巽入，故愈趋而下。"

他又援引《卫灵公篇》"君子固穷，小人穷斯滥矣"一句，评议说："君子见德则思义，小人见利则忘义。"

他援引《为政篇》"君子周而不比，小人比而不周"一句，评议说："义交则淡以成，利合则甘以坏。"

他又援引《卫灵公篇》"君子不可小知而可大受，小人不可大受而可小知"一句，评议说："明大义则识高见远，见小利则浅中狭量。"

他援引《颜渊篇》"君子成人之美，不成人之恶。小人反是"一句，评议说："义则与人为善，利则同恶相济。"

他援引《里仁篇》"君子怀德，小人怀土；君子怀刑，小人怀惠"一句，评议说："徇义者安于义，徇利者安于利。"

他援引《卫灵公篇》"君子哉，蘧伯玉"一句，评议说："以其有道则仕，无道则卷而怀之，所守惟义也。"

他又援引《子路篇》"小人者，樊须也"一句，评议说："以其请学稼请学圃，所趋惟利也。"

以上诸条，俞文豹大抵是在《论语》原话的基础上进行阐释，加上自己的体会略作发挥，对于后人深入理解这一问题，具有一定的参考价值。

24. 罗泌《路史》论对于君子小人的驾驭之道应有所不同

罗泌字长源，南宋庐陵（今江西吉安）人，所著《路史》对于历史事件及典故考辨详博，立论精当，其中论及君子小人之异多有名言。记"泰逢氏"一节所谓"君子阳而小人阴"，指出《易经》立论的要点，前已有述（见本编第1节《〈易经〉论君子小人本质之异》）。

此外该书卷三七《小人勿用》一节，议论对于君子与小人的驾御之道应有所不同，极为深刻。其中云："天下固未尝一日无君子，亦未尝一日无小人也，惟所御之而已。御得其道，则君子之道胜，而小人从之化；御失其道，则小人之势盛，而君子从之去。此安危治乱之所由分也。君子小人义利之间果非甚难知也。君子怀义，小人怀利。怀义者难进而易退，怀利者易进而难退。难进，惟不苟合；易进，惟巧逢迎。不苟合者，人之所嫌；而巧逢迎者，人之所喜。"这里所谓驾御之道，即执政者对于属下君子小人两类人物的管理与使用应采取的方法。如果驾御方法得当，能使之各安其位，发挥应有的作用；否则，就会使小人得势而君子离散。这是关系到国家治乱安危的大事，不可不特别重视。而且在进退之间，君子不肯苟合，小人善于逢迎，其表现也各有不同，这也是可察而易知的。

25. 陈昉论君子小人不易区别

陈昉字叔方，号节斋，南宋温州平阳（今属浙江）人，陈岘之子，被真德秀荐于朝廷，累官至吏部尚书，拜端明殿学士致仕。所著《颖川语小》卷下对于君子小人有较详论述。其中首先从君子指上层统治者、小人指下层劳动者的角度进行辨析，又从君子指有德者、小人指无德者的角度进行辨析。这里引述《论语》中关于君子小人之异的一些名句，认为《论语》二十篇，大抵"无非教人为君子之道"。之后列举《论语》中把君子小人相对比的那些互相对立的词组，指出其中如"喻于义""喻于利"，"坦荡荡""长戚戚"，"上达""下达"，"固穷""穷斯滥"，"求诸己""求诸人"，"成人之美""成人之恶"等，认为其中所表达的君子小人的差异非常明显；而其中如"小知""大受"，"有勇""无义"等，其中所表达的君子小人的差异则是"皆不相甚远"；而"周"与"比"，"和"与"同"，"泰"与"骄"等，则是"皆毫厘之差，千里斯谬，不特辨君子小人之为难，而学为君子者，与小人同门而异户，亦未易别也。"这里的议论大意是说，《论语》中这一类对比，其含义在人们的理解上弹性很大，在用来评判具体人物的具体行为时所掌标准的弹性也很大，这样一来对于某人是君子还是小人就难以断定了。其后又议论道："孔子于君子小人，皆谓之儒，则'儒'之一字，君子小人实共之，读不深可惧哉！"

这里的立论是非常深刻的。其意思是说，《论语》中所列的各个方面，是从终极意义上予以区分的，然而在社会现实中某位具体人物身上，其君子之行与小人之行的界限并不分明，因而也就很难断定某人是君子还是小人。陈昉的议论，同前述王十朋关于君子与小人不易区别的议论，观点相似，可参看。于是，作者又议论道："惟孔子有一语点破此事最分晓，君子而不仁者有矣，夫未有小人而仁者也。但儒者于'仁'之一字，自是认识不确，既不知己之为不仁，又何以知小人之为不仁？世之治少乱多，其病根在此故也。"孔子的这句话见《论语·宪问篇》，意思是，君子当中有做不仁之事的人，而小人当中却不会有做仁义之事的人。因此，如果只从仁与不仁判别君子小人，也不容易辨明。于是，小人和君子常常混杂在一起，治世少而乱世多的根本原因正在于此。

26. 《宋史·奸臣传》论君子用事为阳小人用事为阴

《宋史·奸臣传》引《易经·系辞下》中"阳卦多阴，阴卦多阳"一语，之后云："君子虽多，小人用事，其象为阴；小人虽多，君子用事，其象为阳。宋初，五星聚奎，占者以为人才众多之兆。然终宋之世，贤哲不乏，奸邪亦多。方其盛时，君子秉政，小人听命，为患亦鲜。及其衰也，小人得志，逞其狡谋，壅阏上听，变易国是，贼虐忠直，屏弃善良，君子在野，无救祸乱。有国家者，正邪之辨，可不慎乎！"这里是依据《易经》中的阴阳之论分析宋代的政治情形，认为宋代朝廷之上自始至终是君子与小人并存的。君子当政时阳占主导地位，小人无能为大害，而在小人得志而阴占主导地位时，则国家必深受其祸。因此，最高统治者皇帝必须谨慎明察。

在《宋史》的人物传记中也有相近的议论。《王安石传》中，记述某一天退朝之后，宋神宗留下王安石，一起谈论治国问题。神宗说，唐太宗因得魏征辅佐，刘备因得诸葛亮辅佐，才有大的作为，可是，像魏征、诸葛亮那样的贤才是世间极为罕见的。王安石回答说，陛下如果是尧舜那样的明君，就一定有皋、夔、稷、卨那样的贤臣辅佐，如果是殷高宗那样的明君，就一定有傅说那样的贤臣辅佐。如果陛下不够圣明，即使有皋、夔、稷、卨贤才在朝，也将会被小人所蒙蔽，致使君子纷纷离去。这时，宋神宗云："何世无小人，虽尧舜之时，不能无四凶。"王安石则云："惟能辨四凶而诛之，此其所以为尧舜也。"这一段君臣对话中，王安石认为关键的问题在于君，宋神宗则认为关键的问题在于臣，两人身份不同，看问题的角度不同，表达的意思也就显示出差异。这里，王安石举出尧时贤臣与四凶为例，同本编第8节所述刘向《说苑》关于九臣四凶的议论立意相似，可参看。

《明史·奸臣传》云："《宋史》论君子小人取象于阴阳，其说当矣。然小人世所恒有不容，概被以奸名，必其窃弄威柄，构结祸乱，动摇宗祐，屠害忠良，心迹俱恶，终身相贼者，始加以恶名，而不敢辞。"这里的记述，显然是附和了《宋史·奸臣传》的议论，从取象于阴阳来议论君子与小人。意思是说，世间小人非常多，并非小人皆可称之为奸臣，而奸臣必定都是小人；小人而能窃据大权、逸害忠良、危害社稷者才可称为奸臣。根据这样的认识，《宋史》中列蔡确、吕惠卿、章惇、曾布、蔡京、赵良嗣、黄潜善、秦桧、万俟卨、韩侂胄、丁大全、贾似道等 22 人为奸臣，《明史》列胡惟庸、陈瑛、严嵩、周延儒、温体仁、马士英等 12 人为奸臣，这些都是历史上臭名昭著的小人。

27. 宋濂《萝山杂言》论君子小人之异

宋濂（1310～1381），元末明初浙江金华人，字景濂，号潜溪。明初受太祖朱元璋征召，官至翰林学士。宋濂是明初著名大儒，德高望重，朱元璋推重他的人品，称赞他是真正的君子。张瀚《松窗梦语》卷四记宋濂事迹云："濂始见上于金陵……上尝廷誉公曰：'古人太上为圣，其次为贤，为君子。若濂，事朕十九年，口无毁言，身无饰行，宠辱不惊，始终无异，不谓君子乎？匪惟君子，抑可谓贤矣。"（《明史·宋濂传》引此）这里，朱元璋论人，分为圣、贤、君子几个级别，评价宋濂时说他不仅可以称得上君子，而且可以称得上贤人，赞誉甚高。

宋濂为官谨言慎行，修身严格，始终以君子自律。后来致仕，隐居在青萝山，闭门著述，外界的人很难见到他。宋濂在隐居期间著《萝山杂言》20 则（见《宋学士文集》卷二七），记述平生感悟，其中关于君子小人有精警之论。他说："君子之道，与天地并运，与日月并明，与四时并行，冲然若虚，渊然若潜，浑然若无隅，凝然若弗疑，充然若不可以形拘，测之而弗知，用之而弗穷。唯其弗知，是以极微；唯其弗穷，是以有终。"这里从哲学及宏观宇宙论的层面论述君子之道，理论性很强，也为其他学者议论此问题提供了广阔的思维空间。

《萝山杂言》又云："阴阳相摩，昼夜相环，善恶相形，枭凤相峙，梁藜相茂，势也，亦理也。君子尽绝小人，得乎哉？"这里的议论，意思是说，世间互相对立的两个方面又总是统一的与共生的，这与当代哲学所谓的矛盾论观点颇为相近。用这样的观点来看，世间的君子与小人也是对立的统一，如果要使世间仅存君子，禁绝小人，那是不可能的。宋濂这样的观点，所表现的高明的智慧超过常人，因此他的言论为时人所重，在后世也有很大的影响。《松窗梦语》的引录就说明了这一点。

28. 王祎《卮辞》论君子小人之异

王祎（1322～1373）字子充，元末明初浙江义乌人。明初曾官江南儒学提举，后任南康府同知，又曾和宋濂等撰修《元史》，书成擢为翰林待制，卒谥忠文。王祎是明初著名的学问家，论人论事多有真知灼见。所著《卮辞》今收存于《丛书集成初编》。

《卮辞》云："众君子之中，一小人容焉，鲜有不败其成者。蠹蚁仆柱梁，蚊虻走牛羊，小人虽寡，为害盖甚钜也。故国家之务去小人也，如农夫除稂莠，稂莠虽微，不得不除者也。"这里的议论指出一个深刻的道理，小人混杂在君子当中，只会使君子进行的正义的事业遭受失败。因此，国家施政一定要清除小人，就像农民种地一定要拔除有害的杂草那样。

《卮辞》又云："朋党之名，何自而起欤？岂夫人实为之，抑其人自致之耳？汉之朋党，其人以德胜；唐之朋党，其人以才胜。以德胜者，群而不党之君子也；以才胜者，同而不和之小人也。及宋之朋党，则又君子小人迭为胜负矣。呜呼！朋党之名起，国家未有不至于危亡者也。"关于朋党，历代文人著作多有议论，如前有南宋何坦、后有明代杨慎等。这里王祎认为，不可把朋党一概指为小人，而应作具体的分析，汉、唐、宋各代皆有朋党，然而其中各有君子小人，只是他们或以德胜，或以才胜，表现有所不同而已。这里的议论比较客观，见解深刻，值得重视。

29. 王达《笔畴》论君子小人之异

王达，明初江苏无锡人，字达善，洪武初年举明经，曾官本县训导，因人推荐升国子助教，永乐初官至侍读学士，与解缙、王偁、王璲等被称为"东南五才子"。所著《笔畴》，今收存于《丛书集成初编》。其中的议论多有深刻之见。

《笔畴》卷上论及朋友交往之道，云："先淡后浓，先疏后亲，先远后近，交朋友之道也。"之后举出春秋齐国晏婴的善与人交、久而敬之堪称典范，又说：" 君子之交淡如水，小人之交浓如醴。水虽淡，久而味长，醴虽浓，久而怨起。吾闻之古人云。" 这里说"闻之古人"，是指《庄子》与《礼记》中的议论，已见前述，王达又予以引录，略作发挥。

《笔畴》卷上云："君子于小人，未尝不识其形状也，但君子容之而不与较耳。校人之欺子产，医者之欺晦翁，君子宁肯先起心而测之哉？彼小人以为君子可欺也。恣其所为，昧其本心，而自以为得计，殊不知君子视之发为一笑而已。" 这里举出两个故事，意在说明一种现象，君子常被小人欺蒙，小人自以为得计，但是只不过君子能够容忍而不和他计较罢了。"校人之欺子产"，即春秋时郑国子产让校人放鱼的故事，见于《孟子·万章上》，即是人们熟知的"君子可欺以欺方"一语的出处，兹不赘述。"医者之欺晦翁"，晦翁即朱熹，其号晦翁。罗大经《鹤林玉露》乙编卷五记云：朱熹患有足病，走路都要拄着拐杖，有位道人用针灸和热敷的方法给他治疗，过后朱熹感觉到病情见轻，对道人给予重谢，并赠诗一首云："几载相扶藉瘦筇，一针还觉有奇功。出门放杖儿童笑，不是从前勃窣翁。" 道人得了钱财和赠诗径自离去，过不几天，朱熹的足病又大发作，比没有针灸的时候还要厉害。于是派人急忙去追这个道人，已经不知道他去哪儿了。朱熹无奈，叹息道："我并不是想追究他的责任，而只是想把我给他写的诗要回来，恐怕他拿着这诗宣扬自己的名气，再去误诊别人。" 从这两个故事，说明君子待人宽厚，用心深远，与小人的行径高下迥异。

《笔畴》卷上又讲述一个故事议论君子小人之异。据《左传》记载，鲁宣公九年（周定王七年，前600）楚庄王伐郑，郑襄公在柳棼大败楚军，郑国人非常高兴，而只有公子去疾（郑襄公之弟，即子良）心怀忧虑，云："是国之灾也，吾死无日矣。" 于是《笔畴》作者王达感慨说："吁！君子小人所见不同，以小人见利于目前，君子深忧于后日。古人以小事大，祸犹不免，况乎以小胜大者？奚免于祸也？若子良可谓深忧矣！" 意思是说，君子和小人对于事件后果的判断毕竟不同，小人只是看到眼前的利益，而君子却能为以后的长远发展而忧虑。小国应付大国，常常是不免于灾祸，何况是以弱小战胜强国呢？过不多久，郑国的大祸就要临头了。历史的事实很快就证明了子良的担忧。宣公十二年（前597），楚庄王再次伐郑，郑国大败，郑襄公"牵羊肉袒，乞怜于楚，不亦悲乎！" 王达在这里表达的意思非常深刻。郑公子去疾能预见暂时的便宜所隐藏的日后的灾祸，说明他确是能够深谋远虑的君子，是值得后人深入思考并引以为师的。

《笔畴》卷下又云:"小人之量,如针眼不能容物。心如棘刺常思害人,身如茅屋见事风生。君子遇之一以礼,待之一以默,包之可也,远之可也,避之可也。"这里的议论指出,小人的心胸极其狭窄,总是在害人或生事,君子对于这样的小人,只能是表面上以礼与之周旋应对,尽量别理他,对他们包容、远离、避开就是了。

30. 方孝孺《畏说》论君子小人之异在于是否知畏

方孝孺(1357~1402),字希直,又字希古,明初浙江宁海人。洪武时为教授,人称正学先生;建文时官侍讲学士。燕王朱棣起兵靖难,攻入南京,命他草诏,他不肯从命,被杀,宗族亲友被诛灭十族。所著《逊志斋集》卷七《畏说》对于《论语·季氏篇》所谓"君子有三畏"进行阐发,云:"使果知畏天命矣,则所畏之事将日寡,无所往而不安矣。不知天命之可畏,则事物陈乎前者,孰非可畏者哉?是以君子知可畏之理,故无可畏之患。小人则不然,入于可畏而不止。故知君子小人之分,观其知所畏与否而已矣。"这里,方孝孺对于孔子所说的"三畏"有深刻的理解,他认为,君子知道畏惧的道理,所以其行为非常谨慎,就可以避免许多祸患;而小人则是天不怕地不怕,他的行为就无所顾忌,伤天害理之事无所不为,其结果也总是灾祸临头。因此,方孝孺把能否知畏看作是区分君子小人的一个重要视点。

又见清褚人获《坚瓠集》戊集卷一《谕俗箴》,记有方孝孺《谕俗》四箴,其中第三箴论交友,说的就是君子小人之异,云:"损友敬而远,益友宜相亲。所交在贤德,岂论富与贫。君子淡如水,岁久情愈真。小人口如蜜,转眼如仇人。"此四箴在方孝孺所著《逊志斋集》中未见。

31. 王鸿儒《凝斋笔语》议论君子小人之异

王鸿儒(?~1519)字懋学,号凝斋,南阳人,成化二十三年(1487)进士,历官至南京户部尚书。所著《凝斋笔语》中云:"君子得舆,小人剥庐,阳为君子,阴为小人,皆就在上一位而言。君子居之,则为得舆,上九之阳,不动众阴,共载一阳也。小人居之,则为剥庐,上九亦变而为阴,群阴失庇也。五阴如舆,一阳如庐。"《易经》中关于君子小人差异的解释本来玄妙费解,王鸿儒又加以阐释,可供参考。

32. 钱琦《钱公良测语》论君子小人之异

钱琦（1469～1549），字公良，号东畬，浙江海盐人。正德三年（1508）进士，曾官盱眙知县、临江知府。所著《钱公良测语》（见《盐邑志林》），另外见于《百陵学山》，题为《钱子语测》。两种版本今俱收存于《丛书集成初编》。书中内容为精彩语录，关于君子小人之异也有独到见解。

《测语》卷上云："称人之善或过其实，不失为君子；扬人之恶或损其真，宁免为小人。"这里表述的基本观点是，君子常称人之善，小人总扬人之恶。即使称人之善有些过誉，也不失为君子；而扬人之恶若有失真，就难免被人称为小人。

卷上又云："朝廷以科目取士，使君子不得不为小人；若以德行取士，使小人不得不为君子。"这里的议论，指出中国古代科举制度的一个突出的弊端，就是引导读书人追求功名，这样一来，读书人有时就产生小人之行；而如果朝廷引导读书人重道德，那么读书人就不得不严格约束自己，力求做一个君子式的好人。

《测语》卷下云："方矫亭尝云：小人如虎狼蛇蝎，殆又甚焉。虎狼之威，蛇蝎之状，人皆知其足以害己，深避而预防之。小人则心如虎狼，其貌驺虞，念如蛇蝎，其言鸾和。人不知其将害己而狎之，鲜弗及矣。"这里引述方矫亭之语，与北宋南宋之际林逋的议论相似（参见本编第18节《李邦献〈省心杂言〉论君子小人之异》一节）。方矫亭（1470～?）即方鹏，字时举，号矫亭，江苏昆山人。正德三年（1508）进士，曾官南京太常寺卿。钱琦与方鹏是同年好友且志趣相投，关于君子小人问题也有相同的认识。

卷下又云："容貌端雅而小人者有矣，未有容貌险侧而君子者也。"这里从人的相貌特征议论君子小人之异，是钱琦的个人之见。

卷下又云："君子德优于才，或事不能举，讼不能听。小人才优于德，或见事风生，片言折狱。无才者其殃民浅，有才者其殃民深。"这里从德才方面议论君子小人之异，提出一个重要观点是，君子常常是德优于才，而小人则常常是才优于德。对于君子来说，其德行高尚，但常常是办事能力较弱，遇有讼事及案件处理不了；而小人常常是具有特异的才能，处理疑难事件常显示出特殊手段，产生特殊效果。同时指出人的才能具有两面性。其才能弱者即使是小人，其为害社会的程度也相对稍差；如果才能较强而为小人之行，其为害社会的程度也必然更重。由此可引申的意思是，从构建人类社会整体来看，德行比才能更为重要。这里的议论有一定影响，后世学者又对于君子小人德与才的问题有所发挥，参见本编第40节《吕坤〈呻吟语〉论君子小人之异》中关于《治道》的内容。

卷下又云："小人专望人恩，恩过不感；君子不轻受人恩，受则难忘。"这里从对待受人恩惠的态度来看待君子小人之异。小人总是希求别人施予恩惠，然而得到恩惠则不知感恩；君子不轻易接受他人的恩惠，然而得到恩惠总是难以忘怀。

卷下又云："君子不以己所能者病人，不以己所不能者愧人。"这里从对人对己的态度看待君子小人之异。君子不拿自己所擅长的事情去责备别人的不足，也不因为自己在某方面不够擅长而愧对别人。

卷下又云："君子易疏而难亲，不惟小人畏之，虽君子亦或远之。小人易亲而难疏，不惟小人比之，虽君子亦或近之。惟仁人能辨之，而不可眩。"这里从与人相处的情况看待君子小人之异。意思是说，与君子相处，关系容易疏远而难以亲近，因此，对于君子，不仅小人对他有畏惧之感，而且君子对他也常常是敬而远之；小人则是容易与之亲近而难以摆脱，因此，对于小人，不仅小人容易与他结伙，而且君子也容易与他拉近关系。这种现象，只有仁厚之人才能分辨得清楚，不会被小人所迷惑。

卷下又云："君子称人之善而非誉也，折人之过而非毁也。欲其劝善而改过也。小人不然，善则忌之，过则扬之。"这里从对待毁誉的态度来看待君子小人之异。意思是说，君子赞扬别人的优点而并不是奉承别人，指出别人的错误而不是毁谤别人，其本意是希望别人学好而改正缺点。小人则不是这样，别人好的方面他就妒忌，别人若有过错他就到处传扬。君子与小人在这方面的表现是截然不同的。

33. 邹智上疏论当时朝廷人物中的君子小人之异

邹智（1466~1491），字汝愚，明代四川合州（今属合川）人，成化二十三年（1487）进士，因上疏言时事而被贬广东而卒，年仅二十六岁。（其事迹见于《明史》本传，又见于《国朝献征录》卷二二）

何良俊《四友斋丛说》卷九记邹智上疏朝廷议论时政，其疏文中云："正天下之衙门，当自内阁始。以利弊言之，莫利于君子，莫弊于小人。少师万安恃权怙宠,殊无厌足;少师刘吉附下罔上,漫无可否;太子少保尹直挟诈怀奸,恬无廉耻,皆小人也。南京兵部尚书致仕王恕素志忠贞,可任大事;兵部尚书致仕王竑秉节刚劲,可寝大奸;巡抚直隶右都御史彭韶学识醇正,可决大疑,皆君子也。然君子所以不进,小人所以不退,岂无自哉?宦官阴主之也。陛下法太祖以待宦官,法太宗以任内阁,则君子可进,小人可退,而天下之治出于一矣。"邹智中进士即入翰林,年方二十二岁,可谓是年轻气盛,刚直敢言,对于当朝权臣万安、刘吉、尹直都直接点名,斥其为小人;对于另外几位权臣王恕、王竑、彭韶也是直呼其名,赞为君子。这样明目张胆的贬与褒却犯了大忌,被贬者必然怀恨,被褒者则是被谄媚而难当,因此成化皇帝看了这样的奏疏也不敢明确准奏。于是,邹智受到严厉的处罚也就是必然的了。

焦竑《玉堂丛语》卷四《侃直》记述了邹智上疏一事,并引录其疏文的主要部分,又交代出邹智被贬为石城吏目的结果。还引录了邹智的一首诗云:"人到白头终是尽,事垂青史竟谁真。梦中不识身犹系,又逐东风入紫宸。"之后称赞道:"忠爱之心,溢于言表。"前面所记宋代陈昉《颖川语小》谓君子小人不易分别等语,邹智却如此泾渭分明地把当代朝臣区分为君子与小人,不但达不到预想的为朝廷尽忠的结果,而且会招来杀身之祸。后世之为官正直者,不可不引为深刻的教训。

34. 顾元庆《簷曝偶谈》论君子小人之异

顾元庆(1487~1565),字大有,明中期江苏长洲(今属苏州市)人。家住阳山大石下,学者称之为大石先生。所著《簷曝偶谈》成书于嘉靖二十年(1541),今有《说库》本。其中论及君子小人云:"《荀子》曰:相形不如论心,论心不如择术。……欲识君子,先看气象,欲识小人,先看资质。又曰:轻儇之人,易盛易衰,重厚之人,难摇难动。"这里所引荀子论心之语见《荀子·非相篇》,该文由此切入,论及如何识别君子与小人。气象指一个人的风度,君子本性娴静,举止庄重,言谈得体,其风度自与常人不同。资质指一个人素质,小人本性轻浮,举止放荡,言谈夸饰,与之接触则能感知其素质低下。之后又指出,轻儇之人即是小人,必然盛衰无常,多是飘忽不定;而重厚之人即是君子,必然处世稳健,不会随波逐流。这里的议论言语不多,却是精警简要,耐人深思。

35. 杨慎论君子小人之异

杨慎（1488~1559），字用修，号升庵，四川新都人，大学士杨廷和之子，正德六年（1511）中进士第一（状元），嘉靖初年在"议大礼"事件中触怒世宗而获罪，谪戍云南，终老在那里。其所著《杨升庵全集》中关于君子与小人之异有不少议论，视角独特，表述亦新颖生动。

《杨升庵全集》卷五〇《司马温公墓铭》（《四库全书》本《升庵集》卷五一）一节，首先引录宋代范镇（景仁）为司马光所作《司马温公墓铭》，对于宋神宗熙宁年间的奸邪小人发表一通议论，之后又引录其好友薛蕙议论君子小人的一段话，颇为深刻。薛蕙（1489~1541），字君采，号西原，亳州（今属安徽）人，正德九年（1514）进士，与杨慎交情深厚。他的这段话出处未详（查其所著《约言》，未见此语），今仅见于杨慎转述，其中云："《易》曰'小人弗用'，用必乱邦也。夫小人之在位也，或有创奸弊以变祖宗之法，导逸欲以蛊君上之志，基祸乱以召社稷之衅，树怨毒以失亿兆之心，怀苟且以误国家之计，行贪鄙以败天下之俗，害善人以塞众正之路，布私人以成群小之党。故国家之乱，不可救也。虽然，小人之在位也，乱从之而生，及其去也，乱之生不从之而亡，何者？奸弊作而旧章坏矣，逸欲入而君志荒矣，衅隙开而国势危矣，人心离而国本摇矣，大计误而事机失矣，风俗坏而名教颓矣，君子远而正道微矣，小人盛而祸变滋矣。故国家不幸而用小人，不惟兆乱于一时，又将遗乱于无穷。有国家者，畏小人不可不严也，退小人不可不力也。"这段话把小人的特征及危害讲得全面而深刻，亦切合实际，足资执政者借鉴。

之后，杨慎又引录"冢宰罗整庵"之语云："唐之祸乱本于李林甫，宋之祸乱本于王介甫。李之祸唐，本于心术不端；王之祸宋，本于学术不正。"罗整庵即罗钦顺（1465~1547），字允升，号整庵，泰和（今属江西吉安）人，弘治六年（1593）进士，官至吏部尚书，故时人称之为太宰或冢宰。此段之末，杨慎议论说："二公之言，其亦有为而发乎？后之视今，亦犹今之视昔也。""二公"当是指薛蕙、罗钦顺，杨慎说他们的议论是有针对性而发，后人看待当代的君子小人就像是当代人看待前代的君子小人一样，这一议论思想深刻，亦颇为有趣，值得思考。

《杨升庵全集》卷六五《琐语》云："君子受福，小人徼福。"又曰："君子蕴义生风，小人蕴利生孽。"意思是说，君子崇尚并坚持道义，则必定影响社会风气；小人唯利是图则必定是造孽。这里表述的观点是对于《论语·里仁篇》中"君子喻于义，小人喻于利"一句含义的引申，可见杨慎颇受《论语》的思想影响。

《杨升庵全集》卷六八《朋党》云："君子有朋而无党，小人有党而无朋。"之后引录《易经·解卦》中"朋至斯孚"一句，以及《论语·学而》篇中"有朋自远方来"一句，解释说："朋者，君子之善类也。"又引录《论语·述而》篇中"君子不党"、《论语·卫灵公》篇中"群而不党"等语，解释说："党者，小人之凶类也。"这里表达了杨慎对于"朋""党"二字的认识，即"朋"为善类而"党"为凶类，由此认为君子交朋友而小人结党营私，这是君子与小人的一条非常重要的区别。于是又补充道："后世朋党二字连称以困君子，名实皆紊矣。"（又见《丹铅杂录》卷九）意思是说，先秦之后的一些文章中把"朋党"作为一个词，专指结党营私，词性为贬义，这就把二字的本来含义混淆了。如此把"朋党"二字分开解释，是杨慎独特的见解。

36. 敖英《东谷赘言》论君子小人之异要看其主流

敖英（1480～1563），字子发，号东谷，清江（今属江西樟树市）人。正德十六年（1521）进士，历官河南提学副使、江西右布政使等。其所著《东谷赘言》有关于君子小人之异的议论，颇为深刻，在当时及后世有一定的影响。

《东谷赘言》卷上云："自古天下事，君子成之，小人坏之。虽然，亦有不其然者。君子功业萧条，不足以对苍生之望；小人能行好事，亦可邀人心也。"以下作者举出古人的实例加以说明。东晋时建武将军殷浩讨伐姚襄时有山桑之败，唐代宰相房琯同安禄山叛军作战时有陈涛斜之败，而当时士人舆论还以他们为君子；南宋时秦桧是大奸贼，可是在金国打算扶立张邦昌作伪皇帝时，秦桧却向金主建议扶立赵氏后人，这件事在当时得到南宋一些士人的好评。敖英的议论道出在辨别君子小人问题上的复杂性。君子成事而小人坏事是一般的情况，然而有时会出现例外，从所列举的几个人物来看，评论某人属于君子还是小人，重要的还是要看其本质与主流。殷浩、房琯虽然败事，却能得到士人舆论的理解与同情，而秦桧虽然有某一件可称道之事，但是却不能掩盖其叛国投敌的罪恶。

《东谷赘言》卷上又云:"小人之交,外亲而内疏,始合而终叛;君子之交,则内外始终一也。故君子无党,小人无朋,君子无卖友之心,小人无久要之信。"这里是从与人的交际方面来看君子与小人之异:小人与别人交往,表面上好像很亲热,而其内心则是疏远的,开始时关系较密而后来必然反目;君子与别人交往则是表里一致,始终如一。因此,君子不结党营私,小人则没有朋友;君子不会出卖朋友,小人则是没有一句能让人信得过的话。这一段议论反映了世间的真实情况,从古至今的人们都会有同样的感受。

《东谷赘言》卷上引《极余录》之语云:"称人之善或过其实,不失为君子;扬人之恶或损其真,宁免为小人。"《极余录》作者未详,今未见,而前述《钱公良测语》有与此相似之语。这里引录的一句,其意思是相当深刻的。称人之善是人之美德,有时誉之过当,仍然不失为君子之行;而扬人之恶本来是人性的弊端,如果再夸大其词或添油加醋,那就难免被人指斥为小人行径。敖英对于这一议论深有同感,又云:"予谓此语,可谓善善长恶恶短之注疏也。"所谓"善善长恶恶短"出自《公羊传·昭公二十年》,原文在谈及"《春秋》为贤者讳"时云:"君子之善善也长,恶恶也短。恶恶止其身,善善及子孙。"意思是说,称人之善者必有善报,子孙也会因而受益,故曰长;扬人之恶者不仅不会有善报,而且其自身就会遭到恶报,故曰短。敖英的议论对于《公羊传》的本义有所引申。

《东谷赘言》卷上又有一段议论奸人与小人之异,观点亦甚奇特,云:"或问奸人小人何以异?予曰:敢于为恶而无忌惮者,小人也;有为善之名、终无为善之实,有为恶之心、初无为恶之迹者,奸人也。斯人也,从君子则君子爱之,从小人则小人爱之。彼奴颜婢膝,昏夜乞哀,奸之柔者也;口蜜腹剑,深情厚貌,奸之戾者也。奸之柔者,志在于希宠;奸之戾者,志在于毒人。"其实,奸人也属于小人之列,只是更具有奸诈与邪恶的特征。敖英把奸人单列出来与小人进行比较,指出奸之柔者、奸之戾者又各有特点,其害人比小人更为阴险狠毒,因此,对于这样的奸人更须留心防备。这里的议论,又引起其他学者的赞同与附和,如谈修《呵冻漫笔》等,参见本编第38节。

37. 薛应旂《薛方山纪述》论君子小人之异

薛应旂，字仲常，号方山，江苏武进（今属常州市）人。嘉靖十四年（1535）进士。曾官慈溪知县、南京考功郎中、浙江提学副使等。所著《薛方山纪述》（今存于《丛书集成初编》）云："君子置得丧穷通于度外，而无时不自得也；小人置得丧穷通于度内，而无时不患失也。"这两句议论原出自《论语·阳货》，虽然简要，却非常深刻。孔子曰："其未得之也，患得之；既得之，患失之。苟患失之，无所不至矣。"孔子原话中的"患得之"，前人早已指出应当是"患不得之"。本来的意思是，没有得到的时候怕得不到，已经得着了又怕失去。《荀子·子道篇》云："孔子曰：……小人者，其未得也，则忧不得；既已得之，又恐失之。"（刘向《说苑·杂言篇》所记相同）此后，"患得患失"就成为一个意义固定的成语，是否患得患失则是君子与小人的一个重要差异。薛应旂的议论则是进一步强调了这一点，指出每个人的一生中，或得到或失去，或穷困或腾达，都是有可能遭遇到的，君子平时能够将各种处境置之度外，做到随遇而安，怡然自乐；而小人总是把各种思虑置之度内，平时终日患得患失。

38. 谈修《呵冻漫笔》论君子小人之异

谈修，字思永，号信余，明代江苏无锡人。谈恺之从子，嘉靖至万历时在世。其《呵冻漫笔》见于《艺海珠尘》鲍集（戊集），又收入《丛书集成初编》。其中关于君子小人之异，主要是引述前代名家之言并予以评说。

《呵冻漫笔》卷下引录吴履斋之语曰："君子如青天白日，小人如阴霾晦雾；君子如祥麟瑞凤，小人如乳虎腹蛇；君子如古柏乔松，小人如丛棘蔓荆；君子如圭璧，小人如砆砆。此君子小人之气类，穷天地古今而异趣者也。君子以义合，小人以利合；君子得君则务正救，小人得君则务诡随；君子出处徇道，小人向背徇利。君子明白正大，则其势易疏；小人迂回曲屈，则其势易亲。君子无利口，言或不达其心；小人有佞舌，心实不副其言。君子既退，则身安山林，虽使之终老，无所憾也；小人既退，则眼穿市朝，凡可以自售，无不为也。此君子小人之心术，必审视详观而后见者也。"吴履斋即南宋吴潜（1195～1262），字毅夫（或作毅甫），号履斋，宣州宁国（今属安徽）人。宁宗嘉定十年（1217）中进士第一（状元），官至左丞相、参知政事，封许国公,其著作有《遗斋遗集》。这段话,首先用一组排比句,列举君子与小人之气类不同。又依据《论语·里仁篇》所谓"君子喻于义,小人喻于利"的名言,指出此两类人的根本差异所在。之后又从几个方面议论君子与小人的心术不同。这些,都抓住了君子小人之异的关键之点,能启人深思。

《呵冻漫笔》卷下又引述敖英《东谷赘言》卷上关于奸人与小人之异的一段议论(参见第36节),可见谈修对于吴潜和敖英的著作都非常熟悉,并受到他们思想的影响。之后综合评议云:"夫履斋辨君子小人,东谷辨小人奸人,其论甚彻。顾小人之为害也,暴而显,奸人之为害也,密而深。辨小人易,辨奸人难。惟持正大之心,秉衡平之识,而济之以藻鉴之见,取二公之辨而详审之,则官人者可以杜群枉之进,交友者可以免匪人之伤。知人之道,其庶几乎?"这里首先指出,吴潜与敖英两位前辈的议论都非常透彻,并说辨别奸人比辨别小人更为困难。于是谈氏认为,一般人应当坚持公道立场和正义精神,参照吴、敖两先生的议论用心鉴别,这样,不论是做官还是交友,都能够更清楚地认识小人与奸人的本质以免受其害。如此真知灼见,值得世人击节赞赏并认真思考。

39. 张居正论君子与小人权谋之异

张居正(1525~1582)是明代名臣,字叔大,号太岳,江陵(今湖北荆州)人。嘉靖二十六年(1547)进士,万历时官至内阁首辅,权倾一时,是历史上著名的政治家。他著有《权谋》一书,今存残卷(北京图书馆收藏),其中关于君子小人差异的议论堪称名言。

《权谋残卷》卷二《筹谋》云:"君子谋国,而小人谋身。谋国者,心忧天下,谋己者,先利自身。"意思是,君子为国家大事出谋划策,小人为个人利益用心钻营;为国者,必定是心忧天下;为己者,必定是追逐私利。这是着眼于政治与人生大的方面,从一个人对于社会责任所持的态度来看待君子与小人的差异,识见甚高。

《权谋残卷》卷一二《中伤》云:"天下之至毒莫过于谗。谗犹利器,一言之巧,犹胜万马千军。谗者,小人之故伎。口变淄素,权移马鹿,逞口舌之利剑,毁万世之基业。小人之智,亦可谋国。尽忠事上,虽谗犹可。然君子行小人之事,亦近小人,宜慎之。"这里,张居正指出,谗言的恶毒与危害甚于杀人的利器,或者颠倒黑白,或者指鹿为马,能毁掉国家的万世基业。

作者对于谗言深恶痛绝,于是指出,君子有时做事乍看起来与小人相近,应当特别注意并且需要慎重对待。此处的议论,同前述宋代陈昉《颍川语小》关于君子小人难以分辨的议论有些相似,可见陈昉的观点颇能引发后人共鸣,或者张居正与陈昉是英雄所见略同。

40. 吕坤《呻吟语》论君子小人之异

吕坤(1536~1618),字叔简,号新吾,自号抱独居士,归德府宁陵(今属河南商丘)人。隆庆五年(1571)进士,历官至刑部左、右侍郎。所著《呻吟语》是一部语录体杂议性质的著作,其中关于君子小人有不少精警之言。

《呻吟语》卷一《性命》云:"命本在天。君子之命在我,小人之命亦在我。君子以义处命,不以其道得之不处,命不足道也;小人以欲犯命,不可得而必欲得之,命不肯受也。但君子谓命在我,得天命之本然;小人谓命在我,幸气数之或然。是以君子之心常泰,小人之心常劳。"这段话是以儒家所信从的天命观来议论君子与小人思想认识的差别。意思是说,人的命运本来是天生注定的,君子的命运在于自己的定数,小人的命运也在于自己的定数。但是,两者的区别是,君子按照道义的原则安排自己的命运,不符合道义的事情就不去做,对于命运的好坏是不怎么计较的;小人按照个人的私欲安排自己的命运,不应该得到的却一定想得到,对于自己本来的命运是不肯接受的。即是说,君子的命运在于自己的定数,是顺应命运的必然趋势;小人的命运在于自己的定数,却常常是侥幸于命运的偶然因素。因此,君子的内心常常是安详泰然,小人的内心常常是劳累不堪。

卷一《存心》云:"小人亦有坦荡荡处,无忌惮是已;君子亦有长戚戚处,终身之忧是已。"《论语·述而》云"君子坦荡荡,小人长戚戚",本意是指君子光明磊落,胸怀坦荡,而小人则总是怨天尤人,忧戚愁苦。吕坤把这两句话颠倒一下,分别用来说小人和君子,语意依然是深刻而精彩的。意思是说,小人恣意妄为,无所忌惮,那就是小人的坦荡荡;君子常怀忧患意识,忧国忧民,这就是君子的长戚戚。这样议论君子与小人,和《论语》的本意完全不同,表现出吕坤独特的思路。

卷一《存心》又云:"过也,人皆见之,乃是君子。今人无过可见,岂能贤于君子哉?缘只在文饰弥缝上做工夫,费尽了无限巧回护,成就了一个真小人。"这里是从对待个人错误的态度来看待君子与小人的差异。《论语·子张》记子贡之语云:"君子之过也,如日月之食焉:过也,人皆见之;更也,人皆仰之。"吕坤又有所发挥,认为,有过能改固然是君子,然而当今有些人没有能够让人看见的过错,难道他比君子还要贤明吗?这样的人善于文过饰非,用尽心思与机巧掩饰错误,甚至达到天衣无缝的程度,那么,他就不是一个真君子,而只是一个真小人。

卷二《应务》云:"君子与小人共事必败,君子与君子共事亦未必无败,何者?意见不同也。今有仁者、义者、礼者、智者、信者五人焉,而共一事,五相济则事无不成,五有主则事无不败。仁者欲宽,义者欲严,智者欲巧,信者欲实,礼者欲文,事胡以成?此无他,自是之心胜而相持之势均也。历观往事,每有以意见相争至亡人家国、酿成祸变而不顾,君子之罪大矣哉!"这里讲出一点重要的事实。在平时相处共事时,君子总是斗不过小人,因为小人强梁,遇事总是占上风,以君子的宽厚与理性为可欺。这里又拟举与仁义礼智信者五人共事为例加以分析,甚为生动。五人都是君子,但性情各有不同:仁者重在宽容,义者重在严肃,礼者重在文雅,智者重在巧慧,信者重在诚实,这样一来,在处理具体问题时其意见难以统一,事情就做不成了。历代有许多这一类的实例,有时几位同为正人君子的朝臣在一起议事,常常是彼此争论而不能决断,因而耽误了解决问题的最佳时机。由此来看,君子的罪过就太大了。这里表述的意思,在后世有一定的影响,清代梁章钜《退庵随笔》卷二《交际》就引录了吕坤的这段话进行议论,表现了同样的认识,参见本编第56节《梁章钜〈退庵随笔〉论君子小人之异》。

卷二《应务》又云:"与小人处,一分计较不得,须要放宽一步。"这句话道出小人的一个重要特征:君子与小人相处共事时,一定不能同小人过分计较,必须放宽尺度予以让步,否则不仅不能成事,而且会招致祸患。君子能忍让,小人不能忍让,这是两种人的一个重要的差异。

卷二《应务》又云:"两君子无争,相让故也。一君子一小人无争,有容故也。争者,两小人也。有识者,奈何自侪于小人?"这里以通俗自然的语句,讲述一条重要道理,与上一条的内容相似。小人与别人共事总是争强好胜,以君子自居的人如果同小人争执,那就是把自己等同于小人了。

卷三《品藻》云:"圣人做出来都是德性,贤人做出来都是气质,众人做出来都是习俗,小人做出来都是私欲。"吕坤在本书中,多处把世间人分为不同层次进行评述，参见下文。这里所谓圣人、贤人当然都是君子，众人是指世间界于君子小人之间的普通民众。他们的禀性与行为各有不同。小人是众生中的劣等者，他们的所言所行皆是为私，这是小人的基本特征。

卷三《品藻》又云："一种人难悦亦难事，只是度量偏狭，不失为君子。一种人易事亦易悦，这是贪污软弱，不失为小人。"意思是说，一种人难以取悦也难以和他共事，这是因为他的心胸狭窄，这样的人仍然不失为君子。一种人容易共事，也容易取悦，这是因为他贪心龌龊，禀性软弱，这样的人只能是一个小人。吕坤为两种类型的人画像，形象而生动，也能启人深思。

卷三《品藻》又云："小人有恁一副邪心肠，便有一段邪见识；有一段邪见识，便有一段邪议论；有一段邪议论，便引一项邪朋党，做出一番邪举动。……此借君子之名，而济小人之私者也。"这一段议论表明的观点是：小人必邪。其行邪之道都有一些心机与手腕，目的都是谋取私利。君子的基本特征若用一个字表示，那就是与"邪"相对的"正"，其行事之目的都是坚持道义，与小人之行截然不同。

卷三《品藻》又云："阳君子取祸，阴君子独免；阳小人取祸，阴小人得福。阳君子刚正直方，阴君子柔嘉温厚；阳小人暴戾放肆，阴小人奸回智巧。"这里的议论是吕坤独到的见解。《易经》中提出君子属阳而小人属阴（见本编第1节《〈易经〉论君子小人本质之异》），吕坤又加以发挥，进一步把君子与小人各分阴阳，提出阳君子、阴君子、阳小人、阴小人的概念，并细化分析其各自的属性特征。由此可以更深刻认识君子小人的不同层次，深刻认识人性的复杂性、差异性与可变性。

卷三《品藻》又云："人流品格，以君子小人定之，大率有九等：有君子中君子，才全德备，无往不宜者也。有君子，优于德而短于才者也。有善人，恂雅温朴，仅足自守，识见虽正而不能自决，躬行虽力而不能自保。有众人，才德识见俱无足取，与世浮沉，趋利避害，碌碌风俗中无自表异。有小人，偏气邪心，惟己私是殖，苟得所欲，亦不害物。有小人中小人，贪残阴狠，恣意所极，而才足以济之，敛怨怙终，无所顾忌。外有似小人之君子，高峻奇绝，不就俗检，然规模宏远，小疵常类，不足以病之。有似君子之小人，老诈浓文，善藏巧借，为天下之大恶，占天下之大名，事幸不败，当时后世皆为所欺而竟不知者。有君子小人之间，行亦近正而偏，语亦近道而杂，学圆通便近于俗，尚古朴则入于腐，宽便姑息，严便猛鸷。是人也，有君子之心，有小人之过者也，每至害道，学者戒之。"

这一段议论，把世间人按层次进行划分，详加分析，非常精彩，是吕坤的真知灼见，有振聋发聩之妙。他认为，若按人品考察，世间的君子小人可以大体上分为九等（或称九类）：第一等是君子中君子，即德才兼备的最优秀的人物；第二等是君子，德行优良而才能略差；第三等是善人，德行与才能仅可明哲保身而已；第四等是众人，德行识见大抵是平庸无奇，为人处世不过是趋利避害，但是这样的众人占大多数；第五等是小人，品行恶劣仅为谋私，尚不至于危害他人与社会；第六等是小人中小人，颇有智谋而贪狠酷毒无所不至，时而窃据威权则害人害国无所顾忌。前六等之外还有三类：一类是似小人之君子，即大体上可称为君子而其言行未能免俗；一类是似君子之小人，即貌似君子而实为小人；一类是介于君子小人之间者，即时而为君子时而为小人。这里的第三类人最为复杂，其行为具有君子与小人的两面性，就像是当代人们常说的"一半是天使，一半是魔鬼"。对于这样的人更需要注意识别并加以防范。

卷三《品藻》又云："或问：'君子小人辨之最难？'曰：君子而近小人之迹，小人而为君子之态，此诚难辨。若其大都，则如皂白不可掩也。君子容貌敦大老成，小人容貌浮薄琐屑。君子之心正直光明，小人之心邪曲微暧。君子之言雅淡质直，惟以达意；小人之言鲜浓柔泽，务以可人。君子与人真诚而不养其过，小人与人谀悦而多济其非。君子处事可以盟天质日，虽骨肉而不阿；小人处事低昂世态人情，虽昧理而不顾。君子临义慷慨当前，惟视天下国家人物之利病，其祸福毁誉了不关心；小人临义则观望顾忌，先虑爵禄身家妻子之便否，视社稷苍生漫不属己。君子事上，礼不敢不恭，难使枉道；小人事上，身不知为我，侧意随人。君子御下，防其邪而体其必至之情；小人御下，遂吾欲而忘彼同然之愿。君子自奉，节俭淡雅；小人自奉，汰侈弥文。君子亲贤爱士，乐道人之善；小人嫉贤妒能，乐道人之非。如此类者，色色顿殊。孔子曰：'患不知人。'吾以为终日相与，其类可分，虽善矜持，自有不可掩者在也。"

这一段话，直接回答如何分辨君子与小人的问题，同样堪称妙论。吕坤从容貌、心性、言语、交往、处事、临义、事上、御下、对己、对人等十个方面，把君子与小人进行对照，指出这两种人之间的差异，切中肯綮，又言简意赅，能引起人们联翩随想，又能发人深思。其中蕴含的道理，既符合前代儒家经典及圣贤名家关于君子小人之论的精要,又表现出吕坤结合自己的人生经历与官场体验而得出的新认识。所引录的孔子"患不知人"一句,原出自《论语·学而》:"子曰:不患人之不己知,患不知人也。"本意是说:别人不了解我,我并不感到忧虑;我感到忧虑的是自己不了解别人。吕坤自认为对于世间之人有深刻的观察和深入的了解,他才能写出如此精警感人的议论。

卷三《品藻》又云:"君子当事,则小人皆为君子,至此不为君子,真小人也。小人当事,则中人皆为小人,至此不为小人,真君子也。"意思是说,当政者对于其所在群体有很大的影响,而君子能够保持个人人格的独立。君子当政时,本来是君子的自然保持君子的品格,小人当政时仍然能够保持君子的品格。这两句话含义非常深刻,值得世人深思。

卷三《治道》云:"小人只怕他有才,有才以济之,流害无穷;君子只怕他无才,无才以行之,斯世何补?"意思是说,社会大众对于君子与小人的期望值是不同的。对于小人来说,如果他富有才能,为害社会就更大;对于君子来说,如果他才能较弱,那么他对于社会能起到多大作用呢?因此,社会期望多生有才之君子,而不期望多生有才之小人。这两句话是从有无才能的角度以及对于社会的影响来议论君子小人的差异,与前文《〈钱公良测语〉论君子小人之异》的有关议论有相似之处,可参见。清代阮承信编辑的《呻吟语选》(今存于《丛书集成初编》)单列《用人》一章,也选录了这一条,可见吕坤此论受到后人重视。

卷三《治道》又云:"无事时埋藏着许多小人,多事时识破了许多君子。"意思是说,太平无事时,许多品质低劣、拨弄是非的小人没有暴露出来;而在国家发生动乱时,方能看出许多品质高尚、无私无畏的君子。这两句话是说从君子与小人在不同时期的表现,看出这两种人的差异。尤其是在出现艰难困苦或危急险恶的时刻,小人的本来面目会大暴露,而君子的品格也因此而有机会闪射出非同寻常的光辉。常言说"家贫出孝子,板荡识忠臣",就是这样的情况。

卷三《治道》又云:"君子有君子之长,小人有小人之长。用君子易,用小人难,惟圣人能用小人。用君子在当其才,用小人在制其毒。"这几句话是从用人的角度来看君子与小人之异,其含义非常深刻。尤其是后二句的意思说,任用君子要注意使职位与他的才能相当,任用小人要注意制约他可能造成的祸害。清代阮承信编辑的《呻吟语选》单列《用人》一章，也选录了这一条。

卷四《人情》云："笞、杖、徒、流、死，此五者，小人之律令也；礼、义、廉、耻，此四者，君子之律令也。小人犯律令，刑于有司；君子犯律令，刑于公论。虽然刑罚滥及，小人不惧，何也？非至当之刑也。毁谤交攻，君子不惧，何也？非至公之论也。"这段话说的是君子与小人在对待法规方面的态度有所不同。意思是说，各种名目的刑罚，是用来处治小人的法律；礼义廉耻四种道德原则，是用来要求君子的戒规。若是小人触犯刑法，要由官府给予他一定的惩罚；君子违背戒规，要有大众舆论给予他道德的谴责。可是在现实生活中，尽管刑律严酷而泛滥，却不能使小人感到害怕，这是因为官府的刑罚常常是使用不当；尽管常有诋毁与诽谤，却不能使君子感到畏惧，这是因为群众的舆论并不是公正的评判。吕坤曾在朝廷任职为刑部左侍郎和右侍郎，他非常熟悉法律法规方面的事务，因此他从这个角度议论君子小人的差异也相当深刻。

41. 宋纁《古今药石》论君子小人之异

宋纁，字伯敬，号栗庵，河南商丘人。嘉靖三十八年（1559）进士，历官至吏部尚书，谥庄敏。所著《古今药石》（今存于《丛书集成初编》）选录前代名家名言，关于君子小人之异亦有数段。

《古今药石》卷上云："君子之心，欲人同其善；小人之心，欲人同其恶。"又云："挺特自守者必君子，攀援附和者必小人。"这两段话注明是引录《薛文清公要语》，今查薛瑄《敬轩文集》未见，或据他书转录。

《古今药石》卷下云："君子以道德轻重人，小人以势利轻重人。"这句话后注明是引自《憬然录》，指出君子小人的一条重要差异，切中肯綮。俗语说"君子重道德，小人势利眼"，即是此意。

42. 冯时可《雨航杂录》论君子小人之异在于让与争

冯时可，字敏卿，号元成，松江华亭（今属上海市）人。隆庆五年（1571）进士，历官至湖广参政。其所著《雨航杂录》卷上引录刘延明之语云："君子尚让，故涉万里而途清；小人好争，足未动而路塞。是以让为得，而争为失，非君子之语让也。君子之让位也真，见其才不当位而让之；让财也真，见其分不当享而让之。岂其计夫通塞也？"这段话的意思是说，君子崇尚谦让，行于世则路途广阔；小人常爱与人争，行于世则常是路途断绝。因此，君子对于职位、钱财总是先让别人，而不计较个人的得失。刘延明即刘昞，字延明，北魏甘肃敦煌人，是郭瑀的弟子之一。郭瑀，北魏人，有故事传说，他有弟子五百余人，其中通晓儒家经典的有八十余人。郭瑀有个女儿，已经到了谈婚论嫁的年龄，郭瑀就在家中设了一个雅座，对弟子们说："我打算为女儿选一个满意的女婿，你们谁愿意坐这个雅座啊？"刘昞听罢，立即坐到这个座位上，说："我是最合适的人了。"郭瑀就把女儿嫁给了他。冯时可记述这个故事，议论说，刘昞抢先坐到郭瑀选女婿的座位上，一点也没有谦让的态度，如果把他和坦腹东床的王羲之相比，那就差得太远了。在实际行动上露骨地表现自己的欲望，这是古人深以为耻的，因此，刘昞这样的人就不能算是君子。

43. 陈继儒《安得长者言》论君子小人之异

陈继儒（1558～1639），字仲醇，号眉公，又号麋公，松江华亭（今属上海市）人。平生未出仕，以山人自居，从事著述。所著《安得长者言》（今存于《丛书集成初编》），其中议论君子小人之异有数段。

其一云："朝廷以科举取士，使君子不得已而为小人也；若以德行取士，使小人不得已而为君子也。"这里指出古代科举制度的一条大弊端，就是在客观上引导读书人追求名利。前述《钱公良测语》（本编第32节）已有此论，陈继儒再次表述更引起后人重视，当代有些研究古代科举制度的著作也有相关的论述，其观点或即是来自钱琦和陈继儒。

又云："天下容有曲谨之小人，必无放肆之君子。"这里指出君子与小人的一条重要不同，即有的小人在言谈举止方面表现得严谨婉顺，但是却没有哪个君子在言谈举止方面表现得轻狂妄为。

又云："小人专望人恩，恩过不感；君子不轻受人恩，受则难忘。"这里是从对待他人施予恩惠的态度方面议论君子小人的差异，非常切合实际。

又云："以举世皆可信者，终君子也；以举世皆可疑者，终小人也。"这里是从对待世人的态度方面议论君子小人的差异。君子忠厚，常常是用好心看世间人，以为人皆可信；小人奸诈，总是用坏心眼看世间人，认为人皆不可相信。

44. 袁宏道论君子小人之异

袁宏道（1568~1610），明代著名文学家，字中郎，号石公，湖北公安人。万历二十年（1592）进士，曾官吴县令、国子助教、吏部郎中等职，后辞官隐居，专心从事著述。（《袁宏道集》卷四四）其所著《潇碧堂集》卷二〇《德山谈麈》云："儒者曰：'亲君子，远小人。'斯言是而非也。人谁肯自居小人，甘心为人所远邪？夫君子不屑为人使，凡任役使者，皆小人也。小人追名逐利，故甘心为人用，非小人，将谁与奔走哉？故古来英主，皆是尊君子而役小人。"这里对古人常说的"亲君子远小人"一句表示异议，颇有道理。因为君子与小人从外表来看并无明显标记，而且常常是不易区别。于是提出，对于君子小人要注意识别。他认为，自古以来英明的当权者皆是"尊君子而役小人"，这句话非常深刻，用人者与被人用者都应当认真思考。

45. 姜南论君子小人为学之异

姜南是明代后期人，字号及生平事迹未详，其所著《学圃余力》（今存《说库》本）中有《君子小人为学》一节，议论颇有深见。"为学"即做学问，亦是指对待学习的态度，其中云："君子小人，皆能以学自致其用。君子为学，格物致知，多识前贤往行，以行其致君泽民之志。小人为学，记博而丑，所以衒才以耸动其上，而阴欲得志以济其奸邪。"意思是说，君子为学是为了掌握知识，增强本领，以求上报国家，下利民生；而小人为学，是为显示其知识渊博，在上司或皇帝面前炫耀才学，以达到其获取高位、谋取私利的目的。这里举宋代陈彭年为例。陈彭年，字永年，抚州南城（今江西南城）人。雍熙年间（984~987）进士及第，受宋真宗信任，位居权要，卒谥文僖。陈彭年为人奸诈，被称为"九尾野狐"，而其性机敏，以博闻强记著称于时。王□《道山清话》记其事云：陈彭年在宋真宗身边颇为得宠，人有问题向他询问，他无不知晓。有一天，宋真宗问他，墨智、墨允是什么人，陈彭年回答说，是伯夷、叔齐。宋真宗又问出自何书，陈彭年说见于《春秋少阳》。宋真宗立即让人到秘阁书库取来此书，陈彭年又指出在书中某页，即时查阅，果然不错。宋真宗非常高兴，对陈彭年更加重用。于是，《学圃余力》作者姜南议论说，从这件事可知，人主的英明之处，就是要善于辨别君子与小人，提拔或罢免某人都不要为他是否炫才所迷惑。（参见本书第二编《古籍所见超强记忆事实》第33小节）

46. 朱国祯《涌幢小品》论君子小人之异

朱国祯（？～1632），浙江乌程（今属湖州）人。万历十七年（1589）进士，天启年间官至礼部尚书、文渊阁大学士。其所著《涌幢小品》中关于君子小人有精彩议论。卷一〇《〈乙丑馆选〉附论》记云："小人失势，而其力犹能鼓党动众，攻害君子，使君子不敢开口，此亡国之小人。而失势者，天也；国之不即亡，亦天也。君子得时，而其力不能拔茅连茹，慑伏小人，使小人反得生心，此误国之君子。而得势者，幸也；国之终于误，非不幸也。"这里，朱国祯提出"亡国之小人""误国之君子"的概念，颇为新奇。联系明代天启至崇祯初的时局，前者指魏忠贤阉党一伙，后者则是指东林党及其附和者。朱国祯的议论有一定的影响，明清之际不少文士认为，明代的灭亡实由于阉党之祸；而东林党人深受阉党之害，却不能阻止阉党之乱，对于明朝的灭亡难逃误国之责。

《〈乙丑馆选〉附论》又记云："凡事，君子能放下，小人则否；大小人亦能放下，小小人则否。"这里，朱国祯又提出"大小人""小小人"的概念，也颇为新奇。"放下"原是佛教术语，本义是"放手而置于下也"的意思，引申为放下心中的欲念、妄想、忧虑等，求取心地的宁静、平和。能不能做到"放下"，这是君子与小人的重要区别，也是"大小人"与"小小人"的区别。朱国祯的观点，意在表明君子与小人的相对性，大小人与小小人的相对性。即认为世上没有绝对的君子，也没有绝对的小人，彼此的界限有时是很难区分的。这一观点，前代已有文士的著作提出，如陈昉《颍川语小》、吕坤《呻吟语》卷三《品藻》等；后代又有文士进一步发挥，如钱泳《履园丛话》卷七《臆论·君子小人》等。参见前后各节。

47. 孙奇逢论君子小人之异在于"笃"之一字

孙奇逢（1584～1675），字启泰，号钟元，晚年又号岁寒老人，河北容城人，晚年移家河南辉县夏峰村，人称夏峰先生。明万历二十八年（1600）中举，后来科举不利。入清后隐居夏峰庄园，主要进行讲学与著述，直到92岁病逝。其著作今存有《孙夏峰全集》。孙奇逢是明清之际著名儒学大师，与黄宗羲齐名，被称为"南黄北孙"，又与黄宗羲、李颙并称为"清初三大儒"。关于君子与小人这一话题，孙奇逢也有精辟论述，基本观点是承继儒家经典学说，但也表现出个人独到的认识。

孙奇逢提出一个重要观点，认为君子与小人的差异在于"笃"之一字。《孙夏峰全集》清刻本第12函收录其门人马尔楹与其子孙望雅所编《游谱》，其中《笃字说》云："风俗之偷起于浮靡，人心之坏由于轻薄。予尝思得一笃厚君子维挽之，而未见其人也。'笃'之一字，见于圣贤之言者，曰笃志，曰笃信，曰笃敬，曰笃行，曰笃于亲，曰笃恭。盖志不笃则摇，信不笃则疑，敬不笃则懈，行不笃则怠，亲不笃则伪，恭不笃则貌。摇与疑，懈与怠，伪与貌，不可以修身，不可以事亲，岂可望于天下乎？笃不笃之间，于此分人心道心，君子小人之所以判闉的也。"

这里所谓的"笃"，是指人的品德忠厚、诚实、纯一的意思，多见于儒家经典著作中，如《论语·子张》云"博学而笃志，切问而近思，仁在其中矣"；《礼记·中庸》云"博学之，审问之，慎思之，明辨之，笃行之"；《论语·泰伯》云"君子笃于亲，则民兴于仁"；《易经·大畜》云"大畜，刚健笃实辉光，日新其德"；等等。综合这些意思，笃是儒家思想所崇尚的道德准则，是判断君子与小人的一个基本的标准。孙奇逢强调"笃"，可见他对于这一点特别看重。

《论语·雍也篇》中记云："子谓子夏曰：'女为君子儒，无为小人儒。'"孙奇逢对于这句话的理解有独到之处。《孙夏峰全集》第12函《答问》一节中，学生问孙奇逢，孔夫子为何把小人也称为"儒"呢？孙奇逢回答说："四书中所称小人，其规模本领皆与君子争席，但心有公私耳。公则为周为和为泰，私则为比为同为骄，其外面皆是一般。真小人即假君子，伪中行乃真乡愿，欺慊惟其所造，非明眼人莫辨。"这里说，君子与小人若从外表来看，看不出多大区别，其重要区别在于为公还是为私。又引用《论语》中的《为政》《子路》等篇中所谓"君子周而不比""君子和而不同""君子泰而不骄"等语，指出由此三点便可区分君子与小人，亦可区分真小人与假君子，这是"明眼人"才能区分得清楚的。

于是学生又问："小人何以亦云儒？"孙奇逢回答说："规模隘如，硁硁然，小人哉！抑亦可以为次矣，夫子所以广子夏也。"这里的引述出自《论语·子路篇》，原话是子贡发问、孔子回答说："言必信，行必果，硁硁然小人哉！——抑亦可以为次矣。"孔子的意思是说，君子说话一定守信用，做事一定有始有终，而小人就是那种不分是非、不辨黑白、一意孤行的人。孙奇逢表达的意思则是，这样的小人是次一等的儒，胸怀狭窄，目光短浅，孔子用这个道理教育子夏（应是子贡），让他放宽心胸，要做一个君子式的儒者，而不要去做一个小人式的儒者。这里，孙奇逢指出君子儒与小人儒的重要区别在于胸怀的不同，表面上都是儒者，而在遇事的时候就会有明显不同的表现。孙奇逢又说："腐儒少豪气，豪儒多霸气。不腐不霸者，乃所称君子儒。"这里的认识非常深刻，意思是说，同是儒者身份的人，不迂腐不霸道就是君子儒。

48. 魏裔介《琼琚佩语》论君子小人之异

魏裔介（1616～1686），字石生，号贞庵，又号昆林，直隶柏乡（今属河北）人。顺治三年（1646）进士，官至吏部尚书、保和殿大学士，谥文毅。所著《琼琚佩语》（今存于《丛书集成初编》）摘录前代名人警句，其中有议论君子小人之异的数则。

如《为学》一节云："君子不能无非心之萌，而旋即去之，故日进于圣贤。小人不能无良心之萌，而旋即昧之，故日进于禽兽。"这里注明是引录赵梦白语，赵梦白即明代后期的赵南星（1550～1627），字梦白，号侪鹤，天启时官至左都御史、吏部尚书，谥忠毅。这段话议论君子与小人对于自身反省的态度，其出处未详，意思是说，君子有时会有私心杂念萌生，但是他能够很快除掉它，这样，他的品德就能日益达到圣贤的境界；小人有时也偶然有良心发现的时候，但是他却很快把这一点良心抛掉了，这样，他的恶性就会日益接近于禽兽。

又如《修己》一节云："心本可静，事触则动。动之吉为君子，动之凶为小人。"这里注明是引录《遵生笺》，即高濂《遵生八笺》，见卷二《精修妙论笺》。所谓动静之理，是道家修炼的养性原则，《易经》及老子《道德经》中已有相关的论述。

又如《惇伦》一节云："闻君子议论，如啜苦茗"这里注明是引录许斐《樵言》，已见本编第20节《许棐〈樵言〉论君子小人之异》。

49. 魏象枢以水比喻君子、以油比喻小人

魏象枢（1617～1687，或谓1616～1686），字环溪，又作环极，号庸斋，山西蔚州（今河北蔚县）人。顺治三年（1647）进士，历官至刑部尚书，卒

谥敏果。他有以水比喻君子、以油比喻小人的名言,常见被人引用并加以发挥。

卢文弨《读史札记》有《水喻君子,油喻小人》一节,引魏环溪(即魏象枢)之语云:"偶见水与油,而得君子小人之情状焉。水,君子也。其性凉,其质白,其味冲。其为用也,可以浣不洁者而使洁。即沸汤中投以油,亦自分别而不相混。诚哉君子也。油,小人也。其性滑,其质腻,其味浓。其为用也,可以污洁者而使不洁。傥热油中投以水,必至激搏而不相容。诚哉小人也。"之后评论云:"案此比喻极确。既知其所由分,而调停中立之说皆谬矣。"魏象枢的这一比喻非常形象而生动,卢文弨对此大加赞赏。

梁绍壬《两般秋雨庵随笔》卷二《魏环溪语》引录了这段话,谓出自魏象枢所著《庸斋闲话》(今未见),引文全同卢文弨《读史札记》,其末云"诚名论也",对于魏象枢此语予以高度肯定。

王有光《吴下谚联》卷三《油一路水一路》云:"油喻小人,其性腻,其质浊,其体滑,其用顺。其趋炎也,如矢之赴的。投以水,爆而不和。水喻君子,其性凉,其质白,其味淡,其体清。其用能令不洁之物至于洁。滴以油,沸焉若惊,故各自一路。"这里的引录原是出自魏象枢之语。

50. 申涵光《荆园小语》《荆园进语》论君子小人之异

申涵光(1620～1677)(注:申涵光生于明万历四十七年十一月三十日,即1620年1月4日)字孚孟,号凫盟、和孟,直隶永年(今属河北)人。顺治年间中恩贡生,后来绝意仕进,以读书著述终生。与其弟申涵煜俱有文名,又与殷岳、张盖被称为"畿南三才子"。所著《荆园小语》《荆南进语》(今俱存于《丛书集成初编》)记述其人生感悟,流传较广,其中关于君子小人之异亦有精警之语。

《荆园小语》云:"小人固当远,然亦不可显为仇敌;君子固当亲,然亦不可曲为附和。"这里的议论提出一个重要的处世原则,即人与人之间要保持一定的距离。对于小人应当疏远他,但是不能和他结仇,若结下仇怨则会招致灾祸;对于君子应当亲近,但是不必要处处附和他,过分附和会流于庸俗。

又云:"劝人息争者,君子也;激人起事者,小人也。"这里的议论也道出世间一种典型的世相,君子总是劝人停止争斗,小人总是煽动争斗。如鲁迅的小说《阿Q正传》中写阿Q和小D打架,旁边围观的人叫着"好了,好了"的是君子,围观的人叫着"好!好!"的是小人。

《荆园进语》云:"君子与小人斗,小人必胜。在君子惟有守正以俟命而已。固不可惧祸而误入小人之党,亦不可恃为君子而有与小人角胜之心。"君子本来总是尽量避免和别人争斗,尤其是不能和小人争斗,因小人惯耍无赖,凶恶狠毒无所不用其极。如果君子和小人争斗暂时取胜,小人进行报复必加倍疯狂,君子防不胜防;如果和小人争斗不能取胜,那更是不堪设想的悲剧。因此,君子更不能陷入小人的党争之中,也不可产生与小人争个是非高下的想法。

又云:"君子终身是乐,虽贫贱患难时,中有自得,毕竟忧他不倒。小人终身是忧,纵富贵已极后,患得患失,究竟乐亦非真。"这里的议论指出君子与小人的一条重要差异,就是君子对于生活具有乐观态度,在患难当中仍然能够乐观,不会被艰难困苦打倒。而小人终身总是忧虑,永远处于患得患失的状态。这个道理,《论语·阳货》篇已有"患得患失"的名言,前代名家也有精彩议论,参见本编第37节《薛应旂〈薛方山纪述〉论君子小人之异》。

51. 魏禧《日录里言》论君子小人之异

魏禧(1624～1681),清初文学家,字冰叔,又字叔子,号裕斋,又号凝叔、勺庭,江西宁都人。明亡后绝意仕进,隐居讲学著述。所著《日录里言》,今存于《丛书集成初编》,其中有两段话议论君子小人之异,非常深刻。

其一云:"论小人以心者,所以防闲小人之法;论君子以事者,所以造就君子之方。"对于小人,要做到心里有数,不必口头上讲出来,这是为了在与他的接触过程对他有所防备。对于君子,要看他在做事过程中的实际表现,必要时候给他以帮助,这是成全君子的正确方法与态度。

其二云:"毋谓己今日已为君子,毋宽己他日徐为君子,则己必可为君子矣。毋量人他日不能为君子,毋责人今日即当为君子,则人必可为君子矣。"意思是,不要说自己今天已经是君子了,也不要说别人今后也不能成为君子,这是因为人的前行都有一个不断发展的过程,今天的现状不一定完全决定其明天的状况。如果能够有这样明确而客观的认识,那么他就肯定是个君子。这里的议论,可以作为在现实中观察认识某人品格的一条重要参考。

52. 汤斌《语录》论君子小人之异

汤斌（1627~1687），字孔伯，号荆岘，又号潜庵，河南睢州人。顺治九年（1652）进士，历官江宁巡抚、礼部尚书、工部尚书等，谥文正。其所著《汤子遗书》卷一《语录》是汤斌的儿子与学生搜集整理的汤斌的言论，其中有议论君子小人的内容，如："君子小人在天地间，如阴阳之相乘。试看从古以来，虽极治时，举朝皆君子，其间也有小人；其间极乱时，举朝皆小人，其间也有独为君子的。有志者正须自立。"

《汤子遗书》卷一《语录》附《志学会约》又云："人非圣贤，孰能无过？吾辈发愤为学，必要实心改过，默默点检自己心事，默默克制自己病痛。若瞒昧此心，支吾外面，即良师胜友朝夕从游，何益乎？……士别三日，当刮目相待。舜跖之分，只在一念转移。若向来所为是君子，一旦改行，即为小人矣。向来所行是小人，一旦改图，即为君子矣。岂可一眚便弃阻人自新之路？"这里说君子与小人在一定条件下可以互相转化，关键在于一念之差。其认识具有一定的辩证法思想，是汤斌的独到见解。但是，在现实社会中，一个人是君子或者小人，常常是由其本性决定的，由小人彻底改过而转化为君子是相当困难的；而对于一般众生来说，在特定条件下由君子转化为小人常常只是在一念之间，是相当容易的。

乾隆时，马煇《简通录》卷一引录汤斌《语录》中的一段，议论君子小人之异，非常精彩（见《丛书集成初编》）。但是，这段话却不见于《汤子遗书》中的《语录》部分。马煇，字德章，直隶柏乡（今属河北）人，乾隆时在世。他采录的这一段汤斌语录或者另有来历。此段云："我不识何等为君子，但看日间每事肯吃亏的便是。我不识何等为小人，但看日间每事好便宜的便是。愚谓知此可以得交人共事之准。吾虽不好便宜，日与君子处，公正相摩，终久得了无限的便宜。吾虽肯吃亏，日与小人处，溪壑难满，终久有吃不了的大亏。可不择之于早哉？"这里指出，判断一个人是君子还是小人，就是看他遇事时肯不肯吃亏还是只爱占便宜。实际上，这正是君子与小人重义与贪利的根本区别，只不过是汤斌的表述非常直白。汤斌所指出的"吃亏"这一点，后来又常见被人议论，参见本编第56节《梁章钜〈退庵随笔〉论君子小人之异》。

53. 王士禛《分柑余话》论君子小人势不两立

王士禛（1634～1711），字贻上，号阮亭，顺治十五年（1658）进士，官至刑部尚书，清代著名文学家。他所谓"君子与小人势不两立"的名言常被人们引用。其所著《分柑余话》卷二《君子小人》议论说，唐代李德裕、牛僧孺分别为"牛李党争"时两派的代表人物，前人对于两人的人品评价不一，王士禛则认为李德裕为君子，而牛僧孺为小人，两人在朝中不能并立，由此而引发尖锐的党争。之后又举明代正德至嘉靖初年的彭泽（字济物）与王琼（字德华）为例，两人在朝中"如参商水火之不相能，其为邪正亦易见也"，即认为彭泽为君子而王琼为小人，两人也呈势不两立之势。

该书卷四《君子小人势不两立》又云："然君子小人势不并立。小人常密，君子常疏。小人得志，不尽逐善类不已。古今来小人常居必胜之势，汉唐宋以来，已事昭然，可为龟镜也。"这里指出，小人工于心计，行事多为密谋，而君子磊落坦荡，行事多有疏漏。因此，小人对于君子总是施展狠毒手段，必欲将其灭绝而后快。此议论道出官场倾轧常态，自古以来大抵符合实情。

54. 申居郧《西岩赘语》论君子小人之异

申居郧（1710～?）字锡勋，号西岩，直隶永年（今属河北）人。生平未详。所著《西岩赘语》，今存于《丛书集成初编》，其中有数段议论君子小人之异。

一云："君子满腹天理，故以顺理为乐；小人满腹人欲，故以得欲为乐。欲无时可足，故乐不胜忧；理无时不存，故随在皆乐。至乐顺理，纵欲之乐，忧患随焉。"这一条是说君子重天理，小人重人欲，其人生观不同，忧乐观也就不同。

又云："小人好夸己长，又好扬人短，君子反是。不见己长，何知人短？"又云："小人全是饰非，君子惟能改过。"这两条是说君子与小人对人对己的态度不同。小人夸耀自己的长处，就必然文过饰非；君子有自知之明，就自觉改正缺点。

又云："君子论是非，小人计利害，故君子拙于邀福，小人巧于避祸。"这一条与前述天理人欲有直接关系：重天理则表现为重在明辨是非，遂人欲则表现为重在计较利害,因此君子不擅长也不刻意为个人谋求利益,而小人为趋利避害总是耍弄手段用尽心机。

又云:"小人能伪作君子面貌,君子便当以面貌假他。此面貌便是忌惮之心。若破其面貌,则无所不至矣。"意思是说,小人常常伪装出君子的面貌,这说明他对于自己的作为毕竟有几分忌惮。君子即使能识破他也不必直接揭穿,不妨顺其心态任其表演;如果揭穿其真面目,他就会毫无顾忌而更加妄为。这一条也可作为君子对付小人的策略,值得玩味。

又云:"君子疏处,是不忍弃小人之才;小人狠处,是不惜伤君子之命。"意思是说,君子对于作恶之小人有时宽容,或手下留情,这是君子的疏漏之处,因为考虑到这个小人在某方面毕竟有些才干而不肯下狠手。而小人则常常是心狠手辣的,对于君子则必欲置之死地,毫不留情。现实中有不少这样的事例,由此表现出君子与小人的一个重要的不同之点。

又云:"亲小人则君子自远,亲君子则小人自远,断无混杂之理。"这是说君子与小人是截然不同的两类人,如泾渭分明,不相混杂。其含义是非常深刻的,而且在现实之中确是如此。

55. 钱泳《履园丛话》论君子小人之异

钱泳(1759~1844),原名鹤,字立群,后改名泳,字梅溪,江苏金匮(今属无锡)人。一生科举不利,以诸生身份游于士大夫及文苑名流之间,多才艺,善著述。其所著《履园丛话》中关于君子小人之异有精彩的议论。

《履园丛话》卷七《臆论·君子小人》云:"君子、小人,皆天所生。将使天下尽为君子乎?天不能也。将使天下尽为小人乎?天亦不能也。"之后引录《易经》中"君子道长,小人道消"一句,又云:"然则小人道长,君子道消,此天地之盈虚,亦阴阳之运会也。"这里首先说,天下人不能尽是君子,也不能尽是小人。钱泳指出一个基本的事实是,自古以来,人世间总是君子与小人并存的;这两种人由各自的品格与性情出发,在特定的时代背景之下表现着自己并产生影响,因而呈现出各自不同的形态。君子或许会遭遇坎坷,处于劣势,但终究是代表着天地间之正气与时代之主流;小人可以一时得志,占据上风,但终究会得到报应而自食其果。世间万象光怪陆离而循环不息,基本上是演绎着《易经》所谓君子与小人互为消长的规律。

卷七本节又云："行仁义者为君子，不行仁义者为小人，此统而言之也。而不知君子有千百等级，小人中亦有千百等级。君子而行小人之道者有之，小人而行君子之道者有之；外君子而内小人者有之，外小人而内君子者有之：不可以一概论也。"这里认为君子小人各有复杂的层次，看待这两种人不可绝对化，此观点与吕坤《呻吟语》卷三《品藻》的有关议论相似。吕坤提出"阴君子""阳小人"等概念，又说"以君子小人定之，大率有九等"，钱泳则提出"外君子而内小人""外小人而内君子"等概念，其观点颇为相似。

《履园丛话》卷七《臆论·过》记云："人非圣贤，孰能无过？只要勿惮改而已，改过迁善而已。天下但有有过之君子，断无无过之小人。吾辈与人交接，舍短而取长可也，但要辨明君子小人之界限。"这里的议论，从对待过错的态度来看待君子与小人的差异，与吕坤《呻吟语》卷一《存心》中有关议论的观点相似，可参见。

《履园丛话》卷二四《杂记下·示子》记云："君子小人之分，在乎公私之间而已。存心于公，公则正，正则便是君子；存心于私，私则邪，邪则便为小人。"这里的议论，与吕坤《呻吟语》卷三《品藻》所议论的"小人必邪"观点相似，可见钱泳颇受吕坤《呻吟语》的影响。

56. 梁章钜《退庵随笔》论君子小人之异

梁章钜（1775~1849），字闳中，又字茝林，晚年自号退庵，祖籍福建长乐，后迁居住在福州。嘉庆七年（1802）进士，一生中长期在各地任巡抚、总督等，后辞官专事著述。其《退庵随笔》多引录前人言论，并间有个人评述，其间有关于君子小人之异的内容，如卷二《交际》、卷一一《家诫》等部分，感悟皆相当深刻。

这里着重提及的是关于君子常吃亏的议论，颇得深思。卷一一《家诫》引录明代顾宪成转述的吴与弼之语云："顾泾阳曰，吴康斋每言：'君子常常吃亏，方做得。'览之惕然自省，于是思之曰：夫子之道，忠恕而已矣；忠恕之道，吃亏而已矣。颜子之道，不校而已矣；不校之道，吃亏而已矣。孟子之道，自反而已矣；自反之道，吃亏而已矣。"顾泾阳即顾宪成（1550~1612），字叔时，号泾阳，无锡人，明末东林党人代表人物。吴康斋即吴与弼

（1391～1469），字子溥，号康斋，江西崇仁人，明前期著名学者。可见顾宪成颇受前辈吴与弼思想的影响。

此后，梁章钜又引晚唐诗人寒山诗云："我见瞒人汉，如篮盛水走。一气持归家，篮里何曾有。我见被人瞒，一似园中韭。日日被刀伤，天生还自有。"解释说："此即吃亏之说也。"又云："吾乡林文安公（瀚）临终时，子孙请遗令，公曰：学吃亏而已。三代五尚书，家门鼎盛，有以哉！"林瀚（1434～1519），字亨大，号泉山，福建闽县（今属福州市）人。梁章钜对其家乡先贤人物非常重视，常见引录他们的言行。

57. 姚莹《识小录》《康輶纪行》论君子小人治学之异

姚莹（1785～1853），字石甫，号展和，又号明叔，安徽桐城人，文学家姚鼐侄孙。嘉庆十三年（1808）进士，官至湖南按察使。所著《识小录》卷一《学而时习之》一节中，主要是议论君子与小人治学之异。

姚莹把学术称为"弟子之学"，认为可分为四类，其中君子与小人对于为学的态度有很大差异。他说："余谓有弟子之学，自洒扫应对，出孝入弟，谨信爱亲，以至《诗》《书》六艺之文是也。有大人之学，明德、新民、止于至善是也。此君子之学也。有名法之学，急功近利，为一切富强之计是也。有训诂之学，析文破义，字栉句比，而略于道理之安、是非之实是也。有辞章之学，涉猎经史，獭祭典故，排声韵，妃黄白，淫侈新奇，专为悦目骇心之作是也。有象数之学，自天文、历律、占候、推步，以至医卜、方技之流是也。此四者善而用之，皆君子所不废。一不善而悖于君子之道，则足以取一身之名利，而害天下之人心，君子小人之间者也。惟小人无学，而常遁于四者之中，未有学人而甘处小人者。及其为之而不自觉，则恒以四者为藏身之术，此'四子书'中，所以自'弟子之学''大人之学'以外，无余学也。"

本节中，姚莹的议论表明以下几层意思。其一是认为，古时少年入学之后，接受传统的儒家思想教育，读儒家经典著作四书五经，这叫弟子之学；成年之后按照《礼记·大学》所谓明德、新民、止于至善的道理做事，这叫大人之学；而弟子之学和大人之学都是君子之学。其二是认为，若按学习的内容来划分，可以分为名法之学、训诂之学、辞章之学、象数之学四类，也都是君子之学需要学习的，但是，如果其心术不正，学得这四方面的学问，也可用来谋取个人私利，或者取得权力而害国害民，这就不能成为君子而流为小人。其三是认为，世上的人没有谁明言愿做个小人，因而也就没有专门的"小人之学"，所谓小人之学也就隐藏在这四种学术之中，于是在这里提出"小人无学"的观点。意思是说，学术的关键问题，不在于求学者学的是什么，而在于学得之后做什么和怎么做。从事学术的文士中确有小人，他们就隐藏在四种学人之间。

姚莹还著有《康輶纪行》，其中也论及君子小人之异。卷五云："凡人莫不愿为君子，而恶为小人。今颂人以公忠未有不喜、责人以私佞未有不怒者，然往往终身私佞而自不知，此小人所以多也。古人之事君也，所宝惟贤，不市己恩；所退惟不肖，不避己怨。故大臣举用，不使人知，而受举者亦不谒谢，盖市恩则望人之私报，谒谢则为人之私人也。世安有君子而望人之私报，甘为人之私人者乎？"这里首先指出，世间人都愿做君子而恶为小人，被人赞为公忠则喜，被人指为私佞则怒，然而在现实官场上却是另一番现象，私佞小人太多了。姚莹认为，大臣向朝廷举荐人才，应当以其人是否贤良为标准，不应当以施恩者自居并且希望得到报答；被举荐的人不必向举荐者表达感恩的心情，也不必成为甘心为举荐效劳的私人。能这样做的就是君子，反之就是小人。这是在官场活动中区分君子与小人的重要依据。姚莹还举出历史上的一些典型事例，如秦汉之际萧何举荐韩信，西汉时张苍举荐贤良，唐代狄仁杰举荐娄师德，北宋时王旦举荐寇准，举荐者和被举荐者都是君子之行，当时及后世都受到称赞。姚莹这里的议论非常深刻，值得后人认真反思。

58. 俞樾转述其舅氏姚光晋论君子小人之异

俞樾（1821~1907），字荫甫，号曲园，浙江德清人，清末著名学者。道光三十年（1850）进士，曾官翰林编修、河南学政等。俞樾所著《春在堂随笔》卷三记其舅氏姚平泉先生"温良乐易，君子人也"。曾有一句名言是"以出世之心，行入世之事"，意思是用出家人所具有的无欲望的清静之心，来对待与处理人世间的世俗之事，这是一种非常超脱而高洁的修身处世境界。俞樾自谓他对于这两句话记得深刻，终身念诵。姚平泉即姚光晋（1780~1860），字仲瑜，号平泉，浙江仁和（今属杭州市）人。姚光晋去世之后，俞樾为他整理遗著，并交与其弟子陈子庄（即陈其元，字子庄，曾官金华训导、富阳教谕），谋求刊刻出版。俞樾印象最为深刻的，是姚光晋所著《琐谈》2

卷，其中论述君子小人的一段是："凡人以君子之心度人，未必皆中，然我不失为君子。况乎以小人之心度人，未必不中，然我不免为小人，况不中乎？"俞樾认为："数语亦名言也。谨识于此，以代几席之铭。"意思是说，这几句话非常深刻，可以作为座右铭。

第五编　谄媚百态述略

谄媚，其本义是对有权势居高位者进行奉承、巴结、献媚，以此谋求名位、利益或达到某种目的。其近义词还有阿谀、谗佞等，俗语还有溜须、拍马、捧屁、溜沟子、舔屁眼等。若仔细考究，谄与谀主要是以言语对人奉承，佞与媚主要是以行为与态度对人奉承，但是，谄媚者的实际表现形态常常并不是单一的，大都是言语、行为、态度兼施并行，甚至是无所不用其极。而且，语言本身也是一种行为，因此，工具书中对于"谄"的解释是"奉承，献媚"，对于"谀"的解释是"谄媚，用不实之词奉承人"（见《辞源》2906页）；对于"佞"的解释是"奸巧谄谀，花言巧语"；对于"佞人"的解释是"善于花言巧语、阿谀奉承的人"（《辞源》186页）。

《荀子·修身》云："以不善先人者谓之谄，以不善和（hè）人者谓之谀。"这是先秦诸子著作中关于谄谀的具有代表性的解释。所谓"不善"即是使用不实在的、过分夸大的言词，且含有不良的动机与目的。谄媚、谗佞、佞人等词，用于描述或评论某人的行为，显然都是贬义词。《论语·学而》云"贫而无谄"（贫穷却不巴结奉承）的"谄"即是指不良行为。《论语·卫灵公》云"放郑声，远佞人"，前人注解说，佞人就是"卑谄辩给之人"，对于这样的人应予以斥退。《论语·先进》云"子曰：是故恶夫佞者"，意思是说，孔子对于那种强嘴利舌的人非常讨厌。

褚人获《坚瓠集》补集卷六有《谄卦》一节，记云："王丹麓戏为《谄卦》，描摹谄字，义如燃犀照水，情状毕现。卦曰：谄，亨，利有攸往，不利君子，贞。象曰：天下大而其情同也。故亨。利有攸往，其义不困穷也。不利君子，贞，直无所容也。象曰：位高多金，谄，君子以违俗秉礼。初六，执其随，利贞。象曰：志在随人，以顺为正也。……（以下略）"王丹麓，即

· 309 ·

王晫（1636~?），初名棐，号木庵，一号丹麓，又自号松溪子，顺治年间为诸生，放弃举业，闭门读书著书。这篇小文仿照《易经》中六十四卦各卦辞的形式，阐释"谄"字的本义，切合历代谄媚者的实际表现，而且文词非常风趣，耐人寻味，得到褚人获的赞赏。今天看来，有助于我们理解谄媚的文化内涵。

谄媚是世间人的现实表现，也是现实中人的思想、道德、品行与人格的展示。自古以来，谄媚的表现形形色色，丰富多彩。在历史文献中，在历代文士的文集、笔记类著作中，以及在各种文学作品中，对于历史上各类人物的谄媚表现有非常丰富而生动的记述与描写，可谓是奇异生动，光怪陆离，令人可感可叹，亦可怜可笑。

谄媚者或出于贪婪的欲望，或出于奸邪卑劣的禀性，其对权势者进行谄媚表现出人性的丑恶与无耻；谄媚者或处于生存的逆境，或因为危难的胁迫，其对于权势者的谄媚则是表现为特殊时刻的被动与无奈。于是，在历史的长河中，各色人等在谄媚的问题上就演出了一幕幕的悲喜剧，留下了大量的生动的故事。

本编的写法是，笔者从大量典籍中摘取各种人物谄媚表现的典型事例，予以梳理，略作叙述，适当加以议论，由此揭开历史长幕的一角，窥见历代各色人物在谄媚这一侧面的生动事实，从而对于社会、政治、思想、文化等领域的诸多方面增加见闻，认识历史，进而在思想认识上产生有益的启发与感悟。

1. 易牙、竖刁、开方对齐桓公谄媚

春秋五霸之一的齐桓公在位时，易牙、竖刁、公子开方是三个著名的幸臣，善于以谄媚逢迎博得齐桓公的宠信。《管子·小称》记载说：易牙原名巫，在齐国宫中为雍人（掌管烹调之官），善于调味，他问齐桓公，还有什么想吃而没有吃到的美食呢？齐桓公说："只有蒸熟的婴儿肉没有尝过。"易牙就把自己的大儿子蒸了献给齐桓公，齐桓公觉得特别好吃，赞赏易牙对自己的忠心。管仲对齐桓公说："世间正常的人情，谁不爱自己的儿子？易牙连自己儿子都不爱，他对国君能有什么好处呢？"齐桓公对于宫中有其他男人十分忌妒，竖刁就自我阉割后为齐桓公管理内宫，管仲对齐桓公说："世间正常的人情，谁不爱惜自己的身体？竖刁连自己的身体都不爱惜，他对国君能有什

么好处呢？开方原来是卫国的公子，在齐国为齐桓公效力长达十五年，卫国距齐国并不算远，开方却从来也不回家看望父母亲人，这样的人是不会有好结果的。"管仲的忠言合乎情理，也是看透了易牙等三人的本质，可是齐桓公却听不进去，继续宠信他们。结果是，管仲死后，易牙等三人果然专权擅政，为所欲为；周襄王九年（鲁僖公十七年，齐桓公四十三年，前643），齐桓公病重，易牙等三人发动内乱，把齐桓公围困于宫中，致使桓公死了二十多天后才被人发现。易牙等三人立公子无亏为君，齐国大乱。

关于易牙等三人谄媚专权之事，《管子》之外，《左传·僖公十七年》及《史记·齐桓公世家》等也记述其史实，《韩非子·二柄》《淮南子·主术训》《大戴礼·保傅》《说苑·权谋》《论衡·谴告》等也引述其事，或者有所议论。但是有关文字略有差异，如"烝其首子"或作"蒸其子首"，或作"烹其首子"，"易牙"或作"狄牙"等。

2. 申亥用亲生女儿殉葬对楚灵王谄媚

楚灵王即楚共王次子，原名熊围，曾官令尹，被立为王改名熊虔，死后谥号为灵王。《左传》记载，昭公十三年（前529），楚国内乱，灵王之弟弃疾杀太子禄，立其弟公子比（字子干）为楚王。灵王逃往山中。这时，芋尹申无宇之子申亥为报昔日楚王不杀其父之恩，进山找到灵王，迎至家中。当天夜里，灵王在申亥家中自缢身死。申亥安葬了灵王，并杀死两个女儿作为殉葬品。

《东周列国志》第七十回《杀三兄楚平王即位，劫齐鲁晋昭公寻盟》写了这一段情节，描写较详。这里写申亥进山找到楚灵王，把他迎到家中，"乃使其亲生二女侍寝，以悦灵王之意。王衣不解带，一夜悲叹，至五更时分，不闻悲声。二女启门报其父曰：'王已自缢于寝所矣。'"申亥闻灵王之死，不胜悲痛，亲自殡殓，"杀其二女以殉葬焉"。作者在这里评论说，申亥感楚灵王之恩，把他安葬就是了，再杀两个女儿殉葬，做得实在过分。

3. 孔子说祝鮀是谄佞之人

祝鮀，或写作祝佗，字子鱼，春秋时卫国大夫。《论语》中提到祝鮀有两处。一是《雍也》篇云："子曰：'不有祝鮀之佞，而有宋朝之美，难乎免于今之世矣。'"一是《宪问》篇云："孔子曰：'仲叔圉治宾客，祝鮀治宗庙，王孙贾治军旅。夫如是，奚其丧?'"前一段中，"而有宋朝之美"的"而"或认为是"与"字。清代王引之《经义述闻》云："而犹与也，言有祝鮀之佞与有宋朝之美也。"清代研究《论语》的学者有不少人赞同他的解释，但是，当代学者杨伯峻《论语译注》不赞同王引之等人的解释，认为此说恐非原意，应作"而"字为是。这一解释成为当代学者较为一致共识。

杨伯峻先生的解释是有根据的。明张凤翼《谈辂》记云："《论语》'不有祝鮀之佞，而有宋朝之美'，大意言，当时好佞，苟为不佞，则虽美好，亦切不免。宋儒以好谀悦色并言，则以'而'字作'与'字矣。此皆训诂之瑕也。"这里的解释，即是不赞同将"而"字作"与"字。

这里，对《论语》原文的一字之差的理解，涉及一个重要问题，即祝鮀其人是否谄佞。宋朝即是宋国的宋公子朝，他因美色而引起祸乱，对他的评价带有贬义。如果《论语》这句话的原文是"与"字，那么，即如张凤翼所说，"以好谀悦色并言"，祝鮀就是一个谄佞之人，对他的评价也带有贬义。如果原文是"而"字，那么，祝鮀的品质就和宋朝具有不同的性质，即对祝鮀的评价就有褒义而无贬义。因此，张凤翼认为，宋代理学家解释《论语》这句话将"而"字作"与"字，是训诂上的"瑕疵"。

孔子是儒家尊崇的圣人，孔子称祝鮀为"佞"，宋代理学家就望文生义，认为祝鮀是谄佞之人，与宋朝并论。其实，孔子所谓"佞"，主要是指祝鮀娴于辞令，能言善辩，因此称赞他主管祭祀及外交都是非常称职的。《左传·定公四年》记述有祝鮀的事迹，在卫国与诸侯国会盟时，他的能言善辩发挥了重要作用，而祝鮀的谄佞表现却没有更具体的事实。

4. 越王勾践尝便问疾

春秋时期吴越相争的历史过程中，越王勾践战败后到吴国服苦役的时候，对吴王夫差不得不低三下四，百般顺从，甚至做出"尝便问疾"那样的事情。《吴越春秋》卷四记载：越王勾践五年（前492）五月，勾践带着夫人，由范蠡陪同，到吴国称臣服役。勾践身穿"犊鼻裤"（上身有襻带的工作服）为吴王养马，夫人身穿粗布衣给马喂水，清除马粪，苦役三年，没有表现出一点愠怒怨恨的神色。吴王夫差生病了，三个月没有痊愈，勾践听从范蠡的主意，请求看望吴王并亲自尝一尝他的粪便，以此判断病情。太宰嚭呈报夫差，夫差同意并召见勾践。正好遇着夫差大便，勾践用手取其大便放入口中品尝，之后向吴王表示祝贺,说:大王之病到己巳日就会好转,到三月壬申就能痊愈。夫差问他是怎么知道的,勾践说:"下臣尝事师,闻粪者顺谷味,逆时气者死,顺时气者生。今者臣窃尝大王之粪,其恶味苦且楚酸,是味也,应春夏之气,以是知之。"于是,"吴王大悦"。勾践这次尝过夫差的粪便之后,嘴里就一直有一股臭气,范蠡就让左右的人都吃一种岑草,以此可以把勾践讨厌的臭气冲淡一些。

越王勾践对于吴王夫差的恭顺与谄媚是被动的和不得已的,是弱者处于劣势自保求存的无奈之举,是英雄处于逆境中顽强忍耐以图后发的智慧与策略。这和前述易牙竖刁等人对于强势国君主动谄媚以追求权力与富贵的表现具有不同的性质。然而,勾践的尝便问疾的极端行为,为后世的谄媚者开了一个卑劣丑恶的先例,六朝时北齐某士人对和士开谄媚而饮粪汤,唐代赵元楷嗅脓,郭霸尝魏元忠粪便,都是对于越王勾践尝便问疾的仿效,详见本编第17、第24、第28各节。

5. 曹商舔痔得车

曹商是战国时期宋国人。《庄子·列御寇》记述他的故事说,曹商受宋王派遣,前往秦国出使,出发时,宋王给了他几辆车,从秦国返回的时候,秦王又赏给他许多车,使他的车队达到百辆。曹商回到宋国之后,向庄子夸耀他的名车之多,庄子对他说了一段至今都堪称经典的名言:"秦王有病召医,破痈溃痤者得车一乘,舐痔者得车五乘,所治愈下,得车愈多。子岂治其痔邪,何得车之多也?"意思是,秦王有病请医生诊治,为他吮吸脓疮的就会得到一辆车的奖赏,为他舔痔疮的就会得到五辆车的奖赏,你肯定是为秦王舔了痔疮吧,否则怎么能得到这么多车呢?

这个故事中,曹商在秦王面前究竟怎样献媚,秦王怎样高兴而赏赐他,今天的读者不可得知,只能凭想象来补充具体的情节。庄子说他是因为有卑劣龌龊的献媚表现而得到秦王的赏赐,这是庄周嘲弄与挖苦他的话,未必是真正的事实。但是,后世读者从《庄子》书中能够得到的重要认识是,庄子认为,如果能从当权者那里得到许多好处,肯定是进献了许多谄媚的语言与表现;而且,谄媚愈是肉麻,愈是下流,谄媚者得到的好处就愈多。庄子这样的判断,是基于他对于现实中大量谄媚者怀有极大的憎恶情绪。庄子对曹商的嘲讽,言词犀利,寓意深刻,既情感鲜明,又显示出高超的语言表达艺术，因此这一段落在文学史上成为浓墨重彩的篇章。其中"舐痔"一词转化为尽人皆知的俗语，世间大众所称"舔屁股""舔屁眼""溜沟子"等，本是来自庄子的著作。

6. 邓通为汉文帝吮痈

邓通，汉初南安（今属四川）人。《史记·佞幸列传》记云："邓通无他能，不能有所荐士，独自谨其身，以媚上而已。"汉文帝刘恒曾患病，身上长一个疮，又溃了脓，邓通亲自为文帝"吮痈"（用嘴吸疮里溃的脓）。文帝见他这样的表现，心里不高兴，从容问邓通："普天之下谁是最爱我的人呢？"邓通回答说："应该是莫过于太子了。"又一时间太子刘启来看望文帝的病，文帝让太子用嘴吸脓，太子勉强这样做了，但是表现出很不情愿的为难神色。后来，太子听人说邓通为文帝吸过脓，心里感到惭愧，从此对邓通产生了怨恨情绪。文帝死后，太子即位为汉景帝。邓通最终被景帝治罪，落得个可悲的下场，其实，在这个吮痈的事件中已经埋下祸根。

7. 檀长卿作沐猴与狗斗

檀长卿是汉宣帝时人，曾官长信少府。《汉书·盖宽饶传》记载，汉宣帝太子刘奭的外祖父许伯建成一处豪华的府第，刚刚入住，在府中设宴庆贺，请朝中一些权贵人物赴宴。饮酒到酣畅淋漓的时候，长信少府檀长卿在宴席间表演沐猴与狗斗，逗得人们开怀大笑。这本是当时流行的杂戏与角抵一类的滑稽表演，以供参加宴会的来宾玩笑取乐。当时盖宽饶官为大中大夫，看到表演非常不高兴，就仰面看着房顶，叹息道："君侯观看这样低级下流的表演，怎么就不能以此为戒呢？"于是他就赶快起身离开这里，回到自己府中写奏章，弹劾檀长卿，说他身为列卿而表演沐猴斗狗之舞是"失礼不敬"。汉宣帝刘询见到奏章，打算给檀长卿定罪，许伯得知，向皇帝表示谢罪，过了好大一会儿，汉宣帝的怒气才消下去。

8. 陈万年教儿子学谄媚

陈万年，字幼公，西汉沛郡相（今安徽宿迁一带）人。《汉书·陈万年传》记载，丙吉执掌朝政时，陈万年靠阿附丙吉得官为太仆，又受丙吉推荐升官为御史大夫。陈万年的儿子名咸，字子康，才十八岁，因父亲的关系官为左曹。陈万年病了，有一天夜晚把儿子陈咸叫到床跟前，对他进行谆谆教诲。说到半夜时分，陈咸听着听着就睡着了，头歪在一旁碰着了床边的屏风。陈万年非常生气，要拿棍子打他，又训斥他说："你的老爹对你进行训教，你却在那儿睡觉，不听我的话，将来你能有什么出息啊？"陈咸跪下叩头道谢，说："父亲说的话我都听明白了，大抵不过是教我如何如何谄媚。"陈万年见儿子这样回答，明白儿子是不想接受他的这一套，也就不再多说什么。

前述邓通、檀长卿、陈万年等人的谄媚行为，反映出西汉时普遍存在的谄媚之风。北宋时苏轼曾有专文论述。《东坡全集》卷九二《西汉风俗谄媚》云，西汉时风俗谄媚，能够不趋从时俗而保持正直人格的只有汲长孺。司马迁作《史记》，其中《卫青传》不称其名，只称他大将军；贾谊如此高才，也说什么"爱幸于河南太守吴公"，这样卑微的语言"甚可鄙"，但是司马迁本人却不以为谄，这是"时俗使然也"。因此，苏轼说北宋太宗时也产生了这样的风气，"至今未衰"。于是，苏轼总结西汉的历史教训，意在纠正北宋时的社会风气，他在皇帝宋神宗面前也曾论及这一问题。苏轼的观点值得重视。

9. 扬雄作《剧秦美新》对王莽谄媚

扬雄（公元前53~公元18），西汉著名的文学家和学者，字子云，蜀郡成都人。《汉书·扬雄传》记载，王莽篡汉建立新朝时，扬雄仿照司马相如的《封禅文》作《剧秦美新》一文献给王莽，对于秦朝的暴政予以抨击，对王莽建立的新朝及王莽本人极力美化。《剧秦美新》今见《文选》卷四八，列为"符命"类。《文选》李翰注云："剧，甚也。王莽篡汉位，自立为皇帝，国号新室。是时雄仕莽朝，见莽数害正直之臣，恐己见害，故著此文，以秦酷暴之甚，以新室为美，将悦莽意，求免于祸，非本情也。"这段注文，认为扬雄写作此文并非本意，显然是在为扬雄屈身顺从王莽的行为进行辩解和开脱，表现出李翰维护扬雄名节的善意。其实，这样的辩解是苍白无力的，并不能完全掩盖扬雄本性懦弱自私而在政治上变节从逆的本质。

《剧秦美新》文章开头说"中散大夫臣雄，稽首再拜，上封事皇帝陛下"，这里首先表明了扬雄拥护王莽做皇帝的政治立场。接着说"臣伏惟陛下，至圣之德，龙兴登庸，钦明尚古，作民父母，为天下主"，对王莽进行歌功颂德；甚至说王莽"配五帝，冠三王，开辟已来，未之闻也"，这里把王莽和三皇五帝并列，对王莽的吹捧简直到了让人肉麻的程度。后面的文字，洋洋洒洒，铺张立论，大体的逻辑是：秦朝实行暴政，天下怨恨，汉高祖起兵反秦，是拯救国家与苍生，功盖寰宇；而到了西汉之末，大汉的王气将终，"帝典缺而不补，王纲弛而未张"，于是王莽建立新朝，是顺应天命，而且有灵符与祥瑞出现，"卓哉煌煌，真天子之表"。接着，又对王莽的功德与伟业予以称颂，"郁郁乎焕哉，天人之事盛矣……炳炳炜炜，岂不懿哉！"从文章的内容来看，扬雄确实是有学问而且是有才华的，其文辞之美和王莽的盛德伟业相得益彰，这使《剧秦美新》一文具有非常高的文学价值，因而具有非常大的欣赏价值和传世价值。试想，当时王莽读到扬雄的这篇文章，一定是飘飘然心花怒放，虽然没有封给扬雄侯爵，但是把他从原来的"给事黄门郎"升官为"大夫"，对于扬雄这个年过七十的老文人来说，已经是很大的荣誉了。按扬雄本来的设想，他不被王莽的新朝治罪就是幸运的了。可以说，扬雄呈献《剧秦美新》向王莽来一番曲意的谄媚，对于他避免因改朝换代而可能遭遇的灾祸，确实起到了很大的作用。

遗憾的是，扬雄献了《剧秦美新》这篇谄媚文章之后，他对于新朝的惧罪心理仍然没有完全消除。不久，扬雄受其他事件牵累，听说朝廷派校尉逮捕他，就在他从事校书工作的天禄阁投阁自尽，虽然没有死却大受伤，不久就在郁郁苦闷中去世。《剧秦美新》一文，在后世成为一个历史典故，在文士的诗文中时见被提起，如明初刘基《咏史》诗之一云"想得民心思汉日，正当扬子剧秦时"（今查刘基《诚意伯集》，未见此诗，这里据其他书引文转录），即是一例。明彭大翼《山堂肆考》卷一三一《扬雄颂莽》一节云："汉扬雄作《法言》，卒章称王莽功德可比伊周。又作《剧秦美新》之论以颂莽，君子病焉。"这里也把扬雄赞颂王莽一事作为历史上重要的谄媚典故予以记述。

10. 吕会对晋元帝谄媚

吕会是西晋至东晋时人，曾官内史。晋愍帝建兴四年（316），刘曜攻占长安，晋王司马睿逃到江南，受流亡的朝臣及贵族拥戴，即皇帝位，成为东晋首位皇帝，即晋元帝，四海之内民心归附。据《晋书·志第十九》记载，这一年的十月，新蔡（今属河南）县吏任侨的妻子胡氏生了一对连体女婴，婴儿面对面，腹部连结，胸部以上、肚子以下是分开的。人们没有见过这样的婴儿，认为是妖异。当时吕会进言说："根据汉代文献《瑞应图》的说法，

'异根同体，谓之连理'。草木之类的植物出现这样的情况，尚且是祥瑞之兆，现在发生二人同心的情况，正是天垂灵象。所以《易经》说：'二人同心，其利断金。'正好证明这是四海万民同心的祥瑞。我不胜欢喜雀跃，特意画一幅祥瑞图呈献给陛下。"当时的有识之士听了吕会这一番花言巧语的解释，都讥笑他。

11. 殷仲文对桓玄谄媚

桓玄是东晋权臣桓温之子，后来因谋反称帝而兵败身亡。殷仲文是桓玄的姐夫，追随桓玄，对桓玄极力献媚。《晋书·殷仲文传》记载，殷仲文颇有文才，桓玄准备谋反时，让殷仲文掌管起草诏命文诰之类的事务，官为侍中，领左卫将军。桓玄加九锡的文诰，就出自殷仲文的手笔。桓玄篡位之后进入宫廷，有一天晚上桓玄睡觉时，所睡之床忽然塌陷，身边的人都大惊失色，殷仲文却说："这是因为陛下您的圣德深厚，地不能载啊！"桓玄听了特别高兴。宋罗大经《鹤林玉露》乙编卷五《臣谄主愚》一节，把殷仲文对桓玄的谄媚和李超对南燕主的谄媚并列，作为"下谄上愚"的典型事件，详见后文第 12 节。

12. 李超（宣）对南燕主慕容超谄媚

宋罗大经《鹤林玉露》乙编卷五《臣谄主愚》记云："桓玄窜（篡）位，登御床，地忽陷。群臣失色，殷仲文曰：'良由地德深厚，地不能载。'玄大悦。南燕汝水不冰，燕王超恶之，李超曰：'良由逼带京城，近日月也。'燕王亦大悦。下谄上愚，可发一笑。"这里说河水冬天不结冰，是因为距离京城较近，也就是距离日月较近，把南燕王慕容超比喻为太阳，如此谄媚到肉麻的程度，慕容超竟然听了非常高兴，可见慕容超是多么的庸俗而愚蠢，同前述桓玄听了殷仲文的谄媚而高兴，可谓是如出一辙。

《鹤林玉露》这里所记为李超之语，因李超与慕容超同名，本应避讳而没有避讳，似有疑问，或以为应作"李宣"。《资治通鉴》卷一一四晋安帝义熙四年（408，即南燕慕容超太上四年）载："南燕汝水竭，河冻皆合，而沔水不冰。南燕主超恶之，问于李宣，对曰：'沔水无冰，良由逼带京城，近日月也。'超大悦，赐朝服一具。"据此，"李超"当为"李宣"之误，"汝水"应是"沔水"之误。

13. 日陆眷咽唾对库辱官谄媚

这是一则发生在十六国时期的故事。《魏书·蠕蠕传》中"徒何段就六眷"一节记载，这个家族本来出于辽西，其伯祖名叫日陆眷，因遭逢战乱而被卖给渔阳乌丸大库辱官家族为奴隶。有一天，这个家族的上层人物在幽州集会，每个参加宴会的人都自带一个唾壶，唯有库辱官没有带，他就吐在日陆眷的嘴里，日陆眷就把他吐的痰咽了下去，并且面向西朝天拜祷说："愿使主人的智慧和禄相全部移到我的腹中。"日陆眷的身份是奴隶，他接受库辱官的虐待并且说出那样谄媚的话，是被压迫者不得已而为之的自保求生之法，同前述春秋时越王勾践尝便问疾的行为有一定的相似之处。

14. 袁昂对梁武帝谄媚

袁昂，字千里（或谓他本名千里，改名为昂），南朝齐梁时人。《南史·袁昂传》记载，袁昂在南齐明帝萧鸾在位时官为尚书，入梁后于天监二年（503）官为侍中，又升官为吏部尚书。梁武帝萧衍对他说："齐明帝重用你的时候，你是黑头尚书（意思是年岁尚轻，满头黑发）；现在我重用你的时候你是白头尚书（意思是年岁大了，头发变白）。真是人生短暂，岁月无情，确实是愧对你了。"袁昂回答说："我从出生以来到现在已经四十七岁。前四十岁是属于我自己的，最近这七年，是陛下您养育的。七岁就做尚书，并不算晚啊！"梁武帝听袁昂这么说，非常高兴。

15. 何敬容熨衣对梁武帝谄媚

何敬容字国礼，南朝齐梁时人。《南史·何敬容传》记载，何敬容二十岁时尚齐武帝萧赜之女长城公主，入梁后于天监年间官吏部尚书，又曾出任吴郡太守。梁武帝本人的生活比较俭朴，但是他要求臣下的穿着必须整洁。有一天，梁武帝看见一位侍臣的衣带打卷，成条缕状，非常生气，就说："你的衣带像根绳子，想用它捆绑谁啊？"何敬容理解梁武帝的旨意，就刻意迎合，以后他自己穿的衣服就更注意光鲜亮丽。他经常用清胶刷胡须，保持胡须的硬挺齐整；他的衣服打皱了，就穿着这件衣服趴在床上，让家人用熨斗熨平，暑天这样熨烫，把后背都烙焦了。这件事传出去，成为笑谈。

16. 徐子才对北齐成武帝谄媚

徐子才，北齐大臣，丹阳（今属江苏）人，官至尚书左仆射，卒谥文明。《北齐书·恩幸传》记载他"历事诸帝，以戏狎得宠"。他善医药，也通经史，解天文，武成帝高湛在位时，他对武成帝极力谄媚。武成帝长了一颗齻（diān）牙（俗称尽头牙），就问宫里的医官，时任尚药典御的邓宣文按实话说，这是口腔最里边的一颗白齿。武成帝大怒，就让人把邓宣文狠狠地打了一顿。武成帝又问徐子才，徐子才回答说："这个牙名叫智牙，长智牙的人必定聪明长寿。"武成帝听了特别高兴，给了徐子才丰厚的赏赐。这是中国历史上一个说实话获罪、拍马屁受赏的典型事例，由此可见徐子才谄媚的伎俩是非常高超的。

17. 北齐某士人饮粪汤对和士开谄媚

和士开，字彦通，清都临漳（今属河北）人。其祖先是西域胡商，本姓素和氏。北齐武成帝高湛在位时受宠信，后主高纬在位时官尚书令，封淮阳王。《北齐书·恩幸传》记载，高湛被封为广阳王时，和士开为府行参军，两人互相谄媚，很是投合。和士开对高湛说："殿下非天人也，是天帝也。"高湛则赞扬和士开说："卿非士人也，是世神也。"于是，这里议论说，和士开"禀性庸鄙，不窥书传，发言吐论，惟以谄媚自知"。后来高湛即皇帝位为齐武成帝之后，从河清年间到后主高纬天统以后，和士开的威权更盛。有一位士人求见和士开，正逢和士开生病，医生说："（淮阳）王患的这病是伤寒，非常严重，服用一般的药都无效，必须服黄龙汤才能治好。"所谓的黄龙汤是一味中药的名称，就是粪清。《资治通鉴》记陈宣帝太建二年（即北齐后主武平元年，570）之事云："王伤寒极重，应服黄龙汤。"即是指和士开。这里有注释引录南朝著名道士陶弘景之语云："今近城寺别塞空罂口，内粪仓中，久年得汁，甚黑而苦，名为黄龙汤，治瘟病，垂死者皆瘥。"据此可知，黄龙汤就是粪窖中沤的粪最上层积聚的粪水，又黑又苦，可以治瘟病，特有效。当时，医生让人取来"黄龙汤"让和士开喝，和士开颇感为难。旁边那位士人说："喝这黄龙汤非常容易，请王不要疑惑。让我先为您尝一尝吧。"说罢，就先舀了半碗粪汤，一口气喝光。和士开被他的诚意感动，也把"黄龙汤"喝了，出了一身汗，病也就好了。

这个故事中，至于说饮"黄龙汤"治伤寒有没有效，那是医学问题，兹不多论。这里关注的是那位士人在和士开面前的表现，成为中国历史上谄媚行为的一个重要的典故。《渊鉴类涵》卷三一五"黄龙先试，士开之疾旋瘳"，就是指的这个故事。

18. 孔范、王仪等对陈后主谄媚

孔范，字法言，南朝会稽山阴人，陈后主时仕至都官尚书。《南史·恩幸传》记载，陈后主当时正宠爱妃子孔贵嫔，孔范就私下和孔贵人认作兄妹，因而受到特别的恩遇，陈后主对他言听计从。陈朝被隋朝灭亡时，晋王杨广在金陵杀掉陈后主身边的五个"佞人"，孔范等还不在其内。后来到了长安，隋文帝杨坚又把孔范和陈朝原散骑常侍王瑳、王仪及御史中丞沈瓘这四个奸佞定为"罪人"，流放到远方。这几个人中，王仪最为"倾巧侧媚"，他把自己的两个女儿献给陈后主，以求得到宠信，其卑劣无耻受到人们唾弃。

孔范和陈后主的孔贵嫔认作兄妹的事例，在历史上是非常典型的，孔范之后还有人仿效。明朝大学士万安和成化皇帝朱见深的万贵妃认作兄妹，就是采取孔范的做法（参见本编第 81 节《万安以房中术对成化皇帝谄媚》一节）。梁绍壬《两般秋雨庵随笔》卷一《孔万》云："陈都官尚书孔范与孔贵嫔结兄妹，明丞相万安与万贵妃通族。奸邪行事，千古一辙。"

19. 高丽国王自称"辽东粪土臣"对隋炀帝谄媚

《隋书·东夷传》记载，隋朝灭掉江南的陈朝之后，基本上统一了中国，这时，高丽国的国王名汤，非常害怕。开皇十七年（597），隋文帝赐给汤一道玺书，汤得书惶恐，将奉表陈述感谢之意。但是不久，汤病卒，其子元嗣位，隋文帝派使者拜元为开府仪同三司，袭爵辽东郡公。但是，元却不知足，奉表谢恩时请求封他为王，隋文帝非常大度，下诏册封元为王爵。而元却欲壑难填，第二年竟然率领靺鞨之兵入寇辽西，被隋朝将领韦冲击败驱走。隋文帝得知报告大怒，命令汉王杨谅为元帅，统领陆路水路大军讨伐高丽，同时下诏废黜其王爵。这时，高丽王元害怕了，急忙派使者上表谢罪，表文自称"辽东粪土臣元"，极其谦卑。隋文帝见他服软，就下令停止进军，和原来一样对待高丽。其国王元再也不敢狂妄进犯，每年派使者向隋朝进贡。这里，高丽王元对隋文帝的谄媚，虽然是迫于隋朝的武力而不得已的臣服，但是他

所用的"辽东粪土臣"的自称,却是非常可笑而滑稽的。

20. 道士桓法嗣对王世充谄媚

王世充(? ~621)是隋末唐初西域人,本姓支,其父是王氏养子,遂姓王。隋炀帝时为江都守,受炀帝宠信。大业末年宇文化及弑炀帝,王世充在洛阳立越王杨侗,自任吏部尚书,封郑国公。杨侗二年(619)三月,王世充又任相国,进封郑王,加九锡,有称帝的野心。《旧唐书·王世充传》记载,这时,有个名叫桓法嗣的道士,自谓通解图谶之学,他向王世充进献一本书名为《孔子闭房记》,同时又有一幅画,画的是一个男子手持一根长干(竿)赶羊,桓法嗣解释说:"隋朝皇帝姓杨,谐音即是羊;一干即'干一',合起来是'王'字,王居羊后,这表明王相国要取代杨姓做皇帝。"桓法嗣又把《庄子》书中的《人间世》《德充符》两篇献给王世充,解释说:"上一篇有'世'字,下一篇有'充'字,合起来就是王相国的名字。这说明相国一定能够使国人承受您的恩德,应上天符瑞而成为真龙天子。"王世充非常高兴,说:"此天命也。"于是就接受了桓法嗣的建议自称皇帝,国号郑。(《隋书·王世充传》所记略同)

道士关于谶纬之学的一套解说,纯粹是阿谀献媚的言词,是讨好当权者的荒唐的鬼话。王世充利令智昏,被道士的迷魂汤灌得晕头转向,竟然以为自己真的能成为皇帝,而立即付诸实际行动。结果,不久他受唐兵进攻,战败而投降,后来在长安被仇人杀死,落得个可悲的下场。

21. 武士彟对唐高祖李渊谄媚

武士彟,即武则天之父,字信,太原文水(今属山西)人,隋时官晋阳宫留守司参军,唐高祖李渊当时为留守之职。宋乐史《广卓异记》卷一记云,武士彟于某日清晨在街边独自散步,听见天空有人说话的声音:"唐公是天子。"他循声张望,却看不见人在哪里。武士彟把这事告诉李渊,李渊心里特别高兴,叮嘱他不要向人乱说。当天夜里,武士彟梦见李渊骑白马升天,第二天又把这个梦告诉李渊,李渊于是决定率兵起义。

《旧唐书·武士彟传》所记与《广卓异记》略有不同。这里说,唐高祖李渊准备起兵时,招募的新兵让刘弘基、长孙顺德统领,李渊的部将王威等人认为刘弘基不可靠,打算向李渊举报,武士彟担心引发变乱,就劝止了他们。他这样做其实是为李渊的事业着想。后来，李渊率兵攻占长安之后，武士彟对李渊说了梦见他骑马升天可为天子的话，李渊说："汝王威之党也……今见事成，乃说迂诞而取媚也？"（《新唐书·武士彟传》所记略同）这里，李渊当面指出武士彟不过是说些空洞荒诞的话来"取媚"，确是看透了武士彟的心思。但是，李渊也理解了武士彟的忠心，没有影响对于他的信任与使用，授予武士彟重要官职，后来又升为工部尚书，封应国公，成为唐朝开国重臣之一。

22. 宇文士及对唐太宗谄媚

宇文士及是隋末唐初人，宇文述之子、宇文化及之弟、隋炀帝之女婿，后归降唐高祖李渊，因功官至中书令，又进爵郢国公。他对唐高祖、唐太宗父子固然非常忠诚，但是常过分表现出谄媚之态。《隋唐嘉话》卷上记载：有一天，唐太宗李世民带亲随数人到一棵大树下面休息，顺口称赞道："嘉树。"当时宇文士及在旁边，就立即顺随着李世民的意思，对这棵树进行赞美，说个没完没了。李世民对他这种溜杆子迎合的做派非常厌恶，就说："魏征常劝我要远离谄佞的人，我却不明白谁是佞人，心里暗地怀疑你宇文士及是个佞人，但是还不十分明确。今天看到你这样的表现，我总算明白了，你确实是个佞人啊！"宇文士及急忙跪地叩头致谢，又为自己的行为狡辩说："朝廷的许多文臣，常常在您面前直言无忌，陛下总是大度忍让，不驳他们的面子。今天我有幸在您的身边，如果不多表现得顺从听话一些，那么陛下虽然贵为天子，您还能有多少乐趣呢？"唐太宗听了他的这番话，心中的不高兴稍微得到消解。（又见《大唐新语》卷九，《唐语林》卷一）宇文士及真是谄媚高手，他的辩解之词也正是换了一种表达方式的谄媚，使唐太宗在一定程度上消解了对于他的厌恶之心。

23. 丘行恭生食刘兰心肝对唐太宗谄媚

丘行恭，唐初贞观年间以军功进右武侯将军。《大唐新语》卷九记云：代州都督刘兰以谋反罪被腰斩，丘行恭为了在唐太宗面前显示一下他对于反贼的痛恨，以此讨取皇帝的欢心，就用手往刘兰的尸体里面掏取心肝，填到嘴里生吃。唐太宗见他这样的表现，非常厌恶，就说："对叛贼该怎样处罚，法律条文有明确的规定，你何至于要这样呢！如果以生吃反贼心肝为忠孝的话，刘兰的心肝应该让太子和几个王子吃,哪能轮得着你呢?"丘行恭满面羞惭,没趣地退下。(刘兰,青州人,《资治通鉴》卷一九六作"刘兰成")

24. 赵元楷嗅马脓对侯君集谄媚

赵元楷,唐初人。侯君集于唐初从唐太宗征战有功,官至吏部尚书,封潞国公。《太平广记》卷二四〇《赵元楷》引《谭宾录》记云:赵元楷官为交河道大总管时,侯君集为元帅。侯君集所骑的马脖子上生疮溃烂,赵元楷就用手指蘸马脖子疮口流出的脓,用鼻子嗅,以此向侯君集献媚。御史弹劾赵元楷,就举出这样的事例,于是赵元楷被降调为刺史。

25. 僧人薛怀义等造《大云经》对武则天谄媚

武则天宠信僧人薛怀义,薛怀义对武则天也极力谄媚。《旧唐书·薛怀义传》记载,薛怀义本姓冯,原名小宝,京兆鄠县(今陕西户县)人,因千金公主引荐而受到武则天的宠爱。为方便出入禁宫,武则天让他削发为僧,改姓薛,与太平公主的驸马薛绍认作同宗,让薛绍呼他为叔父。永昌元年(689),薛怀义窥知武则天有代唐称帝的意思,就与和尚法明、处一等九人伪造出《大云经》,其中陈述上天有符命,说武则天是弥勒佛降生于尘世,可作"阎婆提主"(女皇),唐室衰微是符合天意。《旧唐书·则天皇后纪》载初元年记云,薛怀义等撰作表文上奏之后,武则天非常高兴,颁行制书晓谕天下,确定第二年为天授元年(690)。又下令在全国各州建造大云寺,度脱僧人上千人。《大云经》的伪造及颁行,正是适应了武则天称帝的政治需要,在当时也确实产生了重要的舆论宣传与引导作用。

26. 阎朝隐装牺牲对武则天谄媚

阎朝隐,字友倩,栾城(今属河北)人,武则天时期著名佞臣之一。连中进士孝悌廉让科,中宗李显为太子时,阎朝隐作为舍人受到亲幸。他性情滑稽,言词奇诡,被武后赏识,曾官著作郎、秘书少监。《旧唐书·阎朝隐传》记云,圣历二年(699),皇帝武则天生病,派阎朝隐前往登封少室山向神祈祷,阎朝隐就趁机极力表现出恭敬虔诚,以取悦于武则天。他将身体躺在供桌上,装作祭神的牺牲,向神祷告说,愿意以自身代替大周金轮皇帝承受所有的苦难。求神归来,武则天果然康复了。于是武则天非常高兴,对阎朝隐"赐绢彩百匹，金银器十事"，又提升阎朝隐做麟台少监。

阎朝隐对于武则天这样谄媚的表现，在中国历史上非常典型，后世文人著作中时见提起，作为谄媚者的典型例证。文学作品中也有反映。清代严廷中的杂剧《洛城殿》写二圣临朝（唐高宗和武则天同掌朝政）开科取士的故事，其中阎朝隐为考官之一，他出场时自白云："下官阎朝隐，蒙二圣钦点主试。若论朝中卿相，不少名流，这衡文的体面，怎能轮得着俺？只因从前天后患病，差俺往嵩山拜祷，祭神之时，俺便自己做了一条黄牛，伏在俎上，愿代天后身死。因此天后日加宠爱。"这里，阎朝隐把装作牺牲求神作为他的一件功劳自夸，颇为得意。但是，此剧这样写，与历史事实在时间上不合。阎朝隐往嵩山求神代做牺牲一事，并不是发生在"二圣临朝"时，而是在武则天称帝之后的圣历二年（699）。剧中情节不是严格的历史，这样的描写不影响后人对于阎朝隐谄媚本质的认识。

27. 杨再思跳高丽舞对张昌宗谄媚

杨再思，原武（今属河南原阳）人，武则天时期著名的佞臣之一。武周延载（694）初官鸾台侍郎，同平章事，后封为郑国公，居相位十余年，专以阿谀逢迎为能事。《大唐新语》卷九记云，张易之兄弟正受武则天宠爱时，有一天张易之的哥哥张同休在司礼寺宴请公卿，杨再思时官御史大夫，也受邀参与。宴席间，张易之对杨再思说："你的面相长得像高丽人，请你跳一段高丽舞吧。"杨再思欣然同意，就把一些纸旗巾子贴在脸上，把一件紫袍反穿在身上，跳起了高丽舞，一点也没有羞惭的意思。当时，张易之的弟弟张昌宗（六郎）因长得帅而特别受武则天宠爱，杨再思就当面奉承张昌宗说："人言六郎似莲花，再思以为不然，只是莲花似六郎耳。"朝中有识之士听到杨再思对张昌宗这样肉麻的吹捧，都讥笑他。后来，有人揭发张易之、张昌宗兄弟犯贪赃罪，武则天命令桓彦范、李承嘉调查核实，几天之后，桓彦范等人回奏说："张昌宗兄弟共有赃款四千余贯，按法律规定应当给予撤销职务的处分。"张昌宗辩解说："臣有功于国家，所犯不至解免。"武则天就问诸位宰臣："昌宗于国有功否？"这时，杨再思的官职是内史，他揣知武则天根本不想处罚张昌宗，就主动为张昌宗辩护，向则天皇帝启奏说："昌宗为陛下合炼丹，陛下服用之后有效，这实在是莫大之功啊！"武则天就赦免了张昌宗。天下名士从这件事就对杨再思十分鄙弃，视之如粪土。

以上这几件事实,《旧唐书·杨再思传》予以采用,并云:(杨再思)"为人巧佞邪媚,能得人主微旨,主意所不欲,必因而毁之;主意所欲,必因而誉之。"可见他天性机智,谄媚有术。《新唐书·杨再思传》所记略同。

28. 郭(弘)霸尝粪便对魏元忠谄媚

郭霸(《旧唐书》作郭霸,《新唐书》作郭弘霸),庐江(今属安徽合肥)人,武则天时期著名佞臣之一。嗣圣元年(684),武则天先后废中宗李显、睿宗李旦,御紫宸殿掌朝政,徐敬业起兵讨武则天。此时,郭霸因为拥护武则天革命,受到武则天召见,他在武则天面前表达他对于徐敬业的痛恨说:"臣愿抽其筋,食其肉,饮其血,绝其髓。"武则天非常高兴,后来于长寿元年(692)授郭霸官为监察御史,二年(693)又改为右台侍御史,于是当时人们称郭霸为"四其御史"。

《大唐新语》卷九记载,当时魏元忠官御史大夫,是郭霸的上司,魏元忠生病在家,诸位御史到魏府看望,郭霸故意独自走在最后面,待别人都离开之后,郭霸一个人见魏元忠,一副忧惧的表情,他提出亲自尝一尝魏元忠的大便,说这样可以判定一下病情的轻重,就像是春秋时越王勾践对吴王夫差尝便问疾一样。魏元忠本性刚直,觉得郭霸的这副谄媚嘴脸非常可恶,就把郭霸尝粪便问病这件事给朝中臣僚透露出去,于是人们都认为郭霸的人品十分卑劣。(《太平广记》卷二六八引《神异经》,同《大唐新语》)

《朝野佥载》卷五记载:"侍御史郭霸尝来俊臣粪秽……"这里说郭霸尝粪便的对象是来俊臣,和《大唐新语》所记不同。《旧唐书·郭霸传》记此事同《大唐新语》。《新唐书·郭弘霸传》记述郭弘霸为之尝粪便的人也是魏元忠,并记郭弘霸后来不得好死。郭弘霸受命审理李思征案,对李思征严刑逼供,折磨至死。后来,郭弘霸多次梦见李思征化为厉鬼向他索命,郭弘霸精神发狂,自己持刀剖开肚子而死,不多久他的尸体腐烂生蛆。人们对郭霸的惨死感到高兴,可见谄佞的恶人必遭恶报。

29. 宋之问捧溺器对张易之谄媚

宋之问(?~712),唐代著名诗人。原名少连,字延清,汾州(今山西临汾)人,一说虢州弘农(今河南灵宝)人。武则天当政时,他和沈佺期同时受宠,在内廷供奉,虽然富有才华,但其人品卑劣,为士人所不齿。

《新唐书·宋之问传》记载，武则天宠爱张易之的那段时间，宋之问和沈佺期、阎朝隐、刘允济等人对张易之"倾心媚附"，张易之为了在武则天面前显示才学而作的一些诗赋，其实都是宋之问和阎朝隐代笔。更为甚者，宋之问竟然亲自为张易之捧"溺器"（尿盆）侍候他小便，这样的行为让士人耻笑。武则天死后，宋之问因阿附张易之而被治罪，贬为泷州（今广东罗定）参军，不久私自逃回洛阳，藏匿在朋友张仲之家中；其弟宋之逊被贬为兖州司仓，也私自逃回洛阳，藏匿在驸马王同皎家中。韦皇后专朝政时，武三思一度得势，王同皎与张仲之等愤慨于韦皇后武三思的乱政祸国，密谋杀武三思。宋之逊在暗处听到了他们的密谋，告诉了宋之问，宋之问就让亲信告发，于是宋之问得升官为鸿胪主簿。后来宋之问又谄事太平公主，景龙年间再升官为考功员外郎。当时文士舆论对宋之问的人品甚为鄙弃，《朝野佥载》卷五记载："侍御史郭霸尝来俊臣粪秽，宋之问捧张易之溺器，并偷媚取容，实名教之大弊也。"

30. 宗楚客对薛怀义谄媚

宗楚客，字叔敖，因武则天是其从姑，颇受眷顾，垂拱年间（685～688）与其兄秦客、弟晋卿俱被任用。武周时，武则天宠信和尚薛怀义，朝中官员都称他薛师，宗楚客就对薛怀义阿谀奉承。《朝野佥载》卷五记载，宗楚客为薛怀义作传二卷，其中"论薛师之圣从天而降，不知何代人也，释迦重出，观音再生"，这里把薛怀义比作佛祖释迦牟尼和观世音，吹捧得实在过分了。于是，宗楚客更加受到武则天信任，一年之中升官至内史。武周朝之后中宗复辟、韦皇后专权时，宗楚客又趋附韦皇后，官至凤阁侍郎、中书令，并与纪处讷结党营私。韦后败亡后，宗楚客被治罪处死。

31. 张岌跪地做上马蹬对薛怀义谄媚

张岌是武周朝廷中的一个小官。武则天宠爱薛怀义时，薛怀义被称为薛师，张岌对薛师谄媚侍候，无微不至。《朝野佥载》卷五记载，薛师出行时，张岌为他打着"黄幞"（遮阳伞）跟在后面；薛师上马时，张岌趴在地上，做薛师的上马镫。

32. 朱前疑说梦对武则天谄媚

朱前疑是武周朝中一个小官，相貌极丑，为人浅陋愚钝，没有学识，但是却善于谄媚。《朝野佥载》卷四记载，朱前疑给女皇武则天上书说："臣梦见陛下主宰天下八百年。"女皇听了非常高兴，就授给他官为拾遗。不久又升其官为郎中。有一次，朱前疑奉命到外地办事，回到京城之后又上书给女皇说："我听见嵩山有歌唱万岁的声音。"武则天就又赏给他绯鱼袋。朱前疑的官职不到五品，穿的是绿色的长衫，就把女皇赏给他的绯鱼袋缀在绿衫上挂着，臣僚们看见都讥笑他。

武则天爱听人们说祥瑞一类的消息，朱前疑正是靠说祥瑞得到则天女皇的好感。《朝野佥载》卷三还记载一条事实，朱前疑当上拾遗之后，有一天又对则天女皇说，他梦见女皇的白头发变黑了，牙齿掉了又长出新牙。武则天听罢更是感到高兴，就把朱前疑再提升为都官郎中。

33. 胡延庆献龟对武则天谄媚

胡延庆是武周时期襄州人。《朝野佥载》卷三记载，胡延庆捉到一只白龟，用红漆在白龟肚子上写了"天子万万年"五个字，进宫献给武则天。当时李昭德官凤阁侍郎，他用刀刮白龟的肚子，不一会就把红字刮干净了，于是奏报说胡延庆欺骗皇上。武则天说："此人这样做并没有恶意。"就放过了胡延庆，没有再追究。

34. 胡超僧献药对武则天谄媚

胡超是武周时期洪州人。《朝野佥载》卷五记载，胡超本是僧人，圣历元年（698）又出家学道，隐居于白鹤山，会一些法术，自谓已经有几百岁了。武则天让他合长生药，钱花了上万，第三年把药合成了。武则天服了他的药，感到颇为神妙，希望自己能像古代的彭祖那样长寿，就改年号为久视元年（700）。于是放胡超归山，赏给他许多财物。但是，武则天服药之后三年多就驾崩了。

35. 崔融等文士对张易之、张昌宗谄媚

张易之、张昌宗兄弟受武则天宠幸，地位显赫，朝中许多文士对他们兄

弟争相谄媚，趋之若鹜。《旧唐书·张行成传》附张易之、张昌宗传记载，当时武承嗣、武三思、武懿宗及宗楚客、宗晋卿兄弟，常在二张府门前候着，二张一出来，他们就"争执鞭辔"，呼易之为五郎，昌宗为六郎。圣历二年（699），武则天设置"控鹤监"，以张易之为控鹤监供奉；第二年，即久视元年（700），改控鹤监为"奉宸府"，又以张易之为奉宸令，同时又把一些有才学的文人如阎朝隐、薛稷、员半千等授职为奉宸供奉。每当举行聚会，张易之就让这些文士作诗或行酒令，以嘲讽朝廷公卿作为笑乐。如果女皇武则天在内殿设宴，那么诸武（武承嗣、武三思、武懿宗等）、"二张"（张易之、张昌宗）都必然在座。这时，有谀佞者向女皇启奏说，张昌宗本是王子晋后身。王子晋即王子乔，春秋时周灵王太子，好吹箫作凤鸣，传说他后来跨鹤成仙。于是，就在女皇的宴会上，让张昌宗身披羽衣，吹着箫，在庭中骑上木鹤，旁边奏起音乐，当场演绎王子晋升仙的故事。这时，文士们都纷纷作诗赞美，描摹这一盛况。其中崔融的诗特别受到赞赏，称为"绝唱"，其中的几句是："昔遇浮丘伯，今同丁令威。中郎才貌是，藏史姓名非。"此诗今见《全唐诗》卷六八，题为《和梁王众传张光禄是王子晋后身》。五言古诗，共20句，《旧唐书》所引为第五至八句。题中张光禄即张昌宗，梁王即武三思。武三思所作赞美张昌宗的诗题为《仙鹤篇》，见《全唐诗》卷八〇，崔融诗是和作。

崔融（653~706），字安成，齐州全节（今山东济南一带）人。年轻时与杜审言、李峤、苏味道被称为"文章四友"，当时名气较大，他的这首赞美张昌宗的诗流传很广。《唐诗纪事》卷八记云：苏味道有《正月十五夜》诗，诗中"火树银花合，金桥铁锁开。暗尘随马去，明月逐人来"（《全唐诗》卷六五）几句为人传诵，有一天崔融对苏味道说："我的诗不如你的'银花合'让人称赞啊！"苏味道说："我的诗不如你的'金铜钉'啊！"这"金铜钉"是"今同丁令威"一句前三字的谐音。于是，崔融此诗就在古代诗歌史上又增加一段趣话。（此故事又见《唐语林》卷五等引述，而《本事诗·嘲戏》及《诗话总龟》前集卷四〇等记为苏味道与张昌龄互嘲，实误）

36. 张锡对张昌仪谄媚

张锡是武周时期人，官为天官侍郎、同平章事。张昌仪是张昌宗之兄。《朝野佥载》卷三记载，张昌仪因张易之、张昌宗兄弟受武则天宠幸，得官为洛阳县令，借着昌宗兄弟的权势卖官受贿，无所不为。有个姓薛的人送给张昌仪五十两银子并写一封书信，请求帮他谋个官职，张昌仪在朝堂聚会的时候把书信交给了主管官员晋升的天官侍郎张锡。过了几天，张锡把这封书信丢失了，不记得薛某的名字，就问张昌仪，张昌仪说："我也忘记了，只知道他姓薛，你看见名单上有姓薛的，就给他个官得了。"张锡检查应晋升的官员名单，其中姓薛的有六十多人，全部都给了他们官职，这样也就满足了张昌仪的要求。从这件事可知，当时的吏治已经腐败到了何种程度。

37. 吉顼献妹对武承嗣谄媚

吉顼，武周时期洛州河南（今属洛阳）人。进士出身，曾官明堂尉。《朝野佥载》卷五记载：吉顼的父亲吉哲（《朝野佥载》卷三记吉顼之父名吉懋）曾官易州刺史，因受贿罪被判死刑。吉顼去见武承嗣，自述有两个妹妹，愿献给武承嗣做小妾。武承嗣是武则天的亲侄子，正有权有势，听吉顼这么说，非常高兴，当即就用一辆小车把两个女子接走了。两个女子到了武承嗣的府上，三天没有说话，武承嗣问她们怎么了，回答说："父亲犯了罪，将要被处死，因此为父亲而忧虑。"武承嗣就上了一道表章，赦免了吉哲的死罪，又把吉顼安排职务为龙马监。这个故事中，吉顼向武承嗣献妹是为救父亲而采取的交易行为，固然是出于无奈，但毕竟也是谄媚的一种表现形式，其性质仍然是非常卑劣的。

38. 崔湜谄媚权贵死于非命

崔湜，字澄澜，进士出身，先后以进谄献媚依附武三思、上官昭容、张易之、韦皇后等朝廷权贵，由此官运亨通，由考功员外郎升至同平章事。其基本事实见《朝野佥载》卷五记述，《唐摭言》《唐诗纪事》《太平广记》等各种野史笔记及类书多有记述。新旧《唐书》中的崔湜传采取各种文献予以综合叙述。崔湜开始受唐中宗李显信任，得官同中书门下平章事；后来得太平公主引荐，升中书门下三品。崔湜依附太平公主时，亲近过分，别人都能感觉到他的处境非常危险。其门客陈振鹭作了一篇《海鸥赋》献给他，中寓讽谏之意，崔湜却不省悟。《新唐书》记云，崔湜与太平公主一道排挤张说，"其猜毒诡险殆天性，虽虺虺不若也"。这两句议论，揭示了崔湜凶恶的本质。他常把他们崔家（从祖父崔仁师、父崔挹及其兄弟崔涤崔莅等）比拟于东晋时的王谢家族，说："吾一门入仕，历官未尝不为第一。丈夫当先据要路以制人，岂能默默受制于人哉！"在这样的心态支配之下，崔湜对于权力与财富的追求贪得无厌，结果必然是身败名裂。先天元年（712）唐玄宗李隆基即皇帝位后，实行拨乱反正，清算前朝诸臣的罪行，崔湜先被流放到岭南，他在前往岭南的途中，朝廷中有人又揭发出崔湜新的罪行，于是又改为死罪，派使者追他到荆州，将他赐死，终年四十三岁。这个凶残卑劣的谄佞之徒终究落得个可悲的下场。

崔湜终生谄媚依附，虽得高位却死于非命，其人其事在历史上非常典型，后世文人著作中常见对他多有议论。陈继儒《读书镜》卷七记述其事之后说："夫进取不已，卒罕令终。文章，富贵，门第，少年，四者亦何足恃！"这里说崔湜追求欲望无有止境，结果必定是不得好死，其见解颇为深刻，值得后世以谄媚谋求名利者引以为戒。

39. 祝钦明跳"八风舞"对唐中宗谄媚

祝钦明，字文思，京兆始平（今属西安市）人。明经出身，神龙元年（705）中宗复位后官国子祭酒，同中书门下三品，进礼部尚书，封鲁国公。祝钦明通儒家经典，能写文章，但是他为人谄媚无耻，当时受到朝臣及文士耻笑。《新唐书·祝钦明传》记载，有一天，韦皇后的亲属中有人结婚，中宗在宫中设宴，朝臣都到场祝贺。酒席中间，祝钦明自言能跳"八风舞"，中宗让他跳给大家看。祝钦明身体肥胖，相貌丑陋，他伏在地上，摇头瞠眼，左右顾盼，做出滑稽动作，中宗被逗得开怀大笑。在场的吏部侍郎卢藏用见他这一番丑恶表演，感慨地说："是举五经扫地矣。"景云初年（710），祝钦明和另一佞臣郭山恽受到尚书右丞倪若水弹劾，弹章有几句说："钦明等本自腐儒，素无操行，崇班列爵，实为叨忝，而涓尘莫效，谄佞为能。"这几句话概括了祝钦明的人格特点。由此而被贬官为饶州刺史。在中宗朝前后，祝钦明同其他谄佞之徒相比，是一个更为滑稽的丑角，《朝野佥载》卷四记载说，祝钦明"博硕肥腯，台中小吏号之为'媪'。""媪"的意思就是一个大肉块，没有耳目口鼻等七窍，相传秦穆公时山野百姓有人得到过它。人们用"媪"来指称祝钦明，可见他在当时士人心目中是一个令人恶心的小人形象。

40. 窦怀贞自称皇后阿㸙对唐中宗谄媚

窦怀贞，字从一，出身官宦世家，累官至左御史大夫。他本性谄媚诡诈，善于逢迎权贵，神龙元年（705）中宗复位后，韦皇后及女儿安乐公主干预朝政，窦怀贞就依附韦皇后极力谄媚。因韦皇后的父亲名韦玄贞，窦怀贞为避讳就把自己改名为从一。《大唐新语》卷九记载，韦皇后小时候的乳母王氏，本是"蛮婢"（南方女子），许配给窦怀贞为妻，封为莒国夫人。当时俗称奶妈的女婿名为"阿㸙"，于是窦怀贞欣然自得，他在上奏朝廷的表状上落款署名所列官衔，就写为"翊圣皇后阿㸙"。其实，这位蛮婢又老又丑，韦皇后和中宗李显把她许嫁给窦怀贞，完全是戏弄他。《景龙文馆记》记云：窦怀贞升官为御史大夫之后，中宗对他说："为卿娶妇。"到年末除夕之日，宫中摆上盛大宴席，设置娶亲的场面，待到撤去宫扇、窦怀贞揭开新娘的盖头一看，原来是一个丑陋的老太婆。因为这是皇帝和皇后的安排，窦怀贞无论心里多么不情愿，也只得欢喜接受。后来韦皇后败亡，窦怀贞的这个丑妻也受株连而被杀。窦怀贞还对宫中的内监同样献媚。他在官府办理公务，每当看见没有胡子的人就误认为是中官（太监），急忙恭敬地施礼迎接，过后才知道是认错了。先天元年（712），睿宗的太子李隆基带兵平定宫中内乱，窦怀贞惧罪投水而死。这个谄媚逢迎、卑劣无耻的小人落得个可悲的下场。

41. 赵履温拉金犊车对安乐公主谄媚

赵履温，在武周朝结束、中宗李显复辟后官司农卿，对中宗和韦皇后的女儿安乐公主极尽谄媚之态。《朝野佥载》卷五记载，当时有人问张文成（即张鷟，字文成）："赵司农（履温）何如人？"张文成回答说："猖獗小人，心佞而险，行僻而骄，折支势族，舐痔权门，谄于事上，傲于接下，猛若饥虎，贪若饿狼。性爱食人，终为人所食。"这几句评语，道出赵履温其人谄佞凶恶的本质，也预言他一定不会有好结果。赵履温还利用司农的职权，夺取百姓的田园为安乐公主开凿定昆池，立意一定要比武则天皇帝的昆明池还要优美豪华，花费国库银钱百万亿。安乐公主出行，赵履温亲自背拷绳套为公主拉金犊车，像一头毛驴一样。不久，睿宗李旦的太子李隆基领兵平定宫中内乱，杀韦皇后和安乐公主，赵履温被愤怒的民众乱刀割死。这样的悲惨结果，应了张文成的预言。（《太平广记》卷二四〇据《朝野佥载》卷五引录）

42. 韦巨源对韦皇后谄媚

韦巨源，出身官宦世家，武周朝时以夏官侍郎同平章事。中宗李显复位后，官工部尚书，封同安县子。又升任吏部尚书，同中书门下三品。这时韦安石为宰相，以韦巨源为同族，附入韦皇后三等亲，与韦安石叙为兄弟。因此，韦巨源对于韦皇后极力谄媚。《旧唐书·韦安石传》附韦巨源传记载，景龙二年（708），韦皇后对人说，她的衣箱中有五色云起，好大一会儿才消散，韦巨源得知，就说这是非同寻常的祥瑞之兆，请把这件事布告天下。这是因为韦皇后有心学女皇武则天，为她实现想当皇帝的欲望制造舆论。第二年，即景龙三年（709），韦巨源暗中引导韦皇后学武则天的作为，得官为尚书左仆射。韦巨源阿附韦皇后，欲使韦皇后取代中宗即皇帝位，欲焰熏天，最终没有好结果。后来李隆基带兵清宫，诛灭韦皇后及其同党，韦巨源此时已经八十岁，他走在街上，被乱兵杀死。

43. 成敬奇贮雀放生对姚崇谄媚

姚崇（651~721），唐睿宗、唐玄宗时两度为宰相，是唐朝名臣。成敬奇是姚崇的亲戚，曾官校书郎、监察大理正。《大唐新语》卷九记云：姚崇生病，成敬奇前往姚崇府中看望，在姚崇面前表现出难受的神态，涕泪齐流。他事先准备好几只活的小鸟雀揣在怀里，这时把小雀取出来，让姚崇拿着它们亲手放生，并在一旁祝告说，愿姚崇大人的贵体早日痊愈。姚崇勉强按照他的意思这样做了。成敬奇离去之后，姚崇对家里人说："成敬奇的眼泪是哪儿来的啊？太做作了！"从此之后，姚崇就不再理睬成敬奇。（《太平广记》卷二三九引录，又见《太平广记》卷二五九据《御史台记》引录）

44. 张说嗅靴鼻对王毛仲谄媚

张说（667~730），字道济，洛阳人，唐玄宗时官至同平章事、左丞相，封燕国公。其政绩与文才都是非常著名的，但是其本性谄佞也为人所共知。《朝野佥载》卷五记云："燕国公张说，谄佞人也。"这里列举的事实是，张说官并州刺史时，王毛仲官为"特进"（玄宗皇帝特使），张说对王毛仲谄媚，馈送金银财宝不可胜数。后来王毛仲以钦差大臣巡边，在天雄军举行盛大宴会，饮酒正当酣畅淋漓之际，忽然圣旨下达，授张说官为兵部尚书、同中书门下三品。张说谢恩已毕，就拉着王毛仲的手一同起舞，又俯下身，鼻子对着王毛仲的靴鼻（靴尖上的铜饰物）而嗅。其意思是，张说心里明白自己的晋升是由于王毛仲在唐玄宗面前进了好言，因此对王毛仲表示感激。（《太平广记》卷二三九引录）

45. 李白对韩朝宗谄媚

唐代大诗人李白负才狂傲，飘逸不群，这样的人是不应该有谄媚之态的，但是，李白在年轻落魄未遇时，为求取前程竟然不能免俗。今天重新看一看李白的《与韩荆州书》，其中表现的谄媚乞怜的言词，真让人难以相信这是出自李白之口。韩朝宗是开元年间曾官吏部侍郎的韩思复之子，初官左拾遗，累迁至荆州长史；天宝初年又被召至长安，官京兆尹。他在有权有势时，也曾为朝廷推荐过人才，如崔宗之、严武等。李白游历江汉时，韩朝宗任荆州刺史，李白慕名而作此书信求助于他。

此文今存于《李太白全集》卷二六。文章开始说："白闻天下谈士相聚而言曰：'生不用封万户侯，但愿一识韩荆州。'何令人之景慕，一至于此耶？岂不以有周公之风，躬吐握之事，使海内豪俊，奔走而归之，一登龙门，则声价十倍。所以龙盘凤逸之士，皆欲收名定价于君侯。愿君侯不以富贵而骄之，寒贱而忽之，则三千宾中有毛遂，使白得颖脱而出，即其人焉。"（引文据《全唐文》卷三四八校）首先引述的"生不用封万户侯，但愿一识韩荆州"的说法，本来是一句传言，经李白此文引用而再传后世时，"识荆"就成为众所周知的著名典故。所谓周公吐握之事，原出于《韩诗外传》："周公曰：……吾于天下亦不轻矣。然一沐三握发，一饭三吐哺，犹恐失天下之士。"曹操《龟虽寿》诗云"周公吐哺，天下归心"即指此事。这里，李白用来夸赞韩朝宗，把他说成具有周公吐哺握发一样的高风，于是对于韩朝宗能推荐自己抱有很大的希望。这样的措辞，表明了李白对韩朝宗的一种谄媚之态。但是，韩朝宗并没有被李白的谄言媚语所打动，他原本也并不具备周公那样的礼贤下士的美德与人格。

接着，李白向韩朝宗介绍自己，"十五好剑术，遍干诸侯；三十成文章，历抵卿相；虽长不满七尺，而心雄万夫"等语，着实自吹自擂一番，之后表示"安敢不尽于君侯哉"，这是把韩朝宗当成可以倾吐肺腑之言的知己了。李白自负甚高，其实他未必有那么大的才能；即使李白的才能超过常人，韩朝宗也未必是识马的伯乐、知音的钟期。李白过分的自炫，也是向追求的目标献媚的一种形式。

再后，李白更赞扬韩朝宗"制作侔神明，德行动天地，笔参造化，学究天人"，又自夸"日试万言，倚马可待"，于是提出："君侯何惜阶前盈尺之地，不使白扬眉吐气、激昂青云耶？"这里，李白明确地表达了自己的要求，就是想让韩朝宗拉自己一把，取得可以进一步直上青云的台阶。由此可见李白的直率，而直率之中更透露出天真。现实是无情的，势焰熏天的当权者不是简单的几句谄言媚语就可以征服的。历史的事实是，韩朝宗收到李白的这封信之后并没有拉李白一把。究竟是他碍于当时的情势不能够帮助李白，还是他觉得李白其人不值得他倾力帮助，现在我们不得而知。后人能够看到的结果是，韩朝宗并没有把李白当成了不起的人才，因而也就没有给予李白任何的帮助。

最后，李白又举出东汉末年王允提拔荀爽、孔融，曹魏时山涛做冀州守时甄拔三十余人，以及韩朝宗举荐严武、崔宗之的实例，表示自己若能被韩举荐，一定会"倪急难有用，敢效微躯"。这里是向韩朝宗宣誓效忠的意思，更直接地表达了他写作此书信的目的。综观全文，我们看到了一个向当权者献媚以图进身的李白，也能够对于李白在入仕无门的窘境中欲求施展才智的主观欲望有一定的理解。

46. 程伯献等朝臣对宦官高力士谄媚

高力士是唐玄宗时著名大宦官。《旧唐书·高力士传》记载，高力士原籍潘州（今广东茂名），本姓冯，少年时被阉入宫，宦官高延福收养为义子，后来得到唐玄宗宠信，逐渐有了很大的权势，致使朝中不少职位很高的臣僚都对他表示谄媚。岭南节度使特意派人找到高力士的生母麦氏，送到长安，高力士把她和义母一同奉养。金吾大将军程伯献和高力士结为兄弟。麦氏去世的时候，程伯献身穿孝服，披头散发，在麦氏的灵前放声痛哭，接受宾客的吊唁。开元初年，有个瀛州人名叫吕玄晤，他有个女儿颇有姿色，嫁给高力士为妻，此事成为中国古代太监娶妻的典型事例。因此，高力士提拔吕玄晤为少卿，又升为刺史，其子弟也都安排了官职。这都是因为高力士的权势而使吕玄晤一家都得到显赫的荣耀。上述情况，在《高力士外传》中有更详细的记述。

47. 皇甫镈对唐宪宗谄媚

皇甫镈，唐中期安定朝那（或谓临泾，即今甘肃镇原）人。贞元初年中进士，贞元十二年（796）官至御史大夫，次年升同平章事。当时左神策军中尉吐突承璀深受宪宗信任，皇甫镈就给吐突送了许多贿赂，吐突为他进言，他才得以官居相位。皇甫镈又和左金吾将军李道古勾结，狼狈为奸，把方士柳泌、僧人大通引荐给唐宪宗，说此二人有长生不老之术，宪宗正在迷恋丹药，竟然受其迷惑。柳泌原名杨仁力，曾学点医术，但其人是个骗子，他说能找到灵药，宪宗就授其官为台州刺史，前往找药。柳泌到了台州，驱使台州吏民到山里采药，一年多什么也没有找到，他害怕皇上追究他的罪行，就带着全家人逃到山里隐藏起来。浙江观察使得知情况，派兵捕获柳泌，送到京师长安，皇甫镈和李道古一同出面保释，又让柳泌做翰林院待诏。宪宗服用了柳泌和僧人大通进献的丹药，患了狂躁之病，宫中内官害怕事情暴露，就杀害了宪宗。从柳泌和僧人大通玩的这些骗局来看，皇甫镈和李道古不过是以此迷惑唐宪宗，谋求权势和财富而已。结果是在穆宗李恒即位之后，皇甫镈被贬为崖州（今属海南海口市）司户参军，死在那里。

48. 韩愈对贾耽等权贵谄媚

韩愈是唐代名臣大儒，名列"唐宋八大家"之一，和李白一样都是中国文学史上一流的文学家，年轻时也有和李白同样的对权贵献媚以求进身的经历。李白有《与韩荆州书》（已见本编第45节《李白对韩朝宗谄媚》），韩愈则有《上贾滑州书》，这两篇文章在表现谄媚之态方面可谓异曲同工。

《上贾滑州书》今存于《文苑英华》卷六七二。贾滑州即贾耽（730～805），字敦诗，沧州南皮（今属河北）人。唐玄宗天宝年间明经出身，唐德宗贞元二年（786）官检校右仆射，兼滑州刺史、义成军节度使。贞元六年（790），韩愈第三次赴京应试没有考中，前往宣州途经滑州（今河南滑县）时，特意拜谒时任滑州刺史的贾耽，呈上这封书信，同时呈上他原来所写文章15篇，作为进谒的由头。

此文开篇讲述了送文求见的诚意，接着说："丰山上有钟焉，人所不可至，霜既降，则铿然鸣。盖气之感，非自鸣也。愈年二十有三，读书学文十五年，言行不敢戾于古人，愚固泯泯，不能自计；周流四方，无所适归。伏惟阁下昭融古之典义，含和发英，作唐德元，简弃诡说，保任皇极。是宜小子刻心悚慕，又焉得不感而鸣哉？"这里首先用了丰山的典故。所谓丰山，原出自《山海经·中次一十一山经》云："（丰山）有九钟焉，是知霜鸣。"清毕沅注解说："山在今河南南阳……有九钟，霜降则鸣。"韩愈用此典故，暗喻自己前来谒见贾耽，就像丰山之钟于霜降节气感天地之气而发出鸣声一样，既恰到好处地恭维了贾耽，也表达了自己的不同凡响。之后，韩愈自谓已经二十三岁，读书作文及为人处事不敢逾越古人的规矩，但是现在却感到前途迷茫，不知所措，四方游荡，没有着落。接着，韩愈笔锋一转，赞扬贾耽承继儒家经义，融会贯通施用于当世，是大唐道德楷模，能够摈弃异端邪说，堪称国家栋梁。因此韩愈表示对贾耽十分仰慕，就像丰山之钟一样，一定能够相感而发出鸣声。这段措词颇费一番心思，在谄言媚语之中套近了和贾耽之间的关系。最后，韩愈说："小子之文，可见于十五章之内；小子之志，可见于此书。与之进，敢不勉；与之退，敢不从。进退之际，实惟阁下裁之。"这里，韩愈明确表示，贾大人如果任用我，我就跟着你干了，一切听从您的指挥。效忠之心，溢于言表。

但是，韩愈的一番苦心，却未能如愿。这一年，贾耽六十一岁，是手握军政重权的一方诸侯；韩愈二十三岁，是赴考失利的落榜生。贾耽没有把这个虽有才华却尚嫌青涩的毛头青年文士放在眼里。当时的事实是，贾耽没有理睬韩愈。韩愈在滑州待了几天，没有等到贾耽召见他的消息，满怀一腔失落悄无声息地离开了那里。韩愈和当年李白献《与韩荆州书》一样，一番谄媚没有得到预想的结果。韩愈的这篇《上贾滑州书》，虽然有一定的文采，但是却没有起到应有的作用。后来，韩愈的门徒兼女婿李汉在编辑《昌黎先生集》时，可能是觉得这篇《上贾滑州书》过分谄媚而格调不高，就没有收进，而是到了宋朝被收进《文苑英华》（卷六七二）之中。

韩愈在滑州上书给贾耽之后又过了两年，即贞元八年（792）第四次赴京应试才得中进士。贞元九年（793）贾耽在朝廷官至同平章事（宰相），韩愈又曾谋求向贾耽献媚。贞元十一年（795），韩愈二十八岁，又曾于正月二十七日、二月十六日、三月十六日三次作《上宰相书》。这时的宰相是赵憬、贾耽和卢迈。这三篇文章今俱见于《韩昌黎文集》第三卷，其内容大体上都是自述有才能并希求任用之意。前人张子韶在这里有评注云："退之平生木强人，而为饥寒所迫，累数千言求官于宰相，亦可怪也。至第二书，乃复自比为盗贼管库,且云'大其声而疾呼矣',略不知耻,何哉?"张子韶对韩愈的批评是很不客气的,用了"略不知耻"这样的贬词,可见韩愈的谄媚之态是如何的露骨,让后人难以为他掩饰。

韩愈的谄媚还不止对于贾耽。到唐宪宗元和二年(807),韩愈作《释言》一文,对宰相郑𫄷也曾表现出谄媚之态。《释言》今见《韩昌黎文集》卷二。郑𫄷,字文明,荥阳人,唐代宗大历年间进士,宪宗即皇帝位后,拜他为同中书门下平章事。元和元年(806)韩愈从江陵法曹之职升任国子博士,到京师长安后于六月初十日前往拜见刚就任宰相职位的郑𫄷。郑𫄷对韩愈给予礼遇,让他坐下说话,这使韩愈非常感动。《释言》记述了这次拜见郑𫄷的情况,并表达了他当时的心情,文中说:"愈为御史,得罪于德宗朝,同迁于南者凡三人,独愈为先收用,相国之赐大矣;百官之进见相国者,或立语以退,而愈辱赐坐语,相国之礼过矣;四海九州之人,自百官已下,欲以其业彻相国左右者多矣,独愈辱先索,相国之知至矣。赐之大,礼之过,知之至,是三者于敌以下,受之宜何以报?况在天子之宰乎?"这里,韩愈追述了他在德宗朝因进谏言事而被贬到南方,同时被贬的有三个人,而被召回京师的只有韩愈一人,韩愈认为这是新任宰相郑𫄷对于自己的格外施恩;而在谒见时的赐坐与礼遇又非同寻常。因而韩愈对于郑𫄷的"赐之大,礼之过,知之至"心存感激之情,文词之间不由自主地流露出对于郑𫄷的谄媚之态。这一点,也难免引起后世文士的非议。

清代蒋超伯《南漘楛语》卷二《昌黎之谄》一节,引录了韩愈所述谒见郑𫄷的一段话,之后议论说:"词意谄甚。"又引录韩的《示儿》一诗,议论说:此诗"夸屋庐之新,述棋槊之乐,羡玉带金鱼之贵,殊不类其为人,宜乎见诮于朱子也。瞿佑《归田诗话》欲为剖辩,陋哉!"韩愈《示儿》诗,今见《全唐诗》卷三四二,其中写道:"始我来京师,止携一束书。辛勤三十年,以有此屋庐……中堂高且新,四时登牢蔬……开门问谁来,无非卿大夫。不知官高卑,玉带悬金鱼。问客之所为,峨冠讲唐虞。酒食罢无为,棋槊以相娱。凡此座中人,十九持钧枢……"诗意是韩愈对儿子讲述他辛勤奋斗几十年,能拥有现在所居的一套豪宅而感到满足的心情;住在此豪宅中衣食无忧,来客都是朝中达官显贵,腰间玉带上悬挂着标志身份的金鱼;客人们相聚谈古论今,酒足饭饱之后,就在这里下棋娱乐;凡是能来此做客的人,十分之九都是手握实权的人物。诗中所述的贵族生活及自炫自夸的口气,表现出士大夫韩愈浮华庸俗的一面。朱熹评韩愈的《示儿》诗，对韩愈的自夸予以贬评，瞿佑的《归田诗话》引录了朱熹的话，并再加评论，今见《历代诗话》下册，中华书局1981年版，第1242页。从上述事实及相关议论来看，韩愈一生中多处表现出的对于权贵者的谄媚，不能不说是他伟大人格中引起后人诟病的瑕疵。

49. 杜宣猷对宦官谄媚

杜宣猷是唐代后期人，原在福建做官，后来得升任宣州（今安徽宣城）知州，是得力于宦官的帮助。《太平广记》卷二三九引《玉泉子》记载，唐朝各地往皇宫中输送的阉人，有许多是来自闽地，而且他们进宫之后多得到重用，成为有权的宦官，因此当时人们说闽地是"中官薮泽"。杜宣猷在闽地做官时，很留意关照中官们在原籍的祖坟，每年的寒食节，杜宣猷就派人带着祭品和食物，到这些中官的祖坟祭奠，就是所谓的清明洒扫。于是，有人就给杜宣猷送了个雅号，叫做"敕使看墓"。杜宣猷的这一行为，远在皇宫中的宦官们当然是非常领情的，因此，杜宣猷后来的升官就与宦官的帮助有直接的关系。

50. 方干对王龟谄媚被称为"方三拜"

"方三拜"即晚唐诗人方干（？~约874），字雄飞，新定（今浙江建德）人。因相貌丑陋，又天生兔唇，应试却不能被录取，隐居于会稽镜湖，终身不出。方干为人谦卑守礼，见官长显出谄媚之态。《唐摭言》卷一〇记载，宰相之子王龟官浙东观察使，方干求见，见王龟时连下三拜，于是时人称之为"方三拜"。这个故事，唐宋时及以后文人著作屡见记述，如《北梦琐言》卷六，《诗话总龟》前集卷三八，辛文房《唐才子传》卷七等。

南宋时，朱熹的孙子朱浚被人称为"朱万拜"，于是，以后的文士著作中常见把方三拜与朱万拜对照，进行议论（参见本编第74节《朱万拜》）。冯梦龙编辑《古今笑》，其《不韵部第八》中把"方三拜"的故事作为笑话来讲述。

51. 宇文翃嫁女对窦璠谄媚

宇文翃是唐末至五代时人。《北梦琐言》卷四记载，宇文翃出身于官宦世家，却缺乏文才，但是又热衷于功名科试。他有个女儿，年已及笄，长得天姿国色，正是托媒论嫁的时候，有不少豪门贵族子弟慕其名而托媒求婚，宇文翃都不答应。当时有个窦璠，官职不高，已经过了五十岁，其妻死了，正谋娶继室。宇文翃听说窦璠之兄在朝廷官为谏议，颇有权势，能帮助文士在科考时考中进士，为了拉近关系，宇文翃就把女儿嫁给了窦璠。窦璠给其兄说了宇文翃的事，其兄果然帮助宇文翃考中了进士。五代后唐时官为宰相的韦说，和宇文翃是表兄弟，他因这件事很鄙弃宇文翃的为人。(《太平广记》卷二六二引述)

52. 苏循献画日笔对李存勖谄媚

苏循，唐末至五代时人，唐懿宗咸通年间进士，后梁时官至礼部尚书。《太平广记》卷二三九记其事云："唐末，尚书苏循谄媚苟且，梁太祖鄙之。"由此可知其人品卑劣。《新五代史·苏循传》记载，梁太祖朱温死后，朱温的养子朱友谦叛梁降晋，晋王李克用之子李存勖（承袭晋王爵位，后为唐庄宗）当时在魏州（今河北大名），正准备即皇帝位，就招纳唐朝旧臣来为自己所用。朱友谦派苏循前往魏州联络，苏循一到魏州，望见李存勖的厅廨就跪拜，称之为"拜殿"。受到李存勖召见的时候，苏循就行舞蹈礼，口呼"万岁"，自称为"臣"。李存勖非常高兴。第二天，苏循又献上画日笔三十管，李存勖更加欢喜。所谓画日笔，是太子批阅朝廷公文奏报时使用的笔。唐朝制度，皇帝批阅章奏则画可，太子下令书则画日，见《新唐书·百官·右春坊》。苏循向李存勖献画日笔，即是劝进之意。《旧五代史·苏循传》记苏循拜殿、舞蹈、呼万岁及献画日笔的事实，说是在魏州见后唐庄宗，有误，因为此时李存勖还没有即皇帝位，其身份还是晋王，于是《新五代史》予以更正，叙述时仍称晋王。

53. 门客避讳对冯道谄媚

唐末至五代的名臣冯道（882~954），字可道，景城（今河北景县）人。唐末为幽州掾，后投晋王李克用，历事后唐、后晋、后汉、后周四朝，在相位二十余年。后周时拜太师兼中书令，自号长乐老，封瀛王，卒谥文懿。在五代朝代频繁更迭的乱世，冯道久居高位而不倒，视丧君亡国不以为意。无论辅佐哪位皇帝，其周旋应酬、阿谀逢迎自有一套，因此其人品为后世所不齿。冯道长期手握重权，朝臣及属吏对他的谄媚奉承也是常态。这里仅举一件有趣的事。《籍川笑林》记载：某日其门客讲论老子《道德经》，其首章首句是"道可道，非常道"，门客见这里的"道"字犯了冯道的名讳，就为避其讳而念作："不敢说，可不敢说，非常不敢说。"此事传开，成为笑谈。（《类说》卷四九引录）

54. 郭忠恕剃髯效颦对窦神兴谄媚

郭忠恕，字恕先，五代末至北宋初洛阳人。后周太祖郭威广顺年间官宗正丞，入宋后曾因事被贬官为乾州司户参军，后致仕，因善画而成为北宋著名画家。苏轼有《郭忠恕画赞叙》记其轶事云：郭忠恕曾住在内侍省押班宦官窦神兴给他安排的房舍里，窦神兴没有胡须，郭忠恕本来有漂亮的长髯，有一天忽然把长髯全都剃掉了。窦神兴看见感到惊奇，问他为什么剃，郭忠恕说："聊以效颦。"这里用的是东施效颦的典故，意思是说，您没有胡须，我也要学您的样，以此讨得窦神兴的欢心。但是没有料到，郭忠恕这样回答却正戳着窦神兴被阉割而不长胡须的缺陷，于是窦神兴听罢大怒，就解除了郭忠恕国子监主簿的职务。这真是拍马拍到了马腿上，谄媚不当却自找倒霉。

这个故事，又见《图画见闻志》卷三，《何氏语林》卷二六，《尧山堂外纪》卷四二，《宋稗类钞》卷四，《玉芝堂谈荟》卷八《谄佞一辙》等。清代独逸窝退士《笑笑录》卷四又作为笑话引录，于是流传更广。

55. 杨亿赞宋真宗"德迈九皇"

杨亿（974~1020），字大年，北宋名臣，宋太宗淳化三年（992）进士，真宗时为翰林学士，后官至工部侍郎，兼史馆修撰，卒谥文。杨亿为人忠谨沉稳，但是他在皇帝面前难免表现出谄媚之态。欧阳修《归田录》卷一记载，杨亿曾对他的门生说，作文应避俗语。可是，有一次他起草对皇上的庆贺表，文中有一句说："伏惟陛下德迈九皇。""九皇"是指远古时的九位帝王，《史记·孝武纪》有"高世比德于九皇"之语，前人注解说："上古人皇者，九人也。"杨亿这样写，是以九皇赞誉宋真宗，显然有些过分。杨亿的一个门生郑戬说："请问老师，我不明白，啥时候卖生菜啊？"这是故意用谐音把"迈"作"卖"、把"九皇"作"韭黄"，杨亿听出这话是在调侃他，就为之大笑而把这句话改了。这个事例说明，尽管贺表类文章常用歌功颂德之语，但是杨亿还算是豁达大度，就接受了门生的意见而改换了这个阿谀之词。此事又见《宋朝事实类苑》卷六六，《何氏语林》卷二七，《尧山堂外纪》卷四四等。

56. 丁谓为寇准拂须

丁谓（962～1033），北宋名臣，字谓之，后改字公言，长洲（今属苏州市）人，淳化三年（990）进士，官至同中书门下平章事，封晋国公。其为人阴险谄佞。寇准为宰相时，丁谓为参知政事，对寇准极力谄媚。《宋名臣言行录》前集卷四记载，有一天在都堂宴会，寇准吃饭时胡须上沾了一些羹汤，丁谓在旁边看见，就急忙用袖子为寇准拂拭。寇准对他这种过分殷勤的做作感到讨厌，就说："你身为执政，还亲自为宰相拂须吗？"丁谓献媚却受到责怪，不胜羞惭，于是怀恨在心。后来丁谓暗地坑害寇准，不久就排挤了寇准，他继任宰相。丁谓这样的谄媚小人，最后并没有好下场。宋仁宗即位，丁谓被贬官为崖州（今海南海口市）司户参军。

丁谓拂须的故事，后来成为关于谄媚的重要典故，文士著作常见提及，如《渑水燕谈录》卷四，《宋朝事实类苑》卷一一，《自警编》卷四等。《幼学故事琼林》卷二《身体》云"丁谓为人拂须，何其谄也"，就是指的这件事。大众俗语说"溜须"，就是起源于此。

57. 张唐民称宋神宗是"活尧舜"

孔平仲《孔氏谈苑》卷二《活尧舜》记云，熙宁年间，张唐民赞美宋神宗的盛德，说："臣平常只看到书上所写的尧舜，今天见到陛下，算是见到活着的尧舜了。"这里把神宗吹捧为尧舜，神宗听了真有些飘飘然。张唐民，生平未详。

58. 巩申为王安石放生

巩申，宋神宗时官禄卿，不学无术，唯有以谄媚谋宠。魏泰《东轩笔录》卷一〇记载："光禄卿巩申，佞而好进，老为省判，趋附不已。"王安石做宰相，每逢生日，朝中文士献诗祝颂，僧道献功德疏祝寿，下级小吏以及轿夫士兵等捉些鸟雀鸽子之类到王安石的府院附近放飞，叫做放生。巩申不善于作诗，也不会诵经，就用大竹笼装了许多鸟雀，把随身带着的笏板插在腰带上,腾出手来打开笼子,口里念诵祝词,说:"愿相公一百二十岁。"当时还发生另外一件事情。边塞有个军队里的主帅,其妻病了,部下有个虞候(小军官)割下自己腿上一块肉敬献,人们知道后都耻笑他。于是,有人就以这两件事为素材,作为一副对联:"虞候为县君割股,大卿与丞相放生。"被称为妙对。巩申放生的故事流传很广,《宋朝事实类苑》卷七三,《墨客挥犀》卷六,《群书类编故事》卷一八,《何氏语林》卷三〇,《尧山堂外纪》卷五〇,《宋稗类钞》卷二,《渊鉴类函》卷三一五等,都辗转引述。

59. 薛昂对蔡京谄媚被称为"薛万回"

"薛万回"即薛昂,字肇明,北宋杭州人,元丰八年(1085)进士,徽宗时曾官给事中,迁门下侍郎,知应天府。朱弁《曲洧旧闻》卷六记载,蔡京当权时,薛昂对蔡京极力谄媚依附,他有和驾幸蔡京第诗(或谓是赋蔡京君臣庆会阁诗)云:"逢时可谓真千载,拜赐应须更万回。"于是,当时的文士就根据唐代方干被称为"方三拜"的先例,称之为"薛万回"。褚人获《坚瓠集》已集卷三《万回万拜》据罗志仁《姑苏笔记》引述此事,把薛昂的万回和朱浚的万拜并提(见本编第74节《朱浚对贾似道谄媚被称为"朱万拜"》)。又据《闲燕常谈》记载,薛昂在家庭中立下规矩,说话的时候不能犯着蔡京的名讳"京"字。宣和末年,朝中有位文士买到一个婢女,很懂礼节,某日酒宴上主人让她侑酒陪客。其中有位客人说话时带出一个"京"字,婢女就说要罚他酒。别人问婢女为何要罚酒,婢女说是犯了蔡太师的名讳。满座客人都非常吃惊,不知道这规矩是哪里来的。婢女说,她原来在薛太尉(昂)家,薛家就执行这个规矩。每当与客人聚会饮酒的时候,如果有人误犯"京"字,就要罚酒;其本家人吃饭的时候,家人中有谁犯了"京"字,薛昂必加叱责。有时,薛昂自己不小心犯了"京"字的讳,他就要自己打脸忏悔罪过。又见《尧山堂外纪》卷五五。《宋史·薛昂传》采用了这样的事实。

60. 程师孟、张安国对王安石谄媚

程师孟,字公辟,吴地(今属苏州市)人,进士出身,官至谏议大夫。《涑水记闻》卷一六记载,有一天,程师孟对王安石说:"相公以文章名扬天下,师孟有幸和您为同时人,想求您写一篇墓志铭,能够得以流传不朽,请您应允。"王安石以为程师孟是为他的父亲求写墓志铭呢,就问:"你的父亲

是什么官职啊?"(这是写墓志铭必须写的内容)程师孟回答说:"不是给我的父亲写的,是我自己想到不能够常在相公身边服侍,就预先请您给我写一篇墓志铭,等到我死了刻在碑上。"王安石听了只是笑了笑,没有答应,对于他这种行为感到怜悯与鄙弃。

《涑水记闻》卷一六还记载说,当时又有一个张安国,官为习学检正。王安石的儿子王雱死的时候,张安国披散着头发,在王雱的棺柩前面痛哭,并且说:"公子您太不幸,年轻轻的就去世了。您还没有儿子,现在听说您的媳妇怀孕了,我张安国愿意现在就死,托生为您的儿子。"

以上两件事,都是对王安石谄媚的典型。当时京师的人们传言说:"程师孟生求速死,张安国死愿托生。"对他们二人予以嘲讽。此故事又见《宋朝事实类苑》卷七二,《何氏语林》卷三〇,《尧山堂外纪》卷五〇,《宋稗类钞》卷二,《昨非庵日纂》二集卷八等;有的书中记此事没有指名,实即是程师孟。

61. 彭孙赞美李宪足香

李宪,字子范,北宋祥符(今属开封)人。仁宗皇祐年间补入内黄门,至哲宗时官至永兴军路副都总管,颇有权势。苏轼《仇池笔记》卷下《太尉足香》记述道,当时"士大夫或奴事之,穆衍、孙路至为执袍带",即是说士大夫官员像奴隶一样侍奉他。穆衍,字昌叔,河内(今河南沁阳)人,进士出身,累官至直龙图阁,知庆州。孙路,字正甫,开封人,进士出身,累官至兵部尚书,龙图阁直学士。这里说,像穆衍、孙路这样有身份的人,当时都曾经在李宪面前奴颜婢膝,为他拉扯着袍带。还有一位彭孙,字仲谋,连城(今属福建)人,以军功累官至莱州防御史,他在李宪面前也曾极力谄媚。有一次彭孙给李宪洗脚,赞美说:"太尉足何香也!"李宪用脚踩着彭孙的头,说:"奴才谄媚也太过分了吧!"彭孙说这样的话,是典型的奴才嘴脸,但是却让主子对他更加轻贱。彭孙的故事在历代的谄媚轶事中非常典型,后世其他文士著作中也常见转述,如明徐应秋《玉芝堂谈荟》卷八《谄佞一辙》,清独逸窝退士《笑笑录》卷四等。

62. 俞充对宦官王中正谄媚

俞充,字公达,北宋明州鄞(今属浙江宁波)人。仁宗嘉祐年间进士,累官至天章阁待制,知庆州。王中正,字希烈,开封人,仁宗时入选内黄门,以军功曾官鄜延环庆路公事,后来官终于嘉州团练使。王中正是宦官,因接近皇帝而比外臣更有特殊的权势,俞充这样进士出身的大吏也对他谄媚。苏轼《仇池笔记》卷下《太尉足香》一节亦记其事云:"王中正盛时,俞充令妻执板以侑酒。"这里说,俞充在自己家里招待王中正,让妻子执板唱曲劝酒,对王中正给予了特殊的礼遇。

王中正对于俞充的谄媚也给予了回报,有时在皇帝面前为俞充进美言。陆游《老学庵笔记》卷一〇记其事云:"元丰间,有俞充者,谄事中官王中正,中正每极口称之。"这里举出的事例是,俞充接受朝廷使命将往巡视边防,还没有出发却突然死了,王中正对宋神宗说,俞充不仅在吏治方面显示出远远超出常人的才能,而且在拜佛参禅方面也有独特的领悟,如今他是谈笑而逝,属于无疾而终一类,是他修来的福报。神宗听罢颇为感慨,就对另一位宦官李舜举说了王中正的这番话。李舜举字公辅,官为内侍押班,制置泾原军马,平时以敢说真话著称,这时却不以为然,对宋神宗说:"以我看来,俞充不过是猝死而已。"这话传出去,人们称赞李舜举为人正直。

63. 安惇改名对章惇谄媚

安惇,北宋广安军人,字处厚,上舍及第。《齐东野语》卷四记载,宋哲宗绍圣年间,章惇知枢密院事(宰相),安惇官谏议大夫,正是章惇的属下,两人的名字都有一个"惇"字。安惇为避讳,就说自己名为"安享"。当时有文士作诗说:"富贵只图安享在,何须损却一生名。"对安惇的谄媚予以讽刺。

64. 王永年对窦卞、杨绘谄媚

王永年,宋宗室赵叔皮的女婿,宋仁宗嘉祐年间在宫中官为殿直,后调为汝州税监、深州监押。窦卞,字彦法,曹州(今山东曹县)人,曾官汝州通判,又知深州。杨绘,字元素,四川绵竹人,曾知亳州、应天府、杭州,又曾提举监司。王永年是窦、杨二人的属官,王永年欲求进一步晋升,对两人都极力谄媚。魏泰《东轩笔录》卷七记云:王永年想得到监金曜门书库的官职,就在家里设私宴,请窦、杨两人饮酒,让妻子赵氏坐在两人的中间陪酒。赵氏用手捧酒让两人饮,她的手白如美玉,谓为"白玉莲花杯",劝酒过程中以色相引诱，狎亵备至。王永年果然如愿以偿，得官为金曜门书库监司。但是，王永年却自私贪腐，因盗卖书库藏书，被人揭露而下狱；他又向窦、杨二人贿赂钱财求解救，却没有如愿，结果死在狱中，也真是罪有应得。（其事又见《涑水纪闻》卷一六，《宋朝事实类苑》卷七〇、七三，《宋稗类钞》卷二等）

《墨庄漫录》卷二记王永年让其妻陪酒的故事，谓"白玉莲花杯"的雅称出自唐代来鹏（或谓来鹄）的《观怀会美人》诗，有两句为"回眸绿水波初起，合掌白莲花未开"（见《全唐诗》卷六四二），议论说："谓之'白玉莲花盏'，可谓善体物者也。"（又见《宋诗纪事》卷一九）

65. 朝臣及文士对宦官梁师成谄媚

梁师成，字守道，北宋末年著名宦官，宋徽宗时颇受宠信，官至太尉，开府仪同三司，曾出任节度使，都人目为"隐相"。《宋史·梁师成传》记云，"师成善逢迎，希恩宠"，从这几个字的简单评论即可知其为人。梁师成自谓是苏轼的"出子"（有妾出外舍生子），以此抬高自己的身份；宰相王黼、蔡京都曾"谄附焉"。梁师成虽然是宦官，也娶有妻室，这是历史上身为宦官而娶妻的典型之一。范祖禹的儿子范温和苏轼的儿子苏过（字叔党）都出于梁师成的门下，视梁为父，因此梁师成的妻子死的时候，范温和苏过都身穿孝服前去哭灵，以尽丧母送终之礼。朱熹《朱子语录》记述此事，《宋稗类钞》卷二引录。冯梦龙编《古今笑》卷一七《奔丧》据《宋史》又记载此事，云："梁师成妻死，苏叔党、范温皆衰绖临哭，犹为可笑。"

又据《能改斋漫录》卷一一记云，宋徽宗宣和初年，有个姓邓的人官西京（长安）留守，他谋到一百斤牛酥（牛乳熬制而成的酥油）献给梁师成。江邻几（字子我，号端友）曾写一篇《牛酥行》诗记述此事云："有客有客官长安，牛酥百斤亲自煎。倍道奔驰少帅府，望尘且欲迎归轩。守阍呼语不必出，已有人居第一焉。其多乃复倍于此，台颜顾视初怡然。……（以下略）"（此事又见《宋稗类钞》卷二，文字稍异）牛酥在当时是相当贵重的，一百斤牛酥的贿赂是相当丰厚的了。这只是梁师成受贿的一例。

66. 蔡蕠改称呼对蔡京父子谄媚

蔡蕠，字文饶，开封人。蔡京做宰相时，蔡蕠因自己姓蔡，就对蔡京阿谀攀附，于是于徽宗崇宁年间得中进士，曾官给事中。有一天，蔡嶷前往相府谒见蔡京，认蔡京为叔父。蔡京就让他的两个儿子蔡攸、蔡絛出来相见。蔡嶷马上对蔡京说："刚才我犯了大错。您老应该是我的叔祖，两位公子是我的叔父辈啊！"蔡某为了对蔡京谄媚而又自动降低辈分，由儿子辈降为孙子辈。他这样说，不仅更加抬高了蔡京，而且也讨好了蔡攸、蔡絛兄弟，可谓谄媚有术。

67. 术士张九万对秦桧谄媚

《瑞桂堂暇录》记述道，宋高宗绍兴年间，京师临安有个名叫张九万的术士，以测字术为人说吉凶。有一天，秦桧独坐于书阁之中，派人把张九万找来，让他测字，秦桧用扇柄在地上画个"一"字，说："就测这个字，怎么样？"张九万立即表示祝贺说："相公一定要升官加爵。"秦桧说："我现在已经是宰相了，还能升啥官呢？"张九万说："'土'上一画，不就是个'王'字吗？相公一定能够得到真王的荣贵。"术士的话后来真的应验了，秦桧不久被封为郡王，又封为申王。（赵翼《陔余丛考》卷三四《测字》引述）

68. 文士献诗对秦桧谄媚

秦桧在相位时，权势熏天，许多文士一遇合适的机会就对他表示谄媚，其中献诗词对联等是一种较为普遍的形式。《鹤林玉露》甲编卷五记述道，秦桧在相位时，建造一座阁名为"一德格天阁"，朝廷有位文士献贺启云："我闻在昔，惟伊尹格于皇天；民到于今，微管仲吾其左衽。"这里的意思是把秦桧比作商代的伊尹和春秋时齐国的管仲，秦桧非常高兴，就对这位文士超等提拔了官职。又有一位等待考核提拔的文士献上一首诗云："多少儒生新及第，高烧银烛照蛾眉。格天阁上三更雨，犹诵车攻复古诗。"秦桧更加高兴，又给这人的官职加了一级。这两件事又见《钱塘遗事》卷一，《西湖游览志余》卷四，《尧山堂外纪》卷五八，《坚瓠集》己集卷一，《宋稗类钞》卷二等。

69. 吊客史某对秦桧谄媚

秦桧贵为宰相，又封王爵，当时其相府有"十客"的说法。陆游《老学庵笔记》卷三记云：曹冠被秦桧聘用，教其孙子，称为门客；王会是秦桧夫人王氏的弟弟，称为亲客；郭知运先是被选为秦桧的孙女婿，后来又被驱逐，称为逐客；吴益是秦桧的女婿，称为娇客；施全曾行刺秦桧，称为刺客；李季在相府帮闲，处理设醮奏章之事，称为羽客；某人帮助秦桧治理田产，称为庄客；丁禩经常出入相府，称为狎客；曹泳也经常在相府帮办，或出谋献策，称为说客。本来只有这"九客"，后来秦桧死，有个名叫史叔夜的，从四川来，还带着一些"鸡絮"（鸡的绒毛可作绵衣绵被之絮），到秦桧的坟上痛哭，秦府家人见史某对于秦桧的情感真诚，非常高兴，就给了他很丰厚的赏赐。于是，史叔夜就被称为"吊客"，凑够了"十客"之数。（此事又见《避暑漫钞》引《中兴笔记》，《西湖游览志余》卷四，《识小录》卷一、卷五，《宋稗类钞》卷二等）

关于秦桧"十客"，《云麓漫钞》卷十亦有记述，而十客的人物与《老学庵笔记》等又有异同，在施全刺客、郭知运逐客、吴益娇客、曹咏食客、曹冠门客之外，增加了朱希真上客、康伯可狎客、□□庄客、□□词客、汤鹏举恶客等。可知当时秦桧做宰相时其相府宾客及亲戚等，既多而杂，大都是谄佞献媚之徒。

70. 赵师择学犬吠对韩侂胄谄媚

韩侂胄（1157~1207），字节夫，原籍相州安阳（今河南安阳）人，北宋名臣韩琦曾孙。宁宗即位后，他以外戚身份执政，专权十四年，官至平章军国事，封平原郡王。韩侂胄当政时，群臣莫不趋附，阿谀谄媚之风一时盛行。其中对韩侂胄献媚最为典型的人物有赵师择、程松等。《续宋编年资治通鉴》卷一三及《庆元党禁》等野史记载，韩侂胄生日时，让朝廷大臣、各部要员及各地长官送生日贺礼，有的献"红锦壁衣"（挂毯）、"承尘地衣"（地毯），有的献"红牙果桌"（镶有象牙饰物的家具）、"珍珠搭幡"（缀有珍珠的织锦）等，多得不可胜数。（《宋史·韩侂胄传》选录了有关史实）

赵师择，字从善，赵宋宗室后裔，宋孝宗淳熙年间进士。《鹤林玉露》乙编卷三等记载：韩侂胄做宰相当政时，赵师择谄媚逢迎，极力依附，得官为临安知府。韩侂胄生日时，百官前往祝寿，争献珍奇礼品。赵师择故意最后一个到场，他拿出一个小盒子，说："我献的是小果核，作为佐酒之物吧。"打开一看，盒里装的是一个纯金制作的小葡萄架，上面缀着一百多颗珍珠，贵重无比，各位送礼的官员都感到非常惭愧而扫兴。韩侂胄有爱妾十四人，有官员送来珍珠冠四件，韩侂胄送给了四位爱妾，另外十个爱妾见到这样美好而贵重的东西，都想要，韩侂胄却没有更多的此类珍珠冠。赵师择得知这个情况，就出钱十万缗买了上等的好珍珠，制作十件珍珠冠送给她们。这些美妾就在韩侂胄面前请示给赵师择升官，于是赵师择得以升任工部侍郎。有一天，韩侂胄和一些朝廷官员到南园饮宴，经过一个村庄时，韩侂胄看到旁边的竹篱茅舍，对赵师择说："这里好一派田舍风光，但是还欠缺犬吠鸡鸣之声。"不一会儿，就听见树丛中传来犬吠声，走近一看，原来是赵师择在那里学狗叫。韩侂胄高兴得大笑一场。这件事之后，韩侂胄就让赵师择以工部侍郎衔兼任临安知府，得以身居要职。赵师择学狗叫的故事传开，临安的太学生中有人作诗讥讽赵师择云："堪笑明庭鸳鹭，甘作村庄犬鸡。一日冰山失势，汤剥镬煮刀刲。"后来韩侂胄获罪被杀之后，太学生中又有人作诗云："侍郎自号东墙，曾学犬吠村庄。今日不须摇尾，且寻土窟深藏。"再次嘲讽赵师择。还有文士作一首七律诗嘲讽赵师择云："奸邪谁不附韩王？师择于中最不臧。手拾骰钱谀宠婢，身当传酒舞斋郎。叩头雅拜尊师旦，画膝为书荐自强。更有一般人不齿，也曾学狗吠村庄。"其中罗列的都是各种谄媚的表现，除学狗叫之外不再一一详述。

赵师择对韩侂胄谄媚，是中国古代史上关于谄媚的典型事例，此后的文人著作中常见记述，情节及详略各有差异。如《两朝纲目备要》卷五、卷一二，《古杭杂记诗集》卷二，《湖海新闻夷坚续志》前集卷二，《杨升庵全集》卷五一，《西湖游览志余》卷四，《尧山堂外纪》卷六二，《宋稗类钞》卷二，《宋诗纪事》卷九六，《昨非庵日纂》卷八，《识小录》卷四，褚人获《坚瓠集》丁集卷四，《渊鉴类涵》卷三一五，黄钧宰《金壶浪墨》卷七等。《宋史·赵师择传》也采取了其中主要的事实。

71. 程松献妾对韩侂胄谄媚

程松，字冬老，青阳（今属安徽）人，进士出身。韩侂胄做宰相时，程松官钱塘知县，挖空心思接通与韩侂胄的关系。《西湖游览志余》卷四记述道：韩侂胄的一个小妾偶有小错被遣出，程松得到消息，急忙找到安置这位小妾的中间人，给予贿赂，花钱八十万买下了这位小妾。把她接到家里殷勤供养着，程松夫妇亲自端饭侍候，非常恭敬。这位小妾心里感到惶恐，不知道程松为啥要这样待她。过了几天韩侂胄稍稍消了气，想召回这位小妾，得知小妾在程松家被殷勤供养的情况,大怒,召唤来程松并加以责问。程松编造理由说:"我得知有个某地的郡守到京师办事,想得到王爷您打发出来的这位小妾,我却担心那郡守是个远方小官,不懂事体,慢待了这位小妾对不起王爷。我是京师临安近处的知县,理应为王爷着想,就先为王爷把她接到家里。"韩侂胄听罢他的这番话,心里平和了,就把小妾接了回去。小妾回到韩府之后,韩侂胄对她仍有余怒,小妾详细诉说了她在程松家里受到特殊照顾的情况,韩侂胄非常高兴,立即提拔程松为太府寺丞,过一二十天升为监察御史,一年后再升为右正言,几个月后又升为右谏议大夫。再过几个月,程松没有继续升迁,心里怏怏不乐,于是就又想了一个主意。他花高价买了一个漂亮女子,起名叫"松寿",献给韩侂胄,韩侂胄问他:"这女子为何与你同名啊?"程松说:"这是为了让我的贱名经常在王爷您的耳边回响,让王爷听到。"韩侂胄怜悯他的这份苦心,就把程松再提拔为同知枢密院事。(程松此事又见《宋稗类钞》卷二及《庆元党禁》等)

72. 高似孙作"九锡"诗对韩侂胄谄媚

高似孙(1158~1231),字续古,号疏寮,出身官宦世家,宋孝宗淳熙十一年(1184)进士,曾官秘书省校书郎、著作郎。《宋诗纪事》卷五五记云:韩侂胄生日时,高似孙献诗九首,每一首中都用一个"锡"字,号为"九锡"诗。诗寓意韩侂胄官运亨通,可加九锡。此诗今未见。因此,高似孙为当时的清议所不齿。(此事又见《南宋杂事诗》卷一,《直斋书录解题》卷二〇,《两朝纲目备要》卷一〇)

73. 方岳改名避讳对上司谄媚

方岳,字巨山,号秋崖,南宋祁门(今属安徽徽州)人,宋理宗绍定年间进士。他曾经两次改名,成为历史上的一段趣事。《齐东野语》卷四记载,方岳曾经是丞相赵葵府中幕客。赵葵字南仲,号信庵,累官至右丞相兼枢密使;其父名赵方,字彦直,累官至刑部尚书。方岳为避赵葵之父赵方名讳,就改姓万。后来,方岳又在两淮制置使丘岳(山甫)的属下,为避讳丘岳名讳,就又改自己的名叫巨山。当时有文士议论说,方岳这样做有些过分了。《齐东野语》作者周密在这里引录胡安国(字康侯)《春秋传》书中的议论说:后世之人不真正理解《春秋》的避讳本义,随处因避讳而改人之姓或改人之名,这样的做法是"愚者迷礼以为孝,谄者献佞以为忠,忌讳繁,名实乱,而春秋之法不行矣"。胡安国的见解是深刻而务实的,方岳的做法则非常可笑。

74. 朱浚对贾似道谄媚被称为"朱万拜"

"朱万拜"即南宋理学家朱熹的孙子朱浚,字深源,尚宋理宗之女某公主,曾官两浙转运使兼工部侍郎。《宋稗类钞》卷二记载,贾似道做宰相时,朱浚呈送给贾似道的奏事公文札子之类,语气极其谦卑,必称"浚万拜",于是,时人就比照唐代方干被称为"方三拜"的先例,称之为"朱万拜"。(见本编第50节《方干对王龟谄媚被称为"方三拜"》)

朱浚的这个雅号流传很广,后世文士著作提及谄媚的事例,常见把他和方干并论。如元代盛如梓《庶庵老学丛谈》卷四,《余冬序录》卷一引《姑苏笔记》等。但是,朱浚虽然有谄媚贾似道的表现,但是其人品却是颇有名声的。野史载,南宋末年元兵南侵时,朱浚在闽地福安州,城破后不肯降元,他说:"岂有晦庵孙而失节者乎?"于是自杀(或谓他与妻子理宗公主同时饮毒药身亡)。《坚瓠集》己集卷三《万回万拜》,《池北偶谈》卷六《谈献二·朱浚》,《陔余丛考》卷四一《东坡晦庵南轩皆有贤子孙》等,都记述了朱浚自尽殉国的事迹。由此看来,朱浚和历史上许多谄媚卑劣之徒不能算作一类人物。

75. 廖莹中对贾似道谄媚直至自杀

贾似道(1213~1275),字师宪,浙江台州人。南宋理宗时因其姊为贵妃,累官至左丞相兼枢密使,度宗时官至同平章军国事,封魏国公。《宋史》中入《奸臣传》。廖莹中,字群玉,号药洲,福建邵武人,进士及第后曾被授官,但未赴任,只甘心于做贾似道门客,追随贾似道二十余年。《癸辛杂识》后集记载,贾似道在度宗咸淳末年受到弹劾而回浙江原籍待罪,贾府原来的门客纷纷散去,只有廖莹中一人跟着贾似道到台州,住在贾府附近,经常到贾府看望贾似道。咸淳十一年(1275)七月的一天晚上,廖莹中在贾府和贾似道一起饮酒,悲歌对泣,直到五更天亮时才结束。廖莹中回到自己的家里,仍然不想睡觉,他让小妾烹一壶茶,从怀里取出一把冰脑(一种毒药)吃到肚里。过了一会儿却没有反应。他既然决心求死,就让小妾再给他斟一杯热酒，他又从书箱里取出若干片冰脑放到嘴里。小妾发现情况异常，急忙上前解救，而这时廖莹中已经把冰脑咽了下去，只有几片散落在衣袖之间。小妾哭着劝慰他不该寻死，廖莹中说："你不要哭我了。多年来我一直追随贾丞相，现在他就要遵圣旨被贬到循州安置，我也不能幸免。现在我老了，自己的命运也不能自主，今天能够这样死去，也算是较好的结果。回想平生，我没有对不起我的主子贾丞相，天地都能鉴察我的一片忠心。"于是，廖莹中就对小妾交代身后要办的事，还没有说完，就九窍流血而死。（廖莹中之死又见《西湖游览志余》卷五，《宋稗类钞》卷二，《词林纪事》卷一七）

76. 项文曜被称为"于谦妾"

元代至明初的正史及野史笔记中，谄媚阿谀之类的典型事例不多见，明永乐之后此类故事逐渐多起来了。宣德年间有个项文曜，字应昌，淳安（今属浙江）人。宣德八年（1433）进士，正统年间历官至吏部侍郎。他为官对自己的要求还算是比较严格，以清勤著称，很受于谦信任。其事见《国朝献征录》卷二六无名氏所撰项文曜传。但是，项文曜对于谦过分亲近就流于谄媚。李贤《古穰杂录》记载，代宗景泰年间，于谦官兵部尚书，项文曜既对于谦谄媚依附，同时也依附吏部尚书何文渊。朝中言官弹劾项文曜为人奸邪，于谦还力保并推荐项文曜。每当上朝之前在朝堂待漏时，项文曜总是把嘴凑到于谦耳朵跟前说机密话，不顾左右的人看他，退朝时从金銮殿出来也是这样。他像于谦的影子似的跟着于谦，行坐不离。于是，当时人们称他是"于谦妾"。《坚瓠集》甲集卷二《于谦妾王振儿》一节，把"于谦妾"和"王振儿"（见下节）并提，是很工稳的对仗。

项文曜其人的品质并不算很坏，于谦也是著名的忠臣。但是，两个好人亲近过分也并不是好事。后来，英宗复辟时杀了于谦，项文曜也受牵连被逮捕下狱，又受了杖责，之后发配戍边，下场悲惨，令人同情。也有人说，这是项文曜其人对于谦过分谄媚而得到的报应。

77. 王祐愿作"王振儿"

王振，明代英宗时的太监，得英宗宠信，独专朝政，威权显赫一时，朝臣大多对他俯首屈膝。王祐当时为工部侍郎，对于王振谄媚更甚。陆容《菽园杂记》卷二记云，王祐经常出入于王振府中，他生得相貌俊美，没有长胡须,在王振面前善于察言观色,巧笑逢迎,王振对他格外关照。有一天,王振问王祐:"王侍郎,你怎么不长胡须啊?"王祐回答说:"公公您没有胡须,我这当儿子的哪敢长胡须?"这话传开,成为人们谈论的笑柄。清代傅维鳞撰《明书》及张廷玉主编《明史》中的王振传都写到了这件事。

78. 王越、陈钺等对汪直谄媚

汪直,明代著名的专擅朝政的宦官。《明史·宦官传》记载,汪直原是广西大藤峡瑶(今作瑶)族,明宪宗成化年间净身入宫,曾在昭德宫服侍万贵妃,升任御马太监。成化十二年(1476)与都御史王越、光禄少卿陈钺交结;第二年朝廷设西厂,汪直为统领,又以锦衣卫百户韦瑛为心腹,屡兴大狱陷害正直朝臣,逐渐操纵朝廷大权。王越(1423~1498),字世昌,河南浚县人,景泰二年(1451)进士;陈钺,字廷威,献县(今属河北)人。汪直用王越为兵部尚书,兼左都御史,陈钺为右副都御史,巡抚辽东。成化十五年(1479)秋,皇帝诏令汪直巡边,汪直率领骑兵日驰数百里,地方官员畏惧汪直,皆望马首迎拜,"供张百里外"。到了辽东,陈钺在郊外跪地迎接,招待的宴席特别丰盛,对汪直左右的人都有贿赂。

当时朝中舆论,称汪直所信任的王越、陈钺为"二钺"。《琅琊漫钞》记载,宫中著名的优人阿丑曾在宪宗面前演出杂戏小段,阿丑扮作汪直,手持两把板斧,脚步踉跄而行,旁边一人问他为何这样,他说:"我带兵打仗,靠的就是这两个钺。"又问他,钺是什么名,他回答说:"一个叫王越,一个叫陈钺。"宪宗皇帝看了这个表演之后,心里明白了,王越和陈钺都是汪直的亲信。不久,王、陈二人先后被罢黜。这段故事后来被《明史·汪直传》采入。

79. 尹旻对汪直谄媚

尹旻(1422~1503),字同仁,山东历城(今属济南市)人。正统十三年(1448)进士,成化年间累官至吏部尚书。汪直专权时,尹旻依附汪直得以升官,加太子太傅,大学士。王鏊《震泽纪闻》卷下《万安》记载,当时吏部尚书尹旻、都御史王越、大学士刘珝都是北方人,结为一党,大学士万安与翰林学士彭华等结为一党,互相倾轧。尹旻虽然为王越同党,但也难免钩心斗角。相传有这样一个故事:有一天,尹旻带着各部几位要员前往谒见汪直,请王越引见。尹旻私下问王越:"见汪直的时候下跪不下跪?"王越说:"哪有朝廷大臣向宦官下跪的呢？"王越先进去向汪直禀明情况，尹旻暗中窥伺王越的动作，却看见王越见汪直的时候跪下讲述要办的事情。等到尹旻等人进去的时候，都一齐下跪拜见。会见之后出来的时候，王越责问尹旻说："我说过了不跪，你们怎么还下跪呢？"尹旻说："我看见别人跪了，我们不过是仿效而已。"（见冯梦龙编《古今笑·容悦部第十七·跪》）从这个故事可以看出尹旻与王越是同样的奸猾。汪直专权时，王越迫于其威势也曾不得不趋附，但是，王越交代尹旻不必向汪直下跪，而他自己竟先带头下跪，其心机之深让尹旻不得不防。尹旻的回答对他有嘲讽的意思，同时也是为自己对汪直的谄媚寻求开脱。朝臣之间的阴险与虚伪，从这个故事中可见一斑。

80. 倪进贤对万安谄媚被称为"洗鸟御史"

倪进贤，安徽歙县人，成化十四年（1478）进士，曾官御史。万安（？~1489），字循吉，四川眉州（今眉山）人，正统十三年（1448）进士，成化年间官至吏部尚书，华盖殿大学士，卒谥文康。倪进贤自谓是万安的门生，因此得到万安的多方关照与信任，于是他对万安百般谄媚，力求固结自己与万安的依附关系。

《明史·万安传》记云："歙人倪进贤者，粗知书，谄事安。"沈德符《万历野获编》卷二一《佞幸·秘方见幸》一节云，万安晚年患阴痿（即阳痿），倪进贤为他献上一个秘方，又亲自抓药煎药给他洗。这药方果然有效，洗了若干次以后，万安的病情好转，阳物能够复起。这件事情传开，人们就叫倪进贤为"洗鸟御史"。

倪进贤的"洗鸟"，是历史上最龌龊的谄媚事例之一，可以和舔痔、尝便、吮痈并列为"古代谄媚四大丑"。明后期至清代文人笔记时见提及此故事，作为笑谈，如徐应秋《玉芝堂谈荟》卷八《谄佞一辙》，独逸窝退士《笑笑录》卷四等。清梁绍壬《两般秋雨庵随笔》卷一《孔万》云："万文康（安）晚年阳痿，得门生倪姓御史海上方，洗之遂起，世传洗鸟御史是也。"并且说："此等谄媚，虽严分宜亦不屑为也。"严分宜即严嵩，梁绍壬认为，像倪进贤这样的行为，连大奸臣严嵩也是不屑为之的。又见黄钧宰《金壶浪墨》卷七《谄媚》云："'吠犬侍郎'，可与'洗鸟御史'为对。此等谄媚之法，乃无独有偶如此。"这里把倪进贤洗鸟和赵师择学狗叫相提并论，也很可笑。

81. 万安以房中术对成化皇帝谄媚

如前节所述，万安接受无耻小人倪进贤的谄媚，同时，万安本人也以同样卑劣的伎俩对明宪宗朱见深谄媚。明宪宗朱见深宠爱万贵妃，万安就相机接近万贵妃，和万贵妃认作兄妹，这样，万安的身份就是"国舅"，在明宪宗面前就更亲近了。万安得了倪进贤所献药方的好处，心想宪宗一定需要，就又搜集不少房中术的秘方，秘密献给宪宗皇帝。《明史·万安传》记载：有一天，明宪宗在宫中得到秘奏一盒子，其内容全是论述房中术的，其末署名为"臣万安进"。宪宗让太监怀恩把这一盒奏疏拿到内阁，并传达宪宗的旨意说："这是内阁大臣应该做的事情吗？"万安惭愧流汗跪在地上，不敢出声。《万历野获编》卷二一《秘方见幸》记述此事，又说，明宪宗后来就是因为服用壮阳药物过量而死，万安又受到司礼太监覃昌的讥诮和责问，也无言可辩。

82. 正德年间大臣对刘瑾谄媚

正德年间刘瑾擅权专政，朝中大臣畏惧刘瑾的威势，甘心俯首，卑躬屈节。刘瑾本是谈氏子，陕西兴平人。幼年自宫，投靠中官刘姓者为养子而冒姓刘。武宗即位后掌钟鼓司，受到宠信，与同党八人以狗马鹰犬角抵歌舞哄武宗玩乐。这八人除刘瑾之外，还有马永成、高凤、罗祥、魏彬、丘聚、谷大用、张永。武宗恣意玩乐，不理朝政，官员章奏都由刘瑾处理，于是刘瑾得以为所欲为，朝廷大臣莫敢违抗。大学士刘健向武宗进谏，刘瑾就矫诏将他削职为民。刘瑾在京师朝阳门外创建元真观，落成之后，大学士李东阳为之撰作碑文，其措词对于刘瑾予以歌功颂德。李东阳（1447~1516）字宾之，号西涯，天顺八年（1464）进士，历官至文渊阁大学士，正德初年已是六十多岁的老臣，在刘瑾面前竟然这样怯懦顺从，为此而使舆论认为他气节有亏。正德三年（1508）正月，左都御史兼掌都察院事屠滽（1441~1512），因文案中的措词引起刘瑾不满，刘瑾就对他怒骂一顿。这时屠滽已是六十八岁的老臣，不得不带领十三道御史跪在大殿的台阶下面谢罪，刘瑾对他们数其罪状进行训斥，这些大臣们都只是叩头，不敢仰视，跪了好久才敢起身（见《明史纪事本末》卷四三《刘瑾擅政》）。

当时其他朝臣在刘瑾的淫威之下更是蹑手蹑脚，谨小慎微。有时刘瑾对臣下施舍一点小恩小惠，接受者必须跪地谢恩，稍有不恭则会引起刘瑾动怒。

《明史·何瑭传》记载，某日刘瑾视察翰林院，对每位文士赠给一把川扇，文士面见刘瑾要跪拜，接过扇子又要再次跪拜。当时何瑭不满于刘瑾的威势，见刘瑾时只是长揖不拜，刘瑾就没有给他扇子。何瑭对翰林文士的谄媚相颇为不屑，在旁边严正指出："何跪而又跪也？"刘瑾听见了很不高兴，责问何瑭的姓名，何瑭从容回答说："修撰何瑭。"为此，何瑭自知不能为刘瑾所容，就辞官回乡。王世贞《觚不觚录》记述道，正德时，朝中某大臣给刘瑾上书，台头竟然写："门下小厮某，上恩主老公公。"其用词完全是奴才对于主子的口气。

83. 刘介献妾对张綵谄媚

张綵，明代安定（今属陕西）人，弘治三年（1490）进士，正德年间因谄事刘瑾而得官为吏部尚书，加太子太保。张綵利用权势谋财渔色，无恶不作。在《明史》中把他列入《阉党传》，其中记载说：张綵的同乡人刘介曾官抚州知府，娶了个妾非常漂亮，张綵把刘介提拔为太常寺少卿。有一天，张綵穿着正式官服前往刘介家中道贺，对刘介说："你升官了，拿什么报答我啊？"刘介惶恐道谢，说："除了我自己的身体之外，所有的东西都是属于您的，您随便拿走就是了。"张綵就让手下人直接进入刘介的内室，把他的小妾拉出来，送上轿子抬走了。刘介无可奈何。张綵又听说平阳知府张恕的小妾非常漂亮，就向他索要，张恕不肯答应，张綵就让御史张某抓住张恕的把柄治他的罪，结果是把张恕发配戍边。张恕心知这是张綵找借口进行要挟，于是就把小妾献给了张綵，才得以减刑。

84. 廖鹏献妾对钱宁谄媚

钱宁，正德年间刘瑾的党羽之一，《明史》中被列入《佞幸传》，其中记载：钱宁的出身来历不详，或谓为镇安（今属甘肃）人，幼年时被卖给宫中太监钱能家为奴，冒姓钱，长大后曾为锦衣卫百户。刘瑾专权时，钱宁追随逢迎，得以接近正德皇帝，赐以国姓，因而又名朱宁。刘瑾败亡之后，钱宁仍然受到正德皇帝宠信，升官为锦衣卫指挥使，掌管南镇抚司，累升为左都督，掌锦衣卫事，典诏狱，皇帝对他言无不听。其名刺上所列身份是"皇庶子"，就是正德皇帝的堂兄弟了。钱宁又主管在宫中建"豹房""新寺"等处所，供正德皇帝淫乐。正德皇帝在豹房，钱宁陪伴，有时正德皇帝饮酒大醉，就头枕着钱宁的身体睡觉。到了上朝的日子，群臣在金銮殿上等待皇帝，等到太阳西落也见不到皇帝的影子。有的大臣就悄悄打听钱宁在哪儿，钱宁一来到就说明正德皇帝马上也就要到了。明朝的厂卫制度非常严酷，在正德时期形成完整的体系，当时太监张锐主管西厂，钱宁主管东厂，锦衣卫的侦缉队四处出动，朝廷官员及百姓常常是人心惶惶，十分恐怖。

就是这样的一个钱宁，其权势之大、为害之甚可想而知。当时有个锦衣卫的指挥名叫廖鹏，利用权力肆意妄为，作恶多端，被巡抚邓庠弹劾，诏书批示"降级安置"。廖鹏就把他的一个小妾送给钱宁，钱宁使他免于处分，得以留任。钱宁先后对刘瑾、对正德皇帝谄媚，他在有权有势之后就必然接受下属的谄媚。但是，这样的人最终没有好下场。正德皇帝死后，嘉靖皇帝即位，钱宁受到弹劾被治罪，家产籍没，凌迟处死，其妻妾发送给功臣家为奴。

85. 江彬强征民女对正德皇帝谄媚

江彬，宣府（今河北宣化）人，曾官蔚州卫指挥使，厚赂钱宁，被引入豹房，得以接近正德皇帝，掌握重权。于是，江彬也就利用这特殊的地位与条件大肆作恶。《明史·佞幸传》记载，江彬在豹房，常同武宗同卧起，又多次引导武宗私自出宫游幸。江彬对武宗说，宣府的乐工有许多美女，武宗受其诱惑，就由江彬陪同，于正德十二年（1517）八月微服出京，经居庸关前往宣府。十三年（1518）正月返京后，仍然一直思念着宣府，又由江彬引导，前往大同。不久因皇太后死，返京，经昌平、黄花峪、密云等地时，江彬掳掠良家女子数十车，供武宗临幸，途中有死者，左右近侍人等不敢如实报告。江彬以皇帝圣旨为名，强征豪夺，给沿途百姓造成深重灾难。这一年，武宗又由江彬引导，由大同附近渡过黄河，到达榆林、绥德，临幸总兵官戴钦家，纳戴钦的女儿陪侍。返程途经太原，纳乐工杨腾之妻刘氏，携归京师。武宗对刘氏非常宠爱，江彬等近侍就对刘氏以母事之，称为刘娘娘。正德皇帝的种种荒淫行为，后世小说戏曲也时见描写，如《梅龙镇》《游龙戏凤》等。诸如此类的活动还有很多，江彬起了助纣为虐的作用。武宗驾崩世宗继位，江彬的罪行一总得到清算，嘉靖初年被凌迟处死，这个凶残奸恶的小人最终没有逃脱可耻可悲的下场。

86. 马昂献妹献妾对正德皇帝谄媚

马昂原是正德年间守卫延（安）绥（德）一带的军官，后来调任为宣府右都督。正德皇帝私自出宫前往宣化、大同游乐，随意寻花问柳，在此期间，马昂曾得以接近正德皇帝。《万历野获编》卷二一《武宗诸嬖》引录《武宗实录》的记载说，当时马昂是宣府都督，他有个妹妹已经嫁给了一位姓毕的指挥（或谓此毕指挥名叫毕春），并且已经怀有身孕，马昂把她献给正德皇帝。她善骑射，又能说胡语、演奏胡乐（应是蒙古语、蒙古乐器），很受正德皇帝宠爱。后来，正德皇帝又来到马昂的家里，看见马昂的小妾很漂亮，就让这个小妾侍寝，马昂没有同意。正德皇帝非常生气，就疏远了马昂和他的妹妹。

《野获编》同节又引录《嘉靖实录》的记载说，陕西总兵马昂，本来受到革职的处分，马昂和太监张忠靖拉上了关系，把妹妹献给正德皇帝，于是马昂和他的弟弟马炅、马昶都得了官职。又说正德皇帝是由太监许金引导，到指挥毕春家，夺其妻（即马昂之妹），于是马昂在正德皇帝面前很受宠，升官为右都督；马昂又向正德皇帝献上小妾杜氏，于是马昂的兄弟都被赐给蟒衣，并升官。以上所引《正德实录》和《嘉靖实录》两处记述的情节有所不同，但马昂对正德皇帝献妹献妾的事实则大体是一致的。

《野获编》同卷《主上外嬖》一节又记马昂献妹之事云："（武宗）又幸宣府时，纳宣府总兵都督佥事马昂妹……进昂右都督，群小皆呼马舅。"这里与前节的记述重复，但也略有不同。《明史·江彬传》也记述有马昂之事，较为简略。

87. 道士邵元节、陶仲文等以房中术对嘉靖皇帝谄媚

明嘉靖皇帝迷信道教，宠信道士邵元节、陶仲文等。邵元节（1459~1539），号雪崖，江西贵溪人，原为龙虎山道士，嘉靖三年（1524）被人推荐到朝廷，受到世宗皇帝信任，后来特拜礼部尚书，卒谥文康荣靖。陶仲文（1480~1560），湖北黄冈人，因邵元节推荐而入朝廷，封为真人，后得官为少保礼部尚书，又加少傅、少师，封恭诚伯，卒谥荣康惠肃。邵、陶二人耍弄道家法术，长期得到嘉靖皇帝尊宠，他们向嘉靖皇帝献房中术及媚药，同时也以此迷惑朝中的一些大臣。

《万历野获编》卷二一《秘方见幸》一节记云："陶仲文以仓官召见,献房中秘方,得幸世宗。"陶仲文死后,世宗对他加谥号"荣康惠肃",而邵元节的谥号为"文康荣靖",这样四个字的谥号在历史上除邵、陶二人之外不曾有过,可见嘉靖皇帝对他们是多么宠信了。当时谭纶(字子理,宜黄人)任军职,和邵元节是江西同乡,陶仲文也向他献房中秘方;后来张居正为大学士,谭纶又把秘方献给张居正,因此受到张居正信任而得升官为兵部尚书。谭纶使用陶仲文的房中术秘方长达二十年,最后因和一个妓女行房中之事而身体衰败,病危时嘱咐张居正对于秘方一定要慎用。但是,张居正却没有汲取谭纶的教训,继续按秘方服药,不久其身体逐渐枯瘠,结果在万历十年(1582)五十八岁时就去世了。

《野获编》同卷《进药》一节又记云："嘉靖间,诸佞幸进方最多,其秘者不可知。"有些秘方传到万历时期还有人使用,如邵元节、陶仲文所用的红铅、秋石。所谓"红铅",就是用少女第一次来的月经,炼成如辰砂(湖南辰州所产的砂粒)的样子;所谓"秋石",就是取童男童女的小便,去掉最先的一股和最末的余沥,炼成如解盐(山西解州所产之湖盐)的样子。这两种东西比较盛行,皇帝之外,有些文士也用它。嘉靖皇帝在中年以后才开始服食这一类丹药,以及其他的热剂,名义上说是用来激发阳气,以求长生,其实是为了在房中秘戏时更有精力。嘉靖之后,隆庆皇帝朱载垕即位时正当壮年,受到宫中内监的蛊惑,也和其父嘉靖皇帝一样服用这一类丹药,以至于身体受到很大伤害,"阳物昼夜不仆"(俗谓之"金枪不倒"),于是不能上朝理事。这都是前朝邵元节、陶仲文的流毒造成的恶劣后果。

88. 朱隆禧等以方术对嘉靖皇帝谄媚

由于嘉靖皇帝迷信道教,当时以献秘方、进丹药等手段引诱世宗皇帝的,除邵元节、陶仲文之外,较著名者还有盛端明、顾可学、朱隆禧等多人。《野获编》卷二一《秘方见幸》记载:"应天府丞朱隆禧,都御史盛端明,布政司参议顾可学,皆以进士起家,俱以方药受知世宗,与邵、陶诸人并列。虽致仕卿贰宫保,俱无行之尤矣。"此三人俱列入《明史·佞幸传》。

朱隆禧(?～1556),字子谦,号二峰,江苏昆山人。嘉靖八年(1529)进士,曾官顺天府丞,因朝廷考核时受人弹劾而被罢官。嘉靖二十七年(1548),陶仲文前往太和山,朱隆禧把陶邀请到自己家中,把他自谓向别人传授的长生术和自制的香衲衣，托陶仲文进献给皇上。嘉靖皇帝得到这些东西，非常高兴，就派官员前往朱隆禧家赐给白金、飞鱼服等。朱隆禧进京面见皇帝谢恩，嘉靖皇帝因为他已经是被罢免的官员，不宜再起复，就加衔为太常卿，依致仕例。两年后再加为礼部右侍郎。

盛端明（1470～1550），字希道，号程斋，广东饶平人。弘治十五年（1502）进士，初授检讨，历官至右副都御史，督南京粮储，因受人弹劾而罢官。他在家闲居十年后，自言会炼药，服之可以长生，于是由陶仲文推荐给嘉靖皇帝。严嵩又在旁边为他加好言，于是，嘉靖皇帝授其官职为礼部右侍郎，不久拜工部尚书，又改为礼部尚书，加太子太保，谥荣简。

顾可学（？～1560），字与成，江苏无锡人。弘治十八年（1505）进士，正德九年（1514），由缮部郎中擢浙江参议，受人弹劾被斥回家。后来他得知嘉靖皇帝好长生之术，就通过贿赂严嵩，自谓能用童男童女尿炼出秋石，服用它可以延年益寿。严嵩奏报于嘉靖皇帝，嘉靖皇帝就派使者前往顾可学家，赐予金币。顾可学进京面见嘉靖皇帝谢恩，得官为右通政，嘉靖二十四年（1545）超拜工部尚书，又改为礼部尚书，再加太子太保。谥荣僖。

朱、盛、顾三人的经历与特点颇为相似，概言之有三：其一，他们都是进士出身，都曾做过官，又都是被人弹劾而罢官；其二，他们或通过陶仲文或通过严嵩而得接近嘉靖皇帝，又都是耍弄方术药物的把戏；其三，他们虽然都是奸狡谄佞之徒，但是还能在官场混到寿终正寝，没有得到恶报。即使如此，这三个人毕竟在《明史》上被列入《佞幸传》，其丑恶嘴脸在历史上留下不光彩的一页，永远受到后人唾弃。

89. 汪铉对首辅张璁及嘉靖皇帝谄媚

汪铉（？～1535），字宣之，婺源（今属江西）人，弘治十五年（1502）进士。初为南京户部主事，嘉靖初擢右副都御史，后官至太子太保、吏部尚书兼兵部尚书。《国朝献征录》卷二五《汪铉传》记载，嘉靖皇帝初即位不久，用张璁、桂萼为大学士，汪铉结交张、桂，迎合嘉靖皇帝，在"议大礼"事件中，张、桂极力赞同嘉靖皇帝追尊本生父亲兴献王朱祐杬为兴献皇帝，迫害异己者。当时，汪铉为讨好张璁、桂萼及嘉靖皇帝，就在大庭广众之中大骂持反对意见的朝臣，表现得十分张扬，引起诸臣反感。汪铉在南京做官时，在赣南向嘉靖皇帝进献甘露，说是皇上的大孝感动上天，所以有祥瑞出现，因而嘉靖皇帝非常高兴，汪铉才得以晋升为右都御史、兵部尚书。当时天上出现彗星，有朝臣上奏章说张璁、汪铉是"人彗"，可见汪铉这样的人被当时的舆论归为恶人一类，遗臭于青史。后来，嘉靖皇帝也发现汪铉人品太坏，"颇厌之"，对辅臣说："汪铉邪佞诡随，其去留不足为有无也。"这时，汪铉就在朝廷待不下去了，只得请求致仕，不久就死了，下场颇为凄凉。

90. 赵文华、鄢懋卿对严嵩谄媚

严嵩（1480～1565），字惟中，号介溪，江西分宜人。弘治十八年（1505）进士，嘉靖时累官至首辅，太子太师。严嵩是嘉靖朝的奸臣，也是中国历史上著名的大奸臣。严嵩秉政时，朝廷中有不少臣僚及各地文武要员趋炎附势，争相谄媚，其中最亲近、最卑劣的两个奸恶之徒是赵文华和鄢懋卿。赵、鄢二人和严嵩在《明史》中都被列入《奸臣传》。

赵文华，字元质，浙江慈溪人。他在国子监为太学生时，严嵩官国子监祭酒，就发现他颇有才能。赵文华于嘉靖八年（1529）进士及第，初任刑部主事，经考察谪为东平州同知，后回到朝廷，官通政使。这时严嵩逐渐贵居显要，赵文华极力巴结，认作父子关系。严嵩思量自己在朝廷已经有不少恶迹，如果有自己可靠的人在通政司，在受到弹劾的时候可以及时得知消息，早作防范，于是就安排了赵文华。而赵文华还想更走捷径，他得知嘉靖皇帝迷信长生之术，就谋得一些百花仙酒直接献给嘉靖皇帝，说："我的老师严嵩就是因为服用了这百花仙酒，高寿而康健。"（这时严嵩年近七十）嘉靖皇帝亲自写手敕向严嵩询问，严嵩大惊，心想赵文华没有先对自己说明就直接去见皇帝献媚，做事可恶，就把赵文华召唤来痛加斥责。赵文华跪泣悔过，又通过贿赂严嵩之妻欧阳氏，求得严嵩饶恕，重获宠信，再升工部尚书。后来，嘉靖皇帝发现赵文华利用工部尚书职权营造私宅等劣迹，将赵文华罢黜为民，其子流放戍边。赵文华本来有蛊病（心志惑乱之病），此时受到朝廷严厉的处罚，内心悒悒不乐，在返回浙江家乡的船上病情加剧，一天夜晚，他用手抚摸腹部，肚子忽然破裂，五脏都流了出来，惨死在船上，下场可悲。

鄢懋卿，字景修，江西南昌人。嘉靖二十年（1541）进士，历官至大理少卿，嘉靖三十五年（1556）转左佥都御史，又升左副都御史。这时，严嵩及其子严世蕃正是势焰熏天的时候，鄢懋卿献媚投靠。适逢户部奏请朝廷派大臣总理两浙、两淮、长芦、河东盐政，严嵩就让鄢懋卿充此任。鄢懋卿得

到这个有权有利的美职,疯狂敛财纳贿,生活极其奢侈,以至于"文锦被厕床,白金饰溺器"(厕所用锦绣铺设,尿壶用白金装饰)。鄢懋卿与其妻一同出行,乘坐的五彩舆,让十二个美女抬着。又用搜刮来的大量金银财宝贿赂严氏父子及其他当朝权贵,固结人身依附关系。嘉靖末年严嵩倒台,鄢懋卿被流放戍边,也没有好下场。

赵文华、鄢懋卿二人的谄媚与奸恶事实,在明代野史笔记中多有记述,而且在戏曲、小说等文学作品中也肆意演绎。如明代无名氏传奇作品《鸣凤记》中有最精彩最奇异描写。此剧中,赵文华由丑扮,鄢懋卿由净扮,其表演、曲词、道白夸张而滑稽,形象塑造生动,深刻揭示其卑劣的人格。第四出《严嵩庆寿》中赵文华出场,其念白云:"自家赵文华,浙江慈溪人也。名登黄甲,官拜刑曹。只是平生贪利贪名,不免患得患失。附势趋权,不辞吮痈舐痔;市恩固宠,哪知沥胆披肝。且是唇剑舌枪,有一篇大诈若忠的议论;更兼奴颜婢膝,用几许为鬼为蜮的权谋。陷害忠良,如秤钩打钉,拗曲作直;模棱世事,如芦席夹囤,随方就圆。"这段话由赵文华嘴里吐出,可谓是奸邪谄佞之徒的自供状。之后赵文华又说,严嵩门下干儿子颇多,他就是严嵩的干儿子之一。为此,在严嵩生辰寿诞之期,他准备了几件珍贵礼物:其一是一对寿烛,外用金皮包裹,雕刻五彩龙凤,内藏外国异香,点燃时香烟结成福寿二字;其二是为严世蕃府上新造的万花楼制作一条五彩大绒单;其三是用上好精金打造一个溺器(尿壶),用珊瑚宝玉镶嵌,并装饰奇异春画,也送给严世蕃(号东楼)。于是,赵文华自信地说:"不要说严东楼,就是泥人也要欢喜起来。"

《鸣凤记》第十三出《花楼春宴》,写赵文华、鄢懋卿作为严嵩的爪牙,除掉了政敌首辅夏言,严嵩谓"二人之功尤大",于是严世蕃在万花楼设宴,酬谢赵、鄢二人。赵文华与鄢懋卿一同前来赴席。宴席间,三人各自讲述其荒淫无耻的生活,赵文华自谓有两个爱妾,一个叫忧人富,一个叫自怕穷;鄢懋卿自谓有两个美人,一个叫忘恩,一个叫负义;严世蕃自谓有个美人,名叫解语花。曲词宾白及插科打诨是漫画式的,而讽刺的手法则是入木三分,以戏曲的形式揭示谄媚者与权奸互相勾结与利用的本质,不过是通过政治的同盟谋取贪得无厌的实际利益,以满足其穷奢极欲的人生享受。

91. 徐渭随胡宗宪对严嵩谄媚

徐渭（1521~1593），初字文清，后改字文长，号天池山人、青藤道士、田水月等，浙江山阴（今绍兴）人，是明代著名文学家，戏曲作家，书画家。徐渭多次赴乡试都没有考中，一生不得志，经历坎坷。嘉靖三十七年（1558）被浙江总督胡宗宪招致于幕府掌管书记，受胡宗宪信任与器重。徐渭和严嵩没有直接的关系，本节说徐渭随胡宗宪谄媚严嵩，是指徐渭在为胡宗宪效力的过程中表现出来的对严嵩的谄媚。

胡宗宪，字汝贞，号梅林，安徽绩溪人。嘉靖时期中国东南沿海一带抗击倭寇形势严峻时，浙江总督张经、巡抚李天宠因不依附严嵩，被督察浙江军务的赵文华进谗言罗织罪名杀害，胡宗宪通过赵文华依附严嵩，于嘉靖三十三年（1554）擢升右佥都御史，接替张经、李天宠为浙江总督、巡抚，后又升浙闽总督，成为严嵩死党重要一员。《明史·胡宗宪传》记载："宗宪多权术，喜功名。因文华结严嵩父子，岁遗金帛子女珍奇淫巧无数。文华死，宗宪结嵩宜厚，威权震东南。"《明史纪事本末》卷五二《世宗崇道教》记载："（嘉靖）三十六年冬十月，玄岳诸山献紫芝，已而总督胡宗宪、巡抚阮鹗、御史路楷等相继上者，不可胜计……三十七年夏四月，总督胡宗宪献白鹿。五月，复献白鹿于齐云山。"

徐渭正是在嘉靖三十七年（1558）春天来到胡宗宪幕府的。其自著《畸谱》记云："三十八岁，孟春之三日，幕再招。时获白鹿二，先冬得牝，是夏得牡，令草两表以献。"这里"幕再招"，即是指胡宗宪幕府的邀请。可知徐渭刚刚来到，立即就接受了起草进献白鹿表的任务。《明史·徐渭传》记载，当时胡宗宪让徐渭和另一位幕客各起草一份稿子，先交给他所熟悉的一位学士审读，学士选中了徐渭的文稿，进献到朝廷，嘉靖皇帝看了之后非常高兴，就更加宠信胡宗宪。

徐渭的两篇表文，今存于《徐文长三集》卷一三，都是以胡宗宪的身份与口气写的，对嘉靖皇帝极力给予阿谀奉承。第一篇题为《代初进白牝鹿表》，文中写道："历一千岁始化而苍，又五百年乃更为白，自兹以往，其寿无疆。"这是说白牝鹿的出现非常罕见，是难得的祥瑞，又说："必有明圣之君，躬修玄献之道，保和性命，契合始初，然后斯祥可得而致。"这几句是赞赏嘉靖皇帝在宫中的修炼活动，说只有这样的明圣之君，才能得到白鹿的祥瑞。这样的措词正符合嘉靖皇帝的心理希求，因而对献上这篇贺表的胡宗宪也就更加宠信。嘉靖皇帝虽然不知徐渭，但是，胡宗宪受到皇帝的宠信与奖赏，徐渭也就在胡宗宪面前得以显现光彩。第二篇题为《代再进白鹿表》，文中写道："窃惟白鹿之出，端为圣寿之征"；"应时而出，牝牡俱纯"；又有"恭遇皇上，德函三极，道摄万灵"等语，也都是公文式的谀颂之词。

徐渭在胡宗宪幕府期间，还为胡宗宪代作祝贺严嵩生日的贺词。严嵩生于成化十六年（1480），至嘉靖三十八年（1559）为八十大寿，胡宗宪为他献祝寿文必须预作准备，就仍然请徐渭撰作。徐渭共写了两篇，其中一篇题为《代贺严公生日启》（见《徐文长三集》卷一五），其中云："历几迁而入相，同一敬以格天。四海具瞻，万邦为宪，恭惟华诞，爰属首春。八袠初跻，同尚父遇君之日；一年以长，多潞公结社之时……知我比于生我，益征古语之非虚；感恩图以报恩，其奈昊天罔极。"这里称颂严嵩身居相位，是朝廷柱石，功德受四海瞻仰。又把严嵩比作殷商末年的姜子牙和北宋宰相文彦博。"尚父遇君"，指姜太公（尚父）八十岁遇周文王。"潞公结社"，指文彦博（潞公）于元丰六年（1083）致仕，次年与文士结社是七十九岁，而此时严嵩的八十华诞比那时的文彦博还年长一岁。徐渭以胡宗宪的身份与口气这样颂扬严嵩并表达效忠之心，谄媚之态，溢于言辞之外。

徐渭撰作的另一篇祝寿文，题为《代贺严阁老生日启》（见《徐文长逸稿》卷一一），其中说："施泽久而国脉延，积德深而天心悦。三朝耆旧，一代伟人，屹矣山凝，癯然鹤立。且昔搜元典，神形返上古之元真；近侍轩皇，眉宇溢清修之道气。"这里的措词，既称严嵩是"伟人"，又赞扬他具有道家修炼而得的骨相与仙气，不仅是对于严嵩本人的美化，而且正投合着当时嘉靖皇帝崇信道教的心态。从文稿的含义来看，徐渭很会为胡宗宪着想，遣词用语颇费了一番心思。

徐渭撰作的这两篇祝寿文，胡宗宪究竟采用了哪一篇，以及把祝辞随同寿礼呈送给严嵩之后严嵩如何议论，因徐渭很快就离开了胡宗宪的幕府，徐渭本人不得知，也未见他人提及。如今可知的事实是，嘉靖三十九年（1560），胡宗宪擒获海盗汪直，再立新功，又向嘉靖皇帝献上五棵芝草、两个白龟，嘉靖皇帝大悦，赏赐胡宗宪金帛金彩鹤衣一袭，并由礼部主持，告谢于玄极殿与太庙，晋升胡宗宪为兵部尚书。对于胡宗宪获得的新荣耀来说，徐渭的文章肯定是起到了很大的作用。

徐渭在上述文章表现出来的对于严嵩的谄媚之态，受到后世的非议。清方浚师《蕉轩随录》卷七《徐渭寿严嵩生日启》云："徐文长（渭）在胡宗宪幕府，藉势颇横……其为人盖狂荡不羁流也。曾作《代寿严公生日启》一篇云：……。谀词满纸，且有'知我生我'、'昊天罔极'等语，可谓廉耻丧尽。……录之足为文人无行者戒。"这里，方某痛骂徐渭，抨击可谓辛辣。

92. 吴扩作诗对严嵩谄媚

吴扩，字子充，江苏昆山人。以布衣游于缙绅间，善作诗，自号山人。因避倭寇之乱居住在金陵（南京）。嘉靖末年某个新年元日，吴扩作诗《元日赋诗奉怀严分宜相公》，严分宜即是严嵩。有位朋友看见他的这首诗，说："新年的第一天，你怀念朝中第一官，照此说来，你作诗作到腊月三十，也轮不到怀念我们这些人啊！"吴扩听出这话是对自己的讽刺，不好意思地笑了笑，自觉非常惭愧。吴扩不过是个布衣文士，肯定没见过严嵩，严嵩也不可能认识他，只因为严嵩是宰相，他就自作多情地作诗"奉怀"，行为实在过于卑谄，他受到身边文友的嘲讽也确是因自我暴露谄媚相。这个故事，冯梦龙收录于《古今笑·容悦部第十七》，更加广为流传，成为中国古代笑话的典型作品之一。

93. 嘉靖时期官场的谄媚之风

王世贞《觚不觚录》记载说，正德时期朝廷官员对刘瑾谄媚，上书奏报自称"门下小厮上恩主老公公"，这样的风气至嘉靖时更为严重。朝廷下等官员对权贵上书奏事，自我的称谓更是花样翻新。有位礼部官员谒见翊国公郭勋，述事手本自署为"渺渺小学生某"，王世贞说，这样的措辞，"皆极卑谄可笑"。王世贞又说，他本人在嘉靖朝亲眼所见的事例，"复有怪诞不经者"，如自称"不佞"，或者称"通家不佞""年家不佞""治下不佞""邻治不佞""眷不佞"等。有的自称"牛马走"，或者自称"通家治下牛马走"；有的自称"湖海生""形浪生"，或者自称"神交小子""将进仆""未面门生""门下沐恩小的""何罪生"；等等。王世贞总括云："此皆可呕秽，不堪捧腹。"

94. 朝廷臣僚对张居正谄媚

张居正（1525~1582），字叔大，号太岳，江陵（今属湖北荆州市）人，嘉靖二十六年（1547）进士。隆庆时与高拱并为大学士，其权力已经非常大；万历初任首辅，更是独揽朝廷大权，在稳定政局、整顿吏治、实行改革等方面多有建树，成为中国历史上著名的政治家。正是由于张居正的权力特别大，朝政大事常常是张居正决断，官员任免也总是张居正的好恶起着决定作用，因此，朝廷臣僚对张居正的趋附与谄媚之风也就非常严重。

明穆宗隆庆五年（1571）九月，张居正的父亲在原籍江陵病逝，在办理丧事期间许多朝官及地方官员利用这个机会对张居正表示亲近。都御史陈瑞骑马赶到江陵，进城后换上有围幔的车子前往张家。进大门时换上白衣孝服，解下纱帽，拿出准备好的麻布做的帽子戴上，伏在张父的灵前痛哭尽哀。哭罢，陈瑞还请求拜见张居正的母亲，张母不肯出见，陈瑞就跪在地上大哭，并说一些安慰的话，张母这才出来和他见面。（《明史·张居正传》记述较略，《明书·张居正传》记载较详）治丧期间，湖北某官员披麻戴孝代替孝子守孝，张居正非常高兴，后来不到一年，就把他提拔为湖北巡抚。隆庆六年（1572）三月，张居正回乡安葬父亲，隆庆皇帝让尚宝卿郑钦、锦衣卫指挥史继书护送归家，给假期三个月，让安葬完毕就返回京师。这时已到六月，张居正说母亲年老不能经受炎热，决定入秋天凉时动身。返京时，张居正经过之处，抚按大臣都行长跪礼，越界迎送。经过襄阳时，襄王迎候，设宴招待。经过南阳时，唐王也是如此。到了京师，司礼太监何理奉圣旨设宴慰劳。宦官魏朝负责护送张居正的母亲一行，《明史·张居正传》记载说"仪从煊赫，观者如堵"。

张居正父亲死后，依照古礼张居正应当暂时离开职位住在家里守孝三年，就上表请求归家。隆庆皇帝因朝政离不开他，就没有准许；于是张居正又上表请求"在官守制"，就是不回原籍，仍在京城的大学士职位上为父守孝，但不须上朝，隆庆皇帝答应了。这在历史上称为"江陵夺情"。当时，户部侍郎李幼孜有意对张居正谄媚，赞成"夺情"，而各位翰林如王锡爵、张位等皆以为不可。张居正对于批评他的人进行排斥打击，对于为他辩护的人则予以信任，给予升迁。这又引起朝廷舆论对于张居正的非议。

隆庆皇帝晏驾之后，年仅十岁的太子朱翊钧嗣位，即万历皇帝，张居正身为顾命大臣，总揽朝政，威权之重、势力之大达到空前的高度，朝臣及各地官员对他的投靠、依附、谄媚之风更为盛行。《明史·张居正传》记载："居正自夺情后，益偏恣。其所黜陟，多由爱憎。左右用事之人，多通贿赂。"

这方面的事例不胜枚举。张居正的三个儿子先后中了进士，他家的仆人游七也由纳资得了官职。万历五年（1577），张居正的次子张嗣修以第一甲第二名（榜眼）及第；万历八年（1580），张居正第三子张懋修以第一甲第一名（状元）及第，其长子张敬修也以第二甲第十三名赐进士出身。连续两科三个儿子都得以高中，显然与张居正的权势及有司官员的奉承有直接关系，这难免引起朝中舆论的非议。因为，凭借权势得来的功名是不正当的，也是不牢靠的，不仅在当时，而且直到后世都常见文士著作议论此事，表示不平。

后来，张居正死后被清查罪行，三个儿子皆被削籍，已经取得的进士功名也随之取消。《野获编》卷一四《关节状元》记云："今上庚辰科状元张懋修为首揆江陵公子。人谓乃父手撰策问，因以进呈。后被劾削籍，人皆云然。"据此知，张懋修赴试时在试卷上所写策问，原来是张居正撰作的，那么，张懋修的中状元就不只是有司官员的谄媚问题，还是张居正父子共同作弊的问题，后来他们被治罪也就完全是咎由自取。清初赵吉士《寄园寄所寄》卷六引《抡元小录》又记此事云："万历丁丑，张太岳子嗣修榜眼及第，庚辰懋修复登鼎元。有无名子揭口占于朝门曰：'状元榜眼俱姓张，未必文星照楚邦。若是相公坚不去，六郎还作探花郎。'后俱削籍。故当时语曰：'丁丑无眼，庚辰无头。'"丁丑即万历五年（1577），庚辰即万历八年（1580），张嗣修的榜眼、张懋修的状元都被取消，就成了"无眼无头"。褚人获《坚瓠集》庚集卷三《无眼无头》再记此事，当即是据《寄园寄所寄》抄录。根据这些记述可知，张居正以权谋私之丑事流传甚广，影响很大，一百年后还被人指戳。

万历九年（1581），张居正患病，第二年病情转重，至六月逝世。患病对于权臣本人固然是痛苦与不幸，但这正是朝廷臣僚献媚讨好、表达忠心的好机会。《明书·张居正传》记载："……凡四阅月，竟不愈。而自六卿大臣，翰林科道部曹，下至冗散，亡不设斋醮祠庙，为居正祈祷者。皆舍职业，朝夕奔走，仲夏曝身赤日中。延至南都山陕楚汴淮漕抚按藩臬，亡不皆然。"（《明史·张居正传》记述较简略）据此可知，当时以各种形式为张居正进行祈祷的官员，范围相当大，朝廷臣僚及各地的督抚漕官等无不有所表示。这里提到的"仲夏曝身赤日中"的官员名叫朱琏。《野获编》卷二一《佞幸·士人无赖》记云："今上辛巳、壬午间，江陵公卧病邸第，大小臣工莫不公醮私醮，竭诚祈祷。御史朱琏，暑月马上首顶香炉，暴赤日中，行部畿内，以祷祝奉斋。"朱琏的行为，是当时对张居正谄媚的诸多臣僚的一个典型的例子。

95. 顾秉谦自谓是魏忠贤的"白须儿"

顾秉谦是明朝末年著名的奸臣，江苏昆山人。万历二十三年（1595）进士，天启年间官至礼部尚书。魏忠贤独专朝政、残害忠良时，顾秉谦是魏忠贤信任的爪牙之一，得以参赞朝中机务，进位少师。《明史·顾秉谦传》记载说："秉谦为人庸劣无耻，而广微阴狡。"广微即魏忠贤的另一个爪牙魏广微，这两句话是正史对这两个奸臣的正评。谈迁《枣林杂俎》和集《丛赘》记载：顾秉谦设宴请魏忠贤，极力安排佳肴美味，精心制作四十盘珍奇的菜，让属下小吏四十人每人头顶一盘，奉献到魏忠贤面前，请他享用。每个菜盘上都放一个红纸签，上面写明这道菜是什么名称，产于某地。顾秉谦在魏忠贤面前捻着胡须说："我本来应当认作您的儿子，可是您老不会要我这个'白须儿'！"于是就让他的两个儿子台硕、台砥认作魏忠贤的孙子。魏忠贤被奉承得非常高兴，当即赏给两个"孙子"二百两银子。后来，顾秉谦为魏忠贤献祝寿文，就自称是"通家晚生"，两个儿子称为"门孙"。

侯方域的散文名篇《马伶传》，写戏曲艺人马伶的故事，一般读者都非常熟悉。金陵两大戏班兴化部和华林部举行赛戏盛会，同时同地演出《鸣凤记》，兴化部的马伶和华林部的李伶分别扮演剧中的奸臣严嵩一角。李伶的表演精彩，把观众都吸引过去，获胜；马伶没有能够终场，比赛失败后悄悄换衣逃走。三年后，两个戏班再次同演《鸣凤记》进行比赛，马伶仍演严嵩，一出场便演得惟妙惟肖，李伶自愧不如，承认失败并愿拜马伶为师，于是此后兴化部名声大震，远超华林部。华林部班主问马伶为何演技大进并成为李伶的老师，马伶说："我听说昆山顾秉谦相国是严嵩一流的奸臣，就到京师请求在他的府上当了三年仆人。每天侍候着顾秉谦，察其举止，听其语言，时间长了，得其精髓。顾相国就是我的老师啊！"后人评论这篇文章，有的说这是赞扬马伶虚心学习的精神，有的说这是赞扬马伶深入生活提高了演艺水平，其实都没有说到正点上。《马伶传》一文的主题是抨击顾秉谦，指斥他是严嵩式的奸贼，对其奸佞嘴脸给予辛辣的嘲讽，同《枣林杂俎》对于他的记述相印证。

96. 李精白对魏忠贤谄媚

李精白（？～1636），字盟素，颍州（今安徽阜阳）人。万历四十一年（1613）进士，曾官县令，再升任山东巡按，后官至都察院右佥都御史，兵部尚书。明末李自成起义军中的著名谋士李岩（或称李信），通称李公子，就是李精白的儿子。天启年间，阉宦魏忠贤擅权乱政，残害东林党人，全国各地的行政长官屈从于魏忠贤的威势，大都为他歌功颂德，不少地方为他建造生祠，像敬神一样供奉着他。梁绍壬《两般秋雨庵随笔》卷四《巍字改书》记云：当时，山东也为魏忠贤建造了生祠，祠堂落成举行庆贺，巡按李精白祝词云："尧天巍荡，帝德难名。"其中"巍"字写作"魏"，因为魏忠贤被尊为九千岁，不能用"山"压住魏公的头。所谓尧天帝德，表面之意是颂扬大明朝，而实际上是赞美魏忠贤，连"巍"字的写法也要随意改变一下。这里，梁绍壬议论说："此等谄媚，真是想空心血者。"

从这件事来看，李精白对于魏忠贤是顺从的，而且表现出过分的谄媚。这样的行为，在魏忠贤专政的特定时期是实有其事的，而且类似的事情比较普遍，这在明末不少文人著作中都有记述，而且在文学作品中也有描写。李玉的《清忠谱》传奇剧中就写了这样的情节。苏州巡抚毛一鹭为魏忠贤造一座生祠，落成的时候举行庆贺，要给魏忠贤的塑像加冠服。忽然发现塑像的头塑得稍大了些，准备好的官帽戴不上去，主持施工者就让工匠用刻刀把头修削得小一点。这时，在场的苏州巡抚毛一鹭和京城来的税监李实急忙下跪，表示恭敬，李实甚至哭着说："咱的爷爷呵，头疼呵，了不得，了不得！"戏剧的表现是过分夸张的，然而在现实中，李精白的祝词改写"巍"字，和《清忠谱》剧中毛一鹭李实之流谄媚魏忠贤的丑态同样可笑。

97. 宋献策对李自成谄媚

宋献策是明朝末年李自成起义军中的一位谋士。计六奇《明季北略》卷一七《牛宋降自成》一节记载，崇祯十四年（1641）四月，河南卢氏县举人牛金星由杞县李信（后改名李岩）推荐，投入李自成军中，李自成把女儿许配给牛金星为妻，授以右相之职。牛金星引荐故知刘宗敏归李自成，李自成任用他为将军；接着，牛金星又推荐了术士宋献策。宋献策是河南永城人，自谓善河洛术数，他初见李自成时，从袖子里取出一件"宝贝"，像是道士画的一道灵符，上面写的是"十八孩儿主神器"。"十八孩儿"即"十八子"，三个字组合为"李"字；"主神器"就是掌管天下，即姓李的能成为皇帝。李自成非常高兴。中国古代改朝换代之际，争天下的军阀总是要借助于谶纬一类的迷信妖言来制造天意示警的舆论，如陈胜起义时的鱼腹书"大楚兴，陈胜王"，唐朝开国时袁天罡、李淳风的预言，武则天临朝时大云和尚的《大云经》，北宋初年的《推背图》，明朝初年刘伯温的《烧饼歌》等。宋献策进献的谶语正适应了李自成推翻明朝夺取天下的政治需要。因此，李自成立即拜宋献策为军师，对于他的谶语"信之如神"。

《明史·流贼传》记述李自成起义过程，采用了《明季北略》等书所记宋献策的谶语，其语为"十八子，主神器"，略有差异。当代姚雪垠的历史小说《李自成》中，对于宋献策的术数有详细而生动的描写。其实，宋献策要弄的不过是谄媚的伎俩和骗人的把戏，以此取得李自成的信任，以实现自己希图成为改朝换代的开国功臣并能够封侯拜相的政治野心。

98. 宋一鹤对杨嗣昌谄媚被称为"鸟巡抚"

杨嗣昌（1588~1641），字子微，号文弱，武陵（今属湖南）人。万历三十八年（1610）进士，崇祯时官兵部右侍郎，总督宣大山西军务。李自成、张献忠起义军席卷湖北时，杨嗣昌在湖北一带统领官军进剿，这时宋一鹤官湖北巡抚，归杨嗣昌节制。宋一鹤，号鹤峰，宛平（今属北京市）人，崇祯三年举人，曾官邱县知县、汝南兵备佥事，因参与讨伐农民起义有功，升任湖广巡抚。《明史》有传。《明季遗闻》记云："楚抚宋一鹤，贪懦巧谄。"这句话简练而深刻地指出了宋一鹤的人格特征。宋一鹤知道杨嗣昌的父亲名叫杨鹤，于是他在谒见杨嗣昌的时候，为避杨父名讳，他递送的名帖上，就把自己的名字写作"宋一鸟"。这件事传开，楚地的官员及文士们就叫他"鸟巡抚"，成为一则笑话。清独逸窝退士《笑笑录》卷三《一鸟》有记述，并云引自《寄园寄所寄》，可见在清代这则笑话颇为流行。

像宋一鸟这样的谄媚之人，最终是没有好下场的。李自成连续攻占襄阳、德安、荆州，宋一鹤急忙率部进往承天（今安陆），目的是保护兴献帝（即嘉靖皇帝的父亲，原为兴献王，追尊为兴献帝）的陵墓。起义军进攻承天，城破，宋一鹤惧罪自缢身亡。谥烈愍。谈迁《枣林杂俎》圣集《艺簣》有《争妾诗》一则，记述了宋一鹤最后的轶事。崇祯十五年（1642）秋，宋一鹤任湖北巡抚时，因抗击农民起义军不力而被罢官治罪，家产被抄没，小妾也被官府以售卖的形式发落。宋一鹤的一个姓陈的小妾本是南京的名妓，色艺双绝，这时被宋一鹤的一个名叫王屋的门客聘娶；而另一位时任参政之职的贵阳人谢上选也想得到陈氏，以至于两人为争陈氏而引起诉讼，在当时传为笑谈。有个新安（今属安徽歙县）的贡士名叫程奎，曾写一首诗云："歌舞丛中度岁华，一朝忽散抱琵琶。前身定是乌衣燕，不在王家即谢家。"诗中充满嘲谑与调侃的意味，这是对于王、谢二人的嘲讽，也是对于宋一鹤可悲下场的嘲讽。

99. 某翰林（太史）之妻认权贵为"干爹""干娘"

中国古代，民间世俗认干爹干娘的做法非常普遍，扩展到官场中也成为某些人巴结权贵、谋求名利的一种方式。清代俞蛟《梦庵杂著》之一的《春明丛说·梁中堂义女》所记述的故事就是一个生动的实例。

梁中堂即梁国治（1723~1787），字阶平，号瑶峰，浙江会稽（今绍兴）人。乾隆时官至东阁大学士，兼户部尚书，可谓位高权重。朝中某翰林为求得依附梁国治，就让其妻带着礼品前往梁府，拜见梁国治，认作义父。拜礼之后，这位翰林妻从怀里取出准备好的一串珊瑚念珠，双手捧着献给干爹。梁国治颇感难为情，脸上通红，不肯接受，急忙跑出门去。翰林妻手持念珠，追到客厅里，亲手给干爹挂在脖子上。当时，客厅里坐着许多来客，看到这一幕场景不由得惊慌失措。过了一天，有人在梁府门外题一首诗云："才从于第拜干娘，今拜干爹又姓梁。热闹门墙新户部，凄凉庭院旧中堂。翁如有意应怜妾，奴其无颜只为郎，百八念珠情意重，临风几阵乳花香。"诗中首句"于第"，是指相国于敏中的府第。于敏中（1714~1780），字季重，号叔子，又号耐圃，江苏金坛人。乾隆二年（1737）进士，历官至华盖殿大学士，文渊阁领阁事，职位是相当高的。于敏中之妾某氏，被封淑人，翰林妻就是其义女。诗中第三四句，是指于相国在朝中有些失势，而梁国治新官户部尚书，声势正当煊赫之时。诗中第七八句，是说翰林妻给梁国治挂在脖子上的那串珊瑚念珠，刚在她的怀里暖过，还残留着女人乳房的余香。全诗显然是调侃打趣，且带讽刺意味。

俞蛟在略述故事情节之后又记云："余同乡章石斋，与先生乡榜同年，时亦在座，亲见之，述于余。问翰林为谁，笑而不答。"俞蛟（1752~?），字清源，号梦庵。章石斋，其名未详，他和俞蛟是同乡，亦即浙江山阴人，又和梁国治同年乡试中举，当然都是熟人。某翰林之妻给梁国治挂念珠的时候，章石斋正好在场，他亲眼所见又经俞蛟亲笔记述，应该是真实可信的。但是，这里没有明确指出某翰林的姓名。

陈康祺《郎潜纪闻二笔》卷一《士大夫之谄媚》又据俞蛟的《梦庵杂著》记述了这个故事，情节有所不同，略云："乾隆间，某太史谄事豪贵。始拜金坛于相国夫人为母，如古所称'干阿奶'者。嗣相国势衰，又往来钱塘梁尚书家，踪迹暧密。"这里说是"某太史"，不同于前述"某翰林"；这里说"于相国夫人"，不同于前述于相国妾。而且，某文士所写的那首诗是："昔年于府拜干娘，今日干爷又姓梁。赫奕门庭新吏部，凄清池馆旧中堂。郎如得志休忘妾，妾岂无颜只为郎，百八牟尼亲手挂，朝回犹带乳花香。"此诗与前述之诗相比，字词有多处差异，但是事实本身基本相同。"百八牟尼"原是指佛门信徒手持的念珠，用一百零八颗串成，诗中则是指清朝官员上朝时脖子上悬挂的朝珠，也是一百零八颗。诗后又有小注云：人们传说，冬天京城天寒，梁尚书上早朝时，某太史之妻就把梁尚书必须佩戴的那一串朝珠先放在自己怀里暖一暖，然后亲自给梁尚书挂在脖子上，这样做是为了不至于使梁尚书戴朝珠时感到冰凉，可谓用心良苦。于是，诗后又加按语说："自来谐臣媚妾，悦人惟恐不工，事有甚于此者。然闺房隐秘，岂外人所与知？况尚书名臣，即某太史妻，亦不过热中趋附，何至为婢妾娼妓所不为？殆传闻者过于轻薄，甚其词也。"这里，陈康祺对事实有所怀疑，认为写题诗者过于轻薄，遣词造句有所夸大。尽管如此，某太史及其妻的谄媚行为，并非完全无中生有，正所谓无风不起浪。

陈康祺所记此事，也没有指出某太史的姓名。然而，此故事在继续流传的过程中，后来人们知道这位翰林或太史本是姓汪，也是浙江人，但是其名仍然未详。清末，坐观老人《清代野记》卷中《谑吟召衅》记述的故事中，"浙人汪某"正是乾隆时拜梁国治为干爹的某翰林夫人的孙子，可知某翰林即是这位"浙人汪某"的祖父，当然也是姓汪。

这个故事说，泰州有位王某，是同治甲子（1864）举人，"以部曹而为军机章京"（在内阁军机处供职）。有一天轮到他值班，他一大早就从城外的住处往城里赶，半道上忽然发现脖子上忘记挂朝珠了，在乘坐的车上摸索寻找，却找不见。这时车子已进了正阳门（即前门），不可能再返回住处去取，因为当时有规定，夜半开城门，是只许人进不许人出的。王某无奈，忽然想起他有个好朋友"浙人汪某"住在北京东城，可以到他家借他的一串朝珠暂用一下。于是驱车赶到汪某家敲门，汪某正在睡觉，听见是王某来了，急忙起身，王某说明情况，汪某就进屋取出一串朝珠，对王某说："我比你的身材高大，我戴的那串朝珠恐怕不适合你戴，我就把我老婆戴的这串女式朝珠借给你戴吧。"这当然是可以的，于是王某表示感谢，这时，王某忽然心血来潮，想起前朝某翰林妻认梁国治为干爹并亲手挂珠的故事，顺口戏吟一句："百八牟尼珠一串，归来犹带粉花香。"汪某听见他念出这两句诗，突然脸色大变，返身进屋。王某也没有等他再出来送，就匆匆出了汪家大门，刚要上车，看见汪某怒气冲冲，手里拿着一把刀出来，口中大骂道："你这样诬蔑我，我誓与你不共戴天！"王某不知怎么回事，急忙驱车离去。汪某持刀追赶，追上车照车尾处砍了一刀，才返回。第二天一早，汪某持刀赶到王某住的地方，在巷口等待王某出来，还要和他拼命，王某得知，吓得不敢出门，一连耽误了几天的值班。后来王某询问别人，才知道他无意之间吟出的两句诗，原来是乾隆年间有人讥讽他汪某祖母的诗。后来，汪某还要找王某报复泄恨，王某就向上司请了病假，回泰州老家了，终身不敢再入京城。

这个故事听起来让人感到惊心动魄，由此我们可以知道的事实主要有两点：其一是，乾隆时某翰林之妻认梁国治为干爹的故事流传很广，影响深远，至清末还为人所熟知，偶尔提起来作为笑谈；其二是，某翰林的后代对于前代文士讥讽其祖父母的往事怀有深刻的忌讳，耿耿于怀，以至于王某偶然提起的时候他就大发雷霆并持刀相拼。这个故事是前一故事的余波，也说明前代关于谄媚的典型事例能够长久受到后人关注，成为众口流传的生动而有趣的谈资。

100. 慈禧太后对慈安太后谄媚

清代咸丰皇帝有两个皇后，一个是钮祜禄氏，即慈安太后，排序在前；一个是叶赫那拉氏，即慈禧太后，排序在后。慈安没有生育，为人仁爱温柔，安分节俭，能识大体，咸丰皇帝对她既喜爱又信任；慈禧生了个儿子，即是后来的同治皇帝，因而她自恃有功，为人强势，其办事才能又超过慈安。咸丰皇帝对她们两人都非常了解，心里明白在宫中慈安肯定不是慈禧的对手。实际的情况是，在这两个皇后之间，曾经有过一段慈禧对慈安表示谄媚的日子，说起来让人感慨，慈禧的为人确实十分险恶。

坐观老人《清代野记》卷一《文宗密谕》记述道，咸丰皇帝在承德行宫病危的时候，把一封密谕单独交给慈安太后，交代她说："将来慈禧如果倚仗儿子是皇帝而做出一些专权不法的事情，你可以按祖宗家法处治她。"不久，咸丰皇帝驾崩，慈安太后把这封密谕拿出来给慈禧看，意思是对她予以警告。慈禧果然心存畏惧，表示一定遵从咸丰皇帝的教诲。从此以后，慈禧在慈安身边态度非常恭谨，伺候照顾得无微不至。这样过了几年之后，慈安心里认为慈禧不会再有非分的想法了。有一次慈安偶然患病，几天当中太医开的药方都不见效，于是就不再服药，竟然身体痊愈了。这天，慈安看见慈禧的右臂缠着白纱布，感到奇怪，问她怎么了，慈禧说："前天我给您做的人参汤里，是割下我臂上的一条肉同煎的，是尽我的一点心意罢了。"慈安听了非常感动，哭着说："我没有想到你竟是这样的好人啊！先皇帝为啥还要怀疑你呢？"于是就取出咸丰皇帝留给她的那道密谕，当着慈禧的面把它烧掉了。从这之后，慈禧在慈安面前就渐渐地表现得放肆起来，说话多有不客气之语，而且事事专权独断，不和慈安协商。这时，慈安感到十分懊悔，但是已经没法补救。到了光绪二年（1876），京师传言慈禧得了大病，过不几天，就听说死的是太后慈安，而慈禧太后虽然也有病但是已经痊愈。有人说，慈安病重时，慈禧让太医院下了不对症的药，慈安服罢致死。慈安的丧事办得非常草率，刚过二十七天就一律除掉孝服，慈禧竟然连孝服也没有穿，朝中大臣前来吊唁者都穿的是正常官服。慈安本是一朝国母，丧事却是这样简单，自古以来没有先例。由此反观从前，原来那一段时间慈禧对慈安谄媚，是因为慈安有咸丰的密谕在手，慈禧暗藏心机伪装恭顺；待到骗得慈安心软，毁弃了那道密谕，慈禧的心病消除，她就无所顾忌而凶相毕露，结果是害死了慈安。人心叵测，暗箭难防，这个故事是一个生动的实例。

第六编　前身后身探秘

"前身""后身"本来都是佛教名词，或称"前生""前世"，"后生""后世"。随着佛教传入中国，汉代以后中国的大众也就有了前身后身的概念，并且运用这一概念解释人生命运等问题，进而明确地说，某个具体的人物其前身是谁，其后身是谁；由此又说，其前身的人世称为前世，后身的人世称为后世，前身与后身、前世与后世之间存在着某种微妙的联系。

汉代以后的文献中，关于前身后身的问题有许多记载，也有许多议论，其内容非常丰富。佛教的思想观念与儒家、道家的传统认识有深度结合，也掺入世俗大众的认识与理解，形成一套纷繁复杂的认知体系。这方面的思想认识，反映在古代大量的文献及各种文学作品中，如唐白居易《昨日复今晨》诗云："所经多故处，却想是前身。"（《全唐诗》卷四六〇）又《临水坐》诗云："手把杨枝临水坐，闲思往事似前身。"（《全唐诗》卷四三九）唐郑还古《吉州道中》诗云："若有前生债，今朝不懊还。"宋苏轼《题灵峰寺壁》诗云："前世德云今我是，依希犹记妙高台。"（《分类东坡诗》卷二四）白居易和苏轼都是受佛教思想影响较大的文学家，他们的思想认识在古代士人阶层中具有一定的代表性。关于前身后身的思想观念又因历史文献与文学作品的传播而在社会生活的各个方面产生了更深更广的影响，因而在这个问题上表现出多层次的文化内涵。

关于前身后身的问题涉及不少历史上的著名人物，也有历代社会生活中的一些普通众生。他们的故事生动而离奇，在传说过程中又加入一些夸张、虚构与想象，表现出虚幻与荒诞的特征，在一定程度上带有神话与迷信的色彩。本编的内容是，根据古代各种历史文献及文学作品中的记述与描写，把这一类前身后身的事例加以汇集梳理，略作评议，为当代读者认识与了解这方面的文化现象,提供一份较为翔实的资料。今天我们面对这些故事时,需要按照辩证唯物主义与历史唯物主义理论以及当代的科学知识进行认真分析,以批判的目光予以重新审视。

1. 周穆王的前身是丹珠

周穆王是周朝第五帝,名姬满,周昭王姬瑕之子。他在位时曾西征犬戎,东征徐戎,至昆仑会见过西王母。传说周穆王的前身是丹朱。丹朱是帝尧之子,《史记·五帝纪》云:"尧因丹朱不肖,禅位于舜。"清梁绍壬《两般秋雨庵随笔》卷八《后身》云:"周穆王为丹朱后身。"这个说法的起因是《国语·周语上》记云:"周大夫内史过道:'昔昭王娶于房,曰房后,实有爽德,协于丹朱。丹朱凭身而仪之,生穆王焉。'"这里记述的史实是,鲁庄公三十二年(周惠王十五年,前662),一位名叫"过"的官员说以前的事,提及周昭王娶的是房姓部族的女子,立为王后,即房后。房后失德,与丹朱私通,所生之子即是周穆王。这里的"丹朱",当然不可能是尧之子丹朱本人。可以解释为丹朱的神灵,房后梦见丹朱之神附体,怀孕而生下穆王,这就是说穆王的前身即是丹朱。这种解释,或许只是房后为掩盖自己的淫行而散布的谎言,又被世人附会为周穆王前身的传说。若从历史学的观点来看,也可以解释为房后是与丹朱部族的后裔中某男子私通而生了穆王。事实究竟如何,已难详考。

2. 蔡邕的前身是张衡

张衡(78~139),字平子,东汉文学家、科学家,南阳西鄂(今属河南南阳)人,官至尚书。蔡邕(132~192)字伯喈,东汉末文学家、书法家,陈留圉(今河南杞县)人。裴启《裴子语林》云:"张衡之初死,蔡邕母始孕,此二人才貌相类,时人云:邕是衡之后身。"(又见《商芸小说》,《说郛》卷四六下)李冗《独异志》亦记云:"张衡死,蔡邕生,时人以邕为张衡后身。"宋代何薳《春渚纪闻》卷五《邹张邓谢后身》列举前代几位名人的后身,又云:"张平子后身为蔡伯喈。"清褚人获《坚瓠集》续集卷四《前身》也予以记述。

关于蔡邕为张衡后身的说法,其实是不成立的。如果只是从两人的聪明智慧与文学才能来进行类比,说蔡邕是张衡的后身倒也说得过去,但是,蔡邕生于东汉顺帝阳嘉元年（132），当时张衡55岁，还健在；后来张衡去世时，蔡邕已有七八岁，若说蔡邕是张衡后身实在是情理不通。《裴子语林》和《独异志》的说法皆有误。因此，以上各书的记载是姑妄言之，如今只可姑妄听之。

3. 羊祜的前身是东邻子

羊祜，字叔子，西晋时名将，历官至尚书右仆射，都督荆州诸军事。传说羊祜的前身是东邻家早死的孩子。《晋书·羊祜传》记云：羊祜五岁时，让乳母给他取来常玩的金环，乳母说，你没有这件东西啊，羊祜就到邻居李家的东墙边桑树下的树洞里探取到一个金环。李氏主人惊奇，说："此吾亡儿所失物也，云何持去？"乳母就如实说明了情况，李氏不由得悲痛伤神。于是，"时人异之，谓李氏子则祜之前身也"。《太平广记》卷三八七《羊祜》引此故事，谓出自《独异记》，情节与《晋书》大同小异。

4. 杜预的前身是蛇

杜预（222~284），晋京兆杜陵（今属西安市）人。继羊祜都督荆州诸军事、镇南大将军，后又封征南大将军，世称"杜征南"。传说杜预的前身是蛇。《晋书·杜预传》记云："预初在荆州，因宴集，醉卧斋中。外人闻呕吐声，窃窥于户，止见一大蛇垂头而吐。闻者异之。"这个传说属于六朝志怪小说之类，而《晋书》采用了这样的传说。

5. 王弼的后身是守门童子

王弼（226~249），字辅嗣，三国魏山阳（今属河南焦作市）人。幼时极其聪明，研究老、庄之学颇有成就。传说王弼的后身在某代显现，是一户人家的守门童子。明陈继儒《珍珠船》卷二记云："辰州有人射猪，遂入石室，见老翁，问何故射吾猪，对以伤禾。翁即呼一童责之：'何不谨门令猪出？'射者问童子，（童子答）曰：'我即王弼，受《易》未通，遂罚守门。'"这里的记述甚为简略，王弼为何因为未能通晓《易》学就被罚转世，老翁是何人，均未详。

6. 顾总的前身是刘桢

顾总，南朝梁时人，传说其前身是三国魏时的文学家刘桢。《玄怪录》卷二《顾总》记云，梁天监年间，顾总曾做县吏，经常受到上司的责打，感到郁闷，就逃到荒野冢墓之间独自散心，彷徨惆怅，不知何去何从。这时，忽然有两个穿黄衣的男士走来对他说："刘君，你还记得以前我们在一起交往的事情吗？"顾总说："我们顾家地位低微，从来没有见过你们，哪有什么交往啊？"两人说："我们两个，就是被称为'建安七子'的王粲和徐干。你的前生就是刘桢，在魏国做侍中，因为犯错误被降职为小吏，这些事你可能都不记得了。但是你很有才华，后来又被曹丞相（操）任用为记室。"说着，就从袖子里取出两卷书，对顾总说："这就是你的文集，你好好看看吧。"顾总接过来翻看，就觉得恍然彻悟，文思如泉涌。这里的记述，是典型的六朝志怪小说的特征。刘桢（？～217），字公干，东平（今属山东）人，曾官丞相掾属，著作编为《刘公干集》。因文学成就突出，后人将他和曹植并称为"曹刘"，可见其在文学史上的地位。清褚人获《坚瓠集》续集卷四《前身》引《文海披沙》记云"刘公干为昏愚小吏"，就是指的这个传说。

7. 侯景的前身是南齐东昏侯萧宝卷

侯景，南朝梁时朔方人，先投北魏，后降于梁朝，又举兵反，包围建康，攻陷台城，梁武帝饿死；侯景又立梁简文帝萧纲，不久又杀萧纲而自立，称汉帝。梁大将王僧辩率军平定此乱。传说侯景的前身是南齐东昏侯萧宝卷，因梁灭齐，于是萧宝卷转生为侯景以复仇。《太平广记》卷一二〇引《朝野佥载》记云："梁武帝萧衍杀南齐主东昏侯，以取其位，诛杀甚众。东昏死之日，侯景生焉。后景乱梁，破建业，武帝禁而饿终，简文幽而压死，诛梁子弟，略无孑遗。时人谓景是东昏侯之后身也。"今查通行本《朝野佥载》没有这一段记述，已被列入《朝野佥载·补辑》。

8. 崔彦武的前身是杜明福妻

崔彦武（575～？）隋代人，曾官滑州太守。白敏中《滑州明福寺新修浮图记》（《文苑英华》卷八二〇）记云，唐敬宗宝历元年（825）李听出任滑州刺史，到任之后境内安然。第二年（宝历二年，826）五月，他由部属陪同游览本州明福寺，顺便询问这寺号明福有何含义，寺僧定俊对他讲述了这个明福寺的来历。据《冥报记》记载，原来在隋朝开皇年间，滑州有个名叫杜明福的普通百姓，其妻齐氏笃信佛教，尝读《法华经》，死后转生为崔氏男子，名叫彦武。隋文帝仁寿四年（604），崔彦武三十岁，来任滑州太守，有一天他忽然顿悟自己前生之事，对随从之人说："我的前生是滑州某家的媳妇，住在哪儿我也知道。"于是，崔彦武就骑上一匹马，到达城门附近的一条长巷中，指着一家的房门呼喊杜某。杜明福这时已经年老，听见喊声急忙出来见礼，迎着崔彦武进入大门，到达堂屋。崔彦武指着东墙根一处隆起的地方，对明福说："昔日我读的经书，还有我的金钗首饰等，就藏在这里。经书共七卷，最末一页被火烧过，每当念到这里总是念不终篇。"于是就把这墙根隆起的地方凿开，果然看到了里面有经书和金钗，经书末页火烧过的地方正如他说的情况一样。崔彦武又指着院子里的一棵树说："先前我梳头断的头发，就放在这个树洞中。"取出一看，断头发果然还在那里。杜明福触动旧情，非常感慨，说："这都是我那亡妻的遗物啊！"回忆说起亡妻去世的时间，是北齐后主武平六年（575）某月某日，那天正是崔彦武的生日，一点儿也不差。神灵的应验是这样明显，人生的命运又是这样的巧合，于是两人皆慨叹不已。杜明福当即表示，要把自家的房宅捐献出来，建造一座佛寺。崔彦武当即撰写一份公文，呈报上级官府，改宅建寺，就叫明福寺。于是立即规划施工，不久建成，颇为峻严壮观。

白敏中又记述道，根据寺僧定俊的讲述，从隋仁寿四年（604）动议建明福寺，到唐敬宗宝历二年（826）李听前来游览，已经三百余年（实际为222年）。李听听罢之后感到奇异，又觉得原来此寺没有碑铭，颇为遗憾，就让白敏中写了这篇文章，记述此事。于是，崔彦武前身后身的故事也就因此而广泛传播，这对于后来同类故事的产生有一定的影响。清代袁枚《子不语》卷一三《曹能始记前生》一节中，在讲述曹学佺的故事之后，又据《文苑英华》引述了白敏中这篇文章，并云"与此相类"。

9. 房琯的前身是智永

房琯是唐代房融之子，字次律，玄宗时官吏部尚书，肃宗时官至刑部尚书。据传说，房琯的前身是智永禅师。清尤侗《艮斋杂说》卷五记云："古来名人，多从高僧出世。如房次律为智永后身……"此传说原出自《明皇杂录》

卷上，记云：唐玄宗开元年间，房琯官卢氏县令，著名道士邢真人和璞从泰山来访，房琯对他虚心礼敬。两人一同携手在山中闲行，不觉走了几十里，来到一个名为夏谷村的地方，遇见一处废弃的佛堂，掩映于苍松翠竹之中。和璞坐在松树下面，用手杖敲击地面，让随行的人在这里往下挖，挖到几尺深的时候，挖出一个瓷瓶，打开一看，瓶中装的是娄师德和永公（智永）往来的书信。和璞笑着问房琯："你明白这是怎么回事吗？"房琯恍然记起自己当年做和尚时的情景，永公就是自己的前身啊！和璞对房琯说："以后你去世的时候，一定是因为吃红烧鱼肉。你去世之后，要用梓木棺材，但是不要把棺木放置于自己家中，也不能停放在公馆、佛寺及亲友家中。"后来，房琯因罪被流放于四川阆中，寄居在本州的道观紫霞宫，卧病多日。这一天州官忽然备好红烧鱼肉等菜肴，邀请房琯到他的府衙斋中赴宴，房琯欣然前往，吃罢饭回到住处，竟然暴病而死。州官命人把他停尸于紫霞宫内，用梓木给他做了一口棺材。当初和璞对他说的话都得到了应验。（《太平广记》卷一四八《房琯》引录）

10. 李白的前身是金粟如来

唐代大诗人李白（701～762），字太白，号青莲居士。李白曾自谓其前身是金粟如来。他有《答湖州迦叶司马问白是何人》诗云："青莲居士谪仙人，酒肆藏名三十春。湖州司马何须问，金粟如来是后身。"（《全唐诗》卷一七八）诗中第四句，其意并非"金粟如来是李白的后身"，而是说"虔敬礼拜金粟如来佛，晚辈李白是其后身"。金粟如来，即维摩诘佛，或称维摩、维摩罗诘、毗罗摩诘，旧译名曰净名居士，新译名曰无垢。《文选》卷五九王简栖《头陀寺碑》注引《发迹经》云："净名大士，是往古金粟如来。"但是，《发迹经》今已不存，前代学者已有论述（见《谷响集》）。佛经中其他经典也有记云："今净名，或云金粟如来。"唐代文士多有信佛者，尊崇维摩诘佛，如王维就自号为"摩诘"，或称为"王摩诘"。李白自谓前身是维摩诘佛，也是一个突出的实例。

11. 李林甫的后身被雷击死

李林甫（？～752），小字哥奴，唐宗室，唐玄宗时为宰相，封晋国公。其为人阴险，被认为"口蜜腹剑"，是历史上著名的奸臣之一。死后又受到严厉的处罚。《新唐书·李林甫传》记载："帝怒，诏林甫淫祀厌胜，结叛虏，图危宗社，悉夺官爵，斫棺剔取含珠金紫，更以小椑，用庶人礼葬之。"（《旧唐书·李林甫传》无此文字）其结局是很惨的。柳宗元《龙城录》有《李林甫以毒虐弄正权》一则记云："惠州一娼女，震厄死于市衢。胁下有朱字：'李林甫以毒虐弄正权。'帝命列仙举三震之。疑此女子，偃月公后身耶？谲而可惧。元和元年六月也。"这里是说惠州有个妓女被雷击死，她的胁下有朱笔书写的一行字，明指其死因。"偃月公"即是李林甫，因李林甫在其所居平康巷院内正堂后别创一堂，名曰"月堂"，秀丽精巧，休憩享乐于其中，故称李林甫为"偃月公"（见《太平广记》卷三六二引《开天传信记》）。

清代尤侗《艮斋杂说》卷五记云，古代的奸臣大都是不得善终，而能够得善终者只有唐代的李林甫和南宋的秦桧。这里引录了《龙城录》和《新唐书·李林甫传》，指出李林甫这样的恶人在死后必遭恶报。尤侗又记云，某一年雷击死一头牛，在牛背上写着一行字是："李林甫九世后身。"到了明代永乐年间，云南某地雷击死一位酋长，他身上被火烙了三个字是"李林甫"。据此，从这几件事来看，李林甫的后身即使转生为其他动物或其他人，也难逃脱上天的惩罚。

12. 严武的前身是诸葛亮

严武，唐严挺之之子，肃宗时官剑南节度使，封郑国公。传说严武的前身是三国蜀汉丞相诸葛亮。范摅《云溪友议》卷上《严黄门》记云："（严）定之则登历台省，亦有时名。娶裴卿之女，才三夕，其妻梦一人佩服金紫，美须鬓，曰：'诸葛亮也，来为夫人儿。'既妊而产婴孩，其状端伟，颇异常流，定之薄其妻而爱其子。"严定之，即严武之父严挺之。《旧唐书》《新唐书》中本传及《唐语林》等皆作严挺之。严武镇守蜀地多年，曾对吐蕃作战，破敌七万之众，军功卓著，时人或将他比拟为诸葛亮。（又见《唐语林》卷四，《唐诗纪事》卷二〇等）诸葛亮在后世影响很大，唐代除严武之外，还有传说谓韦皋的前身也是诸葛亮。参见下文。

13. 韦皋的前身是诸葛亮

韦皋（745～805），字城武，唐代万年（今属西安）人。唐德宗贞元初年官剑南四川节度使，封南康郡王，卒谥忠武。据传说，韦皋的前身是三国时的诸葛亮。《宣室志》卷九记云：韦皋出生后满月时，家里召集许多僧人举办斋会，为他祈福。有一个西域来的胡僧，相貌非常丑陋，没有请他他也来了。韦家的仆人都讨厌他，拿了一个破席片让他坐在院子里。吃饭的时候，韦家让奶妈把孩子抱出来，让来赴宴的僧人为他祝福，那位胡僧忽然自己主动走上台阶，对婴儿说："别久无恙乎？"婴儿好像是听懂了他的话，显出很高兴的样子。人们都非常惊奇。韦皋的父亲说："这孩子出生才一个月，师父怎么说'别久'呢？"胡僧说："这，你老人家就不懂了。"韦皋的父亲坚持问个明白，胡僧说："这个孩子，就是诸葛武侯的后身啊！诸葛武侯在三国时候是蜀国丞相，蜀地人受他的恩惠时间很长了。现在他又降生于世间，将来还要做蜀地的军事统帅，蜀地的民众必定还要受他的福祉。往年我在四川剑南，和这个孩子非常友善，现在得知他托生在你们韦家，所以我不惜路途遥远，来和他见见面。"韦皋的父亲听他这么说，感到非常奇异，就给孩子取名为皋，字武侯。后来，韦皋官至左金吾大将军，剑南节度使，又升官为中书令，在蜀地为最高长官18年（实为21年），他的功业果然和胡僧当初说的话相符合。（又见《太平广记》卷九六引，《宋高僧传》卷一九）

14. 韩滉的前身是子路

韩滉（723～787），字太冲，唐长安（今属西安市）人，历官至同中书门下平章事，封郑国公，更封晋国公，卒谥忠肃。传说韩滉的前身是孔子的学生子路。《太平广记》卷一九《韩滉》引《神仙感遇传》记云：韩滉官镇海军节度使时，强悍自负，有反叛朝廷之心。某日有个名叫李顺的客商，泊船于京口，夜间船被风漂去，不知漂了多远，风波稍定，将船靠岸，上岸寻查。被人引导登山，到一处宫殿，见一位古装奇人，让李顺带一封书信给金陵韩公，李顺应诺。奇人送李顺出门到停船处，李顺问送他的人，这里是什么地方，回答说是东海广桑山，是春秋时孔夫子在海外的封地，韩公就是孔子的学生仲由（子路），孔子担心他的学生子路做出越轨的行为，特意寄上这一封书信给予劝谕。李顺乘船返回，舟行如飞，所行不知几千万里，到了金陵见到韩滉，递交书信。韩公拆开一看，见上面写的九个字是古科斗文，不能认识，认为李顺是个妖言惑众的骗子，要将他治罪。又访求能识籀篆文字的学者，也没有人能够认识这些字。这时，有一个相貌古怪、身穿古服的客人来访，说他能识古文，韩滉召见他，把李顺捎来的书信给他看。这位客人看罢,把书信举过头顶,跪拜于地,向韩滉表示祝贺,说:"这是文宣王孔圣人的书信,写的是夏禹时候的科斗文。九个字是:告韩滉,谨臣节,勿妄动。"韩滉对这个客人格外表示礼敬,客人告辞出门,不知到哪儿去了。韩滉呆坐好久,反复思考,领会了书信文字的深刻含义。于是,韩滉对李顺赠给厚礼表示感谢,自此以后,他处事谨慎谦恭,保持臣节,直至终身。

15. 袁滋的前身是复州青溪山西华坐禅和尚

袁滋,出身于官宦世家,博学多才,因人推荐得官,唐宪宗时官拜中书侍郎,同平章事,后出为山南东道节度使、彰义军节度使,封淮阳郡公。《太平广记》卷一五三引《逸史》记云:袁滋中年还没有出仕时,曾游复州(今湖北沔阳)青溪山,由一位以卖药为营生的儒生引导,在山中访问几位道士。道士们开始不欢迎袁滋,袁滋拿出自己的好酒邀道士及儒生一起聚饮,袁滋对他们的态度又极其谦恭,于是道士们对袁滋也表示友好,请袁滋同坐饮宴。饮酒半酣时,气氛颇为欢洽,道士们注视袁滋,一道士说:"这位袁先生特别像是西华坐禅和尚。"其他的道士都表示认同。一道士屈指一算,说:"那个坐禅和尚去世已经四十七年了。"又问袁滋的岁数,也正好是四十七岁。道士们彼此相顾,拍手道:"袁先生去谋求个官儿当吧,你的福禄之运马上就要到了,以后还会富贵至极。"于是,道士们和儒生告别,又都和袁滋握手,之后,几个道士跨涧过岭,欢腾跳跃,动作迅疾如飞鸟一般,很快都不见了。(又见《太平广记》卷三八八重出)后来,袁滋的实际经历,印证了道士的预言。至于说这几个道士究竟是人还是仙,不必深究,故事不过是志怪小说而已。

16. 刘三复的前身是马

刘三复,唐代句容(今属江苏)人,善做文章,小有名气,少年失怙,养母极尽孝道。李德裕官浙西观察使时,赏识其文章,用他为掌书记。李德裕(787~849)字文饶,唐代名臣,"牛李党争"时的李党领袖。唐武宗会昌年间,李德裕为宰相,提拔刘三复为刑部侍郎,弘文馆学士。《北梦琐言》卷一记载,刘三复能记得其前身是马,经常渴得难受,远远望见驿站就嘶鸣,马蹄受伤,疼痛连心。因此,刘三复在乘马的时候,每经过乱石嶙峋的地方,就放松缰绳缓慢行进;遇见车辙有石块,一定要搬开。他的家里不设门槛,为的是怕伤着马蹄。（此事又见于《太平广记》卷三八七引，《唐语林》卷二等）刘三复受李德裕的恩惠，终身不忘。后来，刘三复的儿子刘邺被赐及第，官中书舍人，又迁承旨，上书为李德裕雪冤，人们都称赞其高义。李德裕晚年受牛党打击，贬为潮州司马，再贬为崖州司户，死在那里。刘邺护送李德裕的灵柩返归洛阳，这件义举更是受到人们传颂。清初盛际时的传奇作品《人中龙》，所写刘邺救护李德裕的情节，就是根据刘三复之子刘邺的故事加以虚构的。

17. 郑愚的前身是白猪

郑愚，唐末岭南番禺（今属广东）人，文宗开成年间进士及第，僖宗中和年间官至尚书右仆射。郑愚的祖先为荥阳郑氏，或称他为郑荥阳。《北梦琐言》卷三记云："荥阳因醉眠，左右见一白猪，盖杜征南蛇吐之类。"这里"荥阳"即是郑愚。杜征南蛇吐指杜预故事，已见前述。清方浚师《蕉轩随录》卷七《前身》即据此记为："郑愚醉眠，左右见一白猪，是愚前身为白猪也。"

18. 刺史郑君幼女的前身是某县令

张读《宣室志》记述一则故事：唐武宗会昌年间，某州刺史郑君有个小女儿，非常疼爱她。但是，这个女孩自幼多病，每天就像是魂不守舍的样子。通州有位王居士会道术，郑刺史就请王居士给女儿看病。王居士看过之后说："女孩儿不是有病，是因为她的生魂没有归体。"郑刺史问是怎么回事，王居士说："有位县令某某，就是这女孩儿的前身，他本来几年前就该死了，因为他为人行善，阴司神灵保佑他，得以延迟了寿限，今年他已经九十多岁了。待到这位县令去世那天，这女孩就会自然痊愈。"后来又过了一个多月，女孩忽然就像是从醉酒后的睡梦中醒来似的，身体果然好了。郑刺史派人打听情况，某县令就在这女孩病愈那天，无疾而逝。王居士的话得到了应验。

《玉芝堂谈荟》卷一〇《前身轮回》记述这一类故事云："或揣摩近似，梦兆偶符，恍惚以一事为凭，或逗漏于异人指点而悟耳。读稗官得数事焉。"刺史郑君幼女的故事就是徐应秋所列举的"数事"之一。

19. 边镐的前身是谢灵运

边镐，五代时昇州（唐末置，今属南京市）人，南唐时武将，一度归降后周，后来又归南唐。传说他的前身是东晋至南朝宋时文学家谢灵运。何蘧《春渚纪闻》卷五《邹张邓谢后身》列举前代几位名人的后身云："边镐为谢灵运后身，故小字康乐。"谢灵运（385～433），祖籍陈郡阳夏（今河南太康），迁居会稽（今浙江绍兴）。他是东晋车骑将军谢玄的孙子，曾官永嘉太守，袭封康乐公，故又称谢康乐。谢灵运对佛经有深入的研究，曾翻译《大般涅槃经》。宋文莹《玉壶清话》卷二记云：边镐初出生时，其父梦见谢灵运拿着名刺来拜访，自称是永嘉太守，他生着一副长髯，相貌秀雅，骨清神隽，所穿的衣服轻若烟雾，对边镐的父亲说："我想托生到你家做你的儿子。不久将从浙西飞来峰下的寺院寄来翻译的《金刚经》，这部经在流传过程中发生变化，其中有些内容可能不太符合佛教原来的宗旨，愿托给你家，请给予校刊订正。别的没有啥嘱咐的，只是要特别交代给你，请一定不要让我吃荤膻之类的肉食。等到我七岁的时候，就放我出家去做真和尚，以了结我刊刻《金刚经》的心愿。"做梦醒来，边父悟出谢灵运是来边家托生的。边镐出生后，父亲见他的相貌高古，和梦中见到的谢灵运非常相像，于是对他非常疼爱，就给他取字为"康乐"，这正是谢灵运的封号。

边镐自幼非常聪明，读文章就像是曾经背诵过似的，稍大一些就坚决要求出家，父亲不答应他，强迫他吃荤。二十岁以后长得一表人才，朝廷屡次重用他，但是他办事常常是优柔寡断，只是一心念佛。边镐率军平定建州（建州疑有误，应是建安或建阳），边镐所到之处禁止杀戮，建州民众感念他的恩德，称他是"边罗汉"。边镐又率军攻占湘潭，部下将领想纵容军士抢劫，边镐不允许，军队入城之后一切安定，潭州民众喜爱他，称他为"边和尚"。从这些事实来看，边镐的行为符合佛家慈悲济世的宗旨。人们说他的前身是信佛的谢灵运，反映了社会舆论对于边镐的赞扬与褒奖。

20. 潘佑的前身是颜延之

潘佑，五代南唐时人，原籍幽州，其父亲因避祸至江南，曾官散骑常侍。潘佑少年时气度不凡，颇显才华，在南唐后主李煜时官至内史舍人。后获罪而自杀。马令《南唐书》卷一九记载：潘佑自己对人说，他的母亲怀孕时，梦见一位穿戴着古代衣冠的男士对她说："我是南朝宋时的颜延之，愿给夫人做儿子。"潘佑七岁时才会说话，有一天对父母说："儿的前身因误伤白龙，受到上帝的责罚，托生到你家。"又吟两句诗云："只因骑折玉龙腰，谪在人间三十六。"后来，潘佑获罪而自杀时正是三十六岁。（又见《十国春秋》卷二七）

宋文莹《湘山野录》卷中记潘佑事迹，亦云：潘佑孩童时，还没有入学就已经能写文章，有一天他拿笔在墙上题诗曰："朝游苍海东，暮归何太速。只因骑折玉龙腰，谪向人间三十六。"与马令《南唐书》所记大同小异。

21. 宋太祖赵匡胤的前身是定光佛

《曲洧旧闻》卷一记云：宋太祖赵匡胤在陈桥驿被部下黄袍加身，发动兵变，当时其母杜氏（即杜太后）及许多眷属都在定力禅院。后周官府派兵搜捕赵匡胤的家眷，禅院的主持僧让家眷们都藏到阁楼上去，外面用一把锁锁上。搜查的兵士来到，主持僧骗他们说："家眷都四散而云，不知到哪儿去了。"兵士进来搜查，架设梯子，并让打开阁楼门外的锁，只见上面布满蜘蛛网，尘埃堆积很厚，好像是多年不曾打开似的。兵士们说："看样子，哪里会有人藏在这里？"于是搜查的人都离去了。赵匡胤即位后成为宋太祖，人们认为他就是定光佛的后身，所以在兵士搜查寺院时有定光佛保护。这里又记云，五代时军阀割据，干戈不息，民众不胜其苦，有一僧佯狂，曾对人说："汝等望太平甚切，若要太平，须待定光佛出世。"后来赵匡胤统一天下，人们说宋太祖是定光佛后身，本是依据那位佯狂僧人之语。（又见《行营杂录》及《宋稗类钞》卷一等）

22. 宋仁宗的前身是赤脚大仙

关于宋仁宗前身是赤脚大仙的传说，见于多种书籍记述。清褚人获《坚瓠集》已集卷四《赤脚大仙》记云：宋仁宗赵祯的父亲宋真宗赵恒即皇帝位之后，好长时间没有儿子，他听从方士的建议在宫中对上天祈祷求子，上帝问各路神仙，谁愿意下界去大宋皇家托生，众神仙都没有应答，只有赤脚大仙微微一笑。不久，宫中有位宫女李氏（后来封为李宸妃）生下一子，就是后来的宋仁宗。仁宗初出生时一直哭个不停，真宗派人在通衢路口贴出告示说，谁能让孩子不哭，一定给予重赏。有个道士来到皇宫门口，说他能让孩子不哭。真宗召见道士，道士用手抚摸着婴儿说："莫叫，莫叫，何似当初莫笑。"于是婴儿的哭声就停止了。仁宗小时候在宫里玩耍，总是把脚上穿的鞋和袜都脱掉，宫中的人都叫他"赤脚仙人"。（《尧山堂外纪》卷四五所记与此略同）

这个故事，在宋代文人笔记中已多处可见。赵溍《养疴漫笔》及张端义《贵耳集》卷中的记述皆较为简略。又见王明清《挥麈后录》卷一记云：章懿李后（即李宸妃）原来在宫中侍奉章献明肃（宋真宗刘皇后），有一天宋真宗到内宫，李氏捧盆水让真宗洗手，真宗见她的皮肤白嫩，和她说话，李氏乘机奏报说："昨天夜里我梦见一位神仙，赤着脚从空中下来，对我说：'来当你的儿子。'"真宗当时还没有儿子，听她这么说，心中大喜，就说："我要成全你。"当天夜晚，真宗就召幸李氏，李氏怀上了孕。第二年，生下儿子，就是后来的仁宗。这里也记述道，仁宗小时候在宫中不让给他穿鞋袜，宫中人们都叫他"赤脚仙人"，并且说："赤脚仙人，盖古之得道李君也。"（又见《群书类编故事》卷四）所谓"得道李君"，其来历尚待详考，大抵是神话传说中的人物。后来的小说《西游记》中，到天宫赴蟠桃宴会的一位神仙就是赤脚大仙。

23. 王旦的前身是僧

王旦（957~1017），字子明，北宋王祐之子，宋太宗太平兴国五年（980）进士及第，真宗时知枢密院，进太保，封魏国公，卒谥文正。传说王旦的前身是僧人。吴处厚《青箱杂记》卷一记云："世传王公（旦）尝记前世为僧，与唐房太尉事颇相类。"房太尉即房琯，其事已见前述。吴处厚又记述道，王旦临终之前，交代家人说，他死后要给他剃去头发，穿上僧衣安葬。结果是家人不同意这样做，只将一件僧服放在棺材里，象征一下而已。（又见《东斋纪事辑遗》，《宋朝事实类苑》卷一二）

24. 王素的前身是玉京神仙

王素是宰相王旦之子。传说他的前身是玉京（天宫）神仙。《宋朝事实类苑》卷四六引《名贤诗话》记云，王素在朝廷任职，每当起草奏折议论政事时，坐在几案边秉笔书写前总是瞑目打一会儿瞌睡。有一次在睡梦中到一处地方，白光闪亮如琼瑶世界。有一位穿碧色官服戴翠冠的官员和王素对揖见礼，对王素说："你离开仙界贬谪到尘世，才过了不长时间。我就是这天宫的玉京东门侍郎，而你就是西门侍郎。你向玉皇大帝奏事，言语过于耿直，因此被玉帝贬谪下界，现在你又回来向玉帝奏事，事关重大，你一定要慎重考虑好再说话。"王素应诺。于是这位天官就立即派手下人送王素回家。王素从梦中醒来，已是三更时分，就找来一支笔，在值班之处的窗户上题写一首诗："似至华胥国里来，云霞深处见楼台。月光冷射鸡鸣急，惊觉游仙一梦回。"后来王素到外地任职，多有政绩，晚年他回想起这一次的梦境，又写一首诗云："虚碧中藏白玉京，梦魂飞入黄金城。何时再步烟霞外，皓齿青童已扫厅。"（又见《诗话总龟前集》卷三五，《宋名臣言行录》后集卷四，《仕学规范》卷一七，《宋诗纪事》卷一三）

25. 杨亿的前身是鹤仙

杨亿（974～1020），字大年，建州浦城（今属福建）人。宋太宗淳化三年（992）进士，真宗时官翰林学士，官至工部侍郎，兼史馆修撰，卒谥文。传说杨亿出生异常，或谓其前身是鹤，或谓是鹤仙。文莹《玉壶清话》卷四记云，杨亿的祖父在南唐时官为玉山县令，有一天梦见一位道士来拜访，自称"怀玉山人"，不久其孙子杨亿出生。《诗林广记》后集卷九引《三朝正史》也有记述，又说杨亿的母亲张氏将生时，梦见一位丹衣人，自谓是"武夷君"托化，不久分娩生下一只鹤雏，全家惊骇，急忙把它用件东西装着扔到江里。杨亿的叔叔说："我听人说，大贵之人出生必有异常。"于是立即追到江边找到，打开一看，鹤雏的胎衣蜕去，显出婴儿，抱回家精心抚养。婴儿遍身长满紫毛，长一尺余，经月才脱落。（又见《苕溪渔隐丛话》卷三六等）何薳《春渚纪闻》卷一《杂记·杨文公诞鹤》则记述道："杨文公之生也，其胞荫始脱，则见鹤翅交掩块物而蠕动，其母急令密弃诸溪流，始出户而祖母迎见，亟启视之，则两翅欻开，中有玉婴转侧而啼，举家惊异，非常器也。"这里所记，情节略有差异。

由于杨亿前身的传说过于神奇，特别引起后人津津乐道，如明代朱国祯《涌幢小品》卷二五《鹤雏》、徐𤊹《徐氏笔精》卷七《宝志公杨大年》、徐应秋《玉芝堂谈荟》卷一一《雕卵破得婴儿》等，都据前人著作予以转述，并增加了一些想象与附会的内容。清汪森《粤西丛载》卷七《舒太史三生闻见》又云："载籍所著轮回事亦甚众，但取奇异骇听，不无附会。如杨大年为武夷控鹤仙人……"这里又称杨亿的前身为"武夷控鹤仙人",虽然与他书的说法不同,但也是鹤仙之意。

26. 欧阳修的前身是鹎鸰

欧阳修(1007~1072),宋代文学名家,官至参知政事。传说欧阳修自悟其前身是鹎鸰。《孔氏谈苑》卷三记云:"永叔(欧阳修)梦为鹎鸰飞在树上,意甚快悦,闻榆荚香特异。永叔曾自言上有一兄,未晬而卒,母哭之恸。梦神人别以一子授之,白毫满身。母既娠,白毫无数,永叔生,毛渐退落。"据此记,欧阳修的出生本为神授,其母怀孕时体生白毛,或即是其前身为白鸰的征兆。邵博《邵氏闻见后录》卷三〇记云:"欧阳公尝梦为鹎鸰,飞鸣绿阴中甚乐。"清方浚师《蕉轩随录》卷七《前身》即据此记为:"欧阳公闻榆荚香,悟前身为鹎鸰。"以上几处的记述略有差异。

27. 蔡襄的前身是蛇精

蔡襄(1012~1067)字君谟,宋代著名书法家,天圣八年(1030)进士,累官至端明殿学士。传说蔡襄的前身是蛇精。许观《东斋记事》卷五记云:蔡襄官福州知府时,有几天因病不能办理公务,这几天的夜里他都梦见登上鼓角楼靠着鼓而睡。福州通判感到奇怪的是,这几天的夜里负责打更的鼓角将都没有报三更,向他询问原因,鼓角将说:"每天夜里都有一条大蛇盘在鼓上,我们不敢靠近。"蔡襄病愈后,和通判说了他的梦,正与鼓角将所说的情况相符合。于是人们认为蔡襄是蛇精转世。(又见《徐氏笔精》卷八、《玉芝堂谈荟》卷一〇《前身轮回》引录)

28. 刘沆的前身是蜈蚣

刘沆字冲之,仁宗天圣年间进士,后官至同中书门下平章事,卒谥文安。传说刘沆的前身是蜈蚣。曾敏行《独醒杂志》卷一记云:刘沆官陈州知州时,有一天夜里梦见自己登上谯楼,抱鼓而睡。睡醒之后,家里人说:"今天夜里谯楼没有打鼓报四更,为啥呢?"上午,刘沆询问打更小吏,小吏说:"夜里快四更的时候,我们去打鼓,看见鼓上爬着一个大蜈蚣,有一尺多长。我们害怕,不敢靠近,就没有打四更鼓。"刘沆想到夜里做的那个梦,就没有对小吏进行责罚。这个故事,与传说蔡襄的前身是蛇精的故事相似(参见前文),

有可能是根据蔡襄的传说演绎而来的。

另有一说，刘沆的前身是牛僧孺。吴曾《能改斋漫录》卷五记云：刘沆是吉州永新（今属江西）人，曾祖刘景洪五代时仕于吴国杨行密部下为牙将，有功德，他说自己的后代中必有兴隆者，于是就把他居住的那座山名为"后隆山"。这山上有唐代宰相牛僧孺读书堂旧址，就在此旧址筑台名曰"聪明台"。到了宋代真宗年间，刘沆的母亲梦见牛相公来家而生下刘沆。于是又有人说刘沆是牛僧孺转世。（又见王偁《东都事略》卷六六、曾敏行《独醒杂志》卷一，《宋史·刘沆传》采用了这一说法）

29. 王曾的前身是青草堂和尚、曾子

王曾（978~1038），字孝先，北宋益都（今属山东）人。真宗咸平年间中进士第一（状元），仁宗时官至中书侍郎、同中书门下平章事，封沂国公，谥文正。据传说，王曾的前身是青草堂和尚。宋李昌龄《乐善录》卷七记云："王丞相曾前身是青草堂和尚。"（又见《古事比》卷一一引）然而青草堂在何处，青草堂和尚有何事迹，皆未详。

还有一说，王曾的前身是孔子的学生曾子。梁绍壬《两般秋雨庵随笔》卷八《后身》云："王曾为曾子后身。"

30. 张方平的前身是滁州琅玡山某寺僧

张方平（1007~1091），字安道，自号乐全居士，北宋应天（今河南商丘）人，中贤良方正出身，宋神宗时历官至参知政事，谥文定。据传说，张方平的前身是滁州琅玡山某寺僧。惠洪《冷斋夜话》卷七记云：张方平官滁州知州时，有一天游览琅玡山寺，见院内走廊及庑下，都非常干净整洁。到藏经阁，他上下反复张望，忽然让手下人取来梯子，架在房梁上，上去在阁棚上取出一函经书，打开一看，是《楞伽经》四卷，还有一半没有抄写完。张方平取笔又接着往下写，笔迹和原来的没有什么不同。他看到这部经书的开头四句："世间相生灭，犹如虚空花。智不得有无，而兴大悲心。"于是忽然开悟，竟然不由得哭起来，感觉到自己是看到了前生的事。原来，张方平的前身就是这座寺院的僧人，这部经书正是他自己抄写、自己收藏在这里的，原打算病愈之后再接着抄写，但是却一病不起而去世了。（又见《侯鲭录》卷七，《扪虱新话》上集卷一，《湖海新闻夷坚续志》后集卷二，《宋诗

纪事》卷一一等)

《续明道杂志》记述道,张方平以端明殿学士出任成都知府时,在药市遇到一位老人,老人说:"张公已再镇蜀矣。"张方平当时心想,他受朝廷之命来成都做官,这是第一次,而此老人却说"再镇蜀",于是,张方平认为,"老人似言其前身事也"。据此记述,张方平的前身可能不只是滁州琅玡山某寺僧,还是曾经镇守成都的某个前辈。至于此人为谁,笔者没有见到其他资料叙及。

31. 冯京的前身是五台山寺僧

冯京(1021~1094),字当世,北宋江夏(今属武汉市)人,宋仁宗皇祐元年(1049)进士,曾官开封知府,后以太子少师致仕,卒谥文简。传说冯京的前身是五台山寺僧。孙升述《孙公谈圃》卷中记述道:冯京曾患伤寒病,已经病危到了没有气息的程度,家里的人认为他死了,一齐大哭,过一会儿他又活过来了,对家里的人说:"刚才我去了五台山,看到我以前当和尚的时候室内的东西还都在那里。有人说我的俗缘未尽,又把我放回来了。"于是,冯京就写了一篇文章记述这件事,并嘱咐他的儿子说,不要把这件事记述在他的墓志文中。(又见《尧山堂外纪》卷四六)冯京的文集今未见,他写的这篇文章在何处未详,因此,这个故事就只见于《孙公谈圃》,没有旁证。

32. 王安石的前身是獾、南唐后主李煜、秦王赵廷美

王安石(1021~1086)字介甫,号半山,庆历二年(1042)进士,宋神宗时任宰相,实行变法。封舒国公,又改封荆国公,世称王荆公。关于王安石的前身有多种说法,一说是獾,一说是南唐后主李煜,一说是北宋太宗赵光义之弟秦王赵廷美。

关于王安石的前身是獾,邵博《邵氏闻见后录》卷三〇记云:"傅献简云:王荆公之生也,有獾入其室,俄失所在,故小字獾郎。"(又见《岩下放言》卷中,《宋稗类钞》卷五,《宋诗纪事》卷一五等)傅献简即是傅尧俞,与王安石同为朝中大臣,所言当属实。从王安石的小名獾郎来看,其家人对于他出生时有獾来家中的事实不否认,也不回避。蔡絛《铁围山丛谈》卷四记云:"小王先生曰:'介甫,上天之野狐也。'""小王先生"为何人,未详,他所说的"野狐"当即是獾。又有个李士宁,是个术士,他说他曾看见朝廷

中有许多士大夫到醴泉观拜神，王安石也在队列里，就上前呼唤他："汝非獾儿乎？"王安石与他回礼。李士宁原来常出入于王安石的父母家中，王安石出生那天李士宁正在那里，了解那天发生的情况，所以在醴泉观看见王安石的时候直接上前呼唤他的小名，并且对王安石说："从现在算起，再过二十年，你就能当上宰相了，请好自为之。"由此可知，李士宁确是颇有些预测未来的本事，他的话后来得以应验。

关于王安石的前身是李煜，赵彦卫《云麓漫钞》卷四记云：王安石出生时，有獾在城市中出现。某道士常在头上戴一朵花，人们称他"戴花道人"，他看到獾出现，就去拜访王安石的父亲，说："獾出现是文章振兴的祥瑞之兆，就应在你的这个儿子身上。今后他一定会以文章而名闻天下。"于是又详细讲述了王安石的来历，并说等到以后你的儿子成为执政者，自然会明白。王安石的父亲就把他的话记在簿册上，后来逐渐得到验证。王安石听父亲讲述这个情况，感到特别神奇，他在鄞县、常州及江西做官时，每到一个地方，都对所在官府的守门人特别交代说："如果有戴花道人来到，不论早晚，都要立即通报。"有一天，戴花道人果然来了，王安石见到他，说起父亲记录的原来那些事，表达渴望见到道人的心情，戴花道人对他说："从这以后，你一定会越来越受皇上信任，但是你要切记，不要去报过去的仇。"王安石没有听明白，又执意询问，道人说："公前身，李王也，戒之。"说罢就告辞了。道人所说的"李王"，就是南唐后主李煜，李煜亡国之后住在汴京，被宋太宗赵光义害死。戴花道人说王安石是李煜的后身，意在告诫王安石不要一直记住当年被宋朝灭国、被宋太宗毒死的旧仇，而做出危害大宋朝的事情。这个故事见于宋代文人笔记，属于小说家言，未必是历史事实，戴花道人未必实有其人，故事的内在含义在于，王安石变法受到当时许多士大夫的反对，是不得人心的，也是对大宋朝不利的。故事编造出王安石是李煜后身的情节，意在从佛家因果论方面引发人们的联想，为否定王安石的社会舆论添加历史调料而已。俞樾《茶香室四钞》卷四《王荆公为李王后身》引录《云麓漫钞》的记述之后，议论说："此又以为李王后身，殆由荆公为宋祸之首，故时人私以意揣之耳。"这里的见解很有道理。

关于王安石的前身是赵廷美，张端义《贵耳集》卷中记云：王安石在南京钟山读书的时候，寺院有一位老僧对他说："你将来做了宰相，不要太计较别人过去对你的恶，而去改坏祖宗原有的法规制度。"王安石说："我现在还没有参加过科举考试呢，哪里谈得上做宰相、改坏祖宗法规制度的事？你和尚开啥玩笑啊？"老僧说："曾坐禅入定，见秦王入寺来，知先辈秦王后身也。"这里，"先辈"一词是老僧对王安石的尊称，赵廷美是宋太宗赵光义之弟，字文化，太宗即位后曾官中书令、开封知府，被封秦王。后来被人告发，宋太宗勒令他归家闭门思过，又令房州安置，不久惊惧而死，谥悼王，宋徽宗时改封魏王。关于赵廷美的死，北宋时文士舆论有不少人为他鸣不平。传说王安石是秦王，同前面的故事中说王安石是李煜后身的含义相似，也是从佛家因果论的角度进行附会，说王安石的前身秦王赵廷美因受宋太宗迫害致死而和宋太宗有仇怨，后身成为王安石并当了宰相，就要实行变法败坏宋朝，以此作为对宋太宗的报复。这样的传说，也只是小说家言，是为否定王安石的社会舆论添加的历史调料。俞樾《茶香室三钞》卷八《王荆公是秦王后身》引录了《贵耳集》的记述之后议论说：所谓秦王赵廷美转世为王安石，实行变法败坏北宋天下；后来宋高宗没有儿子，由宋孝宗嗣位，而宋孝宗正是秦王赵廷美的后代。这样的史实与宋徽宗梦见吴越王钱镠索要两浙之地的传说相似（参见本编第47节《宋高宗的前身是吴越王钱镠》），大体都是佛家因果报应一类的附会之词。

33. 苏轼的前身是陶渊明、五祖戒和尚、邹阳等

苏轼（1037~1101），北宋文学家，书法家，字子瞻，号东坡居士，眉州眉山（今属四川）人。宋仁宗嘉祐二年（1057）进士，曾官翰林学士，于是常被人称为苏学士，几次被贬谪。关于苏轼的前身有多种说法。

其一，苏轼的前身是陶渊明。

李之仪《姑苏居士后集》卷一五《跋东坡追寻渊明〈归去来引〉后》文中云："东坡平日自谓渊明后身，且将尽和其诗乃已。自知杭州以后，时时如所约。然此未尝载之笔下。予在颍昌，一日从容，黄门公遂出东坡所和不独见知为幸。而于其卒章，始载其后身，尽和平日谈笑间所及。"这里，黄门公即苏轼之弟苏辙，因他曾官黄门侍郎。李之仪字端叔，元丰年间进士，和苏氏兄弟交往密切，苏轼曾称赞他的文章，他的记述当为可信。

苏轼喜爱陶渊明诗文，当时及后世文士多有记述。陆游《老学庵笔记》卷九记云，苏轼被贬谪岭南时，最爱读陶渊明、柳宗元二人的文集，谓之"南迁二友"（又见《隐居通议》卷六，《尧山堂外纪》卷五二等）这或者是

苏轼被附会为陶渊明后身的原因之一。

其二，苏轼的前身是五祖戒和尚。

惠洪《冷斋夜话》卷七记云：苏辙被贬谪到高安（今属江西）时，名僧云庵住在洞山，经常可以相见。还有个和尚聪禅师，住在圣寿寺。有一天夜晚，云庵梦见同苏辙、聪禅师三人一起出城去迎接五祖戒禅师，醒来后感到奇怪，就马上去告诉苏辙，话还没有说完，聪禅师就来了，苏辙迎上去对他说："我正在和云庵师一块儿说梦，你现在来是不是也想一块儿说梦呢？"聪禅师说："正是，夜里我梦见咱们三个一起去迎接五祖戒禅师。"苏辙拍手说道："世间果然有'同梦'的事啊，太奇怪了！"过了一段时间，苏辙就收到东坡的信，说他已经到达奉新（今属江西），很快就可以见面了。苏辙和云庵非常高兴，急忙雇了竹轿出城，在距高安二十里的建山寺迎到了东坡。三人见面后顾不上说别的事，先把几天前三人同梦的事告诉东坡，东坡说："我八九岁的时候，曾梦见我的前身是和尚，往来于陕西一带。而且，当初我的母亲怀孕时，曾梦见一个和尚来家借宿，那个和尚待人和善，却瞎了一只眼。"云庵非常惊奇，说："五祖戒和尚就是陕西人，正是个瞎了一只眼的人。晚年他曾云游到高安，结果是死在大愚（庾）。那时距现在已经五十年，而现在说话时东坡四十九岁。这样一想，东坡正是五祖戒和尚托生的后身啊！"五祖戒和尚就是佛教禅宗五祖弘忍，后来，东坡又在给云庵的信中："戒和尚不识人嫌，强颜复出，真可笑矣。既法契，可痛加磨砺，使还旧规，不胜幸甚。"意思是说，五祖戒和尚也不管人们讨厌不讨厌，又厚着脸皮来到人世，真是太可笑了。既然有这个缘分，我就一定要痛加修炼，恪守佛门戒规，真是荣幸之至。这是苏轼认可自己是五祖戒和尚后身之后的自嘲之语，从此东坡就常常身着僧装，虔诚皈依佛门。

关于苏轼的前身是五祖戒和尚，何薳《春渚纪闻》卷一《杂记·坡谷前身》所记涪陵刻石云，清老者对东坡说其前身为五祖戒和尚（参见本编第36节《黄庭坚的前身是某女子》）。

其三，苏轼的前身是杭州西湖寿星寺僧。

何薳《春渚纪闻》卷六《东坡事实·寺认法属黑子如星》记云：钱塘西湖寿星寺有位老僧法名则廉，他曾说，东坡任杭州知府时，曾和好友名僧参寥子一起首次进入寿星寺的大殿，东坡回头看一看参寥子，说："我并没有来过这里，现在看到眼前的一切，就好像是原来经历过似的。从脚下往上到忏堂，应该是九十二级台阶吧？"让人数了一遍，果然不错。当时东坡对参寥子说："我的前身就是这山中僧，今天寺院里的和尚们都在我的管辖之下。"以后，东坡每次再来寿星寺，都要脱下官服，在这里逗留很长时间才离去。当时则廉和尚带着一些小和尚在旁边侍候，暑天就脱光上衣，祖胸赤背在竹林阴凉的地方乘凉，则廉仔细看过东坡的脊背，见其背上有黑点分布，就像是夜空中北斗七星的位置图，外人是看不到的。则廉明白，这正如唐朝某人对颜真卿所谓"志金骨，记名仙籍"的意思啊！根据这里的记述，苏东坡自谓他的前身是寿星寺僧，则廉的解释不过是曲意附和。（又见陈善《扪斋新话》卷一五）

其四，苏轼的前身是邹阳。

何薳《春渚纪闻》卷五《邹张邓谢后身》列举前代几位名人的后身云："……邹阳后身为东坡居士。"卷六《东坡事实·邹阳十三世》又记云，何薳某日去拜访冰华居士钱济明，看到一副祭悼苏轼的对联，写的是："降邹阳于十三世，天岂偶然；继孟轲于五百年，吾无间也。"钱居士说："这就是我写的。"何薳不明白所谓邹阳一句是什么意思，向钱居士请教，钱居士说："宋哲宗元祐初年，刘贡甫（攽）做了一个梦，梦中到一处官府，桌案间堆放着不少书法卷轴，就随便取一轴打开看，上面写的是'在宋为苏某，逆数而上十三世，云在西汉为邹阳。'"钱济明由此而得知，苏轼往上数十三世的前身是邹阳。这个说法，是何薳听钱居士说的，而钱居士是听刘攽说的梦中所见。对于这个说法，苏轼本人是否认可，未见有关记载。但是，后世文人著作是认可的，梁绍壬《两般秋雨庵随笔》卷八《后身》就记云："苏轼为邹阳后身。"

34. 范祖禹的前身是邓禹

范祖禹（1041~1098），字淳夫，又字梦得，北宋华阳（今四川双流）人。宋仁宗嘉祐八年（1063）进士，官至给事中，卒谥正献。传说范祖禹的前身是东汉初功臣邓禹。何薳《春渚纪闻》卷五《邹张邓谢后身》列举前代几位名人的后身云："范纯夫为邓仲华后身，故名祖禹。"《梁溪漫志》卷三记云："范淳父（祖禹）内翰之母，梦邓禹来而生淳父，故名祖禹，字梦得。"邓禹，字仲华，东汉初新野人，汉光武帝重要部将，拜右将军，封高密侯，位列诸将之首。传说故事有崇仰邓禹的含义；字梦得，即梦中得邓禹托生之义。

35. 张商英的前身是李长者

张商英（1043～1121），字天觉，号无尽，北宋蜀州新津（今属四川）人。嘉祐末年进士，徽宗大观年间官至尚书右仆射，卒谥文忠。传说张商英的前身是上党（今属山西长治）李长者。何薳《春渚纪闻》卷一记云："张无尽丞相为河东大漕日，于上党访得李长者故坟，为加修治，且发土以验之。掘地数尺，得一大盘石，石面平莹无他铭款，独镌'天觉'二字。故人传无尽为长者后身。"李长者其名字及其事迹未详，当是此地一位德高望重的前辈。张商英为他修整坟墓，在地下挖出的盘石上有"天觉"二字，正是张商英的字，于是产生这样的传闻。（又见《宋稗类钞》卷一）

36. 黄庭坚的前身是某女子

黄庭坚（1045～1105），北宋文学家，书法家，字鲁直，号涪翁，又号山谷道人，宋英宗治平四年（1067）进士，曾官著作佐郎、国史编修官、涪州别驾，几次被贬。传说黄庭坚的前身是一位女子。何薳《春渚纪闻》卷一据陈安国（字省干，生平未详）之语记述道，黄庭坚曾经把关于自己前身的事写成一篇文章，并刻作石碑，石碑立在涪陵（今四川彭水）江边的乱石中间，到春夏季节，这石碑就被江水浸没，所以世间还没有人对石碑上的文字予以抄写或拓片。碑上刻的文字大意是：黄庭坚曾经和苏轼一起去会见名僧清老者，清老者对苏轼说："你的前身是五祖戒和尚。"又对黄庭坚说："你的前身是一个女子，但是我不能给你说得太详细，以后你到了涪陵，自有人告诉你。"黄庭坚心想，涪陵在四川，距内地非常遥远，如果不是遭受贬谪，是去不到那里的，于是心里怏怏不乐。后来黄庭坚因朝廷政治斗争而被列入"元祐党人"名单之中，再次被贬官，到了涪陵。去那里不久，一天夜里梦见一个女子对他说："我终生都念诵《法华经》，希望自己能转世为一个男子，得大智慧，成为一时名人，我就是你黄学士的前身啊！你最近一年来患了腋下生狐臭的毛病，那是因为我被埋葬时用的棺材已经朽烂，有蚂蚁窝正盘踞在我的两腋之下，所以你才有这样的痛苦。现在你住的这个地方的后山有我的坟墓，如果你能打开我的墓，除掉蚂蚁窝，你的狐臭就没有了。"黄庭坚醒来，就按照梦中女子所说的，到后山找到了那座坟，果然是一座无主的坟，又找人帮助挖开坟墓，除掉蚂蚁窝，而且还为死者换了一口新棺材，重新掩埋停当。黄庭坚的狐臭无须用药也就彻底好了。

37. 郭祥正的前身是李白

郭祥正，字功父（又作功甫），北宋当涂（今属安徽）人。熙宁年间进士，曾官汀州通判、端州知州。传说郭祥正的前身是李白，这在不少文献中都有记述。

《名贤氏族言行类稿》卷五一记云："郭祥正，字功父，当涂人也。其母梦李太白而生。祥正少有诗名，梅尧臣曰：'天才如此，真太白后身也。'"（又见《东都事略》卷一一六，《能改斋漫录》卷一〇，《尧山堂外纪》卷五〇，《古事比》卷一一）《宋史·郭祥正传》就采用了这样的传说。这里提出的基本事实是，郭祥正是当涂人，而唐代的李白最后的结局是死在当涂，郭祥正的母亲梦见李白也是可能发生的事；而且，郭祥正因有诗才而受到梅尧臣的称赞。这些，都为附会郭祥正的前身是李白奠定了重要的基础。

梅尧臣称赞郭祥正，原是事出有因。据《潘子真诗话》记述，有南昌人袁世弼曾在当涂做官，当时郭祥正还"未冠"（不到二十岁），袁世弼赏识郭祥正的才能，把他推荐给梅尧臣，于是，郭祥正的名气就更大了。郭祥正曾经对潘子真的"大父"清逸（号清逸，名未详）说，自己终生都不会忘记袁世弼的知遇之恩。于是，清逸也就更加喜爱郭祥正，曾写诗赠郭祥正，中有"人疑太白是前生"之句。（见《苕溪渔隐丛话》前集卷三七引，又见《诗人玉屑》卷一八，《诗林广记》后集卷八，《宋诗纪事》卷二三）这样，关于郭祥正是李白的说法就四处传扬。

梅尧臣还曾写诗一首，题为《采石月赠郭功甫》，中云："采石月下闻谪仙，夜披锦袍坐钓船。醉月爱月江底悬，以手弄月身翻然……在昔熟识汾阳王，纳官贳死义难忘。今观郭裔奇俊郎，眉目直似攻文章。死生往复犹康庄，树穴探环知姓羊。"（见《宛陵集》卷四三）诗中写李白的一些特点在郭祥正身上得到应验，又联系起当年李白救郭子仪的故事，更加肯定郭祥正与李白的相似。这里提到的历史事实是，李白年轻时曾客游并州，当时郭子仪还是军伍中的普通一卒，因有过错将要受到长官刑责，李白为他讲情，使他免除了处罚。后来，李白因追随永王李璘而获罪，这时郭子仪因平定安史之乱大功而被封为汾阳王，他向唐肃宗请求用自己的官爵赎回李白的死罪。（此事见乐史《李翰林别集序》，裴敬《翰林学士李公墓碑》等）郭子仪对于李白知恩报恩，几百年之后又有郭祥正托生于郭家，成为李白的后身。末句"树穴探环"用羊祜的典故，再加以比较。

另外，郭祥正本人有《金山行》诗云"鸟飞不尽暮天碧，渔歌忽断芦花风"，受到王安石的赞赏。因为王安石的地位高名气大，于是郭祥正更加著名，关于他的前身是李白的传闻也就更加为人们所相信。后来，明张纶《林泉随笔》引述梅尧臣赠郭功甫《采石月》一诗，对郭祥正是李白后身再加以解说。

38. 蔡卞的前身是木叉

蔡卞（1046～1117），北宋蔡京之弟，王安石之婿，字元度，宋神宗熙宁三年（1070）与蔡京同榜进士及第。历官至知枢密院，又出为节度使。其卒后，南宋高宗绍兴年间追贬其官。传说蔡卞的前身是僧伽侍者木叉的后身。张师正《闲窗括异志》记云：徽宗政和末年（1117），蔡卞从杭州返京师，乘船途经泗州（旧治在今安徽天长）时病危。泗州城外的僧伽塔上射出一道亮光，直照到他所乘坐的船上，船中好像有棺材显露。当时许多人都看见了，有文士说，蔡卞恐怕是要死了。这船到达高邮时，蔡卞就在这里去世。于是，张师正记述道："世言元度盖僧伽侍者木叉之后身，初以为诞，今乃信然。"（又见惠洪《冷斋夜话》卷一〇）

僧伽是唐代西域僧人，唐高宗时至长安、洛阳，后到泗州临淮县建寺居住，唐中宗李显亲笔为之题额为"普光王寺"，又迁至荐福寺，景龙末年（710）圆寂。唐末僖宗乾符年间加谥号为证圣大师。传说中那位自谓"姓何""何国人"的大师就是僧伽。唐代在泗州为之建塔，名为"泗州塔"，宋初又曾修葺。木叉本是佛教名词，本义是"解脱"，原称"波罗提木叉"，僧伽为他身边的一位侍者取名为木叉。也有人说，关于蔡卞的前身是木叉的说法在他去世之前就已经流传了，只是在他死的时候由塔射明光一事得以证实。

关于蔡卞的前身，还有另外的传说。朱弁《曲洧旧闻》卷八记述道，据晁咏之（字之道）说，蔡京、蔡卞兄弟的父亲蔡准年轻的时候，每当外出时常见有两个人影显现在马前，或者在他乘坐的轿子之前，就像是先导仪仗似的，随着他的行动或前进或后退。蔡准问身边的人看到这两个人影没有，都说没有看见。于是蔡准非常害怕，以为这是两个冤魂在跟着他，就请巫师进行禳解，但是不能让这两个人影消失。过了很长时间，却也没有什么祸事发生。到了宋仁宗庆历四年（1044），长子蔡京出生，两个人影有一个消失；到了庆历六年（1046），另一个人影也消失了（蔡卞此年出生）。宋哲宗元符末年，京师汴京城里出现童谣，有"两个萝卜精""撞着潭州海藏神"的说法；宋徽宗崇宁末年，卖馉馅的小贩又有"一包菜"的说法。后来蔡京被贬，死在长沙（潭州），原来的民谣多有应验。（又见《宋稗类钞》卷一，《宋诗纪事》卷一百，《古谣谚》卷六〇）根据这个传说，蔡京、蔡卞兄弟的前身都是精怪。到底是哪一种精怪，说法不一，但都不过是传说而已，不可信以为真。

39. 蔡仍的前身是王家儿或杨生

蔡卞娶王安石的女儿为妻，只生一个儿子名叫蔡仍。关于蔡仍的身世与年龄有多种传说，其中对于其前身的说法就有两种。

其一是朱彧《萍洲可谈》卷三记云，蔡仍小时候，能自己悟知其前身是王家儿。家人按照他的说法前往寻访，果然真的有这么一位王姓男子，英年早逝，他的妻子和儿子都还在，就带着他们来家里对证。蔡仍见到他们并与他们对话，说的是王姓男子生前的一些事，完全符合。后来蔡仍长到八九岁，渐渐熟悉世间的人情，就把原来所说的前身为王家儿的事忘记了。

其二是方勺《泊宅编》（十卷本）卷四记云，蔡卞被授官为昭庆军节度使（治所在广州），带着全家前往赴任，经过江苏无锡的时候，全家一起游览惠山。这一天，无锡有个姓杨的文士和几位僧人正在佛殿闲步，听说蔡卞来了，与他相见，杨某开玩笑说："蔡侍郎还没有儿子，我就给你当儿子吧。"蔡卞到了广州的第二年，其夫人就生下儿子，取名为蔡仍。三年后，蔡卞全家还朝又经过无锡，这时蔡仍三四岁，能自己悟知其前生是无锡的杨生，并能说出杨生的住处、家庭亲戚、兴趣爱好等。蔡卞就派人召见杨生，得知杨生已经在几年前去世，他有两个儿子，名叫杨陟、杨昇，蔡卞询问其父亲去世的时间，正是蔡仍出生的那一天，于是感到非常惊奇。三天以后再问蔡仍，蔡仍对前身是杨生的事就憔然记不得了。尽管如此，后来蔡卞也一直同杨家保持来往，像亲戚似的，杨陟长大后，蔡卞经奏明朝廷为他谋得个将仕郎的官职。

40. 杨戬的前身是蛤蟆精

杨戬，北宋时宦官，受宋徽宗宠信，任彰化军节度使，后官至太傅。陆游《老学庵笔记》卷一〇记述，杨戬的府中，在后堂开凿一个大池，四周房廊环绕，锁闭甚为严密。杨戬每当洗浴时，在池边放置一些洗浴用品及澡豆之类，就让其他人全都回避，他独自一个人跳进池中游泳，没有人能够看见他在游泳池里干什么，只是以为他特别爱在水池里洗浴而已。有一天，杨戬在房中睡觉，有个小偷潜入他的住室，看见床上有个大蛤蟆，大得占据了整个床。小偷吓得瘫倒在地上。那蛤蟆听见响动，又变成了人，就是杨戬，他坐起身，手里握着一把宝剑，问小偷："你是什么人？"小偷如实说了，杨戬就把一个银香球送给他，说："我可怜你的贫寒，把这件东西赏给你，你不要告诉别人你看到的情况。"小偷不敢接受他的东西，磕头拜谢之后就离去了。（又见《宋稗类钞》卷四）后来，这件事情传扬出去，人们便认为杨戬的前身是蛤蟆精。

41. 雍丘民李三礼的女儿小师的前身是雷泽之子

朱彧《萍洲可谈》卷三还记述一个故事。雍丘（今河南杞县）有位李三礼，生有一女儿名叫小师。小师几岁的时候，对父母说，她的前身是黄陂县典史雷泽的儿子，名叫亨甫，十七岁的时候因为生疮而早死。雍丘有不少贩牛的客商前往黄陂，有个客商就在黄陂询问，果然该县的典史名叫雷泽，他的儿子正是十七岁时因生疮而死的。雷泽得知此事，亲自前往雍丘李三礼家访问，小师一见雷泽就叫爹。徽宗政和八年（1118），李三礼带着小师前往黄陂，小师见到雷泽的妻子大哭叫娘，母子真情让人感动。这时，小师还和邻居们说起她前生的一些事，邻人都感到非常符合。

42. 赵鼎的前身是李德裕

赵鼎（1086～1147），字元镇，号得全居士，宋解州闻喜（今属山西）人，宋徽宗崇宁五年（1106）进士，随宋高宗南渡，官至尚书右仆射，同中书门下平章事，兼枢密使，后被贬官至岭南，死于此地，追谥忠简。传说赵鼎的前身是唐代宰相李德裕。李德裕（787～849），字文饶，赵郡人，宰相李吉甫之子，唐武宗时官至宰相，"牛李党争"的李党之首。又进职太尉，封卫国公。

宋代叶寘《坦斋笔衡》(《说郛》商务本卷一八)记云：赵鼎出生时，其母樊夫人梦见有一个身穿金紫衣服的高大人物进入住室内，前面有仪仗引导，喝道者喊的是："赞皇公至。"受惊吓而醒，这景象仿佛还在眼前，不久就生下赵鼎。李德裕是唐代赵郡人，实即为赞皇县(唐代属赵郡，今河北赞皇)人，赵鼎母亲梦中所谓"赞皇公"即是指李德裕。赵鼎的一生经历与李德裕有不少相符合之处：李德裕曾自东都分司贬官至潮阳，赵鼎也曾从四明(今属宁波)以散官安置在潮阳；李德裕被贬谪到朱崖(即珠厓，今海南海口)，最后死在此地，赵鼎也是被贬到朱崖而死在那里；两人都是活到62岁。这些相符正是传说的依据。明郎瑛《七修类稿》卷五〇《事相同》云："赵鼎乃李德裕转世，俱寿六十二。"所引录的就是《坦斋笔衡》。

43. 秦桧的前身是诺讵罗

秦桧(1090~1155)，字会之，江宁(今属南京市)人，政和五年(1115)进士第一(状元)，受宋高宗宠信，任宰相，力主和议，残害抗金人士，是中国历史上的第一号大奸臣。秦桧自谓他的前身是诺讵罗。俞樾《茶香室续钞》卷四《秦桧自诡为诺讵罗转世》记述道，清代戴咸弼《东瓯金石志·灵峰洞题记》残字下，引录《雁荡诗话》云：据《东瓯诗话》记云，秦桧曾做梦到一个山洞，看见群僧围成一圈在那里打坐，后来他经过雁荡山的罗汉洞，对人打诳语说："我以前曾梦见来到过这个石洞，有群僧环坐，问我：'你还能回忆起当年的情形吗？'我忽然醒悟到我的前身是诺讵罗，和尚们说我是尘缘未尽，于是我又回到了人世间。现在看到这个罗汉洞里的情境，我才知道原来那个梦的含义。"秦桧还为此建造一座房子，名为"了堂"，并作一首诗记述此事，诗中有"欲了世缘哪得了"之句。灵峰洞石刻中的文字记载说"恍符宿梦"，又说"订出家缘"，都和秦桧的口气相吻合，因此怀疑这石刻本是秦桧的手笔。石刻下署年月日之后还有一行字，已经被人磨坏，这里可能是秦桧题款的姓名，由于后人厌恶这个大奸臣而故意给凿得看不清了。秦桧这一条关于他的前身的轶事，很少有人知道，只是在这石刻文字中有所显露。

诺讵罗亦作诺讵那，是佛经中的人物，传说他是雁荡山的开山之祖。《茶香室续钞》卷四记述了上述情况之后议论说："不意千载之下，乃为秦桧所依托，辱矣。"据此，关于他的前身是诺讵罗的说法，不过是秦桧自己的假托而已，其意在于给自己添加些佛性灵光，以此美化自己在历史上的丑恶形象。

44. 宋钦宗的前身是喆和尚

宋钦宗名赵桓（1100～1156），宋徽宗长子，靖康之乱时与宋徽宗父子二人同被金兵掳去。传说宋钦宗的前身是喆和尚。《瓮牖闲评》卷八据《国史后补》记云：宋徽宗的王皇后怀孕时，梦见皇宫的宣德正门大开，有两面红旗，每一面上书写着一个特别大的"吉"字，从大门进来。不久生下儿子，就是宋钦宗赵桓。于是这里记载道："两'吉'字乃'喆'字也，则知钦宗乃喆和尚后身无疑。"喆和尚是徽宗时期的人，他去世之后，著名书法家米芾为他书写了碑文，这是一个有道德的高僧。《瓮牖闲评》又议论说，喆和尚转世成为帝王而有天下，真可以说是有福气的人了，但是他当皇帝的时间不长，这又是非常遗憾的事。

45. 岳飞的前身是猪精

岳飞（1103～1142）字鹏举，汤阴（今属河南）人，抗金名将，受秦桧诬害，是中国历史上著名的民族英雄。传说岳飞的前身是猪精。曾敏行《独醒杂志》卷一〇记云：岳飞年轻时是一介寒微小民，曾在城市里遇见一个看相的老头舒翁，当时岳飞非常贫穷，舒翁看了他好大一会儿，说："子异日当贵显，总重兵，然死非其命。"岳飞问："何谓也？"舒翁说："第识之，子，猪精也，猪硕大而必受害。子贵显，则睥睨者众矣。"意思是说，贵显之后，羡慕你、妒忌你的人就多了，灾祸也就来了。

又见洪迈《夷坚甲志》卷一五《猪精》也写了这个故事，云：绍兴十年（1140）春，乐平人马元益赴大理寺监门，参与审理岳飞一案。某一天，马元益带着婢女意奴同谒神祠祈福。这年的六月，意奴梦见和马元益一起又到所谒的神祠之下，听见几位亲事官传呼道："大卿请。"又指着前面的高楼云："大卿在彼宰猪为庆，会召僚属。"第二天，马元益把这个情况告诉了同僚周三畏，周三畏心存疑虑，夜晚在附近散步时，看见有个像猪的怪物，猪的头上有片纸写着"发"字。周三畏窃以为或者皇上施恩，对本案宽大处理，仍疑惑不定。不久听岳飞同乡僧人惠清说，岳飞住在相州时，某日闲游遇见相士舒某，舒某见到岳飞必烹茶设馔，对他说："君乃猪精也。精灵在人间，必有异事，它日当为朝廷握十万之师，建功立业，位至三公。然猪之为物，未有善终，必为人屠宰。君如得志，宜早退步也。"当时岳飞听了不以为然，后来竟然在马元益、周三畏所闻所见怪事时得到了验证。

褚人获《坚瓠集》余集卷一《岳武穆猪精》一节引录了《夷坚志》的有关记述，大体是认为，根据岳飞的前身是猪精的传说，周三畏看到的动物就是岳飞前身的现形。当然，褚人获的记述也是根据前人的传说而作了进一步的附会。历史事实是，周三畏根本就没有到过审理岳飞的地方。《樵书》二编卷九记云："大理寺卿周三畏，不肯勘问岳武穆，挂冠而去，不知所之。"（《南宋杂事诗》卷一引述）因此，所谓周三畏在勘案之所看见猪精现形一事不过是小说家言。

关于岳飞的前身还有其他说法。一说岳飞的前身是三国时的张飞。《古今小说》（《喻世明言》）第三十二卷《游酆都胡母迪吟诗》写到岳飞前身的情节。此篇中，胡母迪被鬼吏带到酆都（阴司），冥王亲自审问他，冥王说："岳飞系三国张飞转生，忠心正气，千古不磨。一次托生为张巡，改名不改姓；二次托生为岳飞，改姓不改名。"梁绍壬《两般秋雨庵随笔》卷八《后身》云："岳武穆（飞）、张睢阳（巡）为张桓侯（飞）后身。"

另一说是民间故事所传，岳飞的前身是大鹏金翅鸟（所以其字为鹏举）。小说《说岳全传》采用了这样的传说，第一回《天遣赤须龙下界，佛谪金翅鸟降凡》，写佛祖讲经说法时，有个星官女土蝠撒了一个臭屁，佛祖头顶护法的大鹏金翅鸟把她啄死，此女土蝠下界转生为秦桧之妻王氏；佛祖因金翅鸟伤害女土蝠性命，谪罚他转生为岳飞；又有赤须龙被玉皇大帝贬谪下界，转生为金国女真主；又有蛟精铁背虬王，被大鹏金翅鸟啄瞎了眼睛，天帝罚蛟精转生为秦桧；另有团鱼精被大鹏金翅鸟啄死，转生为残害岳飞的万俟卨。此类描写固然是小说家的任意虚构，但是确能反映后人崇敬岳飞、痛恨秦桧的爱憎分明的情感。

46. 史浩的前身是文彦博

史浩（1106～1194），字直翁，宋高宗二十五年（1145）进士，宋孝宗时拜相，卒谥忠定。享年89岁。明代冯时可《雨航杂录》卷上记云："小说称史卫王浩为尉时，至补（普）陀见大士，云：'此文潞公后身，他时作宰相，官家要用兵，切须力谏。'"这里谓"小说称"，指的是哪个小说，未详，或者是《夷坚志》一类的笔记。（又见《南宋杂事诗》卷三）文潞公，即北宋名臣文彦博（1006～1097），字宽夫，山西介休人。宋仁宗天圣五年（1027）进士，历官至同中书门下平章事，封潞国公，卒年92岁。史浩与文彦博都位至宰相，又都同享高龄，这都是传说产生的缘由。

47. 宋高宗的前身是吴越王钱镠

宋高宗即宋徽宗第九子赵构（1107～1187），传说他的前身是五代时吴越王钱镠。《西湖游览志余》卷二记云：宋徽宗梦见五代时吴越王钱镠向他索要两浙之地，非常急迫，并且说："我好来朝，何故留我？我当遣第三子居之。"意思是，我的吴越国出于好意到大宋朝贺，你们为何要吞并我国疆土？我要让我的第三子继承我做吴越国王。（历史事实是，继承吴越国王的是钱镠的第七子钱元瓘，再后是钱元瓘的第九子钱俶）当时宋徽宗醒过来对郑皇后说了这个梦，郑皇后说，她也做了一个同样的梦。过了一会儿，内宫报告说，韦妃生了一个儿子，这就是后来的宋高宗赵构。三天之后，宋徽宗去看韦妃，抱着新生儿放在膝盖上，非常高兴，对韦妃说："这孩子特别像是浙江人的面相啊！"因为韦妃虽然籍贯是开封，但是她的原籍是浙江，可见宋高宗从根本上说就和浙江有缘分。而且，钱镠享寿八十一岁，宋高宗也享寿八十一岁，这又是一层缘分。（又见《贵耳集》卷中，《宋稗类钞》卷一，《养疴漫笔》等）

南宋赵与时《宾退录》卷五记载说：宋孝宗淳熙十四年（1187）十月宋高宗死，十一月的一天，宋孝宗坐延和殿，执政的宰相奏事，议论给宋高宗加谥号，当时洪迈是"宿直官"，也参与其事。孝宗说，他听宫中的老太监说过，当年太上皇（宋高宗）出生时，徽宗梦见吴越王钱镠索要两浙之地的事。洪迈说：他的父亲洪皓在出使金国时买了个小妾，原籍是山东东平人，和她的母亲一起来到洪家。这个小妾的母亲原来是皇宫中的宫女，她说，显仁皇后（原韦妃）初生太上皇（宋高宗）时，梦见一个金甲神自称是"钱武肃王"，醒来就生了儿子。《宾退录》议论说，"武肃"就是钱镠，钱镠享寿八十一岁，"太上皇"也享寿八十一岁；吴越国建都在杭州，南宋建都临安，也是杭州，这都不是偶然的。对于此事，张淏《云谷杂记》的记述较为简略，而且没有写明是韦妃自己所言；而周必大的《思陵录》记述最为详细。徽宗所说的"钱王"，指的是钱俶；所谓"第三子"，指的是钱俶的第三子钱惟

渲。(又见《钱塘遗事》卷一)

关于宋高宗的前身是吴越王钱镠,在南宋时已广为流传,后来的讲史平话小说《宣和遗事》就采取了上述故事(当代学界认为《宣和遗事》初成于南宋,问世于元初)。此书卷上记大观二年(1108)事时写道:"大观二年……夏五月……显仁皇后生皇子构。徽宗隔夜梦吴越钱主,以手挽徽宗御衣云:'我好来朝,你家便留住我。终须还我山河社稷,待教第三子来。'显仁皇后亦梦金甲神人,自称钱武肃王,及寤而生皇子,盖徽宗第九子也。其始生之时,宫中红光满室。宣和二年封为康王,后即位于南京为高宗,建都于杭州,即符钱王还我山河之梦。钱武肃王即钱镠,享年八十一岁,高宗亦寿八十一,岂偶然哉!"

话本小说的描写,大体是综合了前述宋人笔记的内容,稍加点染,由于话本小说的通俗形式更易于为大众接受,宋高宗的前身是吴越王钱镠的说法也就有更广泛的流传。明代郎瑛《七修类稿》卷五〇《事相同》记云:"《宣和遗事》云高宗乃钱镠转世,俱寿八十一。"这里只云《宣和遗事》,而没有提及其他的笔记。

明末出现的拟话本《古今小说》(《喻世明言》)第三十二卷《游酆都胡母迪吟诗》也写到宋高宗前身的情节。此篇中,胡母迪被鬼吏带到酆都(阴司),冥王亲自审问他,冥王说:"子乃下土腐儒,天意微渺,岂能知之?那宋高宗原系钱镠王第三子转生,当初钱镠独霸吴越,传世百年,并无失德。后因钱俶入朝,被宋太宗留住,逼之献土。到徽宗时,显仁皇后有孕,梦见一金甲贵人,怒目言曰:'我吴越王也。汝家无故夺我之国,吾今遣第三子托生,要还我疆土。醒后遂生皇子构,是为高宗。'"这里的描写,是附和了前人的说法,用小说语言加以渲染。

48. 王十朋的前身是和尚严伯威

王十朋(1112~1171),字龟龄,号梅溪,南宋乐清(今属浙江)人,绍兴二十七年(1157)进士第一(状元),历官至太子詹事,以龙图阁学士致仕,卒谥忠文。据传说,王十朋的前身是其祖母贾氏之兄严伯威。

王十朋《梅溪前集》卷一九有《记人说前生事》(今见《王十朋全集》文集卷十四,上海古籍出版社1998年版),文中记述道:王十朋年少时,家乡有个和尚见了他就说:"此郎严伯威后身也。"当时他还不明白这个严伯威是谁，就去向他的叔父宝印大师请教，宝印大师说："严阇黎，字伯威，是你祖母贾氏的哥哥，我应该叫他舅舅，而且他还是佛门一位法师。他博学而能作诗文，受戒修行非常谨严，在江浙一带非常有名气，还受到文士与民众的敬重。那时你的父母正为没有小孩而担忧，求佛拜神非常虔诚。宋徽宗政和二年壬辰（1112）正月，严阇黎逝世，那天夜晚，你的祖父梦见他来到了你们家，把采集的许多花朵结成一个大球，送给你的祖父，说：'你家希望有个儿子，求了好长时间，所以我就到你家来了。'就在这个月，你的母亲怀上了孕，十个月后，你出生了。严和尚的相貌是眉毛浓黑而下垂，两眼深陷而藏神采，他小的时候就能背诵千字长文，喜爱作诗；而你的眉目特点以及兴趣爱好，和他完全相像。所以人们都说，你就是严和尚的后身。"

关于王十朋的前身，还见于其他资料。《爱日斋丛钞》卷二引述了《梅溪集》中《记人说前生事》的内容，又引录王十朋《种蔬》诗中"前身老阇黎，蔬气端未除"（《梅溪后集》卷七）之句，可见王十朋本人对于前身为和尚是认可的。俞成《萤雪丛说》卷下（《说郛》宛委本卷一五上）又引录王十朋绝句诗云："石桥未到神先到，日里还同梦里时。僧教我名刘道者，前身曾写石桥碑。"所谓石桥碑在天台山五百尊罗汉洞口。之后又议论云："今世所以聪明，所以福德，所以不昧本来面目，皆前世有以胎之。"意思是说，王十朋在今世能中状元，建功立业，都是前世的佛缘奠定了基础。今查王十朋诗集，其《梅溪后集》卷二有《题石桥二绝》，其二云："石桥未到已先知，入眼端如入梦时。（原注：旧尝梦游）僧唤我为严首坐，前生曾写石桥碑。（原注：《天台石桥记》乃永嘉僧严伯威书，庵僧有说前生事者，戏及之）"《萤雪丛说》所引诗与原文略有不同。

清代梁章钜《浪迹续谈》卷二《王梅溪前身》再叙此事，除引录王十朋的文章之外，又补充了汪圣锡《王忠文墓志》以及《困学纪闻》所载真文忠（德秀）《劝孝文》等，进一步指出王十朋与佛门的渊源。

49. 陆游的前身是秦观

陆游（1125~1210），字务观，号放翁，南宋大诗人，浙江山阴人。传说其前身是北宋时著名词人秦观。南宋韦居安《梅磵诗话》卷中记云，陆游的母亲梦见秦少游（观）来到家中而生下陆游，于是就用秦观字少游的"游"作为儿子的名，用秦观的"观"加个"务"字为"务观"作为儿子的字。

《四朝闻见录乙集》也记述了陆游取名与字的缘起，并云"或曰公慕少游者也"。秦观（1049～1100），扬州高邮（今属江苏）人，神宗八年（1085）进士，曾官太常博士、国史院编修官等职。秦观才华横溢，文学成就突出，尤其是以词享有盛名，受苏轼赏爱，被称为是"苏门四学士"之一。对于秦观这样的非凡人物，陆游对他爱慕敬仰也是必然的事实。

50. 龚涛的前身是周姓司法官

《夷坚乙志》卷一八《龚涛前身》记云：龚涛字仲山，他说他的母亲当年怀孕时住在衢州，临产时家里派人去请接生婆，已是半夜的时候。接生婆住在郡城南，往龚家来的路上，经过本郡司法厅，看见大门外人来人往，说是司法官已经病危。接生婆赶到龚家，龚涛就在这时出生。接生婆把新生儿包裹停当，返回的路上再经过司法厅，听说那位司法官已经去世了。第二天，接生婆把遇到的情况告诉龚家，并说去世的司法官姓周，为人品德清正，平时爱拄拐杖、戴帽子，每当外出时，就让跟随的小僮带上拐杖和帽子。龚涛三岁刚能说话的时候，就经常呼唤家里人给他拐杖和帽子，于是父母醒悟，得知儿子龚涛的前身原来就是那位姓周的司法官。

51. 黄教授的后身是陈氏子

洪迈《夷坚戊志》卷七《黄教授后身》记述道，黄教授即黄唐佐，字尧臣，福州人。北宋哲宗绍圣四年（1097）进士，南宋高宗绍兴十五年（1145）去世，当时他的官职是奉议郎某州教授，其妻王氏非常悲痛。第二年二月，王氏梦见丈夫黄教授对她说，他已经在闽清县药山陈五君家托生，不必挂念他。王氏醒来，把梦中的事告诉了黄教授的从子黄楷，黄楷当时的官职是湘乡县尉。黄楷说："我知道闽清县有个药山，但是不知道陈五君是什么人，住在哪里，我可以前往找一找。"不久，黄楷就来到药山，果然找到了陈五君家，先呈上一封书信予以问候，陈五君却不理他，黄楷详细讲述了其母做梦的情况，并说明自己的身份，陈五君说："我的儿媳妇在二月间怀孕，曾梦见一位官人来家里，说他是黄教授，愿托生给她做儿子。现在听你这么说，情况都是符合的，将来一定会应验的。"黄楷恳切地请求，待到陈家媳妇生了孩子，一定要告知消息，这为他日再见留下活话。陈五君答应了他，于是黄楷告辞而归。等到这一年十二月二十一日，陈家的媳妇生下个男孩，五君给他取名叫万顷，字梦应，以此纪念这件祥瑞的事，并且寄书给黄楷告诉喜讯。黄楷急忙赶到陈家看望。婴儿还没有满月，看见黄楷进入房中，就望着黄楷笑。孩子长大，读书好学，颇有名声，孝宗淳熙元年（1174）乡试中举，后来不太顺利，延迟二十年到光宗绍熙四年（1193）才中进士，得官为兴化县尉。他的弟弟陈大猷把他的身世来历写成了文章，于是这个故事就得以流传。

52. 卢忻的前身是赵氏子

洪迈《夷坚志补》卷一一《卢忻悟前生》又记述道，代州崞县（今属山西浑源）有一户姓卢的人家，有个儿子名叫卢忻，三岁时能说话了，就对他的母亲说："我的前身是回北村赵家的儿子，十九岁的时候在山上放牛，因为秋雨草滑而失足跌落山崖之下。当时我奋力爬起来，看见一个人躺倒在旁边，开始以为这是一块放牛的别人，就大声喊他，他不回应，过一会儿仔细一看，原来那人就是我自己。这时我忽然明白，我的身体已经死了，有知觉的是我的魂。我想把魂投入身体，却不知道该怎么进入；想舍去这个身体，又于心不忍，就在我的尸身旁边盘旋。第二天，父母来找到了我的尸体，悲哀痛哭，我的魂接近他们，告诉他们我是怎么死的，他们却不回答，就把我的尸体放在柴堆上焚烧。我对他们说：'不要烧我！'父母还是不回答。父母大哭，我也大哭，烧完之后，他们收拾了我的骨头，回家去了。我想追随他们，可是我看见父母的身体都有一丈多高，感到害怕而不敢继续追，就在空中游荡，无处可去。过了一个多月，忽然有一位老人来对我说：'赵小大，我来领你回家。'我就跟着他一块走，到了一家的门口，老人指着说：'这就是你的家，去吧！'我正要说这不是我家，忽然被老人推了一把，就进去托生在这一家了，就是现在的我。昨天夜里我梦见去告诉了我的前身父母，父母说，明天要来看我。我家有一匹白马，他们一定会骑着它来。"卢家的父母听了他的这一番话，非常惊奇，第二天就在家里恭候，果然有人骑着一匹白马来到，卢忻望见，欢喜雀跃，说："这是我的父亲来了！"见面时，卢家儿大哭，赵父问他以前的事，他都能记得。于是，赵父雇了一班乐器，奏着乐把卢忻迎回家中。从此以后，赵、卢两家共同抚养这个孩子，都视为亲生骨肉。这个故事是一位文人朋友孙九鼎讲述的，《夷坚志补》转记之后就更广泛地流传。

53. 钱进士的前身是姚媪之子

洪迈《夷坚志补》卷一一《钱生见前世母》还记述一个故事。南宋孝宗乾道二年（1166），豫章书生钱某到南昌赴省试，住在贡院街前面的姚氏客店里。考试结束准备回家，刚要离开旅店门口，老板娘姚媪忽然拉住他的手哭了起来，钱生不胜惊讶。不一会儿，附近的人都围了上来，挤满了道路，竟然聚集了上百人。姚媪说："我没有别的意思。这个小官人的模样特别像我那个死去的儿子，我忍不住就伤心恸哭。我的儿子也是个读书人，曾经补为国学生，不幸于某年某月某日去世，到现在已经十八年了。他有一本文稿我还在保存着。"钱生这一年正是十八岁，问姚媪儿子是哪一天死的，正和自己的生日是同一天，于是十分惊奇而叹息。又让姚媪取出儿子的文稿，一看，是关于《周礼》的议论文章，共六篇，钱生打开一看，这本是自己准备的参加乡试的文章，一字不差。于是，钱生和姚媪执手相对，十分感慨，他就在这店里又住了十来天才回家去，临行时和姚媪约定，如果自己能考中进士，一定会再来看她。这一年，钱生赴试得中，得官之后，他就迎接姚媪到家里，像侍奉自己的母亲一样侍奉她。建阳人刘懋也是这一年乡试时和钱生一起在姚家客店住过的，他亲眼看见姚媪与钱生相见的这一幕，就向大家讲述，于是这个故事就广泛流传。

54. 叶文凤的前身是邻妪之子

徐应秋《玉芝堂谈荟》卷一〇《前身轮回》还据洪迈《夷坚志》记述一个故事：温陵人叶文凤，进士出身，调任为天台县主簿。这一天他过生日，一个人在旅馆里打瞌睡，梦见有人请他吃麻糍（麻糖之类的食品）。不一会儿醒来，听见邻居老婆婆在哭，走过去问她，老婆婆说："今天是我那死去的儿子的忌日，我就做了一些麻糍祭奠他，忍不住就哭了起来。"叶文凤又问她的儿子是啥职业，老婆婆说："爱作诗。"叶文凤让婆婆拿出儿子的文章给他看，这篇文章就和叶文凤中进士考卷上的那篇文章一字不差。于是，叶文凤就对老婆婆下拜，称她是自己的前身之母，又给老婆婆安排另一处住所，像对待亲生母亲那样供养着。

今查通行本《夷坚志》，没有见到这一篇。再查无名氏《湖海新闻夷坚续志》，其前集卷一《人事门·分定·前生福分》即是叶文凤故事，情节略有差异，如此篇谓老妪之子名陈希曾等。徐应秋引录时误作《夷坚志》。今又见谈迁《枣林杂俎·丛赘·朱墨预兆》一篇中，在记述"东阳赵明钦"与"广德戈应试"两则故事之后，又转述了叶文凤的故事，当是据《玉芝堂谈荟》卷十转录的。

55. "两世王"及"有匙王"

周密《癸辛杂识》别集卷下《两世王》一节记云，有个被称为"两世王"的人，其籍为真定（今属河北），他自谓其前生被称为"李八"。八九岁的时候，某日有个老婆婆走过他家门前，这孩子称呼她为"媳妇"。老婆婆六十多岁了，很生气，就责问他，孩子说："我并不认识你，可是，我的前生就是李八啊！"孩子又叫着老婆婆的小名，斥责她，又跟着到了老婆婆的家里，指着磨盘底下说藏的有银镯子，取出来给老婆婆，老婆婆不得不相信了他的话。孩子长到十四五岁的时候，就不再记得前生的事情了。

周密在同书同卷还记述一位被称为"有匙王"的人，曾经生一场病，病中好像是到了阴曹地府，逮捕他的鬼卒呼唤他的名字："王陵！"有匙王说："我不叫王陵。"鬼卒说："你的前身，确实就是战国时秦国的大将军王陵。"（王陵事迹附见于《史记·白起列传》）有匙王不明白是怎么回事，就被鬼卒放到一个大木笼里，使劲摇晃，让他省悟前身是谁。有匙王被摇晃一会儿，清醒了，说："我真的就是王陵啊！"于是，他被鬼卒引导到一个大城中，有个囚犯关押在这里，身体和城墙一样高，有匙王非常惊奇，鬼卒说："这家伙就是白起，罪恶大身体也就随着大。让你来，就是要你为坑杀四十万赵兵的事作证。"这时，有匙王以王陵的身份叙述往事说："当初我曾经向白起建议，把赵兵分散驻扎看管，坑杀他们全是白起的决定。"囚犯白起听他这么说，闭口无言，忽然用头撞墙，哭着说："你这样作证，我又必须在地狱熬过千万年啊！"这时，有匙王苏醒过来，把梦中的经历告诉了人们，于是周密才有这一段记述。

56. 史弥远的前身是某寺名僧觉长老

史弥远（？~1232），南宋丞相史浩之子，淳熙十四年（1187）进士，历官至太师左丞相，兼枢密使，封会稽郡王，卒谥忠献。据传说，史弥远的前身是某寺名僧觉长老。《三朝野史》（《说库》本）记云：史弥远的父亲史浩和觉长老交往非常投机，有一天觉长老来到相府，史浩和他携手进入后堂深处，史浩问道："是你当和尚好，还是我当宰相好呢？"觉长老看见相府里帘幕绮罗，富贵荣华，美女粉白黛绿，围在身边，就回答说："大丞相富贵好啊，我和尚有啥好呢！"过一会儿又说："现在我如果有一念之差，多年来在蒲团修炼的功夫就全白费了，那就一定会堕入地狱。"有一天，史浩在家中坐在客厅堂上，分明看见觉长老不和自己作揖打招呼而直接进入后堂里去了，就立即派人到寺院里去请觉长老来相见，派去的人回报说："觉长老在法堂上坐化圆寂了。"又不一会儿，后堂女仆来报告说，夫人刚刚生了个男孩。史浩心里明白，这是觉长老托生在自己家中成了自己的儿子。后来，史浩就把觉长老的字弥远作为儿子的名字。（又见《西湖游览志余》卷五，《宋稗类钞》卷一，《宋诗纪事》卷九六，《坚瓠集》癸集卷三等）

史弥远在宁宗、理宗两朝做宰相二十六年，位高权重，威震海内。他在世的时候，关于他的前身是觉长老的传说就已经为人所知。《尧山堂外纪》卷六二记云，当时有人作诗一首云："前身元是觉阇黎，业障纷华总不迷。到此更须睁只眼，好将慧力运金鎞。"此诗指出史弥远的前身，有规讽之意，史弥远本人的心里当然也非常明白。（又见《西湖游览志余》卷五，《宋稗类钞》卷一，《坚瓠集》癸集卷三等）

57. 真德秀的前身是浦城道人、草庵和尚

真德秀（1178～1235），字景元，后改希元，南宋浦城（今属福建）人。宋宁宗庆元五年（1199）进士。历官至参知政事，谥文忠，学者称之为西山先生。关于真德秀的前身有两种传说，一是浦城道人，一是草庵和尚。

关于浦城道人，周密《齐东野语》卷一记云：真德秀的原籍浦城县有位道人，在山间盖两间茅屋居住修炼。他炼丹将成的时候，忽然有一天入定，对身边的童子说："我有事要外出，或者十天或者五天就回来，切记不要动我的卧室。"过了几天，忽然有个人敲门，童子对来人说，师父出门去了，还没有回来。来人说："我知道你的师父已经死了好久了。现在他已经被地狱里的阎王登录在案，不会再回来了。留着个尸体在屋里没啥好处，白白让他在那儿发臭腐烂。"童子傻乎乎的，看不出来的这人是个"魔"，就把师父的身体拖出去火化了。道人的灵魂很快就回来了，却已经找不到可以归附的身体，只能围绕着茅庵呼叫："我在何处？"这样叫喊了一个多月，没有停歇，乡村

的人们听见了都惶恐不安。有一个老和尚听到这件事，走过来对着叫喊的声音厉声回答他说："你说寻'我'，你又是谁啊！"于是，道人灵魂的叫声才消失。这时，真德秀的母亲正怀有身孕，忽然看见道人进入她的房中，于是就生下真德秀。真德秀自幼聪明过人，几岁的时候因为家庭贫寒而没钱买书，只能借别人的书看或者抄录同乡儒生的应举文章，就这样也考取了举人，不久又考中进士。当时，倪思（字正甫，历官至礼部尚书，谥文节）爱惜人才，奖掖后学，他对真德秀非常赏识，就在朝廷特意推崇他，这使真德秀很快闻名于世，成为一代大儒。（又见《宋稗类钞》卷一）

关于草庵和尚，《坚瓠集》续集卷四《前身》云："真西山是草庵和尚。"后注云出自《癸辛杂识》。今查周密《癸辛杂识》，未见记有此事，有待进一步查证。

58. 贾似道的后身是鼠

贾似道（1213~1275）字师宪，号秋壑，南宋理宗时因其姊为贵妃，官拜右丞相，后来独专朝政，度宗时为太师平章军国事，封魏国公。贾似道祸国殃民，是中国历史上著名的奸臣之一，遗臭青史，据传说其后身成为老鼠。俞樾《茶香室三钞》卷九引清代章有谟《景船斋杂记》云：松江（今属上海市）康庵中有一个老鼠，每天从洞里跑出来到僧众跟前听念诵《金刚经》。有一天，此鼠忽然用一只前爪弯曲着枕在头的下面，就像是人睡觉的模样。僧人说，这只老鼠就是贾秋壑（似道）的后身。

59. 留梦炎的前身是蛤蟆精

留梦炎（1219~1295），字汉辅，号忠斋（一作中斋），衢州（今属浙江）人。南宋理宗淳祐四年（1244）状元，投降元朝后官至翰林学士承旨。盛如梓《庶斋老学丛谈》卷下记述道，留梦炎的母亲原是留府中的一个粗使婢女。有一天，留梦炎的父亲在家中庭院里闲坐，这个婢女从他面前走过，她的眼睛炯炯发亮，如金光照人，其父问她是谁，家人说她是家里的一个干粗活的丫头。留梦炎的父亲就纳她为小妾，不久生下儿子就是留梦炎。人们说，蛤蟆精的身体特别肥胖，而留梦炎的样子就像是一个蛤蟆精。后来留梦炎的儿子又是个胖子，人们说此儿也是蛤蟆精转世的。

60. 丘舜元的前身是村翁子

南宋末丘舜元，福建人，曾官殿中丞。生平事迹未详。邵博《邵氏闻见后录》卷三〇记载，丘舜元乘船从南方前往中州开封，有一天，是他的生日，他停船靠岸在驿亭住下，家人为他备酒菜祝寿。酒后他昏昏入睡，梦中上岸，经过树林边上一户村舍，这家主人拿出饮食招待他。他一觉醒来，就按照梦中的记忆上岸寻找，沿途的景物真和梦中见到的一样。走到一座村庄边上的一处农舍，这家有个老翁正在撤下桌上的酒席，就像是宾客刚刚离开的情况。丘舜元问老翁是不是刚才来客人了，老翁回答说："我原来有个儿子，是某年的这个日子去世的，今天是他的忌日，我备了一些酒菜祭奠他。"丘舜元听罢，沉默了好大一会儿，他意识到自己的前身就是这位农家老翁的儿子，于是就赠送给老翁丰厚的财物，与他告别后离去。

61. 文天祥的前身是黑龙精

文天祥（1236~1283），字宋瑞，南宋理宗宝祐四年（1256）中进士第一（状元），宋亡后不肯降元，壮烈殉国，是中国历史上著名的民族英雄。传说文天祥的前身是黑龙精。朱国祯《涌幢小品》卷二〇记云：文天祥的家乡吉州泰和县赣江边的黄土潭，传说有神物栖居在其中，每逢天旱，百姓们就向神祷告求雨，有求必应。自文天祥出生后，黄土潭水清沙浅，神物不在这里了；后来文天祥殉国那年，附近的居民梦见神明回归黄土潭中，随从隆盛，临近一看，回归之神正是文天祥。从此以后，黄土潭中的水又恢复原来的深黑色。人们还说，文天祥在家乡居住时，每当暑天最爱在黄土潭中洗澡，他爱下象棋，就和棋友周子善把棋盘放在水面上，两人下棋决胜。别人在水里泡的时间长了受不了，而文天祥却是在水里待的时间越长越快乐，以至于忘记天色早晚，或者就带着酒肉把身体泡在水里吃喝。于是人们认为，文天祥本来就是水里的精怪，他有这些表现也就顺理成章了。

《涌幢小品》记述了黄土潭的传说，但是没有明确说文天祥的前身是黑龙精，后来，此传说又经过后人的进一步演化。清代陈其元《庸闲斋笔记》卷三《曾文正为巨蟒转生》在记述曾国藩的前身是蟒精之后，又记云："宋文信国公传为吉安潭中黑龙降生。信国柴市殉难后，是日，其乡风雨大作，人见黑龙复归于潭。"这里又采用了前人的传说。

62. 杨奂的前身是紫阳宫道士

杨奂,字焕卿(或作焕然),又名知章,金元时乾州奉天(今属陕西乾县)人。学者称之为关西先生。鲜于枢《困学斋杂录》记云:杨奂少年时自悟是紫阳宫道士,于是以紫阳为号。俞樾《茶香室四钞》卷二一《前身为道士》据《困学斋纪闻》予以转录。

63. 贾道士的前身是王秀才

元好问《续夷坚志》卷一《贾道士前身》记述,宣德(今属河北宣化)朝元观有位贾道士,本是曾官为大夫之职的贾某之子,他能自知其前身是潞州义镇人王秀才。金宣宗贞祐年间(约1216),王秀才遭遇兵乱,被蒙古骑兵的一个军官俘虏,他乘骑兵不备逃走,又被骑兵追上,枪尖戳中他的头而死。死后,他的魂灵却没有散失,在左顾右盼之间,他感到有人扶着他往前走,让他遍观地狱中各种悲惨酷毒的刑罚。他忍受不住那些恐怖场景的刺激,就又被人架扶着从地狱出来,经过一座石桥,他看见一个莲花盆中贮放着脏污的血水,感到腥臭之极不可接近,让他喝他不肯喝,两个扶他的人并没有勉强他,只是把他推堕到血水之中。这时,他睁开眼睛,知道自己是托生到这户人家了。出生三天,按常规举行洗儿之礼,满月时乡邻们都来这一家贺喜,这些景象他都看到了,只是还不会说话。六七岁的时候,他已经能够醒悟出前身的一些事情,决心出家。父母不得已答应了他,送他到朝元观做道童。有一天,俘虏他的那个骑兵军官来到这个朝元观,观里的人说起道童前身的事,那个军官大体上还能记得,道童说的一点不差。看他的额角,原来枪尖刺破的地方还留下一个瘢痕,清晰可见。

64. 丹霞寺义方长老的前身是柳小二

元好问《续夷坚志》卷三《方长老前身》记述道,丹霞寺有位义方长老,字志道,尉氏县(今属河南)人,他能记得自己的前身是柳小二,本来也是尉氏人。金国大定初年(1161),柳小二到开封谋生,混入一个乱帮团伙当中。有一天,乱帮团伙商定放火烧大相国寺的正门,然后趁乱抢劫旁边的军需品仓库。参加作乱的共有五十人,分成几拨进行了分工。柳小二和另外一个人被指定负责放火,他先到相国寺大门处观察在哪儿可以下手,忽然心里私下思忖道：这个大门是聚集国家的财力物力才建成的，庞大的木料像山一样，一旦放火烧掉，再不可得。这样的大功业，却由我之手来毁坏它，太可惜了！太可惜了！他一个人正在感叹的时候，就被巡警的士兵擒获，押到州桥那里，被拷打讯问致死。柳小二死后，托生在尉氏县陈家，六七岁的时候就能说自己前生的事。长大后他到原籍访察父母与妻子以及积攒的财物的下落，原来认识他的人凭他所讲述的情况，可以判断这位陈家之子就是柳小二。于是，柳小二的家人出资，让陈氏子在法云寺出家，法名义方，后来成为丹霞寺住持。义方长老圆寂后，法铸和尚接替他为丹霞寺住持，把他的前身后身的情况告诉给了元好问，元好问便写下了这个故事。

65. 临洮民孙氏子的前身是巩州赵三

元好问《续夷坚志》卷三《老赵后身》记述，巩州（今甘肃陇西一带）仇家巷解库的小吏赵九，其父亲赵三于金国大安二年（1210）病逝，转生在临洮（今属甘肃）县城西小街银匠孙家。孙氏子十六岁的时候，托人到巩州寻访到了赵九，述说他前身后身的情况，还呼唤着赵九的名字说"赵九来看"。赵九派人前往迎接，将要出巩州城，赵九的家人得知消息，也都和赵九一起来迎接孙氏少年。赵九混杂在人群当中，对这件事半信半疑，还没有想明白，孙家少年远远望见赵九，就呼喊着他的小名大骂，斥责他为何不来和自己相认。孙家少年看见赵九的妻子，也同样骂她，又指出赵妻的胳膊上有烧伤留下的疤痕，还指出他在某一棵树下面埋的有粮食。于是，赵九及其家人就不得不相信孙氏少年就是父亲赵三的后身。从此以后，赵、孙两家就保持着来往，关系亲密。巩州守将、金国宗室荣禄，副将李好复，巩州节度副使史舜元，都对这件感到非常奇异，亲自查问实情。孙氏少年说，当初赵三死后，被人引领着往前走，来到一座大官府前面，领他的兵卒让他在门前等待，过了好长时间才出来，对他说："你不必见这里的长官，只跟着我走就行了。"兵卒让他骑着一匹骡子，又走几里，到一处河边，看见一个妇女先来到了这里，兵卒指着妇女说："她就是你的母亲。"他正在惊愕不解的时候，兵卒一把他推到河水里，以后的事就不记得了。三岁之后，他才醒悟到自己的前身是赵三。

66. 乌古论德升的后身是庆阳仓使某氏之子

乌古论是金国女真贵族姓氏，其郡望在甘肃陇西；德升是名。元好问《续夷坚志》卷四《德升后身》记述道，乌古论德升是进士出身，金宣宗兴定二年（1218）以参知政事镇守太原，为山西行政军事长官。此年蒙古兵大举入侵，九月六日攻占太原，乌古论德升兵败身亡。这一天，他死后托生为庆阳（今属甘肃）移刺仓使家儿，长到四五岁时，能知道自己的前身是乌古论德升。此儿平时沉默寡言，人们听他这么说感到非常惊奇。德升家里有个大奴仆（奴仆的头目），遇难时从太原逃出，听到人们传说的消息就到仓使家来询问，此儿一看见这个大奴仆就呼唤他的名字，大奴仆激动得放声大哭。但是，关于德升死的情况，两个人的讲述却不太一样。大奴仆说德升是被杀死的，此儿说德升是投井死的。有个名叫游麟之的先生说："实际情况可能是，当时德升闻报说太原城被攻破了，他一心打算要投井死，这个意念很强烈，以至于使他不记得后来被杀的事。"另外还有一个和尚解释说："不然。投井就是投胎啊，此儿说的一点儿不错。"尽管有这一点差异，但是乌古论德升转世为庆阳仓使某氏之子却是当时人们共见的事实。

67. 张辅、徐鹏举的前身是岳飞

张辅（1375~1449），字文弼，明代祥符（今属开封）人。与其父张玉追随明成祖靖难有功，封信安伯，加新城侯，永乐年间以平安南功封英国公，明英宗时死于土木堡之难，追封定兴王，谥忠烈。徐鹏举，生卒年未详，他是明初功臣魏国公徐达的七代孙，袭封魏国公。据传说，张辅、徐鹏举二人都是岳飞在明代转世的后身。

明万历时，朱国祯《涌幢小品》卷二〇《岳武穆》记云：安陆州（今湖北安陆）原来有岳武穆祠，是安陆"十八景"之一。安陆原是嘉靖皇帝的父亲兴献王朱祐杬的封地，嘉靖皇帝驾崩之后，安陆由原来的"州"升级为"承天府"，由于城中营造宫殿，岳武穆祠就被废弃。万历年间，杜正茂在此地任守备之职，他主持在安陆城西重建岳武穆祠。挖土的时候，发现下面有许多石块，把石块取出来可以用于周边地方垒墙。最后得到一块石碑，挖出来洗干净，这碑面光洁，可以照人，离远些望去，能看见碑面上有很多人影，其中一个人影特别魁梧丰满，好像是被其他人簇拥而行似的，过了一天也不

消失。于是人们欢呼，说这是岳飞显灵现形了。到了夜间，石碑跟前派了兵士看守，兵士看见有个高大的武士骑着一匹白马，腾跃而出，缓缓乘云升天，随从有几百人。人们远远望去，天门大开，有一人头戴冠冕身穿衮服像是帝王模样，迎接这位白马将军到天上去了。看守的兵士吓得跪伏在地上，不敢出声。到了天亮，人们看见这碑面上题写一首诗云："北伐随明主，南征拜上公。黄龙已尽醉，长侍大明宫。"过了一会儿，天上响雷，下起大雨，碑上的文字都被冲洗干净了，但是已经有一位文士把这首诗抄录了下来。

《涌幢小品》在这里又记述道，朱国祯在南京做官时，这位抄录了碑上诗句的文士在国子监读书，他把这首诗给朱国祯看了，朱国祯品味这四句诗的内容，悟出人们所看到的这位骑白马升天的将军是英国公张辅。"北伐随明主"，指张辅随明英宗北征蒙古；"南征拜上公"，指张辅南征安南，因功封英国公；"黄龙已尽醉"，指张玉、张辅父子都已经升天成仙；"长侍大明宫"，指张辅自谓英魂长在，永远护佑明朝社稷。朱国祯又云："大约明神再生，必有奇迹，终以兵解，故英国卒终于土木。"这是说岳飞的转世一定有神异的奇迹重现，武将的后身也必然建功于军事，英国公张辅最后在土木堡死难也和岳飞一样以尽忠报国告终。当时还有人说，英国公张辅面色白皙、身体肥胖，与魏国公徐鹏举的形象相似。而徐鹏举出生时，其父曾梦见岳飞到家中，说"当受汝家供养"。据此，徐鹏举也是岳飞转世的，其父亲就以岳飞的字"鹏举"作为儿子的名字。总之，朱国祯说："则武穆在我朝，殆再转世矣。"

68. 胡濙的前身是天池僧

胡濙（1375~1463），字源洁，号洁庵，江苏武进（今属常州市）人。建文二年（1400）进士，历官至礼部尚书，加少傅兼太子太傅，卒谥忠安。传说胡濙的前身是天池僧。李贤《胡公濙神道碑铭》记云：胡濙的母亲李氏梦见一个僧人拿着花送给她，醒来后生下儿子。胡濙初出生时头发全白，过了一个月才变黑。他刚出生才几天，有一个和尚到家，请求看一看婴儿，婴儿看见这个和尚就笑，和尚云："此吾师天池生后身也，命我求见，以笑为志。"人们都非常惊异。（见《国朝献征录》卷三三）

都穆《都公谈纂》卷上记胡濙出生之异，与李贤《神道碑铭》所记大体相同，其末又云："后李翰林宾之、郡人邵文敬挽公诗，皆有'前身是禅'之语，盖纪实也。天池山在吴郡西四十里。"李宾之、邵文敬所写对于胡公的挽诗，全诗今未见，从"前身是禅"之语可知，胡濙为僧人转世的故事在当时广为人知。天池山在苏州城西四十里处，大致在太湖附近，僧人所在寺院的名称及具体位置今未详。后来，郎瑛《七修类稿》卷四八《僧转世》列举多个事例，其中云："至本朝胡濙乃天池僧后身（见《墓志》），皆事迹明白，或自言，或同时之人之言，谅不诬也。"可知郎瑛相信这个传说。

69. 周洪谟的前身是丁鹤年

周洪谟（1420~1491）字尧弼，号箐斋，又号南皋子，长宁（今属四川）人。明英宗正统十年（1445）进士，累官至礼部尚书，卒谥文安。传说其前身是元末明初的丁鹤年。郎瑛《七修类稿》续稿卷七记云：周洪谟进京赴试时，乘船经过扬州，泊舟于邗江边，夜里忽然见到一个人对他说："我就是你的前身，你这次进京赴考，前程一定远大。"周洪谟问他："你是谁啊？怎么这样说呢？"那人回答说："我就是号为友鹤山人的丁某。"说完就不见了，事情的发生就像是梦境一样。周洪谟后来在南京做官，写信给当时任扬州知府的王恕，告诉自己做梦见到丁某的事，询问此人情况。王恕（1416~1508）字宗贯，陕西三原人，正统十三年（1448）进士，周洪谟与他是好友。王恕见信后非常惊讶，就询问扬州有关文士，有人说："果真有这么个人，他是明朝初年人，建文朝时曾是蜀王（朱椿）府教授，他的形象同周先生梦中见到的那人模样大致相同。"于是，周洪谟非常感慨，后来他写了一首诗记述此事云："生死轮回事杳冥，前身幻出鹤仙灵。当年一觉扬州梦，华表归来又姓丁。"

丁鹤年（1335~1424），回族人，元末其父在武昌做官，于是又为武昌人。入明朝后，其生母已死于战乱，丁鹤年寻找母亲遗骨安葬，历尽辛苦，被世人称为"丁孝子"。他好学能诗，著作有《鹤年诗集》。永乐二十二年（1424）卒，享年90岁。《列朝诗集小传》甲前集《丁高士鹤年》记其生平，《明史》有传。关于丁鹤年为周洪谟前身的说法，又见于《尧山堂外纪》及《玉堂丛语》等书。清代梁绍壬《两般秋雨庵随笔》卷六《丁鹤年》亦记此事，又议论云："夫从来前身之说，或由自悟，或由人指点，未有以己告己者，岂佛家所谓'身外身'耶？"这里所谓"以己告己"，是指前身的丁鹤年托梦直接告诉后身周洪谟，是前身后身关系的一种特殊的情形。

70. 王守仁的前身是入定僧

王守仁（1472~1528），字伯安，即世人所熟知的王阳明，明代思想家，学者。弘治十二年（1499）进士，曾官右佥都御史，巡抚南赣，讨平宸濠叛乱；嘉靖时封新建伯，卒谥文成。传说王阳明的前身是一位僧人。褚人获《坚瓠集》甲集卷三《阳明前身》记云：王阳明曾到一座寺院游览，见寺里有一处房屋封锁非常严密，想打开进去看看，寺里僧人说："不可以打开，这座房屋原来有位师父在里面入定，已经封闭五十年了。"王阳明坚持让打开，进去察看，里面有一座神龛，龛中有一僧人端坐，其表情就像是活着一样，其相貌和自己非常相似。王阳明说："他就是我的前身吧？"又察看室内，见墙上题写一首诗云："五十年前王守仁，开门即是闭门人。精灵剥后还归复，始信神门不坏身。"诗是第三句中，"剥"和"复"都是《易经》中的卦名，"剥"卦象征剥落，指前身的死，"复"卦象征复归，指后身的生。王阳明感慨怅然，就嘱咐寺里僧人为这位五十年前入定的僧人建座塔，把他安葬在塔里。

71. 王济的前身是修桥僧

王济（？~1540），字伯雨，号雨舟，又号紫髯仙客、白铁道人，浙江湖州（今嘉兴）人。原为诸生，以捐资入太学，后来曾官广西横州通判。董谷《碧里杂存》卷下记述道，王济的父亲王翁原来住在湖州乌镇，家为巨富而性情吝啬，还没有儿子。其家临近河边的地方，原有一座桥，已经破败不堪而废弃了。某日，有位老僧来到王家，请王翁出资重新修建这座桥。王翁不赞成，对这位老僧怒斥多次，老僧仍然坚定地向他请求。王翁说："你到镇上去募捐，我愿意做牵头人，多出些钱。"老僧不同意，一定要王翁独力承担。王翁不得已，就答应了他，总计花费一百两银子，把桥建成了。又在桥旁边建成一座亭子，让老僧住在里面。老僧的修行非常清苦，经常不断地与王翁往来，有说有笑，相处非常友好。在这里住了将近十年。这时，王翁的一个小妾怀孕了，足月快要临产。一天夜晚，王翁在睡梦中看见老僧脚步踉跄地来到王家，一直进到小妾住的内室去了，王翁非常生气，就追到里面。忽然他从梦中醒来。听见内室传来婴儿的啼哭声，原来是小妾生了个儿子，全家都非常高兴。天亮后，得到外面传报说，老僧在夜里已经在亭中坐化。王翁大惊,忽然明白儿子是老僧来家里托生的,于是就给儿子取名叫王济,意思是从修建这座桥供人过河引起的。王济长大颇有作为,官为横州别驾,名闻乡里,这是其父资助老僧修桥而得到的善报。

72. 毕济时的前身是宋代邢魁

毕济时,明代治河功臣,广信府贵溪县(今属江西)人。传说其前身是宋代治河功臣邢魁。朱国祯《涌幢小品》卷六《建桥改堤》记云:济宁州的济水上原来没有桥,成化年间,毕济时的父亲毕瑜官为工部侍郎,主持在这里的济水上建一座桥,题额曰"济川"。此桥落成的那一天,他的长子出生,就给儿子取名为"济川"。毕济川,字汝舟,弘治十五年(1502)中进士,曾官翰林院编修,后来有所作为。毕瑜也曾主持修筑运河河堤,竣工那天,毕瑜在夜里做梦梦见一个人来见他,自称是宋代邢魁,说:"你修的河堤紧贴着我住的房子,让我怎么出门走路啊?"第二天,毕瑜急忙寻找河堤附近的石碑,上面丹书宛然,记载明确,邢魁原是宋代曾经主持修筑运河河堤的工部郎中,他的坟墓就在运河边上,毕瑜重修的河堤逼近邢魁的墓。于是,毕瑜下令改筑河堤,绕开坟墓一段距离,又亲自作祭文祭祀邢魁。一年后的某夜间,毕瑜梦见一位穿红衣、戴绛色头巾的人,自称是宋代邢魁,说:"我愿意给您当儿子来报答您。"第二天早上,毕瑜的次子出生,就给儿子取名为毕济时。毕济时长大读书中举,又于正德六年辛未(1511)进士及第,后来官至工部侍郎,在治河方面做出卓越贡献。毕瑜父子两代治河有功,又都是远继宋代邢魁的功业,传说毕济时是邢魁后身正是基于这样的缘分。再后来,毕济时的儿子毕三才于万历十七年己丑(1589)进士及第,官御史少卿,朱国祯正是与毕三才同榜进士,所以他对于毕氏几代人的事迹有较详细的了解。

明代焦竑《重修济宁州济川坊记》(《澹园集》卷二二),记述了邢魁托梦、毕瑜祭祀邢魁、毕济时长大继其父为治河臣等事。此文曾刻碑立石于运河旁边,《济宁州志》有记述。清代后期,陈其元《庸闲斋笔记》卷四《古人转世》一节,在记述了史可法的前身为文天祥、张英的前身为晋代王敦之后,又引述了焦竑的《重修济宁州济川坊记》文中的内容。(参见本编第81节《史可法的前身为文天祥》、第92节《张英的前身为晋代王敦》)

73. 杨继盛的前身是杨二郎

杨继盛（1516~1555），字椒山，山东容城人。嘉靖二十六年（1537）进士，历官兵部员外郎、兵部武选司主事，受严嵩迫害致死。隆庆初年追谥忠愍。传说杨继盛的前身是神话人物杨二郎。《尧山堂外纪》卷九八《杨继盛》记云：杨继盛的父母不和睦，分离十年，某日其父从外地归来，天黑时赶不到家，就停宿在二郎神庙中，夜里梦见二郎神呼唤他，说："老爹你快回家吧，我娘等候你很久了。"其父亲回到家里，与母和好，第二年生下儿子，孩子的形貌和梦中所见二郎神非常相像，就取乳名叫"二郎"，大名叫杨继盛。这个传说就被世人信从，《坚瓠集》续集卷四《前身》就说"杨忠愍继盛是二郎神托生"。

74. 孙继皋的前身是唐皋

孙继皋（1550~1610），字以德，号柏潭，江苏无锡人。万历二年（1574）中进士第一（状元），历官至礼部、吏部侍郎。唐皋，字守之，号心庵，安徽歙县人。正德九年（1514）中进士第一（状元），仕途未能有大作为。褚人获《坚瓠集》续集卷四《前身》记云"万历甲戌状元孙继皋是正德甲戌状元唐皋后身"，本是根据明代的传说。王世贞《列朝盛事》记云：明景泰五年甲戌（1454）状元是孙贤，正德九年甲戌（1514）状元是唐皋，万历二年甲戌（1574）状元是孙继皋，这三个连续的甲戌年的三个状元，孙继皋正是兼有孙贤之姓和唐皋之名，并且中间加了一个"继"字，真是奇妙的巧合。孙继皋的姓名肯定不是有明确意识的命名，而且他不会预料到自己像前朝的孙贤和唐皋一样能中状元，更不可能预料到他赴试中状元的年份同前面两位一样也都是甲戌年。然而，巧合却神奇地发生了，于是就引起后人的联想。对于巧合无法用常理解释，就只能归之为天意，说孙继皋是唐皋后身正是天命论与轮回说相结合的一种解释。

75. 冯琦的前身是韩琦

冯琦（1558~1603），字用韫，又字琢庵，山东临朐人。万历五年（1577）进士，累官至礼部尚书，卒谥文敏。明袁了凡《了凡四训》第三篇《积善之方》记云：冯琦的父亲冯子履是县学生员，为人多行善事。有一年的隆冬季节，冯子履早晨往学校去，路上遇见一个人倒在雪地里，用手摸了摸，那人快要冻僵了，就解下自己的绵大衣给他穿上，又扶他回到自己家里，把他救活。夜里，冯子履梦见有神来对他说："你救人一命，完全是出于诚心，我派韩琦给你当儿子。"不久生下儿子，就命名为冯琦。韩琦（1008～1075），字稚圭，北宋相州安阳（今河南安阳）人，宋仁宗天圣五年（1027）进士，历官至同中书门下平章事，封魏国公，卒谥忠献。据此故事，冯琦成为韩琦的后身，是其父亲冯子履行善事得到的善报。

76. 舒弘志的前身与转世再生

舒弘志（1568～1595）字心矩，号孺立（或谓其字孺立，号心矩），全州（今属广西）人。万历十四年（1586）十九岁时中进士第三（探花），曾官翰林院编修，万历二十三年（1595）不幸病逝。舒弘志的父亲舒应龙（？～1615），字时见，号中阳，嘉靖四十一年（1562）进士，历官至南京工部尚书，改南京兵部尚书，万历时曾总督治理河道，他为爱子的早逝而甚感悲痛。传说舒弘志死后又转世再生，其后身为谁皆言之凿凿，但是相传不一。今见清初汪森《粤西丛载》卷七《舒太史三生闻见》一节，根据有关文献的记述就有几种说法。

据《西事珥》记述，万历四十年壬子（1612），有个名叫弘慈的学生参加县学考试，主持考试的先生问他的名姓，他说自己是翰林院编修舒太史弘志的再世后身。原来，万历二十三年乙未（1595）舒弘志卒于山东，当时其父舒应龙督理河工，驻地在山东某地，因事务繁忙，竟然没有亲自为儿子办理丧事。第二年，即万历二十四年丙申（1596），山东某偏远地区一户土著居民某氏，其妻怀孕足月将要分娩，前一天夜里，其妻梦见有贵官乘豪车、撑黄伞，由许多随从簇拥，引导到他们家，说是借住几天就离去。睡醒后天亮时生下儿子，只见婴儿右臂上有青色细纹，好像是墨迹书写的字，非常清晰。某氏是个愚昧的不识字的农民，就抱着孩子去让村长看，村长能够辨认出来是"尚书舒应龙之子"七个汉字，并说"舒应龙"就是省里的一位贵官。于是就把此事报告给州长，州长知道舒应龙的儿子舒弘志上一年去世的事，就立即骑马去见舒应龙，告知此事。舒应龙派人查验，情况属实，就通过官府有司公证，把孩子抱来舒家，雇乳母抚养，看作是自己的孙子。这个孩子后来又有许多奇异的事，兹不赘述。也有人传说舒弘志的前身是湘山寺寂照禅师，舒弘志少年时就寡于言笑，少嗜无欲，虽中探花却是宦情淡薄，如果前身不是佛门中人就不会有这样的表现，从前身到再生，可谓来去分明。

又据刘献刍《谈林》记述，舒弘志去世那年，山东有一户军人之家生了一个婴儿，其肚皮上有红色的肉字，能辨识出来是"舒弘志"三字。本府知府某公闻知此事，派人骑快马报告给舒应龙，舒应龙正为子嗣断绝而忧虑，就把某军户家的这个婴儿买过来，交给儿媳妇探花夫人抚养，作为自己的孙子。从此，孩子肚子上的肉字渐渐消退。孩子长到十九岁时，还不吃荤菜，也不懂得男女性爱之事。有人说，舒弘志的前生本来是佛门中人，他虽然探花及第，但是入官场时间不长就去世了，这是与世俗无缘，早归西方净土。从舒弘志的前身到再转世，都显示出佛门的根性，这是对于其短暂人生的一种解释，倒也能自圆其说。

77. 虞淳熙的前身是土地神

虞淳熙（？～1621），字德园，明代钱塘（今浙江绍兴）人。万历十一年（1583）进士，曾官兵部主事，至吏部稽勋司郎中。沈德符《敝帚轩剩语》卷上《记前生》记述道，虞淳熙曾亲自对沈德符说，他的前身是张秋（今属山东阳谷）附近河边一处土地庙中的土地神。这里人烟稀少，香火萧条，这位土地老爷感到颇为无聊，有一天他独自散步到河闸堤上，看见这里的渡口小吏们匆忙奔走，冠盖如云，原来是一位吏部侍郎大人经过这里。于是，土地神对侍郎大人的威风与荣耀非常羡慕，不久他就去晋见上帝，请求给个官职，上帝对他大加斥责，说："你很快就要升任地府的重要官职了，现在为何羡慕他这个人世间的热官呢？"于是就满足土地神的要求，让他托生到尘世间做官。虞淳熙中进士后又升官到吏部任稽勋司郎中，就是应验了他的前身土地神的愿望。

沈德符听虞淳熙讲述这件事，颇为感慨，他议论说：如果虞淳熙讲述的梦境是可信的，那么，这并不是一个良好的预兆。从土地神改官为人间的吏部郎中，究竟是升官了呢？还是被贬官了呢？恐怕难以判断。前生土地神的愿望既然已经实现，恐怕虞淳熙的官运就已经到头了。后来的事实正是如此，虞淳熙的官职再也没有升迁，不久因病致仕归家，终老于林壑之间，这正是他原来梦中预示的结果。

78. 曹学佺的前身是老儒师

明末曹学佺（1574～1646）字能始，号石仓，又号泽雁，福建侯官（今属福州市）人。万历二十三年（1595）进士，南明唐王时官至礼部尚书，明朝灭亡，他入山投缳自尽殉国。传说曹学佺的前身是一位老儒师，而且曹学佺本人对其前身依稀还有所记忆。清代袁枚《子不语》卷一三记述他的故事说：曹学佺中进士后，曾因事经过浙江的仙霞岭，看到这里的水光山色，恍惚之间就像是自己前世曾经游历过似的。天晚时投宿于某旅店，听见邻家有妇女的哭声，非常悲痛。曹学佺问店家是怎么回事，店家说，那是一个老婆婆，为她的已经去世三十周年的丈夫做祭奠。又问店家，得知老妇的丈夫去世的时间是某年某月某日，曹学佺顿时想到，那一天正是自己出生的日子。于是，曹学佺就走到邻家去，看到他们家的房舍、道路，和他自己记忆中曾经住过的地方一点不差。这一家人都围拢过来看，非常惊奇，曹学佺凄然伤心，忍不住流泪哭泣，又对其家人说："我还记得，在某间书房里，有竹树盆景数十株，方向都朝南；还有一篇文稿没有写完，不知还在不在那里。"其家人说："自从老人家去世之后，恐怕夫人见到那间书房的景象而伤心，到现在都一直锁在那里。"曹学佺让打开看看，里面的物件上积存的尘土有一寸厚，遗留的文稿和书籍，乱七八糟放在那里，大抵都是原来的样子。只是他的妻子现在已经是满头白发，记不起原来的模样了。曹学佺感慨万端，当即表示把自己的家产捐出来一半，供养老妻安度余年。

关于曹学佺前身的故事，既然出自袁枚的《子不语》，就只能作小说看待，不可信以为真。与这个故事相似的，还有清初沙张白的《再来诗谶记》（见张潮编《虞初新志》卷九）。沙张白（1626～1691），字介臣，又字介人，号定峰，江苏江阴人。《再来诗谶记》所写故事大略是：明朝弘治年间，福建侯官县有一位老儒，屡试不第，生一子，务农，贫困不堪。老儒七十岁时郁郁而死，死前嘱咐老妻收好自己的文稿。嘉靖年间，江南某公年轻登第，几年后奉命到福建任考官，初到时住在一条船上，半夜月色明朗，他带一小童上岸散步。走到一处村舍，听见有妇女哭声，循踪察看，见一处茅屋中，一位八十岁老妪在祭奠亡夫。询问得知，其亡夫是侯官县的一名老儒，平生苦学，却一直不能考中，郁闷而死，留下许多诗文手稿，俱存在家中。某公翻阅老儒遗著，最后见到一首绝笔诗云："拙守穷庐七十春，重来不复老儒身。

烦君尽展平生志，还向遗编悟夙因。"某公又察看房中的用具物品，恍惚记起这些都是自己使用过的，于是悟出老儒就是自己的前身。某公对老妪说明自己的感觉，又见到老儒的儿子，认可了前身与后身的关系。某公还亲自祭奠老儒之墓，厚赠给其家财物，后来又为老儒之子置办田产，馈赠其亲戚邻里。再后来老儒之子生子女各五个，五子皆读书登第，家族富贵绵延不绝。

沙张白生活的时代早于袁枚，因此可以判定，《再来诗谶记》所写故事在前，《子不语》所写故事或是再次改编，并且把老儒附会为曹学佺。从故事的演变过程来看，所谓前身后身的传说在明清之际颇受文人关注。

79. 陈大绶的前身是左锚

陈大绶，是明代后期江西浮梁（今属景德镇）人，万历二十三年（1595）进士，曾官安徽泾县知县。而泾县人左锚，号东井，是嘉靖十一年（1532）进士，曾官尚宝卿。清代胡承谱《续只麈谭》卷下《东井在世》一节记述道，陈大绶官泾县县令时，每当春秋或腊日祭神时，他在祭祀之后身体困倦，躺下小憩，就会做一个梦，梦中到一处地方，坐在堂上的正位，面前摆放着许多食品，他就大吃一顿，吃的时候旁边一位老婆婆哭得非常哀痛。醒来之后，他还能感到口里残留着饭菜的余味，于是觉得非常奇怪。后来，有一天他因公事到本县的湖冲，这就是本县先贤左锚的家乡，其故居还在。陈大绶就顺便进到故居屋内，厅堂的摆设与自己梦中坐下用餐的地方一致，于是非常惊异，就以子侄晚辈之礼请左锚的遗孀唐夫人出来相见，对她下拜，这唐夫人正是自己梦中所见那个悲哀痛哭的老婆婆。陈大绶忽然明白，自己就是东井公左锚的再世后身。于是，陈大绶对唐夫人倍加礼敬，在他的任期之内对唐夫人用心照顾，每年四季的馈送不断。而且还把左锚的文稿加以整理，并出资刊刻。

陈大绶的故事与前述《子不语》所记曹学佺故事及《再来诗谶记》所记某公故事颇为相似。胡承谱生活的时代晚于沙张白和袁枚，他的记述或即是据前人故事再加以附会，今天仍然应当把它作小说家言看待。

80. 来复的前身是僧人来复

来复，字阳伯，号星海，明末陕西三原人。其父即来俨然，字望之，万历二十三年（1595）进士，官至兵部主事，人称他少参公。来复自幼聪明好学，于万历三十五年（1607）进士及第，后来官至江西布政使。其为人极其聪明，工诗文书画，兼工琴棋剑器百工艺术等。传说来俨然之子来复的前身是本乡一位行脚僧，也名叫来复。明李中馥《原李耳载》记述道：这位僧人来复不识字，只会熟读《观音经》和《心经》，得自师父口授，其他的学问一概不知。他在家乡附近沙河上修桥，不惮劳苦，也不要人帮助，人们称他"佛和尚"；他吃的是粗食淡饭，却非常勤劳，人们称他"拙和尚"；他不出门应付外面的事务，人们又称他"懒和尚"。来复的父亲少参公却看重这个和尚，称他是"有行和尚"。这和尚无求于人，少参公经常供给他衣食费用，还有时到寺院听这和尚诵读《观音经》和《心经》。有一天，少参公在家中厅堂中坐着处理事务，忽然看见这和尚从外面进来，就起身相迎，和尚竟然不理他，直接向后边的内室走去。少参公正在疑惑，不一会儿听见里面的人报告说，夫人生了个男孩。少参公急忙让人去访查这和尚，寺里人说，刚才这和尚已经坐化了。于是，少参公心里明白，他的儿子就是这和尚托生来家的，就给儿子命名也叫来复。和尚来复受少参公的恩惠，就托生在他家，这既是一种报答方式，也是前生来复的一个很好的归宿。

明代还有一个来复，是明初时的和尚，字见心。原是江西丰城王氏子，少年出家，晓内典，通儒学，善作诗文。明初以高僧召至京师，与宗泐齐名，坐胡惟庸案被诛。著有《蒲庵集》。其事迹见《续高僧传》卷二五。这个来复与三原僧人来复以及来俨然之子来复有没有关系，未见资料记载。

81. 史可法的前身是文天祥

史可法（1601～1645），字宪之，号道邻，河南祥符（今属开封）人。崇祯元年（1628）进士，官至南京兵部尚书。清兵南下时督师扬州，兵败被俘，不屈被杀。传说史可法的前身是文天祥。《明史·史可法传》记云，史可法的母亲梦见文天祥而生子，即是采录传说。梁章钜《楹联三话》卷上记扬州史可法祠，有严保庸题写的一副对联"生有自来文信国，死而后已武乡侯"，评论说"自是天造地设语"。这是把史可法和文天祥（封信国公）和诸葛亮（封武乡侯）相比，"生有自来"即指史可法的前身是文天祥。

又见清末张洵佳有《史阁部降生》诗云："昔者史公母，梦遇文天祥。忠魂三百年，翩然下帝乡。苍苍果何意，降祥实降殃。生灵开杀运，忠孝酿劫场。岂为忠孝者，作事忤彼苍。故使转轮回，百难一身当。柴市犹归骨，扬州骨并亡。实祸亦云酷，虚名乌足偿。降生太无谓，谁作阎罗王？"（见《爱吾庐诗钞》）诗中赞颂史可法的民族精神，并发表了自己的议论。张洵佳，字少泉，又字端正，同治十二年癸酉（1873）优贡，曾官河南上蔡、宁陵等县知县，升直隶州知州。诗中首句提及史可法母亲感梦，及"故使转轮回"之句，即是采用了史可法的前身是文天祥的传说。

82. 王铎的前身是蔡襄

王铎（1592～1652），字觉斯，号痴庵，又号嵩樵，河南孟津人。明天启二年（1622）进士，崇祯时官至礼部尚书，南明弘光朝为内阁大学士，投降清朝后被任用为礼部尚书管弘文院学士，卒谥文安。明清之际著名书法家、文学家。王铎认为自己是宋代书法家蔡襄后身。褚人获《坚瓠集》广集卷二《王觉斯前因》记述道，顺治八年（1651）春，王铎在一次同僚为他饯行的宴会上对文友们说："吾五百年前身为宋蔡忠惠公（襄），与欧阳文忠公（修）最契，颇以文章自砺。止以生前得罪英宗，死后冥司罚为饿鬼道中五百年……入明朝二百余年，始降生河南王氏。"据此，由于王铎的前身死后被罚入饿鬼道，所以人们传说，王铎这一世的饭量就特别异于常人。

83. 张隽的前身是杨慎

张隽（？～1663），字非仲，号文通，又号西庐，江苏吴江人。明末时为诸生。清初庄廷鑨私修《明史》，张隽被聘用为撰稿人之一。后来，"明史案"成为文字狱大案要案，张隽受牵连被逮捕处死。传说他的前身是明代嘉靖时的状元杨慎。俞樾《茶香室续钞》卷四《杨慎后身》一节，引录陈寅清《榴龛随笔》记载说，张隽膝盖地方有淡墨痕"成都杨慎"四字。于是俞樾认为，张隽"著有《西庐诗草》，岂升庵后身邪？"升庵即杨慎之号。

平步青《霞外捃屑》卷一《庄史狱》一节，记庄廷鑨"明史案"受牵连而被治罪处死的人员名单中有张隽。并说，张隽，字非仲，一名僧愿，一字文通，获罪时已七十多岁。据此，张隽当出生于明万历中期。这里又记云：汪曰桢《南浔镇志》收录《和释净孝枯木吟》诗，作者之一有张净愿，字梦誓，名与字皆经剜改过，此人即是张隽。又说张隽不是被杀，而是"投水死"。

84. 金圣叹的前身是慈月宫陈夫人

金圣叹（1608～1661），原名金人瑞，字若采，或谓其名原为采，号圣叹，江苏吴县（今属苏州市）人，明末清初文学家，著名的小说戏曲评论家。顺治十八年（1661）陷"哭庙案"被处死。据传说，金圣叹的前身是所谓慈月宫陈夫人。钱谦益《牧斋初学集》卷四三有《天台泐法师灵异记》一文，记云："天台泐法师者何？慈月宫陈夫人也。夫人而泐师者何？夫人陈氏之女，殁堕鬼神道，不昧宿因，以台事示现，而冯（凭）于乩以告也。"据此文，所谓陈夫人，原来出生在吴县饮马里，父亲姓陈，泰昌元年（1620）腊月（当即1621年1月），陈女十七岁，跟随母亲前往横塘桥进香，看见殿上有一位身穿紫色官服头戴纱帽的神灵手持如意招引她，回家就病了，不久去世，死后为神，归位于天台山，地名为上方，爵位为永宁侯，住慈月宫，她用降乩的方式显示乩语，预示祸福。这里又记述道："以天启丁卯五月，降于金氏之乩，今九年矣……乩所冯（凭）者金生采，相与信受奉行者戴生、顾生、魏生，皆于台有宿因者也。"所谓天启丁卯，即天启七年（1627），金氏即金圣叹家，九年后即钱谦益作此文之时（即崇祯九年，1636）。此文中还写道：当时有人问钱谦益，所谓慈月宫陈夫人之事，你相信吗？钱谦益明确表示说，他是相信的，并且讲述了一大套理由。正是由于钱谦益的记述及影响，金圣叹的前身是陈夫人的说法就流传开来。王应奎《柳南随笔》卷三记云："某宗伯《天台泐法师灵异记》，所谓'慈月宫陈夫人，以天启丁卯五月，降于金氏之卟者'，即圣叹也。"这里就坐实了钱谦益的说法，从而产生了更大的影响。

尤侗《艮斋杂说》卷五记金圣叹云："牧斋为《泐子灵异记》，盖亦以异人目之矣。"这里即是依据钱谦益的《天台泐法师灵异记》。

85. 史大成的前身是老僧大成

史大成（1621～1682），字及超，号立庵，浙江鄞县（今属宁波市）人，顺治十二年（1655）中进士第一（状元），康熙时官至礼部左侍郎。传说他的前身是一位名叫大成的老僧。尤侗《艮斋杂说》卷五记云：鄞县史及超的父亲为人乐善好施，和一位名叫"大成"的老僧来往密切。后来，其妻怀孕，临产的时候，看见大成和尚拿着一个钵盂进入自家内室，跟踪走过去察看，却又没有看见人。又到寺中去询问，方知大成和尚已经坐化。史父心知儿子是和尚转世，就给儿子取名叫"大成"。后来，史大成科举及第进入仕途，一生都持斋念佛。尤侗和他相识。

86. 蒋超的前身是峨眉山伏虎寺僧

蒋超（1625～1673），字虎臣，自号华阳山人，江苏金坛（今属常州市）人。据传说，蒋超的前身是峨眉山伏虎寺和尚。王士禛《池北偶谈》卷八《谈献四·蒋虎臣》记云：蒋超的祖母曾梦见峨眉山的老僧来家中，于是认定蒋超是此僧人转世。蒋超年幼时就爱寂静，不吃荤，像出家人似的。几岁的时候，有一天夜里他梦见自己是一个老和尚，住在一间茅屋里，屋后有山泉环绕；他把脚伸到泉水里冲洗，上面有高山耸入云天。又多次梦见有古佛进入他的茅屋，和他谈禅。他十五岁时，有两个道士到他住的地方，说他的两位师父在峨眉山，都二百多岁了，担心他会堕落凡尘，谈了好久才离云。顺治四年（1647），蒋超二十三岁时以一甲第三人进士及第（探花），入翰林院，又从编修到修撰，但是，到成为史官为止他就不再上进，此后的二十多年他大都住在山里，并周游名山大川，遍游五岳及黄山、九华山、庐山、天台山、武当山，所到之处，不避毒蛇猛虎。后来干脆辞掉史馆官职，去到峨眉山，于康熙十二年（1673）正月卒于峨眉山伏虎寺，年仅49岁，临死之前有诗云："偶向镬汤求避热，那从大海去翻身？功名傀儡场中物，妻子骷髅队里人。"蒋超还对人说，他是三国时蜀汉丞相蒋琬的后裔，在四川主持修《四川通志》时以此身份求见四川的巡抚、道员、藩王等各大长官，行为多放荡不羁。

据《池北偶谈》所记，蒋超虽然颇有才华，却是为人浮躁，所谓前身是峨眉山伏虎寺僧的说法，很可能是他本人虚构的耸人听闻之词。

87. 王泽弘的前身是僧

清初人王泽弘（1626～1708），字涓来，号昊庐，湖北黄冈人。顺治十二年（1655）进士，后来累官至礼部尚书。传说他的前身是某寺院中僧人莲花长老。袁枚《子不语》卷二二《王昊庐宗伯是莲花长老》记载说：王泽弘还没有登第时，某年从家乡黄冈前往京城应试，路过庐山，借宿在莲花宫内。因为第二天一早就要起来赶路，未到天黑他就睡下了。当天夜里他做了一个梦,梦见他坐在寺中的大殿上,面前摆放着许多上供的斋果,供桌前面有一百来个和尚,围绕着他诵经念佛。他看见面前有一盘红枣,就吃了几个,随之就醒了。醒来后觉得嘴里还残留有枣子的甜味。正在惊讶的时候,忽然看见住房外面灯火辉煌,陈设着筵席,许多和尚围拢膜拜,就像是他在梦中看到的一样。他打开门问一个僧人,僧人告诉他,这一天原来是寺中已经去世的一位长老月上人的忌日,本寺的众僧正在为他举办追思法会,眼前正是祭祀的场面。王泽弘看见他面前堆放着的那一盘红枣,顶尖的地方稍有缺损,好像是少了二三枚的样子,那正是他在梦中吃掉的。这时,王泽弘忽然意识到,自己原来就是这位已经去世的长老的后身。自此以后,王泽弘终身信奉佛教,非常虔诚。

王泽弘的父亲"用余公"(其名未详,其字或号为用余),明末崇祯朝官为翰林,明朝亡国时在庐山殉国身亡。王泽弘为纪念父亲,就以"昊庐"作为自己的号,取《诗经·小雅·蓼莪》中"昊天罔极"之义。王泽弘所著《鹤岭山人诗集》有诗云:"闭户京华似老僧,近来事事学无能。残棋尽敛谁成败,旧史常抛忘废兴。"其中第二句"似老僧"之语,就有暗指他前身为僧的意思。(见《清诗纪事初编》卷八)

88. 王士禛的前身是高丽国王

王士禛(1634~1711),字贻上,号阮亭,又号渔洋山人,顺治十二年(1655)进士,官至刑部尚书,谥文简。清代著名文学家。传说王士禛的前身是高丽国王。陈康祺《郎潜纪闻二笔》卷三《王渔洋前身为高丽国王》一节,根据《稗勺》转述的高南阜之语云:王士禛出生那天,有个人因事停留在村旁的一座破庙中,他看见路上有乐队奏乐,仪仗与警卫排列甚为隆盛。此人询问后面的一位随从,随从告诉他,这是高丽国王前往降生于新城王家。此人与王士禛的父亲王与敕熟识,就赶忙前往城里访察,得知王家刚刚有个男孩呱呱坠地。高南阜即高凤翰(1683~1749),字西园,晚号南阜山人,自称老阜,山东胶州人。他擅长绘画与篆刻,因患病而右手有残疾,就用左手作画刻印,其作品受到王士禛赏识,因而两人关系密切。由此知高凤翰的话或许是事出有因。

陈康祺在记述了关于王士禛的传说之后,又列举了张英为王敦后身,裘文达(曰修)前身为水神,以及纪昀、曾国藩前身为精灵的传闻,之后议论说:"风节文章如文简,固应生有自来。"文简即王士禛,其意思是说,像王士禛这样人品高尚、文章卓异的人物,原本是应当有非同寻常的来历。

89. 邵士梅的前身与后身

邵士梅,生卒年未详,山东济宁人,清初顺治、康熙时在世,顺治十六年(1659)进士,曾官教谕、县令。他能自知其前身,也能自知其后身,还能知道其妻的后身,并寻找到其妻的后身结为再世姻缘。邵士梅三世姻缘的故事在清初流传颇广,多位文人的著作中都有记述。

王士禛《池北偶谈》卷二〇《谈异一·记前生》记云:"同年济宁邵峄辉(士梅),自记前生为宁海州人,纤细不爽。后以己亥登进士,为登州教官,亲至所居里,访其子,得之,为谋生事,且教之读书,为诸生。又自知官止县令,及迁吴江知县,遂辞疾归。又其妻早卒,邵知其再生馆陶某氏,俟其髻而聘之,复为夫妇。"

这里所记,是邵士梅故事的基本材料,其他文士著作中的邵士梅故事,大抵是由此引发。王士禛自谓与邵为"同年",实际上王士禛是顺治十二年(1655)进士,和邵士梅并非同科;但是两人同是山东人,肯定是熟识的。因此,王士禛记述的邵士梅的基本事实,应该是最可靠的。而且,王士禛又记云:"河南张给事(文光)能记三生事,李御史(嵩阳)、乐安李贡士(焕章),皆能记前生事。此耳目睹记之尤著者。"这三个人的生平未详,他们的情况与邵士梅的情况有所相似,这里一并提出作为佐证。

蒲松龄《聊斋志异》卷八《邵士梅》,写邵士梅的前身名叫高东海,因为一桩刑事案件被捕,死在狱中,其死之日,即是邵士梅的生辰。后来邵士梅寻找到这个村庄,对高东海的妻子和儿子予以抚恤照顾。《聊斋志异》是小说,所述邵士梅的故事,肯定是增加了小说的虚构与渲染。

张潮《虞初新志》卷一二收有陆鸣珂《邵士梅传》,写邵士梅的前生名高小槐,高家庄人,原为里正。高小槐病危时,梦见二青衣引导至邵家,托生为邵士梅。邵士梅二三岁时刚学会说话,就说"欲上高家庄",父母惊怪,以为他是妄语。后来随师就学又告诉师傅,师傅对他说这是前身事,于是他就不再这样说。后来他长大中进士,在栖霞做儒学教官时,有一次途经高家庄访到了高小槐,但是高小槐已死,经询问,高小槐去世的年月日,正是邵士梅的生日。于是,邵士梅认可了这位前身,作诗云"两世顿开生死路,一身会作古今人"，并且对高小槐的子女"捐资置产，厚恤其家"。此文作者又写道，邵士梅改官做吴江县令时，吴中人士盛传关于他前身的故事，陆鸣珂自谓开始时不太相信，通过一位登州友人李曰白（陆之同年李曰桂胞弟）得悉邵士梅故事的始末，于是就写了这篇《邵士梅传》。陆鸣珂（1636～?），字曾庵，江苏云间（今属上海市）人，年岁与王士禛差不多。文中或者就是据《池北偶谈》的记述而略作改编的，所谓听李曰白讲述云云，不过是小说作家的故弄玄虚之笔而已。

钮琇《觚賸》卷三《吴觚中·邵邑侯前生》，写邵士梅自记其前身为栖霞处士（未云姓名），有四子，六十余岁卒。死时有一位青衣引领他去见冥王，冥王让他转生邵家为男，登乙榜，官至邑宰。后来他中举、中进士、做官，在任栖霞儒学教官时，寻访前身故居，前身的四个儿子都已故去，只还有一个孙女在世，已孀居，头发全白了。邵士梅与这个孙女叙谈前身情况，全都相符，于是对她予以资助。后来邵士梅又做吴江县令，不到三个月就辞官归乡。钮琇（?～1704），字书城，号玉樵，正是吴江人，他生活的时期略晚于王士禛、蒲松龄、陆鸣珂，他的记述大抵是依据前面三人的文章以及吴江文士的传说而撰作的。

朱翔清《埋忧集》卷三《邵士梅》记述这个故事，更增加了邵士梅与其妻两世姻缘的情节。这里记述道：邵士梅十八岁时娶妻吕氏，婉淑明惠，顺治三年丙戌（1646）那年，吕氏二十岁，对邵士梅说："我今年内必定去世，但是和你的缘分没有断绝。我转生的下一世，命该几岁时夭折；再下一世，就能和你结为夫妻，为你生孩子。你以后会中进士，初做官时离家较近，再做官时你不可贪恋官场，尽快辞官归乡。归家后你要静心修道，再过几个月后我就可以与你相遇了。那时，你要寻访到我家，我家住的地方靠近河边，那是两条河汇为一条河之处。经过一个小土丘，第三家就是我家，门前有一口井，我家的姓是《姓谱》上的第三个姓。那时我十八岁，那一年是闰二月，你就立即娶了我，也可使尚在世的老父亲见到。"说罢，第二天就去世了。后来，邵士梅中进士，官登州教授、栖霞教谕。若干年后，邵士梅首先寻找到自己的前身高东海家，抚恤其孙女。又若干年后，邵士梅按照其前妻吕氏临终时所说的河流水井等标记，寻找到清源孙家，孙家有女方十七岁，大体符合，但是孙父不认可。又寻找到馆陶董家，董家有女尚未嫁，邵士梅说明前后因果，于是娶董氏女为妻。

朱翔清所讲述的这个故事,情节更为复杂,描写较为细致,实属小说作品。然而其基本事实,大体上仍然是出自《池北偶谈》和《聊斋志异》。

乾隆时,永恩依据朱翔清的《邵士梅》又改编为戏曲作品《三世记》(《漪园四种曲》之一)。永恩(? ~1797),清宗室,姓爱新觉罗,字惠周,封康亲王,又改称礼亲王。其生活时代大抵与朱翔清同时或稍晚。《三世记》写济宁人邵士梅忆其前身为栖霞人高东海,其妻临死时说与邵三世为夫妻;妻再世生于馆陶董家,邵访到董家女,娶之为妻;后来董氏临死时又说当转生于襄阳王氏,还能结为夫妻。此剧情节又把朱翔清所写的二世增为三世,使故事更加离奇,强化了原故事的宿命论思想。

朱翔清所述邵士梅与其妻再世姻缘的故事及永恩的改编,其实皆非首创,前代早有相似的作品。李冗《独异志》卷上记述道,唐代柳子昇的妻子郑氏,某日无疾而终,临死时对柳子昇说:"我不会离开你,再过十八年还要和你结为夫妻。"后来,柳子昇七十岁时,再娶崔氏,崔氏来李家之后,还能记得前生的一些事情,并生了一个儿子。清初时,还曾出现一部戏曲作品,也名为《三世记》。剧情大致是:泗州富民王进达为人好善,信佛诵经,其妻胡氏四十岁生一女,名叫桂香,与同邑赵耆祥之子令芳结婚,生一子一女;后来,桂香转世生于张家为男,取名善庆,长大后一举成名;再后来,某年清明节扫墓时,善庆与进达、令芳相遇,认亲,说明三世积善因果,最后同归极乐世界,参见如来佛祖。此作品已经失传,剧情见于《曲海总目提要》。据此,可以察知邵士梅故事还有更早的源头。这一类故事还有很多,不再一一举例叙述。

90. 清代会元朱锦的前身是明代潘尚书府中仆人朱锦

李调元《淡墨录》卷二《会元为家人后身》记述道,顺治十六年(1659)会试的会元朱锦(? ~1672),上海人,登第之后为庶吉士,又授官为编修。其前身是一百多年前潘尚书府中的仆人朱锦。

明代朱锦是上海人,本为一介平民,投到致仕家居的潘尚书府中做仆人。后来,朱锦的儿子进学为县学生员,考取秀才,朱锦向潘尚书表示感谢,潘尚书说:"你的儿子已经算是朝廷的士子了,就应当用门生之礼和我相见,不要再用原来奴仆和主人的关系和我相处了。"于是,潘尚书就找出来当初进府时签订的契约,还给朱锦,朱锦感动得流泪,哭着说:"我受大人厚恩,一定要竭尽全力报答您。"潘尚书说："我潘某富贵已极，哪里用得着你来报答我？"朱锦挚意恳请要报答，潘尚书就说："现在，咱们这里的文庙因年深日久而颓坏，如果你能出资把文庙修葺一新，这要远远胜过报答我潘某本人。"朱锦就独力经营文庙的修葺工作，不久使之焕然一新。

这件事过去了一百多年，没有人再能够记得起它。清朝顺治十六年（1659）朝廷科考，又有一位上海人朱锦，高中会元，官至翰林，康熙十一年壬子（1672）逝世。临死时，文庙的正梁因为年岁久远腐朽损坏，恰巧在这时崩塌。人们看见梁上显出当初建造者的姓名，正是那位明代的朱锦，于是省悟出清代这位翰林朱锦，本是明代潘府的仆人朱锦的后身。清代翰林朱锦颇有才名，与当时不少文士有交往，李调元记述了他的轶事，这个故事便广为流传。

91. 吴襄的前身是僧

李调元《淡墨录》卷二《千叟宴诗》又记述另一件事。清代吴襄（1661～1735），字七云，又字悬水，号匏夫，安徽青阳人，或谓江南青浦（今属上海市）人。康熙五十二年（1713）进士，曾为庶吉士、编修、翰林，后官至礼部尚书，谥文简。当初，吴襄的父亲曾和一位僧人友善，这僧人每次到家里来，吴父就和他下围棋。僧人的脚有毛病，行走有些困难，平时他就住在山里，不轻易外出。有一天，吴父又看见这位僧人从外面到家里来了，问他话他也不回答，径自走进内室，吴父跟着往里察看，忽然内室报称夫人刚生下一个男孩，就是吴襄。后来，吴襄长大读书中科举，官至礼部尚书，自己也认可前身是僧人的说法。康熙六十一年壬寅（1722），朝廷在皇宫举行"千叟宴"，这一年吴襄六十岁，也参加了这次盛会，并作谢恩诗一首，其中两句云："六旬今列千官宴，两榜原登万寿科。"吴襄所著《片刻余闲录》有记述。

92. 张英的前身是晋代王敦

张英（1638～1708），字梦敦，号敦复，又号乐圃，安徽桐城人。康熙六年（1667）进士，官至文华殿大学士，卒谥文端。后来，张英之子张廷玉又官至大学士，成为清代名臣，父子皆贵显无比。传说张英的前身是晋代大将军王敦。姚鼐《惜抱轩诗集》卷九有《香亭得雄于去岁所失小郎有再生之征，一诗为贺，兼以识异》诗二首，其一云："普门大士感修熏，福德儿童乞细君。正似吾乡张太傅，再招东晋大将军。"诗题中"香亭"是姚鼐的朋友袁树，字芬香，号香亭，其妻上年生一子而夭折，今年又生一子，疑即前一子的再生，这种情况与张英的出生情况相似。于是，姚鼐在诗后自注云："张文端太傅母始梦有异人自称王敦，至其家，生子名敦哥，数岁殒，母恸甚，梦异人复至曰：'吾终为夫人子。'遂产太傅，名之敦复，太傅长，遂以为字。"张文端太傅即是张英，姚鼐是桐城人，故称之为同乡。王敦，东晋王导从兄，字处仲，尚武帝之女襄城公主，拜驸马都尉，因功升征南大将军。后反叛，未得逞而病死，晋明帝司马绍下令对他掘墓刑尸，其结局悲惨。姚鼐诗中谓"再招东晋大将军"，就是指张英之母第二次怀孕仍然是王敦托生。

叶廷琯《鸥陂渔话》卷一《张文端公应梦而生》记述了关于张英前身的传说，注明是根据姚鼐的诗及注。又引述王士禛《居易录》中称张文端为"梦敦"，指出张英除了字敦复之外，还有字梦敦，当然这个字也与王敦转世的传说有直接的关系。由于王士禛的名气很大，所以叶廷琯认为关于张英是王敦后身的说法"益可信"。这里，叶廷琯还议论说，张英是"熙朝良佐"，而王敦是"衰世乱臣"，两个人的品格与功勋都截然不同，而且两个人生活的时代相距一千多年，却传说张英是王敦转世，其中的因果关系让人费解。

陈康祺《郎潜纪闻三笔》卷六《张文端为王敦转世》又有记述，大体是依据姚鼐诗注、王士禛《居易录》及叶廷琯《鸥陂渔话》等。又见《郎潜纪闻二笔》卷三《王渔洋前身为高丽国王》一节中，也提及"本朝名臣张文端为王敦后身"，没有更多的议论。

清末，陈士元《庸闲斋笔记》卷四《古人转世》再记张英前身故事，云："桐城张封翁少时曾梦金甲神，自称晋之王敦，欲托生其家，封翁以乱臣也，拒之，敦曰：'不然。当晋室丧败之际，我故应运而生，作逆臣；今天下清明，我亦当应运而生，作良臣矣。'惊寤。后果生一子，然未几而夭。后数年，又梦敦来托生，封翁责之曰：'汝果奸贼，复来欺我，今不用汝矣！'敦曰：'我历相江南诸家，福泽无逾于君者，是以仍来，今不复去矣。'遂生文端公英，故小字敦复。相圣祖，为名臣。子文和公廷玉，历相雍正、乾隆两朝。孙、曾皆跻膴仕，福泽洵冠于江南。"这里的记述，显然是在前述姚鼐诗注所述故事的基础上，又有进一步的虚构与描写，如增加张英之父梦中与王敦的对话等，完全是小说的语言。

93. 叶映榴的前身是王魁

叶映榴（1638～1688），字炳霞，号苍岩，江苏上海（今属上海市）人。顺治十八年（1661）进士，曾官湖广粮储道，署布政使，驻武昌。夏包子（逢龙）叛乱时被害。谥号忠节。据传说，叶映榴的前身是戏曲《王魁负桂英》中的男主角王魁。阮葵生《茶余客话》卷九《叶映榴改名》记云：叶映榴是叶有声（明万历时进士，崇祯时官左副都御史）之子，原来小时候的名字不叫映榴。七岁那年，曾梦见有一位老人赠给他一首诗云："君是王魁身后身，桂英翻作石榴裙。一枝遥寄西江上，双美贻来南浦云。致主有怀同贾谊，请缨无路等终军。知君不久登瀛矣，莫负香罗帕上人。"醒来把这个梦告诉了他的老师，其师就给他改了个名字叫映榴。

据《茶余客话》的记述，叶映榴少年时，家里有个婢女名叫香姐，叶映榴一直很爱她。后来，香姐受到叶映榴的小妾的谮害，自缢身亡。叶映榴殉职而死的前一天，梦见香姐来告诉他："夏逢龙要反了！"他从梦中惊醒，把此梦告诉夫人，第二天就发生了夏龙逢反叛的事，叶映榴被夏逢龙擒住，不肯屈服，骂贼而死，以身殉节。从这件事来看，香姐对叶映榴可谓是有情有义，她的自缢而死的悲剧，就像是宋元南戏《王魁负桂英》中的敫桂英；叶映榴爱香姐却不能娶她，就像是戏曲中对桂英负心的王魁。梦中老人所赠那首诗，首二句即明言叶映榴是王魁的"身后身"，桂英则转世为叶家的香姐。第三句"一枝遥寄"的意思是指香姐知道叶映榴在湖广做官，遥相思念，心系魂牵；"双美贻来"是指叶映榴带着一妻一妾在武昌任所，却把香姐抛在脑后，对于香姐来说这是王魁式的负心行为。第五句用的是西汉贾谊的典故，第六句用的是终军的典故，都是指叶映榴有才能有作为并尽忠职守。第七、八两句是说，香姐死后的灵魂预知叶映榴将要死于事变而来向他报信，并希望叶映榴不要辜负自己对于他的一片痴心。这个故事缠绵凄婉，真挚感人，香姐的遭遇值得同情，而叶映榴的处境也深含无奈。历史的、伦理的、爱情的多重因素纷繁交织，于是叶映榴的前身后身的故事也就承载了更多的文化内涵，能引起后人多角度多层次的思考。

94. 金煜的前身是南唐后主李煜

金煜（1638～1694），字子藏，号雪洲，浙江山阴人。顺治十五年

（1658）进士，曾官山东郯城知县。传说金煜之所以名"煜"，是因为他的前身原是南唐后主李煜。毛奇龄《西河集》卷一〇二《敕授文林郎沂州郯城县知县金君墓志铭》记其事最详，中云，金煜出生后，其祖父金兰（字楚畹）给他取名为煜，有日月光明之意。金煜之父名金机，字仲星，金兰次子。金兰遇着一位"善扶乩，能降神"的术士，此术士云："是儿前身，乃南唐后主煜也。后主读马太君词而喜之，愿为之儿。得乎戌，失乎戌，志之，志之。""马太君"即是金煜之母马氏，是曾官江西布政使司参议的马公（名未详，号芝峤）之女（或即是马静音，见《清代闺阁诗人征略》补遗），能诗文，著有《遂闲堂集》。所谓"得乎戌，失乎戌"，是一句预言金煜命运的隐语，指的是金煜于顺治十五年戊戌（1658）中进士，康熙三十三年甲戌（1694）逝世，都是在"戌"年。金兰开始听术士的话还不太相信，待他又读陆游《南唐书》，见李后主字重光，即日月光明之意；又见金煜有一目为重瞳，这与李后主的特征相同，于是感到惊奇而信服了。

褚人获《坚瓠集》广集卷一《李后主转世》，据毛奇龄《金君墓志铭》又记述了金煜的前身是李后主的传说。其中对"得乎戌，失乎戌"补充解释道：据《南唐书》考证，李后主于北宋建隆三年壬戌（962）即位为皇帝，至开宝七年甲戌（974）南唐亡国，成败都在"戌"年；金煜于顺治戊戌（1658）中进士，于康熙九年庚戌（1670）辞官，后来在康熙三十三年甲戌（1694）去世，几次都在"戌"年。褚人获还说，他于康熙三十七年戊寅（1698）在钱塘（杭州）遇见金煜之子金埴，金埴把毛奇龄为父亲金煜撰写的《金君墓志铭》给他看，于是褚人获才了解到这些详细情况。金埴（1663～1740），字苑孙、小郯、浅人等，著作有《不下带编》等，褚人获得到的可以说是第一手资料，有重要参考价值。

95. 钱芳标的前身是担饭僧

钱芳标，初名鼎瑞，字宝汾，后更名芳标，字葆酚，江南华亭（今属上海市）人。康熙五年（1666）中举，后官至中翰。据说其前身是天童寺里一名担饭僧。

许仲元《三异笔谈》卷一《钱中翰前生》记载说：钱芳标的父亲即是明末钱士贵，字元冲，松江华亭（今属上海市）人，万历三十八年（1610）进士，曾官御史，崇祯时官至刑部侍郎。钱士贵官某县知县时，五十岁还没有儿子，就到四明山天童寺（即宁波天童山景德禅寺）拜佛求子。寺中住山长老是一位法力很高的老僧，特意为钱县令入定，又为他看罢相貌气色，之后说："钱宰官有家无子，有子无家。"钱士贵有所省悟，回家之后就散财施舍，广行善事。他家有积蓄四十万，三年过后全部施舍而光。钱士贵又前往天童寺，住山长老说："现在可以了。"于是，住山长老就安排摆设斋饭，主事的堂头僧对众僧宣布说："现在这位钱宰官，还没有儿子，他拜佛求子延续香火，你们各位谁愿意去啊？"众僧都惊愕不已，一时无人应答。这时，有个负责担饭的僧人朝着钱士贵笑了笑，堂头僧就对他说："你去也是可以的。"于是，堂头僧就离开座位，送钱士贵出了寺院，而那个担饭僧当即就坐化了。钱士贵回到家里，不久就生下儿子，相貌端方俊美，肩头上有肉胼突起，和天童寺的那位担饭僧肩头的形状一模一样。从这个故事可知，钱芳标正是天童山担饭僧转世的。住山长老所谓"有家无子，有子无家"，其意思是说，钱士贵有家有财的时候没有儿子，舍了家财才能有儿子；另外还隐含着的一层意思是说，钱士贵在明朝做官，明朝即是他的家，而等到儿子长大做了清朝的官，明朝的故国故家都已经没有了。

96. 陈元龙的前身是僧

陈元龙（1652～1736）字广陵，号乾斋，浙江海宁人。康熙二十四年（1685）进士，历官至文渊阁大学士，卒谥文简。传说他的前身是僧人。陈元龙的六世族孙陈其元（1812～1881），字子庄，晚年号庸闲老人，曾官至江苏道员。陈其元所著《庸闲斋笔记》卷一记云，其六世祖文简公（即陈元龙），出生后就和平常的孩子有所不同，三四岁时，每天在睡梦中一听到有人念经的声音，就立即爬起来双手合掌，作跏趺坐。他的母亲见他这样的表现，心想这孩子肯定是有些来历的，就抚摸着他的头说："孩子，你既然生在了我家，就应当自小学习圣贤的学问，佛家念经打坐那一套不值得你这么用心去做啊！"小孩子静心听着母亲的话，就躺下睡了。从此之后，他再听见有人念经的声音就不再起来合掌打坐了。根据这里的记述，陈元龙自幼就具有佛家的根性，与佛门结有微妙之缘，传说他的前身是僧人，这或许就是起因。

97. 来保的前身是伯乐

来保（1681～1764），姓喜塔腊氏，字学圃，满洲正白旗人，乾隆年间官至文华殿大学士,卒谥文端。来保曾自言其前身是春秋时善于相马的伯乐。袁枚《子不语》卷二一《来文端公前身是伯乐》记载说:来保曾对人说他是伯乐转世。来保少年时相貌俊美,十三岁时做宫廷中的御前侍卫,眉目如画,康熙皇帝呼他为"人样子"。成年后更为英俊,两眼炯炯有光,对于相马具有特异功能。他在兵部任职兼管上驷院时,每逢到草原上挑选良马,他在成群的百十匹马中放眼看过一遍,每匹马的特征与缺点就都能够一一给指出来。马贩子对于他的这种本领非常惊奇,称他是马神。来保七十岁之后,经常闭目静坐养神,每逢有马从旁边经过,他听见马蹄声,不但能知道这是不是一匹好马,而且这马是啥毛色、有啥疾病,都能知道得很清楚。乾隆皇帝所乘骑的马,都必须由来保亲自挑选,为此,乾隆皇帝曾写一篇《相马歌》赠给他。袁枚的这篇文章中,关于来保相马还写了不少生动的故事,这里不再一一细述(参见本书第二编《古籍所见人体特异功能》)。根据有关文献资料,可知来保对于相马确有神奇的本领,但他自谓前身是伯乐,可能只是一句大言不惭的自我吹嘘之词。

98. 陶璜的前身是小和尚

陶璜,字未详,号苦子,广东番禺人。罗天尺《五山志林》卷二《自知前生》引录陈独漉文集记述道,陶璜是位文士,没有求得功名,与包括陈独漉先生在内的几位文友一同隐居于番禺羊额村的北田,被人们称为"北田五子"。当时还有人说,陶璜的前身是一个小和尚。

原来,陶璜的祖父人称幼岳翁(其号幼岳),以家财雄厚闻名于一郡。附近山上寺院里有位濂泉和尚经常到陶家募化,濂泉的一个小徒弟非常羡慕陶家的富有,每天夜里悄悄地跪在佛前祈祷,愿意托生在陶家做幼岳翁的孙子。有一天夜里他跪拜之后伏在地上,过了一个时辰还没有起身,他的师父濂泉用拐杖敲敲他,他起身之后非常生气,说:"观音大士正在传授《心经》,你为啥要叫醒我?"师父怀疑他说诳话,就取来《心经》测试他,徒弟念诵到"不生不灭"一句停住,说:"观音大士刚才传授到这里,其余的我就不会念了。"徒弟本来是不识字的,濂泉师父就相信了他的话。过了一段时间,徒弟爬树摘果子,不小心失足坠落到地上,肩膀和脚摔伤了,师父给他敷药包扎,徒弟说:"我现在往陶家去托生。"说罢就气绝身亡。濂泉师父下山前往陶家,想募些钱安葬徒弟,赶到陶家是黎明时分,陶翁正忙着点烛烧香,说是儿媳妇刚刚生了个小孙子。濂泉师父对陶翁讲了徒弟死亡的情况，陶翁惊叹道："这就是了！昨天夜晚，我看见你那徒弟来到我家，往内室跑了进去，我喊了他一声他也不答应，原来是来我家托生的。"陶翁又说，新生婴儿肩上有一块红痣，有一只脚弯曲着不能伸开，濂泉师父说："一只脚弯曲，那是徒弟的脚跌伤了；红痣，那是我给他的肩头敷的药。"濂泉回到寺院，使徒弟受了伤的那一只脚伸直，安葬了他。濂泉再次来到陶翁家，婴儿弯曲的那只脚也就变得正常了。

陶翁的这个小孙子后来长大，就是陶璜。不仅陈独漉先生认识他，记述了他的故事，而且《五山志林》的作者罗天尺也认识他。这里在记述此故事之后，又回想他曾和陶璜一同到番禺的那座寺院游览过，当时陶璜吟诗一首，其中有两句是："大笑吟诗过秋寺，寺僧知我是何人。"那时候，陶璜的父母还没有把他前生是小和尚的事告诉他，而他自己就已经道破了这一层意思，真是太奇怪了。罗天尺（1686~?），字履先，号石湖，广东顺德人，陶璜生活的时代大体与罗天尺同时。由此可知，小和尚转生为陶璜的故事应是发生在康熙朝中期。

99. 张照的前身是断臂僧

张照（1691~1745），初名默，字得天，又字长卿，号泾南，又号天瓶居士，江苏华亭（今属上海市）人。康熙四十八年（1709）进士，乾隆时官至刑部尚书，是当时著名的文学家、书法家。传说张照的前身是一位断臂和尚。

许仲元《三异笔谈》卷一《张尚书前生》记云：断臂和尚，不知是从哪儿来的，张照的祖母钱太夫人怜悯他，让他住在朱家阁指松庵中，供养着他。张照的父亲张汇，致仕之后在家居住，其宅院在华亭秀野桥西；张照的母亲王氏，封恭人，当时正怀有身孕，将要临产，张父安排家人去请医士来家，准备为夫人接生。这一天清晨，张父在家里厅堂中坐着，身体靠着茶几打瞌睡，蒙眬之中看见一个和尚走进了房门，张父和他打招呼，请他到客厅稍坐休息，那个和尚不答话，径自向里面内室走去。张父忽然惊醒，此时听见大门口的守门人和来人争吵，就到门外察看。来人是对面河边撑船的船家，要进院找一个断臂和尚要船钱。守门人说没有看见有什么和尚来家中，船家说，这个断臂和尚昨天夜里在他的船上后舱里睡觉，天亮时起身上岸来了，看见他进了这个院门，他的一把雨伞还在船上呢。正在争执的时候，指松庵中有人来报，断臂和尚在昨天夜里已经圆寂了。张父急忙返回厅堂，又有女仆来报说，夫人刚刚生了个男孩。张父忽然醒悟，断臂和尚是到他家投胎托生了，新生男孩就是断臂和尚的后身。

张照幼年时聪明过人，五岁时，张父见他特别爱说话，心想多言不如默，就给他取名叫张默。他的伯父名叫张集，字佳木，有一天张默听见有客人呼唤伯父之字，张默就问客人为何这样叫他，客人说："你的伯父名为'集'，把'集'拆解，正是'佳木'二字。"张默就对父亲嚷嚷道："我一定要改个名，不然，将来别人一定要给我取个字为'黑犬'，多难听啊！"于是，父亲就给他改名为张照，字得天。张照十四岁为秀才，十七岁中举，十九岁即康熙四十八年（1709）进士及第，初为庶吉士，散馆后授官为翰林院检讨，在内廷供职十八年。乾隆皇帝即位后，有一天问大学士张廷玉："朝廷近臣中有没有通晓佛经的人？"张廷玉回答说："我那族侄张照，曾读过内廷收藏的许多佛教经典。"于是，有一天乾隆皇帝就召见张照问话，说："你看朕是何等人？"张照回答说："是佛。"乾隆皇帝又问："你是何等人？"张照回答："是干屎橛。""干屎橛"是佛家用语中的名词，意为至秽之物。《五灯会元》卷一五云："僧问云门：'如何是佛？'门云：'干屎橛。'"又《禅林集句》曰："不念弥陀佛，南无干屎橛。"张照的回答是非常机智的，既具有佛经意蕴，又表现出自轻自贱的风趣，因此乾隆皇帝听了很高兴，觉得两人的对话非常契合，于是就对张照着意重用，使他几年之后官至刑部尚书，成为朝廷重臣。从张照的仕途经历来看，他与佛门确有一段因缘。

100. 裘曰修的前身是燕子矶水神

裘曰修（1712~1773），字叔度，又字漫士，号诺皋，江西新建人。乾隆元年（1736）荐举博学鸿词，乾隆四年（1739）进士，历官至礼、刑、工三部尚书，卒谥文达。传说裘曰修的前身是南京长江上燕子矶的水神。

胡承谱《续只麈谭》卷下《裘文达公为水神》记载，裘曰修临死之前对家人说："我是燕子矶水神，现在就要去复位。我死后，你们送我的灵柩回江西老家，一定要经过燕子矶，那里有一座关帝庙，你们可以到庙里去求个签。如果抽的签是上上第三签，那么我就还能做水神，否则，我就要受到上天的谴谪，不能复位。"说罢，他就瞑目而逝。家人听了他的话，半信半疑，有个老仆人却是非常坚定地相信他的话，对旁人说："老爷是王太夫人所生，太夫人原籍是江宁（南京），某年渡江时，她到燕子矶水神庙烧香求子，当天夜里，她梦见有一位身穿蟒袍手持笏板的官员模样的人来对她说：'给你一个儿子，而且是一个好儿子。'过了一年，果然生下儿子，就是老爷。"裘曰修的夫人邢氏，陪伴着裘公的灵柩返回家乡，经过燕子矶时，就按照裘公交代的话去做，前往关帝庙求签。果然抽得上上第三签！这时全家人放声大哭，急忙烧纸钱撒到江水中，在水神庙里为裘公立一个木牌位。意思是，从此裘公就在这里回归水神之位了。这件事情传开，当时许多文人学士无不知晓。袁枚有一次前往苏州，经过燕子矶的时候遇风停泊，特意到水神庙里对裘公的水神牌位拜揖，并作一首诗题写在墙上，此诗云："燕子矶边泊，黄公垆下过。摩挲旧碑碣，惆怅此山河。短鬓皤皤雪，长江渺渺波。江神如识我，应送好风多。"（袁枚此诗，今查袁枚《小仓山房诗集》未见到）

胡承谱的这篇文章中，称裘曰修为"座师"。因为胡承谱没有中进士的经历，就有可能是胡承谱中举时裘曰修为其主试的考官。文中又说袁枚与裘曰修"己未同年也"，即为乾隆四年（1739）同榜进士。根据这两点情况，可知胡承谱所记是他所闻知之事，并非自己凭空虚构。清末徐珂《清稗类钞·迷信类·裘文达为水神》一节，基本上是据胡承谱《续只麈谭》抄录的。

101. 徐昆的前身是蒲松龄

徐昆（1716~1795），字后山，号啸山，又号柳崖居士，山西平阳（今临汾）人。乾隆三十五年（1770）由拔贡中举，曾官阳城教谕。乾隆四十六年（1781）中进士，曾官内阁中书。其著作有经学研究及戏曲作品等多种。传说徐昆的前身是《聊斋志异》的作者蒲松龄。

周寿昌《思益堂日札》卷九《蒲留仙后身》记云："《柳崖外编》，平山（应是平阳）徐昆后山所著，相传此君为著《聊斋志异》蒲留仙后身。"这里讲的故事是，徐昆的父亲字或号为敬轩，原来住在山东金乡县金家庄，四十三岁时还没有儿子，就到小峨眉山（在今河南郏县）拜佛求子。睡梦中梦见到了一处地方，水边有垂柳，映着一汪清泉，又见一位老儒，手里拿着一片蒲叶，仿佛听见他说了一句："这就是你的儿子啊！"第二年，其妻果然生下一个儿子。又过一年，儿子一周岁时，这一天，下着小雨，徐公站在庄户门口看雨，忽然有一个人冒雨独行于雨中，徐公看出他是个读书人，就招呼他到家里避雨。此人看见徐家摆有筵席，问有什么喜事，徐公回答说："儿子一周岁了,为他庆贺生日而请客。"此人又提出,能不能让他看看小宝宝,徐公就把孩子抱出来,孩子看见这个人,并不怕生,而是显出微笑状。此人又问,这个村庄是什么名字,回答说是金乡县的金家庄。这人听罢,对徐公说:"这就对了,这就对了。先生您的这个儿子,就是我的老师啊!"徐公问是怎么回事,此人说:"我的老师蒲柳泉先生,是一位学问渊博的儒师,就在去年的今天逝世了。老师临终时作诗一首,其中一句是:'红尘再到是金乡。'我在金乡四处访察一遍,没有得到任何消息,没想到今天在您家遇上了。"徐公回想起去年他在小峨眉山拜佛求子的时候,梦中所见的那位老儒,就同此人所说的其老师的形象一模一样。这件事情传开,人们便都知道了徐昆的前身就是蒲松龄。

蒲松龄(1644~1716),字留仙,号柳泉,山东聊城人,而金乡距聊城不远。徐公拜佛求子时梦见的那位老儒,在柳树之下水泉旁边,拿着一片蒲叶,正是应着蒲松龄的姓氏与号。蒲松龄去世在康熙四十五年(1716),而徐昆的出生正是此年。徐昆的著作有《柳崖外编》,为此书作序的是博陵人李宫李,其名为金枝,本是蒲松龄的学生,他到金乡访察遇雨避雨而偶然见到一岁的徐昆时年方十五岁。后来又过了几十年,即乾隆五十二年(1787),李金枝为徐昆的《柳崖外编》作序时已是七十二岁,此序文中记述了他到金乡县访察的经过,这是他和蒲松龄的特殊的奇缘。他所说的蒲松龄临终时的诗句"红尘再到是金乡",意思是预言死后在金乡县托生。李金枝既是蒲松龄的学生,又在到金乡访察时正好遇着徐公,并且见到了其师的后身徐昆,这固然是意外的巧合,但是却能说明,蒲松龄和徐昆两人之间存在着命中注定的微妙的缘分,李金枝同其师蒲松龄及其后身徐昆之间更是存在着微妙的缘分。再从蒲松龄和徐昆两人的生平经历来看,蒲松龄一生醉心于科举,考了多次都不能得中,到老不过是一个穷困潦倒的儒生。徐昆同样醉心于科举,赴考不知多少次,中举时五十五岁,中进士时已经六十六岁。徐昆的结果虽然比蒲松龄幸运,但是他垂老登科,其境遇也和蒲松龄一样可悲可叹。蒲松龄一生痴迷于著述,除诗文及文言小说《聊斋志异》之外,还撰作杂剧与俚曲十多种;徐昆一生也是痴迷于著述,除诗文杂著之外还有戏曲作品《碧天霞》《雨花台》《合欢竹》三种。综观两人的全面情况,说徐昆的前身是蒲松龄并非无稽之谈。

关于蒲松龄的后身,后来又有人议论。杨复吉《梦阑琐笔》(《昭代丛书》本)中《纪事》一节记云:《聊斋志异》脱稿后百余年没有付刻,至乾隆三十年乙酉(1765)、三十一年丙戌(1766),在楚中、浙中两地付刻。在楚中主持此事的是王某,在浙江主持此事的是赵启杲太守。这里引鲍以文之语云:"留仙尚有《醒世姻缘》小说,盖实有所指,书成,为其家所评,至裰其衿。易箦时,自知其托生之所,后登乙榜而终。(留仙后身,平阳徐昆,字后山,登乡榜,撰有《柳崖外编》,亦以文云。)岁庚子,赵太守之子,曾与留仙孙某,遇于棘闱,备述其故。"赵启杲,字清曜,山东莱阳人,曾官睦州(今属浙江建德)知州。鲍以文即鲍廷博,字以文,安徽歙县人。赵启杲之子其名未详。据此记述,关于蒲松龄的后身是徐昆,在乾隆时期流传较广,而且是被文士们认可的(包括蒲松龄的孙子某)。当代学者邓之诚教授所著《骨董琐记》卷七《蒲留仙》又据此予以叙述。

102. 袁枚的前身是白猿

袁枚(1716~1798),字子才,号随园,清中期著名文学家、学者。乾隆四年(1739)进士,曾官知县,四十岁即辞官,住在江宁(今南京),以诗书自娱。传说袁枚的前身是白猿。方浚师《蕉轩随录》卷七《前身》记云:"本朝袁随园先生前身为点苍山白猿。"这一说法最早的出处未详。

103. 刘墉的前身是白狐

刘墉(1719~1804),字崇如,号石庵,山东诸城人,乾隆十六年(1751)进士,官至体仁阁大学士,卒谥文清。传说刘墉的前身是狐。梁章钜《归田琐记》卷六《纪文达师》一节在记述纪昀的故事之后,又在《刘文清师》一节记述道:"诸城刘文清公亦由精灵转世。"在刘墉去世的那一年,即嘉庆九年(1804)十二月,刘墉在内阁办公,他的座位后面有一只白猫,体形很大。刘墉没有到座位上的时候,本来没有这只猫,它是从哪儿跑过来的,没有人知道。在内阁上班的其他官员及办事人员等,都看见了这个白猫,但是没有人敢说什么,刘墉离开这里时,那个猫也随之不见了。到了十二月二十四日,刘墉逝世。有人说,猫就是狐,是刘墉的灵魂,刘墉将要去世它就现形。于是有人说,这个白狐就是刘墉的前身。

104. 张九钺的前身是李白

张九钺（1721~1803），字度西，号紫岘，又号陶园，湖南湘潭人。举人出身，曾官知县，晚年讲学并著述。张九钺幼时聪慧异常，人们说他的前身是唐代大诗人李白。袁枚对他非常推重，《随园诗话补遗》卷五记述道："湘潭张紫岘（九钺）年十三，登采石太白楼作歌，人呼为太白后身。"其所作歌云："乾坤浩荡日月白，中有斯人容不得。空携骏马五花骢，调笑风云二千石。自从大雅久沉沦，独立寥寥今古春。待公不来我亦去，楼影萧萧愁杀人。"袁枚说："果有青莲风味。"这里说张九钺是李白后身，是因其聪慧过人及所写诗有李白风味而给予他的赞誉，佛教转生轮回的意识并不强烈。

朱克敬《瞑庵杂识》卷四记张九钺的事迹更为详细。他说：张九钺所著《陶园诗集》"才思俊逸，雅近青莲"。又说：张九钺的父亲年轻时曾到南岳衡山进香求子，夜里曾见一个僧人对他微笑，过了不久就生下儿子，起名叫"九钺"。张九钺幼年早慧，八岁时随同父亲游览衡山，寺院中有位僧人出一副对联的上句云："心通白藕。"九钺听罢应声对出下句为："舌涌青莲。"这位僧人大喜，立即敲钟击鼓，集合僧众，一齐向九钺下拜。父亲感到惊奇，问为什么，僧人说："本寺院中原来我们的师父某长老临圆寂时，留下这个上联，向我们交代说，谁能对出下一句，他就是我的后身。现在你的公子对出的下联，正好相符，我们知道，他就是我们的师父啊，所以我们应该对他礼敬。"这里所记故事，特别神奇而生动，道出张九钺被称为是李白后身的真正原因，机缘妙合，宗教转世观念非常强烈。嘉庆八年（1803）张九钺病重弥留之际，临终作一首诗云："担柴运米百无能，自请楞严自篛灯。夜半万缘钟打尽，前身南岳一枯僧。"从这首诗可知，张九钺本人对于自己本是南岳寺中老僧转世，一生中都是认可的。

105. 纪昀的前身是精灵（火精、猴精、蟒精）

纪昀（1724~1805），字晓岚，又字春帆，直隶献县（今属河北）人。乾隆十九年（1754）进士，官至礼部尚书，协办大学士，卒谥文达。传说纪昀是精灵转世，这精灵可能是火精、猴精或蟒精。

姚元之《竹叶亭杂记》卷五记云："纪文达公殆自精灵中来也。"首先传说他是火精转世。所谓火精，在五代时就有这种说法了。火精出现的时候，人们会看见火光中有个全身赤裸的女子，民间大众就纷纷敲击铜器驱赶她。有一天，火精又出现了，人们看见她进入纪家；纪家人就争相敲击铜器，她就直接进入内室。正在喧嚷的时候，内室报称小公子出生了，这个小公子就是纪昀。纪昀出生时耳朵上就有穿耳环的孔痕，直到年老都清晰地存在着，就像是他曾经戴过耳环似的。而且，纪昀的两只脚又白又尖，又像是曾经裹过脚似的，后来在朝廷做官的时候竟然不能穿朝靴。纪昀常常脱下袜子让人看，并不隐讳自己的脚具有女性特征。人们又说，纪昀的前身是猴精。凡是纪昀在家的时候，几案上总是摆放着榛、栗、梨、枣等果品，纪昀随手取食，一天中每时每刻都不住口。纪昀又天性好动，在家里没有事的时候，总是不肯安生地坐着，哪怕是一小会儿。他的爱吃果品和好动，都是猴子的特征。人们还说，纪昀的前身是蟒精。有人看见，纪家房宅附近的地下有一条大蟒，自从纪昀出生之后，这条大蟒就不见了。以上三种说法同时存在着，未能统一。也有人说，火光中的裸体女子既是火精，也是蟒精。从纪昀的耳朵与脚部特征来看，说他的前身是女性精灵更为可信一些。

梁章钜《归田琐记》卷六《纪文达师》关于纪昀前身的记述，实为据《竹叶亭杂记》抄录。

106. 朱珪的前身是文昌宫之盘陀石

朱珪（1731～1807），字石君，号南崖，直隶大兴（今属北京市）人。乾隆十三年（1748）进士，官至体仁阁大学士，卒谥文正。方浚师《蕉轩随录》卷七《文昌帝君》记云："朱文正公（珪）自以前身为文昌宫之盘陀石，因号盘陀老人。"据此知，朱珪的前身为盘陀石的说法是他自己所言，纯属主观认识。这里还记述道，有个耍弄扶乩之术的巫师说，朱珪是文昌二世的储君，名渊石，所以朱珪就为自己取字为"石君"。又说，朱珪曾上奏朝廷给文昌帝加封号，并行九拜礼。但是，朝廷是否准奏并实行，不详。

107. 刘权之的前身是钟离权

刘权之（1739～1818），字德舆，号云房，湖南长沙人。乾隆二十五年（1760）进士，嘉庆时官至体仁阁大学士，管工部事务，卒谥文恪。据说刘权之的前身是唐代的钟离权。钟离权，唐咸阳人，号和谷子，又号云房先生，曾入崆峒山传道，自称"天下都散汉钟离权"，于是被误称为"汉钟离"，后来成为传说中"八仙"之一的"汉钟离"。姚元之《竹叶亭杂记》卷五记云:"刘文恪公传是钟离祖师后身",所以其名"权之",其号"云房",即是用钟离祖师的名与号作为自己的名与号。而且,刘权之脸形略圆,面色发红,胡须不多,常带微笑,这些特征都与世间所绘八仙之一汉钟离的画像特别相似。姚元之又记述道,刘权之少年时家庭贫苦,学习写作却没有钱请高才老师,其家就请巫师耍弄扶乩之术。刘权之每写出一篇文章,巫师就以乩笔显示,对刘权之的文章指责非常严格。有一天,刘权之的一篇文章写得较长,乩笔显示说不好,刘权之就修改为短篇,乩笔仍然表示不满意,刘权之就急忙表示悔过谢罪,乩笔这才不再责罚。从这种扶乩之术的施行情况来看,人们说,刘权之的老师本是神仙,其来历自非寻常。于是就附会说刘权之的前身是八仙之一的钟离权,刘权之本人也予以认同。

108. 李薛自知其前身姓薛

李薛,生卒年及生平未详,仅知其为河南遂平人,于乾隆三十一年(1766)进士及第。姚元之《竹叶亭杂记》卷七称他"李进士薛",记云:李薛出生后还不到一岁,奶妈抱着他站在门口闲看,有一个人挑着一担菜从前面走过,小孩忽然向那个挑菜的问道:"你不是某某吗?怎么到这儿来啦?"奶妈吓得跌倒在地上,以为这个孩子是妖怪。从这以后,孩子就不再说话。他三岁时开始学习认字读书,过目不忘,家人都期望他有远大的前程。他自知其前身姓薛,于是就以"薛"为名。六岁时已表现出特异的聪明,能帮着塾师批改其他学生的作文。后来中进士之后,还没有什么作为就去世了。姚元之议论说:"惜乎不寿,盖根基未深也。"

109. 阮元的前身是胡天游

阮元(1764~1849),字伯元,号芸台,江苏仪征人。乾隆五十四年(1789)年进士,道光时官至体仁阁大学士,谥文达。胡天游(1696~1758),字云持,号稚威,浙江山阴(今属绍兴)人。雍正时中乡试副榜,乾隆初举博学鸿词不遇,困顿终老。朱克敬《瞑庵杂识》卷三记云,阮元出生时,其父亲梦见胡天游来拜访,对他说:"当以余映,张公门户。""余映"二字是指胡天游曾经把他的制艺文稿汇集起来,编定为《余映录》。阮父梦中胡天游这句话的意思是说,这本文稿能够使阮家的门第生辉。后来阮元果然大有出息。阮元官为浙江学政时，有一天因事经过一处村庄，看见一户人家的桌案上放着一摞胡天游残存的文稿，旁边一位老妪正在坐着纺线，这是胡天游的老妻。阮元向他询问胡天游先生去世的时间，正和自己的生日相同，于是恍然而有所醒悟，就送给胡天游的老妻不少钱财，把他的文稿取走了，刻版印行，这就是后来人们看到的《石笥山房集》。朱克敬说，这件事是阮元的门客、浙江会稽人顾某对自己说的。

尽管朱克敬讲得有根有据，活灵活现，但是这一说法却令人疑惑。因为，胡天游的逝世在乾隆二十三年（1758），而阮元的出生在乾隆二十九年（1764），即使出生的月日时辰相符合，但是年份不符合，这还不能说是严格意义上的转生。

此文之末，朱克敬又云，袁枚的文集中有篇文章记述说，胡天游的儿子胡某乡试中举时，感愤其父亲有学问而不得入仕，就把父亲的遗稿找出来烧掉了。朱克敬说，袁枚和胡天游生活的时代相同，他的话应当是不错的。笔者今查袁枚所著《小仓山房文集》，却没有见到这篇文章，或者是朱克敬所记有误，或者是这篇文章没有收进《小仓山房文集》之中。

110. 陈传经的前身是少室僧

陈传经（1765～1812），字学初，号晴岩，浙江海宁人。嘉庆十三年（1808）进士，曾官翰林院编修，还未得展其抱负，几年后即因病逝世。传说其前身是中岳少室山僧人。陈其元《庸闲斋笔记》卷一记云：叔祖晴岩公"生平最不佞佛，临终乃自言前世是少室僧。卒后无子，有门生入室为厝置丧事，恍惚见公僧服危坐，亦奇矣哉！"据此所记陈传经的临终言语及表现，知其前身是少室山僧，但究竟为何寺僧人，未有明言。陈其元是其同族孙辈，所记当不虚。陈其元又将陈传经和他的六世祖陈元龙相比，陈元龙官至文渊阁大学士，生平显赫，而陈传经虽中进士却英年早逝，"皆似高僧再世，而遇不遇各不相同，此其中真有幸有不幸也"。由此看来，前身对于后身一生命运的影响，对于不同的人来说常常有很大的差异。

111. 沈岐重孙沈慎斋的九世前身是洪承畴

沈岐（1773～1862），字鸣周，号饴原，别号五山樵叟，江苏如皋（今属南通市）人。嘉庆十三年（1808）进士。曾官左都御史，致仕后在扬州讲学，与梁章钜、阮元并称为"南河三老"。传说沈岐及其子孙几代人的前身是明末清初的洪承畴。洪承畴（1593～1665），字彦演，号亨九，福建南安人。明万历四十四年（1616）进士，崇祯时官兵部尚书，入清后官至武英殿大学士、七省经略，卒谥文襄。在《清史稿》中入《贰臣传》，是中国历史上著名奸臣之一。

戴莲芬《鹂砭轩质言》中有《洪承畴九世后身》一节，记述了有关的传说（见《清说六种》之第六种）。据此记载，沈岐告老还乡时已经七十岁，后来于同治元年（1862）逝世，终年九十岁，谥号文清。沈岐的长孙为沈善庆，次孙沈锡庆。沈善庆没有儿子，沈锡庆之子沈慎斋被过继给沈善庆为嗣子。同治十二年（1873）沈善庆死在浙江，当时沈慎斋在安徽，他前往浙江奔丧并扶柩回归原籍南通安葬。第二年，即同治十三年（1874），沈慎斋前往北京拜谒曾国荃（曾国藩之弟，其时在朝廷居要职，沈善庆沈锡庆兄弟与他有交往），打算谋得一官半职。乘船到天津，所乘之船倾覆，沈慎斋落水失踪。其家人前往寻找，找不到尸首，只得招魂归来将其衣冠安葬。沈慎斋的同母弟沈景文（字仰韩）当时在刑部任职，念其兄弟情谊，就做一篇悼念文章拜神祭奠。他们沈家本来迷信扶乩的做法，认为非常灵验，就以此求乩仙指点迷津。乩笔显示的判词，说明了沈家几代与洪承畴的前因后果，大意是说：据沈景文呈报的沈慎斋的有关情况，已查明沈慎斋是入了"黑暗水狱"（做了淹死鬼）。沈慎斋原本是前明大奸臣洪承畴的九世后身。这个洪承畴，在清初的贰臣中是最显赫的，他死后入了"泥犁"（梵语地狱名）狱。他的一世身转生为牛，被宰杀祭奠思陵（崇祯皇帝）；二世身转生为马，成为清朝军机大臣鄂尔泰的坐骑，立功于边疆；三世身转生为人，官至朝廷大臣，但是其功不抵过，死后再入泥犁狱；四世转生为猪；五世转生为羊；六世转生为蛇，没有咬过人；七世八世都是转生为僧，持戒修行还算是比较谨严；所以，他的第九世得以转生为官宦家之子，就是沈慎斋。但是，沈慎斋平生刚愎自用，作恶多端，按定数应该在同治十二年癸酉（1873）入"黄沙狱"（沙土埋死），但是，他曾经护送其嗣父的棺柩回原籍，由于这一次的功德而得以延寿一岁，到今年入"黑暗水狱"。不知内情的人还以为沈文清公（岐）是忠厚长者，他的后人不应该是这样的悲惨下场，殊不知天道无私，祸福皆由自招，孽缘未了，用以警报将来，世人自然能够从中得以开悟，不必过分明言。以上即是乩笔判词，沈景文看罢，不胜悲叹。

《鹂砭轩质言》是小说家言，不可完全信以为真。其中所记扶乩的活动固然可信为实有之事，但是乩笔判词的内容则肯定是故弄玄虚。这里蕴含着扶乩者的是非与善恶观念，通过扶乩的动态演示予以诱导性质的表达；同时也蕴含着作者戴莲芬对于历史与世人的理性评判，通过文人著述的刊布与流传而实现儒家思想传统的教化意义。现在重阅这个故事，考究及认定洪承畴的九世转生是否真实，并不是十分重要的和必须的，而指出洪承畴的奸邪叛国必然不得好报，认识沈慎斋的作恶必然没有好下场，由此而能给世人以震慑与启示，那么这个故事就起到了它应有的作用。

112. 张泓的舅父白公的十岁女孩的前身是南京仙鹤巷某太太

清张泓《滇南忆旧录》中《转生异》一节，记述的一个前身后身的故事颇为离奇而生动。张泓，其人生平未详，今仅知他清末时在世，著有《滇南忆旧录》，收存于《丛书集成初编》。

张泓的舅父白公，家在江苏润州（今属镇江），某日请来一位金陵（南京）的说书艺人赵瞽说唱弹词。赵瞽大概是有一只眼睛瞎了，人们都叫他赵瞽，他以擅长弹词而游艺于八旗豪门贵族之间，颇受敬重。有一天刚吃罢饭，白公的十岁的女孩，就是张泓的小表姐，悄悄地站到赵瞽跟前，低声问道："赵先生一向可好？你还记得南京仙鹤巷的某太太吗？"赵瞽忽然非常惊异，哭着说："某太太是我的恩人啊，不幸已在十年前去世了。如果她还在，我怎么能至于流落在这里呢？姑娘你还年幼，怎么能知道她啊？"女孩也哭了，说："我就是某太太啊！现在托生在白家。我想请赵先生赶快回到金陵，唤我的三个儿子来见我。"

赵瞽惊奇得有些害怕了，说："姑娘既然能知前生的事，你可曾记得你是患什么病去世的？"女孩说："我患的是痢疾，七天没有吃饭，就死了。我开始患病的时候，你赵先生还在我的房间外面说《罗成显魂》，我让我的使女兰香送一碗桂元汤给你吃，难道你都忘了吗？"赵瞽听了大哭起来，女孩也失声而哭。这时，白公的家属都出来聚在一起骂赵瞽，女孩却婉言讲述自己死后托生的经历，为赵瞽辩解。白公怀疑这其中有鬼魅作祟，就找来巫师用各种办法进行禳解。女孩哭着同父母争辩，说："我就是想见我前生的儿子，如果你们不答应，我只有一死。"白公及全家人只得假装着答应，以此安慰她，女孩这才忍住啼哭，勉强吃些饭食。赵瞽就立即赶回金陵给某家报信。

某太太的三个儿子来到镇江,到白家求见女孩,先后三四次,都被守门人阻拦。这样拖延了两年。女孩日夜忧思,一副病恹恹的样子,好像是只有一息尚存。白公非常可怜她,就唤某太太的大儿子进门和女儿相见。女孩一见某氏子,就呼唤着他的小名,边哭边骂道:"我虽然转生在白家,但是我的灵魂没有泯灭,想念你们兄弟如饥似渴。先前让赵先生给你们捎信,却拖延了两年才来见我,怎么就忘了母子之情呢?"某氏哭着讲述来到白家被阻挡的情况,并询问转生的经过等情况,女孩说:"我患痢疾大概过了十来天,在床上难受得翻来覆去,浑身上下哪儿都疼,心腹之内像油煎似的。那一天忽然耳朵听见铿然作响,就觉得身体轻爽,神志清醒,心想我的病要好了吧。因为一时高兴就想迈步往外走,却忽然又变得天昏地暗,家里的东西都看不见了。正在彷徨之间,遇着了咱们家先前的老仆人胡文,胡文说你的父亲请我相见。我心想,你的父亲早就去世了,胡文也已经死了,难道我这时是人们所说的'魂游'吗?意识到这一点,我大哭起来。胡文劝我赶快去,又说见到你的父亲他有话对你说。我问你的父亲在哪儿,胡文遥指一处有灯光的地方,引着我向着灯光赶过去,不知不觉就来到这个白家。当时我看到自己的手脚都特别的小,口不能讲话,于是明白我这是转生成为婴儿了。我承蒙白家父母养育关爱,到了能说话的时候,就想把转生的情况向父母说明,但又恐怕家人说我妖妄,只好暂时隐忍含悲,每时每刻一直在想念着你们兄弟。"说到这里,女孩又向某氏子询问,某媳妇还好吧,某亲戚还好吧,某氏子都一一作了回答。这时,女孩提出要回到前生的家中看一看,白公无可奈何,勉强答应了她。

于是,白公带着女孩同某氏子一起前往南京。某氏子的兄弟及女眷们混杂在仆人与仆妇当中,女孩一一指出他们的名字予以慰问。到了她原来的卧房门口,她立即掀开门帘说:"这就是我原来生活睡觉生病直到我去世的地方。"房中的陈设,有和她生前不一样的地方,她亲手作了调整,恢复原样。家里的人见到这番情景,都非常惊异,感觉到就是原来的某太太回来了。这时,全家人围绕着女孩,齐声大哭起来。接着,大家簇拥着女孩前往家庙拜祖,拜完之后,女孩从袖子里拿出一把剪刀,剪自己的头发,说要长住在这个家庙里当个尼姑。白公婉言劝她,给她讲人生大义及世情道理,女孩这才随同白公上船返回镇江。但是,女孩回到白公家里之后,情绪低落,沉浸在对于前身的回忆之中,无日不是以泪洗面。

女孩长到十六岁，白公为她托媒议婚，嫁到一户姓殷的人家。开始女孩坚决不同意，后来勉强答应了。结婚一年之后，因为生孩子产后大出血，昏厥数次。从此之后她就忘掉了前生的事。有人故意提起她前生的事问她，她只是笑了笑而不回答，有时候她回应一句："那可能是我原来有这么一场梦吧！"

113. 曾国藩的前身是蟒精

曾国藩（1811～1872），字涤生，号伯涵，湖南湘乡人。道光十八年（1838）进士，曾官礼部、兵部侍郎，镇压太平天国起义为清朝立了大功，卒后谥号文正。据传说，曾国藩的前身是蟒精。

陈其元《庸闲斋笔记》卷三《曾文正为巨蟒转生》记云，曾国藩位高权重，威震当时，但是他天性害怕鸡毛，凡是见到插有羽毛的文书，他都不敢用手拆。同治十年（1871），曾国藩要在上海阅兵，指挥台的陈设已经准备好，其部下官员先到现场检查一下，发现为他设置的主帅座位后面有一个鸡毛掸子，交代说，这个东西一定要去掉，说是曾大帅最讨厌看见这东西。当时陈其元在李鸿章部下任职，参与了阅兵的筹备事项，得知这个情况，但是不明白其中的原因。曾国藩的亲家郭阶（字慕徐）对陈其元说："曾大帅老家的房宅后院有一棵古树，树神是一条巨蟒，相传曾国藩就是这个神蟒转世的。他的身上遍体都长有癣状斑纹，就像蛇类动物的鳞甲似的；他每天睡觉起来，床上就有脱落的成堆癣屑，就像蛇蜕掉的皮似的。但是，曾国藩爱吃鸡肉，却害怕鸡毛，这真是让人费解。"后来，陈其元看到袁枚《随园随笔》中有一段记述云："焚鸡毛，修蛇巨虺闻气即死，蛟蜃之类亦畏此气。"（今查《随园随笔》未见这一句）于是，陈其元这才明白，曾国藩原来是蟒精转世的。

114. 程兆纶的前身是老僧

程兆纶，字绶章，号印鹄，安徽歙县人。咸丰时曾官浙江金华知府。陈其元《庸闲斋笔记》卷三《高僧转世》记云：程兆纶的父亲曾在浙江兰溪经商，和城外广济庵的一位老僧交往密切。有一天，其父看见老僧到家里来了，直接进入内室，追上去和他打招呼，却没有看见老僧，而这时其夫人刚刚生下儿子。于是，程父心中明白，儿子正是这位老僧托生的。程兆纶五六岁时，父亲带他到广济庵中游玩，兆纶在庵中登堂入室都好像是曾经来过似的。回家之后就生了一场大病,病重时对家人说"我想回家",几乎要死,以后他就不敢再到广济庵去。从十多岁到三十岁,程兆纶又有两次被人强拉着去广济庵游玩,每次回来也都要大病一场,从此他对于广济庵是望门却步,再也不敢进去。程兆纶和陈其元是朋友,这些情况都是程兆纶亲自告诉陈其元的。陈其元还曾和程兆纶一起游览石门坎的六松亭,他看见程兆纶在河边站着观景,那模样俨然就是一位老僧的神态。

115. 彭蕴章的前身是僧人笔玉

彭蕴章(1792~1862),字琮达,又字咏莪,号小园,江苏长洲(今属苏州市)人。道光十五年(1835)进士,历官至工部尚书、武英殿大学士,卒谥文敬。陈其元在《庸闲斋笔记》卷三《高僧转世》一节中记述程兆纶的故事之后,又联想到彭蕴章的《灵鹫两僧传》所记述的类似情况。

《灵鹫两僧传》今存于《彭文敬公文集》。灵鹫寺在苏州娄门外,寺中先后有两位住持僧人,前者法名一彬,继者法名永丰,对于本寺的兴盛都做出了贡献,彭蕴章和他们都熟识。一彬有一位朋友也是僧人,法名笔玉,早年已经去世。彭蕴章小时候,有人说他是笔玉的后身,本是因为彭蕴章的神情、相貌、言语、举动都和笔玉相像,而且彭蕴章出生时也有一些特异的征兆。据说一彬具有佛门参透三关的法力,彭蕴章为此曾经向一彬询问过,一彬也说他和笔玉确实很像。一彬和永丰于嘉庆年间先后去世,彭蕴章后来中进士、入仕途,在京师供职时认识两位年轻的翰林,觉得这两位翰林一个像是一彬,一个像是永丰,问他们出生的年份,又都在一彬、永丰死后。彭蕴章私下认为,这两位年轻的翰林大概是一彬和永丰的后身。但是,彭蕴章不知道这两位年轻的翰林在出生时有没有出现过特异的征兆,担心别人说他是以无稽之言惑众,因此就不敢把自己的猜想向别人提起。于是,彭蕴章心想,自己对于两位年轻翰林是否为一彬、永丰后身的看法,也就像一彬对于自己是否为笔玉后身的看法一样,只能作为一个或然性的推测存于自心而已。

陈其元在记述了彭蕴章《灵鹫两僧传》的内容之后,又议论道:"观文敬公所述如此,则文敬公固自以为笔玉后身矣。昔人谓世之登大位、享大福者,星、精、僧三项人为多,其信然耶!"这里,陈其元把彭蕴章的或然性推测又进一步认定为必然性推测,表述为彭蕴章自以为是笔玉的后身。同时,陈其元在这里提出了一个重要的观点,认为古代传说的一些大人物前身,大抵是以名人、精怪、僧人这三种身份的情况居多。从本书本编所列举的许多事例来看，这个判断大体是符合这个观点的。

116. 严辰的前身是僧

严辰（1822~1893），字子钟，又字缁生，又作淄生、芝生、芝僧，号达叟，浙江桐乡人。咸丰九年（1859）进士，曾入史馆，散馆后未得补官，回乡讲学十余年。著有《墨花吟馆文钞》。传说严辰的前身是僧。

陈其元《庸闲斋笔记》卷九《高僧入轮回》记云："桐乡严芝生太史辰，生于道光壬午（1822）八月三十日。先数夕，母王夫人梦游冥间，至一石坊下，旁有二女仆扶持之。旋来一僧，年不甚高，就与语，语缒缕不可殚述。既觉，犹能举其大略。至生之夕，则又梦见转轮中出青烟数十道，道各一僧，四散去，而前所梦之僧竟来相就，惊而寤，则太史生矣。谛视之，面目宛如梦中所见也。"严辰幼年聪明颖悟，科举顺利，而仕途未能大进。严辰为人乐于行善，助人不辞劳苦，陈其元与他熟识，戏称他为"行脚僧"。严辰曾作《金粟后身图》，请陈其元题字，因此陈其元对他的情况非常了解。严辰还作《自题》六绝句，抒发心曲，其一云："磨人一第廿年功，直与前生苦行同。好事欲援儒入释，为人说梦画图中。"其二云："披缁应悔负君亲，未了缘当补后身。四十平头须努力，谈何容易再来人。"（后略）诗中"前生苦行""补后身""再来人"等句，即自道出他前世为僧的隐秘。